मुक्तिबोध : कविता और जीवन-विवेक

मुक्तिबोध
कविता और जीवन-विवेक

चन्द्रकान्त देवताले

राधाकृष्ण प्रकाशन

ISBN : 978-81-7119-821-4

मुक्तिबोध : कविता और जीवन-विवेक

पहला संस्करण : 2003
तीसरा संस्करण : 2021

मूल्य : ₹795

प्रकाशक
राधाकृष्ण प्रकाशन प्राइवेट लिमिटेड
जी-17, जगतपुरी, दिल्ली-110 051

शाखाएँ : अशोक राजपथ, साइंस कॉलेज के सामने, पटना-800 006
पहली मंजिल, दरबारी बिल्डिंग, महात्मा गांधी मार्ग, प्रयागराज-211 001
36-ए, शेक्सपियर सरणी, कोलकाता-700 017

वेबसाइट : www.radhakrishnaprakashan.com
ई-मेल : info@radhakrishnaprakashan.com

मुद्रक
बी.के. ऑफसेट
नवीन शाहदरा, दिल्ली-110 032

MUKTIBODH : KAVITA AUR JEEVAN VIVEK
by Chandrakant Deotale

इस क्षण मुझे अपने आदरणीय और आत्मीय याद आ रहे हैं
डॉ. गंगाधर झा सर, अनिलकुमार
और गीता जो अब नहीं हैं...

सभी याद आ रहे हैं
किसी औपचारिकतावश नहीं, न इस बहाने
आभार-धन्यवाद देने जैसा कुछ कर रहा—

डॉ. प्रेमशंकर, डॉ. कान्तिकुमार, डॉ. गोविन्द द्विवेदी
तथा सागर के अन्य मित्र

प्रभात त्रिपाठी, विजय कुमार, विष्णु खरे
चन्द्रकान्त पाटील, मेरी पत्नी कमल देवताले
सुदीप बैनर्जी, हरीश पाठक, प्रसन्न ओझा
और शशि शर्मा।

इतने महाकाव्यात्मक पन्ने

मुक्तिबोध की कविताओं, डायरी-समीक्षा की पांडुलिपियों के अक्षर और अगणित पृष्ठ जब आँखों के सामने चीख़ते-पुकारते कौंधते हैं तो मुझे इनके लिए 'इतने महाकाव्यात्मक पन्ने' कहना ही वाजिब लगता है।

एक विद्यार्थी के रूप में मुक्तिबोध के साथ मेरा रिश्ता छप्पन-सत्तावन के दिनों ऐसा कायम हुआ कि आज तक जारी है। अपने पाठकों से मनोगत संवाद स्थापित करने की जैसी खूबी खासकर उनकी डायरी और जगह-जगह कविताओं में है उसके चलते मुक्तिबोध की आवाज़ मौके-बेमौके ताक़त और सहारे की तरह साथ देती है। वैसे उनसे बातचीत या उन्हें प्रत्यक्ष सुनने का अवसर नहीं आया। नागपुर आकाशवाणी से प्रसारित उनकी कविता सत्तावन ही में सुनी थी। उन्हें पहली और अन्तिम बार अगस्त, 64 में दिल्ली के बड़े अस्पताल में देखा जब वे अचेत थे।

छप्पन में नागपुर से इन्दौर आए मुक्तिबोध मित्र-मंडली के अनिलकुमार से मुक्तिबोध के जीवन, स्वभाव, लेखन और उनकी आदतों आदि के बारे में इतना जानने को मिलता रहा कि वे अजनबी नहीं रहे। जैसे उन्हें देखने या निकट से जानने का अहसास और इसी से जगी उनके जीवन और शब्दों के प्रति व्यग्र और निरन्तर बनी रही दिलचस्पी।

इसके पच्चीस वर्ष बाद एक विद्यार्थी की तरह ही प्रस्तुत अध्ययन, यदि इसे ऐसा कहा जा सके, मैंने 81 से 84 के बीच पूरा किया जिसके पीछे लगभग एक दशक की छिटपुट बिखरी कोशिश भी रही। इसके लिए मुझे सागर में रहने का सौभाग्य भी मिला। सागरवास और विश्वविद्यालय परिसर की सुखद स्मृतियाँ मेरे हिस्से में आईं। प्रभात त्रिपाठी और गीता त्रिपाठी के साथ रहा।

इस कार्य के बारे में मुझे कुछ विशेष नहीं कहना। मेरा इसके बारे में कोई दावा भी नहीं। राजकमल प्रकाशन के अशोक महेश्वरी के ही कारण अब अठारह वर्षों बाद जब प्रकाशन का योग आया है तो मुझे बराबर लग रहा है कि इस विकट दौर में वे और अधिक जरूरी, अर्थवान और प्रासंगिक हो गए हैं। उनकी कविताओं और गद्य में भी आज के सन्दर्भों में नए अर्थ-विस्तार दिखाई देते हैं। केवल नई अर्थ-छवियाँ ही नहीं कठोर टिप्पणियाँ भी हैं हमारे तथाकथित विकास पर। मुक्तिबोध ने कितनी दूर तक और कितने गहरे देखा है उसके प्रमाण उनके यहाँ कदम-कदम पर मिलते हैं।

मैं समझता हूँ मुक्तिबोध जैसे कवि और बेहद सचेत मनुष्य की कविताओं और उनके विचारों का आकलन एक और अन्तिम बार का कार्य नहीं है। कवि के प्रति अपने आत्मीय लगाव के साथ ही मैंने उन्हें समझने की कोशिश की। पर यह आत्मीय लगाव इस अर्थ में कहीं बन्धनकारी नहीं रहा कि मैं जो महसूस कर रहा हूँ उसे कहने में संकोच करूँ।

मुक्तिबोध जैसे कवि को बार-बार पढ़ते रहने के दौरान उनके संघर्ष, जीवन की पकड़, उनकी सामर्थ्य और उनकी उड़ानों से आवेष्टित हुए बग़ैर रहना मुश्किल था। यदि मैं कई बार इस कवि के समक्ष हाँफने लगा तो सचमुच उस पर मेरा वश नहीं था। मेरा कार्य जस का तस प्रस्तुत है। न तो मैंने किसी तरह की होशियारी बरतने की हिकमत की न दूसरे विद्वानों की स्थापनाओं से आक्रान्त रहा। किसी को उत्तर देना या किसी का समर्थन करना मेरा उद्देश्य न होने से मुझे निरन्तर प्रश्नों का सामना करना पड़ा। मुझे अपनी तरफ से कुछ सिद्ध नहीं करना था। इसलिए उत्तर मुक्तिबोध के रचना-संसार और अपने समय की उलझनों में ही तलाशने की कोशिश करता रहा। भारतीय समाज के कष्ट-मूलों से विकसित उनकी प्रतिबद्धता और उनकी मार्क्सवादी जीवन और रचना-दृष्टि भी जड़ीभूत नहीं थी।

उनकी शक्ति, सीमा और अन्तर्विरोधों को समझते हुए शब्दों की दुनिया में जीवित उनके मन के साथ मेरा अटूट रिश्ता मेरी निजी उपलब्धि है। मेरे लिए इसकी सार्थकता भी यही है।

19.7.2001

चन्द्रकान्त देवताले

अनुक्रम

मुक्तिबोध
कविता और जीवन-विवेक

पिस गया वह

जितना भी किया गया
उससे ज्यादा कर सकते थे

मुक्तिबोध के जीवन और व्यक्तित्व का अध्ययन करने के पूर्व यह स्पष्ट कर देना आवश्यक है कि हमारा उद्देश्य मुक्तिबोध के काव्य और चिन्तन की व्याख्या करना है। हमारी यह मान्यता है कि मुक्तिबोध का काव्य और चिन्तन उनके व्यक्तित्व और जीवन से दूर-दूर तक प्रभावित है। इस प्रभाव को किसी यान्त्रिक रिश्ते के आधार पर पहचानना उचित नहीं है। मुक्तिबोध प्रथमतः और अन्ततः कवि थे। जिस तरह उन्होंने अपने विचार को कविता में लाने के लिए आन्तरिक स्तर पर गहरा संघर्ष किया उसी तरह उन्होंने अपने जीवन की स्थूल जीवनानुभूतियों को भी अपनी कला में रूपान्तरित किया। उनका व्यक्तित्व जिन तत्त्वों से निर्मित हुआ है उनके सरलीकृत, वर्गीकृत एवं सुविधावादी विश्लेषण से सही निष्कर्षों तक नहीं पहुँचा जा सकता है। जीवन के अनेकानेक दैनिक अनुभव रचनात्मक व्यक्तित्व को बिना प्रभावित किए विस्मृत हो जाते हैं। "महत्त्व सिर्फ उस तल्खी या उस उमंग का है, जो रचना की आवश्यकता को जन्म दे, जो अभिव्यक्त हुए बिना रह न सके क्योंकि उसकी अभिव्यक्ति रचनाकार की जिन्दगी है।"[1]

मुक्तिबोध का जीवन और व्यक्तित्व आज हमारे बीच लगभग मिथक बन चुका है। यह भले ही उचित न हो पर इससे उनके छोटे से जीवन की ऊष्मा, ऊर्जा और संघर्षशीलता का प्रमाण जरूर मिलता है। एक ऐसे रचनाकार का जीवन जिसमें और जिसके आसपास अद्वितीय कुछ नहीं था, जिसने हताशा और विपन्नता के बीच मृत्यु के अँधेरे को देखा था पर जिसने जिन्दगी के उजाले को सबके लिए चुना था। मुक्तिबोध जैसे मनुष्य और रचनाकार के जीवन को शब्दों के अहाते में खड़ा करना कठिन है। "निजी जीवन और रचना के मध्य का सम्बन्ध कार्य-कारण का सरल रिश्ता नहीं होता।"[2] तब भी मुक्तिबोध का जीवन उनके रचना-संसार में बहुत अधिक अदृश्य नहीं है।

"एक क्रान्तिकारी चेतनावाले मनुष्य की नियति एक साथ बेहद गौरवशाली तथा अतिशय यन्त्रणादायिनी होती है।"[3] उसका युग कई बार उसे समझ पाने में असमर्थ रहता है और जब समझने का स्वाँग करता है तो उसे मसीहा बनाकर ही चैन लेता है।

मुक्तिबोध के जीवन का अध्ययन इस दृष्टि से उपयोगी हो सकता है कि उन्होंने अपने द्वारा जिए गए जीवन ही को सब कुछ नहीं माना। उनकी कविता के पाठक यह ठीक तरह से जानते हैं कि उन्होंने अपने दुःख को निजी मर्सिया की शक्ल में कहीं भी नहीं लिखा है, उनके जीवन में झाँककर उनकी कष्टपूर्ण स्थितियों को मानवीय पीड़ा के व्यापक रूप में कविताओं में देखना एक रोमांचक अनुभव है। उनके जीवन को परखते हुए उनके अपने समय के साहित्यिक-सामाजिक वातावरण को भी तानाशाह की तरह नियामक शक्ति के रूप में नहीं लिया जा सकता। बेशक यह सही है कि विशिष्ट समस्या और विशिष्ट वर्ग में जीवन के घात-प्रतिघातों ने उनके अनुभवों को एक गहरी ऊर्जा प्रदान की है पर यह ऊर्जा उनके कवि व्यक्तित्व की कोई सामयिकता-बद्ध प्रतिमा नहीं बना पाती। "किसी भी कवि के मसीहा बनने में उसके नष्ट होने का खतरा होता है। मुक्तिबोध के साथ भी यह खतरा है। मगर इस खतरे से न कोई बचाव है और न ही इसकी कोई खास चिन्ता ही होनी चाहिए।"[4] हम समझते हैं कि भले ही बचाव न हो पर इसकी चिन्ता तो जरूर होनी चाहिए। हमारा प्रयत्न मुक्तिबोध के जीवन और व्यक्तित्व की रेखाओं को उनके अन्तर्विरोधों सहित पहचानने का ही है। मुक्तिबोध की प्रामाणिक जीवनी उनकी कविताओं को समझने की दृष्टि से ही नहीं वरन् उन्हें एक मनुष्य के रूप में जूझते व्यक्ति के रूप में समझने की दृष्टि से भी आवश्यक है। यहाँ यह सम्भव नहीं है क्योंकि यह पृथक् से कार्य की अपेक्षा रखता है।

'42 में मुक्तिबोध ने नेमिचन्द्र जैन को पत्र में लिखा था–"मैं अतिशय निराशा के दौर से गुजर रहा हूँ जोकि मेरे लिए बहुत सामान्य है।"[5] और अपनी मृत्यु के सात माह पूर्व उन्होंने 5 फरवरी 1964 को श्रीकान्त वर्मा को लिखा–"अपने स्वास्थ्य के सम्बन्ध में भयानक और विकृत सपने आते रहते हैं। बहुत दुर्भाग्यपूर्ण अपने को महसूस करता हूँ।"[6] ऐसे दो छोरों के बीच कवि का सृजनात्मक जीवन तना हुआ है। मार्क्स का व्यक्तिवाद से विरोध था, मनोविज्ञान से नहीं। आज अनेक मार्क्सवादी मनोवैज्ञानिक व्यक्ति और समाज के आचरण के क्षेत्र में अन्वेषणरत हैं। मुक्तिबोध जैसे कवि के व्यक्तित्व की परख के सन्दर्भ में मनोवैज्ञानिक आधार को सर्वथा उपेक्षित नहीं किया जा सकता।

मुक्तिबोध के बारे में अनेक विरोधी बातें सामने आई हैं। यद्यपि वे बहुत महत्त्वपूर्ण नहीं हैं। फिर भी अतिरंजनाओं की काट-छाँट जरूरी है। स्वयं मुक्तिबोध में अतिरंजित करने की स्वाभाविक प्रवृत्ति थी। मध्यवर्गीय व्यक्ति अपने दुःख को सहज ही बढ़ा-चढ़ाकर महसूस करता है। हमारा आशय उनके कष्टों को कम कर आँकना नहीं है। कुल मिलाकर तथ्यों को वस्तुनिष्ठ ढंग से परखना आवश्यक लगता है। मुक्तिबोध के मित्रों के संस्मरण में कहीं तो स्वयं का बखान अधिक है, कहीं इतना भावोच्छ्वास है कि सच्चाई व्यक्त नहीं हो पाती। हरिशंकर परसाई, शरत्चन्द्र मुक्तिबोध आदि जरूर अपवाद हैं जिन्होंने उनके सम्बन्ध में दो टूक बातें कही हैं। इन सब तथ्यों पर हम आगे यथास्थान विस्तार से विचार करेंगे।

मुक्तिबोध का जन्म रूसी क्रान्ति के वर्ष में हुआ था।[7] प्रथम विश्व युद्ध की लपटों से मनुष्यता आक्रान्त हो उठी थी। भारतवर्ष में भी साम्राज्यवाद के विरुद्ध जिहाद प्रारम्भ हो चुका था। मुक्तिबोध के पिता ग्वालियर राज में पुलिस अधिकारी थे। वे एक धर्मनिष्ठ, नियम के पाबन्द और दबंग व्यक्ति थे। विदिशा, अमझेरा, सरदारपुर आदि स्थानों पर उनका बचपन सम्पन्नता में व्यतीत हुआ। ज्येष्ठ पुत्र की स्थिति विशिष्ट थी। "पहले दो लड़के गुजर जाने से माता-पिता उनको आँखों से ओझल नहीं होने देते थे...भाई साहब बड़े जिद्दी बन गए थे और रोया करते थे। बाहर अर्दली सँभालते और घर पर नानी...उनकी सब जरूरतें पूरी की जाती थीं। हम छोटे भाइयों का अस्तित्व उनके लिए नहीं के बराबर था।" भावुकता और संवेदनशीलता शैशवकाल से ही उनके स्वभाव का गुण थी। ठाट-बाट के ऐसे वातावरण में एक बार अनुत्तीर्ण होने के बाद 14 वर्ष की आयु में उन्होंने मिडिल परीक्षा उत्तीर्ण की। 18 वर्ष की आयु में इंटर तथा पुनः एक बार अनुत्तीर्ण हो 21 वर्ष की आयु में 1938 में इन्दौर होल्कर कॉलेज से बी.ए. किया।"[8]

इस दौरान वे कविता, विचार और प्रेम की दुनिया में प्रवेश कर चुके थे। अध्ययन का क्षेत्र उनका व्यापक था। मराठी के सन्त कवियों से लेकर रवीन्द्र तथा बर्गसाँ, रसेल, शॉ आदि पढ़ चुके थे। युवकों के लिए और विशेषकर मुक्तिबोध जैसे युवकों के लिए वह भावना, आदर्श और यूटोपिया का ऐसा समय था जिसकी कल्पना आज लगभग मुश्किल है। चिन्तन, मनन, बहस और भ्रमण के दौरान काल्पनिक लोक और जीवित यथार्थ के मध्य किशोर मन के हस्तक्षेप समय और स्थान में एक साथ यात्रा करते थे। मुक्तिबोध पर प्रारम्भ से ही दो भाषा और उन दो भाषाओं की रचनाशीलता के संस्कार पड़े। उन्होंने मराठी के गडकरी, माधव ज्यूलियन, मर्ढेकर और हिन्दी के प्रसाद, पन्त, निराला, माखनलाल चतुर्वेदी को एक साथ पढ़ा।

मुक्तिबोध पर माधव कॉलेज उज्जैन के कवि प्राध्यापक रमाशंकर शुक्ल हृदय का भी विशेष प्रभाव था। "मुक्तिबोध उन्हीं के छात्र थे। उनकी कविता में मैंने हृदयजी का टिपिकल अन्दाजे-बयाँ पाया"[9] उन्होंने बाल्जाक, फ्लावेयर, दास्तॉयवस्की, गोर्की को भी पढ़ा था। प्रेमचन्द से भी उनका गहरा लगाव इसी दौर में हो चुका था। "उनकी जिज्ञासा भी बहुत तीव्र थी। समूची मानव जाति के क्रम विकास का अध्ययन; स्थिति, गति और नियति का अध्ययन जैसा उन्होंने किया था उसी तरह भिन्न देशों के इतिहासों को भी पढ़ा था। विज्ञान विषयक साहित्य भी उन्होंने खूब पढ़ा था।"[10] बहस करने की उनकी आदत के बारे में उनके विभिन्न कालावधि के सभी मित्रों ने टिप्पणियाँ की हैं। कक्षा नवीं से बी.ए. तक के सहपाठी विलायतीराम घेई के अनुसार वे प्रारम्भ से ही "अपनी बात को स्पष्ट करने की चेष्टा में बहस की स्थिति उत्पन्न कर लिया करते थे।"[11] अपनी शादी के समय भी मित्रों के साथ वे 'बहस की उत्तेजना और तनाव में थे।' कभी-कभी 'गर्व स्फीत चुभनेवाली' बातें भी कह जाते थे।[12]

किन्तु विचार और संवेदना के धरातल पर आदर्शवादी और भावुक मुक्तिबोध का परिवार और मित्रों से 'अलगाव' बना रहता था। सामन्तशाही और नौकरशाही के बीच

नए विचारों से ओत-प्रोत मुक्तिबोध ने अपने प्रेम-प्रसंग और प्रेमविवाह के सन्दर्भ में विद्रोह का पहला चरण पूरा किया। "विवाह पूर्व के रोमांस काल की युगल तस्वीरें उन्होंने वीरेन्द्र कुमार जैन को दिखलाई थीं।"[13] यह सब आज सामान्य लग सकता है। किन्तु मुक्तिबोध ने 1939 के भारत में यह किया था। यद्यपि वह अन्तर्जातीय विवाह नहीं था। किन्तु वर्ग-चेतना को सदमा पहुँचाने के लिए पर्याप्त से अधिक था।

मुक्तिबोध के जीवन पर इस विवाह के दूरगामी प्रत्यक्ष और अप्रत्यक्ष प्रभाव लक्षित किए जा सकते हैं। मुक्तिबोध परिवार में इससे तनाव उत्पन्न हुआ ही किन्तु मुक्तिबोध स्वयं एक अपराध ग्रन्थि के शिकार रहे। इसे विशेष रूप से माता-पिता के प्रति भीतरी सम्बन्धों की प्रगाढ़ आकुलता के सन्दर्भ में अनुभव किया जाना चाहिए। इसका यह अर्थ कदापि नहीं कि उन्हें अपने किए का खेद हो। वैसे भावात्मक रूप से परिवार से लगाव के बावजूद मुक्तिबोध परिवार के प्रति बड़े बेटे के कर्तव्य पूरे नहीं कर पाए। दूसरी ओर पत्नी के साथ बौद्धिक और आत्मा के स्तर पर जुड़ना उनके लिए सदैव एक समस्या रहा। विवाह और रचनाशीलता में वे जिस प्रकार विरोध देखते हैं वह उनके व्यापक मानवीय सरोकारों को देखते विस्मयकारी ही लगता है।

ये सब बातें मुक्तिबोध ने अपने अभिन्न मित्र नेमिचन्द्र जैन को ही लिखी हैं। "The wife problem—greatest of all—is a constant trouble to my mind."[14] "मैंने भी शादी क्या कर ली, अपने को धोखा दे दिया, आजादी का मुहताज हो गया।"[15]

आवेगात्मक क्षणों में मुक्तिबोध ने नेमिचन्द्र जैन को बहुत सी निजी बातें भी लिखी हैं–But the intrusion of a woman in my life had sped up that frustration. And so all the brutal wrath of non-fulfilment of the barbaric life has found Shanta an easy prey. And don't know what a wild beast I am to her..."[16]

वे अपने जीवन के सबसे अच्छे दिनों में पारिवारिक व्यवस्था और खुशहाली कायम करने में असमर्थ रहे। रुग्ण और आत्मघाती विचारों से आक्रान्त रहते उन्हें निरन्तर अपने से असन्तोष रहा। "Either I should not have come to this world or should have been a bachelor throughout. Love for me has become a source of tragedy that is life."[17]

सन् 46, 47, 48 के वर्षों में बनारस और जबलपुर में मुक्तिबोध ने दमघोंटू घरों में लगातार ऐसा ही जीवन व्यतीत किया। यही हालत कमोबेश सन् 58 के अन्त तक नागपुर में भी रही।

मुक्तिबोध को बार-बार नेमिचन्द्र जैन से रुपए उधार लेने पड़ते रहे। उनके भीतर पारिवारिक जिम्मेदारी और आन्तरिक विकास बुद्धि में निरन्तर द्वन्द्व बना रहता था और वे खुद अपने से, जिन्दगी से और इस विश्व से नाराज हो उठते थे।[18]

इस सबका यह आशय नहीं है कि मुक्तिबोध पत्नी और परिवार के प्रति उदासीन थे या वे प्रेम अथवा विवाह के विरोधी थे। किन्तु यहाँ बात उस दमनकारी यथार्थ की

है जो उनकी आकांक्षाओं और सपनों को आक्रान्त किए था। यथार्थ की विवशताएँ और स्वप्नों की शक्तिमानता के द्वन्द्व के बीच उनके व्यक्ति और रचनाकार की वेदना और सामर्थ्य का विकास अन्तर्निहित है।

'कलाकार ऐसा मनस्तापी है जो अधिक पौरुषमय हो गया है और जिसने अपना इलाज खुद कर लिया है'–आटो रांक का यह प्रसिद्ध कथन मुक्तिबोध की इस उक्ति से मेल खाता है–"Lo there is born a man with a disturbed soul-disturbed with highest desircs of his age and the greatest weaknesses of his times."[19] मुक्तिबोध का आत्मबिम्ब निराशा और टूटन भरा था। किन्तु उनके मस्तिष्क का विकास आश्चर्यजनक ढंग से सांस्कृतिक-नैतिक मूल्यों और समाज-दर्शन के आधारभूत सिद्धान्तों से जूझ रहा था। वे अपने को पेटी बूर्ज्वा कहते थे। कम्युनिस्ट पार्टी का सदस्य बनना और फिर सदस्यता छोड़ देने का इरादा करना उनकी स्थायी अस्थिरता की मुद्रा थी। कभी वे कहते थे–"मेरा मन तब तक बौद्धिक भूल-भुलैया में कोई रुचि नहीं लेना चाहता जब तक सामने कोई क्रियात्मक लक्ष्य न हो।"[20] जबकि वस्तुतः उनके साथ जीवन भर अपने को ठीक-ठाक करने की समस्या ही रही। उनका नौकरी की खोज में निरन्तर भटकना, बार-बार नौकरी छोड़ना, बार-बार मित्र को अच्छी सी नौकरी और रुपए के लिए लिखना, उनका सबसे बड़ा सिरदर्द रहा। मुक्तिबोध के जीवन और चरित्र को सिर्फ एक या दो कोणों से नहीं आँका जा सकता। सी राइट मिल्स का यह कथन यहाँ उल्लेखनीय है कि "किसी व्यक्ति के जीवन और चरित्र को केवल परिवेश की शर्त पर नहीं समझा जा सकता तथा शैशव और किशोरावस्था के प्रारम्भिक वातावरण को ही आधार मानकर तो और भी नहीं।"[21]

ज्येष्ठ पुत्र होने के नाते अपने बिखरते पैतृक परिवार के प्रति भी अपने दायित्व को वे महसूस करते तो थे पर उसके लिए कुछ कर पाना मुक्तिबोध के लिए कहीं सम्भव नहीं था। मुक्तिबोध के बारे में यह कहा जाता है कि माता-पिता का दायित्व उन पर था। स्वयं मुक्तिबोध भी कहा करते थे। मुक्तिबोध अपने राजनाँदगाँव के मित्र क.प. सारथि को पिता के बारे में बताया करते थे कि "वे ज्यादा वक्त यहाँ आते रहते थे," और यह भी कि "अपनी अधिक माँगों की वजह से अपने पुत्र की मानसिक और आर्थिक अवस्था के लिए बहुत बड़ा तनाव और भार थे।"[22] दरअसल पिता उन्हें बहुत प्यार करते थे और अपनी विपरीत विद्रोही गतिविधियों के कारण वे न तो पिता की आकांक्षा के अनुरूप जीवन बना सके न उनको सहयोग दे पाए। पिता-पुत्र के सम्बन्धों के बीच यह एक साथ बहुत तनावपूर्ण और संवेदनशील स्थिति रही। यह विचित्र संयोग ही कहा जाएगा कि उनके पिताजी उनसे एक दिन पहले परलोकवासी हुए।[23] मुक्तिबोध की आय उनके अपने परिवार के लिए ही पर्याप्त नहीं थी। इस सन्दर्भ में उनकी अपव्ययी प्रवृत्ति भी विचारणीय है। वे फिजूलखर्ची करते थे। हरिशंकर परसाई की यह टिप्पणी यहाँ उल्लेखनीय है–"मुक्तिबोध विचारों से आधुनिक वैज्ञानिक लेकिन साथ ही व्यवहार में कई बातों में बिल्कुल सामन्ती। किसी को अपने घर में साग्रह खाना खिलाना,

अपनी हैसियत से बाहर खातिर करना उनकी खास प्रकृति थी।"[24] ऐसी स्थिति में मुक्तिबोध जैसे व्यक्ति के लिए चाहकर भी सम्भव नहीं था कि वे रिटायर पिता और छोटे भाइयों से भरे परिवार के प्रति दायित्व निभा पाते, सम्भवतः इसलिए चन्द्रकान्त मुक्तिबोध को लगा होगा कि–"परिवार के प्रति उत्तरदायित्व का भाव शायद उनमें नहीं था।"[25] यह केवल उनके अनुज ही नहीं मित्रगण और आत्मीय भी बराबर कहते हैं कि वे किसी भी तरह के अनुशासन और व्यावहारिकता से परे थे। सांसारिक और पारिवारिक मामलों में वे निराशा से इतने आक्रान्त रहते थे कि अच्छे अवसरों को खो देना उनकी नियति बन चुका था। इसलिए भी उनका पारिवारिक जीवन कष्टप्रद था। राजनाँदगाँव के अन्तिम वर्षों के दिनों में जब वे ठीक से व्यवस्थित हो रहे थे तब भी उनकी व्यग्रता में कमी नहीं हुई थी। शायद अपनी भीतरी शान्ति को खोकर ही वे रह सकते थे और कुछ कर सकते थे।

उनके अनुज शरच्चन्द्र मुक्तिबोध परिवार में उनके सबसे अधिक निकट थे। हमारी दृष्टि में उनकी मान्यताएँ अधिक अर्थ रखती हैं। क्योंकि वे प्रारम्भ से ही अपने अग्रज के रचनात्मक व्यक्तित्व में भी रुचि लेते रहे। नागपुर के दिनों को भी वे जानते थे। उनकी मुक्तिबोध सम्बन्धी धारणाओं से मुक्तिबोध के स्वभाव, चरित्र और आचरण के अनेक सूक्ष्म पक्ष उजागर होते हैं। यद्यपि शरच्चन्द्र को बराबर इस बात का अफसोस रहा कि "हिन्दी में ऐसी सक्रियता भी बहुत है, जो वास्तविक तथ्यों का सही अर्थ खोजने की अपेक्षा गलत अनुमान भिड़ाने में ही अपनी मानसिक शक्ति का सदुपयोग समझती है।"[26] यहाँ यह स्मरण अनावश्यक नहीं होगा कि शरच्चन्द्र मुक्तिबोध मराठी प्रगतिशील काव्यधारा के शीर्ष कवियों में से एक हैं और उक्त टिप्पणी उन्होंने राष्ट्रवाणी में प्रकाशित उनके संस्मरण 'मेरे बड़े भाई साहब' पर हुई प्रतिक्रिया के सन्दर्भ में की है। हिन्दी समीक्षा और विचार की भावुक अतिरंजना पर भी उनकी यह टिप्पणी यहाँ प्रसंगानुकूल ही होगी–"चंडीगढ़वाले सज्जन ने भाई साहब के दारिद्र्य का ऐसा भयानक रोमांचकारी वर्णन किया है कि दया आती है। गरीबी, बीमारी कहाँ नहीं है हिन्दुस्तान में !"[27] शरच्चन्द्र मुक्तिबोध के अनुसार मुक्तिबोध में "संयम नहीं था (यही असंयम उनकी कविता में भी है), वे अपने को एडजस्ट नहीं कर सकते थे, वे आइडियाज और आइडियोलाजी में जीते थे, वे रोमांटिक कलाकार थे, मार्क्सवाद के प्रति उनकी सहानुभूति बौद्धिक थी, वे अधिकतर आन्तरिक जीवन जीते थे, उन्हें विरोध महसूस करते रहने का अजीब चसका था।"[28]

इन सब तथ्यों का आशय यह नहीं है कि मुक्तिबोध एक गैर-जिम्मेदार मनुष्य थे। या वे निरन्तर ऐसे ही थे। ये वे मुद्दे हैं जिनको जानकर ही हम उनकी शक्ति-सामर्थ्य और महत्ता को एक मनुष्य के रूप में बिना किसी पूजा-भावना के समझ सकते हैं और यह समझना तो और भी भयानक भूल होगी कि वे ऐसा ही बनना चाहते थे या ऐसी ही जिन्दगी जीना चाहते थे। नेमिचन्द्र जैन को लिखे सभी पत्रों में यह ध्वनि बराबर मिलती है कि वे कायदे की नौकरी और व्यवस्थित जीवन व्यतीत करने की कामना ही

नहीं करते थे बल्कि दिवास्वप्न भी देखते थे और यह किसी भी तरह से अपयश की बात नहीं है। क्योंकि कई बार मुक्तिबोध को उनका स्वभाव पराजित करता था और उनकी कविताएँ तथा उनका चिन्तन गौरवशाली विजय प्राप्त करते थे। मुक्तिबोध के जीवन को निर्धारित करनेवाली परिस्थितियों को ध्यान में रखते हुए भी हम इस तथ्य को विस्मृत नहीं कर सकते कि उनमें साहस और उस कर्मठता का कहीं न कहीं अभाव था जो परिस्थितियों का मुकाबला करती है। तनाव और सन्त्रास उनकी मानसिकता के अभिन्न अंग बन चुके थे।

यदि उन्हें बेहतर जिन्दगी की तलाश नहीं होती तो वे क्योंकर 1953 में नागपुर में (बी.ए. करने के 15 वर्ष बाद) 36 वर्ष की आयु में एम.ए. करते। पर यहाँ भी उनकी बौद्धिकता ने दगा दी और उन्हें द्वितीय श्रेणी ही प्राप्त हुई। दरअसल विधिवत और नापतौल कर पढ़ने, परीक्षा देने की उनकी मानसिकता ही नहीं थी और वे शैक्षणिक जगत् की व्यावसायिकताओं से भी अपरिचित थे।

मुक्तिबोध मालवा में पैदा तो नहीं हुए थे, पर मालवा की मिट्टी में उनके कवि और चिन्तक ने आँखें खोली थीं। किशोरावस्था में यहाँ के भूखंड और प्रकृति की जिन छवियों को उन्होंने आत्मसात किया था, वे सदा के लिए उनकी मनोभूमि और कविता का जरूरी हिस्सा बन गई थीं। उनकी मृत्यु के पश्चात् इस तरह के प्रश्न भी उठाए गए कि "मालवा ने उनके लिए क्या किया"* अथवा मालवा ने उन्हें बिसार दिया। इस सम्बन्ध में शरच्चन्द्र मुक्तिबोध का यह कथन महत्त्वपूर्ण लगता है कि–"यह गलत धारणा है कि मालवा ने अपने लाड़लों को अपनाया नहीं। मालवा के पास ऐसा क्या है देने के लिए। वहाँ सब ओर निर्धनता है, जिसे अपनाने के लिए साहस चाहिए... मालवा प्रेम दे सकता था तो बन्धु को बहुत दिया, खासतौर पर उनकी भाषा सामर्थ्य।"[29] स्वयं मुक्तिबोध को भी मालवा (मध्य भारत) से कहीं न कहीं शिकायत थी। वीरेन्द्र कुमार जैन को लिखे पत्र में उन्होंने लिखा है–"नागपुर में मन नहीं लगता...बड़ी नौकरी चाहिए। कम-से-कम साढ़े तीन सौ रुपए तक की। मध्य भारत पूछता नहीं, उसकी तो बात छोड़ो।"[30] पर मालवा उनकी स्मृतियों को बराबर कुरेदता रहता था, नौस्टेल्जिया की सीमा तक–"मकान और रास्ते, मोड़ और गलियाँ धूप और पेड़ों के नीचे हरी-साँवली छाया...हम उन दिनों एक अत्यन्त स्पृहणीय कमनीय सौन्दर्यलोक में रहते थे। क्या वे दिन वापस नहीं आएँगे।"[31]

मुक्तिबोध के जीवन के उतार-चढ़ावों को उनके स्थान और नौकरी बदलने के प्रसंगों से भी समझा जा सकता है। दो दशकों में वे बड़नगर, उज्जैन, शुजालपुर, कलकत्ता, बम्बई, बंगलोर, बनारस, इलाहाबाद, जबलपुर और नागपुर में तरह-तरह की नौकरियाँ करते रहे। बनारस में वे 'हंस' कार्यालय में डिस्पेचर का कार्य करते थे।[32] बंगलोर में वे सेना में सेवा के लिए गए थे किन्तु वे सेना की परीक्षा में जान-बूझकर फेल हो गए।[33] सेना का अनुशासन बर्दाश्त करना भी उनकी मानसिकता के सर्वथा प्रतिकूल ही था। शुजालपुर में "उनकी स्कूल के मैनेजर से नहीं बनी तो नहीं ही बन सकी और आप इस्तीफा देकर

चल दिए।''[34] जबलपुर के जैन हाईस्कूल में भी वे आश्वस्त होकर नौकरी नहीं कर पाए। यहीं उन्होंने 'दैनिक जयहिन्द' में भी कुछ माह कार्य किया। इसके बाद छः वर्षों तक नागपुर के प्रकाशन एवं सूचना विभाग में पत्रकार की हैसियत से कार्य करते रहे। यह नौकरी उन्होंने आकाशवाणी की उस बेहतर नौकरी के लिए छोड़ी, जहाँ वे बराबर सशंकित रहते थे और उन्मुक्त वातावरण के लिए तरसते थे। फिर भी मासिक अनुबन्ध की यह नौकरी उन्होंने दो वर्षों तक की। इसके बाद अलग मध्य प्रदेश बन जाने के कारण उनका स्थानान्तरण आकाशवाणी केन्द्र भोपाल हो गया। भोपाल न जाकर वे 'नया खून' का सम्पादन करने लगे। इस अखबार के लिए मुक्तिबोध ने बहुत कुछ किया। किन्तु यहाँ भी मालिक स्वामी कृष्णानन्द सोख्ता से 58 में नहीं बनी और 'नया खून' छोड़ना पड़ा। इस बीच ''उन्होंने एक और प्रयत्न किया–कोर्स बुक लिखकर–पैसा कमाने का।''[35] परिवार की जरूरतों को पूरा करना उनके लिए सदैव समस्या होती थी। ''उन्होंने द्वारकाप्रसाद मिश्र के साप्ताहिक 'सारथी' में भी कालम लिखे हैं। उपनाम और अनाम से भी। स्कूली किताबें भी लिखीं। गणित, विज्ञान और इतिहास की पुस्तकों का भाषान्तर भी किया।''[36] उन्होंने सामाजिक अध्ययन की पुस्तकें लिखीं, जो आज भी महाराष्ट्र प्रदेश में चल रही हैं।[37] नागपुर में मुक्तिबोध पर कर्जा बहुत हो गया था। कर्ज पर ब्याज भी बहुत अधिक था। इस सब स्थिति की कल्पना हम नेमिचन्द्र जैन को पत्र में लिखी मुक्तिबोध की इन पंक्तियों से कर सकते हैं–''पिछले कई दिनों से मेरा स्वास्थ्य जर्जर है, रगें कमजोर हो गई हैं...नौ वर्ष की सरकारी नौकरी ने कुछ नहीं दिया, तोहमत दी, राजनीतिक और सामाजिक तोहमत...ऊपर से मानसिक और शारीरिक स्वास्थ्य चौपट हो गया। मैंने कभी किसी से झगड़ा-झाँसा नहीं किया, साथ ही अपने अधिकारियों को खुश रखने की अजहद कोशिश की, फिर भी, हानि ही हानि।''[38]

ऐसी मनःस्थिति में व्यवस्थित हो सकने और लेखन हेतु पर्याप्त समय पा सकने की कामना और आकांक्षा के साथ 58 में मुक्तिबोध राजनाँदगाँव आए। राजनाँदगाँव के छः वर्षों में मुक्तिबोध जहाँ एक ओर अपने जीवन के अनुभवों के सार को कविता और गद्य में उतारने में व्यस्त रहे वहीं उनका स्वास्थ्य अस्थिर बना रहा। किन्तु यहाँ मुक्तिबोध ने जैसे अपने तईं अपने आत्मविश्वास को विश्व आस्था के साथ नए सिरे से अर्जित किया। इस आत्मविश्वास से उन्हें कठोर बौद्धिक श्रम और आत्म संघर्ष के व्यापक समाधान की रचनात्मक सक्रियता हासिल हुई। तब भी शंकाएँ उन्हें घेरे रहती थीं, आर्थिक दिक्कतों का बेनाप सिलसिला खत्म नहीं हो रहा था। यद्यपि राजनाँदगाँव में उन्हें बहुत आत्मीयता प्राप्त हुई फिर भी वहाँ उनकी बौद्धिक और सृजनात्मक उड़ान के साथ तादात्म्य कर सकनेवाला साथी नहीं था। उस छोटे से नगर में मित्रों से कटे रहने का खेद और उससे ऊब उठने की स्थिति में वे किसी बड़े शहर में जा लेक्चररी व अनुसन्धान आदि करने की इच्छा रखते थे।[39] मुक्तिबोध प्रारम्भ से ही बिना पारिश्रमिक रचना छपवाने के विरोधी थे। उनकी लम्बी कविताओं को प्रकाशित कर पाना भी सभी पत्रिकाओं के लिए सम्भव नहीं था। राजनांदगाँव आने के बाद वे कृति,

कल्पना, धर्मयुग आदि में कविताएँ भेजते रहे। अनेक महत्त्वपूर्ण रचनाओं का संशोधन करते रहे। ये दिन कदाचित उनके जीवन के सबसे अच्छे दिन थे। नागपुर में तो 'नया खून' के दफ्तर में रात दो-दो बजे तक काम करना पड़ता था और आय की चौथाई रकम ब्याज में ही चली जाती थी। यहाँ राजनांदगाँव में "तुलनात्मक रूप से शान्तिपूर्ण जीवन और रचनात्मक सम्भावनाओं की आशा कर रहे थे तभी वे अचानक अस्वस्थ हो गए, जिन्दगी-भर की हठधर्मी अब अपना चुकारा ले रही थी।"[40] नवम्बर, 1959 में ग्लैंड्स फिर बढ़ गई थीं, इसके कुछ पहले भी वे इसी कारण अस्वस्थ रहे थे।

इन्हीं दिनों मुक्तिबोध ने पाठ्यक्रम हेतु एक पुस्तक तैयार की थी–'भारत : इतिहास और संस्कृति', इस पुस्तक की स्वीकृति से उन्हें अपने आर्थिक कष्टों से छुटकारा पाने का विश्वास हो गया था पर 1962 में म.प्र. सरकार ने इस पुस्तक पर प्रतिबन्ध लगा दिया। इससे मुक्तिबोध बहुत अधिक विचलित हुए। प्रतिबन्ध के पूर्व उनसे स्पष्टीकरण नहीं माँगा गया और उनके विवेक संगत प्रतिवेदन पर विचार भी नहीं किया गया। "पुस्तक के खिलाफ आन्दोलन करानेवाले मुख्यतः दूसरे प्रकाशक थे। आन्दोलन में जनसंघ प्रमुख था। इसके साथ ही गैर-साम्प्रदायिक पत्रों के बिके हुए सम्पादक थे।"[41] इस पूरे प्रसंग को राजनीतिक शक्ल दे दी गई थी। मुक्तिबोध की विक्षुब्धता का सबसे बड़ा कारण लेखक और अभिव्यक्ति की स्वतन्त्रता पर हुआ प्रहार था। वे कहते थे–"यह नंगा फासिज्म है...अभिव्यक्ति की स्वतन्त्रता जा रही है। गला दबाकर आवाज घोंटी जा रही है।"[42] क.प. सारथि ने मुक्तिबोध की उस समय की प्रतिक्रिया का एक बेहद प्रखर और मार्मिक दृश्य इस प्रकार प्रस्तुत किया है–"लगाए गए आरोपों का खंडन सुनने के लिए हम कॉलेज के अध्यापक-कक्ष में जमा हुए थे। इतिहास के बड़े-बड़े ग्रन्थों को, जिन्हें मुक्तिबोध अपने को प्रमाणित करने के लिए लाए थे, मेज पर झुके दोनों हाथों से फैलाते हुए वे चालीस वर्षों की तरफ यात्रा करते हुए लम्बे आदमी दिखाई दे रहे थे। उनकी आँखें गम्भीर और बेचैन थीं और उनके पिचके तिकोने चेहरे पर वे तेजी से चमक जाती थीं। बाहर काफी गर्मी थी। वे अत्यधिक आवेश में बोल रहे थे। सार रूप में मैंने पाया जैसे वे बता रहे हों कि भाग्य उनके साथ बहुत अकरुण रहा है। यह आघात इतना कठोर था कि वे फिर खुद को जोड़ नहीं पाए और धीरे-धीरे एक ऐसे मौन में जा डूबे जहाँ से वे फिर कभी उबर नहीं पाए।"[43] इस घटना में सबसे करुण पक्ष यह था कि "जनसंघियों के साथ ही साम्यवादी राजनीतिज्ञ भी उनकी पुस्तक के विरुद्ध आन्दोलन कर रहे थे।"[44]

स्वाभाविक है यह समूची स्थिति मुक्तिबोध के लिए बेहद यन्त्रणादायिनी रही होगी। इन्हीं दिनों मुक्तिबोध ने अपनी लम्बी कविता 'अँधेरे में' पर अन्तिम रूप से कार्य किया। पुत्र दिवाकर पाँच वर्षों से दमे के कारण बीमार था। मुक्तिबोध को भी एग्जिमा, पायरिया, मिर्गी और अन्त में पक्षाघात ने घेर लिया। अस्वस्थता की स्थिति में वे बहुत ही करुण और असहाय हो उठे। उनकी आँखें बातें करते भर आती थीं। 7 फरवरी, 64 को उन्हें पक्षाघात हुआ, 17 फरवरी को उन्हें विधिवत उपचार हेतु भोपाल लाया

गया। बाद में 26 जून, 64 को वे दिल्ली लाए गए। इस उपचार-व्यवस्था के लिए दिल्ली के युवा रचनाकारों सहित बच्चन आदि ने प्रधानमन्त्री लालबहादुर शास्त्री से अनुरोध किया था। जिसे उन्होंने स्वीकार कर मेडिकल इंस्टीट्यूट में चिकित्सा का समुचित प्रबन्ध किया। इसी दौरान उनकी डायरी तथा कविता संग्रह के प्रकाशन की व्यवस्था हुई। डायरी "उन्हें दिखाई तो मुस्कुराए, आँखों से आँसू बह निकले।"[45] 11 सितम्बर, 1964 को इंडियन मेडिकल इंस्टीट्यूट के कमरा नं. 208 में 47 वर्ष की आयु में मुक्तिबोध समकालीन कविता के केन्द्र में प्रवेश करते हुए चले गए। 'चाँद का मुँह टेढ़ा है' मुक्तिबोध नहीं देख पाए। प्रारम्भ से ही वे प्रकाशन चाहते थे। 42 के जून माह में उन्होंने नेमिचन्द्र जैन को लिखा था–"I want publication badly"[46] मई, 46 में उन्होंने पुनः नेमिचन्द्र जैन को लिखा था–"मैं कविता संग्रह प्रदीप कार्यालय मुरादाबाद भेज चुका हूँ। अज्ञेय ने संग्रह की भूमिका लिखना स्वीकार कर लिया है।"[47] पर अपना संग्रह देख पाना उनकी नियति नहीं थी। इस पूरे प्रसंग को भारतभूषण अग्रवाल का यह कथन पूरी विडम्बना सहित उजागर करता है कि–"जीवन के अन्तिम क्षणों में, उनके मित्रों, शुभचिन्तकों, यहाँ तक कि कुछ उदार सत्तासीनों ने भी उनके प्रति जो उत्सुकता पूर्ण रुचि दिखाई वह उस उपेक्षा और उदासीनता की क्षतिपूर्ति नहीं कर सकते जिसका मुक्तिबोध ने जीवन-भर सामना किया। न ही कविताओं का वह भारी-भरकम संग्रह, जो उनके सिरहाने उनके अन्तिम साँस लेने के दिन रखा गया, उस विस्मृति-भरे व्यवहार की कमी पूरी कर सकते हैं, जो उनकी रचनाओं के साथ पहले किया गया।"[48]

युवा मुक्तिबोध का रूपाकार प्रभावशाली था। ऊँची काठी, साँवला रंग, तीखे नक्श, विशेषकर ध्यान आकर्षित करती उनकी लम्बी नाक, अस्थिर, सशंक किन्तु परखती हुई आँखें–कुल मिलाकर उनके व्यक्तित्व को प्रभावशाली बनाते थे। चेहरे पर चिन्तनगत भव्यता झलकती थी। बौद्धिक स्नाबरी जैसा उनकी चाल-ढाल और बातचीत में कहीं कुछ नहीं था। लम्बे डग भरकर चलनेवाले मुक्तिबोध भारतीय काठी के नितान्त अपने व्यक्ति लगते थे। निरन्तर कम दूध की या काली चाय और बीड़ी पीना मुक्तिबोध के लिए सामान्य चीज थी। लिखते वक्त, बहस के दौरान वे बीड़ी पीते रहते थे। ऑडेन के साथ भी कॉफी पीते रहने की ऐसी लत थी। कदाचित ये उनकी चिन्तन एवं रचना प्रक्रिया के उत्प्रेरक कारक रहे। मुक्तिबोध का "धूम्रपान और चाय का शौक जीवन-भर रहा। जब वे ये चीजें पीते उनके चेहरे को देखकर लगता जैसे वे इन सबका आनन्द नहीं ले रहे हैं, उनके शरीर को आवश्यक है इसलिए पीते हैं।"[49] अकेले धुन में सोचते चलना उन्हें अधिक अच्छा लगता बनिस्वत औपचारिक या निरर्थक बातें करनेवालों के साथ के। इस माने में वे अन्तर्मुखी और एक खास तरह की सतर्कता बरतते थे। गुमटियों की चाय उन्हें अधिक प्रिय थी। टूटी-फूटी चाय की दुकान पर बैठ जाना...बीड़ी के कश लगाना उनके लिए सहज था। मित्रों को वे "घर में, रास्ते में, होटल में या। कहीं भी अपनी रचना सुनाते थे।"[50] उत्तेजना और रचना के क्षणों में अशान्त चक्कर काटते और बहस करते उत्तेजित हो जाते थे, तब उनके गले की नसें तन जाती थीं। ये सब उनकी

समग्र संलग्नता के सूचक तथ्य हैं। सामान्यतः वे विनयी, सरल किन्तु भीतर से चट्टान की तरह दृढ़ रहते थे। उनमें अपार मानवीय करुणा थी। मनुष्य के दुखों और उसके संघर्ष का बोध उन्हें किताबी दुनिया के बौद्धिक अनुभव से नहीं, स्वयं अपने और चतुर्दिक फैले जीवन से हुआ था। इसलिए उनकी करुणा उधार लिए, सैद्धान्तिक मानववाद की ठस्स करुणा के बदले—ऐसे व्यक्ति की करुणा थी जो निरन्तर और क्रमशः अपनी तकलीफों को विराट जन समुदाय के कष्टों से जोड़ रहा था।

अभी तक हमने मुक्तिबोध के मित्रों का उल्लेख नहीं किया है। उनकी मृत्यु के बाद उनके निकटस्थ और आत्मीय होने के अनेक दावेदार प्रकट हुए। यह स्वाभाविक ही है। हम मानव स्वभाव की जटिलता और सीमाओं को दृष्टिगत रख इस पर निरर्थक टिप्पणी में विश्वास नहीं रखते हैं। फिर भी उनके रचनात्मक और मानवीय व्यक्तित्व के वृत्त को आलोकित या छायाग्रस्त करनेवाले रिश्तों पर संक्षिप्त विचार करना आवश्यक समझते हैं।

उज्जैन के प्रारम्भिक सहपाठी जो साहित्य में अपने तरह की रुचि रखते थे मुक्तिबोध के लिए बहुत जल्दी अप्रासंगिक हो गए थे। केवल प्रभाग चन्द्र शर्मा कुछ दूर तक उनके साथ रहे। प्रभागजी गम्भीर और विचारवान युवा थे। मुक्तिबोध उन्हें उड़ा दिया करते थे। प्रभाग इससे आहत हुए थे।[51] वीरेन्द्र कुमार जैन और प्रभाकर माचवे के साथ उनके प्रारम्भिक सम्बन्ध बहुत प्रगाढ़ रहे, प्रारम्भिक काव्य रुचियों और सिद्धान्त-चर्चाओं की दृष्टि से मित्रता बहुत अर्थ रखती है। पर माचवे और वीरेन्द्र कुमार के व्यक्तित्व, आकांक्षाएँ, विचार और कविता से मुक्तिबोध की दिशा को भिन्न होना था और इसके संकेत उस समय ही मिलने लगे थे। फिर ये सौन्दर्य चेतना, उच्छ्वास और आवेग की वय भी थी। मुक्तिबोध की शुजालपुर में नेमिचन्द्र जैन से भेंट और मित्रता का लम्बा, लगभग मुक्तिबोध के पूरे जीवन का, सिलसिला विस्मयकारी और आह्लाददायी है। नेमिचन्द्र जैन को जून, 42 से फरवरी, 64 तक लिखे गए मुक्तिबोध के पत्र इस मित्रता पर और इसके रिश्ते तथा स्वयं मुक्तिबोध पर पर्याप्त प्रकाश डालते हैं। छद्म और अतिरंजित पत्र-लेखन की सम्भावनाओं से सहमत होते हुए भी यह कहे बिना नहीं रहा जा सकता कि मुक्तिबोध के नेमिजी को लिखे खत इसका अपवाद हैं। जहाँ इन पत्रों के कारण मुक्तिबोध की एक खास तरह की योद्धा जैसी प्रतिमा खंडित होती है वहीं इनके जरिए "एक अत्यन्त संवेदनशील और संघर्षरत बेचैन व्यक्ति के आन्तरिक और बाह्य जीवन की उलझनों, परेशानियों और टकराहटों को बड़ी गहराई और सच्चाई से"[52] समझा भी जा सकता है। स्वयं मुक्तिबोध के शब्दों में इस मित्रता और सम्बन्ध के दायित्व को हम इस तरह देख पाते हैं, "याद है, आपकी बहुत बड़ी जिम्मेदारी है। आपने एक व्यक्ति के साथ नाजुक खेल खेला है। उसे कम्युनिस्ट बनाया, दुर्धर्ष घृणा के उत्ताप से पीड़ित। और उसकी स्त्री के प्रति उसका रुख पलटा। अधिक सहनशील भावनामय उसे बनाया। यह काम बड़ा ही नहीं, नाजुक भी है।"[53] बताने की आवश्यकता नहीं यह व्यक्ति स्वयं मुक्तिबोध ही है। शुजालपुर में नेमिजी के साथ रहकर

मुक्तिबोध पुरानी छायावादी भावुकता से न केवल मुक्त हुए, मार्क्सवाद के संस्कारों से अनुप्राणित भी हुए। श्रीमती शान्ता मुक्तिबोध के इस कथन को ध्यान में रखकर कि "नेमिजी को वे मुझसे भी ज्यादा प्यार करते थे। वे बहुत उमंग के दिन थे।"[54] हम मुक्तिबोध की आत्मा के सहचर मित्र की कल्पना कर सकते हैं। मुक्तिबोध की निम्न पंक्तियाँ जो नेमिजी के लिए अक्टूबर, 45 के पत्र में लिखी गई हैं श्रीमती मुक्तिबोध के कथन को प्रमाणित करती हैं :

याद आती है तुम्हारी तैरती-सी,
राह से जिस
कभी कोई आ नहीं सकता
न माता, पुत्र या पत्नी, पिता।[55]

बातें, परिचय आदि में सतर्कता बरतनेवाले और गोपनीयता की हिदायत देनेवाले मुक्तिबोध का खुलापन जैसा नेमिजी के साथ प्रकट हुआ है, वैसा अन्य मित्रों के साथ कम ही है। वहाँ एक औपचारिकता और साहित्यिक बौद्धिकता का स्वर दिखाई देता है। वैसे बनारस, जबलपुर और यहाँ तक कि नागपुर में भी मुक्तिबोध ने मित्रहीनता की स्थिति का संकेत किया है। सन् 56 में नेमिजी को मुक्तिबोध ने इस सम्बन्ध में लिखा था–"वैसे मन शिथिल है। ग्लानि और अवसन्नता वैसे ही स्वभावजात है, अब मित्रहीन और साधनहीन होने के कारण अधिक अवसन्नता है।"[56] हो सकता है मुक्तिबोध ने कई चीजें तात्कालिक मनःस्थिति के दबाव में भी लिखी हों। पर नागपुर में मुक्तिबोध का एक बड़ा मित्र-मंडल अवश्य रहा है। एक ऐसा मित्र-मंडल जिसके कवियों को मुक्तिबोध के प्रभाव के अन्तर्गत 'मुक्तिबोध स्कूल के कवि'[57] जैसी संज्ञा की सम्भावना पर भी विचार किया गया। इसके पूर्व मुक्तिबोध जबलपुर में रहे थे। वहाँ उन्होंने किसी से सम्पर्क नहीं रखा था। श्रीकान्त वर्मा के अनुसार–"उनके मन में जबलपुर की कटु स्मृतियाँ थीं जहाँ उनकी गम्भीरता, उनकी शिक्षा और उनकी भद्रता जबलपुर के नशा-प्रेमी साहित्यकारों के बीच उपहास का विषय बनी थी। छायावादोत्तर काव्य के एक 'क्रान्तिदूत' ने (उनका सम्मान करने के लिए नहीं, बल्कि मखौल उड़ाने के लिए) उन्हें 'सुकरात' का नाम दे रखा था। मगर नागपुर में उन्हें जो विरोध मिला, वह साहित्यिक नहीं, राजनीतिक था।"[58] किन्तु श्रीकान्त वर्मा के कथन के नागपुरवाले मत से पूरी तरह सहमत नहीं हुआ जा सकता। कार्यालय तथा शहर के कुछ लोगों ने भले ही उनका विरोध करने की गरज से उन्हें कम्युनिस्ट करार दिया हो पर वहाँ मुक्तिबोध को मित्रों का सहयोग और समर्थन भी बहुत मिला। इसे कम कर नहीं आँका जाना चाहिए। नागपुर में मुक्तिबोध के मित्रों में कवि, कथाकार, व्यंग्यकार, पत्रकार, चित्रकार सभी थे। मुक्तिबोध के मित्रों से रिश्ते के प्रसंग में बहुत सी विचित्र और विरोधी बातें कही जाती हैं जिनसे उनका बिम्ब गड़बड़ा जाने लगता है। दरअसल उनके मित्र पता नहीं क्यों अपनी प्रतिभा या धाक जमाने के लिए उन्हें एक 'हौवे' के रूप

में प्रस्तुत करते हैं। इस सम्बन्ध में कुछ लोगों की धारणाएँ बड़ी विपरीत भी हैं। प्रभाकर माचवे के मत में–"वे जीवन में गलत मित्र चुनते गए और विश्वासघात की चोटें झेलते गए।"[59] नागपुर से आकाशवाणी केन्द्र भोपाल स्थानान्तर के प्रसंग में उनके पुत्र रमेश मुक्तिबोध का यह कथन भी द्रष्टव्य है–"इतनी बड़ी रिस्क में भी वे भोपाल जाने को तैयार हो गए, किन्तु ऐन जाने के समय (तैयारी हो चुकी थी) उनके निकटवर्ती मित्रों ने उन्हें यह रिस्क लेने की सलाह नहीं दी। शायद वे जिन्दगी में हर प्रकार की रिस्क लेकर ही जीना चाहते थे।"[60] इससे इतना तो ज्ञात होता ही है कि रिस्क उठाने की साहसिकता के बावजूद वे स्वयं तुरन्त निर्णय नहीं ले पाते थे, और निर्णय के बाद भी दूसरों से प्रभावित होकर अपना निर्णय बदल देते थे। मुक्तिबोध को कुछ लोग दम्भी भी समझते थे और लापरवाह भी।[61] शरच्चन्द्र मुक्तिबोध के अनुसार यह असम्भव नहीं था क्योंकि 'सावधानी उनमें नहीं थी।'[62] अर्थात् यही कि किसी ने उनसे नमस्कार किया होगा और उन्होंने उत्तर नहीं दिया होगा। किसी की पुस्तक या पांडुलिपि उनसे इधर-उधर हो गई होगी, इत्यादि। ये ऐसी छोटी, सामान्य और रोजमर्रा की बातें हैं जिनको किसी व्यक्ति के व्यक्तित्व निर्धारण का मानदंड बनाने का कोई औचित्य नहीं है। इसी प्रकार मुक्तिबोध के सम्बन्ध में यह भी कहा जाता रहा कि उनके पास तक जाना या, उनका सान्निध्य प्राप्त करना बहुत कठिन था। अनिलकुमार का यह कथन भी कुछ इसी तरह का भ्रम पैदा करता है–"विद्रोहीजी ने रामकृष्ण से सिफारिश की थी और परिणामतः मैं उनकी 'गुड-बुक' में आया।"[63] प्रत्येक व्यक्ति की तरह मुक्तिबोध की भी मित्रों के सन्दर्भ में अपनी रुचि-अरुचि होगी। पर इसे इस तरह 'तूल' देकर उन्हें जितने वे आशंकित आदि रहते होंगे इससे अधिक रहस्य-पुरुष बना दिया गया था।

नागपुर के साथियों में प्रभाकर माचवे, नरेश मेहता मालवा के पुराने मित्र थे जो अधिक समय साथ नहीं रहे। नए मित्रों में रामकृष्ण श्रीवास्तव, जीवनलाल वर्मा विद्रोही, प्रमोद वर्मा, श्रीकान्त वर्मा, मनमोहन मदारिया, अनिलकुमार, भाऊ समर्थ तथा नए सम्बन्धों में जबलपुर के हरिशंकर परसाई थे। इन मित्रों की मान्यता थी कि 'मिडियाकर' मुक्तिबोध के पास फटक तक नहीं सकते। इनमें से अधिकांश का दावा है कि मुक्तिबोध उन्हें विश्वसनीय मानते थे तथा मुक्तिबोध से उन्हें प्रगतिशील दृष्टि प्राप्त हुई है। रामकृष्ण और अनिलकुमार दिवंगत हो चुके हैं, रामकृष्ण के प्रति मुक्तिबोध का लगाव उनके पत्रों में व्यक्त है। अनिलकुमार के कारण मुक्तिबोध सम्बन्धी एक विवाद जन्म कुंडली, ज्योतिषी में मुक्तिबोध के विश्वास आदि को लेकर उठा था।[64] अनिलकुमार की यह बात भी कई मित्रों को खटकी थी कि मुक्तिबोध अपनी कविताएँ अनिलकुमार को काट-छाँट या संशोधनार्थ हेतु देते थे।[65] कुछ इसी तरह का प्रश्न उस वक्त भी उठा था जब प्रभाकर माचवे ने मुक्तिबोध के अन्तिम दिनों में उनके द्वारा 'राम' 'राम' बुदबुदाए जाने का जिक्र किया था। इसका जिक्र बिन्दु अग्रवाल ने भी किया है। अभी श्रीमती मुक्तिबोध के एक साक्षात्कार से भी ये प्रश्न (मुक्तिबोध के धार्मिक विश्वास, पूजा करना, लघु रुद्र की पोथी का पाठ, शिवरात्रि का व्रत, टीका लगाना इत्यादि) सामने आए हैं।[66]

हम इस सम्बन्ध में अत्यन्त स्पष्ट धारणा रखते हुए इन तथ्यों को इस सीमा तक विवाद का विषय नहीं मानते हैं कि इनके कारण मुक्तिबोध के व्यापक सामाजिक दृष्टिकोण के समक्ष प्रश्न चिह्न लगाए जा सकते हैं। हमारा निर्भ्रान्त मत है कि अपने जीवन काल में एक व्यक्ति अपने समय के अन्धविश्वासों से जूझते हुए भी किसी सीमा तक संस्कारों से ग्रस्त रह सकता है। मुक्तिबोध को मध्यमवर्गीय भारतीय मनुष्य की जड़ों और नियति से काटकर हम किस मुक्तिबोध को और किसलिए पाना चाहेंगे। अमीरी और सम्पन्नता के बीच अपने जातीय विश्वासों को समूल उखाड़ फेंकने की दाम्भिकता दिखाना मुश्किल नहीं है। अन्ततोगत्वा आज और आनेवाले दिनों में हमारे और आनेवाली पीढ़ियों के बीच यदि कोई व्यक्ति रहता है तो वह संघर्ष के एक प्रतीक, एक विचार और अपनी समूची सर्जनात्मकता के जरिए ही रहता है। तब यह कोई समस्या नहीं होती कि वह व्यक्ति पेशवाई धोती पहनता था या मुगल काट का पाजामा। इन तथ्यों का उपयोग न मुक्तिबोध के पक्ष में जाता है, न विपक्ष में। दिक्कत यही है कि हमारे उत्साही प्रगतिशील ऐसी सामान्य छोटी तथ्यात्मक जानकारी को प्रतिक्रियावादियों आदि की साजिश बता इनका राजनीतिक इस्तेमाल प्रारम्भ कर इन्हें सुर्खी प्रदान कर देते हैं।

साहित्यिक जीवन में ऐसी अनेक चीजें घटती हैं। नेरुदा ने एक साक्षात्कार में रीता जीबेर्त को कहा था–''कला की तरह जीवन में भी आप हर एक को प्रसन्न नहीं रख सकते और यह एक ऐसी स्थिति है। जो सदैव कायम रहती है। जिस बात से मुझे परेशानी होती है, वह है आपकी कविता या जिन्दगी की घटनाओं की तोड़-मरोड़कर की गई व्याख्या।''[67] स्टीफेन स्पेंडर ने भी अपनी आत्मकथा में रचनाकार के जीवन के प्रसंग में घटित होनेवाली ऐसी बातों की ओर संकेत किया है–"There is too much betrayal, there is general atmosphere of intellectual disgrace, writers have to make too many concessions in order to support themselves and their families."[68]

अब यदि मुक्तिबोध ने अनिलकुमार को कविता पढ़ने देते वक्त यह कह दिया होगा कि भाषा आदि के बारे में देख लेना, तो इससे कहाँ मुक्तिबोध छोटे हो जाते हैं या अनिलकुमार बड़े हो जाते हैं। यहाँ यह उल्लेखनीय है कि अरसे तक मुक्तिबोध के मन में हिन्दी के प्रति यानी अपनी भाषा के प्रति सन्देह रहा है। इस मित्र मंडली के साथ, जो क्रमशः बिखरती गई, मुक्तिबोध ने नागपुर के अपने दिन बिताए, जहाँ उनकी सृजनात्मक शक्ति का निरन्तर 'हैक वर्क' तथा पत्रकारिता में अतिशय दुरुपयोग हुआ। यहाँ श्रीकान्त वर्मा के प्रति उनके स्नेह और विश्वास का उल्लेख जरूरी है। मुक्तिबोध के जीवन में नया जानने और नए से ही ग्रहण करने की ललक और विनम्रता जीवन भर रही। इसके पीछे अवश्य ही उनके निजी आत्मविश्वास का अभाव भी थोड़ा रहा होगा, पर इसे कोरे अभाव की रोशनी में ही समझना भी भूल होगी। उनकी श्रीकान्त वर्मा को फरवरी, 59 में लिखी पंक्तियाँ द्रष्टव्य हैं–''भाषा के सम्बन्ध में भी आपने

लिखा, वह युक्तियुक्त ही है, साथ ही मैं यह सोचता हूँ कि पत्र द्वारा क्यों न सही, आप मेरी कविता की कमजोरियों को भी स्पष्ट करें, जिससे कि मुझे सहायता मिल सके।''[69] यह उनकी जागरूकता ही का परिणाम है। सचमुच किसी भी रचनाकार के व्यक्तित्व को मित्रों के मतों के आधार पर परख पाना भी एक दुष्कर कार्य है। कभी कमजोरियों को बढ़ा-चढ़ाकर उदात्तता प्रदान कर दी जाती है तो कभी शक्ति-सामर्थ्य को दुर्बलता मान लिया जाता है।

राजनांदगाँव में मुक्तिबोध के करीब शरद कोठारी, पार्थ सारथि, गुरुदेव कश्यप आदि रहे। शरद कोठारी और सारथि उनके अधिक निकट थे। सारथि, कोठारी आदि मित्रों के साथ प्रति शाम घूमने जाते और विभिन्न विषयों पर बहस करते थे। इस समय मुक्तिबोध में अन्य मित्रों को आमन्त्रित करने और दो-चार दिन उनके साथ व्यीतत करने का उत्साह और सामर्थ्य भी दिखाई देता है। उनके पत्रों में यह कामना बराबर दिखाई देती है। वे पुराने मित्रों को उन्हीं दिनों की स्मृतियों के बीच अपने भीतर जिलाए रखते थे। मुक्तिबोध एक ऐसे मनुष्य और रचनाकार सिद्ध हुए जिन्होंने अपनी मृत्यु के बाद अपने आत्मीय मित्रों की संख्या बेहिसाब बढ़ाई है और वे लम्बे अरसे तक साहित्य के केन्द्र में रहकर कभी समाप्त न होनेवाली बहस चलाते रहेंगे।

विद्यार्थी जीवन (1938) के बाद से छब्बीस वर्ष के अपने शेष जीवन-भर मुक्तिबोध भटकते-बिखरते रहे। मुक्तिबोध ने तारसप्तक के लिए 1963 में दिए गए वक्तव्य में स्वयं अपनी बाहरी जिन्दगी का निचोड़ इन शब्दों में व्यक्त किया है–''नौकरियाँ पकड़ता-छोड़ता रहा। शिक्षक, पत्रकार, पुनः शिक्षक, सरकारी और गैर-सरकारी नौकरियाँ। निम्न मध्यवर्गीय जीवन, बाल-बच्चे, दवा-दारू, जन्म-मृत्यु।''[70]

पर यदि मुक्तिबोध का जीवन इतना ही होता तो वे हमारे लिए विशेष अर्थ में प्रासंगिक मुक्तिबोध नहीं हुए होते। हमने उनके जीवन को इसलिए इतने विस्तार से परखा है कि इसके चलते उनके द्वारा रचे गए दूसरे संसार को समझने में यह सहायक हो। हम मुक्तिबोध के जीवन, व्यक्तित्व और रचना के बीच मनोवैज्ञानिक रिश्ता ढूँढ़ लेने के कायल नहीं हैं। हर स्थिति और प्रसंग में यह सम्भव भी नहीं है। पर हम नीलकान्त के इस तर्क से भी सहमत नहीं हो सकते कि मुक्तिबोध को मनोविज्ञान की प्रणाली से समझना या समझाना किसी विकृति अभियान में शामिल होना है।[71] यदि मनोविज्ञान कुंजी है तो मार्क्सवाद भी विश्लेषण की पद्धति ही है। हमारी दृष्टि में इनमें विरोध नहीं है। विरोध तब होता है जब पद्धतियों के पीछे सक्रिय दृष्टि में ही कहीं खोट या एकांगिता का भाव हो। हम मानते हैं कि 'समग्रता' सबसे बड़ी चीज है।

अपनी बाहरी जिन्दगी की फूहड़ताओं और सामाजिक न्याय की अनुपस्थिति में भी मुक्तिबोध बराबर अपने भीतर नैतिक विकास करते रहे। यह विकास अमूर्त धारणाओं की निष्पत्ति न होकर उन आकांक्षाओं और प्रवृत्तियों का परिणाम था जो मुक्तिबोध के भीतर कभी जड़ नहीं हो पाईं। इसलिए हम मुक्तिबोध को 'शहीद' या 'आत्म बलिदानी' जैसी शब्दावली में बाँधने के हिमायती नहीं हैं। वे ईमानदार बने रहे और अपनी पीड़ा

को सृजनात्मक धरातल पर निरन्तर विराट जन समुदाय से जोड़ते रहने का अनवरत प्रयास करते रहे। यह प्रयास उन्होंने भाववादी आवेश से हटकर सामाजिक-वैज्ञानिक चेतना की प्रखरता से दृष्टि प्राप्त कर किया। इसी गुण के कारण वे अपने जैविक सामयिक से परे एक मानसिक भीतरी संसार का सृजन कर सके। जिसमें उनके जीवन की गूँजें भी मौजूद हैं और उसका विराट रूप भी।[72] नेरुदा ने साक्षात्कार में रीता जीबेर्त से यह यूँ ही नहीं कहा था कि–''कविता में कवि के जीवन का प्रतिबिम्ब होगा ही। यह कला का नियम है और कविता का भी।''[73] क.प. सारथि, जिन्होंने मुक्तिबोध के सृजन और जीवन दोनों को निकट से देखा था, का यह कथन मुक्तिबोध के विशेष सन्दर्भ में भी इसी तथ्य की पुष्टि करता है कि–''मुक्तिबोध के कवि और मुक्तिबोध के आदमी के बीच में कोई नाटकीय दूरी नहीं पाता। मेरे लिए तो मुक्तिबोध की कविता साफ-साफ मुक्तिबोध की जिन्दगी को प्रतिबिम्बित करनेवाली है और इसे एक आत्मकथात्मक वृत्त के रूप में जिसका कवि नायक स्वयं मुक्तिबोध है, देखना ज्यादा संगत लगता है। इस सिलसिले में यह कहने के खतरे को टाल नहीं पाऊँगा कि मुक्तिबोध ही अपनी कविता की हर पंक्ति, हर उस बिम्ब में जिसकी उन्होंने रचना की है, बोलते प्रतीत होते हैं।''[74] मुक्तिबोध का प्रकरण इतिहास के कठघरे में खड़े उस व्यक्ति का त्रासद अनुभव है जिसे यथार्थ और आदर्श के बीच के अन्तराल का तीखा बोध हुआ था। यह वह संकट है जो मनुष्य को नैतिक और भौतिक असुरक्षा से आक्रान्त कर देता है। एक ईमानदार और संवेदनशील व्यक्ति के लिए सर्वश्रेष्ठ और उदात्त मानवीय विकल्प कविता के अतिरिक्त क्या हो सकता है। यह सुपर इगो (इद्म) के समाधान का सर्जनात्मक रोशनदान भी है। एक ओर मुक्तिबोध ''बेहद आत्मलीन, जीवन को संस्कारित करुण भाव और आदर से देखनेवाले, विद्रोही, निर्वासित, जीवन की विसंगतियों के फलस्वरूप अकेलापन महसूस करनेवाले किन्तु दूसरी ओर मानव जीवन के परिवर्तनों के प्रति असीम आस्था, मानव भविष्य के प्रति निष्ठा और उत्पीड़ित तथा उपेक्षितों के प्रति गहरा लगाव रखनेवाले मनुष्य थे। ये उनके एकरस व्यक्तित्व के दो पहलू थे।''[75] किन्हीं दुराग्रहों या कट्टरताओं के परिप्रेक्ष्य में उनके व्यक्तित्व के इस अन्तर्विरोध को न समझने का परिणाम मात्र उनका गलत व्यक्तित्व-प्रतिमा-निर्माण ही हो सकता है। मुक्तिबोध ने इस द्वैत के मध्य अपने सुपर इगो (अत्यहं) का प्रक्षेपण करते हुए सामाजिक यथार्थ को ओझल नहीं होने दिया है। यह उनके रचनात्मक व्यक्तित्व का एक अत्यन्त सशक्त पक्ष है। जैसा कि हमने पाया जीवन में मुक्तिबोध आत्मघाती क्षणों की गिरफ्त में भी आए पर वे उससे उबरते भी गए। जीवन के प्रति उदासीनता या तटस्थता के बदले उनमें गहरी ललक और उत्कटता ही अधिक दिखाई देती है। सुपर इगो के प्रक्षेपण का सामाजिक पक्ष भी प्रबल होता है। इसकी अभिव्यक्ति वैयक्तिक न होकर सामाजिक ही होती है। इसीलिए उनका काव्य-व्यक्तित्व 'अँधेरे में' 'अरुण कमल' खिलाने का सामर्थ्य रखता है। उनकी अधीर आत्मा सुख के सिद्धान्त का अनुसरण नहीं करती। ''आन्तरिक मानसिक संगतिवाले व्यक्ति बाहरी बुराइयों और परिवेश के प्रति विस्मयकारी ढंग से

सन्तुष्ट पाए जाते हैं। किन्तु जहाँ व्यक्ति के भीतर द्वन्द्व होता है वहाँ वह बाहर की चीजों से असन्तुष्ट तथा उनके प्रति आक्रामक रुख रखता है।"[76] उनके आत्म-संघर्ष ने उनके रचनात्मक व्यक्तित्व को विशिष्ट रूप से व्यग्र बनाकर अन-अनुकरणीयता प्रदान की है। आत्म-संघर्ष के साथ ही आत्मालोचन का साहस और गुण भी मुक्तिबोध के रचनात्मक व्यक्तित्व का एक ऐसा पक्ष है जो बहुत कम रचनाकारों में पाया जा सकता है। इसका साक्ष्य उनके गद्य, पत्र और उनकी कविताओं के भीतर के प्रवक्ता के स्वर से बराबर मिलती है। मुक्तिबोध कई बार अपने को अपनी कविता के प्रवक्ता में रूपान्तरित करते हैं। इससे भी हमें मुक्तिबोध और कवि मुक्तिबोध को समझने में सहायता ही मिलती है। व्हिटमेन ने भी काव्य प्रवक्ता के बिम्ब में अपना रूपान्तरण इसी तरह किया था। मुक्तिबोध ने स्वयं आत्म प्रकटीकरण के स्थान पर आत्म-औचित्य द्वारा प्रस्थापना का इस प्रकार संकेत किया है–"सच तो यह है कि मनुष्य जब काव्य में अपने आपको प्रकट करता है तब वह केवल आत्म-प्रस्थापना ही नहीं करता वरन् वह आत्म-औचित्य की स्थापना भी करता है। आत्म औचित्य की स्थापना के द्वारा ही वह आत्म-प्रस्थापना करता है।"[77]

मुक्तिबोध के सर्जनात्मक व्यक्तित्व के कुछ और पहलुओं पर संक्षिप्त विचार करना जरूरी है। वैसे उनके चिन्तनवाले खंड में हम विस्तार से विश्लेषण करेंगे ही। मुक्तिबोध की मातृभाषा मराठी थी और इस कारण भी वे कहीं न कहीं स्वयं को उन्मूलित महसूस करते थे। अपनी काव्य-भाषा और गद्य-भाषा के प्रति पूर्ण आत्मविश्वास उनमें लम्बे अरसे तक नहीं रहा। दूसरे छोटी जगहों और कस्बों के साधनहीन रचनाकार की मनोग्रन्थि उनमें अन्त तक कायम रही। उनके लेखों-निबन्धों आदि में उद्धरणों और चमत्कृत करनेवाले प्रयासों के बदले पाई जानेवाली स्वचिन्तन धारा भले ही उनके लिए इसका लाभप्रद परिणाम सिद्ध हुई, किन्तु उन्हें बराबर लगता था कि दिल्ली, बम्बई, बनारस या इलाहाबाद के रचनाकार अधिक जानते हैं या जाने-माने-ख्यात रचनाकार हैं। उनके आसपास सम्पर्क और स्रोतों की समृद्ध दुनिया है। उस दुनिया में विवेक-स्फुलिंग और प्रतिभा-विस्तार के हर क्षण व्यापक अवसर हैं। 17.8.59 को राजनांदगाँव से मुक्तिबोध श्रीकान्त वर्मा को लिखते हैं कि "अगर आप, किसी ढंग से, कुछ दिनों के लिए, रुपए दिलानेवाले काम की तजबीज करके दिल्ली बुलवा सकें, तो मैं गर्मी की छुट्टियाँ आप ही लोगों के पास गुजारा करूँगा। बहुत कुछ जानना चाहता हूँ। बहुत कुछ सीखना चाहता हूँ।"[78] प्रभाकर माचवे के विदेश प्रस्थान का समाचार सुन उन्हें बहुत हर्ष हुआ होगा यहाँ तक तो गनीमत है, पर वे माचवे को पत्र में लिखते हैं–"वचन तो नहीं देता, परन्तु मैं आपको अमरीका चिट्ठी भेजूँगा। यह भी मेरे लिए एक रोमांस होगा।"[79] जबकि मुक्तिबोध ने 29 जनवरी, 47 को नेमिजी को लिखे पत्र में अपनी पेटी बूर्ज्वा सुरक्षा, धन, अच्छे कपड़े आदि की चाहना के प्रसंग में लिखा था–"शायद मैं भी दूसरा माचवे हो जाऊँ।"[80]

मालवे के निष्कपट व्यक्ति मुक्तिबोध को, जो अपने कर्ज की बात को गोपनीय

रखने की हिदायत श्रीकान्त वर्मा को भेजे पत्र में इन शब्दों में देते हैं–"कर्ज के सम्बन्ध में किसी पहचानवाले या मित्र को कहने की कतई जरूरत नहीं है। इसका किसी को पता न चलना चाहिए,"[81] बिल्कुल अन्दाज नहीं था कि उनकी भविष्यवाणियाँ सच हो जाएँगी। बातचीत के दौरान अनिलकुमार और शरद कोठारी को क्रमशः कहे गए उनके दो कथन विचारणीय हैं–पहला 'म्यूजियम में रखी जाएँगी मेरी कविताएँ'[82]और दूसरा–'थोड़ा ठहरो दोस्त, सन् 1980 तो आने दो'[83]। 1980 आया और मुक्तिबोध का समग्र साहित्य छः खंडों में भव्य रूप में प्रकाशित हुआ और उनकी पांडुलिपियों के लिए भोपाल में संग्रहालय भी स्थापित हुआ। वे सब खत और उनमें दी गई भोली हिदायतें, उनमें निश्चल भाव से प्रकट की गईं स्वीकारोक्तियाँ और मित्र भाव से की गईं प्रशस्तियाँ आज सबके सामने हैं। इससे मुक्तिबोध की प्रतिमा न केवल मानवीय हुई है वरन् अधिक विश्वसनीय भी बनी है। बहुत सी चीजों का समाधान मिला है। उनके अन्तर्विरोधों के साथ अब उनके रचना संसार को अधिक प्रामाणिकता से परखा जा सकता है।

उनके काव्य व्यक्तित्व को पुख्ता करनेवाले तन्तु उनके मन और मस्तिष्क में सतत सक्रिय और गतिशील रहे। उन्होंने मार्क्सवाद, विज्ञान और आधुनिकता के प्रश्नों के साथ गहरे स्तर पर साक्षात्कार कर अपनी दृष्टि को व्यापकतर बनाया।

यद्यपि उनके अपने आत्म सन्देह भी थे जिनका समाधान वे अपने जीवन में नहीं कर पाए। पर इनसे उबरने का प्रयास वे अपने चिन्तन और कविता में बराबर करते रहे । अपने जीवन और काव्य-व्यक्तित्व की इन्हीं विशेषताओं के कारण निराला के बाद मनुष्य और कवि के रूप में मुक्तिबोध इतने प्रासंगिक और सार्थक रचनाकार सिद्ध हुए।

मुक्तिबोध के बचपन की सम्पन्नता और ठाट-बाट[84] तथा बाद के अभावग्रस्त जीवन के छोटे-बड़े संघर्षों के बीच अनेक भावात्मक दरारें थीं। इनका विस्तार से विवेचन हमने ऊपर किया है। उनके मानसिक तनाव का एक बड़ा कारण उनकी दयनीय आर्थिक दशा, अपनी जिद से किए विवाह के कारण परिवार से अलगाव की भावना और पत्नी से लम्बे समय तक बना रहा असन्तोष भी था और इसके प्रमाण में माँ के प्रसंग में नेमिचन्द्र जैन को लिखी गईं ये पंक्तियाँ उनकी मानसिक अवस्था को प्रकट करती हैं–"मैं अपनी माँ को बुला रहा हूँ और यह एक तथ्य है कि उसे अपनी गृहस्थी दिखाना मेरे लिए शर्मनाक है। मैं उसे अपना चेहरा तक दिखाना नहीं चाहता।"[85] और जब माँ आ जाती है तब वे लिखते हैं–"माँ आ गई है और उसके साथ ही अतीत, वर्तमान और भविष्य की भयावह प्रतिच्छायाएँ भी।"[86] हमने पहले रचनाकार के मनस्ताप का संकेत किया है और रचनाकार के मनोविश्लेषण के प्रसंग में मनोविज्ञान की सर्वथा उपेक्षा को अनुचित भी बताया है। मुक्तिबोध के तनाव और उनके अचेतन के द्वन्द्व को समझने की दृष्टि से ही उनके निजी और पारिवारिक अलगावों और प्रश्नों को हमने इतना विस्तार दिया है। कवि की रचना-प्रक्रिया के दौरान अचेतन की अपनी भूमिका होती है। स्वयं मुक्तिबोध ने इसे 'जीवन शक्ति का रूप' कहा है।[87] हम यथासम्भव मुक्तिबोध की कविता के विश्लेषण के दौरान इन तथ्यों का उपयोग करेंगे। क्योंकि हमारे पास ऐसे

कोई पूर्व निर्धारित लक्ष्य नहीं हैं जिनकी पुष्टि हेतु तथ्यों की उपेक्षा जरूरी हो। हम मनोविश्लेषण और मनस्ताप या अचेतन की धारणा की सीमाओं से भी परिचित हैं। फ्रायड स्वयं 'कलात्मक प्रतिभा की प्रकृति' तथा 'कलात्मक शिल्पविधान' के सम्बन्ध में मनोविश्लेषण की सीमा से परिचित थे। कला के सन्दर्भ में मनोविश्लेषण दूर तक की विश्वसनीय प्रविधि सिद्ध नहीं होती। ''मनोविश्लेषण में यथातथ्यता के विपरीत आडम्बर की सम्भावना अधिक होती है।''[88] इसी प्रकार किसी के मनस्ताप से उसके रचनाकार होने को परिभाषित नहीं किया जा सकता। प्रत्येक मनस्तापी कलाकार हो यह जरूरी नहीं। कलाकार भी अन्ततोगत्वा मनुष्य होता है। अचेतन के महत्त्व की भी सीमा है। रिंचर्ड मार्च के अनुसार–''आनुभाविक साक्ष्य के आधार पर मानसिक प्रतिक्रियाओं को उद्‌घाटित करने में वह अनिवार्य परिकल्पना का काम देता है।''[89] पर अचेतन सर्वेसर्वा या निरंकुश तानाशाह भी नहीं है। सृजन कर्म मुक्तिबोध के लिए सचेत प्रक्रिया ही था।

इसीलिए हमने मुक्तिबोध के शैशव व किशोरावस्था के प्रसंगों तथा उनके निजी जीवन की त्रासदी को वस्तुपरक दृष्टिकोण से देखा जरूर है किन्तु इनके आधार पर हम कविताओं के प्रसंग में जरूरी निष्कर्षों पर ही अपना ध्यान केन्द्रित करेंगे। अनावश्यक और काल्पनिक निष्कर्षों तक पहुँचना हम गैर-जरूरी और खतरनाक भी समझते हैं।

मुक्तिबोध ने आत्म-ग्रस्तता और आत्म-विभाजन के प्रश्नों पर भी विचार किया है। उनके समक्ष वर्गापसरण और चेतना के विस्तार की समस्या भी प्रमुख रूप से थी। इन सभी विपरीत दबावों का परिणाम था उनका आत्मसंघर्ष। यही उनके रचनात्मक व्यक्तित्व का वह केन्द्र है जिसके चतुर्दिक उनका चिन्तक और संवेदनशील मन निरन्तर चक्कर काटता रहा। उनके सिद्धान्तवादी मन और समय की ह्रासशील परिस्थितियों के बीच का द्वन्द्व गहरा था। परिणामस्वरूप उनको अज्ञात दहशतों और ज्ञात इच्छाओं से जूझते हुए अकेला हो जाना पड़ता था। उनकी आकांक्षाओं और दमनकारी यथार्थ के बीच का फासला उन्हें अपराध बोध में विभाजित भी कर देता था। यह उनके जीवन में भी होता था और कविताओं में भी।

निष्कर्ष रूप में हम कह सकते हैं कि मुक्तिबोध का जीवन और व्यक्तित्व एक सामान्य भारतीय मध्यवर्गीय व्यक्ति का जीवन था, जिसे उनके चुनाव और अनिश्चय ने विशेष और असामान्य बना दिया था। उनके तनाव और आकांक्षाओं, उनकी विह्वलता और कातरता, उनकी कल्पनाशीलता और विवेक चेतना के कारण उनका रचनात्मक व्यक्तित्व जहाँ एक ओर जटिल हो गया था वहीं उसमें उत्पीड़ित मानवता के प्रति गहरी आसक्ति का रिश्ता भी कायम हो गया था। वे एक ऐसे निश्चल व्यक्ति और रचनाकार थे जो समाज के शत्रुओं को पहचानने में कभी धोखा नहीं खा सकते थे। उनकी मानसिकता के कम्पन सामान्य से कहीं अधिक द्रुत थे। उनके संवेगात्मक जीवन की असाधारण तीव्रता ऐसा महत्त्वपूर्ण तथ्य है, जिसे उनकी पांडुलिपियों, अक्षरों, लम्बी कविताओं, विम्ब-शृंखलाओं से लेकर लगातार चाय-बीड़ी पीते। तनी नसों के साथ बहस

करते उनके व्यक्तित्व के साथ पहचाना जा सकता है। उनकी कविताओं में हमें उनकी आवाज सुनाई देती है और इस आवाज के पीछे हमें उनका चेहरा दिखाई देता है। यही मानवीय विम्ब उनके रचनात्मक व्यक्तित्व की प्रामाणिक पहचान है, रचनाकार के व्यक्तित्व का उसके रचना-जगत् के विन्यास में महत्त्वपूर्ण योगदान रहता है। किन्तु इसकी परख बहुत सहज कार्य नहीं है। सभी कवियों को इस कसौटी पर परखा भी नहीं जा सकता है। आधुनिक हिन्दी कवियों में निराला और मुक्तिबोध ही ऐसे कवि हैं जिनकी रचनाओं को उनके जीवन और व्यक्तित्व के सामने निःसंकोच रखा जा सकता है।

सन्दर्भ

1. थ्योरी आव लिटरेचर : वेलक एवं वारेन, पृ. 70
2. ज्ञानपीठ पत्रिका (जुलाई, 66), विद्यानिवास मिश्र, पृ. 11
3. सोशलिज्म एंड मैन : चे गुएवारा, पृ. 13
4. मुक्तिबोध की सार्थकता (आलोचना : जुलाई-सितम्बर, 68) : श्रीकान्त वर्मा, पृ. 56
5. मु.र. 6, पृ. 205
6. वही, पृ. 353
7. 13 नवम्बर, 1917
8. मेरे बड़े भाई (राष्ट्रवाणी, फरवरी, 65) : शरच्चन्द्र मुक्तिबोध, पृ. 288
9. मुक्तिबोध मेरी यादों के क्षितिज पर (धर्मयुग–13 मई, 73) : वीरेन्द्र कुमार जैन, पृ. 20
10. मेरे बड़े भाई (राष्ट्रवाणी–फरवरी, 65) : शरच्चन्द्र मुक्तिबोध, पृ. 288
11. लक्षित मुक्तिबोध : सं. मोतीराम वर्मा, पृ. 113
12. मुक्तिबोध मेरी यादों के क्षितिज पर (धर्मयुग–20 मई, 73) : वीरेन्द्र जैन, पृ. 20
13. वही, पृ. 20
14. पत्र नेमिचन्द्र जैन को, दिनांक 12.6.42 मु.र.-6, पृ. 206
15. वही, दिनांक 26.10.42 मु.र.-6, पृ. 221
16. वही, दिनांक 5.5.46 मु.र.-6, पृ. 233
17. वही, दिनांक 10.11.46 मु.र.-6, पृ. 245
18. वही, दिनांक 30.10.45 मु.र.-6, पृ. 224
19. वही, दिनांक 30.10.45 मु.र.-6, पृ. 223
20. वही, दिनांक 12.6.42 मु.र.-6, पृ. 205
21. द सोशियोलॉजिकल इमेजीनेशन : सी. राइट मिल्स, पृ. 179
22. ग.मा. मुक्तिबोध : सं. गौतम (आदमी से कविता की ओर : क.प. सारथि), पृ. 58
23. मेरे बड़े भाई (राष्ट्रवाणी–फरवरी, 65), पृ. 288-292
24. आलोचना (जुलाई-सितम्बर, 68) : हरिशंकर परसाई, पृ. 53
25. लक्षित मुक्तिबोध : सं. मोतीराम वर्मा (साक्षात्कार–चन्द्रकान्ता मुक्तिबोध, पृ. 11
26. वही, पृ. 10

27. वही, पृ. 77
28. वही, पृ. 76-77, 87-88
29. वही, पृ. 88
30. पत्र वीरेन्द्र कुमार जैन को, दिनांक 30.9.52, मु.र. 6 पृ. 325-26
31. वही, दिनांक 10.3.54 मु.र. 6, पृ. 328
32. त्रिलोचनजी ने बातचीत के दौरान यह जानकारी दी।
33. पूर्वग्रह (मई-जून, 77) : प्रमोद वर्मा, पृ. 21
34. ज्ञानोदय (सित., 64) : डॉ. बिन्दु अग्रवाल, पृ. 29
35. ज्ञानोदय (मई, 64) : मनमोहन मदारिया, पृ. 106
36. ग.मा. मुक्तिबोध : (सं. गौतम) : भाऊ समर्थ, पृ. 45
37. लक्षित मुक्तिबोध : सं. मोतीराम वर्मा (साक्षात्कार–रमेश मुक्तिबोध), पृ. 5
38. पत्र नेमिचन्द्र जैन को, दिनांक 4.3.58 मु. र.-6, पृ. 315
39. पत्र प्रभाकर माचवे को, राजनांदगाँव से मु. र.-6, पृ. 382
40. पूर्वग्रह (सं 9-1975) : भारत भूषण अग्रवाल, पृ. 16
41. आलोचना (जुलाई-सितम्बर, 68) : हरिशंकर परसाई, पृ. 54
42. वही।
43. ग.मा. मुक्तिबोध (सं. गौतम) : क.प. सारथि, पृ. 61
44. पूर्वग्रह (सं. 9-1975) : भारत भूषण अग्रवाल, पृ. 17
45. सा. हिन्दुस्तान (अक्टूबर-1964) : प्रभाकर माचवे, पृ. 3
46. पत्र नेमिचन्द्र जैन को, मु.र.-6, पृ. 206
47. वही, मु.र.-6, पृ. 235
48. पूर्वग्रह (सं. 9-1975) : भारत भूषण अग्रवाल, पृ. 16
49. ज्ञानोदय (सितम्बर, 64) : बिन्दु अग्रवाल, पृ. 29
50. लक्षित मुक्तिबोध (सं. मोतीराम वर्मा) : भाऊ समर्थ, पृ. 176
51. मुक्तिबोध मेरी यादों के क्षितिज पर (धर्मयुग-13 मई, 73) : वीरेन्द्र कुमार जैन, पृ. 20
52. मु.र.-6, भूमिका : नेमिचन्द्र जैन, पृ. 10
53. पत्र नेमिचन्द जैन को/दिनांक 30.10.45, मु.र. 6, पृ. 223
54. लक्षित मुक्तिबोध (सं. मोतीराम वर्मा) साक्षात्कार : श्रीमती शान्ता मुक्तिबोध, पृ. 33
55. मु.र.-6, पृ. 225
56. वही, पृ. 311
57. आलोचना (अक्टूबर-दिसम्बर 76) : मुक्तिबोध मंडल के कवि : डॉ. कान्तिकुमार, पृ. 44
58. ज्ञानोदय (सित., 65) : श्रीकान्त वर्मा, पृ. 11
59. 'क्ष त्र ज्ञ' (प्रवेशांक अक्टू., 68) : प्रभाकर माचवे, पृ. 40
60. लक्षित मुक्तिबोध (सं. मोतीराम वर्मा) साक्षात्कार : रमेश मुक्तिबोध, पृ. 4
61. ज्ञानोदय (मई, 64) : मनमोहन मदारिया, पृ. 103-104
62. लक्षित मुक्तिबोध (सं. मोतीराम वर्मा) साक्षात्कार : शरच्चन्द्र मुक्तिबोध, पृ. 91
63. वही, अनिल कुमार, पृ. 163
64. लक्षित मुक्तिबोध (सं. मोतीराम वर्मा) साक्षात्कार : अनिलकुमार, पृ. 66
65. वीणा (मुक्तिबोध स्मृति अंक दिस. 64) काव्य पंक्तियों का विवाद : अनिलकुमार, पृ. 38
66. साक्षात्कार (दिस.-फर. 80-81) : श्रीमती मुक्तिबोध से बातचीत, पृ. 12
67. पेरिस रिव्यू (79 अंक 51), पृ. 21

68. वर्ल्ड विदीन वर्ल्ड : स्टीफेन स्पेंडर, पृ. 157
69. मु.र.-6, पृ. 341
70. तारसप्तक (द्वितीय संस्करण), पृ. 39
71. कथा (सित.-नव., 69), पृ. 33
72. आधुनिक बोध और आधुनिकीकरण : रमेश कुन्तल मेघ, पृ. 430
73. पेरिस रिव्यू (71 अंक 51), पृ. 21
74. ग.मा. मुक्तिबोध (सं. गौतम), पृ. 57
75. राष्ट्रवाणी (फर. 65) : शरच्चन्द्र मुक्तिबोध, पृ. 288-290-291
76. मानव, नैतिकता एवं समाज : जे.सी. फ्लूगल, पृ. 264
77. मु.र.-6, पृ. 338
78. वही, पृ. 342
79. वही, पृ. 383
80. वही, पृ. 247
81. वही, पृ. 333
82. लक्षित मुक्तिबोध (सं. मोतीराम वर्मा), पृ. 169
83. ग.मा. मुक्तिबोध (सं. गौतम), पृ. 52
84. राष्ट्रवाणी (जन.-फर., 65) शरच्चन्द्र मुक्तिबोध लिखते हैं, ''पिताजी पुलिस सब-इंस्पेक्टर थे, यानी गाँव के राजा थे। इसीलिए भाई साहब की खुशामद सब जगह होती थी।'' पृ. 288
85. मु.र.-6, दिनांक 10.11.46, पृ. 242
86. मु.र.-6, दिनांक 2.9.48, पृ. 268
87. तारसप्तक (द्वितीय संस्करण), पृ. 70
88. मनोविश्लेषण और साहित्यालोचन : डॉ. अहमद, पृ. 93
89. स्क्रूटिनी (जून, 36), पृ. 38

बारह का वक़्त है

बारह का वक़्त है
भुसभुसे उजाले का फुसफुसाता षड्यन्त्र
शहर में चारों ओर
जमाना भी सख़्त है।

परिवेश समाज और सभ्यता के अनेक घात-प्रतिघात की निर्मिति होता है। एक रचनाकार अपने समय और परिवेश की घटनाओं से परिचालित होकर संवेदनात्मक प्रतिक्रियाएँ करता है। किन्तु यहाँ यह स्मरणीय है कि सर्जनात्मक प्रतिभा कालबद्ध नहीं हो सकती। वह समय के भीतर गतिशील रहते हुए भी उसका अतिक्रमण करती है। इसलिए रचनाकार का समय उसके जन्म और मृत्यु के छोर से बाधित नहीं है। वह इतिहास और भविष्य के मध्य यात्रा करता है। सार्वजनिक समय के अतिरिक्त रचनाकार का अपना निजी समय भी सम्भव है। इसीलिए रचना सृष्टि है। सृष्टि होते हुए भी वह अपने युग से अप्रभावित नहीं रह पाती। यह काल सापेक्षता उसका जीवन होता है।

मुक्तिबोध का जन्म बीसवीं शती के दूसरे दशक में हुआ था। उनका जीवन काल इस शताब्दी की महत्त्वपूर्ण उथल-पुथल का काल भी रहा है। हम संक्षेप में उन सांस्कृतिक-सामाजिक और आर्थिक-राजनीतिक परिस्थितियों का विश्लेषण आवश्यक समझते हैं जिनके प्रभाव स्वरूप समाज, व्यक्ति और साहित्य आदि की चेतना में नए परिवर्तन होते गए।

अंग्रेजी साम्राज्यवाद ने हमारी परम्परागत समाज व्यवस्था को क्रमशः छिन्न-भिन्न कर दिया था। भारतीय संस्कृति का मूल चरित्र समावेशी रहा है। किन्तु आधुनिक युग में भारतीय चिन्तन धारा को पाश्चात्य विचारों ने इस हद तक प्रभावित किया कि पहले तो अन्धानुकरण की प्रवृत्ति ने जोर पकड़ा और फिर धीरे-धीरे एक नए सांस्कृतिक पुनर्जागरण का सूत्रपात हुआ। परम्परागत भारतीय सामाजिक संरचना और पाश्चात्य आधुनिकता का मिलन बिन्दु और दोनों का क्रमिक सम्मिश्रण भारतीय संस्कृति और सभ्यता का एक संक्रमण काल ही कहा जा सकता है। विज्ञान, बुद्धिवाद और औद्योगिकता के त्रिकोण ने समूची जीवन-निष्ठा और जीवन-पद्धति को अपने ढंग से धीरे-धीरे चक्करदार रास्तों से घुमाते हुए बहुत कुछ बदल दिया है।

भारत की सामाजिक और आर्थिक दुरावस्था का भारतेन्दु हरिश्चन्द्र यथार्थपरक

अंकन कर ही चुके थे। इस शती के प्रारम्भ से ही भारतीय संस्कृति की रक्षा का संकट सर्वाधिक महत्त्वपूर्ण था। क्योंकि शिवप्रसाद सिंह के अनुसार–"1857 की क्रान्ति की असफलता के बाद यूरोपीय सभ्यता और संस्कृति का आक्रमण कहीं ज्यादा उग्र हुआ।"[1] यह एक कठिन कार्य था। क्योंकि एक ओर पूर्व और पश्चिम के सम्पर्क की सहज और मानवीय घटनाएँ थीं तो इसी में दूसरी ओर अस्मिता-हरण की साम्राज्यवादी कुचालें भी थीं। संस्कृति का विस्तार जरूरी था क्योंकि धर्म और जाति के सीमान्तों में उसे रख पाना सम्भव नहीं रहा था। अपने नए अर्थ में पं. जवाहरलाल नेहरू के शब्दों में– "संस्कृति कुछ ऐसी चीज का नाम हो जाता है, जो बुनियादी और अन्तर्राष्ट्रीय है।"[2] आधुनिक युग के जनक राजा राममोहन राय ने नए विचार की जिस भाव-चेतना का उन्मेष किया था उसी से आर्य समाज, थियोसोफिकल सोसायटी, भगवान रामकृष्ण और विवेकानन्द आदि की राष्ट्रव्यापी गतिविधियों के सहारे भारत की नई आत्मा का सृजन हुआ। एनी बीसेंट जैसी पाश्चात्य महिला भी इस नवीनीकरण में महत्त्वपूर्ण कार्य कर रही थीं। नेहरू ने इस प्रसंग में लिखा है–"मध्यवर्गीय हिन्दू समाज में आत्मविश्वास की भावना भरनेवाली वे प्रभावशाली महिला थीं।"[3] इन्हीं आध्यात्मिक और वैचारिक घटनाओं के साथ ही सामाजिक और राजनीतिक धारणाओं को सुस्पष्ट आधार प्राप्त होता गया। गांधी, तिलक, रानाडे, गोखले, अरविन्द आदि ने सांस्कृतिक चेतना को दूसरा मुक्तिकामी आयाम प्रदान किया। डॉ. गंगाधर झा ठीक ही लिखते हैं–"इस अवधि में वे उपकरण निर्मित होते हैं जो हमारी स्वतन्त्रता की आकांक्षा को वस्तु प्रदान करते हुए उसकी उपलब्धि का साधन भी बने।"[4]

सामाजिक सुधार की दृष्टि से भी इसी कालखंड में आधारभूत कार्यों को आन्दोलन के रूप में गति प्राप्त हुई। किन्तु भारत जैसे विशाल देश में शताब्दियों से अन्तर्विरोधों से ग्रस्त जीवन पद्धति और समाज व्यवस्था को बदलना कोई बहुत सहज स्थिति नहीं थी। जाति, धर्म और वर्णों में विभाजित समाज व्यवस्था रूढ़ियों और अन्धविश्वासों से ग्रस्त भी थी। दयानन्द, राजा राममोहन राय, ईश्वरचन्द्र विद्यासागर, केशवचन्द्र सेन आदि ने इन्हें क्षीण करने की दिशा में बहुत कुछ किया। यान्त्रिक सभ्यता और नए बुद्धिवाद के प्रभाव से भी समाज के विन्यास में बदलाव के प्रारम्भिक चिह्न प्रकट हुए। जवाहरलाल नेहरू का यह कथन विचारणीय है कि–"नवीन यान्त्रिक और औद्योगिक सभ्यता के विश्व-अग्रदूत अंग्रेजों के प्रभाव से सामन्ती व्यवस्था पर आधारित यहाँ के मध्यवर्ग में एक नया उत्थान आया और अंग्रेज ही भारत में क्रान्ति और परिवर्तन के प्रतिनिधि बन गए।"[5] इस सम्बन्ध में हमारी धारणा यह है कि ज्ञान-विज्ञान से लाभान्वित होते हुए भी हमारे उस समय के विचारकों ने मानसिक दासता के संकट को सूँघ लिया था। केवल सूँघा ही नहीं उसका पूरा प्रतिकार भी किया। किन्तु अंग्रेजी भाषा के चक्रव्यूह को कोई नहीं तोड़ पाया। स्वतन्त्रता के बाद डॉ. राममनोहर लोहिया ने अवश्य भरसक प्रयत्न किए। अतः अंग्रेजों को क्रान्ति और परिवर्तन का अग्रदूत कहना युक्तिसंगत नहीं लगता है। 1905 और 1917 की रूसी क्रान्तियों का विश्वव्यापी प्रभाव

पड़ा था। 1917 के पश्चात् जन-जागृति का तीव्रगामी प्रसार किसी एक देश तक सीमित नहीं था। इस सम्बन्ध में रजनी पाम दत्त का यह मत अधिक सटीक है कि "भारत का राष्ट्रीय आन्दोलन यहाँ की सामाजिक परिस्थितियों से पैदा हुआ है। वह साम्राज्यवाद की परिस्थितियों से और उसकी शोषण की व्यवस्था से उत्पन्न हुआ है...वह इस कारण पैदा हुआ है कि भारत में पूँजीपति वर्ग जन्म ले चुका था और शिक्षा की कैसी भी व्यवस्था होती, ब्रिटिश पूँजीपति वर्ग के साथ उसका टकराव होना लाजिमी था।"[6]

दूसरी ओर भारतीय जनता अशिक्षा और अभावों के बीच जीवन यापन कर रही थी। किसानों की हालत भयावह थी। जमींदारों और उच्चवर्ग का शोषण जारी था। महाजनों की सूद नीति की खतरनाक परिणति खंख कर देना थी। नए पूँजीपति वर्ग के उदय के साथ मजदूरों के लिए भी बुरे दिन ही थे। नौकरी-पेशा लोगों की जमात का नया चरित्र विकसित होने लगा था।

दूसरे दशक में अंग्रेजी सत्ता ने उपनिवेशों में शोषण की गति तीव्र कर दी थी। युद्ध और विजय के नाम पर अंग्रेज व्यापारियों के लिए भी मुनाफे का औसत बहुत बढ़ गया था। भारतवर्ष में सामन्तवादी व्यवस्था अपने गोरे प्रभुओं के अधीन सामान्य जनता का केवल शोषण ही नहीं कर रही थी वरन् जाति, धर्म, वर्ण आदि आधारों पर उत्पीड़न चक्र भी चला रही थी। उत्पीड़न इसी व्यवस्था द्वारा दशकों तक चलता रहा है। आज भी जारी है। केवल उसके आर्थिक और राजनीतिक चरित्र में बदलाव आ गया है।

मुक्तिबोध ने जब सोचना और लिखना प्रारम्भ किया तब भारत में स्वतन्त्रता आन्दोलन गति प्राप्त कर चुका था और विश्व शीत युद्ध की ठंडी अँधेरी गिरफ्त में था। भारत में साम्यवादी विचारधारा का आगमन हो चुका था और प्रेमचन्द 'गोदान' जैसा उपन्यास तथा 'महाजनी सभ्यता' जैसा लेख लिखकर सामाजिक अन्याय के वर्गगत ढाँचों का निर्धारण कर रहे थे। सामन्तवाद अपनी जगह से डगमगाता और प्रकारान्तरों और रूपान्तरों से अपनी जड़ें मजबूत भी करता लग रहा था।

अन्तर्राष्ट्रीय परिदृश्य साम्राज्यवादी और साम्यवादी संघर्ष और मुठभेड़ के गहन दौर से गुजर रहा था। सामाजिक संघर्ष में लेखक की भूमिका, राजनीति और साहित्य, साम्राज्यवाद और फासीवाद का विरोध जैसे विषयों पर बहसें ही नहीं सक्रिय सरगर्मी प्रारम्भ हो चुकी थी। 1937 में मेड्रिड (स्पेन) में हुआ रचनाकारों का सम्मेलन इस प्रसंग में स्मरणीय है, जहाँ विश्व के अनेक प्रमुख लेखक फासीवाद के विरोध हेतु एकत्र हुए थे,[7] स्पेन में साम्यवादी आन्दोलन '35 से ही जन आन्दोलन की शक्ल ले चुका था।

भारत में भी साम्यवादी आन्दोलन और समाजवादी विचारधारा की लहर तेज हो गई थी क्योंकि रूस की क्रान्ति के बाद पड़ोसी देश चीन भी क्रान्ति कर चुका था। स्वतन्त्रता आन्दोलन में भी एक उग्र दल सक्रिय था। भारतीय परिवेश में युवकों ने क्रान्तिकारी चेतना के प्रभाव में अनेक उग्र कदम उठाए भी। पर कांग्रेस देशी पूँजीपतियों की गिरफ्त में आती गई। गांधीजी की अहिंसा और असहयोग आन्दोलन की नीतियों

के तहत कई अच्छे जुझारू अवसरों पर आन्दोलन ठंडे कर दिए गए।

प्रारम्भिक मुक्तिबोध का समय उत्तर छायावाद के पुनरुत्थानवादी रूप और स्वाधीनता आन्दोलन के संक्रमण का ऐसा दौर था जिसमें युवकों के लिए आदर्शवाद और क्रान्तिकारी चेतना के समान अवसर थे। पर रचनाकार कदाचित अपनी साहित्यिक विरासत को ही वरीयता देता है। पर बाहरी परिस्थितियों में किशोर मन को भी उद्वेलित करने की क्षमता पर्याप्त से अधिक थी। यह ऐसा वक्त भी था जब विचार, चिन्तन, सिद्धान्त और समाजोन्मुख चेतना की राष्ट्रीय और अन्तर्राष्ट्रीय परिधियाँ परस्पर सम्मिलन के केन्द्र खोज रही थीं।

इसी के बाद दूसरे विश्व युद्ध ने भारत को लगभग मुनाफाखोरों के चंगुल में बुरी तरह उलझा दिया। रजनी पाम दत्त के शब्दों में–"1942-45 का काल मजदूर वर्ग तथा पूरे देश के लिए कठिन परीक्षा का काल था। सरकार युद्ध का खर्च निकालने के लिए अन्धाधुन्ध नोट छाप रही थी।"[8] दस रुपए की पूँजी से प्रारम्भ कर सम्पन्नता के टापुओं का निर्माण करनेवाले पूँजीपति वर्ग का तेजी से उदय हुआ। चीजों और मूल्यों की गरिमा समाप्त हो जाने और आवश्यकता के बाजार पर नियन्त्रण न रह पाने के कारण दूसरे विश्व युद्ध के दौरान प्रत्यक्ष प्रभावित न रहते भी भारत की हालत बेहद दयनीय हो गई थी। कस्बों और गाँवों में लाल गेहूँ के एक सेर आटे के लिए पौ फटने के पहले ही स्त्रियाँ, वृद्ध और बच्चे कतारबद्ध हो जाते थे। ये वे ही परिस्थितियाँ थीं जिनमें 'जूही की कली' खिलानेवाले निराला तक को अपनी कविता में 'कुकुरमुत्ता' (1941) उगाना पड़ा था। तनाव, विसंगति और व्यंग्यात्मकता के लिए निराला की यह बाध्यता न केवल अपने समय को वक्र दृष्टि से देखने की सूचक थी वरन् भविष्य की कविता के लिए एक संकेत भी थी। वैसे हमारे देश में भी इस समय तक प्रगतिशील लेखकों का संगठन भी सक्रिय हो उठा था जो युग और समाज में आए बदलाव के प्रसंग में साहित्य और कला की बदलती भूमिका का द्योतक था।

फासिस्टों की पराजय से समाजवादी शक्तियाँ महत्त्वपूर्ण हो गईं। ब्रितानी साम्राज्यवाद की हालत सबसे अधिक दयनीय हुई और इन्हीं परिस्थितियों के तुरन्त बाद भारत को आर्थिक रूप से जर्जर और सांस्कृतिक रूप से विभाजित कर अंग्रेजी साम्राज्यवाद ने भारत से विदा ली।

इस समय तक मुक्तिबोध मार्क्सवाद के सम्पर्क में आ चुके थे। इन राष्ट्रीय और अन्तर्राष्ट्रीय घटनाचक्रों के बीच अपनी दृष्टि का विकास कर रहे थे।

शताब्दियों के बाद प्राप्त स्वतन्त्रता के प्रति भारतीय जन मानस का आकृष्ट और आशान्वित होना बहुत सहज ही था। किन्तु आजादी के पश्चात् विभाजन-जन्य परिस्थितियों ने देश को साम्प्रदायिक और प्रव्रजन की समस्या के कारण आर्थिक उलझनों में भटका दिया। इस बीच हमारे सांस्कृतिक और सामाजिक जीवन पर बूर्ज्वा शक्तियों का आधिपत्य धीरे-धीरे बढ़ने लगा। 17 फरवरी, 1948 को प्रधानमन्त्री पं. नेहरू ने एलान किया–"आर्थिक व्यवस्था में कोई आकस्मिक परिवर्तन नहीं होगा। जहाँ तक सम्भव

होगा, मौजूदा उद्योगों का राष्ट्रीयकरण नहीं किया जाएगा।''[9] नेहरू के फेबियन समाजवाद का विचार कपूर की तरह उड़ने लगा और कोटा-परमिट लाइसेंस की व्यावसायिक जमात सक्रिय हो उठी। समाजवाद का सपना मुट्ठी-भर सत्ताधारी राजनेताओं, उनके पूँजीपति एजेंटों और उच्चवर्गीय अधिकारियों की बपौती मात्र बनकर रह गया।

प्रजातन्त्र में जनता को ही निगरानी रखनी होती है। पर यह जन-जीवन में अपढ़ लोगों का समय ही रहा। अशिक्षा, अज्ञान और पूँजीपतियों, जमींदारों और नौकरशाहों के चक्र से वह विवेक दृष्टि द्वारा ही सावधान हो सकती थी। जनता में आकांक्षा और आशाएँ अवश्य उपजीं पर चेतना में कोई बदलाव नहीं आया।

मुक्तिबोध सजग लोगों के समय में रहते हुए अपढ़ लोगों के प्रति सचेत रहे और उनके ही कवि बने। मुक्तिबोध के रहते भारत के चीन के साम्यवादी गणराज्य से सम्बन्ध खराब हुए। भारत और पाकिस्तान के सम्बन्ध भी ठीक नहीं रहे। अन्तर्राष्ट्रीय स्तर पर और भारत में भी साम्यवादी दलों के विभाजन हुए। कांग्रेस दल अपनी राजनीतिक आकांक्षाओं की पूर्ति सत्ता सुरक्षित रखने के प्रयत्नों में ही मानने लगा। मत और कुर्सी की सीधी राजनीति के प्रभावस्वरूप अल्पसंख्यकों और पिछड़े वर्ग की आबादी को राजनीतिक इस्तेमाल का साधन बनाकर रख दिया। इस विशाल देश की जन-आकांक्षा के स्वप्नों को मूर्त्त रूप देने की चेष्टा घोषणाओं, वक्तव्यों और भाषणों का अंग बनकर रह गई। वर्तमान का विश्लेषण कर भविष्य-निर्माण की प्रक्रिया के ईमानदार प्रयत्न अदृश्य हो गए। महात्मा गांधी केवल स्मरण की वस्तु बनकर रह गए। प्रधानमन्त्री नेहरू जब तक रहे, प्रधानमन्त्री रहे और उनके चतुर्दिक क्रमशः सिद्धान्तहीन लोगों का जमघट बढ़ता गया। बुद्धिजीवियों की प्रखरता भी इस दौर में निस्तेज होने लगी है। शिवप्रसाद सिंह का यह कथन सत्य ही लगता है कि—''स्वतन्त्रता के बाद तो भारतीय बौद्धिकों का इतिहास सिर्फ आत्म-बल के ह्रास का ही इतिहास है। स्वतन्त्रता का सही अर्थ हमारे देश ने आज तक भी नहीं समझा।''[10] साठ के बाद राष्ट्रीय जीवन में चरित्र और नैतिकता का संकट इतना गहरा गया कि धीरे-धीरे बचे-खुचे मूल्य भी ध्वस्त हो गए। आँकड़ों के साक्ष्य के बावजूद गरीब अधिक गरीब और अमीर अधिक अमीर होने लगे। भाषा, धर्म और प्रान्तों के झगड़ों के बीच सामान्य आदमी के दरवाजे तक स्वतन्त्रता के सुख का वह टुकड़ा नहीं पहुँच पाया जिसकी उम्मीद में लोग अपने नेताओं के दर्शन तक के लिए उमड़ पड़ते थे। देश स्वयं की भाषा नहीं खोज पाया। साम्राज्यवादी भाषा की मानसिक गुलामी की नकेल नहीं टूट पाई।

मुक्तिबोध ने नागपुर और उसके बाद राजनांदगाँव में एक साधारण नागरिक की नियति के साथ भ्रष्ट और अवसरवादी व्यवस्था का त्रास अन्तिम समय तक झेला जो आज भी करोड़ों लोगों की नियति है।

दरअसल चन्दा कबाड़ने और चुनाव जीतने की राजनीति के बीच सामाजिक संरचना, शिक्षा, संस्कृति की पुनर्रचना से जुड़े समर्पित कार्यक्रम की चिन्ता किए बगैर एक प्रदूषित राजनीतिक जलवायु को ही प्रोत्साहन मिलता रहा।

भारत के साम्यवादी दल देश की परिस्थितियों का वस्तुनिष्ठ मूल्यांकन कर सघन कार्यक्रम बनाने के बदले बाहरी निर्देशों और नीतियों का अनुसरण करते रहे। भारतीय जनता की चेतना का रूपान्तरण करने में वे अधिक सफल नहीं हो पाए। भारतीय जनता शताब्दियों से जाति-धर्म और वर्ण की व्यवस्था में बँधी रहती आई है। ऐसे जन मानस का परिष्कार दुष्कर कर्म है। इस चेतना परिष्कार के कार्य हेतु साधन-सम्पन्न संगठन और बहुत बड़ी त्याग-निष्ठा अपेक्षित होती है। अपने देश की धार्मिक और मिथकीय संस्कृति के उपादानों के दोहन और नवीनीकरण के बिना यह लगभग असम्भव है। साम्यवादी दल इसमें उल्लेखनीय सफलता नहीं प्राप्त कर सके।

इसका यह अर्थ नहीं है कि देश में उल्लसित करने जैसा कुछ नहीं हुआ। निम्नतम कार्यक्रम के तहत कोई भी सरकार विकास और निर्माण कार्य किए बिना अपना अस्तित्व नहीं बनाए रख सकती है। विज्ञान और टेक्नालॉजी के प्रभाव और औद्योगीकरण की प्रक्रिया के फलस्वरूप भी बहुत कुछ हुआ। किन्तु चरित्र के संकट ने ऊपरी संरचना को मूल मानवीय एवं राष्ट्रीय आकांक्षा से कभी जुड़ने नहीं दिया। नेहरू के पास वैज्ञानिक और आधुनिक दृष्टि अवश्य थी। किन्तु उनके अपने अन्तर्विरोध भी थे। प्रशासन की भूल-भुलैया ने उन्हें जन जीवन की वास्तविकता से जरूरत से ज्यादा ही दूर रखा।

कुल मिलाकर नेहरूकालीन भारत राजनीतिक स्वतन्त्रता और काल्पनिक समाजवाद के द्वन्द्व में उलझा रहा। प्रारम्भ में जनता सरकार के मिथकीय आचरण के भ्रम में उलझी रही। विदेशी सहायता और ऋण के बोझ, करों की निरन्तर वृद्धि और कागजों में रेंगती योजनाएँ तथा संसद में आश्वासन-भरे बचाव के वक्तव्य तथा झड़पें और अनियन्त्रित बढ़ती हुई जनसंख्या ने स्थापित पूँजीपतियों और उद्योगपतियों को सर्वाधिक लाभ पहुँचाया।

आजादी की लड़ाई का लक्ष्य अंग्रेजों के साम्राज्यवाद से मुक्ति तो था पर उसमें सामन्तवाद, शोषण, सामाजिक अन्याय के विरुद्ध संघर्ष के तत्त्व सम्मिलित नहीं थे। ऐसी सांस्कृतिक-क्रान्ति के कार्यक्रम का अभाव जो सामाजिक ढाँचे का नई परिस्थितियों में नवीनीकरण करता इस विराट देश का सबसे बड़ा दुर्भाग्य सिद्ध हुआ।

यह वह वातावरण रहा जिसमें कलाकारों, रचनाकारों, शिक्षाविदों और वैज्ञानिकों की भूमिका निरन्तर अवमूल्यित होती गई। बुद्धिजीवियों और पत्रकारों का वातावरण बनानेवाले तथा नीतियों की आलोचना करनेवाले चरित्र का भी हनन इस सीमा तक हुआ कि सार्वजनिक प्रश्नों पर सार्वजनिक बहस की प्रवृत्ति ही नहीं विकसित हो सकी। एक ओर क्रमशः शहरी प्रवृत्ति का विकास होने लगा दूसरी ओर प्रजातन्त्र के पार्श्वमंच पर पूँजीवादी व्यवस्था का प्रभुत्व बढ़ता गया। आधुनिकता और पूँजीवाद के दो कठिन पाटों के बीच औसत आदमी का आदमी की तरह जीना मुश्किल हो गया। चीन और पाकिस्तान से हुए युद्धों के दौरान स्वार्थी तत्त्वों की असलियत उजागर हो गई। सत्तामूलक राजनीति के साथ ही कालाबाजारी, रिश्वत, पक्षपात और महँगाई ने

राष्ट्रव्यापी अराजकता की स्थिति निर्मित कर दी। हंसराज रहबर की नेहरू के समाजवाद पर यह टिप्पणी अकारण नहीं है कि–"जवाहरलाल का 'समाजवाद' और 'वामवाद' गाँधी के 'सत्य' और 'अहिंसा' ही की तरह एक धोखा था। वह सुभाष का साथ कैसे देता।"[11]

आजादी के बाद शिक्षा और संस्कृति का क्षेत्र उपेक्षित रहा। यदि विश्वविद्यालयों की बढ़ी संख्याओं और पाठ्यक्रम को ही प्रगति का सूचक मानें तो उपरोक्त कथन अतिवादी प्रतीत हो सकता है। हमारा आशय शिक्षा की उस बुनियादी संस्कार धारणा से है जो आइंस्टाइन के अनुसार सामाजिक विषमताओं को नष्ट करनेवाली एकमात्र समाजवादी अर्थ रचना में व्यक्ति की निजी क्षमताओं सहित समाज के प्रति दायित्व बोध के विकास में सहायक होती है।[12]

इस परिप्रेक्ष्य में साहित्य भी अपने कथ्य और रूपाकारों को बदलता गया। समकालीन कविता तक आते-आते हिन्दी कविता अनेक मोड़ों से गुजर चुकी है। रचनाकार का दृष्टिकोण सामाजिक परिवेश के प्रति बदला है। 'स्वतन्त्रता' को राजनीति और अर्थव्यवस्था से सापेक्ष स्थिति में समझने की चेतना विकसित हुई है। 1953 में स्टालिन की मृत्यु के बाद साम्यवादी दल की कट्टर सिद्धान्तवादिता में परिवर्तन आया। इधर भारत में साम्यवादी दल विभाजित हो गए। 52 के पहले आम चुनाव और 62 के चीनी आक्रमण के बीच मुक्तिबोध नागपुर और राजनांदगाँव में बेहद सक्रिय रहे। इस दौरान वे यह ठीक से जान गए थे कि "नेहरू का समाजवाद भ्रामक है" और "विनोबा बुर्जुआ सोसायटी का एजेंट है।"[13] सन् 52 से लेकर 58 तक वे एक पत्रकार की हैसियत से राष्ट्रीय और अन्तर्राष्ट्रीय समस्याओं पर निरन्तर टिप्पणियाँ लिखते हुए अपने युग और समय की घटनाओं से निकट से जुड़ गए थे।

यही सृजनात्मक दृष्टि से मुक्तिबोध का महत्त्वपूर्ण समय रहा है, जिसका गहरा प्रभाव उनकी बाद की कविताओं में स्पष्टतः परिलक्षित होता है।

इसके अलावा उज्जैन, इन्दौर, शुजालपुर के दिनों में मुक्तिबोध ने राजतन्त्र और सामन्तवादी वातावरण को भी देखा था। समय के साथ ही स्थान और स्थान की टोपोग्राफी भी उनकी रचनात्मक स्मृतियों का हिस्सा बनकर उनके साथ यात्रा करती रही। नागपुर में उन्होंने औद्योगीकरण के परिवेश में मध्यवर्ग और निम्न वर्ग के सन्त्रास को अपने जीवन से जाना था। वैज्ञानिक प्रगति के हर चरण को वे आशा और उत्सुकता से देखते थे और सामान्य मनुष्य के जीवन में उसके योग का अनुमान करते थे। ऐसे ही युग और इन्हीं परिस्थितियों के बीच वे अपने रचनाकार की मनोभूमि का निरन्तर विस्तार करते रहे और क्योंकि 'जमाना साँप का काटा' था वे विकलता और व्यग्रता से भरते रहे थे।

साहित्यिक परिदृश्य

साहित्य मनुष्य और समाज के सम्बन्धों की अभिव्यक्ति है। कविता जहाँ एक ओर अपने समय से प्रभावित होती है, वहीं कविता के जरिए समय की आकांक्षाएँ और आवश्यकताएँ भी प्रकट होती हैं। मुक्तिबोध का रचनाकाल छायावाद के अन्तिम दौर से प्रारम्भ होकर सातवें दशक के प्रारम्भिक वर्षों तक फैला है। संयोग से तीस-पैंतीस वर्षों का यह काल-खंड दिलचस्प घटनाओं का समय रहा है। इस समग्र रचनात्मक परिदृश्य में मुक्तिबोध की स्थिति और भूमिका को समझने के लिए इस दौर के साहित्यिक आन्दोलनों तथा उनकी सामाजिक पृष्ठभूमि से परिचित होना आवश्यक है। यहाँ हमारा उद्‌देश्य कविता की दुनिया की स्थायी, प्रमुख और सार्थक घटनाओं का विवेचन ही है। आन्दोलन के नाम पर हुई अनेक सतही और अस्थायी कोशिशों का समावेश हम अनावश्यक समझते हैं। ''एक रचनाकार उन्हीं चीजों का अनुभव करता है जो उसके युग और सामाजिक परिवेश का प्रदेय होती है।''[14] अन्स्र्ट फिशर का यह कथन किसी रचनाकार की दृष्टि के विकास को समझने की कुंजी है जो तेजी से बदलते प्रतिमानों के दौर में सृजनरत रहता है। रचनाकार की दृष्टि के बदलाव का परिणाम ही प्रवृत्तियों और धाराओं का परिवर्तन अथवा नवीनीकरण होता है।

मुक्तिबोध के सृजन का प्रारम्भ छायावाद के अपकर्ष का युग था। प्रेमचन्द तब गद्य में यथार्थ की सृष्टि कर रहे थे। छायावाद दो दशकों तक पूरी सघनता के साथ हिन्दी कविता ही नहीं वरन् साहित्य की प्रमुख चेतना के रूप में रहा। रवीन्द्रनाथ ठाकुर के अपरूप अरुण वर्ण हरसिंगार हाथों में लेकर आए[15] तो सुमित्रानन्दन पन्त ने 'अकेली सुन्दरता कल्याणी सकल ऐश्वर्यों का सन्धान' कहकर सौन्दर्योपासना का और भी बढ़ा-चढ़ा आख्यान किया। प्रथम विश्व युद्ध के गर्भ में जो कुछ रहा हो किन्तु कविता में ऐसी प्रवृत्तियाँ थीं जो समाज-जीवन में अपनी जड़ों के न रहते भी आकर्षित करती थीं। सी.एम. बावरा के इस कथन से छायावादी कविता (1916-36) के प्रभाव और महत्त्व को समझा जा सकता है–"The Romantic poet appeals to us because he does something which we can not but respect."[16] छायावादी-रहस्यवादी कवियों की सार्वभौम के प्रति उत्कंठा अन्स्र्ट फिशर के शब्दों में–''मनुष्य की विश्व और स्वयं के साथ एकता की आन्तरिक अभिलाषा को ही प्रकट करती है।''[17] रीतियुगीन और द्विवेदीयुगीन प्रवृत्तियों के सन्दर्भ में छायावादी कविता अपने अनेक अन्तर्विरोधों के उपरान्त भी रोमेंटिक विद्रोह के साथ मुक्ति की कविता है। वह तत्कालीन पूँजीवादी समाज के विकास के तालमेल में प्रेम, सौन्दर्य, वायवी करुणा और उस तरह के मानवतावाद से भी अनुप्राणित रही जो व्यक्तिवाद की नींव ही को सुदृढ़ करता है। अज्ञेय के अनुसार–''छायावाद मुख्यतया पश्चिम से प्रभावित नई व्यक्तिपरक दृष्टि का परिणाम था। किन्तु वह केवल विदेशी परम्परा में एक स्वदेशी कड़ी जोड़ने का प्रयत्न नहीं था। नए छायावादी कवि के पास अपना वक्तव्य अवश्य था और उसे कहने की

तीव्र उत्कंठा थी।"[18] यह नया वक्तव्य कवि की आत्माभिव्यक्ति है, जिसमें उसकी सच्चाई और निजता विद्यमान है। इस नए वक्तव्य के पीछे जिज्ञासा, सत्य को पाने की उत्कंठा इत्यादि को विस्मृत नहीं किया जा सकता–"हिरण्यमयेन पात्रेण सत्य स्यपिहितं मुखम्। तत्त्वं पूषन्नपावृणु सत्य धर्माय दृष्टये।"[19] कवि द्वारा अभी तक आत्म-सत्य से लौकिक धरातल पर साक्षात्कार का प्रयत्न नहीं हुआ था। छायावादी कविता में यह सम्भव हुआ। भारतेन्दु हरिश्चन्द्र ने रीतियुगीन प्रवृत्तियों से कविता को मुक्त कर एक नए जीवनोन्मुख स्पन्दन का सूत्रपात तो किया था किन्तु द्विवेदी युग की नीति-भावना पौराणिक रूढ़ियों में उलझ गई थी। दूसरे दशक के युवा रचनाकारों की मनोवृत्ति शताब्दियों की मानसिकता से हटकर पहली बार आधुनिक संसार से प्रभावित और सम्बद्ध हुई थी। इसीलिए छायावादी कविता को मात्र द्विवेदीयुगीन परिस्थितियों अथवा सिर्फ राष्ट्रीय आन्दोलन या पूँजीवाद के आविर्भाव के समानान्तर एक घटना के रूप में निरूपित करना युक्तिसंगत नहीं है। डॉ. देवराज, डॉ. रामविलास शर्मा आदि ने लगभग ऐसे ही एकांगी निष्कर्ष निकाले हैं।[20] बंगला और अंग्रेजी की रोमेंटिक कविता की प्रेरणा के अतिरिक्त और भी अनेक मिले-जुले कारणों के साथ कवि के व्यक्तित्व और उसकी अस्मिता की प्रतिष्ठा का प्रयत्न नए युग और विचार के सन्दर्भ में महत्त्वपूर्ण है। किन्तु अन्यत्र डॉ. रामविलास शर्मा छायावाद को "सामन्त विरोधी मानव मूल्यों की प्रतिष्ठा का साहित्य" निरूपित करते हुए उसे "जाति प्रथा और साम्प्रदायिक द्वेष से विभाजित समाज में मानवीय एकता की पुकार का साहित्य"[21] भी स्वीकार करते हैं। छायावादी कविता में आभिजात्य नियमबद्धता और सामन्ती संस्कारों के प्रति विद्रोह का स्वर भी इतना महत्त्वपूर्ण है कि नामवर सिंह इसमें 'जनतान्त्रिक भाव की विजय' और 'मध्य वर्ग की पहली सामाजिक स्वाधीनता' का संकेत पाते हैं।[22] छायावादी कविता पहली बार उस काव्यात्मक शिल्प और भावतन्त्र को भी ध्वस्त करती है जिसमें केवल विशिष्ट के लिए स्थान था और जो सामान्य का सहज निषेध करता था।

पर छायावाद की लौकिकता के साथ लगातार दो तरह की प्रश्नवाचक स्थितियाँ रही हैं। एक दृष्टि तो उसकी असलियत पर ही सन्देह करती है और दूसरी दृष्टि आध्यात्मिकता से छायावाद को जोड़ उसे अमूर्त बना देती है। पहली दृष्टि के प्रसंग में मुक्तिबोध का यह कथन विचारणीय है कि–"छायावादी मनोदशा वास्तविक जीवन का प्रतिनिधित्व नहीं करती, वह जीवन जो जिया जाता है, उसकी करुणा वास्तविक करुणा नहीं, छायावादी मनोभावों में रंगीनी इसीलिए है कि उसमें जिन्दगी की असलियत लापता है।"[23] इसी प्रकार भावात्मक रिश्तों के ताने-बाने के बीच अपरूप आदि की खोज के कारण नकेनवादी नरेश ने छायावादी कविता में 'काव्य तत्त्व की अनुपस्थिति' बताकर उसे नकली काव्य कहा है।[24] श्रीकान्त वर्मा पन्त की 'प्रकृति' और प्रसाद के 'मनु' को पौराणिक परिकल्पनाओं से आक्रान्त बताते हुए कहते हैं–"यह एक ऐसा आईना है जिसमें मनुष्य को अपना सही रूप नहीं दिखाई देता यहाँ तक कि वह अपनी भाषा में बात करने में भी असमर्थ है।" आगे चलकर वे इस निष्कर्ष तक पहुँच जाते हैं कि

"छायावाद उपलब्धियों का शिखर नहीं है, केवल एक ऐतिहासिक पृष्ठभूमि है। वह कविता भी उतनी नहीं जितनी कविता के लिए एक भूमिका है।"[25] जरूर श्रीकान्त वर्मा ने निराला को 'अपवाद' कहा।

दूसरी दृष्टि के प्रमुख पुरस्कर्ता आचार्य नन्ददुलारे वाजपेयी आध्यात्मिक दर्शन को छायावाद का मूल स्वीकार करते हुए भौतिकवादियों का तिरस्कार इस प्रकार करते हैं– "छायावाद के मूल में स्थित आध्यात्मिक दर्शन के ही कारण भौतिकवादी उसमें दोष ही दोष देखते हैं।"[26] वे आध्यात्मिक छाया को ही छायावाद की व्याख्या का आधार मानते हैं। वाजपेयी छायावाद के प्रमुख भाष्यकार थे। उन्होंने छायावाद में 'नूतन सांस्कृतिक मनोभावना' और 'एक स्वतन्त्र दर्शन की नियोजना' को भी परिलक्षित किया था।[27] डॉ. नगेन्द्र ने भी 'स्थूल के प्रति सूक्ष्म का विद्रोह' कहकर आध्यात्मिक आधारवाली दृष्टि को ही पुष्ट किया।[28] यद्यपि डॉ. नगेन्द्र छायावाद का विशुद्ध लौकिक आधार स्वीकार करते हैं और इसकी प्रेरणा उस समय की सामाजिक-राजनीतिक परिस्थितियों में भी खोजते हैं।[29] किन्तु छायावाद की अन्तर्मुखता की व्याख्या तर्कों से सम्भव नहीं है। राष्ट्रीय चेतना के क्रमशः तीव्र होते ज्वार के समक्ष यह शुतुरमुर्गी मुद्रा औचित्य नहीं रख पाती है। वैसे कविवर सुमित्रानन्दन पन्त छायावादी कवियों के व्यापक संघर्ष को "विश्वात्मा तथा नई मानव आत्मा का संघर्ष" मानते हैं।[30] पर उनके संघर्ष की दिशा विपरीत है। अपने इसी व्याख्यान में आगे चलकर वे छायावादी पलायन के प्रसंग में कहते हैं–"वर्तमान की संकीर्ण विघटित होती हुई ह्रासोन्मुखी वास्तविकता से एक नवीन उच्च वास्तविकता की खोज के लिए पलायन था, यदि उसे पलायन कहना आवश्यक ही है तो।"[31] किन्तु इस उच्च वास्तविकता ने अस्पष्ट का कुहरा ही बढ़ाया है। नवीन उच्च वास्तविकता की खोज क्या है ? इसमें चमकदार, संगीतमय और मोहाविष्ट करनेवाली शब्दावली जरूर है जो कुछ का आभास कराती तो है पर वास्तव में कल्पित संसार का निर्माण करती है।

वस्तुतः छायावाद अपने विराट तामझाम और चिन्तन-छद्म के बावजूद संघर्षरत समाज से पलायन तो था ही, डॉ. भगवतशरण उपाध्याय के अनुसार छायावाद "विशेषतः एक प्रकार का पलायनवाद था। उसमें चिन्तन का विज्ञापन था, परन्तु चिन्तन नहीं था। पर उसने भाषा को कुछ अत्यन्त मृदु शब्दावली दी।"[32] इस पलायन का कारण क्या था ? यहाँ इस पर विचार करने के पूर्व हम 'नकली कविता' और कल्पित संसार का भ्रम स्पष्ट करना जरूरी समझते हैं। हम मानते हैं कि छायावादी कविता असल कविता है और प्रसाद, पन्त, निराला और महादेवी का अवदान महत्त्वपूर्ण है। यह अवश्य है कि छायावादी कवियों ने अपने पुनर्वास हेतु एक कल्पित दुनिया निर्मित की। इससे कविता नकली नहीं होती। असली दुनिया से टक्कर लेती कविता भी नकली हो सकती है। छायावादी कविता पर विदेशी प्रभाव और अभारतीयता के आरोप भी लगाए गए जिनके उत्तर में निराला को लिखना पड़ा–"हमारे साहित्य में क्या हो रहा है, यह भारतीय है, यह अभारतीय, असंस्कृत, नस-नस में शरारत भरी, हजार वर्ष से सलाम ठोंकते नाक

में दम हो गया और अभी भी संस्कृति के लिए फिरते हैं।"[33] अज्ञेय ने भी पश्चिम के प्रभाव के बावजूद छायावाद की भारतीय अस्मिता को स्वीकार करते हुए लिखा है कि "छायावाद में पश्चिम का प्रभाव जिस रूप में प्रकट हुआ उसका उत्स पश्चिम से होकर भी पश्चिम को अधिकार नहीं है कि वह उस पर गर्व करे। वह हमारी उपलब्धि है।"[34]

इस उपलब्धि के बावजूद छायावादी कविता में उस समय की सामाजिक चेतना ओझल रही है। पाश्चात्य स्वच्छन्दतावाद के साथ भी यही हुआ। एफ.एल. लुकास के शब्दों में–"युग जीवन के सन्दर्भों के परिप्रेक्ष्य में रोमांटिसिज्म वस्तु जगत् से साक्षात्कार करने में असमर्थ सिद्ध हुआ।"[35] छायावाद के आलोचक डॉ. देवराज ने भी शुक्लजी की दृष्टि से सहमत होते हुए छायावाद में एकांगिता, वैयक्तिक पक्षों की विवृत्ति और काव्य भूमि का संकोच ही निरूपित किया है।[36] दरअसल सामाजिक भावनाओं के उपयुक्त भाव भूमि ही छायावाद की नहीं थी। निराला जैसे अटूट प्रतिभा के धनी रचनाकार के लिए जरूर छायावाद की सीमाओं का अतिक्रमण सम्भव हुआ। यह स्मरणीय है कि निराला के लिए किसी वाद में सीमित रह पाना ही असम्भव था। छायावाद का जन्म काल अनेक दृष्टियों से भारतीय जीवन में उथल-पुथल का समय था। गांधीजी का नेतृत्व, राष्ट्रीय भावना का प्रसार, पाश्चात्य सभ्यता और वैज्ञानिक प्रगति के नए स्पर्शों के साथ औद्योगीकरण की शुरुआत, प्रथम विश्व युद्ध का प्रत्यक्ष-अप्रत्यक्ष प्रभाव, विचारों का नवीनीकरण और व्यक्ति स्वातन्त्र्य की माँग आदि अनेक सन्दर्भ उस काल को रेखांकित करते हैं। इन परिस्थितियों में परम्परागत भारतीय आदर्शवादी चिन्तन और पश्चिम से प्राप्त नव विचारों की टकराहट स्वाभाविक घटना है। छायावादी काव्य चेतना के मूल में यह द्वन्द्व कहीं न कहीं एक ग्रन्थि के रूप में मौजूद है। यही कारण है कि तत्कालीन सामाजिक घटनाओं के प्रति कवि की भंगिमा में किंकर्तव्यमूढ़ता का भाव है। यही छायावादी कविता की तटस्थ वृत्ति का कारण है जिसे पलायनवादी कहने का आम रिवाज चल पड़ा है। कविता और समाज के रिश्ते पर बहस चौथे दशक में प्रारम्भ हुई थी। उसकी पृष्ठभूमि पर छायावाद की आलोचना की जा सकती है पर उसे नकारा नहीं जा सकता। स्वयं मुक्तिबोध जैसे कवि के लिए भी छायावाद के प्रभाव से बच पाना क्या सम्भव था। मुक्तिबोध की युवावस्था की प्रारम्भिक रचनाओं में भी हमें राष्ट्रीय उथल-पुथल की प्रत्यक्ष चेतना कहाँ दिखाई पड़ती है ? इसलिए छायावाद की कविता को नकली कहना या उसकी करुणा को अवास्तविक बताना कविता के प्रति ऐसे व्यवहार का सूचक है जिसमें तर्क और बौद्धिकता तो है पर संवेदना और सहानुभूति का अभाव है। पूँजीवादी व्यवस्था के विकास के प्रारम्भिक चरण और सामन्ती व्यवस्था के मिले-जुले परिवेश में छायावादी कविता का मनोविन्यास, उसके अन्तर्विरोध उस स्वतन्त्रता की ओर संकेत करते हैं जो सम्पूर्ण समाज की नहीं बल्कि बुर्जुआ भ्रम की अभिव्यक्ति है।

छायावादी कविता में कला और अभिव्यक्ति के प्रति गहरी आसक्ति प्रकट हुई। भाषा को तो छायावादी कवियों ने 'अकल्पनीय शक्ति' प्रदान की।[37] अन्तःसंरचना के

अनुरूप ही छायावादी कविता की भाषिक संरचना ने सूक्ष्म और व्यंजक और जिस अपूर्व शब्द संयोजन की क्षमता का परिचय दिया वह अनेक दृष्टियों से महत्त्वपूर्ण है। सबसे बड़ी बात तो यही है कि छायावादी भाषिक संस्कार का प्रभाव इतना दूरगामी पड़ा कि प्रगतिशील और उसके बाद की नई कविता तक उससे पूर्णतया मुक्त नहीं हो पाई। अनेक नए कवि जिनमें अज्ञेय, मुक्तिबोध, नरेश मेहता, गिरिजाकुमार माथुर तथा रघुवीर सहाय भी हैं–अपने प्रारम्भिक रचनाकाल में और कुछ तो बहुत बाद तक भी छायावादी भाषा संस्कार से प्रभावित रहे। अपने इस महत्त्वपूर्ण प्रदेय के बावजूद चौथे दशक में छायावादी-मानसिकता अप्रासंगिक हो गई। कामायनी के प्रकाशन वर्ष तक छायावाद अपनी चरम सीमा तक पहुँच चुका था। किन्तु इसके पूर्व ही साहित्य में सामाजिक यथार्थ के आग्रह का सूत्रपात हो चुका था। प्रेमचन्द और स्वयं प्रसाद ने भी अपने कथा-साहित्य में सामाजिक यथार्थ के अनेक स्तरों को उजागर किया। अन्ततः छायावादी कविता का स्वप्न और अतीत स्मरण एक नोस्टेल्जिया ही प्रमाणित हुआ और स्वयं पन्त जैसे कवि के लिए इस प्रकार के छायाभास में अधिक रह पाना सम्भव नहीं रह गया था। यह अलग बात है कि पन्त छायावादोत्तर यथार्थमूलक काव्य को छायावाद ही का विस्तार मानते हैं; छायावाद का पतन या ह्रास कहने में उन्हें सीमित युगान्ध-दृष्टि की गन्ध मिलती है।[38] पन्तजी भले ही छायावादी कविता को व्यक्तिनिष्ठ न मान मूल्यनिष्ठ मानें, पर प्रश्न यह बना रहता है कि मूल्य किसके लिए और किस जीवन दृष्टि के साथ ? कविता मनुष्य और संसार के पारस्परिक सम्बन्धों को प्रकट करते हुए मनुष्य की आन्तरिक और मानवीय आवश्यकताओं को तुष्ट करती है। छायावादी कविता अपने समय की आवश्यकताओं के प्रति मौन रही। प्रकृति के साथ मनुष्य के सम्बन्धों को प्रकट करते हुए वह उस दरार की काल्पनिक पूर्ति अवश्य करती है जो औद्योगिक और नई जीवन पद्धति ने अपरिहार्यतः मनुष्य और प्रकृति के मध्य पैदा की है। डॉ. नामवर सिंह ने सही कहा है कि ''छायावाद ऐसा ही आवेग था जिसमें जीवन के कुछ पक्ष छूट गए। इस आवेग का कारण उसका व्यक्तिवाद है।''[39] इसीलिए अपने कलागत जादू और आकर्षण के रहते भी यह कविता जीवन्त प्रक्रिया के रूप में अपने काल को रेखांकित नहीं कर पाती। प्रसाद जैसे सारस्वत कवि भी 'कामायनी' में प्रत्ययों को सजा तो देते हैं किन्तु दो विश्व युद्धों के मध्यान्तर के द्वन्द्व या स्वतन्त्रता और सामाजिक मुक्ति के लिए जूझते परिवेश की ध्वनि को प्रतिध्वनित नहीं कर पाते। इसका कारण यही है कि छायावादी कविता के व्यक्तिवादी बिम्ब यथार्थवादी सामूहिक चेतना से नहीं जुड़ पाते हैं। ''फ्रांस में रोमांटिक आन्दोलन औद्योगिक क्रान्ति की जटिल घटना के प्रति पहली काव्यात्मक प्रतिक्रिया थी।''[40] हिन्दी की छायावादी कविता में प्रत्यक्षतः ऐसी प्रतिक्रिया को खोज पाना भी मुश्किल है। वास्तविकता यह रही कि व्यक्ति चेतना से उपजे छायावादी बिम्ब सामाजिक चेतना की स्वीकृति की क्षमता से वंचित रहे।

इसीलिए सन् 1938 में सुमित्रानन्दन पन्त ने 'रूपाभ' में जब कल्पना लोक से यथार्थ पर आने की घोषणा की तो इसका सीधा सही अर्थ था कि सार्वभौम मनुष्य का

प्रत्यय परिवर्तित वास्तविकताओं को उजागर नहीं करता और नई सामाजिक आवश्यकताओं के लिए नए सौन्दर्यशास्त्र की आवश्यकता होती है। इस प्रकार द्विवेदी-युगीन इतिवृत्तात्मकता से मुक्त हुई छायावादी कविता को भी रोमांटिक कैशोर्य सुलभता से मुक्ति की दिशा खोजनी ही पड़ी।

1917 में सम्पन्न सफल रूसी क्रान्ति ने लेनिनवाद और समाजवाद को अन्तर्राष्ट्रीय प्रतिष्ठा प्रदान की। भारत में भी स्वतन्त्रता आन्दोलन के दौरान प्रगतिशील तत्त्वों के साथ मार्क्सवादी विचारों का प्रसार प्रारम्भ हुआ। अंग्रेजों की साम्राज्यवादी नीति भारत का आर्थिक दोहन कर रही थी। कच्चे माल के निर्यात हेतु उन्होंने सड़कों और रेल मार्ग का जाल बिछाया किन्तु यही स्थिति भारत में आधुनिक उद्योगों की आधारशिला बनी।[41] मार्क्स के अनुसार ब्रिटिश साम्राज्यवाद ने जहाँ अनेक विधियों से भारत में साम्राज्यवादी विस्तार किया वहीं क्रान्ति की जमीन भी तैयार की। भारत में औद्योगिक चेतना का एक प्रगतिशील नतीजा वर्ग चेतना के रूप में दिखाई दिया। लेनिन ने तो प्रथम दशक ही में घोषणा कर दी थी कि भारत का मजदूर वर्ग जन-क्रान्ति के योग्य हो चुका है।[42]

भारतीय पूँजीपति वर्ग अपने वर्गगत स्वार्थों के कारण स्वाधीनता आन्दोलन और गांधी को सहयोग दे रहा था जिसका भरपूर लाभ आजादी के बाद से आज तक यह वर्ग उठा रहा है।

अन्य सामाजिक राजनीतिक क्षेत्रों के अतिरिक्त साहित्य में समाजवादी विचारों की छाप प्रेमचन्द के कथा साहित्य में परिलक्षित होने लगी थी। आदर्श के स्थान पर यथार्थ और भावुकता की जगह बौद्धिकता ने लेना प्रारम्भ किया। सन् 30 के बाद की सामाजिक और राजनीतिक परिस्थितियों के बीच यह प्रश्न अपने आप महत्त्वपूर्ण हो उठा कि कला और साहित्य का समाज से क्या सम्बन्ध है ? और इसी प्रश्न के उत्तर के साथ प्रगतिवाद की शुरुआत हुई।

मार्क्स ने वर्ग विभाजित समाज में साहित्य और कला का लक्ष्य वर्गहीन समाज की स्थापना बताया है। ऐतिहासिक भौतिकवाद और समाजशास्त्रीय सिद्धान्तों की कसौटी पर काव्य और कला के मूल्यांकन की चेष्टा के परिणामस्वरूप बुद्धिजीवियों और साहित्यकारों का एक विशेष वर्ग तैयार हुआ जो साहित्य की पक्षधरता को महत्त्वपूर्ण मानने लगा। ऐसे ही लेखकों का, जिन्होंने अपने को प्रगतिशील लेखक कहा, पहला सम्मेलन ई.एम. फास्टर की अध्यक्षता में 1935 में पेरिस में हुआ। इस तरह प्रगतिशील लेखक संघ की स्थापना हुई जिसका भारत में पहला अधिवेशन 36 में लखनऊ में प्रेमचन्द की अध्यक्षता में हुआ।

प्रेमचन्द ने तो 36 के पूर्व ही प्रगतिशील चेतना का प्रतिपादन प्रारम्भ कर दिया था।[43] बंगला में बुद्धदेव बसु और अजित दत्त ने 1927 में 'प्रगति' नामक मासिक पत्र का प्रकाशन प्रारम्भ किया था जिसका सीधा सम्बन्ध सामाजिक और राजनीतिक विचारधारा से ही था। इस तरह प्रगतिवादी चेतना उस व्यापक नई दृष्टि का परिणाम था जो रचनाकर को समाज की गतिविधियों के केन्द्र में लाकर खड़ा करती है और अपने

को व्यक्तिवादी के रूप में देखने की प्रवृत्ति का निषेध करती है।

मार्क्सवादी विचारधारा ने सामान्य मनुष्य के इतिहास और वर्तमान सम्बन्धी दृष्टिकोण को बदल दिया। बूर्ज्वा दृष्टिकोण के अनुसार इतिहास को अज्ञात शक्तियों के बीच एक भयावह असंगति के रूप में परिभाषित किया जाता रहा था जिसकी गति और दिशा को जनता प्रभावित नहीं कर सकती थी। किन्तु मार्क्सवाद ने बताया कि कुछ निश्चित ऐतिहासिक नियम हैं जिन्हें परिभाषित किया जा सकता है और इसके तर्कों पर विश्वास करके मनुष्य इतिहास के प्रवाह को प्रभावित कर सकता है। इसी बोध ने ऐतिहासिक आशावाद को जन्म दिया। इस प्रकार सामाजिक यथार्थ, प्रतिबद्धता और संघर्षशील साहित्य की प्रवृत्तियाँ सामने आईं जिनके अनुसार साहित्य की नियति को मानव जाति की नियति से पृथक् करके नहीं देखा जा सकता।

हिन्दी साहित्य में सामाजिकता के आग्रह की जिस चेतना का मनोविन्यास गद्य में प्रेमचन्द ने किया था वह इस युग में कविता में भी परिलक्षित होने लगी। कल्पना और वायवी संसार के बदले ठोस यथार्थ की ओर कवियों का आकर्षित होना भी स्वाभाविक ही था। हिन्दी कविता में प्रगतिवाद का सूत्रपात इसी पृष्ठभूमि पर हुआ है। यहाँ 'प्रगतिवाद' और 'प्रगतिशील' शब्दों के आशय पर विचार कर लेना भी अनुचित न होगा। प्रगतिवाद अनिवार्यतः मार्क्सवादी चेतना से विन्यस्त रचना जगत् को प्रतिध्वनित करता है। शिवदान सिंह चौहान के अनुसार–"प्रगतिवाद साहित्य की धारा नहीं, साहित्य का मार्क्सवादी दृष्टिकोण है।"[44] किन्तु प्रगतिशीलता का सम्बन्ध उस लोकोन्मुख चेतना से है जो कबीर और तुलसी से लेकर उन रचनाकारों के रचना जगत् में भी विद्यमान है जिनका मार्क्सवाद से सीधा सम्पर्क नहीं है। पर कालान्तर में प्रगतिवाद और प्रगतिशीलता में इस प्रकार का अन्तर सम्भव नहीं रहा है, जैसा कि नामवर सिंह ने स्पष्ट भी किया है कि "जिस तरह छायावाद और छायावादी कविता भिन्न नहीं हैं, उसी तरह प्रगतिवाद और प्रगतिशील साहित्य भी भिन्न नहीं है। 'वाद' की अपेक्षा 'शील' को अधिक अच्छा और उदार समझकर इन दोनों में भेद करना कोरा बुद्धि-विलास है और कुछ लोगों की इस मान्यता के पीछे प्रगतिशील साहित्य का प्रच्छन्न विरोध भाव छिपा है।"[45]

हम नामवर सिंह की इस स्थापना से सहमत हैं और मानते हैं कि युग सत्य के सन्दर्भों में प्रगतिशील तत्त्वों की चेतना में अन्तर अवश्य आया है किन्तु उसकी बुनियादी आकांक्षा में कोई अन्तर नहीं है।

नामवर सिंह ने छायावादोत्तर चेतना को तीन धाराओं में विभाजित कर सम्यक् आकलन का प्रयत्न किया है। पहली व्यक्तिवादी सामाजिकता जिसका एक रूप बच्चन, नरेश शर्मा में तथा दूसरा अराजकतावादी विप्लव का स्वर नवीन, दिनकर, भगवतीचरण वर्मा आदि कवियों में मिलता है। दूसरी सामाजिक यथार्थ की धारा जिसमें रामविलास शर्मा, केदारनाथ अग्रवाल, नागार्जुन तथा त्रिलोचन को सम्मिलित किया गया है। तीसरी धारा में प्रयोग और प्रगति की चेतना के सम्मिलित स्वर में जिन्हें अज्ञेय, गिरिजाकुमार

माथुर, मुक्तिबोध, शमशेर, नरेश मेहता, नेमिचन्द्र जैन, भारत भूषण अग्रवाल, प्रभाकर माचवे, हरिनारायण व्यास आदि कवियों की कविताओं में परिलक्षित किया गया है।

दरअसल प्रगतिवाद का उदय भारत की सामाजिक और राजनीतिक परिस्थितियों के विश्व-चेतना से टकराहट का परिणाम है और इसमें परम्परागत ध्वनियों का निस्सन्देह योग है। रेखा अवस्थी जब यह कहती हैं कि–"रोमांटिसिज्म के गर्भ से ही यथार्थवादी रुझानों का विकास हुआ जो प्रगतिवाद के नाम से अभिहित किया गया।"[46] तब वे दूरस्थ और परिवेशगत प्रभावों को ओझल करने की भूल ही करती हैं। इसी प्रकार की भ्रान्ति डॉ. प्रेमशंकर के दृष्टिकोण में भी है जब वे कहते हैं कि–"प्रगतिवाद का जन्म छायावाद के विरुद्ध प्रतिक्रिया का परिणाम इतना अधिक नहीं था, जितना कि उत्तर-छायावादी गति-सृष्टि के फलस्वरूप।"[47] यह भी केवल काव्य परम्परा की क्रिया-प्रतिक्रिया को ही अधिक महत्त्वपूर्ण और शायद सब कुछ मान लेने ही का परिणाम है। इस सबके बीच अधिक सुखद तो यही है कि स्वयं छायावादी कवियों को ही यह आत्म प्रतीति हुई कि प्रकृति और निजी अनुभूतियों के बीच का उनका खेल रंगीन होते हुए भी कवि-कर्म की समाजोन्मुख चेतना के लिए अपर्याप्त हो गया। पन्त की ग्राम्या ही (सन् 1940) डॉ. नामवर सिंह के अनुसार–"आधुनिक हिन्दी कविता में यथार्थवाद का पहला सजीव प्रयत्न था।"[48] किन्तु निराला, जिनकी जीवन दृष्टि पन्त की तुलना में अधिक यथार्थपरक और बेधक थी, इसके कई वर्षों पूर्व ही बादल राग जैसी कविता लिख चुके थे। इसका कारण यही है कि रचनाकार को अपने समय की चुनौतियों को स्वीकार करना ही पड़ता है। यह उसकी नियति ही है जैसा कि रूसी कवि अलेक्सान्द्र ने सही ही कहा है कि "जीवन कवि को सभी पापों के लिए माफ कर सकता है सिवा युग चेतना को धोखा देने के।"[49]

अतः हिन्दी की प्रगतिवादी कविता को किसी एक या दो घटनाओं की प्रतिक्रिया में न देखते हुए हम उसके अनेकायामी परम्परागत, सामाजिक, राजनीतिक प्रभावों के प्ररिप्रेक्ष्य में ही देखने के पक्षपाती हैं। प्रगतिवादी कविता में सामाजिक यथार्थवाद की चेतना और अभिव्यक्ति उस काल के कवियों में विभिन्न रूपों में रही है। दरअसल हर कवि की अपनी विशिष्टता और प्रकृति के अनुरूप ही यथार्थ भी कविता में अपना आकार प्राप्त करता है। नागार्जुन, त्रिलोचन और केदारनाथ अग्रवाल की कविताओं में प्रकृति और ग्रामोन्मुखी लोक चेतना की जीवन्त और प्रभावी अभिव्यक्ति ने हिन्दी कविता को परम्परा और स्वस्थ सामाजिक जीवन दृष्टि प्रदान की। आगे चलकर नागार्जुन ने जनवादी चेतना को न केवल विकसित किया वरन् उसके लिए व्यापक जन समुदाय से संवाद स्थापित करनेवाले 'फार्म' की ईजाद भी की।

शमशेर और मुक्तिबोध जैसे कवियों की कविताओं में प्रगतिवाद दूसरे ही रूप में आकार प्राप्त कर सका। इन कवियों में लोक चेतना के स्थान पर मध्यवर्ग की पीड़ा को व्यक्त करने की आतुरता अधिक थी जो केदारनाथ और त्रिलोचन की तरह सहज न होकर अधिक अन्तर्मुखी थी। सुमन, अंचल, भवानीप्रसाद मिश्र आदि कवियों में

प्रगतिवाद का रागात्मक पक्ष अधिक मुखर हुआ।

लगभग एक दशक तक प्रगतिवाद हिन्दी कविता और साहित्य के मुख्य प्रवाह की तरह आन्दोलित होता रहा और इसके परिणामस्वरूप रचनाकारों को अपने दायित्व के सन्दर्भ में अनेक तरह से आत्मालोचन करने का अवसर प्राप्त हुआ। यह एक सामान्य घटना नहीं थी। भारत के श्रमिकों, मजदूरों के अतिरिक्त मध्य वर्ग की हालत भी 40 के आसपास दयनीय हो चुकी थी। बंगाल में अकाल, द्वितीय विश्व युद्ध के अतिरिक्त अंग्रेजी साम्राज्यवाद की फूट की नीति के कारण भी जन जीवन आक्रान्त था। 'हंस' और 'नया साहित्य' जैसी पत्रिकाएँ इस दौर में रचनाकारों के लिए वैचारिक संवाद के मंच का कार्य भी कर रही थीं।

जहाँ प्रगतिवाद ने साहित्य को विशेषकर चिन्तन-धारा और कविता को पहली बार यातना-ग्रस्त मनुष्यता के व्यक्त सन्दर्भ में नए स्पन्दनों से अनुप्राणित किया वहीं प्रगतिवाद के सरगनाओं की गतिविधियों से प्रगतिशील चेतना के विस्तार में व्यवधान भी आया। मुक्तिबोध ने लिखा है–"नेतृत्व की कमजोरी ने हिन्दी के वास्तविक प्रगतिशील साहित्य के और आगे विकास में बाधा उपस्थित की है और उनके व्यक्तिगत दुराग्रहों ने (जिस पर मार्क्सवाद का मुलम्मा चढ़ाया जाता है) उसका गला घोंटने में कोई कसर नहीं रखी है।"[50] यहीं मार्क्सवादी चिन्तक प्रमोद वर्मा के इस कथन पर गौर करने की जरूरत है कि–"सुनने में बात कड़वी जरूर लगेगी, लेकिन इसमें सन्देह नहीं कि मार्क्सवादी समीक्षकों द्वारा कलात्मक-रचनात्मक मूल्यों के अतिसरलीकरण और अतिसामान्यीकरण किए जाने के फलस्वरूप ही मूल्यांकन के क्षेत्र में भयानक अराजकता तथा असंगतियाँ पैदा हुईं।"[51] स्पष्ट है कि प्रगतिवाद के दौरान रचना और प्रचार के बीच के अन्तर को कई बार लगभग विस्मृत कर दिया गया। केवल इतना ही नहीं कई बार अनावश्यक वाद-विवाद को तूल दिया गया, जिसके कारण संवेदनशील रचनाधर्मिता कुंठित भी हुई। स्वयं मुक्तिबोध ने ऐसी हठधर्मिता के प्रति कई स्थलों पर अपनी चिन्ता प्रकट की है जिसमें 'मसीहा' नवयुवक लेखकों की 'काव्योन्मुखी मनोदशाओं को नहीं समझ' निर्णय देते हैं।[52]

प्रगतिशील काव्य परम्परा का प्रदेय और प्रभाव उसकी उपरोक्त वर्णित त्रुटियों की अपेक्षा कहीं अधिक है। हमने इन खामियों का उल्लेख मात्र इसलिए किया है कि जिससे प्रगतिशील चेतना की धारा में व्युत्पन्न व्यतिक्रम को समझा जा सके। हम साहित्य के इतिहास और काल-विभाजन सम्बन्धी उस दृष्टि में विश्वास नहीं रखते हैं जो धाराओं के कपाट खोलने और बन्द करने में अपनी इतिहास-दृष्टि की इतिश्री समझती है। भारतेन्दु से लेकर आज 1980 तक हिन्दी की आधुनिक काव्य धारा का प्रमुख स्वर प्रगतिशील और अग्रगामी रहा है। प्रमोद वर्मा के इस कथन से हम प्रगतिशील कविता की पिछली आधी शताब्दी की उपलब्धि को समझ सकते हैं कि "हमारी प्रगतिशील काव्य-परम्परा के प्रतिनिधि कवि वास्तव में नागार्जुन, सुमन, केदार, त्रिलोचन, मुक्तिबोध और शमशेर हैं।"[53]

प्रगतिशील-चेतना भारतवर्ष जैसे देश में और भी दूसरे कारणों से अपरिहार्य थी। धार्मिक-अन्धविश्वासों, सामन्तवादी और साम्राज्यवादी शोषण के दौरों ने इस महादेश की जनता को शताब्दियों से आक्रान्त किया था। फिर भी अनेक कारणों से दूसरे महायुद्ध के बाद साहित्य की मनोभूमि में अनेक बदलाव आए। इन परिवर्तनों की भी अपनी जगह एक प्रारम्भिक प्रासंगिकता रही है।

'प्रयोगवाद' और 'नई कविता' मुक्तिबोध के जीवन काल की बहुचर्चित काव्य प्रवृत्तियाँ हैं। हम इन धाराओं पर भी विहंगम दृष्टि डालना जरूरी समझते हैं, क्योंकि एक समय में ये ही कविता की मुख्यधारा रह चुकी हैं।

जैसा कि हमने ऊपर स्पष्ट किया है प्रगतिशील-मूल्यांकन एक सीमित अभिरुचि का शिकार होने लगा था। इस प्रसंग में पुनः हम मुक्तिबोध के ही उद्धरण को प्रस्तुत करना अधिक उचित समझते हैं क्योंकि उनके कथन में कहीं न कहीं आत्मानुभव की सच्ची वेदना है। मुक्तिबोध निर्णय देनेवाले प्रगतिवादी मसीहाओं का जिक्र करते हुए कहते हैं कि "वे तो उस कविता को अपना प्रमाण-पत्र देंगे जिसमें उनकी अभिरुचि की जिद पूरी होती हो। यही कारण है कि सौ प्रगतिशील शब्दों पर अधिकार करके कोई भी टुटपूँजिया लेखक 'इसकस' जैसी सांस्कृतिक पत्रिका के किसी लेख में अपने नाम को प्रकाशित पाता है।"[54] मुक्तिबोध का यह कथन थोड़ा विश्लेषण चाहता है। मुक्तिबोध यह नहीं कहते कि कविता लिखने का हक किसी टुटपूँजिए को नहीं है। वे यह कहते हैं कि सौ प्रगतिशील शब्दों के आधार पर रची कविता चर्चित होती है और दूसरी कविताओं का सच्चा मानवीय कष्ट अनदेखा किया जाता है। इससे यह भी प्रकट होता है रचना के कलात्मक आधार की जगह वांछित पदावली को ही अधिक महत्त्व दिया जाने लगा था। कविता के भाषागत स्खलन के कारण भी स्वाभाविक था कि लेखक उस प्रवृत्ति के प्रति आकर्षित हो जो अभिव्यक्ति को अधिक महत्त्व देती है।

हिन्दी कविता में प्रयोगवाद मूलतः अभिव्यक्ति के नए और ताजेपन की तलाश की दिलचस्पी के परिणामस्वरूप आया। हिन्दी में प्रयोगवाद का प्रारम्भ सन् 1943 में अज्ञेय द्वारा सम्पादित 'तार सप्तक' के प्रकाशन से ही माना जाता है। प्रयोग केवल प्रयोगवादियों ने ही किए हैं ऐसा भ्रम प्रयोगवाद के पुरस्कर्ता अज्ञेय को भी नहीं है, वे लिखते हैं– "प्रयोग सभी काल के कवियों ने किए हैं, यद्यपि किसी एक काल में किसी एक दिशा में प्रयोग करने की वृत्ति स्वाभाविक है।"[55] 'नकेनवादी' जरूर प्रयोगवाद का प्रारम्भ 'तार सप्तक' से नहीं मानते। केसरी कुमार के अनुसार–"हिन्दी कविता में प्रयोगवाद का वास्तविक आरम्भ नलिन विलोचन शर्मा की कविता से होता है जो 1936-38 में लिखी गई थी।"[56]

किन्तु इस आधार पर तो प्रसाद या पन्त की किसी एक रचना को और पहले भी खोज निकाला जा सकता है। निराला की कविताओं में तो इसकी सम्भावना और अधिक है। कुकुरमुत्ता (1941) को तो प्रयोगवाद ही नहीं बल्कि नई कविता और आज की कविता के आरम्भ का भी श्रेय जाता है। दरअसल कविता के विकास क्रम को और

उसमें आए बदलावों को किसी एक तिथि या रचना से रेखांकित करना ही भ्रामक है।

साहित्य की परम्परा में परिवर्तन आकस्मिक घटना की तरह नहीं आते हैं। कभी-कभी आकस्मिक प्रतीत होने पर भी वे युगीन दृष्टि तथा सामाजिक ढाँचे में आए बदलाव का परिणाम होते हैं। परिस्थितियों के बदलाव और परिवर्तनों के साथ ही मूल्य और प्रतिमान भी बदल जाते हैं। जैसा कि हावर्ड फास्ट ने सही कहा है, "शाश्वत प्रतिमान जैसा न तो कुछ है और न हो सकता है। यदि कोई विचारशील प्राणी शाश्वत गुण के बारे में सोचेगा तो वह परिवर्तन स्वयं है।"[57] फ्रांस में 'कला कला के लिए' आन्दोलन का विकास अतियथार्थवाद में हुआ था। हमारे यहाँ छायावाद के बाद प्रगतिवाद और प्रगतिवाद के बाद प्रयोगवाद का वृत्त बना। केवल तीन दशकों में आए इन बदलावों के पीछे इस देश की सामाजिक संरचना के प्रत्यक्ष सन्दर्भ में कोई समुचित तार्किक आधार भले न दिखाई पड़े किन्तु अन्तर्राष्ट्रीय घटना-चक्रों और दबावों के स्पष्ट परिणाम दिखाई देते हैं। काडवेल का यह कथन कि "प्रत्येक सोपान में पूँजीवादी विरोधाभास से कविता की वस्तु और शिल्प को एक नया विकास मिलता है।"[58] हमारे यहाँ की घटनाओं पर अधिक सटीक बैठता है।

दरअसल जब देश के पराधीन-जीवन से मुक्ति के अभियान में तेजी आ रही थी और शीत युद्ध के दौर से गुजरकर दुनिया दूसरे महायुद्ध में झुलस रही थी तब प्रयोगवाद के चिन्तन और दर्शन में ऐसा कुछ नहीं था जिससे लगे कि कविता और इस भूखंड की आबादी के बीच कोई संवाद का स्वर है। यह एक विचारणीय प्रश्न है कि लगभग आधी शताब्दी तक स्वतन्त्रता के लिए संघर्ष करती जातीय चेतना का तीव्र प्रभाव कविता की मुख्य धारा में कहीं ठहरकर दिखाई नहीं पड़ता है। कदाचित यही कारण है कि इसके पीछे आधुनिकता, विज्ञान, यन्त्र, टेक्नालॉजी आदि के साथ विश्व युद्ध आदि के प्रभावों का अन्वेषण किया जाता है। कविता इस दौर में उस अखबार की तरह ध्वनित होती है जिसमें विदेशी खबरें तो प्रमुखता और धूमधाम के साथ छपी हैं किन्तु स्थानीय खबरें बिना तारीख अंकित किए दे दी गई हैं। यहाँ हम समझते हैं कि कविता का चरित्र केवल स्थानीय खबरें नहीं है और ऐसा भी नहीं है कि स्वाधीनता आन्दोलन का कविता पर असर ही नहीं पड़ा है। हम यहाँ विवेच्य काव्य धारा और उसमें भी प्रमुख स्वर के सन्दर्भ ही में यह विचार प्रस्तुत कर रहे हैं। वैसे प्रयोगवादियों ने प्रयोग के आशय को स्पष्ट किया है और वे जिन प्रयोजनों की ओर संकेत करते हैं वे हैं—सत्य की खोज, मानववाद, व्यक्तित्व की खोज, भाषा का पुनःसंस्कार तथा नई जीवन दृष्टि। इसके साथ परम्परा के अस्वीकार का भाव भी प्रयोगवाद की जीवन दृष्टि का एक अंग है। पर यह निषेध की विध्वंसक दृष्टि से आक्रान्त न होकर नए के प्रति मोह से उपजा है।

तार सप्तक के सभी कवियों के वक्तव्यों में रोमांटिक कविता के प्रति विद्रोह की भावना परिलक्षित होती है। प्रभाकर माचवे की दृष्टि में तो "छायावाद हिस्टीरिया की भाँति हिन्दी कविता का एक मानसिक रोग" था और "प्रगतिवाद में एक अनावश्यक प्रदर्शनप्रियता" थी।[59] मुक्तिबोध मार्क्सवाद से प्राप्त वैज्ञानिक दृष्टि, जीवन और जगत्

के द्वन्द्व की स्थिति, प्रयोग की इच्छा के साथ ही कला के केन्द्र को 'दिशा व्यापी करने की आवश्यकता' पर जोर देते हैं।[60] अज्ञेय 'संवेदना के पुनःसंस्कार' ही के साथ 'सम्प्रेषण की समस्या' को अधिक तरजीह देते हैं जोकि "कवि को प्रयोगशीलता की ओर प्रेरित करनेवाली सबसे बड़ी शक्ति है।"[61]

आधुनिकता और नए जीवनानुभवों के परिप्रेक्ष्य में प्रयोगवाद केवल 'फार्म' का ही आन्दोलन नहीं था। जबकि लोठा लुत्से ने प्रयोगवाद को 'आधुनिक हिन्दी साहित्य का सबसे पहला विशुद्ध साहित्यिक आन्दोलन' माना है।[62] शुद्ध साहित्य का आन्दोलन होते हुए भी इस पर बदली हुई संवेदना का प्रभाव भी था। प्रगतिवाद ने जोकि अपनी सक्रियता में समीक्षकों पर सर्वाधिक निर्भर था व्यक्ति-अस्तित्व और व्यक्ति-मन के स्वतन्त्र लोक को लगभग अपनी स्थापनाओं से खारिज कर दिया था। प्रयोगवाद ने वैयक्तिकता को स्वीकार अवश्य किया किन्तु सामाजिक मूल्यों का निषेध भी नहीं किया। यही कारण है कि 'तार सप्तक' में प्रगतिवादी स्वर बराबर मौजूद है। प्रश्न यह है कि प्रयोग जीवन के बारे में कविता लिखने के लिए किए जा रहे थे या कविता लिखने के बारे में प्रयोगों की जरूरत आ पड़ी थी। डॉ. शम्भुनाथ सिंह जब यह लिखते हैं कि–"प्रयोगवादी कवि के लिए भय, शंका, अन्तर्द्वन्द्व अनास्था आदि की अभिव्यक्ति के सिवा और कोई चारा नहीं था क्योंकि इनके अतिरिक्त और उसके पास था ही क्या जिसे वह अभिव्यक्त करता।"[63] तो इससे सहमत नहीं हुआ जा सकता। द्वितीय महायुद्ध आदि के सन्दर्भ बहुत महत्त्वपूर्ण अवश्य हैं किन्तु उनकी दुहाई देकर तत्कालीन भारत में शंका और अनास्था आदि की आरोपित मनःस्थिति का औचित्य सिद्ध करना दूर की कौड़ी लाने का प्रयत्न ही कहा जा सकता है। 'इनके अतिरिक्त और उसके पास था ही क्या' का क्या अर्थ है ? शंका और अन्तर्द्वन्द्व जैसी स्थितियाँ क्या कम चीज हैं। रचनाकार के पास क्या होना चाहिए ? इससे प्रयोगवादियों का दयनीय चित्र जरूर उपस्थित होता है। जिसके पीछे न तो परिस्थितिगत, न काव्यगत समुचित आधार है।

दरअसल विश्व की आधुनिकता रैंबो से प्रारम्भ होकर टी.एस. इलियट तक आ चुकी थी। प्रतीकवाद और अतियथार्थवाद के संघर्षपूर्ण दौर से गुजर चुकी थी। इलियट, ऑडेन आदि ने अपने-अपने ढंग से विचार को भावना का स्थानापन्न बना दिया था। लारेंस, इलियट, पाउंड आदि ने पूर्ववर्ती कविता के आडम्बर से मुक्ति का रास्ता खोज निकाला था। इन कवियों ने संवेदना और शिल्प दोनों ही स्तरों पर प्रयोग किए थे। फिर भी पश्चिम में प्रयोगों की बहुलता के बावजूद प्रयोगवाद जैसा आन्दोलन संज्ञा नहीं प्राप्त कर सका। भारतीय साहित्य में ही यदि हम बंगला, मराठी, कन्नड़ या मलयालम कविता पर दृष्टि डालें तो वहाँ प्रयोगवाद जैसा पृथक् या स्वतन्त्र आन्दोलन नहीं है। स्वयं अज्ञेय ने भी कहा है–"प्रयोग का कोई वाद नहीं है। हम वादी नहीं रहे, नहीं हैं। प्रयोग अपने आप में इष्ट या साध्य नहीं है।"[64] तो फिर इतना बवेला किस बात का मच रहा, यह आश्चर्य ही की बात है। यहाँ प्रसंगवश इस अवान्तर टीप के उल्लेख को हम जरूरी समझते हैं कि शुक्लजी के बाद हिन्दी-समीक्षा अपनी निजी अस्मिता और स्वरूप

विकसित करने के बदले आयत्त विचारों का शिकार हुई और दूसरी तरफ एकेडेमिक समीक्षा की भारी भरकम अपढ़ व्यावसायिकता ने उसे और लकीर का फकीर बना दिया। परिणामतः ऐसी-ऐसी खोजें और निष्पत्तियाँ हिन्दी समीक्षा में सम्भव हो गईं जिनका साहित्य और साहित्य-समीक्षा से दूर का भी कोई रिश्ता नहीं है।

हिन्दी की प्रयोगवादी कविता भी विभिन्न पश्चिमी नई काव्य रुचियों से प्रभावित रही है। इसीलिए मुक्तिबोध जैसे कवि भी अपने को 'हम प्रयोगवादियों'[65] की कोटि में शरीक करने के बाद भी जब 'प्रयोगवाद' पर पृथक् से लिखते हैं तो उनका पहला वाक्य इस तरह होता है–"तथाकथित प्रयोगवाद की कोई विशेष व्याख्या नहीं की जा सकती, साहित्यिक प्रवृत्ति के रूप में ही उसे देखा जा सकता है।"[66] इसके बाद भी जब मुक्तिबोध जैसे कवि प्रयोगवाद की पैरवी करते दिखाई पड़ते हैं तो हमें यह स्वीकार करना ही पड़ता है कि हर समय में नई प्रवृत्तियाँ कई कारणों से आकर्षित करती हैं। सबसे बड़ा कारण तो यही है कि नई प्रवृत्ति के पीछे नई जीवन दृष्टि होती है और यह नई जीवन दृष्टि रचनात्मक साहसिकता के लिए अवसर प्रदान करती है। मुक्तिबोध ने 'प्रयोगवाद' शीर्षक से प्रकाशित अपनी संक्षिप्त टिप्पणी में 'प्रखर बौद्धिक व्यक्तिवाद', 'यथार्थोन्मुख चेतना', 'मनोवैज्ञानिक यथार्थवाद', 'नई शब्दावली' आदि को प्रयोगवाद की विशेषताओं के रूप में बताया है। साथ ही "तत्कालीन सामाजिक परिस्थितियों के विरुद्ध व्यक्ति द्वारा की गई भावात्मक प्रतिक्रियाएँ"[67] कहकर प्रयोगवाद की दृष्टि को स्पष्ट भी करने का प्रयास किया है। वे कवि को वंचितों की श्रेणी का बताकर सम्पन्नों की दुनिया के विरुद्ध उसकी सामाजिक स्थिति को भी रखते हैं। पर 'हैव-नाट्स' और 'हैव्स' की उनकी धारणा प्रयोगवाद के प्रसंग में न केवल अस्पष्ट रह जाती है वरन् आरोपित भी प्रतीत होती है। हाँ, वे अपना असन्तोष अन्त में जरूर प्रकट करते हैं कि "प्रयोगवादी कवियों में यह विशाल चेतना अभी नहीं आ पाई है जिसे हम महत्त्व देते हैं।"[68]

हमें यहाँ यह स्मरण रखना होगा कि द्वितीय विश्व युद्ध के आसपास ही सार्त्र अस्तित्ववाद की साहित्यिक अवधारणा को रूप दे रहे थे और फ्रायड, एडलर तथा युंग के 'दमित इच्छाओं' तथा 'अहं' की धारणा का व्यापक प्रभाव साहित्य पर पड़ चुका था। अज्ञेय ने मनुष्य-मन की यौन कल्पनाओं से आक्रान्तता तथा दमित-कुंठित कल्पना का संकेत तार सप्तक में किया है।[69] इन सभी प्रवृत्तियों का भी प्रत्यक्ष-अप्रत्यक्ष प्रभाव प्रगतिवाद की एकरसता को तोड़ने में सहायक हुआ और प्रयोगवाद की मनोभूमि की रचना भी इन्हीं तत्त्वों से हुई।

फिर भी यह कहना अतिरंजना ही होगी कि प्रयोगवाद फ्रायडीयन दमित संसार की कविता थी, जैसा कि नन्द दुलारे वाजपेयी ने प्रयोगवादी कविता में सामाजिक और नैतिक चेतना के अभाव का जिक्र करते हुए लिखा है–"साहित्य को इन अँधेरी गलियों में ले जाने का श्रेय किन महानुभावों को है ? उनको जो कहते हैं कि साहित्य हमारी अन्तश्चेतना के स्वातन्त्र्य का प्रतीक है।"[70] दरअसल पं. वाजपेयी को प्रयोगवाद में कभी

यथार्थवाद दिखा और कभी आध्यात्मिक तत्त्व दिखे। धर्मयुग में प्रकाशित लेखमाला के उनके निबन्धों में काव्य मूल्यांकन सम्बन्धी असंगतियों की भरमार है। कहीं उन्हें प्रयोगवाद में 'प्रकृतिवादी यथार्थवाद' नजर आता है तो कहीं उन्हें 'विशुद्ध यथार्थवादी कवि इन नए कवियों में शायद एक भी नहीं' लगता है।[71] डॉ. नगेन्द्र ने भी जैसे पहले प्रगतिवाद को छायावाद के विद्रोह के रूप में निरूपित किया था प्रयोगवाद को भी 'छायावाद' के विरुद्ध प्रतिक्रिया'[72] के रूप में देखा।

जबकि डॉ. लक्ष्मीकान्त वर्मा "प्रयोगवाद को ज्ञात से अज्ञात की ओर बढ़ने की बौद्धिक जागरूकता" के रूप में देखते हैं।[73] डॉ. रघुवंश के अनुसार प्रगतिवादी कविता में अयथार्थ का स्वर था और छायावाद के बाद सच्ची यथार्थवादी कविता प्रयोगवाद से ही सम्भव हो सकी।[74]

उक्त मान्यताओं को हमने इसलिए प्रस्तुत किया है कि हम प्रयोगवाद सम्बन्धी मतभेदों का थोड़ा सा जायका ले सकें। यह इसलिए जरूरी है कि प्रयोगवादी चेतना के केन्द्र को रेखांकित करना सम्भव हो सके। द्वितीय विश्वयुद्धोत्तर भारत में औद्योगिक विकास के समानान्तर मध्य वर्ग का चेहरा अधिक स्पष्ट आकार पा रहा था। इस वर्ग के पास शिक्षा, ज्ञान-विज्ञान के क्षेत्र की नई जानकारी और अपनी वर्गजात दुविधा थी। नए सन्दर्भों ने जहाँ एक ओर कल्पना लोक की वायवी उड़ानों से उन्हें वंचित कर दिया था वहीं दूसरी ओर प्रगतिवादी आह्वान के प्रति भी वे शंकालु हो गए थे। डॉ. नामवर सिंह जब "चरम व्यक्तिवाद को ही प्रयोगवाद का केन्द्र-बिन्दु"[75] कहते हैं तब वे उस पीढ़ी की मानसिकता का सही आकलन करते हैं। मध्यवर्ग की चेतना और दुविधा का कौतुक ही हमें प्रयोगवादी कविता में विभिन्न रूपाकार प्राप्त करता दिखाई देता है।

इस नए रूपाकार में निस्सन्देह जहाँ शब्द और अभिव्यक्तिगत प्रयोगों से परे कवि-दृष्टि गई है वहाँ कविता का दायरा विस्तृत हुआ है। बौद्धिकता के परिणामस्वरूप भी अधिक वयस्क दुनिया सामने आई जिसमें व्यक्ति के भीतर की व्यग्रता और संलग्नता को नई सांकेतिक और छायावाद से भिन्न प्रतीकों को भाषा में अभिव्यक्ति प्राप्त हुई।

कुल मिलाकर साहसिकता और नएपन के साथ प्रयोगवाद आधुनिकता मूलक मध्यवर्गीय साहित्यिक आन्दोलन था। पाल जीनेस्टीर का कथन कि "पृथ्वी के चेहरे पर यन्त्रों द्वारा की गई उथल-पुथल के प्रति आधुनिक कविता पूरी तरह सचेत है"[76] प्रयोगवाद पर भी किन्हीं अंशों में घटित होता है। आधुनिक व्यक्ति की नियति के अवसाद और एकाकीपन को भी इन कविताओं की सूक्ष्म विकलता से पहचान पाना कठिन नहीं है। फिर भी डॉ. नामवर सिंह ने जैसा सही संकेत किया था कि "प्रयोगवादी कविताओं में एक विशेष प्रकार की घुटन और एकरसता मिलती है जो कवि और पाठक दोनों की मनोवृत्तियों को गहराने के नाम पर संकुचित करती है और इस तरह उन्हें व्यापक विश्व-समाज और प्रकृति में फैलने से रोककर मनुष्य को जीवन्मृत बना देती है।"[77] और इसीलिए दस वर्षों के बाद ही प्रयोगवाद को अपनी ही बनाई कारा से मुक्त होने की कोशिश करनी पड़ी।

प्रयोगवाद के ही समानान्तर बिहार के तीन कवियों—नलिन विलोचन शर्मा, केसरी कुमार और नरेश—ने नकेनवाद या प्रपद्यवाद को सच्चा प्रयोगवाद सिद्ध करते हुए अज्ञेय आदि कवियों को प्रयोगशील सिद्ध किया।[78] 'नकेन के प्रपद्य' में प्रपद्य के दस सूत्र घोषित किए गए जिनके अनुसार प्रयोग साध्य है, प्रयोग भाव और व्यंजना का स्थापत्य है, परम्परा निष्प्राण है। चीजों का एक मात्र सही नाम होता है, आदि तत्त्वों को प्रयोगवाद की व्याख्या के रूप में निरूपित किया गया। प्रपद्यवादी रागात्मक प्रतीतियों को सर्वोपरि महत्त्व देते थे। और कविता के प्रसंग में सम्प्रेषण की किसी भी समस्या को निरर्थक मानते थे। मुक्त साहचर्य, बिम्बवाद का प्रभाव आदि गुणों के कारण प्रपद्यवाद ने कुछेक मनोहारी काव्य-बिम्ब मात्र दिए। पर मात्र तीन कवियों का यह अभियान ज्यादा दूर और देर तक नहीं चल सका। नकेनवाद भी एक तरह से प्रयोगवाद की अधिक कलावादी प्रवृत्ति थी। जिस कला सिद्धान्त के पीछे स्पष्ट जीवन दृष्टि न हो वह 'वाद' की आयु भी मुश्किल से प्राप्त कर सकता है। फिर भी इतिहास की यह नियति है कि उसे घटनाओं को दर्ज करना ही पड़ता है।

वादों के प्रसंग में यहाँ आचार्य रामचन्द्र शुक्ल का उल्लेख जरूरी प्रतीत हो रहा है। अपने साधारणीकरण और व्यक्ति वैचित्र्यवाद निबन्ध में उन्होंने कई बातें मार्के की कही हैं, जो आज और अधिक प्रासंगिक लगती हैं। वादों की अति के प्रसंग में वे कहते हैं—"काव्य के क्षेत्र में वाद का प्रचार धीरे-धीरे उसकी सत्ता को ही चर जाता है। कुछ दिनों में लोग कविता न लिखकर वाद ही लिखने लगते हैं।"[79] इसी प्रकार उनकी दूसरी टिप्पणी—"नाना वादों से ऊबकर लोग अब साफ हवा में आना चाहते हैं। किसी वाद का नाम लेना अब फैशन के खिलाफ माना जाने लगा है। अब कोई वादी समझने में अपना मान नहीं समझते।"[80] मुक्तिबोध भी यद्यपि अपने को वाद से जोड़ लेते प्रतीत होते हैं, जैसाकि हम पूर्व में उल्लेख कर चुके हैं किन्तु उनका मन इस स्थिति को दूर तक स्वीकार नहीं पाता है। वे कहते हैं—"वस्तुतः वे कविताएँ प्रयोग न होकर साक्षात् कविताएँ थीं। नई कविता के विरोधियों ने निन्दा के तुच्छ भाव से, प्रयोगवाद शब्द चला दिया।"[81] इससे प्रकट है कि इस तरह के आन्दोलन कविता के अनवरत प्रवाह में बहुत अधिक सहायक नहीं होते। वे स्थिति विशेष के सूचक मात्र बनकर रह जाते हैं।

स्वतन्त्रता प्राप्ति के पश्चात् कवियों की सामाजिक स्थिति में परिवर्तन आया। देश की स्वतन्त्रता का गहरा अर्थ होता है, भले ही बाद की उसकी निष्पत्तियाँ कितनी ही त्रासद क्यों न हो गई हों। समाज में कवि की बदली हुई स्थिति के परिणामस्वरूप कविता में भी बदलाव आना स्वाभाविक था। अब तक प्रयोगवाद और प्रगतिवाद का द्वन्द्व निरन्तर चलता रहा था। सन् 50 के बाद 'नई कविता' के रूप में इसका विकास हुआ। स्व. देवीशंकर अवस्थी का यह कहना सही लगता है कि—"प्रयोगवादी और प्रगतिवादी कवियों की यह पीढ़ी परिस्थितियों की मार से बीच-बीच में लड़खड़ाती रही, पर उसने विवेक को यथासम्भव स्थिर बनाए रखा। सन् 50 के बाद दोनों के मध्य के मिथ्या भ्रम दूर होने प्रारम्भ हुए तथा कहीं अधिक दृढ़ विवेक निष्ठा पर 'नई कविता' की समन्विति स्थापित हो सकी।"[82]

1951 में प्रकाशित दूसरे सप्तक में प्रयोग, वक्तव्य आदि के प्रति कवियों में तार सप्तक जैसा उत्साह नहीं रह गया था। व्यक्ति और समाज के सम्बन्धों के प्रति इन कवियों की दृष्टि अधिक स्पष्ट और संवेदनशील थी। एक तरह से हम दूसरे सप्तक से ही नई कविता की शुरुआत मान सकते हैं। प्रयोगवाद और नई कविता में अन्तर अवश्य है। पर यह अन्तर किस प्रकार का है इसको लेकर भी कम मतभेद नहीं है। यद्यपि यह बहस का मुद्दा नहीं है फिर भी कुछ विद्वान यह मानते हैं कि चूँकि ''नई कविता में ऐसा कुछ नहीं है जिसे प्रयोगवाद का विरोधी कहा जाए अतः नई कविता प्रयोगवाद से भिन्न नहीं है।''[83] जबकि डॉ. शम्भूनाथ सिंह नई कविता को 'प्रयोगवाद का ही विकसित रूप' कहकर भिन्न मानते हैं।[84] वैसे अज्ञेय ने 1952 में पटना आकाशवाणी केन्द्र से प्रसारित एक साक्षात्कार में 50 के बाद की कविता के लिए 'नई कविता' शब्द का प्रयोग सबसे पहले किया था।[85] किन्तु 1954 में इलाहाबाद से प्रकाशित पत्रिका 'नई कविता' से नई कविता संज्ञा की पहचान और लोकप्रियता बढ़ी–यह भी निर्विवाद है। अतः यह भी विवाद का विषय रहा है कि नई कविता का प्रारम्भ 50 से माना जाए, या 52 से, या 1953 में 'नए पत्ते' के प्रकाशन से अथवा 54 में 'नई कविता' पत्रिका की शुरुआत से। सामान्य सी बात है नामकरण बाद ही में होता है। मराठी में तो 50 के पूर्व ही 'नव काव्य' मर्ढेकर की कविताओं के साथ आ चुका था। यद्यपि इस तरह के शोध और विवाद में हमारी दिलचस्पी नहीं है। फिर भी हम नई कविता को पूर्ववर्ती कविता का विकास और 50 के बाद की घटना ही मानते हैं, यह स्पष्ट कर देना जरूरी है। स्वतन्त्रता प्राप्ति एक बहुत बड़ी घटना थी यदि हम इसे विस्मृत न करें तो इस स्थापना के तर्क को आत्मसात् कर सकते हैं।

सन् 50 के बाद नई कविता के साथ ही हिन्दी कविता में मूल्यवत्ता से सम्बन्धित कई प्रत्ययों पर धुआँधार बहसें हुई हैं, उनके विस्तृत ब्यौरों में जाने का यहाँ अवकाश नहीं है। बहस के ये प्रमुख बिन्दु हैं–'लघु मानव', 'धुरी की खोज', 'अप्रतिबद्धता', 'स्वतन्त्रता', 'आधुनिक भाव बोध' आदि। यहाँ हमारा प्रयोजन उन साहित्यिक परिस्थितियों का आकलन है जिनके मध्य रहते मुक्तिबोध ने सृजन किया और इसी दृष्टि से हम केवल 'आधुनिकता' और 'प्रतिबद्धता' पर विचार करना आवश्यक समझते हैं, क्योंकि ये मुक्तिबोध की कविता से जुड़े गहरे प्रश्न भी हैं।

मुक्तिबोध ने भी 'नई कविता की आत्मा है आधुनिक भाव-बोध'[86] कहकर तथा अन्यत्र भी आधुनिकता की धारणा को महत्त्व दिया है। इसलिए सर्वप्रथम आधुनिकता के प्रश्न ही को लेते हैं।

उन्नीसवीं सदी के अन्तिम वर्षों में ही पश्चिमी कला आधुनिकतावादी आन्दोलन से जुड़ गई थी। इस प्रसंग में स्टीफन स्पेंडर ने लिखा है कि ''यही आधुनिकतावादी आन्दोलन इलियट और पाउंड की रचनाओं में सक्रिय रहा जो अपनी प्रकृति में प्रतिगामी था।''[87] आधुनिकतावादी आन्दोलन कला की सम्पूर्ण स्वायत्तता से जुड़ा इतना आत्मकेन्द्रित प्रत्यय था जिसका बाहरी दुनिया की चीजों या विचारधाराओं से कोई सरोकार नहीं था।

किन्तु जब मुक्तिबोध आधुनिक भाव-बोध को नई कविता की आत्मा कहते हैं तब 'आधुनिकता' के उपरोक्त अर्थ से हमारा कार्य नहीं चलता। दरअसल आधुनिक चेतना और आधुनिकतावाद भिन्न चीजें हैं। आधुनिकतावाद एक तरह से सम्प्रदाय है, जबकि आधुनिकता नए युग-बोध और ज्ञान-विज्ञान की विकसित अवस्था से जुड़ी सुलझी हुई मुक्त मानवीय दृष्टि है। आधुनिकता के गर्भ में अनेक वैज्ञानिक आविष्कारों, सामाजिक क्रान्तियों, फ्रायड-मार्क्स की नूतन विचार-सरणियों तथा अनेक चिन्तकों के ऐतिहासिक अनुभवों और वैज्ञानिक निष्कर्षों की सुदीर्घ परम्परा है। मुक्तिबोध इसी नई दृष्टि से सम्पृक्त इतिहास और काल की चेतना को दृष्टि में रखकर ही आधुनिकता के पक्षधर होते हैं।

भारतीय पुनरुत्थान के दौर से लेकर स्वतन्त्रता प्राप्ति के वर्षों तक आधुनिकता की ध्वनि और आशय बहुत स्पष्ट और पॉजिटिव थे और इसका सम्बन्ध दुनिया में हो रहे नए वैज्ञानिक-सामाजिक परिवर्तनों के सन्दर्भों में अपने दृष्टिकोण को व्यापक करने से था। प्रयोग और प्रगति दोनों के लिए यह एक जरूरी सन्दर्भ था पर तब यह साहित्य की धारणा मात्र नहीं, दृष्टि और चिन्तन के फलक की अपरिहार्य तैयारी का मुद्दा था, जिसके अभाव में हम अपनी रूढ़ियों और जड़ताओं से दरकिनार नहीं हो सकते थे। इस अर्थ में आधुनिकता मनुष्य, और उसके इतिहास और समय में उसकी स्थिति को समझने की एक नई दृष्टि ही थी। विज्ञान, दर्शन, राजनीति और साहित्य के मध्य अन्तःसम्बन्धों की अन्तर्धारा बहती रहती है। आधुनिकता इन्हीं अन्तःसम्बन्धों के नए प्रतिफलन का व्यंजक पद था। जिसे हम आधुनिक-चेतना, आधुनिक भावबोध आदि पदों से पहचानते थे। इस अर्थ में आधुनिकता का परम्परा से विरोध नहीं है। आधुनिकता परम्परा का परिष्कार कर उसे समकालीनों के बीच प्रासंगिक बनाती है। यह परिष्कार नएपन की तानाशाही का परिणाम न होकर उस वैज्ञानिक दृष्टि के तकाजों के कारण जरूरी हो जाता है जिसने दुनिया की गति को बदल दिया है। औद्योगिक सभ्यता ने आधुनिकीकरण किया है किन्तु आधुनिक विश्वास वैज्ञानिक दृष्टि के बिना असम्भव थे। इसलिए आधुनिकता काल और परिवेश से परे वह चेतना है, जो रूढ़ियों, अन्धविश्वासों और जन्तर-मन्तर की दुनिया से निकालकर मनुष्य को एक नई दुनिया में ला खड़ा करती है। आधुनिकता का विरोध रोमांटिसिज्म से है, यथार्थवाद से नहीं। इसलिए आधुनिकता नए बुद्धिवाद की जमीन पर इतिहास और समाज व्यवस्था की पुनर्व्याख्या है जो ईश्वरीय न्याय के स्थान पर मानवीय और सामाजिक न्याय को प्रतिष्ठित करती है।

राजा राममोहन राय के भारत से लेकर आज 1982 तक के भारत में आधुनिक चेतना और आधुनिकता पर बहस मुट्ठी-भर लोगों के बीच का विषय है। गाँवों में आधुनिक उपकरण पहुँच गए हैं। दूरदर्शन का प्रसार बढ़ रहा है। औद्योगिकीकरण की रफ्तार तेज हो रही है पर करोड़ों की आबादी का मन अभी तक भी आधुनिक नहीं हो पाया है। शिक्षा बल्कि कहना होगा सही शिक्षा के अभाव में सुशिक्षितों के लिए भी आधुनिक होने का अर्थ आधुनिक परिवेश और उपकरणों तक ही सीमित है। एक

रचनाकार उस वक्त भी इस सच्चाई को जानता है जब वह अपने परिवेश के प्रसंग में आधुनिक चेतना को रचना का अन्तःकरण बनानेवाले अपरिहार्य तत्त्व के रूप में स्वीकार करता है।

उपरोक्त विवेचन से हमारा आशय आधुनिकता को उस आधुनिकतावाद से पृथक् करने से है जो पश्चिम के व्यक्तिवादी-कलावादी प्रभावों के परिणामस्वरूप हताशा, मृत्यु और अवसाद का दर्शन था। मुक्तिबोध तथा प्रगतिशील चेतना से सम्पृक्त रचनाकारों के लिए फैशन के बतौर पश्चिमी प्रभावों से रँग जाना सम्भव नहीं था। प्रगतिशील रचनाकारों के लिए आधुनिकता विश्वात्मक होने का जरूरी संस्कार था। मुक्तिबोध लिखते हैं–''राष्ट्रीयता के भाव अन्तर्राष्ट्रीयता से अलग नहीं किए जा सकते। नई कला, नई कविता स्वयं एक अन्तर्राष्ट्रीय वस्तु हो गई है। किन्तु, अपनी भूमि और अपने देश की मिट्टी में रँगकर ही विश्वात्मक हुआ जा सकता है, नहीं तो नहीं।''[88] पश्चिम में भी तीसरे-चौथे दशक के नाजी-विरोधी लेखकों का समूह इसी तरह की आधुनिकता में विश्वास करता था। स्टीफेन स्पेंडर लिखते हैं–''तीसरे दशक में आधुनिक होने का अर्थ है–कवि जीवित इतिहास के निजी अनुभवों को किसी तरह के मार्क्सवादी विश्लेषण के आलोक में प्रतिपादित करे।''[89] हिन्दी में भी प्रयोगवाद के प्रारम्भिक दौर में यही सजगता दिखाई पड़ती है। इसे मुक्तिबोध ने भी स्वीकार किया है–''यह सही है कि प्रारम्भिक उत्थानकालीन प्रयोगवादी कविता में, यदि हम उसे समग्र रूप में देखें तो हमें मार्क्सवाद की छाया मिल जाएगी, जीवन-आलोचन की दुःखात्मक किन्तु, तीव्र ध्वनि सुनाई देगी।''[90] प्रमोद वर्मा के इस विचार से भी यही प्रकट होता है कि–''हिन्दी कविता में प्रयोगधर्मिता का सिलसिला अधिकतर उन्हीं कवियों ने शुरू किया था जो मार्क्सवाद पर आस्था रखते थे और काव्य की सामाजिक भूमिका के प्रति विशेष रूप से सचेत थे।''[91] इससे स्पष्ट होता है कि आधुनिकता और सामाजिक यथार्थ की दृष्टि में इस हद तक संगति थी और जो विरोध छठे दशक में क्रमशः बढ़ता गया उसने आधुनिकता की धारणा को आधुनिकतावाद की धारणा में रूपान्तरित कर दिया। नई कविता के परिमल ग्रुप का इसमें महत्त्वपूर्ण हाथ रहा। नई कविता के साथ हिन्दी कविता की समीक्षा-भाषा कुछ निर्धारित पदों के बिना असम्भव हो गई थी। ये पद थे–'अद्वितीयता', 'वैयक्तिकता', 'प्रामाणिकता', 'व्यक्तित्व की खोज', 'प्रामाणिक अनुभूति', 'क्षणवाद', 'लघु-मानव', 'धुरी की खोज', 'कुंठा', 'अप्रतिबद्धता', 'मूल्य-संकट' और 'आधुनिकता'। हम यह नहीं कहते कि ये पद सौन्दर्यशास्त्रीय प्रश्नों को समेटने की दृष्टि से नितान्त त्याज्य हैं। वस्तुस्थिति यह थी कि ये पद मनोविज्ञान, बिम्बवाद, प्रतीकवाद, अभिव्यंजनावाद, अस्तित्ववाद और अतियथार्थवाद आदि के रासायनिक घोल में जिस पर आधुनिकतावाद की अनिश्चित चिपकी लगी हुई थी, ऊभचूभ होते रहते थे। ये इतने पश्चिमोन्मुखी पद थे कि अपने अकेलेपन में भी अपने नहीं हो पाते थे। फिर उन वस्तुनिष्ठ परिस्थितियों, जिनमें अशिक्षा, सामाजिक अन्याय, हरिजन-दहन, साम्प्रदायिक दंगे, भ्रष्टाचार, पक्षपात और नौकरशाही का वर्चस्व था इनकी संगति बैठना नैसर्गिक नहीं था। इसका मतलब

यह नहीं है कि हम कविता और अनुभूतियों तथा अनुभवों के संसार का पूर्व और पश्चिम में विभाजन कर रहे हैं। हमारा आशय स्पष्टतः उस औपनिवेशिक विरासत से है जिसने हमारे चिन्तन में इतने भयानक घपले किए कि हम अपनी जमीन, सामाजिक स्थिति, अपनी भाषा और अस्मिता के प्रति ही बेखबर हो गए। दूसरी बात हमने साहित्य और चिन्तन के सभी सवालों को एक बौद्धिक आर्केटाइप की तरह ग्रहण किया और हमारे भारतीय जीवन का यथार्थ हमारे ही आसपास दुबका पड़ा रहा।

इस प्रकार धीरे-धीरे आधुनिकतावाद यथार्थ विरोधी होता गया और जैसा कि लुकाच ने विश्लेषण किया है इसके कारण ''साहित्य को अपने परिप्रेक्ष्य से कटना पड़ा।''[92]

आधुनिकता और आधुनिकतावाद के इस मुद्दे के बाद छठे दशक में कविता और राजनीति का प्रश्न भी प्रमुख रहा है। प्रगतिवाद के अनुभव के कारण तथा पश्चिमी सीमित प्रभावों के फलस्वरूप साहित्य की निष्पक्षता का प्रतिपादन ईमानदारी से किया जाने लगा। नेमिचन्द्र जैन मानवीय स्तर पर संवाद स्थापित करने की कामना के साथ लिखते हैं कि–''साहित्य, कला और संस्कृति की शक्ति इसी में है कि वे पक्षधर नहीं हैं बल्कि उनके कारण पक्षधरता का जाल शिथिल और जर्जर होने लगता है अथवा आलंकारिक शब्दावली में कहा जाए तो वे निष्पक्षता के ही पक्षधर हैं।''[93] सृजन एक निजी कर्म है, यह सही है किन्तु रचना-अनुभव और रचना-प्रक्रिया की निजता का अर्थ वैयक्तिक धारणाओं से नहीं जोड़ा जा सकता। वातावरण में वैयक्तिकता, अकेलापन, व्यक्तित्व की खोज जैसे पद इतने जोर पकड़ चुके थे कि इन्हीं के कारण 'अप्रतिबद्धता' भी एक प्रतिमान जैसा ही बन गया था। दरअसल 'स्वतन्त्रता' को व्यक्ति-जीवन, समाज-जीवन और रचना के महती मूल्य के रूप में जैसी प्रतिष्ठा मिल रही थी, उसके कारण भी प्रतिबद्धता के प्रति विरोध भाव था। यह केवल प्रतिबद्धता के प्रति नहीं वरन् राजनीति और सही शब्दों में मार्क्सवादी विचारधारा के प्रति भी विरोध था। स्टीफेन स्पेंडर, ऑडेन आदि का मोहभंग अब छठे दशक की हिन्दी कविता में इतिहास दोहरा रहा था। स्टीफेन स्पेंडर व्यक्ति की स्वतन्त्रता की चिन्ता करते थे जिसके प्रति 'साम्यवादी रुख को' वे कभी स्वीकार नहीं कर पाए।[94] पर हमारे यहाँ मोहभंग जैसी कोई स्थिति नहीं थी। अलबत्ता अंग्रेजी और अमरीकी कवियों की नई पीढ़ी का असर था जो समाज-जीवन से कोई रिश्ता नहीं रखना चाहती थी। हम 'स्वतन्त्रता' के मूल्य को समझते हैं और इस प्रसंग में मुक्तिबोध के विचार को रखना चाहते हैं जो उन्होंने सन् 55 के आसपास व्यक्त किए थे कि ''कलाकार को पूरी स्वतन्त्रता होना चाहिए कि वह मनचाही चीज लिखे।''[95] स्पष्ट है कि वे रेजिमेंटेशन का विरोध कर रहे थे। इसलिए यहाँ उस आधुनिक भाव-बोध के प्रति मुक्तिबोध की विरक्ति को भी देख लेना जरूरी है जिसे उन्होंने पहले 'नई कविता की आत्मा' कहा था। मुक्तिबोध लिखते हैं– ''आधुनिक भाव-बोध में उन उत्पीड़नकारी शक्तियों का बोध शामिल नहीं है जिन्हें हम शोषण कहते हैं, पूँजीवाद कहते हैं, साम्राज्यवाद कहते हैं तथा उन संघर्षकारी शक्तियों

का बोध भी शामिल नहीं है, जिन्हें हम जनता कहते हैं, शोषित वर्ग कहते हैं।''[96]

यहाँ मुक्तिबोध की 'प्रतिबद्धता' की झलक हम पा सकते हैं, यद्यपि उन्होंने 'प्रतिबद्धता' शब्द का प्रयोग नहीं किया है। उनकी 'स्वतन्त्रता' इसी आलोक में उस स्वतन्त्रता से भिन्न हो जाती है जिसके उत्स पश्चिमी पूँजीवादी व्यवस्था से आयातित विचारों में हैं। इसका कारण मुक्तिबोध ही के शब्दों में–''नई कविता के आसपास लिपटे हुए बहुत से साहित्यिक सिद्धान्तों में शीत युद्ध की छाप है।''[97] कहना न होगा कि प्रयोगवाद और प्रगतिवाद के दोहरे संस्कारों से नई कविता असल जमीन तक आई थी और इस दौर में विभ्रम के मोड़ भी आए। 'नई कविता' की उपलब्धियों के दौर ही में रघुवीर सहाय, केदारनाथ सिंह, सर्वेश्वर दयाल सक्सेना, श्रीकान्त वर्मा, विजयदेव नारायण साही जैसे महत्त्वपूर्ण कवियों को अपनी सृजनात्मकता के प्रखर रूप में देखा जा सकता है। कुछ कवियों के लिए अप्रतिबद्धता वरेण्य नहीं थी पर प्रतिबद्धता का अतिरिक्त आग्रह भी उनके लिए अनावश्यक था। उनके लिए इतना ही पर्याप्त था कि वे वर्तमान से जुड़े थे। जैसा कि जुंग ने कहा है–''वह, सिर्फ वह, आधुनिक है जो वर्तमान के प्रति पूरी तरह से सचेत है।''[98] श्रीकान्त वर्मा जैसे कवि इसी अर्थ में प्रतिबद्ध नहीं थे और राजनीति को कविता का विषय नहीं मानते थे और वस्तुतः नई कविता की 'स्वतन्त्रता' का आशय इससे अधिक था भी नहीं।

उपर्युक्त स्थितियों के बावजूद नई कविता में प्रयोगवादी बौद्धिकता के स्थान पर संवेदनशीलता का स्वीकार था। मुक्तिबोध नई कविता में भी जब कई स्थानों पर प्रगतिशील जीवनोन्मुखी स्वरों को रेखांकित करते हैं तो उसका आधार वर्ग चरित्र का तर्क ही रहता है। वे कहते हैं–''नई कविता के क्षेत्र में भी दो दल तैयार हो रहे हैं–एक दल वह है जो उच्च मध्यवर्ग का अंग है, दूसरे वे हैं जो निचले गरीब मध्यवर्ग से सम्बन्धित हैं। उनकी वर्गीय प्रवृत्तियाँ न केवल उनके काव्य में वरन् साहित्य सम्बन्धी उनके सिद्धान्तों में परिलक्षित होती है।''[99] मुक्तिबोध ने भी नई कविता को लेकर ही अधिकांश निबन्ध लिखे हैं। यद्यपि उन्होंने नई कविता का जन्म छायावादी व्यक्तिवाद के विरुद्ध यथार्थोन्मुख व्यक्तिवाद की बगावत थी;[100] कहकर प्रगतिवाद और द्वितीय विश्वयुद्धोत्तर प्रभावों को अनदेखा कर दिया है। फिर भी मुक्तिबोध नई कविता की शक्ति और सीमा, उपलब्धि और विफलता के बीच निरन्तर दुविधाग्रस्त रहे हैं। यहाँ शमशेर बहादुर सिंह के इस दो टूक मूल्यांकन पर गौर करना भी उचित होगा कि ''बहुत सी नई कविता में महज नएपन का धोखा है। जो कुछ कविता के नाम से आज छपता है उसमें नया भी नाम को है और कविता भी।''[101] इससे स्पष्ट है कि श्रेष्ठ कविता के गुण और अपने परिवेश की गूँज से नई कविता कई अर्थों में जुड़ समृद्ध नहीं हो पाई थी। उस समय अज्ञेय के साथ ही मुक्तिबोध, शमशेर, नरेश मेहता, गिरिजाकुमार माथुर, केदारनाथ सिंह, कुँवर नारायण, धर्मवीर भारती आदि नई कविता के महत्त्वपूर्ण और समर्थ कवियों में ही समझे जाते थे। स्वयं शमशेर जब अपने प्रिय आधुनिक कवियों पर निजी निबन्ध लिखते थे तो कवियों की सूची कम छोटी नहीं होती थी।[102] कहने

का तात्पर्य यह है कि नई कविता दूसरे से तीसरे सप्तक तक आते-आते मध्य वर्ग की आकांक्षाओं और विफलताओं को एक अधिक सहज और सम्प्रेष्य वाणी के प्रकट करने योग्य नए प्रतीकों और बिम्बों का आविष्कार कर चुकी थी। डॉ. गंगाधर झा ठीक ही कहते हैं कि "अन्ततः जिस प्रकार पश्चिम में अतियथार्थवाद और प्रगतिवाद एक-दूसरे से पृथक् हुए थे, उसी प्रकार हिन्दी में प्रयोगवाद या नई कविता और प्रगतिवादी कविता का बहुत अंशों में पृथक्करण हो गया।"[103] इस पृथक्करण के दौर में नागार्जुन, त्रिलोचन और केदारनाथ अग्रवाल जैसे जातीय-चेतना से कहीं भी बेदखल नहीं हुए कवि, भी उतने ही सक्रिय और सृजनरत थे जितने नई कविता के अगुआ और पहली कतार के रचनाकार और इन तीनों कवियों ने प्रयोग नहीं किए, ये अनाधुनिक रह गए अथवा ये नए नहीं हो पाए ऐसा भी नहीं है। इनका वैशिष्ट्य यह सब कुछ होते हुए भी अपनी धरती, जमीन और लोगों से प्रत्यक्ष सम्बन्ध रचना में जिलाए रखने में है। जो मुक्तिबोध और शमशेर जैसे कवियों में अनुभूति और शिल्प के विशेष कारणों में इस रूप में सम्भव नहीं हो सका। शमशेर मूड्स, बिम्ब और अतियथार्थवादी उड़ान के कारण और मुक्तिबोध फैंटेसी परक शिल्प के कारण भिन्न ही रहे।

फिर भी यह कहा जा सकता है कि यथार्थवादी दृष्टि, चतुर्दिक परिवेश और बोलचाल की भाषा के निकट आकर गहरी रचनाशीलता के साथ नई कविता ने ऐसा रूपाकार प्राप्त किया जिसके लिए श्रीकान्त वर्मा को लिखना पड़ा कि "हिन्दी की पिछले पचास साल की कविता को दृष्टि में रखकर कहा जा सकता है कि नई कविता के रूप में हिन्दी में पहली बार मनुष्य की प्रतिष्ठा हुई और अगर मनुष्य और जनता दो परस्पर विरोधी शब्द नहीं हैं तो कहा जा सकता है कि नई कविता सही अर्थों में 'जनवादी कविता' है, एक नया मानववाद है।"[104] यहाँ हम श्रीकान्त वर्मा द्वारा 'नई कविता' को दिए गए प्रमाण-पत्र की भावनाओं को उसकी सांकेतिकता में स्वीकार कर सकते हैं कि नई कविता जीवन के निकट आई। पर यहीं हम टिप्पणी करना जरूरी समझते हैं कि पाँचवें और छठे दशक की कविता जैसी थी उससे कहीं अधिक विकट कविता-समीक्षा और कविता को लेकर बहसें हुईं। अपनी और अपने समय की कविता को सिद्ध करने के प्रयत्नों में पूर्ववर्ती रचना संसार के साथ लगभग अबौद्धिक सलूक किया गया। सुनने में चौंकनेवाली जुमलेबाजी के मोह में पड़कर ऐसा सलूक छायावादी प्रयोगवादी और प्रगतिवादी कविता के साथ करते हुए क्या प्राप्त हुआ ? सातवें दशक में ऐसे ही आरोप 'नई कविता' पर लगाए गए। श्रीकान्त वर्मा को भी क्या बताना पड़ेगा कि निराला, नागार्जुन, शमशेर, त्रिलोचन, मुक्तिबोध दशकों पूर्व से रचनारत थे। 'वह तोड़ती पत्थर' कविता में मनुष्य की नहीं तो क्या ईश्वर की प्रतिष्ठा हुई थी और यह भी कि 'मनुष्य' और 'जनता' में एक सही जगह पहुँचकर बहुत बड़ा फर्क हो जाता है। मनुष्य तो हिटलर, मुसोलिनी, इन्दिरा गांधी, टाटा, बिड़ला आदि सभी हैं। दरअसल पूर्ववर्ती पीढ़ी को कठघरे में खड़ा करनेवाली मानसिकता के कारण ही ऐसी स्थितियाँ निर्मित होती हैं। यदि श्रीकान्त वर्मा या मुक्तिबोध की कविताएँ जनवादी कविताएँ हैं तो फिर नागार्जुन की कविताओं को क्या कहेंगे।

वास्तविकता यह है कि प्रयोगवाद और नई कविता के समय से समकालीनों की दिलचस्पी अपने ही में केन्द्रित होने लगी थी। इसका थोड़ा विस्तार हुआ तो इतना कि अपने बाद अपने लोगों तक। कवि की विचारधारा और उसकी सामाजिक स्थिति के बीच का अन्तराल उसे आश्वस्त नहीं बना सकता। नई कविता के कवियों के सामने दुनिया की तेज रफ्तार का अहसास भी था जिसके कारण वे धैर्य-वंचित हो उतावले होने लगते थे। महान कवियों का दैन्य, विनम्रता और आत्मालोचन, चाहे वह किसी भी अलौकिक शक्ति के सन्दर्भ में रहा हो, उनके मानवीय खरेपन को धार प्रदान करता था। जबकि नया कवि सदैव अपने को सच्चा और निर्विकार साबित करने की कोशिश में अपनी लालसा का कुंठित विस्फोट करता है। जिसे लगातार दोहराते रहना भी शायद उसकी नियति है। अनपढ़ या दम्भी कवियों के दौर में परम्परा का तिरस्कार एक दिलचस्प किन्तु त्रासद प्रसंग होता है। इसके मूल में अपने क्लासिक के प्रति जितना अवज्ञा का भाव नहीं होता उससे अधिक अज्ञान होता है। यदि हम अपने पूर्वजों को उनके समय और स्थान से विस्थापित कर देखेंगे तो वे जरूर हमें जाहिल लग सकते हैं। किन्तु यह बेहद सरल निष्कर्ष कितना गैर-ऐतिहासिक और अवैज्ञानिक है, कदाचित बताने की आवश्यकता नहीं है। वैज्ञानिक दृष्टि के दावेदार प्रगतिवादियों द्वारा भी इस प्रवृत्ति का अतिवादी इस्तेमाल हुआ। कवियों द्वारा कवियों के तिरस्कार की प्रवृत्ति अब यदि समकालीनों के मध्य परस्पर प्रचलित हो गई तो आश्चर्य क्या ? तुलसी, पन्त, प्रसाद, अज्ञेय, मुक्तिबोध और धूमिल तक इससे नहीं बच पाए।

यही वह परिदृश्य था जिसके बीच मुक्तिबोध की रचना यात्रा जारी रही। इस परिदृश्य का केवल औपचारिक महत्त्व नहीं है। इससे यह स्पष्ट होता है कि अपनी रचनात्मक आस्था के चलते मुक्तिबोध ने अपने आपको पूरी तरह से कभी भी परिदृश्य के हवाले नहीं किया। विशेषकर प्रयोगवाद और नई कविता के जमाने में कई मानों में वे समकालीन साहित्य-दृश्य से बहुत कुछ अप्रभावित रहकर रचनारत रहे। इसका एक कारण यह था कि वे प्रयोगवाद और नई कविता को अभिव्यक्ति का कौशल मात्र ही नहीं मानते थे और न ही वे अधिकांश नए कवियों की तरह सामाजिक जिम्मेदारी से छूटकर कविता की शरण में जाना चाहते थे।

सन्दर्भ

1. आधुनिक परिवेश और नवलेखन : शिवप्रसाद सिंह, पृ. 5-6
2. संस्कृति के चार अध्याय : भूमिका, पृ. 11
3. द डिसकवरी ऑफ इंडिया : नेहरू, पृ. 295
4. आलोचना (काव्यालोचन विशेषांक) : डॉ. गंगाधर झा, पृ. 255
5. द डिसकवरी ऑफ इंडिया : नेहरू, पृ. 268-69
6. भारत वर्तमान और भावी : रजनी पाम दत्त, पृ. 117
7. वर्ल्ड विदीन वर्ल्ड : स्टीफेन स्पेंडर, पृ. 217

8. भारत वर्तमान और भावी : रजनी पाम दत्त, पृ. 227-28
9. वही, पृ. 289
10. आधुनिक परिवेश और नवलेखन : शिवप्रसाद सिंह, पृ. 7
11. तिलक से आज तक : हंसराज रहबर, पृ. 127
12. मन्थली रिव्यू (न्यूयार्क मई, 49) : अलबर्ट आइंस्टाइन, पृ. 50
13. लक्षित मुक्तिबोध : (मोतीराम वर्मा) : साक्षात्कार भाऊ समर्थ, पृ. 177
14. ई. फिशर : द नेसिसिटी ऑफ आर्ट, पृ. 46
15. ''सुन्दर तुम ऐसे छिले आज पाते, अरुण वरण पारिजात लए हाथे'' : गीतांजलि
16. रोमांटिक इमेजीनेशन, पृ. 292
17. द नसेसिटी आव आर्ट : ई. फिशर, पृ. 222
18. हिन्दी साहित्य एक आधुनिक परिदृश्य : अज्ञेय, पृ. 62
19. ईशावास्य, 15, बृहदा 5-15-1
20. दे. साहित्य चिन्ता : डॉ. देवराज, पृ. 197 तथा प्रगति और परम्परा : डॉ. रा.वि. शर्मा, पृ. 73
21. दे. निराला की साहित्य साधना (भाग-2) : रामविलास शर्मा, पृ. 573-74
22. छायावाद : डॉ. नामवर सिंह, पृ. 17-18
23. मु.र.-5, पृ. 317-18
24. कविता और नई कविता : नरेश, पृ. 13
25. जिरह : श्रीकान्त वर्मा, पृ. 34
26. आधुनिक साहित्य : नन्ददुलारे वाजपेयी, पृ. 343
27. जयशंकर प्रसाद : नन्ददुलारे वाजपेयी, पृ. 12
28. सुमित्रानन्दन पन्त : डॉ. नगेन्द्र, पृ. 3
29. विचार और अनुभूति : डॉ. नगेन्द्र, पृ. 53
30. छायावाद पुनर्मूल्यांकन : पन्त, पृ. 16
31. वही, पृ. 16
32. खून के छींटे : डॉ. भगवतशरण उपाध्याय, पृ. 174
33. प्रबन्ध पद्म : निराला, पृ. 175
34. हिन्दी साहित्य एक आधुनिक परिदृश्य : अज्ञेय, पृ. 25
35. लिटरेचर एंड साइकोलाजी : एफ.एल. लुकास, पृ. 99-100
36. साहित्य चिन्ता : डॉ. देवराज, पृ. 197
37. छायावाद का पुनर्मूल्यांकन : पन्त, पृ. 102
38. वही, पृ. 109
39. छायावाद : डॉ. नामवर सिंह, पृ. 153-54
40. दे. डिक्शनरी ऑफ फ्रेंच लिटरेचर : सिडनी डी. ब्राउन, पृ. 299
41. दे. भारत सम्बन्धी लेख : मार्क्स, पृ. 88
42. इंडिया एंड लेनिन : आनन्द गुप्ता, पृ. 62। यह टिप्पणी लेनिन ने 1908 में तिलक की गिरफ्तारी के विरोध में बम्बई के मजदूरों द्वारा की गई हड़ताल के सन्दर्भ में की थी।
43. 'जागरण' (28 जन., 1934) के अंक में प्रेमचन्द ने अपने सम्पादकीय में लिखा था–''साम्यवाद का विरोध वही तो करता है जो दूसरों से ज्यादा सुख माँगना चाहता है, जो दूसरों को अपने अधीन रखना चाहता है।''
44. साहित्य की समस्याएँ : शिवदान सिंह चौहान, पृ. 54
45. आधुनिक साहित्य की प्रवृत्तियाँ : डॉ. नामवर सिंह, पृ. 69-70

46. प्रगतिवाद और समानान्तर साहित्य : रेखा अवस्थी, पृ. 304
47. आलोचना (काव्यालोचन विशेषांक) : डॉ. प्रेमशंकर, पृ. 278
48. आलोचना (पूर्णांक 4) : डॉ. नामवर सिंह, पृ. 48-49
49. ब्लोक की कविताएँ : बल्र्ब पर अनु. वरयामसिंह द्वारा उद्धृत
50. मु.र.-5, पृ. 65-66
51. हलफनामा : प्रमोद वर्मा, पृ. 93
52. मु.र.-5, पृ. 65
53. हलफनामा : प्रमोद वर्मा, पृ. 93
54. नए साहित्य का सौन्दर्यशास्त्र : मुक्तिबोध, पृ. 74 (ये पंक्तियाँ रचनावली-5 में संकलित निबन्ध में नहीं हैं)।
55. तार सप्तक : अज्ञेय, पृ. 75
56. नकेन : केसरी कुमार, पृ. 113
57. लिटरेचर एंड रिएलिटी : हावर्ड फास्ट, पृ. 20
58. इल्युजन एंड रिएलिटी : क्रिस्टोफर काडवेल, पृ. 111
59. तार सप्तक : माचवे का वक्तव्य, पृ. 184
60. तार सप्तक : मुक्तिबोध का वक्तव्य, पृ. 42-43
61. तार सप्तक : अज्ञेय का वक्तव्य, पृ. 276
62. साहित्य : विविध सन्दर्भ : लोठार लुत्से, पृ. 30
63. प्रयोगवाद और नई कविता : डॉ. शम्भुनाथ सिंह, पृ. 64
64. दूसरा सप्तक : अज्ञेय की भूमिका, पृ. 6
65. मु.र.-5, पृ. 456
66. वही, पृ. 290
67. वही, पृ. 290-291
68. वही, पृ. 292
69. तार सप्तक : अज्ञेय, पृ. 76
70. नया साहित्य–नए प्रश्न : नन्ददुलारे वाजपेयी, पृ. 27
71. दे. धर्मयुग : (6 एवं 27 अगस्त 67) : नन्ददुलारे वाजपेयी
72. आधुनिक हिन्दी कविता की मुख्य प्रवृत्तियाँ : डॉ. नगेन्द्र, पृ. 118
73. दे. हिन्दी साहित्य कोश : डॉ. लक्ष्मीकान्त वर्मा
74. साहित्य का नया प्ररिप्रेक्ष्य : डॉ. रघुवंश, पृ. 126
75. आधुनिक साहित्य की प्रवृत्तियाँ : डॉ. नामवर सिंह, पृ. 120
76. दि पोयट्री एंड दि मशीन : पाल जिनेस्टिर, अंग्रेजी अनु.–फ्रिडमन, पृ. 40
77. आधुनिक साहित्य की प्रवृत्तियाँ : डॉ. नामवर सिंह, पृ. 151
78. दे. पाटल (मार्च-53) : केसरी कुमार का लेख : प्रयोगवाद और उसके आलोचक
79. चिन्तामणि (भाग-1) : आचार्य रामचन्द्र शुक्ल, पृ. 237
80. वही, पृ. 241
81. मु.र.-5, पृ. 319
82. आलोचना और आलोचना : देवीशंकर अवस्थी, पृ. 86
83. हिन्दी की प्रयोगशील कविता और उनके प्रेरणा स्रोत : डॉ. श्रीराम नागर, भूमिका-'ग'
84. प्रयोगवाद और नई कविता : डॉ. शम्भुनाथ सिंह, पृ. 12
85. प्रसंगवश : भारत भूषण अग्रवाल, पृ. 57

86. मु.र.-5, पृ. 312
87. दि थर्टीज एंड आफ्टर : स्टीफेन स्पेंडर, पृ. 25
88. मु.र.-5, पृ. 315
89. दि थर्टीज एंड आफ्टर : स्टीफेन स्पेंडर, पृ. 25
90. मु.र.-5, पृ. 158-59
91. हलफनामा : प्रमोद वर्मा, पृ. 90
92. दि मीनिंग ऑफ कंटेम्पोरेरी रियलिज्म : लुकाच, पृ. 63
93. कृति (जून-59) नेमिचन्द्र जैन, पृ. 49
94. द थर्टीज एंड आफ्टर : स्टीफेन स्पेंडर, पृ. 157
95. मु.र.-5, पृ. 332
96. वही, पृ. 333
97. वही, पृ. 204
98. माडर्न मैन इन सर्च ऑफ सोल : सी.जी. जुंग, पृ. 227
99. मु.र. 5, पृ. 191-92
100. वही, पृ. 318
101. कवि (नई कविता विशेषांक-जून, 58) : शमशेर, पृ. 10
102. दे कृति (कविता विशेषांक-नव.-दिस., 60) : शमशेर का लेख
103. आधुनिक मनोविज्ञान और हिन्दी साहित्य : डॉ. गंगाधर झा, पृ. 220
104. जिरह : श्रीकान्त वर्मा, पृ. 44

ब्रह्मराक्षस का सजल-उर शिष्य

मैं ब्रह्मराक्षस का सजल-उर शिष्य
होना चाहता
जिससे कि उसका वह अधूरा कार्य
उसकी वेदना का स्रोत
संगत, पूर्ण निष्कर्षों तलक
पहुँचा सकूँ।

"हम केवल साहित्यिक दुनिया में ही नहीं वास्तविक दुनिया में रहते हैं। इस जगत् में रहते हैं।"[1] मुक्तिबोध का यह सूत्र उनके समग्र समाजपरक एवं सौन्दर्यशास्त्रीय चिन्तन की प्राथमिक कुंजी है। यह वास्तविक दुनिया निम्न मध्यवर्ग और उत्पीड़ित जनों का वह इलाका है जहाँ से मुक्तिबोध ने 'जीवन-विवेक' प्राप्त किया और इसी पर उनके साहित्य-विवेक की अधिरचना टिकी हुई है।[2] ऐतिहासिक विकास की प्रक्रिया में श्रम और विज्ञान एक ही साथ समानान्तर धुरी पर रहते हैं। साहित्य और कला की स्थिति भी इन्हीं के साथ है। इस प्रक्रिया में मनुष्य अपनी आवश्यकतानुसार प्रकृति का रूपान्तरण करता है। यह कर्म से ही सम्भव होता है। सृजन भी इसी प्रक्रिया का एक हिस्सा है। अपने सच्चे समय में इतिहास-विज्ञान और मनुष्य की समाजशास्त्रीय-आर्थिक अवस्था को विस्मृत कर सृजन असम्भव है। मुक्तिबोध का समग्र चिन्तन इसी दृष्टि और कोशिश का परिणाम है। वैसे मुक्तिबोध स्वयं को मूलतः कवि ही मानते थे[3] किन्तु उनका विचारक व्यक्तित्व भी उतना ही महत्त्वपूर्ण है।

चिन्तन मुक्तिबोध के लिए विलास या व्यसन न होकर उनकी प्रकृति ही था। निरन्तर अशान्त और व्यग्र रहनेवाला उनका मन जीवन-समाज और साहित्य से जुड़े हर सवाल से जूझने लगता था। उनका आत्म-मन्थन, उनकी डायरी, निबन्धों, समीक्षाओं और पत्रों में अनवरत अबाध रूप से व्यक्त होता रहा है। एक कवि जब चिन्तन के लोक में सक्रिय रहता है तब वह दोहरा कर्म कर रहा होता है। एक ओर तो वह चिन्तन में अपनी सृजनात्मक समस्याओं का हल ढूँढ़ता रहता है और दूसरे कविताओं में चिन्तन के द्वन्द्व का निस्तार खोजता है। कवि-समीक्षक भी समीक्षा के दौरान अपनी कविता के बचाव के तर्कों को पैना करता है और दूसरी तरफ अवचेतन रूप से ही क्यों न हो, कविता में अपनी समीक्षा के आदर्शों को उपलब्ध करने का प्रयत्न करता है।

यदि ऐसे कवि के पास आत्मालोचन की निर्मम सामर्थ्य न हो तो वह अपनी समीक्षा और रचना के बीच ऐसी भूल-भुलैया भी रच सकता है जो उसे आत्ममोह के कठघरे में कैद कर सकती है। मुक्तिबोध के चिन्तन, समीक्षा और कविता में आत्ममोह की इस दारुण स्थिति के बदले सचेत आत्मालोचन की प्रवृत्ति है। ऐसी प्रवृत्ति जो चिन्तन-लोक और काव्य-संसार दोनों ही का सतत परिष्कार और विस्तार करती है।

मुक्तिबोध का चिन्तन द्वन्द्वात्मक है और जीवन-संघर्ष तथा सौन्दर्यशास्त्र के दुहरे स्तर पर सक्रिय रहा है। निजी स्तर पर विचार और सृजन के आविष्कार की प्रवृत्ति विशेष रचनाकारों ही में होती है। वे उपलब्ध तैयारशुदा मूल्यों और परिपाटियों के जखीरे पर निर्भर नहीं हो पाते। मुक्तिबोध बर्गसाँ से लेकर मार्क्स तक के उपलब्ध चिन्तन को ग्रहण करते हुए भी सारे प्रश्नों से निजी स्तर पर मुठभेड़ करते हैं। वे हिन्दी समीक्षा की दरिद्रता और इकहरी काठी से बहुधा क्षुब्ध रहते थे। पूर्व ज्ञात सत्य और पूर्व निश्चित निषेध की प्रवृत्ति के विरुद्ध वे अन्वेषण की प्रणाली में विश्वास रखते थे। इसलिए उनका गद्य अपनी कतिपय दुर्बलताओं और अन्तर्विरोधों के बावजूद एक सच्चे रचनाकार के आत्मसंघर्ष, जीवन-संघर्ष और सृजनात्मक-संघर्ष का प्रामाणिक दस्तावेज बन गया है।

मुक्तिबोध के चिन्तन का चरित्र संश्लिष्ट है। वे एक कवि मन की विकलता और मार्क्सवादी वैचारिकता के साथ गतिशील दुनिया की वास्तविकता को परखते हैं। उनके यहाँ भीतरी और बाहरी दुनिया का सरल द्वैत भाव नहीं है। एक कवि की तरह उन्होंने हमेशा अनुभव किया है कि "भीतरी और बाहरी दुनिया एकदम अलग-अलग नहीं है। तकलीफ भीतरी जगहों में रंग भरती है और सम्भवतः उन्हें सुन्दर भी करती है...शायद महान कला वह है जो सम्पूर्ण भाव से भीतरी और बाहरी का संयोजन करती है।"[4] ये डायलन टॉमस के शब्द हैं जो मुक्तिबोध के रचनाशील व्यक्तित्व के चिन्तन की केन्द्रीय विशेषता को भी उजागर करते हैं।

दरअसल मुक्तिबोध की आन्तरिक उथल-पुथल कविता के बाहर भी व्यक्त होने के मार्ग ढूँढ़ती है। यह बहुत कुछ कहने की महत्त्वाकांक्षा का नहीं बल्कि कहे बिना नहीं रह पाने की बेचैनी का परिणाम है। मुक्तिबोध का चिन्तन अपने को समूचा दिखाने की नहीं, बल्कि अपने अनुभव और अपने समय को जहाँ तक हो सके जानने की कोशिश है। जानकारी मुक्तिबोध का उद्देश्य नहीं है। आत्म-विश्लेषण तथा जगत्-समीक्षा भी उनके लिए कविता की रचना की ही तरह मूल्य-चेतना से सम्पृक्त कर्म है। जीवन और साहित्य के प्रश्नों को समग्रता में ग्रहण और अनुभव करने के कारण उनके विचारों को अलग-अलग विषयों की चौहद्दी में वर्गीकृत करना भी दुष्कर कार्य है। इसका कारण यह है कि सौन्दर्यशास्त्र का अध्ययन उनके लिए कला और सौन्दर्य का निरपेक्ष विवेचन मात्र न होकर इस विशिष्ट कालखंड के व्यापकतर सामाजिक जीवन के प्रश्नों से भी जुड़ा है। वस्तुतः उनके सैद्धान्तिक काव्य-चिन्तन का मुहावरा एक द्वन्द्वात्मक चेतना से निर्मित है। इसलिए उनका चिन्तन अन्तर्मुखता का प्रतीक भर न होकर अपने समय की

साहित्यिक हलचलों और सामाजिक विवादों से समृद्ध है।

मार्क्सवादी-दृष्टि, गहरी प्रतिबद्धता और प्रखर मूल्य चेतना के अतिरिक्त मुक्तिबोध एक ऐसी नैतिकता के तहत साहित्यिक बहसों में शामिल होते हैं जो अमूर्त मानवतावादी नैतिकता मात्र नहीं है। इसीलिए मुक्तिबोध चीजों, तथ्यों और शब्दों तक के वर्गीय चरित्र को पहचानने में चूक नहीं करते हैं। निन्दा-स्तुति या स्थापना आदि की सामान्य बहसों से परे उन्होंने अपने चिन्तन को हमारे समाज की शोषित जनता के पक्ष में एक शस्त्र की तरह प्रस्तुत करने की कोशिश की है। इसी कारण अपनी साहित्यिक विरासत और परम्परा का पुनर्मूल्यांकन उन्हें जरूरी लगा। 'कामायनी : एक पुनर्विचार' में परम्परा को प्रगतिशील दृष्टि से देखने का जोखिम है। रचनात्मक सौन्दर्य को प्रमुख मानते हुए भी रचना के वैचारिक परिप्रेक्ष्य को वे कम महत्त्वपूर्ण नहीं मानते। उनकी दृढ़ मान्यता रही है कि किसी भी कवि की वैचारिक चेतना के निर्माण में उसके वर्ग का एक निर्णायक योगदान होता है। प्राचीन रचनाओं को उनकी समग्रता में पहचानने के लिए वे वर्गीय-आधार का सहारा लेते हैं। यह उस आलोचनात्मक विवेक से सम्भव होता है जो रचना के गुण-दोष गिनाकर ठहर नहीं जाता। मुक्तिबोध की विवेक-चेतना आधुनिक युग के निर्णायक अनुशासनों से विकसित हुई थी। पर यह महत्त्वपूर्ण तथ्य है कि आधुनिक दृष्टि को भी उन्होंने ठोंक-बजाकर स्वीकार किया। युग के परिप्रेक्ष्य में यथार्थ के अधिग्रहण को लगभग बदल देनेवाली यह आधुनिक दृष्टि यूरोप के कला-आन्दोलनों से गुजरकर आई थी। मुक्तिबोध ने इन आन्दोलनों से परिचित होते हुए भी उनके प्रति आलोचनात्मक रवैया अपनाया। यह आकस्मिक नहीं है कि आधुनिकता बोध से जुड़े क्षणवाद, व्यक्तिवाद, अन्तश्चेतनावाद जैसे सूत्रों के प्रति मुक्तिबोध का दृष्टिकोण नकारात्मक ही रहा। बेशक वे रचना-प्रक्रिया के प्रसंग में आधुनिक मनोवैज्ञानिक दृष्टि को थोड़ी हद तक स्वीकार करते हैं किन्तु फिर भी आधुनिकता वे इलियट के तर्क से नहीं अपने भारतीय अनुभवों से परिभाषित करते हैं। उनका दिमाग पश्चिमी अर्थ में आधुनिक नहीं था। यदि पश्चिम के रचनाकारों में उनकी समानता ढूँढ़नी हो तो नेरुदा जैसे कवि का स्मरण ही उचित होगा।

मुक्तिबोध का चिन्तन उनके कथा-साहित्य और उनकी कविताओं में भी प्रकट है। उनके सारे शब्द एक आवेशित वैचारिकता से सम्पन्न हैं। मुक्तिबोध ऐसे अकेले कवि हैं जिन्होंने विवेचना और विश्लेषण को कविता तक में सम्भव किया है। इसके बीज उनके स्वभाव में ही हैं। मुक्तिबोध जताने के लिए नहीं जानने के लिए बहस करते हैं। उनका चिन्तन आत्मालाप से परे वस्तुजगत् के आभ्यन्तरीकरण से होनेवाले आत्म-मन्थन का परिणाम है। कथा-साहित्य में उन्होंने मनुष्य की नियति को लेकर जो विचार व्यक्त किए हैं वे इसी आभ्यन्तरीकरण के प्रतीक हैं। इसीलिए मनुष्य और समाज के अन्तःसम्बन्धों को प्रकट करनेवाली मुक्तिबोध की दुनिया जटिल है।

'कामायनी : एक पुनर्विचार' को छोड़कर मुक्तिबोध का समस्त साहित्य उनकी मृत्यु के पश्चात् ही प्रकाशित हुआ। अपने जीवन काल में मुक्तिबोध को उल्लेखनीय चिन्तक

या समीक्षक के रूप में कभी स्वीकार नहीं किया गया। वास्तविकता यह है कि उनकी कविताएँ भी जगह-जगह से लौट आती थीं।[5] बाद में मुक्तिबोध के निबन्ध, आलोचना, डायरी, कहानी आदि प्रकाशित होते गए। अब यह समग्र साहित्य मुक्तिबोध रचनावली की 6 जिल्दों में उपलब्ध है। रचनावली खंड 3 से 6 में चार जिल्दों में उनका गद्य साहित्य है। खंड 6 में उनके पत्रकारिता के दिनों की नाम और छद्म नाम से लिखी गईं अनेक टिप्पणियों में से इक्यावन संकलित हैं। मित्रों को लिखे गए पत्रों का महत्त्वपूर्ण हिस्सा भी है। हमारी मान्यता है कि मुक्तिबोध के कलाकार, चिन्तक और मानवीय व्यक्तित्व को समझने की दृष्टि से उनकी डायरी और पत्र सर्वाधिक महत्त्वपूर्ण हैं। इसका यह आशय नहीं है कि उनके निबन्ध या आलोचनात्मक लेखन को हम कमतर आँकना चाहते हैं। उनके निबन्धों में भी कला और साहित्य के महत्त्वपूर्ण सवालों से सामना करते हुए मुक्तिबोध ने समकालीन साहित्य-चिन्तन को समृद्ध किया है।

मुक्तिबोध के चिन्तन के कई स्तर हैं। डायरी में वे सदैव द्वन्द्वात्मक प्रणाली का इस्तेमाल करते हैं। इसके अतिरिक्त सिद्धान्त, पुनर्मूल्यांकन, सृजनात्मक-चिन्तन, खंडन-मंडन आदि उनके चिन्तन के रूपगत वर्ग हो सकते हैं। इसके साथ ही सौन्दर्यशास्त्र के मूल प्रश्नों के विश्लेषण में भी उनकी गहरी दिलचस्पी रही है। पुस्तक-समीक्षा आदि के रूप में उनकी व्यावहारिक समीक्षा का महत्त्वपूर्ण हिस्सा है। संक्षेप में मुक्तिबोध के चिन्तन का विन्यास और आयाम बहुमुखी तथा गुम्फित है। रूप की दृष्टि से वे विचार की विविध व्यवस्थाओं का उपयोग करते हुए वस्तु के क्षेत्र में भी चतुर्दिक देखते हैं। उनके चिन्तन कर्म को रूढ़ चिन्तन अथवा रूढ़ आलोचना की शब्दावली में सीमित कर पाना लगभग असम्भव कार्य है।

मुक्तिबोध की चिन्ता उनके और अनन्त समय के बीच की वैसी चिन्ता नहीं है जिसमें ईश्वर का मनुष्य के अस्तित्व में हस्तक्षेप होता है। उनकी व्यग्रता का उत्स उनके जन्म और अतीत के बीच सीमित भी नहीं है। मनुष्य की मूलभूत मानवीय चिन्ता अपने समय के भीतर की चिन्ता या व्यग्रता होती है। मुक्तिबोध की चिन्ता अपने समय में मनुष्य के नैतिक और भौतिक प्रश्नों के आसपास बिखरी है। यह आसपास के सामाजिक सम्बन्धों और सन्दर्भों से जुड़ती हुई मनुष्य के भविष्य के क्षेत्र में भी संक्रमण करती है। इस अर्थ में मुक्तिबोध का चिन्तन समय और विषयबद्ध चिन्तन नहीं था। स्टीफेन स्पेंडर ने 'समयबद्ध चिन्तन को लेखक की सबसे बड़ी दुर्बलता' अकारण नहीं बताया है।[6]

माओ की प्रसिद्ध उक्ति है कि प्रामाणिक-ज्ञान प्रत्यक्ष अनुभव से प्राप्त होता है, अनुभव-समृद्धि और विस्तार के साथ-साथ मुक्तिबोध का चिन्तन परिपक्वता को प्राप्त करता गया है। अतः उनकी प्रारम्भिक और उत्तरकालीन मान्यताओं के बीच यदि हमें अन्तराल दिखाई पड़ता है तो इसमें विस्मयकारी कुछ भी नहीं है। विपिनकुमार अग्रवाल ने ठीक ही कहा है कि—मनुष्य पहले से एक समय में हर पहलू के बारे में सोच नहीं सकता है और सब कुछ एक साथ प्राप्त नहीं कर सकता है। इस सीमा को भुलाकार

कुछ माँग करना केवल अस्पष्टता और सतही गम्भीरता को व्यक्त करना है[7], दरअसल मुक्तिबोध का चिन्तन कालक्रम में न केवल विस्तृत और परिपुष्ट होता गया वरन् उसमें विवर्तित आलोक भी दीप्त होने लगा। उनके प्रत्यक्ष विचार लोक के भीतर अनेक विचार विद्युत्कण मौजूद हैं।

प्रारम्भिक चिन्तन के दौर में मुक्तिबोध छायावादी प्रभाव के कारण सौन्दर्य की भूख और प्रकृति के आकर्षण से बँधे थे। 38 से 42 तक वे बर्गसाँ के व्यक्तिवाद से प्रभावित थे।[8] यहूदी कुल में जन्मे हेनरी बर्गसाँ ने इस सदी के पहले दशक में ही अपनी कृति 'सृजनात्मकता विकास' (1907) से बेहद प्रतिष्ठा अर्जित कर ली थी। मनुष्य की शक्ति को बर्गसाँ ने 'सृजनात्मक-विकास' के रूप में परिभाषित कर जड़वादी धारणाओं को उलट-पुलट दिया था।[9] मुक्तिबोध ने बर्गसाँ के विचारों से 'आन्तरिक विनष्ट शान्ति' को बचाया और 'स्वतन्त्र क्रियमाण जीवन-शक्ति के प्रति' उनकी आस्था बढ़ी। इसी दौर में मुक्तिबोध ने कलाकार की स्थानान्तरगामी प्रवृत्ति के महत्त्व को समझा। हम समझते हैं मुक्तिबोध के चिन्तन में ही नहीं उनकी कविता, रचना-प्रक्रिया और शिल्प के प्रसंग में भी उनकी इस प्रवृत्ति की प्रमुख भूमिका रही है। कलाकार के आत्म विस्तार की उनकी धारणा के मूल में भी कदाचित इस प्रवृत्ति का गहरा असर है। 42 के बाद मार्क्सवाद की ओर उन्मुख होने से यह प्रवृत्ति और अधिक वैचारिक-आधार और मानवीय दृष्टि से पुष्ट होकर मुक्तिबोध के काव्य विकास की आन्तरिक शक्ति बन सकी। सन् 50 के पहले मुक्तिबोध ने जो कहानियाँ, डायरी लेख आदि लिखे हैं उनमें भी बाद की उनकी परिपक्व दृष्टि और सोच के ताने-बाने दिखाई पड़ते हैं, कभी अस्पष्ट तो कभी स्पष्ट और कहीं-कहीं धुँधले भी। पर एक चीज जो चमकते कणों-सी दिखाई पड़ती है, वह है उनकी जिन्दगी के साथ गहरी संलग्नता और समाज के स्वास्थ्य के प्रति उनका प्रगतिशील जुड़ाव। मुक्तिबोध का चिन्तन, जैसा कि बाद में भी हम देखते हैं, भौगोलिक स्थितियों, वर्ग-चेतना, वर्ग-विभाजित-समाज की धारणा और रंगों से यहाँ भी प्रगाढ़ होता है। उनकी प्रारम्भिक कहानियों में ही जटिलता के बावजूद सूने मैदान, सँवलायी हवा, उत्पीड़ित मध्यवर्ग, स्त्रियों की व्यक्तित्वहीनता आदि प्रश्नों की गहरी गूँजें हैं। अपनी प्रारम्भिक डायरी में मुक्तिबोध निजी उलझनों से आक्रान्त दिखाई देते हैं। उनके शुरू के निबन्ध या लेख परिचयात्मक हैं, पर उनमें भी ज्ञान और भाव के सामंजस्य के तत्त्व विद्यमान हैं। 'भावानुभूत ज्ञान ही कला का विषय है'[10] यथार्थवादी और कल्पना प्रधान क्रमशः गद्य और कविता की दिशा में बढ़ते हैं यह धारणा भी उनकी थी, वे लिखते हैं—"कभी-कभी यथार्थवादी को भी कविता लिखने की सूझती है और कल्पना-प्रधान कलाकार को कहानियाँ या लेख"[11] कहने की आवश्यकता नहीं कि यह अपरिपक्व दृष्टिकोण था। किन्तु मुक्तिबोध व्यक्ति की सामाजिकता और उसकी निजता दोनों ही के हिमायती थे। अपने वयस्क मार्क्सवादी चिन्तन के दौर में भी व्यक्ति की सत्ता के प्रति उनकी दृष्टि कभी यान्त्रिक नहीं हो पाई। इसी तरह उनकी दृष्टि में प्रमुख प्रश्न जीवन की चेतना का था। वाद को वे दृष्टिकोण मानते थे जिसकी कसौटी जीवन और

यथार्थ के बाहर नहीं हो सकती। 'वाद' के घेरे में बँधी आलोचना दृष्टि के विरोध में वे कहते हैं–"साहित्य के वाद वैज्ञानिक या दार्शनिक प्रणालियाँ नहीं हैं, वे केवल साहित्य के दृष्टिकोण हैं।"[12] इसी तरह उनका पचास के पहले का निबन्ध है–'आधुनिक हिन्दी कविता में यथार्थ' (रचनाकाल 40-41) जिसमें मुक्तिबोध छायावाद को प्रतिक्रियाजन्य निरूपित करते हुए उसकी कल्पना शक्ति आदि के पुरानी पड़ जाने की घोषणा करते हैं। इस निबन्ध में मुक्तिबोध ने बच्चन, दिनकर, नवीन, अज्ञेय आदि की काव्यधारा को 'अत्याधुनिक काव्यधारा' की संज्ञा देकर कहा है कि यह यथार्थ को 'अत्यन्त सहानुभूति से देखती है।' उन्हें बच्चन का यथार्थवाद अत्यन्त मानवीय, दिनकर में करुणा, युद्ध-भावावेश, 'नवीन' में ओज स्फूर्ति तथा अज्ञेय में कर्म की अथक ताकत दृष्टिगोचर होती है। इसी निबन्ध में मुक्तिबोध विश्व-संस्कृति और विश्व साहित्य के परिप्रेक्ष्य में सोचने लगते हैं। उन्हें विश्व साहित्य की कलात्मकता और अध्यात्म की गहराई पर आश्चर्य होने लगता है और वे कहते हैं–"हिन्दुस्तान भी विश्व की संस्कृति का उत्तराधिकारी है। उसकी संस्कृति इसलिए विश्वात्मक होना चाह रही है।"[13] जाहिर है यहाँ मुक्तिबोध भावावेश और अतिरंजना से ग्रस्त हैं। छायावादी संस्कारों से मुक्ति के लक्षण यहाँ स्पष्ट हैं। किन्तु दूसरी तरफ उनका रुझान भी वैश्विक रोमांटिसिज्म की ओर ही है जिससे बाद में उन्हें भी उबरना पड़ा था।

यहाँ हम एक तथ्य की ओर ध्यान आकर्षित करना चाहते हैं जो हमें चकित करता है, वह यह कि मुक्तिबोध के चिन्तन में साम्राज्यवादी शिकंजे में जकड़ी भारतीय जनता और मुक्ति-आन्दोलन के प्रति कहीं भी विशेष व्यग्रता के दर्शन नहीं होते हैं। मुक्ति आन्दोलन केवल महात्मा गांधी ही का नहीं, उग्रवादी और युवा रक्त की शहादत का भी था। हजारों स्त्री-पुरुष सड़क पर आ गए थे और इस महादेश में वह अपूर्व ओज और संगठन का दौर था। मुक्तिबोध ने जीवन, समाज, जन-जीवन जैसे शब्दों का उपयोग तो किया है पर वे इस महाख्यान को कैसे विस्मृत करते हैं हमारी समझ से परे है। सन् 52 के बाद की उनकी अखबारी टिप्पणियों में 'अंग्रेज गए, परन्तु इतनी अंग्रेजी पूँजी क्यों', 'भारत का राष्ट्रीय संग्राम' तथा 'अंग्रेजी जूते में हिन्दी को फिट करनेवाले ये भाषाई रहनुमा' जैसे शीर्षक जरूर मिलते हैं। इन्हीं टिप्पणियों में 'दून घाटी में नेहरू' भी हैं जिसमें संवेदनशील नेहरू के अपर्याप्त विश्राम के प्रति चिन्ता प्रकट की गई है।[14] शिक्षकों की सभा में दिए गए भाषण में मुक्तिबोध कहते हैं–"पं. जवाहरलाल नेहरू के नेतृत्व में, देश समाजवादी निर्माण की ओर चल पड़ा है जो लोग यह सोचते हैं कि हम उस प्रवृत्ति को खत्म कर सकते हैं वे बड़े भारी भ्रम में हैं।"[15] जबकि मुक्तिबोध जानते और कहते थे–'नेहरू का समाजवाद भ्रामक है'[16] उक्त विश्लेषण से हम केवल यह कहना चाहते हैं कि अखबारी-टिप्पणियों को मुक्तिबोध के चिन्तन के प्रसंग में बहुत प्रामाणिक उसी तरह नहीं माना जा सकता जिस तरह उनकी पाठ्यक्रम के लिए लिखी गई पुस्तक 'इतिहास और संस्कृति' को। मुक्तिबोध के पत्रों में भी साम्राज्यवादी शिकंजे से मुक्ति के लिए संघर्षरत देश का कहीं जिक्र नहीं आता। जुलाई और सितम्बर, 1947

में नेमिजी को जो पत्र लिखे गए उनमें भी पारिवारिक कष्ट और कर्ज की व्यथा है पर इससे भिन्न एक भी पंक्ति नहीं। दरअसल 50 के पहले तक मुक्तिबोध मार्क्सवादी संस्कारों में दीक्षित होने और आत्मविस्तार के प्रयत्नों के बावजूद अपने घेरे में ही छटपटाते रहे।

सन् 50 के पहले मुक्तिबोध की त्रिलोचन और सुभद्राकुमारी चौहान पर व्यावहारिक समीक्षाएँ भी 'हंस' में सन् 46 व 48 में छपी हैं। कहना न होगा कि ये समीक्षाएँ बहुत सामान्य होते हुए भी चिन्तक मुक्तिबोध की कतिपय साहित्य-जीवन सम्बन्धी प्रमुख धारणाओं को रेखांकित करती हैं। वैसे यहाँ स्पष्ट करना जरूरी है कि किसी भी एक कवि के लिए दूसरे समकालीन कवि का मूल्यांकन न केवल कठिन कर्म होता है वरन् स्वयं उसकी कविता के मूल्यांकन का जोखिम भी इसी में निहित रहता है। फिर मुक्तिबोध और त्रिलोचन की काव्य चेतना और काव्य रूप के बीच तो बड़ा अन्तराल है। त्रिलोचन की कविता को मुक्तिबोध ने 'सामाजिक लक्ष्य के प्रति ईमानदारी', 'नैतिक सच्चाई', 'संयम', 'संघर्ष के उपदेशशील कवि से विपरीत अत्यन्त गीतात्मक काव्य'[17] आदि आधारों से सराहा है। पर वे त्रिलोचन की स्पष्टता और सम्प्रेषणीयता के प्रसंग में कुछ नहीं कहते। इतना जरूर कहते हैं कि 'धरती' पढ़ जाने पर मालूम होता है कि उसके संघर्ष-भाग को निकाल देने पर जो भी काव्य बचता है वह लँगड़ा है।[18] पर मुक्तिबोध ने यह कहकर भी 'पहले मैं उस संघर्ष ही को लूँगा' बाद में संघर्षविहीन भाग का उल्लेख तक करना जरूरी नहीं समझा है। सुभद्राकुमारी चौहान के राष्ट्रीय काव्य की अवश्य भूरि-भूरि प्रशंसा की है और उनकी अनलंकृत शैली से उत्पन्न सुन्दर काव्य की ओर हिन्दी के लेखकों तथा आलोचकों का ध्यान आकृष्ट कराने के मूल उद्देश्य से लेख की प्रेरणा का जिक्र किया है।

इस प्रकार हम देखते हैं कि मुक्तिबोध के प्रारम्भिक चिन्तन में वे तत्त्व हैं जिनका विकास उनके बाद के, लगभग 14 वर्षों के, लेखन में स्पष्टतः दृष्टिगोचर होता है। यहाँ हम पाते हैं कि मुक्तिबोध के भीतर व्यक्ति-समाज, साहित्य के सामाजिक प्रश्न आदि को लेकर भीतरी द्वन्द्व तो है पर स्पष्टता और वह प्रखरता अभी विकसित नहीं हुई है जो बाद में उनकी दृष्टि, सौन्दर्यशास्त्र और चिन्तन को विशेष रूप से रेखांकित करती है।

स्टीफेन स्पेंडर ने एक स्थल पर कहा है कि "यह रचनाकार का दायित्व है कि वह मानवीय मूल्यों के प्रति सतर्क हो क्योंकि आवश्यकता पड़ने पर ये मानवीय मूल्य ही क्रान्ति में सहायक होंगे।"[19] हमें पता है कि स्पेंडर ने मार्क्सवाद से मुँह मोड़ लिया था और मुक्तिबोध निरन्तर मार्क्सवाद को आत्मसात् करते रहे, फिर भी यह उद्धरण हमने दिया है तो इसलिए कि मूल्यों के प्रति मुक्तिबोध की अधीरता ही उन्हें हर प्रश्न के सन्दर्भ में जीवनोन्मुखी बनाती रही। इसीलिए उन्होंने कहा है—"मनुष्य जीवन का कोई अंग ऐसा नहीं जो साहित्याभिव्यक्ति के अनुपयुक्त हो।"[20] अपने इसी विश्वास के सहारे मुक्तिबोध का आत्म-संघर्ष अनेक रूपों में व्यक्त होता रहा। वे जीवन की विविधताओं

के बावजूद हर पक्ष की दूसरे पक्ष से अन्तःसम्बन्धता की बारीकी को समझते थे[21] इसीलिए मुक्तिबोध ने जीवन की त्रिकोणात्मक धारणा को महत्त्व दिया है, जिसकी एक भुजा बाह्य जगत् दूसरी भुजा अन्तरंग जीवन और आधार चेतना है। इस प्रकार अन्तर्जीवन और बाह्य का परस्पर आवयविक सम्बन्ध है जो एकीभूत होकर जीवन रूप प्राप्त करते हैं।[22] इसलिए मुक्तिबोध जीवन के सरलीकृत वर्गीकरण के हिमायती नहीं हैं। वे मानव चेतना की प्रक्रिया को प्राणिशास्त्रीय आधार पर विकसित मानकर भी मूलतः मनोवैज्ञानिक मानते हैं। इसलिए मुक्तिबोध जीवन के किसी भी पक्ष की उपेक्षा के विरुद्ध हैं।[23] यहाँ यह भी विचारणीय है कि मुक्तिबोध मार्क्सवादी सुदृढ़ आस्था के बावजूद मनोविज्ञान से परहेज नहीं करते। वे उन लोगों से भिन्न हैं जिनकी स्थूल दृष्टि में व्यक्ति केन्द्रित होने के कारण मनोविज्ञान और मार्क्सवाद विचार में साथ नहीं चल सकते, हालाँकि जीवन में ऐसा करना किसी के बूते की चीज नहीं है। आगे चलकर काव्य की रचना-प्रक्रिया के प्रसंग में भी हम देखेंगे कि मार्क्सवादी मुक्तिबोध न केवल मनोविज्ञान वरन् अध्यात्म शब्द का उल्लेख करने से नहीं हिचके, यह कहकर हम मुक्तिबोध की मार्क्सवादी चेतना में दरार दिखाने का उपक्रम नहीं कर रहे हैं। इसके विपरीत एक ईमानदार भारतीय रचनाकार मार्क्सवादी-चेतना को किस तरह अपने स्रोतों से पुष्ट करता है, देखने का यत्न करते हैं। क्योंकि हम यह मानते हैं कि मुक्तिबोध लघुरुद्र की पोथी पढ़ने या महादेव की उपासना करने के तथ्यों के उजागर होने से जो हैं उससे भिन्न नहीं हो जाते। यह इसलिए कि हम व्यक्तिगत जिन्दगी में विश्वास करते हैं और हमारा दृढ़ मत है कि मुक्तिबोध भी करते थे जो उक्त तथ्यों से स्वतः प्रमाणित है। मुक्तिबोध की जीवन सम्बन्धी धारणा कई अर्थों में वैज्ञानिक होते हुए भी किन्हीं प्रणालियों से सीमित नहीं है। इसीलिए वे कहते हैं–"विश्व के प्रत्येक स्पन्दन से कलाकार का सम्बन्ध है।"[24] यह सम्बन्ध ही उनके चिन्तन के निरन्तर विस्तार की बुनियाद है। इसलिए सौन्दर्य और कला सम्बन्धी प्रतिमानों की गहरी छानबीन और प्रतिमान निर्मित करने के बाद भी मुक्तिबोध के लिए साहित्य की अन्तिम कसौटी जीवन ही है क्योंकि 'साहित्य जीवन से प्रस्तुत होकर जीवन को प्रभावित करता है'[25] फिर भी उनकी मान्यता है कि 'साहित्य का समाज से सम्बन्ध यान्त्रिक नहीं है।'[26]

'समाज और साहित्य' नामक अपने चौंतीस पृष्ठ के लम्बे लेख में मुक्तिबोध ने साहित्य के अनेक प्रश्नों को ही नहीं किन्तु सामाजिक ढाँचे और विकास को भी विस्तार से विवेचित किया है। मूलाधार और बाह्य ढाँचे या अधिरचना के आधार पर भी उन्होंने उत्पादन और जीवन-यापन की प्रणालियों को मानव सम्बन्धों का निर्धारक निरूपित किया है[27] इसीलिए मुक्तिबोध कहते हैं कि मानव-चेतना, वस्तुतः मानव सम्बन्धों से निर्मित तथा उससे उद्‌गत चेतना है[28] इसी तथ्य को मुक्तिबोध ने अन्यत्र इस प्रकार व्यक्त किया है–"हमारा सामाजिक व्यक्तित्व हमारी आत्मा है। आत्मा का सारा सारतत्त्व प्राकृत रूप से सामाजिक है।"[29] दरअसल मुक्तिबोध मार्क्स की इस प्रसिद्ध उक्ति को अपने ढंग से स्पष्ट करते हैं कि "सामाजिक अस्तित्व ही चेतना का निर्धारण करता है।"

मुक्तिबोध ने अपने सारे चिन्तन के दौरान जीवन की सर्वोपरिता को अनेक ढंग से दोहराया है। कदाचित् यही उनकी आधारभूत पकड़ रही है इस मान्यता के आलोक में मुक्तिबोध व्यक्ति और समाज के बीच विरोध नहीं मानते। विरोध यदि है तो गलत विचारधाराओं का है। व्यक्ति और समाज के विरोध को वे मात्र बौद्धिक विक्षेप मानते हैं, जिसका कोई अस्तित्व नहीं है।[30] इसीलिए मुक्तिबोध व्यक्ति की त्रासदी को घृणा का विषय नहीं बनाते। क्लाड ईथरली कहानी में यह कथन यूँ ही नहीं आया है कि– ''हमारे अपने-अपने मन-हृदय मस्तिष्कों में ऐसा ही एक पागलखाना है जहाँ हम उन पवित्र और विद्रोही विचारों और भावों को फेंक देते हैं।''[31] व्यक्ति को ऐसा कभी निहित स्वार्थोंवश तो कभी विवशता के दबावों के तहत करना पड़ता है। मुक्तिबोध व्यक्ति की विवशता को दूसरों के नहीं स्वयं के जीवन से जानते थे। उन्हें बौद्धिक संस्कृति के अभाव की जानकारी थी। श्रीकान्त वर्मा को '56 में लिखे पत्र में उन्होंने स्पष्ट कहा है कि ''हम लोगों की बुद्धि को अपील करने के बदले उनकी भावनाओं से खिलवाड़ करते हैं...हमें लोगों की बुद्धि को सोचने के लिए प्रेरित करना चाहिए वह भी स्वतन्त्र रूप से।''[32] मुक्तिबोध व्यक्ति और समाज के सम्बन्धों के बीच व्यक्ति की सामाजिक चेतना और उसके दायित्वों की सजगता को महत्त्वपूर्ण समझते थे। फिर भी वे जड़वाद के विरोधी थे। समाजवाद उनकी दृष्टि में जन साधारण की मुक्ति का राजपथ है जिसकी मूल आत्मा जनतान्त्रिक है[33] इस तरह वे मार्क्स की समग्र मुक्ति की धारणा के बेहद निकट थे। इसीलिए उनका मत रहा कि ''किसी को भी व्यक्ति-स्वातन्त्र्य खरीदने का अधिकार नहीं हो, न बेचने का। व्यक्ति-स्वातन्त्र्य को रहन न रखा जाए, न कोई किसी को रहन रखने दे।''[34] इसका अर्थ यह नहीं है कि वे पूँजीवादी व्यक्ति- स्वातन्त्र्य के चरित्र के प्रति अनभिज्ञ थे। वे न केवल व्यक्ति-स्वातन्त्र्य के पूँजीवादी पाखंड से परिचित थे वरन् उसकी साजिश भी ठीक तरह से पहचानते थे। हम यहाँ समाजवादी व्यवस्था में भी व्यक्ति स्वातन्त्र्य की उनकी आकांक्षा का जिक्र कर रहे हैं जिसके चिह्न पोलैंड की व्यवस्था में पाकर खुश हो, उन्होंने आग्नेष्का को पत्र लिखे थे।[35] मुक्तिबोध की पंक्तियाँ इस प्रकार हैं–''अब तक साम्यवाद पर यह आरोप लगाया जाता है कि वहाँ व्यक्ति-स्वतन्त्रता का, कलाकार की स्वतन्त्र चेतना का हनन होता है। जब हमारे सामने पोलैंड जैसा प्रकाशमान देश भी है, जिसे सामने रखकर यह कहा जा सकता है–लोगों को समझाकर कहा जा सकता है–उन्हें बताया जा सकता है–साम्यवाद के ऐसे महान देश भी हैं जिनमें स्वतन्त्रता के उच्च आदर्श विद्यमान हैं।''[36]

समाज के प्रति मुक्तिबोध का दृष्टिकोण केवल आलोचनात्मक नहीं था। समाज उनके लिए केवल शब्द नहीं चतुर्दिक बिखरी ऐसी धड़कती सच्चाई थी जिसके बिना व्यक्ति का कोई अर्थ नहीं बच रहता। कुंठित आत्मकेन्द्रित व्यक्तिवाद को वे प्रतिक्रियावादी मानते थे। संगठित जनता को वे प्रेरणा के स्रोत के रूप में नहीं लक्ष्य की ओर निर्देशित करनेवाली शक्ति के रूप में देखते थे।[37] उनकी सामाजिक दृष्टि ही उनकी जीवन दृष्टि थी। यह जीवन दृष्टि सामाजिक औचित्य, न्याय और मानवीय चिन्ता तथा गरिमा की

धारणा से पुष्ट थी। इसके पीछे मार्क्सवाद की प्रखर वैचारिकता थी। समाज के लिए मुक्तिबोध के ये शब्द गौरतलब हैं–समाज रेत का ढेर नहीं...समाज एक वृक्ष की भाँति है।[38]

भारतीय समाज-संरचना के आर्थिक मूलों और वर्ग व्यवस्था के प्रश्नों को भी मुक्तिबोध ने उठाया है। सामन्तवाद और पूँजीवाद के चरित्र और उनकी शोषण-विधियों के मध्य भ्रमित मध्य वर्ग की स्थिति उनके लिए सदैव चिन्ता का विषय रही। मध्य वर्ग का उन्होंने खाते-पीते वर्ग और उसी वर्ग की गरीब श्रेणी में विभाजन कर अनेक स्थलों पर खाते-पीते मध्य वर्ग की इस तर्क से आलोचना की है कि वह व्यक्तिगत लाभ-लालसाओं का शिकार हो जाता है।[39] मध्य वर्ग के गरीब परिवार और उनके युवकों की मानसिकता के उतार-चढ़ाव और द्वन्द्व के बीच मुक्तिबोध उस आवश्यक संघर्ष की दिशा भी स्पष्ट करते हैं जिसके अभाव में वे व्यक्तित्वहीन हो उच्च वर्ग की साजिश में समाप्त हो जाते हैं। ये ही वे स्थितियाँ हैं जिनमें सही वैचारिक समझ जरूरी है। व्यक्तिगत संघर्ष को सामाजिक संघर्ष में रूपान्तरित किया जा सकता है।[40] मुक्तिबोध कहते हैं, "ये गरीब श्रेणी अब इस नतीजे पर पहुँच रही है कि उसका पूरा उद्धार सभी गरीब वर्गों की मुक्ति के साथ है।"[41] कविता में भी उन्होंने कहा है–

याद रखो,
कभी अकेले में मुक्ति न मिलती,
यदि वह है तो सबके साथ है।[42]

इस प्रसंग में यह ध्यान देने योग्य तथ्य है कि मुक्तिबोध साधारण मनुष्य की नैतिकता और उसकी शक्ति में गहरा विश्वास रखते हैं। अपने इन्हीं विश्वासों के सहारे कष्टमय जीवन-जगत् के बीच वे क्रान्तिकारी-चेतना को जिलाए रहे। दुनिया को चलानेवाले श्रम और साधारण मनुष्य की श्रेष्ठता का भान उन्हें था। वे कहते हैं– "साधारण मनुष्य में प्रकट होनेवाली महानता भले ही उसे समाज के ऊर्ध्व स्थान पर प्रतिष्ठित न करे उसी की महानता पूरी दुनिया को चला रही है।"[43]

भारतीय परिवारों, विशेषकर मध्य और निम्न वर्ग के परिवारों में व्याप्त वैचारिक दासता और अहंवाद का ताना-बाना भी मुक्तिबोध की दृष्टि से ओझल नहीं रह पाया है। दरअसल वे सौन्दर्यशास्त्र या चिन्तन के झरोखे से जीवन को नहीं देखते। परिवार में भी श्रेणियाँ और वर्ग बने हैं। गरीब घर से आई लड़की की स्थिति सबसे खराब है।[44] मुक्तिबोध के काव्य और चिन्तन में भारत की शोषित नारी के प्रति चिन्ता भी कम नहीं है। मध्ययुगीन स्थिति से लेकर आधुनिक नारी की त्रासदी को मुक्तिबोध ने पहचाना है। 'सामन्ती वर्ग की वासना-प्रणाली'[45] ही को नहीं वे 'सीता' की यातना को भी स्त्री-शोषण के रूप में देखते हैं। वे कहते हैं–"वर्ग समाजों में पहले स्त्री की स्वतन्त्रता की हत्या की गई। उसे देवी बनाया गया या दासी अथवा वेश्या। इसके अतिरिक्त कुछ नहीं।"[46] नारी के तथाकथित आदर्शीकरण का अर्थ स्त्री को यातना देने के लाइसेंस से अधिक नहीं है।

मुक्तिबोध की कहानियों में मध्यवर्गीय जीवन के दैनिक संघर्षों और सन्ताप के मार्मिक चित्र हैं। बीमार समाज और संस्कृति के अभिशाप से ग्रस्त कमजोर लोग हैं। मुक्ति के लिए छटपटाती स्त्रियाँ और भावनाओं के लिए तरसती अवश महिलाएँ हैं। विपात्र कहानी संस्कृति ही नहीं आत्मा के संकट का व्यंग्यात्मक आख्यान है।

हमने मुक्तिबोध के इन विचारों को अधिक तरजीह इसलिए दी है कि उनके सौन्दर्यशास्त्र और साहित्य तथा इतिहास-आलोचना के विचार की तुलना में इन्हें विशेष उल्लेखनीय नहीं समझा जाता। हमारा जोर इस तथ्य पर है कि व्यक्ति और समाज के रिश्तों की इतनी गहरी और प्रत्यक्ष पकड़ ने ही मुक्तिबोध के ज्ञानात्मक पक्ष को सम्पन्न किया है। मानवता और मानव-संस्कृति के प्रति उनका रुख बौद्धिक भर नहीं है। मानवीय यातना के प्रति उतनी आकंठ चिन्ता कर्तव्यवश न होकर निजी व्यग्रता से जुड़ी है। उनका आत्म-संघर्ष और उनके निजी कष्टमय अनुभवों ने उन्हें प्रगल्भ नहीं बनाया। इससे वे ईमानदार और विनम्र बने और इसी ईमानदारी तथा विनम्रता के कारण उनका विचार-जगत् प्रामाणिक से अधिक जीवन्त दस्तावेज बन सका। अपनी इसी जागतिक दृष्टि के कारण वे मनुष्य की नैतिकता, गरिमा, मनुष्य जीवन के लक्ष्य आदि प्रश्नों को संस्कृति-सभ्यता के परिप्रेक्ष्य में बार-बार टटोलते हैं।[47] वे 'चारित्रिक शक्तियों और आध्यात्मिक गुणों की आवश्यकता' को भी ध्यान में रखते हैं।[48] इसीलिए मानवता के भविष्य में उनकी आस्था कायम रहती है। यह कोरमकोर आस्था नहीं है। इसके भीतर संघर्ष की चेतना भी विद्यमान है। इस संघर्षशील आस्था के आलोक में मुक्तिबोध 'मानवता के भविष्य निर्माण' और 'विश्व दृष्टि के विकास' का स्वप्न देखते हैं।

अब हम संक्षेप में मुक्तिबोध की इतिहास-संस्कृति-विज्ञान-चेतना एवं उनकी आधुनिकता की धारणा के बारे में विचार करेंगे। किसी रचनाकार के लिए यह जरूरी नहीं है कि वह इन तथा कई अन्य विषयों पर पृथक् से चर्चा करे। किन्तु मुक्तिबोध जैसे आत्म-सजग कवि और विचारक के लिए यह लगभग असम्भव होगा कि वह इन मुद्दों पर चुप साध ले। दरअसल गौर से देखने पर रचनाकार की दृष्टि रचना में अनेक आयामों के भीतर खोजी जा सकती है। मुक्तिबोध परम्परा की ताकत को पहचाते थे। इतिहास को उन्होंने न केवल सांस्कृतिक वरन् समाजशास्त्रीय दृष्टि से भी परखा है। फिर भी उन्हें असुविधा होती थी कि विद्वानों ने "भारत के सांस्कृतिक इतिहास के क्षेत्र में बहुत अन्वेषण किए हैं। किन्तु, सामाजिक, आर्थिक विकास के इतिहास के क्षेत्र में अभी तक कोई महत्त्वपूर्ण कार्य नहीं हुआ है।"[49] (बाद में अवश्य कतिपय महत्त्वपूर्ण कार्य हुए हैं) मुक्तिबोध ने मध्ययुगीन भक्ति-आन्दोलन की वर्गीय दृष्टि से गहरी छानबीन की और जातिवाद तथा सामन्तवाद के दबावों के तहत निम्नवर्गीय भक्ति मार्ग के जनवादी सन्देश के दाँत उखाड़ लिए जाने का लेखा-जोखा प्रस्तुत किया।[50] भक्ति-आन्दोलन की जड़ों में वे साधारण जन की सांस्कृतिक आकांक्षाओं के बीच मनुष्य सत्य की प्रतिष्ठा की गुहार सुनते हैं। धार्मिक दासता ने जाति विरोधी चेतना को कुचल दिया। मुक्तिबोध जहाँ भक्ति / आन्दोलन के प्रसंग में शुक्लजी के मुस्लिम विरोधी

अभिप्राय से असहमत हैं वहीं वे हजारीप्रसादजी की इस मान्यता से सहमत हैं कि भक्ति-आन्दोलन की जड़ें गहरी थीं और उनका सम्बन्ध जनता के कष्ट से था। प्रगतिवादी क्षेत्रों में भी तुलसीदास की स्वीकृति से मुक्तिबोध असहमत थे। उनकी राय में शुक्लजी की 'वर्णाश्रयधर्मी जातिवाद ग्रस्त सामाजिकता' थी जिसे जनवाद में ऐसे घुला दिया मानों शुक्लजी सच्ची जनवादी सामाजिकता के पक्षपाती हों।[51] मुक्तिबोध के लिए साहित्य की पहचान के प्रसंग में जहाँ सांस्कृतिक धरातल महत्त्वपूर्ण था वहीं वे गतिशील सामाजिक शक्तियों को भी अनदेखा नहीं रहने देते थे। मुक्तिबोध के पास इतिहास का सांस्कृतिक एवं द्वन्द्वात्मक भौतिकवादी आधार था। इसी आधार के बूते उन्होंने साहित्य और समाज की परम्परा का विश्लेषण किया है। मुक्तिबोध की समीक्षा-दृष्टि में इसके पूरे प्रमाण मौजूद हैं। यही कारण है कि उनकी वर्गीय विश्लेषणात्मकता हर मुद्दे पर लागू हो जाती है। साहित्य, जीवन और कला के गहन प्रश्नों के अतिरिक्त वे रोजमर्रा की चीजों का भी इसी वर्गीय आधार पर विश्लेषण करने लगते थे। जैसा कि काडवेल ने कहा है—"साहित्य और समाज का विकास लगभग समानान्तर होता है और कविता जिस अर्थव्यवस्था में जन्म लेती है उसे प्रतिबिम्बित करती है।"[52]

स्वस्थ परम्परा के स्वीकार की भावना के साथ ही मुक्तिबोध सांस्कृतिक ह्रास के कारणों की चीरफाड़ निरन्तर करते दिखाई पड़ते हैं। सांस्कृतिक ह्रास के कारणों की जाँच करते हुए वे मूल्यहीनता, चरित्रहीन अवसरवाद, संवेदनशून्यता को रेखांकित करते हैं।[53]

विज्ञान के प्रति उनकी जिज्ञासा और मनुष्य की नियति के साथ विज्ञान की सम्बद्धता मुक्तिबोध के लिए दिलचस्प विषय था। मार्क्सवाद के सन्दर्भ में तो वे वैज्ञानिक दृष्टि को महत्त्व देते ही थे पर न्यूटन, आइंस्टाइन आदि वैज्ञानिकों का उल्लेख भी करते हैं। उन्होंने आधुनिकता बोध को विज्ञान-टेक्नालॉजी के व्यापक परिप्रेक्ष्य में रखकर परखा है। औद्योगीकरण को मुक्तिबोध जन-कष्ट-निवारण की प्रक्रिया के रूप में देखते थे। विज्ञान के नए आविष्कार और निर्माण कार्य को आशा और उत्साहवर्धक घटना मानते थे। यह सब सोचते हुए उनकी दृष्टि में इस महादेश के करोड़ों लोगों का वर्तमान और भविष्य ही रहता था। विज्ञान और टेक्नालॉजी के कारण हुए असन्तुलित संवेगात्मक स्थिति से वे परिचित थे और इसीलिए नई जीवन दृष्टि के हिमायती थे। इस नई जीवन दृष्टि के लिए वे व्यक्ति और जीवन के रचनात्मक मूल्यों पर बेहद जोर देते थे। इस विज्ञान-प्रसंग का उल्लेख हमने इसलिए जरूरी समझा है ताकि यह ठीक से समझा जा सके कि मुक्तिबोध का मानवतावाद भाववादी या उदारतावादी नहीं था। वे अपनी वैज्ञानिक मानववाद की धारणा की रोशनी में अमूर्त मानवतावाद के भावात्मक प्रतिमानों के अँधेरे को जानते थे। हम इस तथ्य को अच्छी तरह जानते हैं कि धर्म, अरूप मानवतावाद और सरकारी आँकड़ों से क्रमशः कल्पित सुख, कल्पित आशावाद और कल्पित प्रगति शून्य में निःसृत होती है। मुक्तिबोध मनुष्य के वास्तविक सुख (भौतिक संघर्ष), वास्तविक आशावाद (वैज्ञानिक मानववाद) और वास्तविक प्रगति (यथार्थ जीवन) के सन्दर्भों में सोचते थे। इसीलिए उनकी दृष्टि मानव जीवन की कल्पित

आवश्यकताओं के बदले रोजमर्रा की वास्तविक आवश्यकताओं पर केन्द्रित रही और इसी परिप्रेक्ष्य में उन्होंने संस्कृति, इतिहास, विज्ञान और मानववाद को परखा।

आधुनिक-बोध और आधुनिकतावाद विश्व स्तर पर साहित्य के चर्चित पद रहे हैं। टी.एस. इलियट और हिन्दी में अज्ञेय के जमाने में 'आधुनिकता', 'आधुनिक-बोध' और 'आधुनिक-संवेदना' जैसे पद तत्कालीन साहित्य-समीक्षा की कुंजी थे। हमारा यह आशय नहीं है कि आज आधुनिकता शब्द अप्रासंगिक हो गया है। भारतीय साहित्य के प्रसंग में आधुनिकता बोध उस आधुनिकतावाद का पर्याय हो गया था जो पाश्चात्य रुग्ण मनःस्थितियों की अपने परिवेश में प्रतिगूँज तक सीमित था।

राजा राममोहन राय से लेकर नेहरू के युग तक आधुनिकता नए वैज्ञानिक-सामाजिक परिवर्तनों तथा प्रयोग और प्रगति के सन्दर्भों में एक जरूरी धारणा थी। दरअसल आधुनिकता का समय और विज्ञान के सन्दर्भ में न तो स्वस्थ परम्परा से विरोध हो सकता है, न समाजवादी यथार्थ से। प्रमोद वर्मा ठीक ही कहते हैं कि "आधुनिकता बोध और समाजवादी यथार्थ में कोई मूलभूत विरोध नहीं है जैसा कि आमतौर पर समझा जाता है। समाजवादी लेखक आधुनिकता विरोधी हो ही नहीं सकता।"[54] पर अन्यत्र प्रमोद वर्मा यह भी कहते हैं, "आधुनिकता को लेकर मार्क्सवादी विचारक सामान्यतः सशंकित रहते हैं।"[55] तो समकालीन यथार्थ में अन्वेषक लुकाच का स्मरण होता है। मार्क्सवादी लुकाच आधुनिकतावाद के घनघोर विरोधी थे। उनकी मान्यता है, "आधुनिकतावाद केवल पारम्परिक साहित्यिक रूपाकारों को ही नष्ट नहीं करता बल्कि वह साहित्य ही को नष्ट कर देता है।"[56] लूकाच ने बेंजामिन को भी उद्धृत किया है, जिनके शब्दों में–"आधुनिकतावाद कला की समृद्धि नहीं वरन् कला का निषेध है।"[57]

उक्त पृष्ठभूमि पर मुक्तिबोध की आधुनिकता की धारणा का विश्लेषण करने के पूर्व हम मुक्तिबोध की डायरी के इस कथन का उल्लेख जरूरी समझते हैं। एक लम्बी कविता समाप्त करने के बाद 1962 के अन्तिम दिनों में मुक्तिबोध ने लिखा है–"यह सही है कि मेरी कविता 'आधुनिकतावादी' है, घनघोर है। लेकिन मैं आधुनिकतावादियों में भी पुराना हो रहा हूँ और अब जल्दी ही खुर्राट हो जाऊँगा।"[58] एक ओर वे अपनी कविता को घनघोर आधुनिकतावादी बताते हैं वहीं दूसरी ओर वे कहते हैं– "आधुनिकतावादियों को मैंने देख लिया है। उनमें दम नहीं है, वे पोचे हैं। वे समस्या को बड़ा करके बताते हैं। आदमी को छोटा करके नचाते हैं। वह भी एक स्वाँग है।"[59]

मुक्तिबोध की उक्त दोनों विरोधी टिप्पणियाँ स्पष्टीकरण की दरकार रखती हैं। जैसाकि हम पहले भी कह चुके हैं कि कवि जब आलोचना करता है तब वह न केवल अपने यूटोपिया का आविष्कार करता है बल्कि अपना बचाव भी करता है। यहाँ स्थिति बचाव जैसी नहीं है न यूटोपिया के आविष्कार जैसी ही। यह एक स्वीकारोक्ति भी नहीं है। तो प्रश्न उठता है कि क्या यह मिथ्या शब्दावली या भाषा की खामियों का मामला है। जैसा कि बार-बार कहा जाता है कि कई अंशों में सत्य भी है कि मुक्तिबोध बेहद जागरूक चिन्तक-रचनाकार थे और वे इस तरह शब्द प्रयोग की भ्रान्ति नहीं कर सकते।

तो ऐसी स्थिति में इस विरोधाभास को मुक्तिबोध के अन्तर्विरोध या मुक्तिबोध की आत्म-शंका से ही स्पष्ट किया जा सकता है।

उक्त अन्तर्विरोध की जड़ें गहरी हैं। इसे प्रमोद वर्मा की इस टिप्पणी से समझा जा सकता है–"प्रयोगवाद प्रगतिवाद का ही विस्तार था...प्रगतिशील चेतना और आधुनिक भाव-बोध में, कम-से-कम उन दिनों, कोई मूलभूत विरोध नहीं माना गया था।"[60] एक ओर मजेदार तथ्य की उपेक्षा नहीं की जा सकती वह यह कि मुक्तिबोध की मृत्यु के पश्चात् जब 'विवेचना-गोष्ठी' इलाहाबाद में 'चाँद का मुँह टेढ़ा है' पर चर्चा हुई तो डॉ. रघुवंश और श्रीराम वर्मा ने कहा–"मुक्तिबोध आधुनिक मनोवृत्ति के कवि नहीं हैं।"[61] और उसी वक्त दूधनाथ सिंह ने विरोध किया कि "मुक्तिबोध आधुनिकता के सबसे समर्थतम कवि हैं।"[62]

यहाँ हम इस तथ्य को भी विस्मृत नहीं कर सकते कि 'परिमल-गुट' ने लघु-मानव, क्षण और अद्वितीयता जैसी पदावली ईजाद की थी और कविता की सारी बहस इन्हीं को केन्द्र में रखकर की जा रही थी। मुक्तिबोध जब अपनी कविता को 'आधुनिकतावादी' कहते हैं तब वे समकालीन भारतीय जीवन-व्यवस्था में मुनष्य की जड़ों को विस्मृत नहीं करते हैं। यह विशेष ध्यान देने योग्य तथ्य है कि मुक्तिबोध ने पत्रों और डायरी में अपने को बहुत खोलने का प्रयत्न किया है। यहाँ हेनरी मिलर का डायरी के प्रसंग में यह उद्धरण अनावश्यक न होगा कि–"We should look to the diary not for the truth about things but as an expression of this struggle to be free of the obsession for truth."[63]

वस्तुतः इस अर्थ में मुक्तिबोध आधुनिकतावादी थे कि उनका विज्ञान-टेक्नालॉजी, पाश्चात्य-पूर्व-सम्पर्क तथा नए विचारों में विश्वास था और साहित्य के प्रसंग में वे आधुनिक बोध की दो श्रेणियाँ कर देते हैं। एक वह जिसे वह स्वाँग कहते हैं। लघुमानव आदि पर बहस के माध्यम से निराशा, मूल्यहीनता और निरर्थकता को प्रश्रय देनेवाली पाश्चात्य काव्यानुभवों और रूपों पर आश्रित आधुनिकता की धारणा का विरोध करते थे। सीमित अनुभवों की भद्रजनोचित सौन्दर्याभिरुचि व्यक्ति केन्द्रित होकर जीवन समाज के कष्टमय वास्तव से रिश्ता कैसे जोड़ सकती है। ऐसी रुचि के प्रसंग में मुक्तिबोध कहते हैं–"विषम ह्रासग्रस्त सभ्यता को उलटनेवाली महान भावनाओं को परित्यक्त करके, तथाकथित आधुनिक भावबोध को उद्घोषित किया गया।"[64] इस तरह व्यक्तिवादी काव्य दृष्टि में आधुनिकता का निषेध कर इसके तुरन्त पश्चात् 'काव्य एक सांस्कृतिक प्रक्रिया' निबन्ध में किंचित् आवेश में वे असली आधुनिक भावबोध की वकालत करते हुए कहते हैं–"लेकिन, वस्तुतः आधुनिक भावबोध क्या है ? मैं अपनी खुद की जिन्दगी और दोस्तों की जिन्दगी के तजुर्बे से बता सकता हूँ कि अन्याय के खिलाफ आवाज बुलन्द करना आधुनिक भावबोध के अन्तर्गत है। आधुनिक भावबोध के अन्तर्गत यह भी है कि मानवता के भविष्य निर्माण के संघर्ष में हम भी अधिक दत्त-चित्त हों तथा हम वर्तमान परिस्थिति को सुधारें, नैतिक ह्रास को थामें, उत्पीड़ित मनुष्य

के साथ एकात्म होकर उसकी मुक्ति की उपाय योजना करें।''[65] अन्यत्र ठीक इसके विपरीत उनका कथन है–''यह तो स्पष्ट है कि इस 'आधुनिक भाव-बोध' में उन उत्पीड़नकारी शक्तियों का बोध शामिल नहीं है जिन्हें हम शोषक कहते हैं, पूँजीवाद कहते हैं, साम्राज्यवाद कहते हैं तथा उन संघर्षकारी शक्तियों का बोध भी शामिल नहीं है जिन्हें हम जनता कहते हैं, शोषित वर्ग कहते हैं।''[66]

उक्त अन्तर्विरोधों का कारण एक यह भी हो सकता है कि आधुनिकता भी कई किस्म से परिभाषित की गई और आधुनिकता के बीज जिन कला आन्दोलनों से विकसित हुए उनकी प्रकृति भी सदैव एक सी नहीं रही थी। अभिव्यंजनावाद, बिम्बवाद, प्रतीकवाद, अतियथार्थवाद और अस्तित्ववाद आदि के अनेक रासायनिक घोलों पर आधुनिकतावाद एक अनिश्चित चिपकी की तरह इस्तेमाल में आता रहा। नेरुदा, वैय्यखो और लोर्का जैसे कवि भी इनसे जरूरी तत्त्वों को ग्रहण करते हुए अपनी जमीन और लोगों से जुड़ गए।

आधुनिक भावबोध बूर्ज्वा दुनिया की अनास्था से उपजी एक जड़ मनःस्थिति का प्रतीक भी रहा है जिसकी तटस्थता अपनी अन्तिम परिणति में दृष्टि विवेक शून्यता का पर्याय बन जाती है। इसी रूप में मुक्तिबोध को आधुनिक भावबोध का निषेध करना पड़ा। पर ऊपर मुक्तिबोध ने अपने तथा अपने दोस्तों के अनुभव के आधार पर आधुनिक भावबोध का जो संघर्ष-प्रेरक अर्थ लिया है वह तर्कसंगत नहीं लगता। अन्याय के खिलाफ आवाज बुलन्द करना या उत्पीड़ित मनुष्य के साथ एकात्म होना इत्यादि के लिए आधुनिक भावबोध क्या आधुनिक दुनिया की भी जरूरत नहीं। यह तो मानव कर्तव्य के तहत सामान्य बात कही जाएगी। यहाँ मुक्तिबोध अपनी ओर से अपने वांछित अर्थ का सम्प्रेषण करते हैं। ऐसा मुक्तिबोध कई जगहों पर करने लगते हैं और उनका आवेश अतिरंजित प्रतीत होता है। इसका कारण हमें यह लगता है कि अपने निजी जीवन के कष्टों को आधार बनाकर उन्होंने खाते-पीते मध्यवर्ग के कवियों और कष्टमय जीवन गुजारते कवियों का वर्गीकरण या विभाजन कर रखा था और इसी रोशनी में वे बार-बार समकालीन साहित्यिक मूल्यों का परीक्षण करते थे। यह सर्वविदित है कि मुक्तिबोध का आर्थिक आधार कमजोर था और अज्ञेय, माचवे आदि का क्रमशः सुदृढ़। इन कवियों की सौन्दर्याभिरुचियों में भी पर्याप्त अन्तर दिखाई देता है, पर यह मूल्यांकन की विवेक संगत कसौटी नहीं थी। हम यह कहना चाहते हैं कि मुक्तिबोध की आधुनिकता की धारणा यथा प्रसंग बदल जाती थी। इतना ही नहीं वे अपने जीवन के अनुभवों में मित्रों के जीवन के अनुभवों को सम्मिलित कर सरलीकृत निष्कर्ष भी प्राप्त करने लगते थे। फिर भी यह स्पष्ट है कि उनकी आधुनिकता की धारणा में फैशनपरक अनुकरण नहीं दिखाई देता। उनकी दृष्टि अपने समय के यथार्थ को लाँघकर नहीं देखती और उनका मन अपने लोगों के मन से विच्छिन्न नहीं होता।

मुक्तिबोध के साहित्य और कला सम्बन्धी विचारों का अध्ययन करते हुए हम पाते हैं कि उनके विचारों में व्यक्ति और समाज का आरोपित द्वैत भाव नहीं है। वे अनुभव

के कलात्मक अनुभव में रूपान्तरित होने की प्रक्रिया का विश्लेषण मनोवैज्ञानिक आधारों पर करने की कोशिश करते हैं। व्यक्ति के अनुभव जगत् में चलनेवाली प्रक्रिया समाज और संस्कृति से निरपेक्ष नहीं होती। अन्स्र्ट फिशर कला को उसके अन्तर्निहित जादू के बावजूद 'अपने आपमें सामाजिक वास्तविकता'[67] कहता है, जबकि कला की आवश्यकता को फिशर केवल दुनिया को पहचानने ही नहीं बल्कि बदलने की दृष्टि से भी निरूपित करता है।[68] मुक्तिबोध कला सम्बन्धी समग्र विवेचन की भी यही प्रमुख विशेषता है कि वे यथार्थ और रचनाकार के दायित्व को कभी विस्मृत नहीं करते। इन दोनों पदों के बीच यदि हम 'सौन्दर्य' और 'वैज्ञानिक विवेक सम्पन्न दृष्टि' दो पदों को रख दें तो सूत्र रूप में मुक्तिबोध के सौन्दर्यशास्त्र का समीकरण तैयार हो सकता है। मुक्तिबोध की काव्य और कला सम्बन्धी धारणा का विश्लेषण करते हुए हमें आचार्य रामचन्द्र शुक्ल का स्मरण अकारण नहीं हो आता। बुद्धि और भाव को कविता-कर्म के भाव योग की आधार चेतना निरूपित करते हुए शुक्लजी ने स्पष्ट कहा था–''ज्ञान ही भाव-प्रसार के संचार के लिए मार्ग खोलता है। ज्ञान-प्रसार के भीतर ही भाव-प्रसार होता है।''[69] लोक मंगल की दृष्टि को अपरिहार्य मानते हुए शुक्लजी ने जगत् और जीवन-संघर्ष से विमुख कल्पना को 'कायर कल्पना' की संज्ञा दी थी जिससे 'सच्चे काव्य का काम नहीं चल सकता।'[70] यह हमारा दृढ़ विश्वास है कि मुक्तिबोध पर शुक्लजी की धारणाओं का गहरा प्रभाव पड़ा है और अपने समय की महत्त्वपूर्ण मार्क्सवादी चेतना के आलोक में मुक्तिबोध ने उन धारणाओं का गहरा परिष्कार किया है। साथ ही काडवेल आदि की मान्यताओं के परिप्रेक्ष्य में अपने चिन्तन को सुदृढ़ आधार प्रदान किया है।

मुक्तिबोध की कला और कला सृजन सम्बन्धी विवेचना से अनेक सूत्रवत पंक्तियों का संकलन किया जा सकता है। मुक्तिबोध इन्हीं आधार पंक्तियों का लगातार भिन्न-भिन्न प्रसंगों और सन्दर्भों में विश्लेषण करते रहे हैं। मुक्तिबोध की कतिपय सूत्र पंक्तियों को हम विस्तृत विश्लेषण के पूर्व केन्द्रीय आधार बिन्दु के रूप में रेखांकित करना उचित समझते हैं।

1. सौन्दर्य सिद्धान्त किसी विशेष कला प्रवृत्ति की औचित्य स्थापना के लिए लाए जाते हैं।[71]
2. कला सिद्धान्त के पीछे एक विशेष जीवन-दृष्टि होती है, उस जीवन-दृष्टि के पीछे एक जीवन-दर्शन होता है और उस जीवन-दर्शन के पीछे एक राजनीतिक दृष्टि भी होती है।[72]
3. संवेदना, बोध शक्ति, कल्पना और इच्छा अन्तर की चेतना के अंगभूत हैं।[73]
4. बाह्य-जगत् से संवेदनात्मक तथा ज्ञानात्मक प्रतिक्रिया करके हमने विश्व का आभ्यन्तरीकरण किया है।[74]
5. जीवनानुभव और सौन्दर्यानुभव का सार स्वरूप एक ही है।[75]
6. कला तत्त्व अपनी प्रारम्भिक मूल अवस्था में जीवन तथ्य होने के कारण समाजशास्त्रीय तथा ऐतिहासिक विशेषताओं से युक्त होते हैं।[76]

7. (अ) कलाकृति स्वानुभूत जीवन की कल्पना द्वारा पुनर्रचना है।[77]
   (ब) कला आभ्यन्तर के बाह्यीकरण का एक रूप है।[78]
8. कला चाहे वह यथार्थवादी कला ही क्यों न हो, एक आत्मपरक प्रयास है।[79]
9. यह धारणा गलत है कि आत्मपरक काव्य व्यक्तिवादी काव्य है।[80]
10. काव्य रचना केवल व्यक्तिगत मनोवैज्ञानिक प्रक्रिया नहीं, वह एक सांस्कृतिक-प्रक्रिया है और फिर भी एक आत्मिक प्रयास है।[81]
11. कला के तीन क्षण होते हैं—पहला क्षण जीवन का तीव्र अनुभव क्षण, दूसरा इस अनुभव का अपने कसकते-दुखते हुए मूलों से पृथक् हो जाना और एक...फैंटेसी का रूप धारण कर लेना...तीसरा अन्तिम क्षण है उस फैंटेसी के शब्दबद्ध होने की प्रक्रिया का आरम्भ और उसकी परिपूर्णावस्था तक गतिमानता।[82]

इन प्रमुख विचारों से, जिनमें मुक्तिबोध के चिन्तन के कला और सृजन-प्रक्रिया सम्बन्धी बिन्दुओं को ही हमने सम्मिलित किया है, मुक्तिबोध की जीवन और सौन्दर्यशास्त्र सम्बन्धी जिज्ञासाओं और चिन्ताओं का विस्तृत फलक हमारे समक्ष खुलता है। अपनी डायरी, निबन्धों, पत्रों और समीक्षाओं में बार-बार मुक्तिबोध इन प्रश्नों से उलझते हैं। उनके लिए सौन्दर्यशास्त्र की व्याख्या अथवा सिद्धान्तों की परिभाषा से अधिक महत्त्वपूर्ण उसकी गुत्थियों को खोलना था। ऐसा करते हुए वे अपने तथा अपने समकालीनों के लिए एक स्पष्ट कला-दृष्टि तथा कला-व्यवस्था का आविष्कार कर रहे थे। मुक्तिबोध ने प्रचलित और रूढ़ अनुशासन से हटकर एक रचनारत कवि की हैसियत से इस समस्या को सुलझाने की कोशिश की। 31 दिसम्बर, सन् 63 को मुक्तिबोध ने अपने मित्र क. प. सारथि को पत्र में लिखा था कि—"आधुनिक कविता दरअसल पुरातनवादी दक्षिणपन्थियों और प्रगतिशील वामपन्थ के लगातार आक्रमण का शिकार रही है।"[83] मुक्तिबोध का आशय अतियों की ओर ही था। मुक्तिबोध की कला-धारणाओं पर कॉलरिज के कल्पनावाद के साथ ही मार्क्स के द्वन्द्वात्मक भौतिकवाद का प्रभाव है। किन्तु वे अपने अनुभव से जान चुके थे कि प्रगतिशील-आलोचना न अपने आचरण में बल्कि मार्क्सवाद की समग्र आकांक्षाओं को आत्मसात् करने की दृष्टि से भी अपर्याप्त और एकांगी है। अतः उन्होंने इस अपूर्णता को तर्कसम्मत समग्र दृष्टि से व्यवस्थित करने का प्रयत्न किया। बेशक उनकी दृष्टि मार्क्सवादी थी और उनका व्यवहार कलाकार का।

मुक्तिबोध की यह सुनिश्चित मान्यता रही है कि "जहाँ मात्र भाव प्रकट होते हैं वहाँ एक दृष्टि भी प्रकट होती है।"[84] क्योंकि वे कला के उत्स सौन्दर्य को अतीन्द्रिय सत्ता नहीं मानते। सौन्दर्य के प्रति भाववादी या आध्यात्मिक दृष्टिकोण का विरोध करते हुए उन्होंने उसे जीवनानुभवों से विकसित दृष्टि के आलम्बन रूप में ग्रहण किया है।[85] मुक्तिबोध ने मनुष्य को उसकी समग्र सामाजिक सत्ता के रूप में विश्लेषित किया है। अपनी अन्तर चेतना के बाह्य स्पन्दनों से क्रियमाण होने पर ही बाह्य का आभ्यन्तरीकरण होता है।[86] इस प्रक्रिया के दौरान बाह्य परिस्थितियों को रचनेवाली सामाजिक-ऐतिहासिक

शक्तियाँ भी उसकी मनोरचना के निर्धारक तत्त्व बनते हैं। इन तत्त्वों के अतिरिक्त मानव सम्बन्धों की स्थिति, सामाजिक संघटन और वर्ग चेतना के आधार पर नैतिकता तथा जीवन मूल्यों का नि धारण होता है। कलाकार का यह स्वानुभूत जीवन विकासशील होता है और गलत जीवन मूल्यों के विरुद्ध सक्रिय रहता है। क्योंकि मुक्तिबोध मनुष्य की अपने से परे जाकर दूसरों को अपने में मिलानेवाली अद्भुत शक्ति में विश्वास रखते हैं।[87] इसी कारण अस्तित्व संघर्ष और जीवन संघर्ष की चेतना सामाजिक संघर्ष का रूप ग्रहण करती है। मुक्तिबोध ने रचनाकार की विश्व दृष्टि की व्याख्या करते हुए पूँजीवादी समाज व्यवस्था, सामन्तवादी जड़ें और व्यक्ति मूल बद्ध सम्पन्न तथा शोषक वर्ग के मूल्यों को सदैव ध्यान में रखा है। रचनाकार का द्वन्द्व और संघर्ष एक स्वानुकूल दुनिया की आकांक्षा और स्वप्न से ही नहीं वरन् इस विश्वास से भी प्रेरित रहता है कि अन्यायपूर्ण सामाजिक सम्बन्धों को बदला जा सकता है और इस प्रसंग में संवेदनशील रचनाकार की भूमिका भी महत्त्वपूर्ण है।[88] इस तरह मुक्तिबोध कलाकार के स्वानुभूत जीवन और सम्पन्न जीवनानुभव के आधार पर जीवन के सार रूप में 'सौन्दर्य' को परिभाषित करते हैं। अर्थात् सौन्दर्य के मूल तत्त्व यथार्थ जीवन के अनुभूत तथ्यों से ही आकार ग्रहण करते हैं।

व्यक्ति के अनुभव जगत् में चलनेवाली प्रक्रिया निरपेक्ष रूप से उस व्यक्ति को समाज विच्छिन्न व्यक्ति नहीं बनाती। दूसरे शब्दों में रचनात्मक अनुभव, जिसे सौन्दर्यानुभूति कहेंगे कोरमकोर वैयक्तिक भूमिका नहीं हो सकती। मुक्तिबोध की स्पष्ट धारणा है कि सौन्दर्यानुभूति जीवनानुभवों का संवेदनात्मक कलात्मक रूप है और यह भी कि "सौन्दर्यानुभूति केवल कलाकार की विशेषता नहीं है वरन् वह उन सबकी विशेषता है जिन्हें हम मनुष्य कहते हैं। यह मनुष्यत्व का एक लक्षण है।"[89]

कविता और कला की रचना का सम्बन्ध मनुष्य की इसी सौन्दर्यानुभूति से है। यही जीवन-जगत का साधारण अनुभव कलाकार या लेखक द्वारा पुनर्रचित होने पर कला रूप में परिणत हो जाता है। मुक्तिबोध ने मानवीय चेतना पर पड़नेवाले प्रभावों और अनुभवों तथा उन्हीं अनुभवों की पुनर्रचना की व्याख्या अनेक बार की है, और तरह-तरह से यही बताने की कोशिश की है कि कला का सम्बन्ध जगत् के वास्तविक अनुभवों से ही है। कला को जीवन की पुनर्रचना कहते हुए वे यह भी मानते हैं कि पुनर्रचना कवि-कलाकार का ही नहीं मानव मात्र का गुण है।[90] वयस्क कवि की पुनर्रचना के बारे में वे कहते हैं कि "बाह्य जीवन-जगत् के रूप-स्वरूप और गति-प्रगति के जो अपने नियम हैं, वे इस पुनर्रचित जीवन के नहीं। पुनर्रचित जीवन किसी संवेदना की पूर्ति के लिए ही होता है। उसकी चित्रमाला उन्हीं संवेदनात्मक उद्‌देश्यों की पूर्ति की दिशा में दौड़ती है। दूसरे शब्दों में—पुनर्रचित जीवन-लोक की अपनी ऑटोनामी है, यह स्वायत्त-तन्त्र, सापेक्ष है क्योंकि वह वास्तविक जीवनानुभवों के ठोस आधार पर खड़ा हुआ है और उनके बिना वह असम्भव है। इस मूलाधार के कोष में से ही, संवेदनात्मक उद्‌देश्यों को और कल्पना को वे तत्त्व मिलते हैं, कि जिनके विभिन्न पैटर्न्स, इस प्रकार

गढ़ना या बनाना, कि जिनसे उन संवेदनात्मक उद्‌देश्यों की पूर्ति हो, विधायक कल्पना का मूल कार्य है।"[91]

इस प्रकार कला ही नहीं सृजन प्रक्रिया को भी मुक्तिबोध जीवनानुभवों के ठोस आधार पर स्थित मानते हैं, साथ ही कला की स्वायत्तता को भी स्वीकार करते हैं– सापेक्षता की शर्त के साथ। ध्यान से देखा जाए तो स्पष्ट होगा कि मुक्तिबोध की सौन्दर्य-चेतना की केन्द्रीय विशेषता कला की सापेक्षता और स्वायत्तता के तनाव की भाषा से सम्पन्न है, इसे मुक्तिबोध का अन्तर्विरोध भी माना जा सकता है। पर वास्तविकता इसके विपरीत है। मुक्तिबोध ने कला की स्वायत्तता और कला की अपने प्राण वैभव के लिए बाह्य विस्तृत जीवन की निर्भरता की बात भी अनेक बार दुहराई हैं।[92] अपने अन्तिम दिनों में लिखे गए विस्तृत निबन्ध 'समीक्षा की समस्याएँ' में मुक्तिबोध ने इसकी विस्तृत विवेचना करते हुए रचनाकार के द्विमुखी संघर्ष की ओर संकेत किया है। वे कहते हैं, "वह कलाकार जो अपने काव्य वैभव को और भी विकसित करना चाहता है, वह वस्तुतः, द्विमुखी संघर्ष करता है। उसका एक संघर्ष कलाकृति को उसके पूर्ण सौन्दर्य में उद्‌भासित करने से, कलाकृति के अनुसार अन्तर्बाह्य नियमों के अनुसार आकृति-गठन प्रस्तुत करने से, उसमें पूर्ण भाव-वैभव लाने से, सम्बन्धित है, तो उसका दूसरा संघर्ष अपने वास्तविक जीवन में अधिकाधिक मानव-अनुभव तथा अधिकाधिक वैविध्य के दर्शन प्राप्त करने से है, अपने को अधिकाधिक संवेदनक्षम जागरूक और विस्तृत करने से है, तथा ऐसा एक लक्ष्य प्राप्त करने से है, जो लक्ष्य उसके सम्पूर्ण जीवन और व्यक्तित्व को सार्थक कर दे।"[93] रचनाकार का यह द्विमुखी संघर्ष कला की समग्रता और उसकी जीवन-वास्तव से सच्ची मानवीय संलग्नता को एक साथ साधने की क्षमता की ओर ही संकेत करता है। सिडनी फिंकेलस्टेन (Sidney Finkelstein) ने प्रारम्भिक मार्क्स के कथन के संकेत के साथ ऐसी ही बात कही है कि "कला सौन्दर्य के नियमों के अनुरूप सृजन है और यदि हम प्रारम्भिक मार्क्स के कथन को याद करें तो कला के सिद्धान्त यथार्थ के मानवीकरण की प्रक्रिया से उद्‌भूत होते हैं। कला भाषा रूपाकार, नाद अथवा समाज द्वारा रचित अन्य माध्यमों की सहायता से मानव-निर्मित संरचना है। जोकि यथार्थ के मानवीकृत होने के एक चरण को स्फटिकवत् प्रस्तुत करती है।"[94] रेमंड विलियम्स के अनुसार भी–"सौन्दर्यशास्त्रीय कार्य अन्य कार्यों का उपोत्पाद न होकर यथार्थ के प्रति मानवीय प्रतिक्रिया का सह निर्धारक है।"[95]

मुक्तिबोध ने भी सौन्दर्य की आन्तरिकता को वर्ग-दृष्टि तथा वर्ग-दृष्टि को ऐतिहासिक-समाजशास्त्रीय शक्तियों के आधार पर निर्धारित किया है। सौन्दर्य की आन्तरिकता को रचनेवाले जीवन-मूल्य, मानव सम्बन्ध तथा विश्व-दृष्टि वर्ग-दृष्टि ही का परिणाम होती है।[96]

मुक्तिबोध ने सौन्दर्यशास्त्र रचने की आकांक्षा से नहीं, बल्कि अपने रचनात्मक अनुभवों को व्यापक जीवन से जोड़कर पुनर्रचना करनेवाले कलाकार के मन के रहस्यलोक को परखने के उद्‌देश्य से विचार किया है। यहाँ यह टिप्पणी अनावश्यक नहीं

होगी कि अनेक स्थलों पर वे शुक्लजी ही नहीं प्राचीन आचार्यों की मान्य और काव्यशास्त्र में प्रचलित धारणाओं का भाष्य करते प्रतीत होते हैं। पर ऐसा करते हुए भी वे अपने समय और जीवन की नई आवश्यकताओं से विश्लेषण को प्रासंगिक बनाने का प्रयत्न करते हैं। आचार्यों ने कलात्मक अनुभव के प्रसंग में चित्र की एकतानता, अहं का तिरोभाव और मधुमती भूमिका आदि कहा है। वही मुक्तिबोध इन शब्दों में प्रकट करते हैं–"सारा मनोमय जीवन कलात्मक नहीं होता। जिन क्षणों में मन निजबद्ध स्थिति में रहता है वह कल्पना द्वारा पुनर्रचित जीवन में तन्मय और तदाकार होकर अपनी निजबद्धता नहीं खो सकता। अर्थात् जब वह मुक्ति और बद्धता, तटस्थता और तन्मयता, सामीप्य और दूरी, विशिष्टता और सामान्यता, के मूल द्वन्द्वों की, उच्चतर स्तर पर एकीभूत स्थिति में नहीं पहुँच सकता, तब वैसी हालत में उसका मनोमय जीवन कलात्मक नहीं कहा जा सकता। इस प्रकार के अकलात्मक मनोमय जीवन में मन को उसके व्यक्तिगत सुख-दुख और राग-द्वेष ही घेरे रहते हैं। फलतः मन को अपने से मुक्ति नहीं, छुटकारा नहीं...दूसरे शब्दों में–मनोमय जीवन के कलात्मक क्षणों में अपने आपसे छुटकारा होकर जीवन का प्रगाढ़ और व्यापक अनुभव होता है।"[97] इसी क्रम में उनका यह कथन भी द्रष्टव्य है–"अभिव्यक्ति प्राप्त होने पर भावपक्ष का सामान्यीकरण हो जाता है।"[98] दरअसल यहाँ मुक्तिबोध सौन्दर्यानुभव और उसके कलात्मक रूप के साधारणीकरण की व्याख्या ही करते प्रतीत होते हैं। किन्तु यहाँ भी उल्लेखनीय यह है कि मुक्तिबोध यथार्थ के अमूर्तिकरण के विपरीत कविता को परिवेश के साथ द्वन्द्व-स्थिति में निरूपित करते हैं और विवेकपूर्ण यथार्थ की पड़ताल पर जोर देते हैं।[99] उनकी दृष्टि में समाज-विच्छिन्न सृजन-प्रक्रिया में मूल्यों का अस्तित्व ही नहीं है।[100]

कला के तीन क्षण का उनका सिद्धान्त आज हिन्दी साहित्य में बहुत प्रचलित है। कला के ये तीन क्षण वस्तुतः रचना-प्रक्रिया के तीन सोपान हैं। मुक्तिबोध ने अपनी डायरी के 'तीसरा-क्षण' अंश तथा 'काव्य की रचना-प्रक्रिया' और 'नई कविता का आत्मसंघर्ष' निबन्धों में इस पर विस्तार से विचार किया है। मुक्तिबोध पूर्णतया आत्मचेतस् कलाकार थे। सृजन के प्रसंग में वे प्रदत्त प्रतिभा या मूड्स जैसी धारणाओं में विश्वास नहीं करते थे। कलाकार के आत्मसंघर्ष ही की तरह उन्होंने अभिव्यक्ति के संघर्ष को भी बहुत महत्त्वपूर्ण माना है। क्योंकि कला अथवा कविता की सामग्री है तो मानवीय अनुभव ही पर कला या कविता होने के लिए इन्हें विशेष ढंग से पुनःसृजित होना पड़ता है। मुक्तिबोध ने अपने अनुभव के आलोक में रचना के लगभग अदृश्य मनोविज्ञान अथवा कला की निर्मिति के पूर्व की स्थिति की छवि को देखने की कोशिश की है। किन्तु यह मानना कि हर रचनाकार रचना-प्रक्रिया के रहस्य से परिचित होकर रचना करता है उचित नहीं है और रचना-प्रक्रिया का सदैव एक ही क्रमिक निर्धारित रूप होगा यह मानना तो और भी मुश्किल है। सृजन की प्रक्रिया जटिलतम होती है और उसका सरलीकरण नहीं किया जा सकता। सम्भवतः मुक्तिबोध का यह उद्देश्य भी नहीं है।

मुक्तिबोध लिखते हैं–''कला का पहला क्षण है जीवन का तीव्र उत्कट क्षण।''[101] इस पहले क्षण के बारे में आगे चलकर पुनः कहते हैं–''प्रथम क्षण निस्सन्देह अनुभव का क्षण है। उसके बिना आवेग और आगे की गति असम्भव है। मानसिक प्रक्रिया को आत्माभिव्यक्ति की ओर ले जाने के लिए आवश्यक पहला जबर्दस्त धक्का यह प्रथम क्षण ही देता है। वह उस गति की दिशा निर्धारित करता है। साथ ही, वह उसके तत्त्व रूपायित करता है अर्थात् वह उनको एक आकार प्रदान करता है। साथ ही, मजा यह है कि यह अनुभव विचित्र रूप से अन्य मनस्तत्त्वों से जुड़ता हुआ, मनस्पटल पर स्वयं को प्रक्षेपित कर स्वयं ही बदल जाता है।''[102] 'नई कविता का आत्म-संघर्ष' निबन्ध में वे इसे 'उद्घाटन-क्षण' कहते हुए लिखते हैं–''कल्पना का कार्य यहीं से शुरू हो जाता है। बोध-पक्ष अर्थात् ज्ञान-वृत्ति भी यहाँ सक्रिय हो उठती है।''[103] वस्तुतः यह अनुभव रचनाकार के मन में किसी प्रत्यक्ष अनुभव या मस्तिष्क की गतिशील विचार घटना के बीच का वह रचनात्मक क्षण है जहाँ वह बाहर या भीतर की विचार गति को कल्पना के आवर्त में महसूस करता उसे कला में रूपान्तरित करने के निर्णय के साथ ही रूपान्तरण की प्रक्रिया में संलग्न हो जाता है। 'जीवन के तीव्र उत्कट क्षण' या उद्घाटन क्षण कहने से कोई विशेष अन्तर नहीं पड़ता। आत्माभिव्यक्ति की विकलता का धक्का हर कलाकार महसूस करता ही होगा। फिर भी प्रश्न खड़ा किया जा सकता है कि क्या यह अनुभव क्षण उसी प्रक्रिया का हिस्सा है जहाँ अभिव्यक्ति की उथल-पुथल प्रारम्भ हो चुकी है या यहाँ मुक्तिबोध कवि के द्वारा भोक्ता के स्तर पर अनुभूत किए गए पूर्व या प्रत्यक्ष प्रसंग की ओर इंगित कर रहे हैं। मुक्तिबोध स्पष्ट करते हैं कि यह रोजमर्रा के अनुभव से भिन्न अनुभव है। अनुभव की जैविक आत्मपरकता से भिन्न इस कला अनुभव की चेतना के नक्शे पर ठीक-ठीक स्थिति और गति बताना मुश्किल है। क्योंकि यह जानना मुश्किल है कि ''मनस्तत्त्व कहाँ किस जगह वस्तुतः एक तत्त्व है, और कहाँ किस जगह वह गति है अर्थात् कहाँ वह पार्टिकल है और कहाँ वह वेव है।''[104] स्पष्ट है, मुक्तिबोध यहाँ द्वन्द्ववाद के तर्क और भौतिकी की पदावली का उपयोग कर रहे हैं। इसी क्षण के प्रसंग में वे कहते हैं–''पहले क्षण में ही भोक्ता और दर्शक के गुणों का आविर्भाव होना चाहिए। दूसरे क्षण में जो फैंटेसी उत्पन्न होती है...उस फैंटेसी के दर्शक की जो महत्त्व-प्रतीति होती है, उसके बीज पहले क्षण में ही होना आवश्यक है...उसमें अनुभव और अनुभव के महत्त्व की भावना दोनों बीज रूप में रहने से दर्शकत्व और भोक्तृत्व की स्थितिमुक्तता और स्थितिबद्धता के परस्पर विरोधी बिन्दु रहते हैं।''[105] स्पष्ट है कि यह चमत्कारिक रूप से अद्वितीय नहीं, बल्कि कला के क्षण में साधारण अनुभव के महत्त्वपूर्ण अनुभव में बदल जाने की स्थिति है। वस्तुतः यह आत्माभिव्यक्ति की दिशा में अग्रसर करता क्षण है। मुक्तिबोध के विश्लेषण से यह भी विदित होता है कि वे इस जरूरी चौकन्नेपन से काम ले रहे हैं कि कला या रचना अन्ततः व्यक्ति विशेष के विशिष्ट अनुभव के घेरे में बन्दिनी नहीं है। मुक्त है इसीलिए सामाजिक चित्त में अनुकूल संवेदनात्मक और सौन्दर्यात्मक प्रतिक्रिया उत्पन्न करती है।

कला निर्माण के दूसरे क्षण की चर्चा में उन्होंने लिखा है–"इस अनुभव का अपने कसकते दुखते हुए मूलों से पृथक् हो जाना और एक ऐसी फैंटेसी का रूप धारण कर लेना, मानो वह फैंटेसी अपनी आँखों के सामने ही खड़ी हो।"[106] कला के दूसरे क्षण में दो स्थितियाँ हैं। ये दो स्थितियाँ काल-विभाजित नहीं हैं। पहली स्थिति में अनुभव का निर्वैयक्तिक होना है और फिर इस निर्वैयक्तिक अनुभव का फैंटेसी में रूपान्तरित हो जाना है। यह फैंटेसी न केवल वास्तविक अनुभवों को बदल देती है वरन् कलाकार के व्यक्तित्व के साथ प्रवाहित होती हुई उसके व्यक्ति का संस्कार भी करती है। इस फैंटेसी प्रवाह में भी द्वन्द्वात्मकता है। स्थितिग्रस्त संवेदनाएँ और स्थिति मुक्त दृष्टि परस्पर प्रतिक्रियाएँ करते हैं। इस विरोधी घात-प्रतिघात से यह क्षण परिष्कृत होता हुआ आगे प्रवहमान रहता है। मुक्तिबोध लिखते हैं–"तब आत्मपरकता में भी एक निर्वैयक्तिकता और निर्वैयक्तिकता में भी एक आत्मपरकता उत्पन्न हो जाती है...दूसरे शब्दों में वे अपने-अपने गुण-धर्मों को एक-दूसरे को प्रदान कर देते हैं..."[107] कहना न होगा यह 'विरुद्धों का सामंजस्य' (शुक्लजी के शब्द) ही मुक्तिबोध के इस कला सिद्धान्त को महत्त्वपूर्ण बनाता है, और वह दृष्टि भी जो मानवीय यथार्थ के गोपन को फैंटेसी में स्फटिक रूप देती है। हमें यह स्मरण रखना होगा कि मुक्तिबोध बाह्य जीवन जगत् के साथ काव्य के द्वन्द्वात्मक रिश्ते को ही मान्य करते हैं जिसके फलस्वरूप उन्हें अपने समय की कविता के भीतर 'तनाव या घिराव का वातावरण लगता है।'[108] डॉ. नामवर सिंह इसी प्रसंग में यह ठीक ही कहते हैं कि "मुक्तिबोध ने संघर्ष और द्वन्द्व को एक कदम और आगे बढ़कर तनाव तक पहुँचा दिया है जो आज की आलोचना में एक अर्थपूर्ण पारिभाषिक शब्द बन गया है।"[109] मुक्तिबोध की डायरी का मूलाधार यही द्वन्द्वात्मक चिन्तन है। यदि यह स्थिति नहीं होती तो मुक्तिबोध का दूसरा क्षण आत्मवादी सौन्दर्यशास्त्री क्रोचे की 'सहजानुभूति' और इलियट के आब्जेक्टिव कोरिलेटिव की प्रतिच्छाया बनकर रह जाता। फिर यह तथ्य भी ध्यान रखने योग्य है कि फैंटेसी की यात्रा का उत्स कवि का अन्तर्मन है। ऐसा अन्तर्मन जो मनुष्य के भौतिक और नैतिक संकट से परिचालित है।

पहले, दूसरे और तीसरे क्षणों की बीच की दूरी का जिक्र मुक्तिबोध के यहाँ नहीं मिलता। अतः यह सहज प्रश्न उठ सकता है कि जब अनुभव अपने मूल से पृथक् होते हैं और फैंटेसी का रूप ग्रहण करते हैं तब क्या यह फैंटेसी शब्द विहीन रहती है ? ऐसा नहीं है कि मुक्तिबोध ने इन प्रश्नों पर विचार नहीं किया है। पहली बात तो यही कि यह विश्लेषण तीन क्षणों को अलग-अलग दिखाने के उद्देश्य से नहीं किया गया है। मुक्तिबोध मानते हैं कि सच्चे कलाकार में 'संवेदन क्षमता' और 'स्थिति मुक्त दर्शक-क्षमता' की 'सन्तुलित एकीभूत स्थिति' होती है। इसी स्थिति के कारण दूसरे क्षण में अपने अनुभव को दूर स्थित व्यक्ति की तरह देख पाने का चमत्कार घटित होता है। उन्होंने लिखा है–"दर्शक का ज्ञान और भोक्ता की संवेदना, परस्पर विलीन होकर, अपने से परे उठने की भंगिमा को प्रोत्साहित करती रहती है। इस प्रकार सृजन-प्रक्रिया के विशिष्ट

में सर्वसामान्य महत्त्व प्रतिबिम्बित होता सा प्रतीत होता है।"[110] इसीलिए शब्दबद्ध होने की प्रक्रिया में यह फैंटेसी अपने भावनात्मक उद्‌देश्य को बिसारती नहीं और अपनी निश्चित संवेदनात्मक दिशा में अपने अनुकूल शब्दों को ग्रहण करने के लिए तत्पर होने लगती है और यहीं से सृजन प्रक्रिया का तीसरा क्षण प्रारम्भ होता है।

यहाँ हम दूसरे क्षण के सम्बन्ध में दो महत्त्वपूर्ण तथ्यों को विशेष रूप से रेखांकित करना चाहेंगे। एक तो यह कि क्या कला के तीन क्षणों में फैंटेसीमूलक रचनाओं ही का अन्तर्भाव है और वे रचनाएँ जो फैंटेसी मूलक नहीं हैं उनकी सृजन प्रक्रिया में इस दूसरे क्षण की क्या भूमिका होगी ? या यह कि मुक्तिबोध के लिए काव्य प्रक्रिया ही फैंटेसी मात्र है। यह सच है कि मुक्तिबोध ने फैंटेसी की जगह-जगह नाना ढंग से इस तरह व्याख्या की है कि लगने लगता है फैंटेसी और रचना-प्रक्रिया उनके लिए एक है और वे काव्य या कला मात्र को फैंटेसी स्वीकार करते हैं। इसका उत्तर यही है कि कला के तीन क्षण के माध्यम से मुक्तिबोध अपनी ही रचना-प्रक्रिया को समझने-विश्लेषित करने और समझाने का प्रयत्न करते रहे थे। जिसकी प्रामाणिकता यही है कि मुक्तिबोध अपनी सृजन-प्रक्रिया को इसी तरह है–ऐसा समझते थे। दरअसल फैंटेसी के अपने शिल्प का औचित्य सिद्ध करने का उपक्रम ही दूसरे क्षण में अधिक है। इसे एक व्यापक कला सिद्धान्त का रूप नहीं दिया जा सकता और यह भी कि मुक्तिबोध के इस विश्लेषण को जितना सहज और सरल समझकर सौन्दर्यशास्त्र के स्फटिक के रूप में निरूपित किया जाता रहा है उतना बोधगम्य वह है भी नहीं। लल्लन राय मुक्तिबोध की फैंटेसी-धारणा के सम्बन्ध में यह कहते हैं कि डायरी में 'तीसरा क्षण' के अन्तर्गत उन्होंने अनुभव और अभिव्यक्ति के मध्य एक दूसरे क्षण के रूप में 'फैंटेसी' की स्थिति को स्वीकार किया है। वस्तुतः यहाँ कवि ने अपनी निजी रचना-प्रक्रिया का उद्‌घाटन किया है। लेकिन 'नए साहित्य का सौन्दर्यशास्त्र' और 'नई कविता का आत्मसंघर्ष' नामक रचनाओं में रचना-प्रक्रिया पर विचार करते हुए उन्होंने फैंटेसी के रूप में दूसरे क्षण का उल्लेख न कर अनुभव और अभिव्यक्ति के रूप में काव्य के दो ही क्षणों को स्वीकार किया है। इससे स्पष्ट है कि फैंटेसी रचना-प्रक्रिया का अनिवार्य अंग नहीं है।[111] लल्लन राय का यह कथन न केवल भ्रामक है, वरन् दुर्लक्ष्य पर भी आधारित है। 'नए साहित्य का सौन्दर्यशास्त्र' में संकलित निबन्ध 'काव्य की रचना-प्रक्रिया : दो' में यद्यपि मुक्तिबोध ने तीसरे क्षण का नाम नहीं लिया है किन्तु 'मनोरूपों' शब्द का उल्लेख करते हुए लगभग दूसरे क्षण की 'गतिशीलता', 'द्विधारूप स्थिति' का उल्लेख उसी रूप में किया है। दूसरे क्षण में "रचना का जो अंश तैयार हो जाता है वह स्वयं एक फोर्स, एक शक्ति बन जाता है...(और) स्वयं उसे अगला मार्ग सुझा देता है।"[112] यह अगला मार्ग असल में तीसरा क्षण ही है। 'नई कविता का आत्मसंघर्ष' में संकलित इसी शीर्षक के निबन्ध में जैसा कि हम पहले भी स्पष्ट कर चुके हैं तीनों क्षणों का स्पष्ट और पृथक् विश्लेषण किया है। वे स्पष्ट लिखते हैं कि दूसरे क्षण की आत्मतत्त्व की अभिव्यक्ति की "छटपटाहट को जब हम शब्द, रंग तथा स्वर में अभिव्यक्त करने लगते हैं तब तीसरा

क्षण शुरू हो जाता है।"[113] इतना ही नहीं वे यह भी कहते हैं–"यदि कलाकार के तीनों क्षण पूर्ण न हुए, या उनमें शिथिलता आई, तो कविता सुन्दर न होगी।"[114] दूसरी बात जो हम विशेष रूप से रेखांकित करना चाहते हैं वह यह कि दूसरे क्षण का महत्त्व इस खास तथ्य में सर्वाधिक है कि इसी क्षण की प्रक्रिया में रचनाकार की प्रतिबद्धता का अन्तर्भाव हो जाता है। दूसरे क्षण की सिद्धि-सम्पन्नता के उल्लेख में मुक्तिबोध ने अनेक चीजों का समावेश कर लिया है–जीवन-दृष्टि, जीवन-मूल्यों और वर्गीय-चेतना के आलोक में जब तक रचनाकार की वेदना व्यापक मार्मिक अर्थ नहीं देती तब तक कला का दूसरा क्षण सिद्ध-सम्पन्न ही नहीं हो सकता।[115] यानी रचना-प्रक्रिया के दूसरे सोपान पर रचनाकार आत्मग्रस्तता से मुक्त होकर केवल निजी अस्तित्व का समाजीकरण ही नहीं करता वरन् संवेदनात्मक उद्देश्यों को आकार भी देता है। अन्तरात्मा की पीड़ित विवेक चेतना और रचनाकार के दायित्व का सम्मिलन बिन्दु भी (रचना में अन्तर्ग्रथित होने के सन्दर्भ में) यही है।

कला के तीसरे क्षण में अनुभव प्रसूत फैंटेसी शब्दबद्ध होने लगती है। कला का यह क्षण अत्यन्त महत्त्वपूर्ण, प्रदीर्घ और रचनाकार के अपने माध्यम से संघर्ष का क्षण है। मुक्तिबोध के शब्दों में–"यहाँ से शब्द साधना शुरू होती है...अभिव्यक्ति-साधना के दौरान में स्वयं अभिव्यक्ति फैंटेसी को सम्पन्न और परिपूर्ण करने लगती है...फैंटेसी के जगत् की अर्थमत्ता तो उनसे (शब्दों से) बढ़ जाती है, साथ ही उनके द्वारा फैंटेसी को एक नया पर्सपेक्टिव प्राप्त हो जाता है। इस पर्सपेक्टिव से संयुक्त होकर फैंटेसी एक तेजोवलय में चमकने लगती है। फैंटेसी अब पूर्णरूप से सार्वजनीन हो जाती है।"[116] मुक्तिबोध ने इस तीसरे क्षण में भाषा और भाव के द्वन्द्व, पारस्परिक क्रिया-प्रतिक्रिया द्वारा उनके परस्पर संशोधन को भी महत्त्व दिया है। यहाँ रचनाकार न केवल भाषा का निर्माण ही करता है वरन् निर्मित भाषा को मनोमय तेजवती आकांक्षा से पुष्ट भी करता है। मुक्तिबोध ने अभिव्यक्ति के प्रसंग में रचनाकार के संघर्ष और उसकी सम्पादक-संशोधक की भूमिका को भी महत्त्वपूर्ण माना है।

तीसरे क्षण के प्रसंग में क.प. सारथि का मत है कि फैंटेसी के शब्दबद्ध होने की प्रक्रिया को मुक्तिबोध ने थोड़ा जल्दी में समझा दिया है। उनका कहना है कि "यह एकदम आकस्मिक प्रतीत होता है। मेरी राय में मुक्तिबोध को यह समझाने के लिए रुकना था कि सृजन-प्रक्रिया के दूसरे क्षण में उत्पन्न होनेवाली संवेदनाएँ सभी में प्रत्येक अवसर पर समान क्यों नहीं होतीं–चाहे उनका व्यक्तित्व तथा मूल अनुभूतियों के आघात की ग्रहणशीलता विभिन्न ही क्यों न हो।"[117] इसका कारण सारथि कलावाद और रूढ़ मार्क्स से मुक्तिबोध की चिढ़ में खोजते हैं। यह तो स्पष्ट है कि मुक्तिबोध एक प्रतिबद्ध रचनाकार थे और उनके सृजन-सिद्धान्त के मूल में उनकी जनोन्मुखी चेतना अपने ढंग से विद्यमान है। पर हम नहीं समझते कि कला के इन तीन क्षणों की व्याख्या को अतिवादों के प्रति उनकी चिढ़ ने प्रभावित किया होगा। हमें लगता है कि मुक्तिबोध ने मूलतः अपनी रचना-प्रक्रिया को स्पष्ट करने का प्रयास किया है और यह सब जानते

हैं कि रचना-प्रक्रिया की जटिलता को वैज्ञानिक प्रयोग के सूत्र की तरह नहीं समझाया जा सकता। अतः अपनी ही रचना-प्रक्रिया को वे पूरी तरह स्पष्ट कर सके होंगे कहना मुश्किल है। विशेषकर इन कारणों से भी कि मुक्तिबोध ने रचना के साथ अध्यात्म, संस्कृति, समाज, राजनीति, वर्ग चेतना आदि का जैसा गूढ़ सम्बन्ध तरह-तरह से अनेक बार निरूपित किया है वह रचना-प्रक्रिया की उनकी व्याख्या को स्पष्ट कर रहस्यमय अधिक बना देता है। एक बात यह भी कि मुक्तिबोध के विश्लेषण की दृष्टि में व्यापक रचना संसार नहीं है। वे अधिकतर अपनी ही बात करते हैं। हर मान्यता का उत्तर अपनी ही स्थिति से देते हैं। यह उचित भी है क्योंकि वे एक रचनाकार की हैसियत से ही चीजों को देखते हैं। हमारा आशय यह है कि मुक्तिबोध का विश्लेषण आचार्य या सौन्दर्यशास्त्री का नहीं है इसलिए उसकी सीमाएँ भी हैं।

वास्तविकता यह है कि मुक्तिबोध द्वारा रचना-प्रक्रिया के सम्बन्ध में व्यक्त विचार निर्देश देने हेतु नहीं हैं। इनका मूल्य यह भी है कि ये हमें मुक्तिबोध की कविता को समझने में मदद देते हैं। जैसाकि हम पहले भी कह चुके हैं मुक्तिबोध के विचार गहरे नैतिक उद्‌देश्य से भी परिचालित हैं। यह कहना अतिकथन नहीं होगा कि मुक्तिबोध की साहित्य सम्बन्धी विचारों की आधारभूमि सौन्दर्यशास्त्रीय कम नैतिक ही अधिक है। यह नैतिकता करुण मानवीय स्थिति के प्रति भावात्मक प्रतिक्रिया मात्र नहीं है। इसमें वस्तुस्थिति को लेकर निजी स्तर पर चलनेवाली एक वैचारिक हलचल है। मुक्तिबोध साहित्य के सौन्दर्य को विशाल मानव जीवन के शुभ से जोड़कर देखते हैं और इसीलिए साहित्य-सृजन के सम्बन्ध में उन्होंने लेखक की विश्व-दृष्टि और जीवन-दृष्टि पर निरन्तर बल दिया है। उनकी दृष्टि को प्रखरता मार्क्स से मिली थी। यही कारण है कि उन्होंने ठीक ऐसे समय में साहित्य के सामाजिक आशय की पुरजोर वकालत की, जब साहित्यिक परिदृश्य पर व्यक्तिवादी प्रवृत्तियाँ हावी थीं। ये प्रवृत्तियाँ साहित्य के स्वायत्त संसार तथा सौन्दर्य के नाम पर बौद्धिक वातावरण में अपनी जड़ें जमाने की कोशिश कर रही थीं। मुक्तिबोध ने साहित्य के सौन्दर्य को सामाजिक सत्य से जोड़कर ही देखा। वे मूल्यविहीन सौन्दर्य चेतना और विशेष वर्ग की कलात्मकता के घनघोर विरोधी थे। इसका कारण यह है कि एक सचेत रचनाशील व्यक्ति के रूप में उनका अन्तःसंघर्ष साहित्य को एक ऐसी दुनिया नहीं मानता था जिसमें विशाल जिन्दगी के अनुभवों को बेरोकटोक आने की इजाजत न हो। मुक्तिबोध ने लिखा है—और बार-बार लिखा है कि "साहित्य के प्रश्न मूलतः जीवन के प्रश्न हैं। मनुष्य के अन्तःकरण में अभिव्यक्ति की आकुलता होती है। वह जीवन-तत्त्वों को, जीवन-यथार्थों को, जीवन दृष्टि को अपनी कृतियों में संवेदनात्मक रूप से प्रकट करता है। अतएव लेखक के वास्तविक मनोवैज्ञानिक संवेदनात्मक जीवन और अभिव्यक्ति के प्रश्न, वस्तुतः उसके जीवन के प्रश्न होते हैं। साहित्य के प्रश्नों को हल्के ढंग से नहीं लिया जा सकता।"[118] जाहिर है कि उनकी सौन्दर्य की धारणा सौन्दर्य के लिए जीवन में किए जानेवाले संघर्ष से निर्मित है।

यह ध्यान देने योग्य तथ्य है कि मुक्तिबोध ने कला के सैद्धान्तिक विवेचन के

दौरान अन्तर्जगत् और बाह्य जीवन के बीच की क्रिया-प्रतिक्रिया की चर्चा लगातार ज्ञानात्मक संवेदन और संवेदनात्मक ज्ञान जैसे पदों का अति उपयोग करते हुए की है। स्पष्ट है कि वे सौन्दर्य को विचार की दृष्टि से देखते हुए संवेदना में ज्ञान के अंश की मौजूदगी के समर्थक थे। शुक्लजी के बुद्धि-भावना के योग से यह समय के अन्तराल के कारण ही भिन्न है। ऐसा समय जिसमें यथार्थ को केन्द्र में रख वर्ग-दृष्टि का वैज्ञानिक विकास हुआ। मनुष्य की बनावट ही ऐसी है जिसमें संवेदना और ज्ञान का पक्ष परस्पर विच्छिन्न नहीं है। वे लिखते हैं–"यह तो सही है कि मन का मूलाधार प्राणिशास्त्रीय है और इसलिए उसकी मूल वृत्तियाँ जैसे भोजन, प्रजनन, आत्मरक्षा इत्यादि उसे अन्य प्राणियों से मिला देती हैं। ये वृत्तियाँ देहजन्य हैं जो मन की ऊर्जा में परिणत होती हैं। मानव स्तर पर आकर ऊर्जा बाह्य जीवन-जगत् के तथ्यों को आत्मसात् करके उन्हें ज्ञान तत्त्वों में ढाल देती हैं। ये ज्ञान तत्त्व हजारों वर्षों से चली आती हुई ज्ञान-परम्परा की समृद्धि ही के बिम्ब होते हैं। मन जब किसी बात पर प्रतिक्रिया करता है तो उसके संवेदनात्मक या भावात्मक पक्ष में ज्ञान पक्ष भी होता है।"[119]

उपरोक्त पंक्तियों में मनुष्य की सहज ग्रहणशीलता के अन्तर्गत वर्षों से संचित ज्ञान के सक्रिय योगदान को रेखांकित किया गया है। इस बल के साथ कि अन्ततः यह ज्ञान भी मन की ऊर्जा के द्वारा बाह्य जीवन-जगत् को आत्मसात् करके कमाया गया है। अतः वह भी संस्कृति-निर्माण के प्रयत्नों में हमारे चाहने-न चाहने के बावजूद महत्त्वपूर्ण भूमिका का निर्वाह करता है।

मुक्तिबोध ने संवेदना के ज्ञानात्मक बोध से सन्तुलित होने पर इतना जोर इसलिए दिया है कि इससे जीवन को समग्रता में देखने की दृष्टि प्राप्त होती है। वे विचार और कविता के घालमेल की वकालत नहीं करते, बल्कि उस चुनौती से एक कलाकार की तरह जूझते हैं जो आधुनिक युग के एक बौद्धिक व्यक्ति की नियति है। आधुनिक युग विश्लेषणात्मक और विचारात्मक गद्य ही का युग है। वैचारिक गद्य के साथ कलाकार का सम्बन्ध केवल इस अर्थ में नहीं होता कि वह बौद्धिक व्यक्ति की तरह अपनी सामाजिक भूमिका निभाएँ बल्कि इस अर्थ में भी है कि उसकी अपनी मुक्ति समूह की मुक्ति के बिना एक काल्पनिक चीज है और समूह की मुक्ति के लिए किए जा रहे प्रयत्नों में विचारों की टकराहट से बचना असम्भव है।

अपनी ज्ञानात्मक संवेदना के दर्पण में स्वयं को और अपने समय को देखते हुए उन्होंने अच्छी और बुरी कला, महान और साधारण कला जैसे प्रश्नों के सन्दर्भ में जो विचार व्यक्त किए हैं वे विचार कला की सहज समावेशी प्रकृति को मानवीय दृष्टि से देखने के परिणाम हैं। इसलिए वे 'वास्तविक जीवन-संघर्ष में प्राप्त जीवन-मूल्यों'[120] से काटकर 'सम्पूर्ण व्यक्ति केन्द्री' विचारधारा का विरोध करते हैं।

मुक्तिबोध ने कला के दूसरे क्षण में फैंटेसी और तीसरे क्षण में अभिव्यक्ति तथा रचनाकार द्वारा भाषा के निर्माण की बात कही है। मुक्तिबोध के फैंटेसी और रचनाशिल्प सम्बन्धी विचार भी उनकी जीवनोन्मुख कला धारणा से निर्धारित हुए हैं। रचनात्मक

आकांक्षाएँ रचना में वस्तु और रूप के मध्य किस प्रकार सन्तुलन साधती हैं–यह प्रश्न भी कम महत्त्वपूर्ण नहीं है। प्रयोगवाद के दौरान रूपगत प्रश्नों को दी गई प्राथमिकताओं का प्रभाव रचनाकारों की दृष्टि पर भी पड़ा था। मुक्तिबोध की शिल्प सम्बन्धी धारणा प्रचलित दबावों से मुक्त है। कभी-कभी तो यहाँ तक लगता है कि वे पुराने आचार्यों के पथ का अनुसरण करते उनका नवीन भाष्य कर रहे हैं। उन्हें रस, आनन्द, आलम्बन, विभाव जैसी पदावली का भी कुछ स्थलों पर उपयोग करते असुविधा नहीं हुई। काव्य-सत्य, काव्य-हेतु, कवि-प्रतिभा और काव्य का प्रयोजन जैसे पारम्परिक बिन्दुओं को भी मुक्तिबोध ने अपने ढंग से विश्लेषित किया है।

मुक्तिबोध काव्य में कथ्य को प्रमुख मानते थे। पर कथ्य और शिल्प के सरलीकृत विभाजन के विरुद्ध इनमें भी द्वन्द्वात्मक सम्बन्ध देखते थे। कथ्य को मुक्तिबोध ने अनेक स्तरों पर अन्तर्बाह्य से गुम्फित रूप में परिभाषित किया है और वस्तु तथा रूप के अन्तःसम्बन्धों की भी विस्तृत व्याख्या की है। लूकाच कहते हैं–"कथ्य रूप का निर्धारण करता है। पर ऐसा कोई कथ्य नहीं है कि जिसका केन्द्रीय बिन्दु स्वयं मनुष्य न हो।"[121] मुक्तिबोध भी कहते हैं–"रूप के विकास का प्रश्न तत्त्व के विकास के प्रश्न से जुड़ा हुआ है। वह सारे जीवन से जुड़ा है...काव्य-तत्त्व केवल विषय नहीं, वह मनस्तत्त्व है। मनस्तत्त्व के स्वरूप की जिन विशेषताओं पर कवि जोर देना चाहता है, उन्हीं विशेषताओं के अनुरूप ही वह अपना अभिव्यक्ति विन्यास गठित करेगा।"[122] उनकी मान्यता है कि जीवन जगत् की चुनौती जितनी बड़ी है उसका सामना करने के लिए चेतना का विकास किए बगैर साहसिक अभिव्यक्ति असम्भव है।

शिल्प की तुलना में कथ्य को महत्त्वपूर्ण मानने का अर्थ मुक्तिबोध की दृष्टि में शिल्प-संघटन के प्रति असावधान रहना नहीं है। बल्कि हमें तो यह स्पष्ट प्रतीत होता है कि वे शिल्प के सन्दर्भ में अत्यधिक सावधान हैं। अभिव्यक्ति के प्रति जितने सचेत वे लगते हैं उतने तो शायद रूपवादी भी न होंगे। इसका कारण रूपवाद में उनकी आसक्ति नहीं वरन् कथ्य और वस्तु जगत् की अभिव्यक्ति के लिए सार्थक विन्यास के आविष्कार का संघर्ष है। वे कहते हैं–"कलात्मक अभिव्यक्ति श्रमसाध्य है।"[123] वे अभिव्यक्ति के प्राप्त पैटर्नों के अनुकरण के बदले अभिव्यक्ति के विकास करने की आवश्यकता पर बल देते हैं। वे लिखते हैं–"अभिव्यक्ति का अभ्यास कलाकार का मुख्य कर्तव्य है।"[124]

मुक्तिबोध वस्तु तथा अभिव्यक्ति की भाषा के द्वन्द्व-सम्बन्ध के आधार पर यह भी स्थापित करते हैं कि रचना-प्रक्रिया के दौरान ही दोनों के बीच परस्पर संशोधन-सम्पादन की प्रक्रिया गतिशील रहती है। दरअसल मुक्तिबोध की अनेकायामी रिश्तों की पकड़ अद्‌भुत है। वे जानते हैं कि शब्दाभिव्यक्ति का अभ्यास केवल शब्दाभिव्यक्ति का ही अभ्यास नहीं वरन् उन (तत्सम्बन्धित) भाव-संवेदनाओं का भी अभ्यास है, और भाव संवेदनाओं की अभिव्यक्ति को अनुशासित करनेवाली अभिरुचि का भी अभ्यास है।[125] इसी रिश्ते की पहचान के आधार पर मुक्तिबोध ने "भाव संवेदनाओं के अनुकूल

तदनुसारी कलात्मक उपादान और संवेदनशील कलात्मक भाषा''[126] के विकास की आवश्यकता पर जोर दिया। वे अपने जीवन-सत्य और जीवन-यथार्थ से कटे उस स्थायी सौन्दर्य के घपले का तीव्र विरोध करते हैं जिसके चक्कर में हमारे रचनाकारों को पश्चिमी सूक्ष्मताओं की पच्चीकारियों का मोहताज होना पड़ता है।

जैसाकि हम पहले देख चुके हैं तीसरे क्षण की प्रक्रिया शब्दबद्ध रूपाकार की है और अभिव्यक्ति के इस प्रदीर्घ संघर्ष को मुक्तिबोध बहुत महत्त्वपूर्ण मानते हैं। मुक्तिबोध ने स्वयं प्रचलित अभिव्यक्ति और अभिव्यक्ति के पैटर्नों से प्रस्थान-बिन्दु का आविष्कार किया था। प्रत्येक रचनाकार को अभिव्यक्ति के लिए अपने अन्तर्जगत् की संवेदनात्मक अकुलाहट के अनुरूप भाषा और पैटर्न प्राप्त करना होता है। हर युग में साहित्य की एक प्रचलित अभिव्यक्ति व्यवस्था होती है। यह व्यवस्था सदैव और हर लेखक को रास नहीं आ सकती। इस सम्बन्ध में यहाँ हम मुक्तिबोध द्वारा जोर देकर 'कंडीशंड साहित्यिक रिफ्लेक्सेज' के सम्बन्ध में व्यक्त किए विचारों का उल्लेख करना चाहते हैं, क्योंकि ये रिफ्लेक्सेज अपने रूपाकार से सर्वाधिक असर डालते हुए सौन्दर्य रुचियों तक को प्रभावित करते हैं। मुक्तिबोध लिखते हैं–''कहा तो यह जाता है कि तत्त्व अपना स्वयं रूप विकसित करता है, किन्तु उसे अपना रूप विकसित करने की स्वतन्त्रता दी जाए तब न। वास्तविकता यह है कि स्वयं के द्वारा विकसित किए गए व्यवधान जो 'कंडीशंड साहित्यिक रिफ्लेक्सेज़' का ही एक अंश होते हैं, उस आधुनिक तत्त्व की आधुनिक अर्थ सत्ता को समाप्त कर देने की राह देखते रहते हैं।''[127] मुक्तिबोध यह भी कहते हैं कि 'कंडीशंड साहित्यिक रिफ्लेक्सेज़' बनने का नियम प्राकृतिक है और यह भी कि 'कंडीशंड साहित्यिक रिफ्लेक्सेज यन्त्रवत् कविताएँ तैयार करवाते हैं।''[128] दोनों बातों के बीच के विरोध की सूक्ष्मता को समझना होगा। हकीकत यह है कि हर समय की पीढ़ी भी अपने और अपने समय के अनुरूप कविता के तत्त्व और रूप का आविष्कार करती है। और केवल एक कवि ही नहीं अपितु पीढ़ी को इसका श्रेय जाता है। ये परस्पर भी एक-दूसरे को प्रभावित करते हैं। इतना ही नहीं बाहरी देशों की अपने से भिन्न समय की कविताएँ भी किसी कवि को प्रभावित कर सकती हैं। पर हर हालत में एक सचेत कवि परम्परा तथा अपने समय के प्राप्त पैटर्नों के बीच भी अपना आविष्कार करता है। इस रूप में 'कंडीशंड साहित्यिक रिफ्लेक्सेज़' का नियम प्राकृतिक है। पर जब अनेक रचनाकार केवल अनुकरणवश प्रचलित रूप के अनुसार ढाँचा खड़ा करने लगते हैं तब वह यान्त्रिक हो जाता है।

हमारे विचार से मुक्तिबोध की उक्त धारणा नए रचनाकारों के लिए अधिक मार्ग-दर्शन का कार्य कर सकती है। अन्यथा मुक्तिबोध ही की पीढ़ी में अज्ञेय, नागार्जुन, शमशेर, त्रिलोचन, भवानीप्रसाद मिश्र, वीरेन्द्रकुमार जैन, नरेश मेहता सबका अपना-अपना पृथक् संसार है। वस्तु और रूप दोनों ही दृष्टियों से हमेशा रचनाकार को नई जमीन खोजनी होती है। एक ही कवि अपने ही पैटर्न को छोड़ता है और नए पैटर्न को साधने का प्रयत्न करता है, अन्यथा उसके स्वयं के दोहराव का खतरा मौजूद रहता है।

मुक्तिबोध केवल बाहरी 'कंडीशंड साहित्यिक रिफ्लेक्सेज़' की बात करते हैं पर आश्चर्य है स्वयं एक कवि के अपने ही द्वारा उत्पन्न किए 'कंडीशंड रिफ्लेक्सेज़' की ओर उनका ध्यान नहीं गया है। इस प्रसंग में महत्त्वपूर्ण चीज यही है कि मुक्तिबोध की दृष्टि में शिल्प अपने आप घटित होनेवाली घटना नहीं है इसे निरन्तर अभ्यास से साधा जाता है। वे अभिव्यक्ति के रियाज को केवल इसलिए महत्त्व नहीं देते हैं कि अभिव्यक्ति की क्षमता सँवरे और निखरे बल्कि इसलिए भी महत्त्व देते हैं कि यह अभ्यास शब्दों के बने-बनाए ढाँचे से मुक्त करके हमें निरन्तर बदलते वस्तुगत यथार्थ से सक्रिय रूप से जोड़े। सम्भवतः इसी कारण मुक्तिबोध ने कला के सौन्दर्य को परिवर्तनशील रूप ही में स्वीकार किया है। इसीलिए मुक्तिबोध कहते हैं–"हमें हृदयगत तत्त्वों को उनके मौलिक रूप, रंग और भार (इम्फेसिस) में स्थापित और प्रकट करने के लिए नए शब्द-संयोग बनाने या लाने पड़ते हैं। शास्त्रीय शब्दावली में कहें तो हमें नवीन वक्रोक्तियों और भंगिमाओं का सहारा लेना पड़ता है। साथ ही कल्पना शक्ति भी नव नवीन रूप बिम्बों का विधान करती है, जिससे मनस्तत्त्व अपने मौलिक रूप रंग में प्रकट हो सके।"[129]

संक्षेप में अभिव्यक्ति और शिल्प के प्रश्न को मुक्तिबोध ने रचना की समग्रता और कवि-दृष्टि से पृथक् करके नहीं देखा है। हम कला क्षणों के प्रसंग में कलाकार के द्विमुखी संघर्ष की धारणा को स्पष्ट कर चुके हैं। इस अविच्छिन्नता को मुक्तिबोध इस प्रकार कहते हैं–"किसी भी साहित्य को तीन प्रकार से देखा जाना चाहिए। एक तो वह किन स्रोतों से उद्गत होता है अर्थात् किन वास्तविकताओं के परिणामस्वरूप वह साहित्य उत्पन्न हुआ है। दूसरे, उसका कलात्मक प्रभाव क्या है ? और तीसरे, उसकी अन्तःप्रकृति, रूप-रचना, कैसी है ? इस तीसरे प्रश्न को बगैर पहले प्रश्न से मिलाए हम दूसरे सवाल का जवाब नहीं दे सकते।"[130]

कवि के रूप में मुक्तिबोध ने फैंटेसी के शिल्प का उपयोग किया है और चिन्तक के रूप में फैंटेसी के स्वरूप और उसकी प्रक्रिया का विश्लेषण तथा समीक्षक की तरह कामायनी के पुनर्मूल्यांकन में फैंटेसी का परीक्षण भी किया है। अर्थात् फैंटेसी को मुक्तिबोध ने रचनाकार, सिद्धान्तकार और व्यावहारिक समीक्षक के रूप में तीनों स्तरों पर–आजमाया है। रचनाकार के रूप में उनके फैंटेसी सृजन को हम अगले अध्यायों में परखेंगे ही। कामायनी के पुनर्मूल्यांकन का विचार अलग से इसी अध्याय में करेंगे। यहाँ हम फैंटेसी सम्बन्धी उनके सैद्धान्तिक विश्लेषण को संक्षेप में जान लेना उचित समझते हैं।

किसी रचनाकार का रूप-सम्बन्धी चयन भी उसके समूचे व्यक्तित्व को प्रतिबिम्बित करता है। कथ्य द्वारा तो वह निर्धारित होता ही है। मुक्तिबोध की शिल्प सम्बन्धी मान्यताएँ उनकी अपनी काव्य-व्यवस्था की व्याख्या की दृष्टि से हुई है। वे फैंटेसी की वकालत नहीं करते। फैंटेसी को स्वप्नों और दिवा-स्वप्नों के सन्दर्भ में सम्भवतः फ्रायड के विश्लेषण से महत्त्व प्राप्त हुआ। फ्रायड के अनुसार मनस्तापी व्यक्ति और कलाकार

दोनों ही यथार्थ जगत् से फैंटेसी लोक में प्रस्थान करते हैं और जीवन का अधिकांश उसी दुनिया में गुजारते हैं। पर मनस्तापी से कलाकार की भिन्नता इस अर्थ में है कि वह यथार्थ में लौटने का मार्ग ढूँढ़ने में सफल हो जाता है। दूसरे शब्दों में कलाकार फैंटेसी के माध्यम से अपनी शक्ति प्राप्त कर विजेता सिद्ध होता है जबकि मनस्तापी केवल अपनी फैंटेसी के भीतर ही विजेता रह पाता है।[131] फ्रायड के शिष्य जुंग ने फ्रायड के फैंटेसी सम्बन्धी विश्लेषण को अधिक स्पष्ट किया विशेषकर फैंटेसी के सामाजिक अर्थ को रेखांकित किया। मूलतः फैंटेसी आदिम कल्पना का ही एक रूप है। किन्तु ज्ञान, विज्ञान, और बदले समय में मनुष्य की स्वप्न-प्रक्रिया से जुड़कर उसकी जड़ें यथार्थ में आविष्कृत हुईं। कला-प्रक्रिया के रूप में फैंटेसी न केवल आकर्षक वरन् प्रति-संसार की सार्थक व्यंजना के लिए कारगर भी साबित हुई। मुक्तिबोध की फैंटेसी की व्याख्या काडवेल की मान्यताओं से बहुत मेल खाती है। मुक्तिबोध कविता को परिवेश और जीवन के साथ द्वन्द्व स्थिति में पाते हैं। काडवेल भी "कवि की वृत्तियों और उसके अनुभवों के बीच की असंगति से कविता का जन्म मानते हैं। यही तनाव उसे भ्रमपूर्ण फैंटेसी के सृजन की ओर प्रेरित करता है, जिसका निश्चित और क्रियात्मक सम्बन्ध उसी वास्तविक संसार से रहता है।"[132] मुक्तिबोध ने भी अपने समय की कविता में तनाव का उल्लेख किया है। आर.डी. लैंग ने भी कुछ सतर्कता के साथ फैंटेसी की अनन्त सम्भावना की ओर संकेत किया है। लैंग मानते हैं कि "कलाकार की स्वतन्त्रता, सर्वशक्तिमानता और आत्म-सामर्थ्य की समस्त सम्भावनाएँ फैंटेसी में रूपाकार प्राप्त करती हैं।"[133] काडवेल कलाकार की फैंटेसी को ही नहीं मनुष्य के स्वप्न को भी समाज सापेक्ष मानते हैं।[134] और वस्तुतः फैंटेसी और स्वप्न की यथार्थ से सम्बद्धता रहती ही है। काडवेल कहता है, "कविता रचनात्मक है, स्वप्न नहीं, कविता रचनात्मक है क्योंकि उसमें निर्दिष्ट भाव होते हैं, जबकि स्वप्न में मुक्त साहचर्य होता है।"[135] दरअसल कलाकार की मनोरथ सृष्टि के रूप में फैंटेसी न केवल जीवन तत्त्वों से संयुक्त सामाजिक व्यापार होती है बल्कि उसमें अपने वास्तविक जीवन को बदलने की इच्छा भी जुड़ी रहती है।

मुक्तिबोध ने फैंटेसी को 'अनुभव की कन्या' मानते हुए उसे 'भावात्मक उद्देश्य की संगति' से सम्पन्न कहा है।[136] मुक्तिबोध के 'भावात्मक उद्देश्य' और काडवेल के निर्दिष्ट भाव (डायरेक्टेड फीलिंग) का आशय लगभग एक ही है। जब मुक्तिबोध कहते हैं, "फैंटेसी में कलाकार का व्यक्तित्व प्राथमिक है।"[137] तो वे कलाकार के अनुभव, आन्तरिक संघर्ष, बाह्य यथार्थ से उसके रिश्ते तथा इतिहास को भी सम्मिलित करते हैं। अपने समय और अपनी चेतना के भीतर समानान्तर यात्रा से कुछ खोज लेने की आकांक्षा भी फैंटेसी-प्रक्रिया का हिस्सा है। मुक्तिबोध के तलघर, तहखाने, बावड़ी आदि के बिम्ब और प्रतीक भी इस प्रक्रिया के सम्बन्ध में बहुत कुछ व्यक्त करते हैं। उन्होंने लिखा है—"मुझे लगता है कि मन एक रहस्यलोक है। उसमें अँधेरा है। अँधेरे में सीढ़ियाँ हैं। सीढ़ियाँ गीली हैं। सबसे निचली सीढ़ी पानी में डूबी हुई है। वहाँ अथाह काला जल

है। उस अथाह जल से स्वयं को ही डर लगता है। इस अथाह काले जल में कोई बैठा है। वह शायद मैं ही हूँ। अथाह और एकदम स्याह-अँधेरे पानी की सतह पर चाँदनी का एक चमकदार पट्टा फैला हुआ है, जिसमें मेरी ही आँखें चमक रही हैं। मानो दो नीले मूँगिया पत्थर भीतर उद्दीप्त हो उठे हों।''

मुक्तिबोध के उक्त अंश को सरलीकृत ढंग से विश्लेषित नहीं किया जा सकता। मलयज बहुत ठीक कहते हैं कि ''फैंटेसी जैसे कवि के काव्यमन में पड़ी हुई किसी बड़ी समस्या का बीज है जिसे अंकुरित, फिर पल्लवित और पुष्पित होते हुए मुक्तिबोध दिखाना चाहते हैं।''[138] मलयज ही के शब्दों में–''मुक्तिबोध की फैंटेसी की धारणा अत्यन्त मौलिक है, क्योंकि विशिष्ट है। जिसे वे फैंटेसी का नाम देते हैं वह जैसे रचनानुभव का प्रोटोटाइप है, उसका प्राक्रूप है–वह मूल जहाँ से आशयों एवं अर्थों का स्फोट होता है।''[139] मलयज के इस उद्धरण का उत्तरार्द्ध दूसरे क्षण की स्वयं मुक्तिबोध द्वारा की गई व्याख्या का शब्दान्तर हैं। मुक्तिबोध की फैंटेसी की कल्पना विशिष्ट अवश्य है। विशिष्ट इस अर्थ में कि वह स्वयं उनकी रचना-प्रक्रिया को ही समझने की कोशिश है। यहाँ फैंटेसी सम्बन्धी मुक्तिबोध के विचारों को हम अपने शब्दों में प्रस्तुत कर रहे हैं।

फैंटेसी अनुभव-प्रसूत होने के कारण एक ओर तो अनुभव से स्वतन्त्र होती है और मूल फैंटेसी शब्दबद्ध फैंटेसी से इतनी भिन्न होती है कि उसे केवल प्रतिकृति नहीं कहा जा सकता। दरअसल प्रवाह में फैंटेसी का परिष्कार होता है। वह विकसित और परिवर्तित होते हुए नवीन रूप ग्रहण करती है। इस प्रकार रचना दूसरे क्षण की फैंटेसी की पुत्री है। इस अनुभव प्रसूत फैंटेसी में जीवन का अर्थ पाने जैसी प्रसन्न भावना उत्पन्न होने लगती है जो कला के सौन्दर्यशास्त्रीय अनुभव का मर्म है।[140]

मुक्तिबोध ने आगे चलकर सौन्दर्यशास्त्रीय अनुभव (जिससे हम काव्य के आनन्द के रूप में परिचित हैं) को पता नहीं क्यों विभाजित कर दिया है। जब आत्मा अनुभव प्रसूत फैंटेसी में नए-नए संकेत और अर्थ का आकलन करती है तो इस प्रक्रिया से उत्पन्न प्रसन्न भावना को मुक्तिबोध ने एस्थेटिक एक्सपीरिएंस का एक तत्त्व माना है। वे एस्थेटिक एक्सपीरिएंस को सृजनशील प्रक्रिया कहकर प्रसन्न भावना में नए-नए अर्थ महत्त्व के सम्मिलित होने को सम्पूर्ण एस्थेटिक एक्सपीरिएंस निरूपित करते हैं।[141]

आगे मुक्तिबोध फैंटेसी को और स्पष्ट करते हुए कहते हैं–''उसमें एक संवेदनात्मक दिशा रहती है। फैंटेसी के भीतर यह दिशा और उद्देश्य उस फैंटेसी का मर्मप्राण है...फैंटेसी गतिहीन स्थिर-चित्र नहीं है। उद्देश्य की दिशा के कारण ही वह गतिमय है। फैंटेसी डायनेमिक होती है...ज्योंही फैंटेसी शब्द-बद्ध होने लगती है अपना समर्थन, संरक्षण और पोषण करनेवाले अन्य अनेक जीवनानुभवों के तत्त्वों को समेटने लगती है। जीवनानुभवों के चित्र, भाव और स्वर फैंटेसी के मर्म में घुलने लगते हैं। फैंटेसी की गतिमानता की धारा में वे प्रवाहित होकर उस धारा को अधिक सार्थक और पुष्ट करते हैं।''[142]

फैंटेसी को मुक्तिबोध आत्मपरक भाववादी शैली कहते हैं, जिसमें असंगतियाँ खप सकती हैं बल्कि होती ही हैं। फैंटेसी में जीवन यथार्थ प्रकट होता है, जीवन तथ्य रूपान्तरित होकर आते हैं जिन्हें पहचानना तथा उनका क्रम स्थापित करना कठिन होता है। प्रसंग, पात्र, कथा-तत्त्व आदि प्रतीक रूप में आते हैं। 'पर उन्हें हम संवेदनात्मक अनुमान से पहचान सकते हैं।'[143] यहाँ हमें काफ्का के इस कथन का सहज स्मरण आ रहा है कि 'वास्तविक यथार्थ सदैव गैर-यथार्थवादी होता है' और 'रूप मात्र कथ्य की अभिव्यक्ति नहीं वरन् चुम्बकीय शक्ति है, यदि यह सफल है तो गोपन पार्श्वभूमि स्वतः व्यक्त होने लगती है।'[144] मुक्तिबोध भी फैंटेसी की शक्ति को विशेष रूप से रेखांकित करते हैं और फैंटेसी के इस गुण को स्पष्ट करते हैं–"कि फैंटेसी यथार्थ को नेपथ्यवासी या भूमिगत बनाकर कल्पना-चित्रों को प्रकट करती है। यथार्थ प्रतीकात्मक रूप में झलकता है।"[145]

फैंटेसी की सम्भावना और चरितार्थता के प्रति मुक्तिबोध पूरी तरह आश्वस्त थे। उन्हें लगता होगा कि यथार्थवादी शिल्प के बजाय गैर-यथार्थवादी शिल्प के माध्यम से समकालीन जीवन की भूमिगत सच्चाइयों को प्राप्त करना न केवल विस्मयकारी अनुभव होगा, वरन् चीजों को निरावृत्त कौंध के बीच सचमुच जानने की तरह भी होगा। इसी वजह से न केवल उन्होंने फैंटेसी के शिल्प का विश्लेषण किया किन्तु अपनी व्यग्रता को प्रकट करने हेतु उसका चयन भी किया। चिन्तक और रचनाकार दोनों ही रूप में फैंटेसी प्रसंग की पृष्ठभूमि में सक्रिय तत्त्व मुक्तिबोध का मनुष्य और कलाकार के रूप में आत्मसंघर्ष है। मनुष्य के रूप में यह संघर्ष वस्तुनिष्ठ यथार्थ से सम्बन्धित है जहाँ मनुष्य का वास्तविक जीवन, उसकी गरिमा उसके भविष्य के प्रश्न और उसके साथ किया जा रहा अनवरत छल चिन्ता के केन्द्रीय विषय हैं। कलाकार के रूप में यह 'द्विमुखी संघर्ष' चेतना और रूप का विषय बन मुक्तिबोध के फैंटेसी प्रसंग में भी व्यक्त हुआ है। डॉ. रमेश कुन्तल मेघ का यह कथन सही है कि "सही फन्तासी एक विराट आत्मसंघर्ष से उपजती है जब कवि कविता के अन्दर भी यातना जीता है तथा बूर्ज्वा समाज और संस्कृति के झूठे और फरेबी तिलिस्म को चकनाचूर करता है।"[146] फैंटेसी के प्रति उनके विश्वास को हम उनकी इन काव्य पंक्तियों से समझ सकते हैं :

अनजाने हाथ मित्रता के
मेरे हाथों में पहुँच ऊष्मा करते हैं
मैं अपनों से घिर उठता हूँ
मैं विचरण करता सा हूँ एक फैंटेसी में
यह निश्चित है कि फैंटेसी कल वास्तव होगी।[147]

मुक्तिबोध द्वारा व्यक्त फैंटेसी सम्बन्धी विचारों के पश्चात् अब हम उनके कलाकार के संघर्ष और उसके दायित्व सम्बन्धी विचारों का अध्ययन करेंगे। यह केवल मुक्तिबोध के चिन्तन को समझने की दृष्टि से ही नहीं, उनके सृजन को समझने की दृष्टि से भी

महत्त्वपूर्ण है। नाजिम हिकमत का यह कथन महत्त्वपूर्ण है कि "जब कवि सृजन करता है तब उसका अपने संघर्षरत रूप से पृथक् व्यक्तित्व नहीं होता। कवि बादलों में अपने उड़ने का भ्रष्ट स्वप्न नहीं देखता। वह जीवन में संलग्न, जीवन को संघटित करता एक नागरिक है।"[148] पाब्लो नेरुदा की कविता पंक्तियाँ हैं–"मेरी कविताओं ने कविताओं को नहीं खाया / वे निगलती हैं उत्तेजक घटनाएँ / पलती हैं सख्त मौसम में / और खोजती हैं अपना आहार पृथ्वी और मनुष्य के भीतर से / मैंने / सीखा है जिन्दगी के बारे में / खुद जिन्दगी ही से।"[149] नाजिम हिकमत और नेरुदा की तरह हम भी यही मानते हैं कि हमारे समय में कलाकार ठोस जमीन पर खड़े रहकर ही धरती-धूप और बारिश के बीच अपने लोगों और अपनी जमीन से ही ऊर्जा प्राप्त कर सकता है। मुक्तिबोध इस प्रसंग में कलाकार का आत्मसंघर्ष, उसकी वर्ग-दृष्टि ईमानदारी आदि पर विचार करते हुए व्यक्तित्व निर्माण पर बहुत जोर दिया है। सीमित अनुभव की क्लोज्ड सिस्टम (बन्द सन्दूक) के विरुद्ध वे 'कर्कश, कठोर, सूखी भावनाओं से उत्पन्न सौन्दर्य'[150] को आत्मसात् करने और मध्यवर्गीय अवसरवाद तथा प्रलोभनग्रस्तता के खतरे से सतर्क रहने की पहल करते हैं। जिस तरह मुक्तिबोध ने 'कंडीशंड साहित्यिक रिफ्लेक्सेज़' की बात कही है उसी तरह आन्तरिक या मनोवैज्ञानिक निषेधों के खतरे की ओर भी संकेत किया है। ये सेंसर्स कवि की मानसिकता को जड़ीभूत बनाए रखने में सहायक होते हैं और मार्मिक जीवनानुभवों से विरक्त करते हैं। वे कहते हैं–"ये सेंसर्स सामाजिक क्रान्ति की बात खुले तौर पर नहीं करने देंगे। वे विद्रोह का कर्कश स्वर नहीं आने देंगे, और यदि आया भी तो उसे इतना लचीला बना देंगे जिससे वह साहित्यिक ड्राइंग-रूम में खप सके।"[151] रचनाकार को न केवल इन निषेधों से उबरना चाहिए वरन् निरन्तर जागरूक होकर अपनी दृष्टि का विस्तार करना चाहिए क्योंकि "आज के युग में जन-जीवन के पक्ष से तदाकार होने की वास्तविक जीवनगत सचेत प्रक्रिया लेखक के लिए बड़ी भारी नैतिक परीक्षा है।"[152] इन सवालों को मुक्तिबोध कलाकार के आत्मसंघर्ष और उसकी व्यक्तिगत ईमानदारी से जोड़कर देखते हैं। उनकी स्पष्ट धारणा है आत्म-संशोधन, आत्म सम्पादन और जीवन के ज्ञानात्मक आधार को सुदृढ़ करने पर निर्भीकतापूर्वक अन्तर्निषेधों का मुकाबला किया जा सकता है।

"लेखक की सिनसियारिटी का प्रश्न, वस्तुतः उसके अन्तर्जगत् की अभिव्यक्ति से सम्बन्धित है। यदि वह अभिव्यक्ति कृत्रिम है तो निःसन्देह वहाँ सिनसियारिटी नहीं है। किन्तु कृत्रिमता केवल इनसिनसियारिटी की ही उपज नहीं होती, वह अकवित्व की भी उपज होती है, अर्थात् अन्तर्जगत् की निर्जीवता और जड़ता का प्रमाण हो सकती है।"[153] कलाकार के मन पर पड़नेवाले वैचारिक, सामाजिक आग्रहों-दबावों के प्रसंग में कलाकार के संकट का विश्लेषण यद्यपि आसान कार्य नहीं है। क्योंकि कवि को 'यह लिखना चाहिए', 'यह नहीं लिखना चाहिए' जैसी नसीहत देनेवाले संस्कृतिवादी पुरोहित, पुरातनपन्थी या नए आन्दोलनों के पुरस्कर्ता प्रत्यक्ष अप्रत्यक्ष रूप से प्रभावित करते रहते हैं। अवसरवादी लेखक मुक्तिबोध के शब्दों में–"दबाव ग्रहण करके उस दबाव के अनुसार

कलाकृति प्रस्तुत करते हैं, चाहे घटिया ही क्यों न सही। शेष जो दबाव स्वीकार करना नहीं चाहते, और जो चाहते हुए भी नहीं ही कर सकते, वे चुप बैठ जाते हैं, अलग हट जाते हैं और तिरोहित होने में ही अपना कल्याण समझते हैं।''[154] यहाँ यह कहना ही होगा कि मुक्तिबोध स्वयं अपनी स्थिति को भी स्पष्ट कर रहे हैं।

डायरी में मुक्तिबोध ने 'कलाकार की व्यक्तिगत ईमानदारी' पर तीन टिप्पणियाँ अकारण नहीं लिखी हैं। यद्यपि यह सवाल न केवल नाजुक है वरन् पेचीदा भी है। मुक्तिबोध ने द्वन्द्वात्मक शैली में इस पर काफी विचार किया है। कई बार अज्ञान के कारण लेखक ईमानदारी से फ्राड करता है। इसलिए ईमानदारी को अन्तिम निर्धारक तत्त्व नहीं स्वीकार किया जा सकता। इसलिए भावना के ज्ञानात्मक आधार का सही होना जरूरी है। वे जानते हैं कि ''एक सच्चे आर्टिस्ट का संघर्ष बहुत घुमावदार होता है।''[155] यह कष्टपूर्वक रास्ता है। 'ज्ञान को अधिकाधिक मार्मिक यथार्थमूलक और विकसित करने' के संघर्ष में लेखक को कुछ आन्तरिक त्याग करने ही पड़ते हैं। वे कहते हैं कि ''सच्चा लेखक अपने खुद का दुश्मन होता है। वह अपनी आत्मशान्ति को भंग करके ही लेखक बना रह सकता है...वह अपने खुद का सबसे बड़ा आलोचक होता है,...सच्चा लेखक जितनी बड़ी जिम्मेदारी अपने सिर पर लेता है स्वयं को उतना अधिक तुच्छ अनुभव करता है।''[156]

मुक्तिबोध ऐसे अकेले कवि समीक्षक हैं जिन्होंने इन प्रश्नों को केवल उठाया ही नहीं बेहद चिन्ता के साथ आत्मालोचन सहित विश्लेषित भी किया है। उनके ये गैर-साहित्यिक और गैर-सौन्दर्यशास्त्रीय विचार उनके सैद्धान्तिक विश्लेषण से कहीं अधिक महत्त्वपूर्ण हो उठे हैं और मुक्तिबोध यदि साहित्यिक बहस के केन्द्र में हैं तो यह उनके इन्हीं विचारों और संलग्नता के कारण सम्भव हो सका है।[157]

मुक्तिबोध ने रचनाकार के संघर्ष और व्यक्तित्व निर्माण को लेकर कई छोटी-बड़ी बातें कही हैं। अन्याय के विरुद्ध आवाज बुलन्द करना, शोषक शक्तियों के प्रति सचेत रहना, विद्रोह करनेवाली ताकतों से सक्रिय सहानुभूति, विश्व-जनता के अभ्युत्थान के प्रति जागरूकता आदि का उल्लेख किया है।[158] इतना ही नहीं काव्य-सत्य को नैतिक उत्तरदायित्व मानकर उसके द्वारा व्यक्तित्व की माँग को स्वीकार करने में ही वे रचनाकार के व्यक्तित्व की सामाजिक अवधारणा का सच्चा प्रतिफलन देखते हैं।[159]

काडवेल ने कविता और समाज के गहरे अन्तःसम्बन्ध को प्रकट करते हुए कहा था–"To stand outside art is to stand inside society."[160] मुक्तिबोध ने भी इसी बात को दूसरी तरह से कहा है। वे कहते हैं–''साहित्य के लिए साहित्य से निर्वासन आवश्यक है।''[161] मुक्तिबोध यहाँ दो बातें कह रहे हैं, अव्वल तो यह कि साहित्यिक चर्चा के बीच बने रहने की तिकड़मवाली मानसिकता ढीठ रचनाकारों का गुण है ('ढीठ रचनाकार' रामदास समर्थ ने जबरन ठसे रहनेवाले रचनाकारों के लिए प्रयुक्त किया था) दूसरे ऐसे रचनाकार जीवनानुभवों से वंचित रह जाते हैं। इसी तरह वे कवियों के आत्मविश्वास अर्जित करने के प्रसंग में कहते हैं–''कवि को जिन्दगी का शासक बनना

होगा न कि एक घिसटता हुआ कुत्ता, जो गाड़ी से बँधा लेटा हुआ घिसट रहा हो।"[162] ये सब चीजें निर्मम आत्मसंघर्ष और आत्मसाक्षात्कार के बिना असम्भव हैं। अपनी वाणी, व्यक्तित्व और कृतित्व से मोहाविष्ट लेखकों की दुनिया से परे यानी साहित्य से निर्वासित होकर ही मुक्तिबोध के लिए जीवन और साहित्य के बीच की दूरी मेटना सम्भव हो सका।

मुक्तिबोध ने सामाजिक दृष्टि से साहित्य की कार्यपरकता का महत्त्व स्पष्ट किया है। साहित्य का कार्य और उद्देश्य स्पष्ट शब्दों में वे सांस्कृतिक-मानसिक परिष्कार के साथ जनता को मुक्ति पथ पर अग्रसर करना बताते हैं।[163] पर फिर भी वे साहित्य का अतिमूल्यन और सरलीकरण नहीं करते। उनका 'लालटेन' का बिम्ब एक सार्थक संकेत है जिसका जिक्र उन्होंने एकाधिक बार किया है। वे कहते हैं–"कविता जीवन-वहन की लालटेन हो सके, इसका हमें प्रयत्न करना होगा।"[164] साहित्य का अतिमूल्यन करने से वे बचे हैं इस प्रसंग में उनका यह कथन विचार की माँग करता है–"साहित्य पर आवश्यकता से अधिक भरोसा करना मूर्खता है।"[165] वे क्रान्तिकारी-चिन्तक जरूर थे पर इतने भोले नहीं कि कविता और बन्दूक को एक समझने लग जाएँ।

उपरोक्त विश्लेषण से स्पष्ट है कि मुक्तिबोध की दृष्टि में रचनाकार का व्यक्तित्व उसका संघर्ष और उसकी विवेक-बुद्धि का क्या महत्त्व था। मुक्तिबोध ने कला-सौन्दर्य और मानव-जीवन के प्रश्नों की भाववादी व्याख्या नहीं की है। यद्यपि उन्होंने निरन्तर और प्रत्यक्षतः मार्क्सवादी पदावली का उपयोग नहीं किया है। पर उनका ज्ञानात्मक-आधार से आशय भौतिकवादी वैज्ञानिक विचार प्रणाली से ही है, जिसकी धुरी मार्क्सवाद है। यह कहने की जरूरत नहीं है कि मार्क्सवाद स्थिर या अन्तिम निष्कर्ष प्राप्त दर्शन नहीं है। मुक्तिबोध के यहाँ मार्क्सवाद न तो मुखौटा है, न उधार का दर्शन, न तोतारटन्त स्वांग जिसके जरिए उन्हें अपनी सच्ची संलग्नताओं से परे कुछ सिद्ध करना है। इसलिए उनके चिन्तन और काव्य दोनों ही में मार्क्सवादी चेतना अपना पथ खोजती, प्रशस्त-विकसित होती दिखाई देती है। चूँकि अपनी समस्याओं से एक कलाकार की नियति के साथ उन्हें स्वयं को ही जूझना था, अतः वे अपने अन्तर्विरोधों का समाधान भी अपने तईं ही करने में संघर्षरत थे। इसका यह आशय नहीं कि प्राप्त समाधानों पर उन्हें अविश्वास था, या वे आधारभूत मान्यताओं के प्रति आश्वस्त नहीं थे। मार्क्स की आधारभूत मान्यताओं से ही उन्हें जीवन के प्रति एक वैज्ञानिक पैनी दृष्टि प्राप्त हुई थी। पर मूल सवाल इस दृष्टि के कलात्मक तदाकार का था और एक सच्चे कलाकार को इसे अपने विश्वासों का परिमार्जन करते हुए, अपनी चेतना के भीतर विकसित करना होता है। मुक्तिबोध इसी प्रक्रिया का दस्तावेज सृजन और चिन्तन के रूप में हमें सौंप गए हैं। इस आत्म-परिष्कार की प्रक्रिया और रचनाकार के संघर्ष को अनदेखा करने का परिणाम है–मुक्तिबोध को लेकर चलाई जानेवाली पोलेमिक्स जिसमें उनकी कई-कई तरह की छवियाँ तो उभरती हैं पर असल छवि अदृश्य रह जाती है।

उपरोक्त पृष्ठभूमि पर ही हम मुक्तिबोध के साहित्य और राजनीति सम्बन्धी विचारों तथा उनकी प्रतिबद्धता की धारणा पर विचार करेंगे।

मुक्तिबोध की साहित्य और समाज सम्बन्धी धारणाओं में सर्वत्र ही एक प्रतिबद्ध कलाकार का दृष्टिकोण परिलक्षित किया जा सकता है। यथार्थ के आग्रहों से जनता को विमुख करनेवाली दक्षिणपन्थी साजिश के विरुद्ध उनका दृष्टिकोण बहुत ही साफ रहा है। भारतीय संस्कृति के नारे को मायालोक में भ्रमित करनेवाला और बुद्धिजीवियों की संघर्ष आस्था नष्ट करनेवाली साजिश का अंग निरूपित कर वे कहते हैं–"भारतीय संस्कृति का नारा उसी का एक अंग है। गरीब मध्यवर्ग के लेखक को ऐसे सब नारों से मोर्चा लेना होगा जो प्रतिक्रियावादियों के कैम्प में से निकलते हैं।"[166] वे अच्छी तरह पहचानते हैं कि यथार्थ के तकाजे क्या हैं। साहित्यिक परिदृश्य में होनेवाली हलचलों को भी वे एक सचेत व्यक्ति के सन्देह भाव से देखते हैं। मुक्तिबोध के जमाने में विचारकों का एक ऐसा वर्ग था जिसने कला के सौन्दर्य और उसकी स्वायत्तता के सम्बन्ध में भी विचारहीनता की वकालत की थी। जिस तरह जीवन में ठीक उसी तरह साहित्य में भी वे प्रतिक्रियावादी विचारों के विरोधी थे। उनका दृढ़ विश्वास था कि कला की स्वायत्तता की व्यक्ति केन्द्रित धारणा केवल कला-सिद्धान्त नहीं मूलतः राजनीतिक धारणा है, सही विचार के विरोध की एक सक्रिय राजनीति। मुक्तिबोध इस फ्राड को समझते थे। कविता को खास वर्ग के हित में रखनेवाली सौन्दर्याभिरुचि के प्रति उनका विरोध बहुधा व्यक्त हुआ है। वे अच्छी तरह जानते हैं कि मानवीय-नियत के संघर्ष में आस्था रखे बगैर विश्व-दृष्टि का विकास नहीं हो सकता। दरअसल वे ऐसे कवि चरित्र की आवश्यकता पर बल देते हैं–"जो मानवीय वास्तविकता का बौद्धिक और हार्दिक आकलन करते हुए, सामान्य जनों के गुणों और उनके संघर्षों से प्रेरणा और प्रकाश ग्रहण करे, उनके संचित जीवन-विवेक को स्वयं ग्रहण करे तथा उसे और अधिक निखारकर कलात्मक रूप में उन्हीं की चीज को उन्हें लौटा दे।"[167]

उपर्युक्त पंक्तियों के विश्लेषण से यह बात बलपूर्वक कही जा सकती है कि मुक्तिबोध बिना किसी द्विधा-भाव से शोषित जनता के पक्ष की कविता को महत्त्वपूर्ण कविता मानते थे और जानते थे कि यह इतना आसान काम नहीं है। उन्होंने कविता की उच्चावस्था की चर्चा करते हुए यदि काव्य सौन्दर्य और मानवीय सहानुभूति को निरन्तर एक साथ जोड़ने की कोशिश की है तो वे यह भी जानते हैं कि यह मानवीय सहानुभूति भी अपने आप में अन्तिम चीज नहीं है जिससे कला-रचना की सृष्टि सम्भव हो जाए। इस व्यापक सहानुभूति की कलात्मक निष्पत्ति में प्रमुख बाधक होती हैं लेखक की अपनी दुर्बलताएँ, वर्गानुभव में कैद होकर हम जीवन के उस सौन्दर्य को नहीं देख पाते जो हमारे वर्गीय जीवन के बाहर है। जो बाहर है वही असली जीवन है, शोषण-चक्र में नष्ट होता हुआ। यह स्थिति लेखक की मूल्य चेतना को कुन्द करने लगती है। इसके सम्बन्ध में मुक्तिबोध का दृष्टिकोण है कि "मनुष्य अपनी कमजोरियों का शिकार रहना पसन्द करता है। इन कारणों से (ऐसे ही अन्य कारणों से जैसे, सम्पन्न जीवनयापन करने की उच्चवर्गीय आभिजात्य की भावनाएँ, अहंकार इत्यादि) मनुष्य अपने भीतर ही, एक ओर, वास्तविक मूल्य भावनाएँ (या आदर्श भावना अथवा आस्था) तथा, दूसरी

ओर, मन की इतर वृत्तियाँ–इन दोनों के बीच फासले खड़े कर लेता है।"[168] उन्हें यह तथ्य सदैव स्मरण रहता रहा कि खास वर्ग द्वारा तैयार की गईं कलात्मकता की कसौटियाँ भारतीय जनता की प्रगतिशील संवेदनाओं की उपेक्षा से निर्मित हैं। साधारण जनता की यातना और उसकी शक्ति को अनेदखा कर मुट्ठी-भर लोगों ने कला-सौन्दर्य का अपना तिलिस्म बना रखा है।[169]

मुक्तिबोध की राजनीतिक-चेतना पीड़ा भरी विवेक-दृष्टि में रूपान्तरित होकर मनुष्य की सामूहिक मुक्ति का उच्चार करती है तो उसके आधार वायवीय नहीं ठोस हैं कविता और साहित्य की वर्गमूलकता के बारे में उनकी दृष्टि बेहद साफ है। वे कहते हैं–"वी शुड नाट डेजर्ट अवर ओन क्लास। हम यदि गरीब मध्यवर्ग में पैदा हुए हैं तो हम उसकी भावस्थितियों को जरूर बताएँगे।"[170] इस प्रसंग में उनका प्रसिद्ध 'डबरे पर सूरज का बिम्ब' बहुत व्यंजक है। मुक्तिबोध इसी बिम्ब को साधने के आग्रही थे। यह बिम्ब हमारे सत्य के बहुत निकट है और आत्मदया के बदले अपने परिवेश और अपनी शक्ति को प्रकट करता है। एक बड़ा सत्य इस बिम्ब में सिमट आया है। डॉ. नामवर सिंह ने मुक्तिबोध के इस बिम्ब को 'डायरी का एक अनमोल चिन्तामणि' कहा है। वे कहते हैं–" 'मुक्तिबोध डबरे पर सूरज का बिम्ब' जैसे जीवित बिम्ब के द्वारा हर डबरे को या जो अपने आपको डबरा समझता है उसे उसके खुद के भीतर निहित सूरज के बिम्ब के प्रति आत्म सजग करना चाहते हैं।...अन्तस्तल में छिपी हुई 'विक्षोभ-मणियाँ' और 'विवेक-रत्न' ऐसे ही बिम्ब हैं।"[171]

काडवेल ने समस्त कला को आत्मपरक माना है।[172] मुक्तिबोध ने भी कला को हर स्थिति में आत्मपरक प्रयास कहा है। वे कहते हैं–"कला चाहे वह यथार्थवादी कला ही क्यों न हो, एक आत्मपरक प्रयास है। कला न केवल आत्मपरक प्रयास है वरन् उसकी अपनी एक सापेक्ष स्वतन्त्रता है। वह व्यक्ति-सापेक्ष है, जीवन-सापेक्ष है, वर्ग-सापेक्ष है, युग-सापेक्ष है। वह स्वतन्त्र भी है।"[173]

जब मुक्तिबोध कला और कलाकार की स्वतन्त्रता का उल्लेख करते हैं तब उनका आशय व्यक्तिवादी कला या पूँजीवादी व्यवस्था में कलाकार की स्वतन्त्रता से भिन्न होता है। 'कला की स्वतन्त्रता का अर्थ है कला तत्त्वों की अन्तःसंगठनशील, गतिशील संगति का अर्थात् कला की स्वाभाविकता का निर्वाह' कला की स्वतन्त्रता और कलाकार की स्वतन्त्रता में मुक्तिबोध अन्तर करते हैं। जहाँ कला की स्वतन्त्रता जीवन से अनुबन्धित है वहीं कलाकार की स्वतन्त्रता उसकी अभिव्यक्ति और सामाजिक आलोचना की स्वतन्त्रता है।[174] इस आत्मपरकता और स्वतन्त्रता की धारणा को स्पष्ट करने की आवश्यकता है। क्योंकि इसी प्रश्न के साथ मुक्तिबोध की प्रतिबद्धता और साहित्य तथा राजनीति सम्बन्धी उनकी धारणा का अन्तर्रूप समझा जा सकता है। दरअसल यह स्वतन्त्रता की धारणा मार्क्स के मनुष्य की मुक्ति और समग्र मनुष्य जैसे प्रत्ययों पर आधारित है और लेनिन के इस कथन के अनुरूप है कि "प्रत्येक कलाकार का, प्रत्येक ऐसे व्यक्ति का जो अपने को कलाकार मानता है, यह अधिकार है कि वह स्वतन्त्र रूप

से अपने विचारों-आदर्शों के अनुरूप, सभी बातों से स्वतन्त्र रहते हुए अपनी रचनाएँ रचे।''[175] बेशक यह कलाकार समाज से जुड़ा है और वह अपने लोगों के अभ्युदय की आकांक्षा के साथ सामाजिक घटना-क्रम और परिवर्तनों के प्रति बेखबर नहीं है। यहाँ ई.एम.एस. नम्बूदिरीपाद के इस कथन को भी शामिल करना जरूरी है जिसमें वे सृजन की आत्मपरकता और लेखक की स्वतन्त्रता को महत्त्वपूर्ण निरूपित करते हुए कहते हैं कि ''इस तथ्य के बारे में कोई सन्देह नहीं कि लेखक का 'सर्जनात्मक उत्पादन' वैयक्तिक होता है। इस कारण एक साहित्यिक प्रतिभा के लिए वैयक्तिक स्वतन्त्रता अनिवार्य है—यही, वह मुख्य तथ्य है जो विशेष रूप से उल्लेखनीय है।''[176] ई.एम.एस. नम्बूदिरीपाद भी जब व्यक्ति स्वतन्त्रता की अनिवार्यता का जिक्र करते हैं तो लेखक की चेतना को सामाजिक चेतना के सचेत अंग के रूप में ही देखते हैं। मुक्तिबोध ने भी कला और कलाकार की स्वतन्त्रता को इसी समाज-सापेक्ष विवेक से आत्मसात् किया है। उनकी वर्गीय दृष्टि ही का परिणाम था कि वे नए कलावादियों की अपने विचारों और भावनाओं द्वारा समाज पर शासन करने की महत्त्वाकांक्षा को पहचानने में भूल नहीं कर सके। क्रान्तिकारिता के अभिप्रायों को दबानेवाली भद्र सौन्दर्य दृष्टि को रेखांकित करते हुए वे कहते हैं—''उच्च-मध्यवर्गीय संस्कृति के ये प्रतिनिधि गरीब मध्यवर्गीय कविता की वामपन्थीय दृष्टि और उसमें पाए जानेवाले जनशक्ति के तत्त्वों से परहेज करते हैं।''[177] स्पष्ट है मुक्तिबोध समाजपरक चेतना से जुड़ी मानवीय स्वतन्त्रता के लिए संघर्ष में विश्वास रखते थे। उन्हें ज्ञात था कि उच्चतर और वरेण्य स्वतन्त्रता जो समूह की नहीं समाज की मुक्ति से हासिल होती है, पूँजीवादी व्यवस्था में सम्भव नहीं हो सकती। यदि उस व्यवस्था में स्वतन्त्रता जैसी कुछ चीज है भी तो वह असली नहीं है। मुक्तिबोध साहित्य में विचारधारा को जरूरी समझते हैं, क्योंकि वह जीवन की जरूरत है। वे कहते हैं—''विचार-व्यवस्था कलाकृति में तरह-तरह से प्रकट होती है। मेरे ख्याल से वह मुख्यतः दो प्रकार से होती है। एक तो वह भाव-दृष्टि, जीवन-आलोचन, जीवन-विवेक अथवा विचार-चित्रण या भावांकन के रूप में प्रकट होती है। किन्तु इसके अतिरिक्त, वह कलात्मक विवेक का रूप धारण कर, कला-सम्बन्धी विचारधारा भी बन जाती है, और उसके प्रभाव से वह कलाकृति का अन्तर्बाह्य संगठन भी करती है।''[178] इसका कारण यह है कि मार्क्सवाद को वे मनुष्य को कृत्रिम रूप से बौद्धिक बनानेवाला चिन्तन नहीं मानते। मार्क्सवाद उनके अनुसार मनुष्य को 'ज्ञानालोकित आदर्श' और 'ज्ञानात्मक-प्रकाश' प्रदान कर परिष्कृत करता है।[179] दरअसल विचारधारा के मामले में मुक्तिबोध का दृष्टिकोण एक ऐसे रचनाकार का है जो समाज और जीवन में साहित्य की भूमिका को साहित्य की तरह ही देखते हैं और उसकी सांस्कृतिक-प्रक्रिया को समाजशास्त्रीय या राजनीतिक प्रक्रिया से भिन्न भी मानते हैं। वे कहते हैं कि काव्य ''सांस्कृतिक-प्रक्रिया इस अर्थ में है कि रचनाकार जाने-अनजाने जीवन मूल्यों को प्रकट करता है, इस अर्थ में नहीं कि रचनाकार नेतृत्व करें, उपदेश दें अथवा केवल श्रेष्ठ उदात्त या महापुरुषोचित भावनाओं को ही प्रकट करे।''[180] मुक्तिबोध विचारधारा के सन्दर्भ

में दलीय समझ और दलीय नेतृत्व को स्वीकार नहीं करते। समीक्षा के वास्तविक व्यवहार में मार्क्स और लेनिन को ताक में रख जो साहित्य को समाजशास्त्र की तरह बरतते हैं, मुक्तिबोध इसे भी अमान्य करते हैं। वे मानते हैं कि व्यक्ति की स्वतन्त्रता बहुत कीमती है और उसे खरीदने का हक किसी को नहीं है, शर्त केवल इतनी है कि व्यक्ति की स्वतन्त्रता समाजवाद और जनतान्त्रिक व्यवस्था में बाधक नहीं होनी चाहिए। समाजवाद के जनतान्त्रिक रूप के प्रति उनका लगाव इन शब्दों में ठीक तरह से समझा जा सकता है, वे लिखते हैं–''समाजवाद की मूल आत्मा जनतान्त्रिक है। जनतान्त्रिक संस्थाओं और जनतान्त्रिक विधि-नियमों से उसे निबद्ध किया जा चुका है, किया जा सकता है। पोलैंड और यूगोस्लाविया तथा अन्यान्य देश इस जनतन्त्र के उदाहरण हैं।''[181] इसका स्पष्ट अर्थ है कि मुक्तिबोध की साम्यवादी-मुक्ति और समाजवादी जीवन पद्धति की धारणा में स्वतन्त्रता अहमियत रखनेवाला मूल्य है। आग्नेष्का को सन् 63 में मुक्तिबोध ने जो खत लिखे उनमें उनका यह विस्मयकारी आह्लाद प्रकट हुआ है कि पोलैंड की समाज व्यवस्था में तुलनात्मक दृष्टि से व्यक्ति को अधिक स्वतन्त्रता है।[182] दूसरे पत्र में वे लिखते हैं कि ''साम्यवाद के ऐसे महान देश भी हैं जिनमें स्वतन्त्रता के उच्च आदर्श विद्यमान हैं। दुर्भाग्य की बात है कि भारत में पोलैंड का उतना अधिक प्रचार नहीं है–जितना कि रूस जैसे देशों का प्रचार।''[183] स्पष्ट है कि मुक्तिबोध विचारधारा के प्रति नहीं प्रणाली के प्रति चिन्तित हैं। साहित्य की दुनिया में भी वे जड़ प्रगतिवादी आलोचना से खिन्न रहे। दरअसल मुक्तिबोध का मन 'भारतीय मन' है, ऐसा भारतीय मन जो ''साहित्य को अपने आत्मीय परम मित्र की भाँति देखना चाहता है।''[184] इस भारतीय मन की एक विशेषता इसका आध्यात्मिकता की ओर झुकाव भी है। यही कारण है कि मुक्तिबोध आध्यात्मिकता का उल्लेख यथा प्रसंग करते हैं।[185] स्मरण रखने योग्य तथ्य है कि दार्शनिकता का जिक्र वे प्रायः भौतिक-दर्शन के अर्थ में करते हैं, वे ''सामान्य-जनों की अपार आध्यात्मिक और बौद्धिक क्षमता में विश्वास रखनेवाले कवि चरित्र के विकास का उल्लेख करते हुए विकास के इस संघर्ष को 'आध्यात्मिक महत्त्व' का निरूपित करते हैं। मूलतः वे जड़वाद के विरोधी हैं और खूब पहचानते हैं कि 'जड़वाद कभी आध्यात्मिक का जामा पहनकर आता है तो कभी भौतिकवाद का।''[186] मुक्तिबोध विचारधारा को एक विकासशील प्रक्रिया के रूप में ही ग्रहण करते हैं जो देश, काल और स्थान के अनुरूप विकसित होती रहती है। यान्त्रिक चौखट या हदबन्दी बनाना द्वन्द्वात्मक चिन्तन का लक्षण कदापि नहीं हो सकता। वे अच्छी तरह इस सच्चाई से परिचित थे कि हमारे समय का यथार्थ रहस्यमय नहीं है। यह जनता के जीवन का यथार्थ है और साहित्य इससे कटकर प्रासंगिक और सार्थक नहीं हो सकता। राजनीति भी इस यथार्थ का एक सर्वाधिक महत्त्वपूर्ण अंग है। अतः वे कहते हैं–''वस्तुस्थिति तो यह है कि जनता की राजनीति और जनोन्मुख साहित्य का स्रोत एक है।''[187] संघर्षशील लेखक वैज्ञानिक आँखों से 'मनुष्य-सत्य' को लोक मुक्ति की आकांक्षा सहित व्यक्त करता है। किन्तु इस मनुष्य-सत्य को भी प्रगतिवाद का चौखट अस्वीकार कर देता है, क्योंकि यह तैयार मॉडल

के विपरीत होता है। मुक्तिबोध लिखते हैं–''ऐसे लोग मात्र क्रान्तिकारी शब्दों का शोर करनेवालों के हिमायती के रूप में अपने सिद्धान्तों की यान्त्रिक चौखट तैयार रखते हैं–जो उसमें फिट हो जाए वह प्रगतिशील, और जो उसमें कसा न जा सके वह प्रगति-विरोधी. ..या फिर ऐसे लोगों को ही 'प्रगतिवादी' समझते हैं जो उनकी 'राजनीतिक' शब्दोंवाली परिभाषाओं की कविता करते हों।''[188] इसी तरह साम्यवादी जगत् में रेजिमेंटेशन के सवाल को विशेष अर्थ में अपना ही प्रश्न स्वीकार करते हुए वे स्पष्ट शब्दों में कहते हैं कि ''हम इस प्रकार का रेजिमेंटेशन कभी नहीं चाहेंगे। इसका विरोध अत्यन्त आवश्यक है। किन्तु इसका अर्थ यह नहीं है कि पूँजीवाद के हम समर्थक होंगे।''[189] इस प्रकार वे कला की सामाजिक स्वतन्त्रता के समर्थक सिद्ध होते हैं। अर्न्स्ट फिशर का यह कथन कि ''सामाजिक आशय से रहित होकर जहाँ कला सत्वरहित हो जाती है, वहीं स्वतन्त्रता से वंचित होने पर अन्धी, बहरी और गूँगी हो जाती है।''[190] मुक्तिबोध की साहित्य-कला सम्बन्धी मान्यताओं के ठीक अनुरूप लगता है। मुक्तिबोध की स्वतन्त्रता सम्बन्धी धारणा को मनुष्य जीवन के एक महत्त्वपूर्ण मूल्य के रूप में ही समझा जाना चाहिए जो रचना में अनुस्यूत होकर न केवल मनुष्य की स्वतन्त्रता का विस्तार करती है बल्कि दुनिया को शोषण मुक्त और सुन्दर बनाने की आकांक्षा से ही उपजती है।

इन विचारों में राजनीतिक तटस्थता, निस्संगता या व्यक्तिवादिता के बीज ढूँढ़ना न केवल मुश्किल बल्कि असम्भव भी होगा। इसके साथ ही हम मुक्तिबोध के एक-दूसरे रूप को भी अनदेखा नहीं कर सकते जिसमें वे सन् 50 और 55 के बीच नागपुर के 'नया खून' पत्र में साहित्य में 'नए जनवादी मोर्चे की आवश्यकता', 'जनवादी सांस्कृतिक गोष्ठियों की एक रूपरेखा' जैसे विषयों के अलावा कथाकार लू शुन सहित रूसी साहित्य के बारे में बराबर लेख लिख रहे थे, जिनमें उन्होंने प्रतिक्रियावादियों के खिलाफ संघर्ष और मोर्चेबन्दी की पैरवी की, जनवादी साहित्य सृजन करनेवालों की सूची में स्वामी कृष्णानन्द सोख्ता का नाम जोड़ा।[191] तो 'सारथी' में साम्यवादी दल के भीतर तानाशाही का विरोध इन शब्दों में करते हैं–''स्तालिन ने भले ही किसी खास वजह से कठोर शासकीय यन्त्र की परम्परा पैदा कर दी हो, लेकिन मार्क्सवादी सिद्धान्तों के अनुसार कम्युनिस्ट पार्टी के भीतर तानाशाही नहीं चल सकती।''[192] हमारे यह सब कहने का तात्पर्य इतना ही है कि मुक्तिबोध का साहित्य-राजनीति के सम्बन्धों को प्रकट करनेवाला चिन्तन स्पष्ट है। वे अपने पूरे भारतीय मन के साथ साहित्य और विचारधारा के अन्तःसम्बन्धों को स्वीकार करते हैं और उनकी पक्षधरता अन्तरात्मा की पक्षधरता है। वे अपनी पूरी जीवन-शक्ति और जीवन-विवेक के साथ उत्पीड़ित मनुष्यता के प्रति प्रतिबद्ध थे। उनकी प्रतिबद्धता बौद्धिक आर्कटाइप की तरह नहीं थी और न किसी प्रकार का स्वाँग–कि अपराध-भावना की तरह उन्हें बार-बार अपनी प्रतिबद्धता की घोषणा करनी पड़े।

मुक्तिबोध की महत्त्वपूर्ण सृजनावधि का दौर सन् 1950 से 1964 के मध्य था।

इस समय में प्रयोगवाद और फिर नई कविता की प्रवृत्तियाँ प्रमुख थीं। प्रगतिवाद बिखर चुका था। साम्यवादी दलों और विचारधारा की स्थिति अस्पष्ट हो गई थी। इस सबके बावजूद मुक्तिबोध जनोन्मुखी विवेक-सम्पन्न विचार और सृजन का पक्ष पुष्ट कर रहे थे। इस सम्बन्ध में डॉ. नामवर सिंह का यह विश्लेषण सही है कि ''विचारधारात्मक उलझाव बहुत ज्यादा था, अन्तर्राष्ट्रीय पैमाने पर भी, यही नहीं बल्कि उस दौर में किसानों-मजदूरों के संघर्ष को जैसा होना चाहिए, उतना साफ था नहीं...अपने तईं व्यक्तिगत स्तर पर मुक्तिबोध उन विचारों से निपटना चाहते थे और रचनाओं के माध्यम से उनसे निपट रहे थे, किसी चीज को सुलझा लेने पर वह जितना साफ होता है, उलझन के दौरान वह उतना साफ नहीं होता। उस प्रकार के अन्तर्विरोध उनके हैं।''[193]

अन्तर्विरोधों के कारण हमारी समझ में ये भी हैं कि वे सिद्धान्तकार नहीं थे और आत्म-निरीक्षण, आत्म-आलोचन तथा आत्म-संघर्ष की प्रवृत्ति के कारण स्थितियों को हर पक्ष से परखते थे। फिर भी वे जिस तरह के कवि थे वह उनके चिन्तन को उनकी कविता के पक्ष में पैना करता था, और यह अत्यन्त स्वाभाविक है। मुक्तिबोध को अपनी ईमानदारी और संलग्नता का अहसास था इसलिए स्मार्टनेस और वाक् छल से दूर थे। इसी कारण वे 'हम गरीब लेखक', 'मध्यवर्ग', 'कष्टमय जीवन' आदि का बार-बार सहज कथन करते हैं। म.प्र. के गरीब लेखकों का उल्लेख इस तरह करते हैं जैसे गरीबी म.प्र. की ही विरासत है। 'भारत : इतिहास तथा संस्कृति' हाईस्कूल स्तर के लिए स्वीकृत उनकी पाठ्य पुस्तक पर प्रकाशकों की राजनीति के तहत पाबन्दी को वे स्वतन्त्रता पर हुए हमले की तरह मानकर लिखते हैं–''वह दिन मेरे लेखक-जीवन की एक महान तिथि है''[194] इसी प्रसंग में वे अपने को 'मेरा सरीखा एकान्तप्रिय निःसंग व्यक्तिवादी स्वभाववाला लेखक कहते हैं।''[195] मुक्तिबोध के अन्तिम दिनों में अपनी दो महत्त्वपूर्ण रचनाओं पर काम किया था, 'अँधेरे में' कविता पर तथा 'समीक्षा की समस्याएँ' लेख पर। यह लेख अनेक दृष्टियों से महत्त्वपूर्ण है। इस लेख में भी उन्होंने उक्त पुस्तक के गैर-कानूनी घोषित करने की पीड़ा को व्यक्त किया है।[196] यह वेदना सहज है पर मुक्तिबोध जानते होंगे कि उन या उन जैसे किसी कवि की कविता को हिन्दी प्रदेश में कभी गैर-कानूनी घोषित किया गया क्या ?

दलीय समझदारी, प्रगतिवादी रचना से जैसी अपेक्षाएँ रखती हैं, प्रगतिवादी चिन्तक से जिस पदावली में विचारधारा और साहित्य को लेकर जुझारू आशावाद की उम्मीद करती है, मुक्तिबोध उसे पूरा नहीं करते। फिर भी यह आश्चर्यजनक ही कहा जाएगा कि जिस मुक्तिबोध को अन्तर्मुखी, व्यक्तिवादी, आत्मग्रस्त, निराशावादी-उलझी हुई अभिव्यक्तिवाला मामूली कवि-विचारक माना जाता रहा उसी मुक्तिबोध के लिए मार्क्सवाद के सौन्दर्यशास्त्र का रचयिता, जनवादी, मार्क्सवादी, शुद्ध प्रगतिवादी आदि विशेषण कम पड़ने लगे।

इस तथ्य पर दो दृष्टिकोणों से विचार किया जा सकता है–एक तो यह कि मुक्तिबोध का साहित्य उस वक्त पूरी तरह प्रकाशित नहीं था और उनके प्रति जो धारणा

बनाई गई वह छिटपुट प्रकाशित रचनाओं के आधार पर। दूसरा यह कि उनके अन्तःसंघर्ष को समझने की गहरी दृष्टि धीरे-धीरे विकसित हुई। तीसरी स्थिति यह भी है कि उनका मनचीता इस्तेमाल किया जाना इसलिए असम्भव नहीं है कि उनमें अन्तर्विरोधों के अतिरिक्त बदलती पक्षधरताएँ दिखाई पड़ती हैं। हमारा आशय उनकी ईमानदारी में सन्देह नहीं है किन्तु उनकी बुनियादी धारणा के वही रहने के बाद भी उनके कथन और विचार अंश उन्हें विभिन्न रूपों में प्रस्तुत करने की सुविधा देते हैं। जब डॉ. रामविलास शर्मा को मुक्तिबोध पेटी बूर्ज्वा लेखक या रहस्यवादी लगते हैं तो यह तो नहीं कहा जा सकता कि रामविलास शर्मा एक मनगढ़न्त आरोपित टिप्पणी कर रहे हैं, कि जैसे मुक्तिबोध को उन्होंने पढ़ा ही नहीं या मुक्तिबोध को समझ पाना उनके लिए भारी पड़ा। कुछ तो है कहीं जिसके कारण ऐसा मूल्यांकन, भले ही वह गलत हो, सम्भव हुआ।

स्वयं मुक्तिबोध इस तथ्य से परिचित थे कि उन्हें विफलतावादी, अन्तर्मुखी, आत्मपरक, व्यक्तिवादी, दुरूह आदि समझा जाता है और अपने चिन्तन में उन्होंने इन तथ्यों को दृष्टिगत रख विचार भी किया है। प्रगतिवादियों को निराशा-विफलता की भावनाएँ प्रतिक्रियावादी लगती हैं इस प्रसंग में वे कहते हैं–"कोई भी भावना न अपने आपमें प्रतिक्रियावादी होती है, न प्रगतिशील...किसी भी भावना के जीवन-सम्बन्धों को देखना आवश्यक है।"[197] उनकी अन्य टिप्पणियाँ इस प्रकार हैं–"यह धारणा गलत है कि आत्मपरक काव्य व्यक्तिवादी काव्य है।"[198] "काव्य में, आज जो वैफल्य का भाव है, उस वैफल्य की संवेदनाओं का एक स्रोत उसके (लेखक के) परिवार की स्थिति और दशा या परिवार के भीतर, उसकी स्थिति और दशा में खोजा जा सकता है।"[199] "आत्मग्रस्त व्यक्तिकेन्द्री काव्य !! क्या शैले का काव्य आत्मग्रस्त व्यक्तिकेन्द्री नहीं था !! क्या रवीन्द्र का काव्य आत्मग्रस्त व्यक्तिकेन्द्री नहीं था !! क्या महादेवी और प्रसाद का काव्य आत्मग्रस्त व्यक्तिकेन्द्री नहीं था !! था, था, था !!"[200] "क्या केवल काव्य रूप बदल जाने से कोई काव्य प्रगतिशील या प्रतिक्रियावादी हो जाता है।"[201] "कला चाहे वह यथार्थवादी कला ही क्यों न हो, एक आत्मपरक प्रयास है।"[202] "प्रगतिवादियों के व्यवहार द्वारा यह सूचित होता (था) कि वे मुक्ति-संघर्ष, राष्ट्र-प्रेम, प्राकृतिक सौन्दर्य, नारी-सौन्दर्य, यथार्थ-आलोचन, भावना, आशा, उत्साह तथा तत्समान अन्य भावों को प्रगतिशील समझते हैं। किन्तु शेष सब भावनाएँ, जैसे भयानक ग्लानि, निराशा-अनाशा, वैफल्य तथा इसी श्रेणी की अन्य भावनाएँ प्रतिक्रियावादी हैं।"[203] "जो लोग 'जनता का साहित्य' से यह मतलब लेते हैं कि वह साहित्य जनता के तुरन्त समझ में आए, जनता उसका मर्म पा सके यही उसकी पहली कसौटी है–वे लोग यह भूल जाते हैं कि जनता को पहले सुशिक्षित और सुसंस्कृत करना है।"[204]

उक्त उद्धरणों को हमने मुक्तिबोध की निराशा नहीं आन्तरिक व्यग्रता प्रकट करने की दृष्टि से प्रस्तुत किया है। उन तत्त्वों की ओर ध्यान आकर्षित करने के लिए जिन्हें प्रगतिवादी चिन्तन आसानी से स्वीकार नहीं कर सकता पर प्रगतिवादी व्यवस्था की

असुविधा के बावजूद जिनकी प्रगतिशीलता को नकारना भी स्वयं प्रगतिवादियों के लिए असम्भव हो गया है। इससे मुक्तिबोध के अन्तर्विरोध भी प्रकट होते हैं। डॉ. रामविलास शर्मा की कठिनाई भी समझ में आती है और स्पष्ट होता है कि सरलीकरण पर आधारित मूल्यांकन व्यवस्था कितनी खतरनाक होती है। तार सप्तक के लिए 63 में लिखे अपने नोट में (जो प्रकाशित नहीं हुआ) मुक्तिबोध ने लिखा था–"यह बात सन्देह के परे है कि सच्चा आशावाद मनुष्य की ज्वलन्त वास्तविक ऊष्मा से उत्पन्न होता है, केवल भविष्य-स्वप्न से नहीं।"[205] मुक्तिबोध अपनी भावदशाओं को न केवल पहचानते थे वरन् उनमें उनको प्रकट करने का अद्‌भुत नैतिक साहस भी था। उन्होंने इसकी परवाह किए बगैर कि उनके शब्दों के क्या अर्थ निकाले जा सकते हैं अपनी बात को स्पष्टतः कहा है। तार सप्तक के दूसरे संस्करण के लिए सन् 63 में लिखे वक्तव्य में वे अपने समय को 'व्यक्ति की सच्ची आत्म-परीक्षा, उसकी आध्यात्मिक शक्ति की परीक्षा' का युग बताते हैं। अपनी अन्तर्मुख दशाओं के गहन और दीर्घ होने, काव्याभिव्यक्ति सघन बिम्ब मालाओं में होने और अपनी आत्मग्रस्तता के बावजूद समाज के व्यापक छोरों तक आत्म-प्रसार का उल्लेख करते हैं।[206]

उपरोक्त विस्तृत विश्लेषण से हम मुक्तिबोध की विचारधारा और प्रतिबद्धता को समझते हुए यह भी अनुभव करते हैं कि यह एक साथ बहुत सीधा और जटिल रिश्ता है। यह तयशुदा तैयार शब्दावली में सरलीकृत ढंग से प्रस्तुत नहीं किया जा सकता। पर जो चीज एकदम स्फटिकवत है, वह है उनकी ईमानदारी, विचार-विवेक पर उनका विश्वास और उत्पीड़ित मानवता के प्रति अन्तरात्मा से प्रतिबद्धता। प्रतिबद्धता जो साहित्य की सामाजिक कार्यपरकता की चेतना से उपजी है और भारतीय मन के साथ अपने लोगों की सख्त जमीन पर खड़ी है।

मुक्तिबोध ने मनुष्य-जीवन, समाज और साहित्य को लेकर इतना गहन और व्यापक (और बेतरतीब भी) चिन्तन किया है कि उसके आधार पर एक पृथक् कोश तैयार किया जा सकता है। रचनावली के 3 खंडों के लगभग सवा हजार पृष्ठों में उनके विचार जैसे अँट नहीं पाते हैं। इसमें उनका कथा-साहित्य सम्मिलित नहीं है। अब हम यहाँ उनकी समीक्षा सम्बन्धी धारणा और व्यावहारिक-समीक्षा पर विचार करेंगे ताकि उनकी चिन्तन-प्रक्रिया को समीचीन निष्कर्षों तक पहुँचाया जा सके। अपने समय के साहित्य के प्रति गहरी दिलचस्पी किसी भी जीवन्त रचनाकार की पहली पहचान है। पर बड़ा लेखक केवल अपनी ही परम्परा को नहीं अन्य देशों के साहित्य की महान परम्पराओं से भी अपना सम्पर्क बनाए रखना चाहता है। अपने समय की कविता और साहित्यिक प्रवृत्तियों के प्रति मुक्तिबोध की दृष्टि और प्रतिक्रियाओं का विश्लेषण हमने इसी विश्लेषण के क्रम में यथा प्रसंग किया है। फिर भी उन्हें समेटते हुए हम 'कामायनी' के मुक्तिबोध द्वारा बहुचर्चित पुनर्मूल्यांकन पर विचार करेंगे। हमें पता है कि कई समीक्षाएँ लेखक को लेखकीय धर्म के अन्तर्गत करनी होती हैं और मुक्तिबोध मूलतः कवि हैं। फिर विचारक हैं। समीक्षक वे नहीं हैं। रूढ़ अर्थों में नहीं हैं वैसे साहित्यिक

क्षेत्र में सृजनात्मक कर्म से इतर गद्य लिखना भर समीक्षक होने के लिए लाइसेंसवत होता है। और हमारे हिन्दी साहित्य में तो सिद्ध करना और विशेषण चिपकाना इतना आसान कर्म है कि कुछ भी सिद्ध किया जा सकता है।

समीक्षा के प्रति मुक्तिबोध का दृष्टिकोण बहुत स्पष्ट है और अब तक हम उनके चिन्तन के जिन आधारों की छानबीन कर चुके हैं, उनसे ही निर्मित है।

मुक्तिबोध की समीक्षा के प्रति कुछ लोगों का आग्रह उनके कवि और समीक्षक रूप के बीच समतोल स्थापित करने का दिखाई देता है। परिणामस्वरूप सदैव की तरह वे इस तरह की अन्योन्याश्रित सिद्ध करने लगते हैं जैसी लल्लन राय ने की है–''उनकी समीक्षाएँ उनके कविता रूप की पूरक हैं। उसी प्रकार उनकी कविताएँ भी समीक्षक रूप की सहायक हैं। यदि ध्यान से देखा जाए तो उनकी कविताएँ समीक्षा हैं।''[207] गनीमत है कि लल्लनराय ने और अधिक ध्यान से दिखाकर उनकी समीक्षाओं को कविता नहीं बताया, कुछ लोग उत्साह में ''हिन्दी में नए काव्यशास्त्र का जन्म मुक्तिबोध से होता है''[208] जैसे अति कथन करने लगे। लल्लनराय कहते हैं–''मुक्तिबोध सही अर्थों में मार्क्सवादी समीक्षक थे, लेकिन साहित्य और कला के प्रश्नों पर विचार करते हुए उन्होंने अपने को मार्क्सवादी सिद्धान्तों और उसकी दार्शनिक शब्दावली से प्रायः बचाया है।''[209] फिर लल्लन राय इसी क्रम में माओ-त्से-तुंग का लम्बा उद्धरण देते हैं जो कला और साहित्य में दार्शनिक संवाद को लिपिबद्ध करने के विरोध में है। माओ के इस उद्धरण में समीक्षा के सन्दर्भ में कोई बात या संकेत नहीं है। मार्क्सवादी सिद्धान्तों और पदावली से प्रायः मुक्तिबोध अपने को बचाते हैं। प्रश्न किया जा सकता है, क्यों बचाते हैं। यानी सही मार्क्सवादी होने के लिए केवल मार्क्सवादी पदावली से ही नहीं सिद्धान्तों से भी बचना जरूरी है। कितना आश्चर्यजनक निष्कर्ष है। हमारी समझ में मार्क्सवादी समीक्षक वही होगा जो सिद्धान्तों का अपनी समीक्षा-व्यवस्था में सही व्यवहार करेगा। यह व्यवहार कलाओं के साथ होने पर सृजनात्मक विधि के अनुकूल होगा पर सिद्धान्तों से बचने का सवाल ही नहीं पैदा होता।

हमारा उद्‌देश्य मुक्तिबोध को लेकर होनेवाली खंडन-मंडन परक बहसों की ओर संकेत करते हुए यह बताना है कि मुक्तिबोध का चिन्तन और उनकी आलोचना द्वन्द्वात्मक आत्मसंघर्ष की प्रक्रिया से गुजर रहे थे। वे प्रगतिवादी समीक्षा–आचरण की संकीर्णता और कलावाद के व्यक्तिवादी सौन्दर्य-प्रतिमानों से एक साथ टकराते हुए स्वस्थ समीक्षा के प्रति आग्रहशील थे। कहना न होगा कि उनकी दृष्टि व्यापक थी और एकांगिता के बदले एकात्मकता पर आधारित थी।

मुक्तिबोध मार्क्सवादी आधारों पर ही समीक्षा-मूल्यों को परखते हैं। 'नवीन समीक्षा का आधार' निबन्ध में वे साहित्य की ही तरह जीवन की वास्तविकताओं को सर्वोपरि महत्त्व देते हैं। उन्होंने इस निबन्ध में अनेक बार 'वास्तविक जीवन की संवेदनात्मक समीक्षा-शक्ति' पद का प्रयोग किया है। उनके शब्दों में–''असल में, वास्तविक जीवन की संवेदनात्मक समीक्षा-शक्ति के अभाव में साहित्य के क्षेत्र की समीक्षा शक्ति थोथी

होती है। इसलिए समीक्षक का आदि कर्तव्य वास्तविक जीवन की संवेदनात्मक समीक्षा-शक्ति का विकास करना है।''[210] उनकी धारणा है कि इसके अभाव में ''समीक्षा कभी भी सृजनशील नहीं हो सकती।'' जीवन की परिस्थितियों और लोगों के जीवन के संवेदनात्मक ज्ञान के अभाव में ''साहित्यिक समीक्षा कुतिया के उस बच्चे के समान है जिसकी आँखें नहीं खुली हैं।''[211] नन्ददुलारे वाजपेयी साहित्यिक समीक्षा को श्रेष्ठ मानते थे। मुक्तिबोध की मान्यता है कि ''समाजशास्त्रीय-ऐतिहासिक पद्धति अपने भीतर साहित्यिक, मनोवैज्ञानिक, प्रभाववादी और प्रगतिवादी सभी समीक्षा पद्धतियों को समेट सकती है।''[212] समीक्षा में वे सिद्धान्त के आधार को स्वीकार करते हैं पर सिद्धान्तों को भी जीवनपरक होना होगा तभी वे रचनाकार के 'जीवन की विभिन्न मनोवृत्तियों' का वास्तविक जीवन के परिप्रेक्ष्य में आकलन कर सकेंगे। साहित्य के पीछे चलनेवाले समाजवादी समीक्षकों और साहित्य से मीलों आगे चलनेवाले प्रगतिवादी समीक्षकों को मुक्तिबोध जीवन और साहित्य के साथ चलनेवाले समीक्षकों से भिन्न मानते हैं। वे कहते हैं–''छायावाद की आलोचना करनेवाले हमारे महान आलोचक छायावाद के निःसहाय बच्चे हैं'' और प्रगतिवादी आलोचकों के लिए कहते हैं–''पीढ़ी की असली जिन्दगी के संघर्ष-कष्ट और संवेदनाओं से उन्हें कोई मतलब नहीं।''[213]

इस तरह समीक्षा की ये मुख्य दोनों प्रणालियाँ एकपक्षीय अतिरेक करती हैं। सौन्दर्यात्मक-मनोवैज्ञानिक पक्ष जीवन में दिलचस्पी नहीं लेता और समाजशास्त्रीय पक्ष समाजशास्त्री-ऐतिहासिक बातें करके चुप हो जाता है। मुक्तिबोध कहते हैं–''साहित्य का अध्ययन एक प्रकार से मानव-सत्ता का अध्ययन है...आवश्यकता तो इस बात की है कि आलोचना में ऐतिहासिक-समाजशास्त्रीय तथा मनोवैज्ञानिक सौन्दर्यात्मक विवेचना की सम्पूर्ण एकात्मता रहे।''[214]

मुक्तिबोध व्यक्तिवादी कला दृष्टि का निरन्तर विरोध करते हुए ऐसी समग्र आलोचना दृष्टि के हिमायती थे जिसका जीवनाधार यथार्थवादी और लक्ष्य जीवनोन्मुखी हो। आलोचकों की अहंकार वृत्ति और मसीहाई का जिक्र करते वे कहते हैं कि ''आलोचक का कार्य केवल गुण-दोष-विवेचन ही नहीं है, वरन् साहित्य का नेतृत्व करना भी है। आलोचक का धर्म साहित्यिक नेतागिरी करना नहीं है, वरन् जीवन का मर्मज्ञ बनना और उसी विशेषता की सहायता से कला-समीक्षा करना भी है।''[215]

अच्छे आलोचकों के गुण-धर्म का मुक्तिबोध ने जगह-जगह उल्लेख किया है। अच्छे आलोचक से वे 'सम्पूर्ण आत्म निरपेक्षता, सतर्कता, जागृत-दृष्टि' और संवेदनात्मक रूप से कलाकृति के भीतर पैठ, उसके अन्तर्तत्त्वों की जीवन सापेक्ष मूल्यांकन-क्षमता आदि गुणों की अपेक्षा करते हैं।[216]

अत्यन्त संक्षेप में मुक्तिबोध व्यक्तिवादी सौन्दर्यवादी समीक्षा के विरुद्ध समग्र दृष्टि और सहानुभूति सम्पन्न समाजशास्त्रीय समीक्षा के हिमायती थे और समीक्षक में जीवन, ज्ञान और संवेदन सम्पन्न रचनात्मक विश्लेषण की क्षमता के आग्रही थे। उनके महत्त्वपूर्ण विचारों को हम विस्तार से रेखांकित कर ही चुके हैं। यहाँ उनकी व्यावहारिक

समीक्षा सम्बन्धी प्रणाली का संक्षेप में विचार करना जरूरी समझते हैं। 'कामायनी : एक पुनर्विचार' ही इस दृष्टि से उनका सर्वाधिक बहुचर्चित समीक्षा कार्य है। डॉ. रामविलास शर्मा के मत में–"मुक्तिबोध के आत्मसंघर्ष का कारण प्रसाद समेत उन अनेक लेखकों के प्रभावों का भीतरी टकराव है जिनके नाम उन्होंने 'ब्रह्मराक्षस' में गिनाए हैं।"[217]

मुक्तिबोध ने बीस वर्षों के 'पठन-पाठन और अध्ययन' के दौरान यह महसूस किया कि प्रसाद के आभ्यन्तर लोक में छटपटाती जीवन समस्या जो प्रसाद की आभ्यन्तर ग्रन्थि भी है कामायनी में फैंटेसी के रूप में प्रकट हुई है।[218] साथ ही उन्हें यह भी लगा कि कामायनी रसवादी, छायावादी, मनोवैज्ञानिक पुरातनपन्थी समीक्षकों के हाथ में प्रगति-शक्तियों के विरुद्ध शस्त्र भी बन गई है।[219]

जैसा कि हम पहले देख चुके हैं मुक्तिबोध समीक्षा के एकांगी दृष्टिकोण को साहित्य मूल्यांकन के लिए अपर्याप्त मानते हैं, उन्होंने समाजशास्त्रीय-ऐतिहासिक आधार पर छायावाद युग के समापन काल में रचित कामायनी पर पुनर्विचार किया है।

मुक्तिबोध के सृजन और चिन्तन का एक पक्ष हमें यह लगता है कि वे रामचन्द्र शुक्ल, रामविलास शर्मा, प्रसाद और अज्ञेय के साथ भी द्वन्द्व स्थिति में रहे हैं। इसके प्रमाण उनके लेखन में यत्र-तत्र बिखरे हैं। नन्ददुलारे वाजपेयी आदि को तो वे छायावाद के निःसहाय बच्चे गिनते हैं। ये चारों क्रमशः उनकी दृष्टि में नैतिक पारम्परिक आदर्शवाद, कट्टर मार्क्सवाद, रहस्यवादी-भाववाद और आधुनिकतावादी व्यक्तिवादी कलावाद के प्रतीक पुरुष हैं। ऐसा नहीं है कि उन्होंने इनकी प्रतिभा और शक्ति को पूरी तरह से अस्वीकार कर दिया हो। कामायनी को भी वे एक 'मूल्यवान ग्रन्थ' मानते हैं।[220] उनके मतानुसार कामायनी में पुरुष, स्त्री, व्यक्ति, समाज और मुक्ति के व्यापक प्रश्नों को प्रसादजी ने उठाया है। "ये प्रश्न चित्रात्मक रूप से उठाए गए हैं। उन्हें मानव-चरित्रात्मक रूप से प्रस्तुत किया गया है। इस प्रकार का प्रयास मात्र ही कामायनी को मूल्यवान तथा महत्त्वपूर्ण बना देता है।"[221] किन्तु इसके बाद मुक्तिबोध उपयोगितावाद का प्रश्न उठा देते हैं और वह भी वास्तविक जीवन से जोड़कर–उन्हीं के शब्दों में "हमारे वास्तविक जीवन के लक्ष्यों की दिशा में कामायनी कहाँ तक उपयोगी हो सकती है ?"[222] जब मुक्तिबोध को यह ज्ञान है कि 'प्रसादजी के पास मानव-इतिहास-सभ्यता के इतिहास का ज्ञान नहीं था' और उनके पास कोई 'वैज्ञानिक-दृष्टि' नहीं थी।[223] तो हमारी समझ में उपयोगितावादी प्रश्न उठाने की आवश्यकता ही निरस्त हो जाती है। वैसे हम यह जानते हैं कि यह पूरा प्रसंग इतना आसान और स्थूल नहीं है और मुक्तिबोध का मूल्यांकन केवल इतना ही नहीं है वह एक श्रम साध्य महत्त्वपूर्ण कार्य है।

मुक्तिबोध ने कामायनी को शुद्ध साहित्यिक कृति के रूप में नहीं देखा बल्कि कामायनी के व्यक्त बिम्बों की राह पर चलकर वे प्रसाद के उस अव्यक्त मनोलोक तक पहुँचने की कोशिश कर सके जिसकी जड़ें कामायनीकार के निजी और वर्गीय जीवन

में गहरे धँसी हुई हैं। युग-बोध और वर्ग-बोध के आधार पर प्रसाद को समझने की कोशिश के पीछे स्वयं मुक्तिबोध की वर्गीय पक्षधरता और राजनीतिक चेतना प्रमुख थी। नया कहने की नहीं किन्तु 'कामायनी' को प्रासंगिक विश्व-दृष्टि के आधार पर समझने की आकांक्षा ही पुनर्विचार में महत्त्वपूर्ण है।

उनकी दृष्टि में 'कामायनी' ऐतिहासिक महाकाव्य या कथा-काव्य नहीं है। वे इसे ऐसा आधुनिक काव्य मानते हैं "जिसमें आधुनिक प्रवृत्तियों, तथ्यों तथा प्रश्नों को उपस्थित किया गया है।"[224] मनु मानव मन का प्रतीक न होकर प्रसादजी के मन का प्रतीक है। मनु की समस्या दरअसल प्रसाद की समस्या है।

मुक्तिबोध कामायनी को एक विशाल फैंटेसी (स्वप्न चित्र) मानते हैं। क्योंकि इसमें वैदिक कथानक का उपयोग हुआ है अतः हमारे जीवन से सहज आकर्षक दूरी उत्पन्न हो गई है।[225] कामायनी की कथा, पात्र एवं वर्गीकृत विन्यास तथा आधार के अनुसार रचना-प्रक्रिया के ही नहीं वरन् फैंटेसी के सही पारिभाषिक अर्थ में भी इसे फैंटेसी नहीं कहा जा सकता। दूसरे क्षण की मान्यता के अनुसार भी कामायनी को फैंटेसी कहने में कठिनाई होती है क्योंकि यह पूर्व चिन्तित विन्यास पर रची गई कृति है। पर मुक्तिबोध के अनुसार मुख्य आलोच्य वस्तु है–प्रसाद की जीवन-दृष्टि, जो युगीन सन्दर्भों को अनदेखा करती है। 'कामायनी' की कथा-दिशा, चरित्रों और लक्ष्य की असंगतियाँ प्रसाद की जीवन-दृष्टि सम्बन्धी विसंगति का ही परिणाम है। मुक्तिबोध के शब्दों में–"प्रसादजी स्वयं अपने अनजाने ही कामायनी को प्राचीन इतिहास के रूप में उपस्थित न कर वर्तमान पूँजीवादी समाज के विकास का छोटा सा इतिहास प्रस्तुत कर रहे हैं।"[226] मुक्तिबोध की मान्यता है कि प्रसाद की यह मानसिकता भारतीय सुधारवाद, आध्यात्मिकता, भावुक अबुद्धिवाद, रवीन्द्र की पुस्तक 'राष्ट्रवाद' और स्पैंग्लर के भाववाद के प्रभावों से बनी थी। मुक्तिबोध के अनुसार अपनी इसी मानसिकता के कारण प्रसाद ने "सामन्तवाद के ध्वंस से लगाकर नए व्यक्तिवाद के जन्म और पूँजीवाद के रुग्ण बालक के बाधाग्रस्त विकास की अवस्थाओं और चिन्ताओं, विषमताओं और विभेद तथा पूँजीवाद की सम्पूर्ण ह्रासग्रस्त अवस्था को प्रतीकात्मक पद्धति से गूँथ दिया है।"[227] छायावादग्रस्त उग्र व्यक्तिवादी चेतना तथा अहंकारग्रस्त व्यक्तिवाद की प्रतीकात्मक अभिव्यक्ति होने के कारण, मुक्तिबोध के शब्दों में–"कामायनी अपने युग का अवैज्ञानिक, असंस्कृत, अपरिष्कृत प्रतिबिम्ब है। यदि वह सुपरिष्कृत प्रतिबिम्ब होता तो तत्कालीन समस्याओं का यथार्थ हल भी प्रस्तुत किया जाता। उसमें जनता का पक्ष भी ऊँचा उठता तथा अधिक मानवीय जनतन्त्रीय धरातल पर कथा की समाप्ति होती।"[228]

कविता से यहाँ मुक्तिबोध आवश्यकता से अधिक अपेक्षा करते दिखाई पड़ते हैं। 'यथार्थ हल भी प्रस्तुत किया जाता' समाजशास्त्रीय निष्कर्ष पद्धतिवाला उनका यह आग्रह न केवल फैंटेसी की अवधारणा के विरुद्ध है वरन् सृजनात्मक धरातल पर भी औचित्यविहीन है। कामायनीकार की दृष्टि अवैज्ञानिक है पर इसके आधार पर कामायनी को असंस्कृत, अपरिष्कृत प्रतिबिम्ब कहना अस्पष्ट ऐतिहासिक दृष्टि का परिणाम है।

एक काल विशेष की सीमाओं का अतिक्रमण करके उस काल की कृति को वैज्ञानिक या अवैज्ञानिक निरूपित करने का भी कोई विशेष अर्थ नहीं है।

मुक्तिबोध ने 'अपरिष्कृत', 'असंस्कृत', 'अवैज्ञानिक' पदों को भी अस्पष्ट कर दिया है। क्योंकि ये शब्द तो एक अर्थ में आभिजात्य के विरुद्ध लोकाभिव्यक्ति के पक्ष में जाते हैं और यदि सामान्य अर्थ में विचार किया जाए तो अपरिष्कृत, अवैज्ञानिक, असंस्कृत प्रतिबिम्ब को प्रस्तुत करनेवाली रचना फूहड़ ही होगी। ऐसी रचना पर वर्षों इतने श्रम की भी सार्थकता नहीं लगती। 'उर्वशी' प्रसंग में डॉ. भगवतशरण उपाध्याय ने कामायनी को 'घटिया काव्य' कहा था तो मुक्तिबोध ने इसे दुर्भाग्यपूर्ण निरूपित करते हुए लिखा–"कामायनी अपनी काव्यात्मकता के लिए, जीवन समस्याओं के काव्यात्मक चित्रण के लिए हमेशा प्रसिद्ध रहेगी। उसमें उत्कृष्ट काव्यात्मकता है। उसका दर्शन जीवन-समस्याओं पर अनवरत चिन्तन के फलस्वरूप है। अतएव यह जीवन समस्याओं के निराकरण के रूप में प्रस्तुत हुआ है। उस दर्शन में, उस दर्शन के चित्रण में, कोई दोष नहीं है। उसमें आडम्बर नहीं है। उसमें दार्शनिक दम्भ नहीं है और बहुत स्थानों पर आधुनिक सभ्यता की कुछ मूल विशेषताओं पर कठोर और प्रखर काव्यात्मक आक्रमण है।"[229] कामायनी के पक्ष में मुक्तिबोध का यह लम्बा उद्धरण न केवल भगवतशरण उपाध्याय के वरन् स्वयं उनके अपने अनेक स्थूल आरोपों का खंडन करता है।

कामायनी के चरित्रों के सन्दर्भ में मुक्तिबोध का तर्क है कि ये प्रसाद की निजी वर्गीय आत्मपरकता को व्यक्त करते हैं अतः असंगतियों से भरे हैं। इन पात्रों के माध्यम से प्रसाद अपने समय के जीवन-जगत् की समीक्षा करते हैं। पुराकथाकालीन मनु के पुरावृत्त को दोहराना भर प्रसाद का लक्ष्य नहीं है। अतः प्रसाद की दृष्टि को समकालीन दृष्टि होना चाहिए था। यह न हो पाने से कामायनी लक्ष्य-भ्रष्ट कृति है। मुक्तिबोध के शब्दों में–"प्रसाद ने अतीत की भावुक गौरव-छायाओं से ग्रस्त, वेदोपनिषदिक आर्ष वातावरण से अनुप्राणित समाजादर्श से प्रेरित होकर अपनी विश्व-दृष्टि तैयार की। यह विश्व-दृष्टि कामायनी में प्रकट हुई।"[230]

इसका अर्थ यही है कि पूँजीवाद-सामन्तवाद के दबावों को न समझ पाने के कारण प्रसाद के चरित्र में ही मौजूद हैं। मुक्तिबोध के अनुसार प्रसाद को अपनी ही मान्यताओं से आत्मसंघर्ष के द्वारा निपटना था। किन्तु ऐसा किए बगैर वे आत्मगत दुर्बलताओं के सहारे ही 'मनु' की रचना करते हैं। जो उनकी ही तरह वैज्ञानिक दृष्टि से रहित निराश व्यक्ति हैं। मुक्तिबोध के शब्दों में–"वस्तुतः, मनु की प्रकृति ठीक उस पूँजीवादी व्यक्तिवाद की प्रकृति है जिसने कभी जनतन्त्रात्मकता का बहाना भी नहीं किया...इस मनु को मनन, मन अथवा मानव मात्र का प्रतिनिधि वे कह सकते हैं, जो जानबूझकर भ्रम फैलाना चाहते हैं।"[231]

यहाँ यह सन्देह होता है कि मुक्तिबोध ने मनु को पूरी तरह से प्रतीकात्मक चरित्र मानकर ही विचार किया है। प्रश्न उठता है कि क्या फैंटेसी में उपस्थित चरित्र आदि

से अन्त तक निरे प्रतीकात्मक आशय से बँधा रह सकता है ? कल्पना के खेल के दौरान पुराकथा के चरित्र और आधुनिक-अनुभव के बीच का रिश्ता क्या केवल माध्यम का रह सकता है। मुक्तिबोध पात्रों के माध्यम से प्रसाद की आध्यात्मिक दृष्टि और उनके वर्गीय चरित्र की पड़ताल ही करते दिखाई पड़ते हैं। प्रसाद के आध्यात्मिक समाधान से असहमत होते हुए भी उनका यह कथन दिलचस्प है–"हमें इस आध्यात्मिक निराकरण से भी कोई आपत्ति नहीं होती बशर्ते कि मनु की अन्तःप्रकृति में उस अध्यात्म का विकास होता, यानी चरित्र की भीतरी प्रवृत्ति-शक्तियों के उच्चतर विकास के प्रकाश-रूप वह अध्यात्म उपस्थित होता।"[232] इसके बाद भक्तियुगीन सन्तों की अध्यात्म-भावना का स्मरण करते मुक्तिबोध को लगता है कि प्रसाद की आध्यात्मिकता सहज आध्यात्मिक नहीं है, इसका कारण वे मनु के माध्यम से प्रसाद के संघर्ष के विरुद्ध पलायन के बचाव में खोजते हैं। मुक्तिबोध ने प्रसाद के मनु को उच्छृंखल व्यक्तित्व के रूप में देखा है जो विगत सामन्तवाद की छाया में अपनी आत्मग्रस्तता के साथ भटकता रहता है।

श्रद्धा और इड़ा के चरित्रों को भी मुक्तिबोध ने इसी वैचारिक धरातल पर विश्लेषित किया है। श्रद्धा प्रसाद के आदर्शों का प्रतिनिधित्व करती है। श्रद्धा की आत्मबद्ध भावुकता की आलोचना करते मुक्तिबोध कहते हैं–"श्रद्धा द्वारा छोटे से जीवन क्षेत्र को अपने जीवन का सम्पूर्ण कार्य क्षेत्र समझ लेना भी मूर्खता है।"[233] उनके अनुसार श्रद्धा की 'मानवता' 'लोक-अग्नि' सम्बन्धी बातें निरर्थक हैं क्योंकि उसके आचरण में इसके प्रमाण कहीं नहीं हैं। श्रद्धा के इस कथन पर कि वह मनु से केवल स्नेह करती है, मुक्तिबोध दिलचस्प प्रश्न करते हैं–"उसके मन में केवल स्नेह है, और कुछ नहीं। क्यों ? क्या यह श्रद्धा का प्रधान दोष नहीं है ! क्या यह सच नहीं है कि उसके मन में मनु के दोषों को ढाँकने की वृत्ति है।"[234] इड़ा के व्यक्तित्व में बुद्धि-तर्क आदि गुणों की स्वीकृति के बावजूद मुक्तिबोध उसके रहस्यवादी रूप को पकड़ लेते हैं क्योंकि पूँजीवाद को नष्ट करनेवालों के प्रति उसमें सहानुभूति नहीं है।

मुक्तिबोध की मान्यता है कि कामायनी में प्रसाद ने जिस द्वन्द्व को उपस्थित किया है वह ऐतिहासिक भौतिकवादी न होकर भारतीय दर्शन के अनुरूप ही है। कामायनी का अन्त, उसका सन्देश आदि सब कुछ अकर्मक और अयथार्थवादी है। इसका कारण प्रसाद का अगतिकता का रहस्यवादी-आदर्शवादी चिन्तन है।[235] मुक्तिबोध के अनुसार प्रसाद के इसी श्रद्धावाद ने "हिन्दी साहित्य के क्षेत्र में प्रतिक्रियावादियों के हाथ मजबूत किए हैं।"[236]

संक्षेप में हम कह सकते हैं कि मुक्तिबोध ने कामायनी को प्रचलित निरपेक्ष साहित्यिक कृति के रूप में देखने के बदले युग सन्दर्भों की नई दृष्टि से देखने और नई द्वन्द्वात्मक विधि से परखने का उपक्रम किया है। यह दृष्टि अपने आप में महत्त्वपूर्ण है। ऐसा नहीं है कि मुक्तिबोध ने कामायनी के महत्त्व को समग्रतः नकार दिया है। उनके अनुसार कामायनी में वह लड़ाकू भाव नहीं है जो रचना को महान बनाता है।

डॉ. रामविलास शर्मा ने प्रसाद को लेकर मुक्तिबोध की ग्रन्थि का उल्लेख किया है। उनके अनुसार मुक्तिबोध प्रसाद के प्रसंग में 'खीझ' और 'चिड़चिड़ेपन' की मनोदशा तक में आ जाते हैं।[237] मुक्तिबोध के कई तर्कों को देखकर डॉ. शर्मा की बात निराधार नहीं लगती। प्रमोद वर्मा ने भी मुक्तिबोध के कामायनी-विश्लेषण की सीमा की ओर संकेत किया है। प्रमोद वर्मा के अनुसार मुक्तिबोध "अपने प्रबल मार्क्सवादी आग्रहों के कारण मुख्यतः कामायनी की समाजशास्त्रीय परीक्षा में ही उलझकर रह गए" आगे वे यह भी कहते हैं कि "कथा-काव्यों से अलग ढंग की रचना मानने के बाद भी मुक्तिबोध कामायनी के घटना प्रसंगों को स्थूल दृष्टि से ही देखते हैं।"[238] वस्तुतः मुक्तिबोध के निष्कर्ष भी अन्तिम नहीं हैं। प्रगतिशीलों में भी जहाँ कुछ लोग मुक्तिबोध से सहमत हैं तो कुछ लोग प्रसाद के युग-सन्दर्भ में कामायनी को "स्वाधीन-मनुष्य की भावनाओं का राष्ट्रीय काव्य"[239] भी मानते हैं। महत्त्वपूर्ण यही है कि मुक्तिबोध ने नई जमीन पर पड़ताल की और हमें अपनी सृजनात्मक परम्परा के प्रासंगिक मूल्यांकन का जोखिम उठाने के लिए तैयार भी रहना चाहिए।

मुक्तिबोध ने आधुनिक कविता की सभी प्रवृत्तियों, वादों आदि का विवेचन किया है जिसका हम यथा प्रसंग विश्लेषण कर चुके हैं। उन्होंने सुमित्रानन्दन पन्त, दिनकर, त्रिलोचन, शमशेर, सुभद्राकुमारी चौहान, कुँवर नारायण, धर्मवीर भारती, भारत भूषण अग्रवाल पर समीक्षाएँ भी लिखी हैं। ये समीक्षाएँ मुक्तिबोध को समझने में अब तक के हमारे उनके अध्ययन से अधिक कोई विशेष नई दृष्टि नहीं देतीं। पर इनसे उनकी रुचि और कार्यक्षमता अवश्य प्रकट होती है।

समकालीन काव्य धाराओं से मुक्तिबोध का द्वन्द्वात्मक रिश्ता रहा है। इस रिश्ते का दिलचस्प विवरण देते हुए डॉ. रामविलास शर्मा कहते हैं–"प्रयोगवाद जब एक काव्यधारा के रूप में प्रतिष्ठित हुआ, तब मुक्तिबोध ने उससे अपने को सम्बद्ध किया। इस प्रकार प्रगतिवाद से प्रयोगवाद तक संक्रमण करने में मुक्तिबोध को लगभग चार वर्ष लगे और यही चार वर्ष हैं जब वह प्रगतिशील लेखक संघ के सक्रिय सदस्य थे और मार्क्सवाद के नजदीक आए थे। उनका प्रगतिवादी दौर गिरिजाकुमार माथुर जैसे अनेक कवियों की तुलना में अल्पकालीन था। प्रयोगवाद से अलग हटकर 1954 में जब इलाहाबाद से 'नई कविता' का प्रकाशन आरम्भ हुआ और नई कविता का आन्दोलन शुरू हुआ, तब मुक्तिबोध ने अन्य अनेक कवियों की तरह प्रयोगवाद शब्द छोड़ दिया नई कविता से स्वयं को सम्बद्ध किया। 1958 में श्रीकान्त वर्मा और नरेश मेहता के सम्पादन में जब 'कृति' का प्रकाशन आरम्भ हुआ तब मुक्तिबोध ने नई कविता के पुराने आन्दोलन का विरोध किया। किन्तु नई कविता के बदले किसी दूसरे नाम का चलन न हुआ, इसलिए उन्होंने नई कविता को दो भागों में बाँट दिया।"[240]

ये दो वर्ग जैसा हम पहले जान चुके हैं, उच्च मध्यवर्ग और निम्न मध्यवर्ग के कवियों के आधार पर मुक्तिबोध ने किए थे। डॉ. रामविलास शर्मा के लम्बे उद्धरण से हम मुक्तिबोध के दृष्टिकोण को समझ सकते हैं। यह निष्कर्ष निकालना भ्रामक होगा

कि इसमें किसी तरह का अवसरवाद है। दरअसल मुक्तिबोध ने हमेशा प्रगतिवादी आधार पर ही प्रयोगवाद और नई कविता का विरोध किया है। प्रगतिवाद का विरोध उसकी संकीर्णता के कारण किया है।

पन्त की चर्चा के प्रसंग में वे अपने को 'हम प्रयोगवादी' कहकर सम्बोधित करते हैं।[241] जब रसवादी प्रयोगवाद का विरोध करते हैं तो नई जीवन-दृष्टि के आधार पर वे प्रयोगवाद का बचाव करते हैं। किन्तु "प्रयोगवादियों का विरोध करते हुए उन्हें अन्वेषण और अनुसन्धान का बाजा बजाते घेरे में फँसे लोग कहते हैं।"[242] नई कविता के प्रति उनका यह कथन कि "नई कविता का रूप चाहे जो हो, उसकी धारा बड़ी आस्थावान है।"[243] नई कविता से उनकी गहरी संलग्नता का द्योतक है। पर अज्ञेय उस वक्त नई कविता के केन्द्र में थे और इसी केन्द्रीय कवि को आधार बनाकर मुक्तिबोध नई कविता से प्रस्थान ढूँढ़ते हैं। प्रयोगवाद और नई कविता के व्यक्तिवादी सौन्दर्य दर्शन का निरन्तर विरोध करते हुए प्रगतिवाद को उन्होंने नहीं छोड़ा। अपने लम्बे निबन्ध 'समीक्षा की समस्याएँ' में उन्होंने प्रगतिवाद की संकीर्णता पर जगह-जगह प्रहार किए हैं। यह निबन्ध जैसे उन्होंने अपने बचाव ही में लिखा है।

रामविलास शर्मा का यह कथन बहुत सही है कि "मुक्तिबोध तथा अन्य प्रगतिवादियों में अन्तर यह था कि उनके लिए मार्क्सवाद एक ऐसी विचारधारा न था जिसे वह आसानी से स्वीकार कर लेते और असुविधा होने पर उतारकर फेंक देते। उनके लिए यह जीवन-मरण का प्रश्न था। वह कविता के लिए जीते थे और उनकी कविता की एक बुनियादी समस्या मार्क्सवाद से उनके सम्बन्ध की थी।"[244]

अन्त में हम मुक्तिबोध के 'नव-क्लासिकवाद' की ओर रुझान को विशेष रूप से रेखांकित करते हुए उनके चिन्तन-विश्लेषण को समाप्त करेंगे। तार सप्तक के दूसरे संस्करण के लिए जीवन-तथ्य हेतु दिए गए विवरण में मुक्तिबोध ने 1963 में कहा है कि "मेरा मन नव-क्लासिकवाद की तरफ दौड़ रहा है अर्थात् ऐसी काव्य-रचना जिसका कथ्य व्यापक हो, जिसमें जीवन के विश्लेषित तथ्यों और उनके संश्लिष्ट निष्कर्षों का चित्रण हो। पता नहीं यह मुझसे कहाँ तक सधेगा।"[245] यही संकेत उन्होंने 1956 अप्रैल में नए स्वर में प्रकाशित लेख में भी इस तरह व्यक्त किया था—"यह भी आवश्यक है कि हम नव-क्लासिकवाद की तरफ मुड़ते हुए वैविध्यपूर्ण जीवन के सारभूत निष्कर्षों और दिक् संकेतों को, अनुभूत यथार्थ के परस्पर अन्तःसम्बन्धों को, अनुभव-चित्रों के संगठन के द्वारा प्रकट कर सकें। तभी हम आधुनिक युग के बहिरन्तर सत्य की गहनता और वैविध्य को, उसके सारे महत्त्व के साथ कलात्मक अभिव्यक्ति दे सकेंगे।"[246] इसी लेख में वे इसके पूर्व भी 'नपे-तुले जाने-माने दायरे से निकलकर नव-क्लासिकवाद' की ओर मुड़ने का आग्रह करते हैं।[247] 1959 में लिखे निबन्ध 'काव्य की रचना-प्रक्रिया' में भी वे अपने अनुभव के साक्ष्य पर कहते हैं—"नई कविता में नियो-क्लासिसिज्म के बीज पक चुके हैं और अभी से विभिन्न कवियों में उसकी आशाएँ प्रकट हो रही हैं।"[248] हमें लगता है कि मुक्तिबोध का आशय नव-क्लासिकवाद से समय और स्थान में यात्रा

करनेवाली उसी कविता से रहा है जो यथार्थ और मानव मुक्ति के स्वप्न को नहीं छोड़ती है और 'अनवरत काल यात्री' है। मुक्तिबोध यहाँ अपने आपको भी देखकर यह आशा-आकांक्षा कर रहे हैं। यहाँ टी.एस. इलियट के सम्बन्ध में कही गई जार्ज विलियम्सन की यह उक्ति मुक्तिबोध पर लागू होती है कि–"It is no paradox that poet as critic often tells us as much about himself as about the poet under observation."[249] मुक्तिबोध का चिन्तन भी अनेक स्थलों पर ऐसी ही झलक देता है पर इसका आशय यह नहीं है कि उनका चिन्तन आत्मकेन्द्रित था। वह इतना विविध, व्यापक और निरन्तर जीवनोन्मुखी है कि कभी-कभी तो आश्चर्य होता है कि यह व्यक्ति कैसा जीवन जीता होगा। प्रगतिशील जीवन मूल्यों को इतनी विकलता से अनुभूत करते हुए उन्होंने उन्हें साहित्यिक मूल्यों का संस्कार दिया है।

मुक्तिबोध के चिन्तन के विस्तृत विश्लेषण के बाद हम यहाँ कुछ मूल तथ्यों को समेकित रूप में प्रस्तुत करना जरूरी समझते हैं। यह तथ्य हमें सन्तोष प्रदान करता है कि साहित्यिक दुनिया में फैसला नहीं दिया जा सकता और खंडन-मंडन सदैव दुर्भावना प्रेरित नहीं होता वरन् मान्यताओं के खंडन के सहारे ही हम सत्य ज्ञान की दिशा में एक कदम और आगे बढ़ाते हैं।

सबसे प्रमुख बात तो यही है कि मुक्तिबोध का चिन्तन आभिजात्य या अकादेमिक चिन्तन नहीं है। यही कारण है कि उनसे सहमत हों या असहमत वे बहस के केन्द्र में मौजूद हैं और रहेंगे। कोई भी समझदार लेखक अपनी रचना के लिए बड़ी या अन्तिम दावेदारी नहीं करता और न कर सकता है। सौभाग्य से मुक्तिबोध ने भी ऐसा नहीं किया है। भीतर की आग और गहरे आत्मसंघर्ष से उनका सारा सोच दीप्त है और उनका यही लगातार अपने से बहस करते हुए दुनिया से बहस करना ऐसा जीवन्त गुण है जो उन्हें युगीन चेतना के केन्द्र में ले आया है।

मुक्तिबोध मार्क्सवादी थे। उनके सारे चिन्तन का आधार यही है। पर उनका मार्क्सवाद दलीय समझ से परिचालित नहीं होता है। वे प्रदत्त विचारों को प्रतिगूँजित करने की जिम्मेदारी से बरी थे। उनका समग्र चिन्तन मार्क्सवादी चेतना के भारतीय संस्कार का निजी अनुभव और विवेक से किया गया उपक्रम है। जैसाकि ऑडेन ने स्पेंडर से कहा था–"Political exigency was never a justification for lies"[250] मुक्तिबोध सदैव असत्य के विरुद्ध और सत्य के पक्ष में हैं। यह सत्य उन्होंने इतिहास, संस्कृति, मार्क्सवाद और जीवन से अपने भीतर प्राप्त किया है। वे गम्भीर प्रतिबद्धता के हिमायती हैं और आरोपित प्रवृत्यात्मकता (Applied Tendency) का विरोध करते हैं। रेमंड विलिम्यस ने स्पष्ट कहा है कि प्रवृत्यात्मक साहित्य की आलोचना, प्रतिबद्धता का विरोध नहीं, बल्कि असल प्रतिबद्धता का पक्ष है क्योंकि राजनीतिक मत-टिप्पणियाँ, मुहावरे अथवा असम्बद्ध नैतिक टीपें जोड़ना आरोपित प्रवृत्यात्मकता ही है।[251] मुक्तिबोध जहाँ सौन्दर्य पर विचार करते हैं वहाँ वे सौन्दर्यशास्त्र की पृथक् अमूर्त इयत्ता या पृथक् अमूर्त कार्यपरकता के विपरीत उसे हर क्षण हर कोण पर जीवन से जुड़ा प्रश्न बनाकर देखते

हैं। फिर भी समाज, इतिहास, राजनीति और जीवन के प्रश्नों का रिश्ता सृजनात्मक धरातल पर सौन्दर्यबोध से टूटने नहीं देते।

मुक्तिबोध ने सौन्दर्यशास्त्र के महत्त्वपूर्ण प्रश्नों पर विचार किया है। जीवन-जगत् और आत्म के अनवरत द्वन्द्व और संघर्ष के बीच उनके सौन्दर्यशास्त्रीय विचार उपजे हैं। उनके पास दुविधा और भ्रम है। यह वैयक्तिक मनःस्थिति का भ्रम नहीं है। समाजचेतस् संघर्षरत मन का भ्रम है।

मुझे नहीं मालूम
सही हूँ या गलत हूँ या कुछ और
सत्य हूँ कि मात्र मैं निवेदन सौन्दर्य।

लूकाच कहते हैं–"Mental confusion is not always chaos, It may strengthen the internal contradictions for the time being, but in the long run it will lead to their resolution."[252] मुक्तिबोध निरन्तर अन्तर्विरोधों से जूझते रहे, विचारों को द्वन्द्वात्मक शैली में प्रकट करना उनकी शैली नहीं विवशता थी। कला के तीन क्षण और उनकी फैंटेसी की अवधारणा के आधार पर कहा जाता है कि मुक्तिबोध ने मार्क्सवादी सौन्दर्यशास्त्र का निर्माण किया है। पर वस्तुतः मुक्तिबोध अपने अन्तर्विरोधों को सुलझा रहे थे। कला के बारे में 'तीसरा क्षण' शीर्षक से उनका लेख 58 में प्रकाशित हुआ था। रचनावली खंड चार में इस लेख के बाद लिखी एक अधूरी टिप्पणी 'कला का तीसरा क्षण' शीर्षक से प्रकाशित है। अपनी द्वन्द्वात्मक शैली में मुक्तिबोध अपनी पूर्व मान्यताओं के समक्ष प्रश्न चिह्न लगाते हैं। सौन्दर्यवादियों और व्यक्तिवादी रचनाकारों से कला के सृजन का उनका सिद्धान्त भिन्न नहीं है, यह प्रश्न उपस्थित किया जाता है। यह प्रश्न भी उठाया जाता है कि जिस शब्दावली में कला के क्षण का वर्णन किया गया है, उसका असर तो यही पड़ता है कि सौन्दर्य ही सब कुछ है 'और समाज जनता आदि कुछ महत्त्व नहीं रखते।'[253] इससे हम यही कहना चाहते हैं कि मुक्तिबोध कुछ महत्त्वपूर्ण करने की प्रक्रिया में थे। वे 'तीसरा क्षण' सिद्धान्त के बारे में कहते हैं कि "मैंने केवल रचना-प्रक्रिया को प्रस्तुत करने का प्रयत्न किया था। उसका सम्बन्ध सभी प्रकार के साहित्य से है। चाहे मैक्सिम गोर्की के उपन्यासों से हो या रवीन्द्रनाथ की कविता से। मैं यह कहना चाहता हूँ कि साहित्य की कई कसौटियाँ हो सकती हैं। उनमें से एक कसौटी सौन्दर्य सम्बन्धी भी है।"[254] अर्थात् मुक्तिबोध स्वयं अपनी स्थापना के समक्ष प्रश्न चिह्न खड़े कर देते हैं। नामवर सिंह का यह मत इस प्रसंग में सही लगता है कि "मुक्तिबोध में भी एक समग्र सौन्दर्यशास्त्र के लिए प्रयास दिखाई पड़ेगा। लेकिन कुल मिलाकर एक ऐसी आलोचना पद्धति जिसे साहित्य का सौन्दर्यशास्त्र कहें, विकसित नहीं हुई। मुक्तिबोध भी नए साहित्य का सौन्दर्यशास्त्र लिखते हुए सौन्दर्यशास्त्र शब्द का इस्तेमाल तो करते हैं लेकिन सौन्दर्यशास्त्र वहाँ अनुपस्थित ही रहता है।"[255] दरअसल अपने गहरे संघर्ष के दौरान मुक्तिबोध प्रश्नों को सुलझा रहे थे। इसलिए यहाँ

दोनों तरह के उद्धरण दुर्लभ नहीं जिससे उन्हें विकट मार्क्सवादी या निपट गैर-मार्क्सवादी सिद्ध किया जा सके। पर यह उक्तियों को सन्दर्भ से काटकर ही होगा। यहाँ यह स्मरण रखना आवश्यक है कि मुक्तिबोध का समग्र जीवन और सृजन ही सन्दर्भ है। कला और मार्क्सवाद पर आस्था और कलावाद के विरोध के द्वन्द्व से उनकी चिन्तन-प्रक्रिया पुनर्विचार और आत्मसंशोधन से विकसित होती रही है।

इस दुर्लभ अन्तर्द्वन्द्व के साथ ही समाज और मनुष्यों के कष्टों के प्रति आन्तरिक लगाव, मनुष्य, समाज, संस्कृति के नवीनीकरण और साम्यवादी स्वतन्त्रता में गहन आस्था उनके चिन्तन के स्फटिक कण हैं जो उनकी साहित्य सम्बन्धी धारणाओं को निरन्तर आलोकित करते हैं। इसी प्रकार सामन्तवाद, पूँजीवादी-शोषण और विषमता के प्रति उनका विरोध भी उजागर है। इसी विरोध की शक्ति से वे शुद्ध कला और कलावाद पर प्रहार करते हैं और ऐसा करते हुए अपनी मार्क्सवादी चेतना का विस्तार भी करते हैं। मुक्तिबोध की चिन्ता केवल बड़े प्रश्नों तक सीमित नहीं थी। वे व्यक्ति और जीवन के रचनात्मक मूल्यों के प्रति भी जागरूक थे। रावण के राज्य के नियमों को पहचानते हुए उन्होंने समाज, राजनीति और साहित्य-कला के मठाधीशों के भ्रष्टाचार की परतों को उघारा। इतनी विविधता और गहरी संलग्नता के कारण ही उनका चिन्तन युवा पीढ़ी के लिए न केवल प्रासंगिक वरन् आलोक स्तम्भ भी साबित हुआ है।

मुक्तिबोध के चिन्तन के विश्लेषण के दौरान हमने उनकी असंगतियों की ओर भी यथा प्रसंग संकेत किया है। उनके अन्तर्विरोध और विसंगतियों के कारण मनोवैज्ञानिक भी हैं और तथ्यगत भी। छायावाद, प्रयोगवाद, नई कविता के साथ उनका रिश्ता इसी तरह का है। प्रसाद के साथ उनका सम्बन्ध भी जैसा कामायनी के पुनर्विचार में व्यक्त हुआ है असंगतियों पर आधारित है। अपने भावात्मक लगाव और वैचारिक असहमति के बीच भी वे चीजों का आंशिक या पूर्ण समर्थन करते दिखाई देते हैं। वीरेन्द्र कुमार जैन, प्रभाकर माचवे, नेमिचन्द्र जैन, श्रीकान्त वर्मा के साथ उनका सम्बन्ध (निजी नहीं साहित्यिक सरोकार) भी लगभग ऐसा ही है। नागार्जुन और यशपाल के यथार्थ के प्रति उन्होंने कोई दिलचस्पी नहीं प्रकट की है। शमशेर को लिखे एक पत्र में 'नया साहित्य' में प्रकाशित नागार्जुन की कविता को वे मामूली बताते हैं और लिखते हैं–"नेमिचन्द्रजी की कविताएँ आप लोग प्रकाशित क्यों नहीं करते। क्या सचमुच 'नया साहित्य' वालों की कविता से दुश्मनी है।"[256] प्रसाद की तुलना में पन्त की अति प्रशंसा करते हैं।
मुक्तिबोध की कविताओं का उनके अपने सामने श्रोता समूह नहीं था। इसलिए कला सिद्धान्त में वे निजी अनुभूति के सामान्यीकरण की चर्चा तो करते हैं पर आश्चर्य है सम्प्रेषणीयता की समस्या पर उन्होंने विस्तार से कुछ नहीं कहा। उनका एक छोटा सा वर्ग था जिसमें उनकी कविता की सराहना होती थी। प्रमोद वर्मा लिखते हैं कि आज मुक्तिबोध सबसे अधिक पढ़े जानेवाले कवि हैं।[257] मुझे यह स्थापना अतिरंजित ही जान पड़ती है।

मुक्तिबोध ने गरीबी, कष्ट ग्रस्त जीवन और अभाव का बार-बार उल्लेख किया है। विशेषकर 'हम कष्टग्रस्त जीवन-यापन करनेवाले कवियों' के रूप में और इस आधार पर वे अपने जैसे कवियों को उच्च मध्य वर्ग के कवियों से भिन्न बताते हैं। पर यह नियम नहीं बन सकता। अनेक बार वे अपनी ही समस्या को चाहे वह जीवन की हो अथवा सृजन की सामान्य समस्या बनाकर विचार करने लगते हैं।

मुक्तिबोध के चिन्तन की व्यवस्था बहुत अव्यवस्थित है। वस्तुतः उनका गद्य और चिन्तन अधिक कहने की प्रवृत्ति से प्रेरित है। निश्चित ही इसके पीछे गहरा नैतिक आधार और मानव अनुभव को समग्रता में देखने की विकलता भी है। पर उनके चिन्तन में और परिणामस्वरूप भाषा में भी बिखराव है। भाषा बोझिल और उलझी हुई लगती है। पुनरावृत्तियाँ तो इतनी अधिक हैं कि बार-बार हम उनके चिन्तन में दो चीजों से टकराते हैं, ज्ञानात्मक संवेदन और संवेदनात्मक ज्ञान के अलावा दूसरी चीज जीवन-विवेक ही साहित्य विवेक है जिसका उन्होंने विज्ञान के सूत्र की तरह अनेक तरह से अनेक बार प्रयोग किया है। एक ही लेख में एक ही विचार की लगभग उसी भाषा में पुनरावृत्ति तो हुई है पर भिन्न-भिन्न लेखों में अनुच्छेद के अनुच्छेद एक जैसे मिल जाते हैं। चिन्तन में तारतम्य टूटता जाता है और क्रम के विचार अंश को छोड़ वे दूसरी ही समस्या से उलझने लगते हैं। पदों का उपयोग उन्होंने एक निश्चित अर्थ में नहीं किया है। प्रसंग व आवश्यकता के अनुसार वे उसे दूसरे अर्थ में वापरने लगते हैं। 'आधुनिक बोध' और 'स्वतन्त्रता' शब्दों की उनके विश्लेषण में यही नियति है। डायरी की भाषा अपेक्षाकृत साफ है। पर वह डायरी के अर्थ में डायरी हर जगह नहीं है। अनेक स्थलों पर वे समीक्षा करते हुए भावावेश में आ जाते हैं, खासकर अपना बचाव करते हुए। उन्होंने वैफल्य-भावना, आत्मग्रस्तता, आत्मपरकता आदि के बारे में जहाँ-जहाँ लिखा है, अपना बचाव करने के लिए ही लिखा है। उनकी धारणा है कि गरीब आदमी की निराशा, आत्मग्रस्तता, आत्मपरकता, उलझी हुई बिम्बमाला आदि सब कुछ प्रगतिशील हो सकते हैं। उनकी यही धारणा गलत नहीं है पर वह मार्क्सवादी-समीक्षा के समक्ष चुनौती भी खड़ी करती है। मुक्तिबोध के लेखन को उनके जीवन काल में व्यक्तिवादी-मनोवैज्ञानिक-प्रगतिशीलता की जमीन पर ही देखा गया था। प्रगतिशीलता भी पूरी नहीं प्रगतिशीलता के रुझान की तरह केवल। मुक्तिबोध इसे अपना गलत मूल्यांकन मानते थे। इसी आधार पर उन्होंने सही मूल्यांकन की दृष्टि का विस्तार से विचार किया। संक्षेप में उनके चिन्तन की ऐसी ही अनेक सीमाएँ भी हैं। इन सीमाओं की जानकारी मुक्तिबोध को उनके अपने वर्गीय चरित्र के आधार पर समझने का अवसर देती हैं और यह भी स्पष्ट करती हैं कि संघर्षरत रचनाकार किस तरह अपनी चेतना का विस्तार करता है और अपने कष्टग्रस्त जीवन को प्रखर पीड़ा में रूपान्तरित करते हुए कैसे व्यापक सामाजिक आशयों के इलाके में प्रवेश करता है।

सन्दर्भ

1. मु.र.-4, पृ. 83
2. साहित्य विवेक मूलतः जीवन-विवेक है। र. 5, पृ. 52
3. नई कविता का आत्म-संघर्ष तथा अन्य निबन्ध : भूमिका।
4. पोएट इन द मेकिंग : डायलन टामस, पृ. 26
5. कंक : मुक्तिबोध विशेषांक : भाऊ समर्थ की टिप्पणी।
6. वर्ल्ड विदइन वर्ल्ड : स्टीफेन स्पेंडर, पृ. 260
7. आधुनिकता के पहलू : विपिनकुमार अग्रवाल, पृ. 154
8. मु.र.-5, पृ. 270। तार सप्तक का वक्तव्य।
9. वही।
10. मु.र.-5, पृ. 22 (1941 में प्रकाशित लेख 'साहित्य के दृष्टिकोण')
11. वही।
12. वही, पृ. 21
13. मु.र.-5, पृ. 281-82
14. मु.र.-6, पृ. विभिन्न टिप्पणियों के शीर्षक।
15. मु.र.-6, पृ. 202
16. लक्षित मुक्तिबोध (सं. मोतीराम वर्मा) साक्षात्कार–भाऊ समर्थ, पृ. 177
17. मु.र.-5, पृ. 75
18. वही, पृ. 76
19. द गाड देट फेल्ड : स्टीफन स्पेंडर, पृ. 272
20. मु.र.-5, पृ. 342
21. डायरी : पृ. 126
22. मु.र.-4, पृ. 215-216
23. वही, पृ. 216
24. मु.र.-5, पृ. 127
25. डायरी, पृ. 126
26. मु.र.-5, पृ. 24
27. वही, पृ. 27
28. वही, पृ. 26
29. वही, पृ. 186 (सौन्दर्य प्रतीत और सामाजिक दृष्टि)
30. वही, पृ. 58
31. मु.र.-3, क्लाड ईथरली
32. मु.र.-6, पृ. 334
33. मु.र.-5, पृ. 256
34. वही, पृ. 114
35. मु.र.-6, पृ. 370 तथा 378
36. वही, पृ. 378
37. डायरी, पृ. 39
38. मु.र.-4, पृ. 216

39. मु.र.-5, पृ. 304
40. वही, पृ. 48
41. वही, पृ. 46
42. चाँ.मु.टे., पृ. 264
43. मु.र.-5, पृ. 69
44. डायरी, पृ. 80 व 85
45. मु.र.-5, पृ. 31
46. वही, पृ. 43
47. वही, पृ. 199
48. वही, पृ. 181
49. वही, पृ. 293
50. वही, पृ. 294
51. वही, पृ. 298
52. इल्यूजन एंड रियलिटी : क्रिस्टोफर काडवेल, पृ. 13
53. डायरी, पृ. 87
54. रोमान की वापसी : प्रमोद वर्मा, पृ. 102
55. हलफनामा : प्रमोद वर्मा, पृ. 90
56. द मीनिंग आव कंटेम्पोरेरी रियलिज्म : जार्ज लूकाच, पृ. 45
57. वही, पृ. 46
58. मु.र.-4, पृ. 173
59. वही, पृ. 111
60. हलफनामा : प्रमोद वर्मा, पृ. 90
61. माध्यम दिसम्बर '66, पृ. 58-59
62. वही, पृ. 60
63. द कास्मालाजिकल आइ : हेनरी मिलर, पृ. 271
64. मु.र.-5, पृ. 192
65. वही, पृ. 192
66. वही, पृ. 333
67. द नेसेसिटी ऑव आर्ट : अर्न्स्ट फिशर, पृ. 46
68. वही, पृ. 14
69. चिन्तामणि (द्वितीय भाग) : रामचन्द्र शुक्ल, पृ. 156
70. वही, पृ. 58-59
71. मु.र.-5, पृ. 332
72. वही, पृ. 331-332
73. वही, पृ. 233
74. वही, पृ. 55
75. वही, पृ. 161
76. वही, पृ. 56
77. मु.र.-7, पृ. 217
78. मु.र.-5, पृ. 341
79. वही, पृ. 360

80. मु.र.-5, पृ. 215
81. वही, पृ. 195
82. मु.र.-4, पृ. 97
83. ज्ञानोदय : अप्रैल ’69, पृ. 95
84. डायरी, पृ. 123
85. मु.र.-5, पृ. 26
86. वही, पृ. 233
87. वही, पृ. 236
88. वही, पृ. 240
89. वही, पृ. 162
90. वही, पृ. 236
91. वही, पृ. 233-34
92. वही, पृ. 151
93. वही, पृ. 151
94. वेपन्स आव क्रिटिसिज्म : नार्मन रुडिच, पृ. 57
95. मार्क्सिज्म एंड लिटरेचर : रेमंड विलियम्स, पृ. 153
96. मु.र.-5, पृ. 36
97. वही, पृ. 234-35
98. वही, पृ. 339
99. वही, पृ. 335
100. वही, पृ. 186
101. मु.र.-4, पृ. 97
102. वही, पृ. 97
103. मु.र.-5, पृ. 336
104. मु.र.-4, पृ. 100
105. वही।
106. वही, पृ. 97
107. वही, पृ. 101
108. मु.र.-5, पृ. 341
109. कविता के नए प्रतिमान : डॉ. नामवर सिंह, पृ. 193
110. मु.र.-4, पृ. 101
111. आलोचना-54-55 (दिस. 80), पृ. 60
112. मु.र.-5, पृ. 228
113. वही, पृ. 337
114. वही, पृ. 340
115. वही।
116. मु.र.-5, पृ. 104-105
117. ज्ञानोदय अप्रैल ’69 / पृ. 95
118. मु.र.-5, पृ. 145
119. वही, पृ. 100
120. वही, पृ. 156

121. द मीनिंग आव कांटेम्पोरेरी रियलिज्म : लूकाच, पृ. 19
122. मु.र.-5, पृ. 111
123. वही, पृ. 258
124. वही, पृ. 353
125. वही, पृ. 179
126. वही।
127. वही, पृ. 212
128. वही।
129. वही, पृ. 337
130. मु.र.-4, पृ. 229
131. आर्ट एंड इट्स आब्जेक्ट्स : रिचर्ड वोल्हेम, पृ. 132-33
132. इल्यूजन एंड रियलिटी : काडवेल, पृ. 163
133. द डिवाइडेड सेल्फ : आर. डी. लैंग, पृ. 84
134. इल्यूजन एंड रियलिटी : काडवेल, पृ. 182
135. वही।
136. मु.र.-4, पृ. 97
137. वही, पृ. 222
138. पूर्वग्रह-43, पृ. 9
139. वही।
140. मु.र.-4, पृ. 97-98
141. वही, पृ. 99
142. वही, पृ. 102
143. वही, पृ. 220
144. कनवरसेशन विथ काफ्का : गुरनाव जेनोए, पृ. 152-158
145. मु.र.-4, पृ. 220
146. क्योंकि समय एक शब्द है : रमेश कुन्तल मेघ, पृ. 473
147. चाँ.मुं.टे., पृ. 118-19
148. वेपन्स आव क्रिटिसिज्म : नार्मन रुडिच द्वारा उद्धृत, पृ. 154
149. ओड टू द बुक-1 : नेरुदा
150. मु.र.-5, पृ. 119
151. वही, पृ. 124
152. वही, पृ. 48
153. वही, पृ. 217
154. वही, पृ. 220
155. डायरी, पृ. 50
156. वही, पृ. 47
157. मु.र.-5, पृ. 192
158. मु.र.-4, पृ. 126
159. मु.र.-5, पृ. 208
160. इल्यूजन एंड रियलिटी : काडवेल, पृ. 6
161. डायरी, पृ. 59

162. मु.र.-5, पृ. 203
163. वही, पृ. 60
164. वही, पृ. 350
165. मु.र.-4, पृ. 83
166. मु.र.-5, पृ. 284
167. वही, पृ. 297
168. वही, पृ. 259
169. वही, पृ. 333
170. डायरी, पृ. 64
171. कविता के नए प्रतिमान : डॉ. नामवर सिंह, पृ. 250
172. इल्यूजन एंड रियलिटी : काडवेल, पृ. 214–'आल आर्ट इज सब्जेक्टिव'।
173. मु.र.-5, पृ. 360
174. वही, पृ. 361
175. आलोचना अंक-13 'लेनिन और साहित्य' भीष्म साहनी द्वारा उद्धृत, पृ. 14
176. ओर-6, अप्रैल '72 प्रगतिशील और साम्यवादी साहित्य : ई.एम.एस. नम्बूदिरीपाद
177. मु.र.-5, पृ. 66
178. वही, पृ. 355-56
179. वही, पृ. 88
180. वही, पृ. 129
181. वही, पृ. 256
182. मु.र.-6, पृ. 370
183. मु.र.-6, पृ. 378
184. मु.र.-4, पृ. 350
185. मु.र.-5, पृ. 197
186. वही, पृ. 257
187. वही, पृ. 285
188. वही, पृ. 64-65
189. वही, पृ. 176
190. आर्ट अगेन्स्ट आयडियोलोजी : अन्स्र्ट फिशर, पृ. 59-60
191. मु.र.-5, पृ. 404
192. सारथी, एक जुलाई '56
193. कलम 6, 7 : डॉ. नामवर सिंह से बातचीत, पृ. 53
194. मु.र.-5, पृ. 362
195. वही, पृ. 361
196. वही, पृ. 175-76
197. वही, पृ. 130
198. वही, पृ. 215
199. वही, पृ. 128
200. वही, पृ. 129
201. वही, पृ. 147
202. वही, पृ. 360

203. मु.र.-5, पृ. 129-30
204. वही, पृ. 60
205. वही, पृ. 275
206. वही, पृ. 276
207. पश्यन्ती अक्टू.-दिस. '77, पृ. 27 लल्लन राय
208. मुक्तिबोध के आलोचना सिद्धान्त : पुष्पलता III
209. पश्यन्ती अक्टू.-दिस. '77, पृ. 36 लल्लन राय
210. मु.र.-5, पृ. 69
211. वही।
212. वही, पृ. 51
213. वही, पृ. 71
214. वही, पृ. 26
215. वही, पृ. 83-84
216. वही, पृ. 132
217. नई कविता और अस्तित्ववाद : रामविलास शर्मा, पृ. 155
218. मु.र.-4, पृ. 225
219. कामायनी : एक पुनर्विचार, पृ. 151
220. वही, पृ. 19
221. वही, पृ. 17
222. वही।
223. वही, पृ. 12
224. मु.र.-4, पृ. 227
225. वही।
226. वही, पृ. 269-70
227. वही, पृ. 335
228. वही।
229. मु.र.-5, पृ. 469-70
230. मु.र.-4, पृ. 224
231. वही, पृ. 231
232. वही, पृ. 235
233. वही, पृ. 304
234. वही, पृ. 308
235. वही, पृ. 360
236. वही, पृ. 312
237. नई कविता और अस्तित्ववाद : रामविलास शर्मा, पृ. 169
238. रोमान की वापसी : प्रमोद वर्मा, पृ. 58
239. साहित्य और जनसंघर्ष : शम्भुनाथ, पृ. 71
240. नई कविता और अस्तित्ववाद : रामविलास शर्मा, पृ. 153-54
241. मु.र.-5, पृ. 456
242. वही, पृ. 349
243. वही, पृ. 66

244. नई कविता और अस्तित्ववाद : रामविलास शर्मा, पृ. 154
245. तार सप्तक (द्वि.सं.), पृ. 40
246. मु.र.-5, पृ. 317
247. वही, पृ. 316
248. वही, पृ. 214
249. ए रीडर्स गाइड टू टी.एस. इलियट : जॉर्ज विलियम्स, पृ. 27
250. वर्ल्ड विदइन वर्ल्ड : स्टीफेन स्पेंडर, पृ. 225
251. मार्क्सिज्म एंड लिटरेचर : रेमंड विलियम्स, पृ. 201
252. हिस्ट्री एंड क्लास कांशसनेस : जॉर्ज लूकाच (प्रीफेस टू न्यू एडी., पृ. 11)
253. मु.र.-4, पृ. 108
254. वही।
255. पूर्वग्रह-44-45 : नामवरसिंह बातचीत में, पृ. 12
256. मु.र.-6, पृ. 331
257. पूर्वग्रह : जन.-फर.' 81, पृ. 15

वास्तव की विस्फारित प्रतिमाएँ

मेरी ये कविताएँ
भयानक हिडिम्बा हैं
वास्तव की विस्फारित प्रतिमाएँ
विकृताकृति बिम्बा हैं।

मुक्तिबोध की कविता में हमारे जमाने के जागरूक, अशान्त और संवेदनशील मनुष्य की अनेक प्रकार की आहत, विकल किन्तु तेजोमय आवाजें सुनाई देती हैं। सभी श्रेष्ठ कविताओं का चरित्र उस दस्तावेज की तरह होता है जिसमें हम रचनाकार को अपनी दुनिया में अपनी मानवीय स्थिति के सम्बन्ध में बोलते हुए सुन सकते हैं।

मुक्तिबोध ने हमारे युग के लगभग सभी आधुनिक प्रमुख काव्यान्दोलनों के भीतर से यात्रा करते हुए स्वयं की कविता का आविष्कार किया था। हर आन्दोलन के साथ उनका द्वन्द्वात्मक रिश्ता रहा और वे अपने अन्तःकरण की वाणी के लिए निरन्तर संघर्ष करते रहे। अपनी अन्तर्वस्तु को हासिल करने की अन्तर्दृष्टि के विकास के साथ उन्हें उनका रूपाकार भी प्राप्त हुआ। इसी महत्त्वपूर्ण सृजन के दौर में वे अस्वस्थ हो गए और उनकी असामयिक मृत्यु के कारण मुक्तिबोध विरुद्ध मुक्तिबोधवाले काव्य-संघर्ष का अध्याय खुल नहीं पाया।

लगभग तीन दशकों तक मुक्तिबोध ने जिस बेचैनी के साथ अपने समय, जीवन, भाषा और अपनी पीढ़ी को लिखा है, वह बेचैनी ही उन्हें बड़ा कवि बनाती है। यह मात्र भावुक बेचैनी न होकर एक ऐसी चिन्ता थी जिसके साथ कवि अनेक स्तरों पर संघर्ष करते हुए न केवल अपने समय की संस्कृति, सभ्यता और विसंगतियों की शल्य-चिकित्सा कर रहा था बल्कि शोषितों के साथ असल सहानुभूति से जुड़ अपनी दुनिया के लिए स्वप्न भी देख रहा था। सुदृढ़ मार्क्सवादी वैचारिक आधार के कारण उनकी सहानुभूति और सपने वायवी नहीं हैं। उनकी विकलता का सम्बन्ध जितना उनकी मानसिकता और निजी जिन्दगी से है उतना ही बाहरी सामाजिक, सांस्कृतिक और राजनीतिक परिस्थितियों के दबावों से भी है। वे अपने इसी द्विमुखी संघर्ष के बीच लगातार व्यग्र रहे कि दुनिया के कपट और परिस्थितियों के जटिल ताने-बाने को अधिक से अधिक समझ जाएँ और अपने माध्यम का उपयोग करते हुए अपनी पीड़ा में जग भर की पीड़ा को समेट ऐसा कुछ करें—कहें कि दुनिया में कुछ हो जाए और यह कुछ

हो जाए की इच्छा ही उनकी स्याह रंगों की दुनिया में चकमक चिनगारी, अरुण कमल, दमकती बिजली का भरोसा पैदा करती रही। यह किसी यान्त्रिक निष्कर्ष का भरोसा न होकर उस सहज जिजीविषा का परिणाम है, जिसके बूते करोड़ों लोग रात-दिन रबते-खटते हुए इन्तजार करते हैं। इसमें यह खास बात उनकी अलग पहचान बनाती है कि वे कभी अपने प्रवक्ता का अतिरंजित बखान नहीं करते। उन्हें सदैव लगता रहा कि जो कुछ भी किया जा रहा है, वह जो कर सकते हैं, से कम है। दूसरी बात वे दुश्चक्र में स्वयं और अपने वर्ग को शामिल देखते हैं। उनका आत्माभियोगी स्वर उनके कथ्य को मार्मिक और प्रामाणिक भी बनाता है।

कवि कविता के जरिए आत्मान्वेषण और सत्यान्वेषण करता है। मुक्तिबोध के यहाँ यह न निरात से होते दार्शनिक-कर्म की तरह है और न तटस्थ-शान्त कलावादी के काव्य कर्म की तरह। आत्मसंघर्ष और विकलता मुक्तिबोध की रचना-प्रक्रिया का अपरिहार्य तत्त्व है। मुक्तिबोध का आत्मसंघर्ष अकेले एक ऐसे मनुष्य का आत्मसंघर्ष है जो अपने जमाने के संघर्ष से जुड़ा है। उनका सत्यान्वेषण भी वस्तुगत यथार्थ से परे का सत्यान्वेषण नहीं है। क्योंकि मुक्तिबोध का संघर्ष केवल कला की तानाशाही के विरुद्ध नहीं था। इस संघर्ष का आधार भारतीय शोषित, निम्नमध्य तथा मध्य वर्ग का जीवन ही था। पूँजीवाद और प्रजातन्त्र के प्रदूषणों और प्रतिगामी सांस्कृतिक मूल्यों के प्रति उनका अधीर संघर्ष उनकी कविता के अर्थ के केन्द्र में मौजूद है। इतना ही नहीं इस संघर्ष को, जिसकी गहरी छाप उनके अनुभवों और चेतना पर देखी जा सकती है, उनकी जिन्दगी, कार्य-प्रणाली और रचना-प्रणाली से भी समझा जा सकता है।

मुक्तिबोध का भीतरी संसार किसी सरल वर्गीकरण की सुविधा या गुंजाइश से परे है क्योंकि यहाँ माध्यम कथ्य का मात्र संवाहक नहीं है। रूपाकार और कथ्य की गहरी सम्बद्धता और विशालदर्शी परिदृश्य के कारण उनका संसार व्यक्ति और विश्व के जटिल सम्बन्धों को भौतिक समय में विस्मयकारी ढंग से प्रस्तुत करता है। चूँकि विचारधारा अन्तःसम्बन्धों के जटिल अनुभवों की आवेशित धारा में अलग से नहीं होती इसलिए पूरा विन्यास तनावगर्भी स्वप्न और यथार्थ के बीच फैल जाता है। उनकी कविता हमारे समय के हालात को, वास्तविक यथार्थ को उजागर करने की कोशिश करती है। यह एक ऐसे व्यग्र व्यक्ति द्वारा की गई जाँच-पड़ताल की तरह है जो स्वयं भी खोजी गई वास्तविकता से कई बार अचम्भित बल्कि हतप्रभ रह जाता है और हम भी जो इसका साक्षात्कार करते हैं।

एक वर्ग-चेतना-सम्पन्न रचनाकार नैसर्गिक विद्रोही होता है जैसा कि जेक्स ने कहा भी है—"हम जन्मजात विद्रोही हैं, क्योंकि हम जन्मजात स्रष्टा हैं।"[1] मुक्तिबोध के मन की निरन्तर अशान्तता समाज और सभ्यता के उन तत्त्वों के प्रति क्रमशः विद्रोह का रुख पुख्ता करती है जो सदियों से शोषण चक्र के अधिनायक बने हैं। प्रारम्भ में मुक्तिबोध अहंवादी थे और उनकी निजी विफलताएँ जो वैयक्तिक भी थीं और कौटुम्बिक-सांसारिक भी, उन्हें बेहद आत्मग्रस्त और निराशावादी बनाती जा रही थीं।

मुक्तिबोध की महत्ता इस तथ्य में है कि वे इस मानसिक स्थिति से उबरने के लिए सतत संघर्षरत रहे। और इसमें उन्हें सफलता मिली। कस्बे में जन्मे अहंवादी मायकोवस्की के आत्म विस्तार से मुक्तिबोध के आत्म विस्तार की तुलना रोचक हो सकती है। मुक्तिबोध की कविताओं का कथ्य उनकी जिन्दगी से कभी विच्छिन्न नहीं होता, केवल यह महती संयोग होता है कि वे अपनी जिन्दगी को विस्तार प्रदान करते हैं और इस प्रकार उनका कथ्य व्यापक सांस्कृतिक-सामाजिक-ऐतिहासिक और आर्थिक दबावों में घिरे मनुष्य का कथ्य बनता जाता है। यदि इसी सच्चाई को निरन्तर ध्यान में रखा गया होता तो डॉ. रामविलास शर्मा मुक्तिबोध को रहस्यवादी और अस्तित्ववादी सिद्ध करने की भ्रान्ति के शिकार नहीं होते। मुक्तिबोध के लिए यह कहा जा सकता है कि उनका संसार इतना सहज और सरल नहीं है कि वह जन कवि की तरह सम्प्रेषित हो सके। इस स्थिति को गहरे आत्मानुशासन से प्राप्त करना कठिन नहीं होता। पर मुक्तिबोध तो वैसे कवि नहीं थे जिनका विकास श्रोता समूह के साथ होता है। उनकी कविता में परिवेश और रूपाकार भी कथ्य बनता जाता है। जासूसी-तिलस्मी और रहस्यपूर्ण परिवेश में वे यथार्थ को आकार देते हैं। मुक्तिबोध बदलते दृश्यों को पकड़ते हैं और ये दृश्य तथा रूपाकार भी उनकी कविता में अर्थ खोलने लगते हैं। वस्तुतः कथ्य को समृद्ध करनेवाले तत्त्व भी रचनाकार के दृष्टिकोण से ही परिचालित होते हैं। मुक्तिबोध का दृष्टिकोण, जिसमें उनकी सामाजिक और निजी चेतना के तत्त्व भी सम्मिलित हैं, उनकी फैंटेसी को भी केवल आकार नहीं रहने देता।

कालातीत और कालबद्ध के मध्य का अस्तित्वसिद्ध तनाव भी मुक्तिबोध की कविता के संसार का ऐसा विलक्षण तत्त्व है जिसके कारण वे दिक्काल की विराट माप-जोख अपनी चेतना के अतिक्रमण द्वारा निरन्तर करते हैं। यहाँ हम इस तथ्य को भी रेखांकित करना जरूरी समझते हैं कि मुक्तिबोध की चेतना पदार्थवत् नहीं है। एक लम्बी लड़ाई अपने आपसे लड़कर उन्होंने अपनी चेतना का निरन्तर परिष्कार किया है। यह ऐसे समाजचेतस् कलाकार की चेतना है जो हिकमत या युक्तियों से विस्तार नहीं पाती है। इस विस्तारगामी कांक्षा का सम्बन्ध हमारे कालबद्ध यथार्थ के समग्र मानवीय अनुभवों से है जिनसे मुक्तिबोध एक तरफ व्यक्ति के स्तर पर जूझते हैं और दूसरी तरफ उसे मानवीय न्याय की लड़ाई में तब्दील कर देते हैं। दरअसल करुणा और विवेक उनकी चेतना में ऊर्जा का संचार करते हैं और वे इस ऊर्जा की ऊष्मा से कविता की दुनिया में पहुँच व्यापक रूप से सक्रिय हो उठते हैं।

अपने समकालीनों से मुक्तिबोध की कविताओं की भिन्नता का कारण केवल उनका फैंटेसीपरक दीर्घ रूपाकार नहीं है। सच्चाई यह है कि मुक्तिबोध की कविता में कथ्य और रूप परस्पर इतने घुले-मिले हैं कि कई बार उन्हें सुविधा के लिहाज से भी अलग-अलग कर देख पाना मुश्किल है। हमारे कहने का आशय यह है कि मुक्तिबोध का कथ्य कई स्तरों पर सक्रिय रहता है और इस कारण उनकी कविता का भीतरी संसार किसी निश्चित या तयशुदा व्याख्या से परे हो जाता है। मुक्तिबोध जटिल और उलझी

हुई संवेदना की ऊर्जा के कवि हैं। उनकी कविता में न केवल चिति की तीक्ष्ण अनुभूतियाँ हैं बल्कि अनेक स्थलों पर असाधारण मनोदशाएँ, जिसमें अपसाधारणताएँ भी शामिल हैं, मिलती हैं। परिणामतः उनकी यथार्थ दृष्टि वैसी सहज और प्रत्यक्ष नहीं है जैसे नागार्जुन की। फिर वे कविता में एक आदिम परिवेश के बीच अपनी असाधारण संवेदनात्मक ऊर्जा के साथ समकालीन यथार्थ के अनुभवों को नाना ढंगों से उकेरते हैं। इसका नतीजा यह होता है कि कुछ लोग उनके कथ्य में आधुनिकता और प्रगतिशीलता दोनों ही को धुँधला-सा होते देखते हैं। पर उनकी अचूक इतिहास-दृष्टि और विवेक-चेतना के परिणामस्वरूप उनकी वर्ग-संघर्ष-दृष्टि भी साफ दिखाई देती है जिससे वे मार्क्सवादी-जनवादी लगते हैं। हमारा आशय केवल यह दिखाने का है कि मुक्तिबोध अकेले ऐसे कवि हैं जिनका संसार अपनी जटिलता और विस्तार के कारण कविता की परम्परा में अलग दिखाई पड़ता है। यह उनके आत्म-संघर्ष और जीवन-संघर्ष का परिणाम है। मुक्तिबोध के जीवन और उनकी कविता के अन्तःसम्बन्ध बहुत गहरे हैं। पर यह सीधा सरल और यथावत् रिश्ता न होकर उदात्तीकरण का दिलचस्प और बेहद मानवीय रिश्ता है। उनका रोमेंटिक आदर्शवादी व्यक्तित्व और स्वप्नवान मन भी उनकी कविता के प्रवक्ता के मन को प्राप्त है। विवेक सम्पन्न व्यक्तित्व के अतिरिक्त उनके भीतर का शिशु बार-बार बेहद सक्रिय दिखाई देता है। जिस भौगोलिक परिवेश में मुक्तिबोध रात-बिरात भटकते रहे थे, वह उनकी कविता का अपरिहार्य हिस्सा है। भूत-प्रेत, ब्रह्मराक्षस, जादू-टोना, आदिम वातावरण लोक-विश्वास को उन्होंने बावड़ी, खंडहर, मैदान, टीले, पहाड़, घाटी, दर्रे से जोड़ते हुए अपने भीतर के जिज्ञासु बच्चे के कार्य-कलापों को निर्बाध रूप से घटित होने दिया है। उनके यहाँ एक गरमाहट-भरा नास्टेलिजिया भी है। इसे स्मरण रखने पर हम उनके भीतर के शिशु की सक्रियता का अनुमान लगा सकते हैं। क्षुब्धता और निराशा को, जिसमें आत्मघाती विचार भी शामिल थे, मुक्तिबोध ने क्रमशः उदात्त बनाया है। यह उदात्तीकरण भविष्यवाद से जुड़ता है और क्रमशः यूटोपियन आशावाद में विकसित होता है। वे मानव मुक्ति के निरन्तर बने रहनेवाले स्वप्न को अपनी पूरी आस्था और जीवटता से थाम लेते हैं। यहीं मुक्तिबोध निजी वैफल्य से उबर जाते हैं और सृजन की सामाजिक कार्यपरकता की धारणा को मार्क्सवादी चिन्तन के जरिए अपनी जीवन दृष्टि में आत्मसात् कर लेते हैं। उनकी समूची गतिशील कल्पनाशीलता जगत् के ठोस मूर्त अनुभवों पर टिक जाती है। यही भौतिकवादी दृष्टिकोण उनकी फैंटेसी को भौतिक समय में रोपे रखता है। यही कारण है कि मुक्तिबोध की कविता का प्रवक्ता अपनी वर्ग आलोचना करता है, सामाजिक अन्तर्विरोधों और पाखंड की ओर संकेत करता है। यह मुक्तिबोध का वह स्वर है जो नैतिकता और दायित्व भावना से प्रेरित है, और यह सत्य है कि इस दायित्व भावना और नैतिकता के बगैर कोई मानव-मुक्ति के स्वप्न को जिलाए नहीं रख सकता है। स्वप्न और भौतिक संसार के सम सन्तुलन के बीच उनकी कविता जीवन की विभिन्न स्थितियों में संचरण करती है।

जैसाकि हम कह चुके हैं मुक्तिबोध जीवन और उनकी कविता के बीच गहरा रिश्ता है। यहाँ हम जीवनगत कुछ प्रमुख तथ्यों की ओर संकेत करना जरूरी समझते हैं जो उनकी कविता की आन्तरिकता और उन्नयन को स्पष्ट करने में सहायक होंगे। नेमिचन्द्र जैन को लिखे पृष्ठों में मुक्तिबोध ने ऐसे अनेक भीतरी सूत्र दिए हैं जो उनकी कविताओं के सन्दर्भ की तरह प्रतीत होते हैं। मुक्तिबोध ने घर-गिरस्ती और विवाह के प्रसंग में लिखा है–"खुद को बेवकूफ-सा लगने लगता हूँ...मेरी आँखों में घर-गिरस्ती को देखकर काले सपने आया करते हैं। बीस तारीख के बाद दिवालियापन सताता रहता है क्रुद्ध प्रेत-सा...इस विशाल व्यक्तिवाद की विशालतम ट्रेजेडी को शब्दबद्ध कर सकूँ तो मेरा जीवन कार्य समाप्त हो जाएगा।"[2] अन्यत्र वे अपने को "खुद से ऊबा हुआ-आत्मघाती विचारों में उतरा"[3] बताते हैं। वे कहते हैं–"मैं मेरे बूर्ज्वा विचारों को दबाने की कोशिश करता हूँ जिन्हें मैं अपूर्ण स्वप्न, लालसा दबी तृषा कहता हूँ।"[4] मुक्तिबोध को कर्ज लेना पड़ता था, माँगनेवाले पठान की तरह तकाजा करते थे और दागिने साहूकार के तेलीया डिब्बे में मुक्ति का इन्तजार करते रेहन पड़े,"[5] रहते थे। मुक्तिबोध ने अपनी हीनता की भावना और पराजय तथा सिनिक दर्शन को भी स्वीकार किया है।[6] उनकी पैनी आत्मालोचना उनके खरेपन और सच्ची विकलता को प्रमाणित करती हैं। यह मुक्तिबोध ही पत्र में लिख सकते हैं कि–मुझे पत्नी से प्रेम नहीं प्रेम की निराशा मिली या मैं सच्चे अर्थों में कम्यूनिस्ट नहीं हूँ और यह भी कि–मैं लोगों की जिन्दगी की रक्षा करनेवाली भावना से प्रेरित ईमानदार लेखक नहीं बन पा रहा हूँ।[7] पर अपने निजी अस्तित्व के लिए संघर्ष में अपने को चूहा माननेवाले[8] मुक्तिबोध अपना अतिक्रमण करते हैं। यह अतिक्रमण जीवनगत कार्य के तहत करते हैं। आत्मबद्ध निष्फल असन्तोष को विशिष्ट से छुटकारा दिलाने के संघर्ष के साथ करते हैं। वे अपने विचारों और कविताओं में इस बात को अनेक तरह से रेखांकित करते हैं कि सामाजिक-सांस्कृतिक सीढ़ी पर ऊँचे चढ़ने-बढ़नेवाले अपनी भूमि और लोगों से दूर होकर अजनबी हो जाते हैं।[9] इसका यह अर्थ नहीं है कि मुक्तिबोध में महत्त्वाकांक्षाएँ थी ही नहीं। दरअसल सफलता और असफलता को लेकर उनमें एक प्रकार की ग्रन्थि थी। 'भाग गई जीप' कविता में मुक्तिबोध बस चूक जाने को श्रेयस्कर सिद्ध करते हैं। किन्तु नेमिचन्द्र जैन को वे लिखते हैं–"आपने बस मिस करने की बात लिखी है...आपके लिए स्पेशल बस आएगी। जो बस पर चढ़ गए उन्होंने कौन से तीर मार लिए। उनके नाम बजते हैं।"[10] अन्तर्विरोध हर रचनाकार में होते हैं मुक्तिबोध में भी थे। हमारा आशय केवल इन प्रसंगों से उनके सृजन और जीवन के मध्य के सूत्र को पहचानना मात्र है।

यहाँ हम मुक्तिबोध के दो सपनों का उल्लेख भी प्रासंगिक समझते हैं जो बचपन से बाद के जीवन तक उन्हें आते रहे । पहला सपना वह है जो बचपन में बार-बार आता रहा और युवावस्था में भी जिसे मुक्तिबोध ने बार-बार देखा। सन् 58 की डायरी में मुक्तिबोध ने अपने इस सपने के बारे में इस प्रकार विवरण दिया है–"मकान की दूसरी मंजिल पर मैं भागता आ रहा हूँ, और कोई मेरा पीछा कर रहा है। कौन मैं नहीं

जानता। भागने की कोशिश करता हूँ लेकिन हर कदम पर पैर आगे बढ़ने से इनकार कर देते हैं। कोई शक्ति आदमी या जिन्न या भूत, पता नहीं कौन मुझे पकड़ लेगा, शायद वह खा जाए। इसलिए मैं जान बचाकर भाग रहा हूँ...जंजीर मुझे पीछे खींच रही है।"[11] बचपन का दूसरा स्वप्न जो शेष जीवन-भर भी आता रहा वह इस प्रकार है– "भागते-भागते मुझे कोई चीज, कोई चमकीला पत्थर, कोई हीरा या कोई अशर्फी रास्ते में मिल गई। हाथ में वह अत्यन्त अमूल्य वस्तु है और मैं आगे रास्ते पर भाग रहा हूँ। मैं कतई भूल जाता हूँ कि मेरे हाथ में महान अमूल्य वस्तु है, यद्यपि वह मेरे हाथ में है। (जब) यह ख्याल है कि मेरे पास भी तो वह चीज है। लेकिन जब मैं अपनी बँधी मुट्ठी खोलता हूँ तो पाता हूँ उसमें कुछ नहीं है।"[12]

ये दोनों सपने मुक्तिबोध के जीवन के संघर्ष और उनकी आकांक्षा को ही नहीं बताते बल्कि उनकी कविता के कथ्य और माहौल को भी बार-बार प्रभावित करते हैं। और इससे स्पष्ट होता है कि मुक्तिबोध की चेतना में अनेक घटक भिन्न-भिन्न स्तरों पर सक्रिय रहते हैं इसलिए उनके कथ्य को स्थूल अटकलों द्वारा हड़बड़ी में रिड्यूस कर देने के खतरे से सावधान रहना भी जरूरी है। जिस विस्तृत दिक्काल में मुक्तिबोध की कविता रची बसी है उसे स्मरण रखकर ही हम उनकी आवाज के विपुल अर्थ को ग्रहण कर सकते हैं।

मुक्तिबोध की कविता का 'मैं' व्यक्तिवाचक नहीं है। उनकी कविता में 'आत्मा' भी सामाजिक व्यक्तित्व का प्रतिरूप है। मुक्तिबोध के आत्म संशोधन और आत्म-विस्तार के घटकों को सरलता से पहचाना जा सकता है। उनका निजी आत्म व्यक्तिगत सन्त्रास-विफलता, अहं तथा आत्मग्रस्तता और आर्थिक पारिवारिक संघर्ष से उद्वेलित था। किन्तु समाज में नैतिक मूल्यों के संकट, अवसरवाद और सिद्धान्तहीनता के विरुद्ध इसी आत्म को आदर्शवादी-मानववादी नैतिक दृष्टि ने पुष्ट आधार प्रदान किया। मुक्तिबोध का इतिहास और साहित्य के प्रति सांस्कृतिक रुख इस पुष्ट आधार से विकसित हुआ है। दूसरी तरफ पूँजीवादी साम्राज्यवादी शोषक शक्तियों द्वारा पोषित स्वार्थ-लोभ की व्यवस्था के विरुद्ध शोषितों के साथ मार्क्सवादी चिन्तन से पुष्ट उनकी गहरी सहानुभूति समाज चेतस् दृष्टि से उनके आत्म को वैज्ञानिक-वैचारिक आधार प्रदान करती है। इस तरह वे अपने लिए विश्व चेतस् आत्म को लम्बे संघर्ष के दौर से गुजरकर अर्जित करते हैं। यही कारण है कि राजनीति और विचारधारा उनके कथ्य में आवेशित करंट की तरह मौजूद है और यह वैसी स्थूल सैद्धान्तिक विचारधारा भी नहीं है जो साहित्य या कलाओं के लिए अपर्याप्त होती है। मुक्तिबोध ने सूत्रों की तरह ज्ञान का उपयोग नहीं किया है। यही कारण है कि उनके कथ्य को सरल निष्कर्षों तक ले जाना आसान नहीं है। इसीलिए प्रगतिशील आन्दोलन के उभार के दौर में उन्हें सहज स्वीकृति नहीं मिली और बाद में भी कई प्रगतिवादियों के लिए उन्हें मार्क्सवादी स्वीकार करने में असुविधा हुई। जिस तरह ब्रेख्त या हिन्दी में नागार्जुन की कविता प्रतिबद्ध या राजनीतिक कविता का दो टूक साक्ष्य प्रस्तुत करती हैं मुक्तिबोध की कविता में यही

साक्ष्य भिन्न रूप से मिलता है फैंटेसी में घुला-मिला। इस प्रसंग में स्वयं मुक्तिबोध की अपनी कविता के सम्बन्ध में कही गई बात ही अधिक प्रामाणिक हो सकती है। वे श्रीकान्त वर्मा को पत्र में लिखते हैं–"राजनीतिक स्वर, जो मेरे काव्य में प्रच्छन्न रूप से विराजमान रहता है, आपने पहचाना। यह स्वर, वस्तुतः एक महत्त्वपूर्ण किन्तु गोपन विशेषता है, जो मेरे काव्य को रूप देती रही है। कभी-कभी सोचता हूँ मैं स्वयं अपनी कविताओं की व्याख्या करूँ।"[13] वे यह भी लिखते हैं कि–"पिछले एक-डेढ़ वर्ष में, मैंने चार लम्बी कविताएँ लिखी हैं। वही मेरी उपलब्धि है। असल में वे जीवन की उलझनों के समग्र चित्र हैं।"[14] किसी भी रचनाकार की दुनिया को उसकी समग्रता में पहचानकर उसकी निजी और सामाजिक उलझनों से साक्षात्कार किया जा सकता है। उसकी दृष्टि और प्रयोजनीयता तथा उसका पक्ष इसी समग्रता में स्पन्दित होता रहता है।

मुक्तिबोध की लगभग समस्त कविताएँ रचनावली भाग एक व दो के आठ सौ से अधिक पृष्ठों में समा पाई हैं। रचनावली एक में 146 कविताएँ हैं। इनका रचनाकाल सन् 35 से 56 के मध्य है। 57 से 64 के काल की 65 कविताएँ रचनावली भाग दो में हैं। भाग दो में 26 कवितांश भी हैं। तीन दशकों का यह विपुल सृजन एक संघर्षरत रचनाकार के अपने समय में लगातार जारी रहे संघर्ष का साक्ष्य प्रस्तुत करता है। यदि मुक्तिबोध के मिथ को कुरेदा जाए तो हमारा साक्षात्कार एक अशान्त और त्रस्त मनुष्य से होता है। रचनाकार मुक्तिबोध ने इसी व्यक्ति की चेतन-अवचेतन की सामग्री का कला की सामग्री में रूपान्तरण किया है।

कविताएँ : 1935-39

मुक्तिबोध की प्रारम्भिक कविताओं में हमें उनके अपने स्वर के बदले प्रसाद, पन्त, महादेवी, माखनलाल चतुर्वेदी, बच्चन आदि कवियों का प्रभाव, भाव और ध्वनि साम्य के रूप में दिखाई देता है। उस समय किशोरावस्था में सौन्दर्य की भूख और मृत्यु के रोमांटिसिज्म के दौर में 'सखि', 'आलि', 'सजनी' का प्रयोग कर रहे थे और उन्हें 'जीवन भार' तथा 'मरण का संसार' स्वर्ग के वेश में लग रहा था।[15] 'मरण-रमणी' कविता में कवि ने मृत्यु को विलासिनी सुन्दरी माना है, जो कठोर नहीं है। कवि उससे प्रेम करना चाहता है। 'तुम' कविता में 'आज शैया पर मरण-सी कौन आई तुम नवेली' जैसी जिज्ञासाओं में कवि-मरण सुख में अभिसार की सार्थकता अनुभव करता है। महादेवी वर्मा के 'अभिशाप भी जो बन गया वरदान बन्धन में' की तरह मुक्तिबोध भी 'मृदुकरों के बन्धनों में मुक्ति का है द्वार मेरा'[16] कल्पना करते हैं। 'वेदना और कल्पना' कविता में कवि की आकांक्षा है–'वेदना का कवि बनूँ मैं, कल्पना का मृदु चितेरा।' छायावादी-रहस्यवादी मिश्रित भावलोक में कवि को 'सत्य का संसार रूखा' लगता है। स्वप्न का प्यार आकर्षित करता है। 'सत्य के संसार में तू स्वप्न बनकर प्यार लाई'[17]

कहकर कवि को अभिसार, मान विरह आदि का स्मरण होता है। 'मेरी प्रेयसी' कविता में प्रेम और मृत्यु का रूमानी माहौल है। मुक्तिबोध की कविताओं में उन्माद, आकर्षण, पीड़ा-भाव, मृत्यु से प्रेम की यह स्थिति लगभग 40 तक रही। यहाँ यह लेशमात्र भी आभास नहीं होता कि इस कवि की अपनी भाषा हिन्दी नहीं है या कथ्य अथवा अभिव्यक्ति का कोई संकट है। फिर प्रसाद, पन्त, महादेवी की कविताओं के ज्वार के बाद ये कविताएँ किसी बड़ी सम्भावना का संकेत भी नहीं देतीं। वैसे तो छायावादी भाषा-संस्कार और रोमांटिक तत्त्व मुक्तिबोध में दूर तक मौजूद दिखाई पड़ते हैं पर आगे चलकर ये एक दूसरे चरित्रवाली कविता में यदा-कदा घुले-मिले दिखाई देते हैं।

कविताएँ : 1940-48

मुक्तिबोध की कविता इस दूसरे चरण में अपनी राह प्राप्त करती है। सन् 40 के समय तक प्रगतिशीलता की धारणा ने एक शक्ल ग्रहण कर ली थी। मुक्तिबोध इस दौर में आते-आते प्रतिगूँज करने की स्थिति से उबरते दिखाई पड़ते हैं। 'ओ कलाकार' कविता में मुक्तिबोध 'तेरे शब्दों में लाख-लाख / दिलवालों के रहते उद्‌गार'[18] कहने की स्थिति में आ चुके थे। अपने भीतर की वाणी का दबाव महसूस करते हुए उन्होंने लिखा है–
"बाहर की बातें ही घिर-घिर / सहज रोक देती हैं मन के / अन्दर के स्वर।"[19]

इसी दूसरे दौर यानी चालीस के बाद की कविताओं में वे केन्द्रीय-सूत्र यहाँ-वहाँ बिखरे दिखाई पड़ने लगते हैं जो उनकी बाद की कविताओं में व्यक्तित्व और विस्तार प्राप्त करते हैं। अपनी जिद पर किए विवाह में उनका प्रेम ही नहीं वैचारिक क्रान्तिकारी रुख और आदर्शवाद भी झलकता है। इस विवाह के बाद दायित्व-बोझ के साथ उनकी संघर्ष-भरी जिन्दगी भी सन् 39 के बाद ही प्रारम्भ हुई। इस दौर की कविताओं में परिवर्तन का कारण केवल यह घटना नहीं है। इस प्रसंग के अतिरिक्त स्थानान्तरगामी प्रवृत्ति और मार्क्सवाद का प्रभाव तथा मित्रों के साथ एक खुली वैचारिक दुनिया में उनका प्रवेश भी है। सन् 60 में कृति के मार्च अंक में प्रकाशित कविता 'अन्तःकरण का आयतन' में मुक्तिबोध में "मेरी छाँह सागर-तरंगों पार भागती जाती / दिशाओं पार, हलके पाँव / नाना देश दृश्यों में / अजाने प्रियतरों का मौन चरण-स्पर्श / वक्ष-स्पर्श करती मुग्ध / घर में घूमती उनके, / लगाती लैम्प, उनकी लौ बड़ी करती"[20] की जो चेतना अपनी पूरी शक्ति के साथ दिखाई पड़ती है, उसके संकेत भी यहीं से प्राप्त होने लगते हैं।

प्रेम, सौन्दर्य और मृत्यु की रोमांटिक चेतना से मुक्त होकर मुक्तिबोध अपनी कविता में विविध प्रान्तों, विविध देशोंवाली दुनिया और नदी, पहाड़, घाटी, मैदानों से पटी धरती की ओर आकर्षित होते हैं। "जिस ओर जो बढ़ता रहे उस ओर उसको दीखती ही जाए लम्बी राह"[21] के ही साथ आत्मशाली पुरुष, आत्मा का मित्र, प्रखर

आलोक[22], आदि भी मुक्तिबोध को प्राप्त हो जाते हैं। 'दूर तारा' कविता में मुक्तिबोध कहते हैं कि तारा जिसका पथ विराट है "वह छिपा प्रत्येक उर में / इसलिए प्रत्येक मनु के पुत्र पर विश्वास करना चाहता हूँ"[23] 'खोल आँखें' कविता में वे नई चिनगारियों में खिले रक्तिम स्वप्न और ज्ञान-लिप्सा के क्षितिज पर स्वप्न ही नहीं देखते बल्कि नए हृदय के गर्भ में आनेवाले सत्य के शिशु का अनुभव करते हुए आत्मा का विस्तार करने की इच्छा करने लगते हैं।[24] कवि का मन बाहर दौड़ता है अँधेरे-उजाले, नदी-पहाड़ों को लाँघता है। 'मृत्यु और कवि' कविता में सुमित्रानन्दन पन्त की तरह सृजनशील जीवन के स्वरों में सुन्दर मृत्यु गीत गाने का आह्वान करते हुए मुक्तिबोध कहते हैं–"ज्योतित हों मुख नव आशा से, जीवन की गति, जीवन का स्वर।" अपनी धातु को प्राप्त करने की प्रक्रिया में भी हम मुक्तिबोध को कई बार पीछे लौटते देख सकते हैं। पर यह दरअसल लौटना न होकर ठिठकना भर है। तार सप्तक की 'हे महान' कविता में प्रार्थना का स्वर है, जिसमें कवि 'क्षमता-ममता' आदि की याचना करता है।[25] इसी प्रकार 'नाश देवता' कविता में भी वे नाश को 'रहस्यमय ध्वंस महाप्रभु' सम्बोधित करते हैं और उसके तीखे बाणों से नए सृजन की आकांक्षा में उसकी वन्दना करते हैं।[26] अन्तर्दर्शन कविता में उन्होंने अपनी आत्मग्रस्तता का उल्लेख करते हुए जग से द्रोह और स्वयं से विद्रोह के बीच अपने गहरे असन्तोष को रेखांकित किया है।[27] आत्मग्रस्तता तथा असन्तोष का जिक्र उनकी बाद की कविताओं और वैचारिक लेखों में भी बराबर मिलता रहा है।

मार्क्सवादी प्रभाव और प्रगतिशील चेतना की अभिव्यक्ति 'पूँजीवादी समाज के प्रति' तथा 'लाल सलाम' जैसी कविताओं में स्पष्ट और प्रत्यक्षतः देखी जा सकती है। पूँजीवादी व्यवस्था के नाश के लिए वे उसे ही जिम्मेदार बताते हुए कहते हैं–"तू है मरण, तू है रिक्त, तू है व्यर्थ / तेरा ध्वंस केवल एक तेरा अर्थ।"[28] पर वे इस सन्दर्भ में अपनी और जन की ज्वाला के एकजुट होने की आवश्यकता भी प्रतिपादित करते हैं। 'लाल सलाम' कविता में मुक्तिबोध फासिस्टों की शिकस्त और सोवियत देश की 'नूतन मानव की वह आग' का जिक्र करते हुए इसे विश्व की शोषित मानवता का चिराग निरूपित करते हैं।[29] लाल क्रान्ति के लिए लड़नेवाले स्त्री-पुरुषों को लाल सलाम करनेवाली अनेक कविताएँ प्रगतिवादी दौर में लिखी गई थीं। यहाँ यह स्मरण अप्रासंगिक न होगा कि 1942 में नेरुदा ने 'स्टालिनग्राड का गीत' कविता लिखी थी जिसके पोस्टरों से मैक्सिको की दीवारें पट गई थीं और इस कविता के कारण नेरुदा को देश निकाला भुगतना पड़ा था। मुक्तिबोध की इस तरह की कविताएँ 'हंस' और 'लोक युद्ध' में प्रकाशित हुई हैं। संघर्ष के लिए तैयार जीवन की अग्नि में रखे लौह दंडों पर उठती लौ को देखते हुए कवि भविष्य के रास्ते पर बढ़ते नए समाज को देखता है। "दिन-भर की मेहनत से उमड़े क्षुब्ध स्वेद का क्रान्तिवाद है / क्रान्ति सत्य है।"[30] का विश्वास इस युग की कविता की तरह ही मुक्तिबोध में भी मिलता है। पर यह भी सच है कि मुक्तिबोध की चेतना कोरमकोर सैद्धान्तिक आशावाद की चेतना नहीं है। इस दौर की उनकी प्रगतिशील चेतना की कविताओं में भी निराशा की भावना देखी जा सकती है–"यह जीवन की

राह / एक गहरी खाई के / अन्धकार सूने में लटकी।"[31] पर वे प्राणों के इन बन्धनों से मुक्त होने के लिए छटपटाते भी हैं जो निराशा भर देते हैं।

सन् 45 के बाद की कविता 'आ आकर कोमल समीर' को ध्यान से पढ़ने पर उनकी बाद की लम्बी और गझिन कविताओं का पहला पड़ाव कहा जा सकता है। इस कविता में 'फूट पड़ी सहसा' या 'मैं गूँज उठा सहसा' जैसी मनःस्थिति में कवि आत्म-चेतना के दाहक ऊष्मा संवेदन से मजदूर आन्दोलन के बीच एक स्वर-सम्पर्क स्थापित करता है। जन शक्ति की 'प्रेरणा-सरित की लहरों' से "अपने ही हिय की गुम्बज में काँपा अधीर"[32] का अनुभव कवि को "मानव की / आशा की कोमल मधुर धूप-सा" फैला देता है। मजदूरों का जुलूस स्फूर्तिदायक सिद्ध होता है–"कोलाहल करता सगर्व उद्धृत मजदूरों का जुलूस / प्राण के बन्ध देता विदार / है ऊष्मा स्पर्श / शत-लक्ष प्रात सूर्यों की छवि का वह / भरता उभार।"[33] आशा-निराशा के धूप-छाँही कन्टुर मुक्तिबोध की कविता में अनवरत मिलते हैं। उद्ध्वस्त शिखर जीवन के, जन के देख कवि आहत भी होता है–"श्याम स्तब्ध जीवन की काजल / घर की दीवारों पर निश्चल, / किसी अबूझ शक्ति ने / उँगली के बीभत्स चित्र खींचे हैं / कुछ अश्लील बातें लिखी हैं।"[34] जीवन की विषमता और बदरंगता को कवि "भय-स्तब्ध स्वप्न में / हत्या-सा, प्रियजन की श्याम मृत्यु-सा"[35] देखता है। काले गुहा विवर, भटकी इच्छाओं के उड़ते चिमगादड़ दल, बासे बरसते काले फूलों के बीच अपनी नगण्यता को भी कवि पहचानता है और कोटि-कोटि जन-जन के चरणों को 'नई ही दिशा अचानक गहते' देखता है और इसी विश्वास के सहारे मुक्तिबोध अपने से ही कह उठता 'मैं प्राण एक, पर हूँ अनेक'[36] कहकर वे नूतन कविता के अनेक स्वर्णिम अक्षर लिखते हैं। 'आ आकर कोमल समीर' कविता मुक्तिबोध के पहले सृजनात्मक दशक की वह कविता है जिसमें उनकी बाद की महत्त्वपूर्ण और लम्बी कविताओं की पदचाप सुनाई देती है। अँधेरे-स्याह और अरुण-चमकते रंगों का द्वन्द्व मुक्तिबोध की आन्तरिकता, उनके यथार्थ और स्वप्न का अपरिहार्य हिस्सा था। क्योंकि वे एक साथ "कष्ट-दुख सन्ताप की, / चेहरों पर पड़ी हुई झुर्रियों का रूप एक / जोश में यों ताकत से बँधी हुई / मुट्ठियों का एक लक्ष्य" देखते थे। जन शोषक शत्रु और उनके काले पहाड़ पर उनका काला दुर्ग देखने के बाद उनमें यह व्यापक चेतना आ गई थी कि "चाहे जिस देश प्रान्त पुर का हो / जन-जन का चेहरा एक" है (जन-जन का चेहरा एक)।[37]

मुक्तिबोध ने इस दौर में अपने को 'क्रान्ति युग का एक छोटा सा कवि' (दमकती दामिनी)[38] कह अपने मन के कुएँ को सागर में रूपान्तरित होते अनुभव किया और चमकती बिजली से प्रेरणा की आकांक्षा की क्योंकि मानव-देश के अन्ध मेघ समूह को काटना इसके बिना कैसे सम्भव हो पाता। 'दामिनी' और 'नक्षत्र' मुक्तिबोध के ऐसे विश्वास के प्रिय आकर्षण केन्द्र हैं जो उनकी फैंटेसी और भौगोलिक बिम्ब मालाओं में प्रायः अनदेखे रह जाते हैं। तारे को लेकर उनकी केवल कई कविताएँ ही नहीं हैं पर अन्य कई कविताओं में उसकी चमक और कवि के भीतर की रोशनी का गहरा रिश्ता

भी है। 'अँधेरे में' कविता में संकेत भाषा-सी श्याम आकाश में तारों की आँखें चमचमाती हैं। इसी प्रसंग में उनकी एक अत्यन्त मार्मिक और विलक्षण कविता 'रात चलते हैं अकेले ही सितारे' का उल्लेख जरूरी है। मुक्तिबोध की कई छोटी कविताएँ उनकी लम्बी महत्त्वपूर्ण कविताओं के घटाटोप में अचर्चित और अनेदखी छूट जाती हैं। यद्यपि 'रात चलते हैं अकेले ही सितारे' कविता का शीर्षक और पहली पंक्ति ही है, कविता की केन्द्रीय अन्तर्वस्तु अपने मृत शिशु को धरती में गाड़ने के गहरे दुःख से सम्बन्धित हैं, फिर तारा इस गहन दुख में भी काव्य-नायक के साथ उसी की तरह रात में अकेला चलता है। सुनसान मैदान, जलती उदास लालटेन, निर्जन स्थान रिक्त नाले के पास जहाँ काव्य नायक अपनी जिन्दगी के टुकड़े को जगह देने के लिए धरती को गहरे खोद मिट्‌टी के बिस्तर पर अपनी गोद से उतार सुला देता है, फिर मिट्‌टी से ढाँक पत्थर रख लौट चलता है—"लेकिन बहुत ही फिक्र से फिरकर, / कि पीछे देखकर / मन कर लिया था शान्त / अपना धैर्य पृथ्वी के हृदय में रख दिया था, / धैर्य पृथ्वी का हृदय में रख लिया था, / उतनी भूमि पर है चिरन्तन अधिकार मेरा, / जिसकी गोद में मैंने सुलाया प्यार मेरा।"[39] दुःख और धैर्य की इतनी सघन अनुभूतियोंवाली सीधी और सहज कविता मुक्तिबोध की ही नहीं हिन्दी की छोटी कविताओं में भी दुर्लभ है। यह कविता पहली बार 1980 में रचनावली में संकलित हुई है। मुक्तिबोध की कविताओं में भयावहता ही है जैसी धारणा को उनकी अनेक कविताओं ने अब रद्‌द कर दिया है। 'कष्ट और स्नेह' भी ऐसी ही कविता है, जिसमें बेचैनियों के श्याम भार, दुखती आँख से लाल धुँधले दीप के बावजूद कोमल-भावना का उद्रेक है। अभावों और असुविधाओं के बीच भी स्नेह की पूँजी के सहारे काव्य नायक अपनी पत्नी सहित अतिथि मित्र का स्वागत करने को समुत्सुक है।[40]

दरअसल अपनी क्रुद्ध जीवन धार के बावजूद मुक्तिबोध की दुनिया में प्रेम की जड़ें बहुत गहरी हैं। यह केवल सामान्य के ही नहीं विशिष्ट के प्रति भी केन्द्रित है और इससे यह प्रमाणित होता है कि प्रेम के बिना कविता का सृजन असम्भव है। 'क्या तुम सह सकोगी' गीत में "मेरे प्यार का तूफान, / मेरे आँसुओं का ज्वार / क्या तुम सह सकोगी ?" कहकर कवि बताता है "मेरा स्नेह है बे रोक।"[41] इसी बेरोक स्नेह और प्रेम के सहारे वे पुराने दिनों की गीतात्मक अनुभूतियों से भी भर जाते हैं—"पर बातें लौट न आएँगी / बीते पल लौट न आवेंगे /" केवल "छोटे-छोटे मधु-बिम्बों-सी / वह याद तुम्हारी आई है।"[42]

किन्तु यह दूसरा दौर मुक्तिबोध के काव्य-संसार को मुख्यतः वर्ग चेतना की उस दृष्टि से जोड़ देता है जिसके चलते छायावादी रूमानी भावना छिन्न-भिन्न हो जाती है और एक विद्रोह रोमांटिसिज्म समकालीन यथार्थ के इर्दगिर्द प्रमुख होने लगता है। फिर भी मुक्तिबोध की कविता में कल्पना के परिवेश में यथार्थ का परिवेश कब प्रवेश करता है और कब वह अदृश्य होने लगता है। जानना कई बार मुश्किल हो जाता है।

भारतीय समाज में वर्ग विभाजन का केवल आर्थिक आधार नहीं रहा है। जाति-धर्म

और अनेक सांस्कृतिक-सामाजिक ह्रासशील कारणों से भी समाज और जीवन में क्षयकारी प्रवृत्तियाँ विद्यमान हैं। मुक्तिबोध इन सभी स्थितियों से विचलित और इनकी अन्तर्वस्तुओं को अपने भाव-जगत् का इतिहास बनाते दिखाई देते हैं। वैज्ञानिक और भौतिकवादी दृष्टि के बिना कदाचित् यह सम्भव नहीं होता। यह समय वह था जब द्वितीय महायुद्ध के घातक विघटनकारी प्रभावों से विश्व मानवता त्रस्त थी और भारत में साम्राज्यवादी शक्तियों के आर्थिक-स्वार्थ सक्रिय थे। अर्ध-सामन्तीय पूँजीवादी व्यवस्था के दबावों के बीच निम्नवर्ग की कोई आवाज नहीं थी और मध्य वित्त वर्ग को मुक्तिबोध "एक साथ दो विरुद्ध अश्वों पर आरोहित / प्रासादों के राजमार्ग का भी अन्वेषक / श्रमिक क्रान्ति का वैतालिक है बड़ा विदूषक"[43] कहकर "संस्कृति की अभिजात हँसी का धोखा नंगा"[44] बता रहे थे। लालसा में डूबी खंडित दर्पण में अपना लोभी मुख देखनेवाली मध्यवर्गीय तथाकथित संस्कृति की प्रवंचना को मुक्तिबोध ने कुरेदना प्रारम्भ कर दिया था। यह आत्माभियोगी स्वर नैतिक मानवीय आधार और उस ईमान के कारण सम्भव हो सका जो मुक्तिबोध के क्षुब्ध हृदय में अपने सामाजिक-सांस्कृतिक अतीत और निस्सहाय वर्तमान की विडम्बना देख उत्पन्न हुआ था। इसीलिए मुक्तिबोध 'हे प्रखर सत्य' कविता में सामाजिक वैयक्तिक जीवन के विद्रूप-भीम भग्नता के बीच मध्यम वर्गीय चेतना का विश्लेषण करते हैं। 'हे प्रखर सत्य दो' में वे "मध्यवर्ग की उदरम्भरि जिन्दगी हुई है यों बेमानी" कहकर उसकी विवशता का वर्णन इस प्रकार करते हैं– "किन्तु सहे जाते बेचारे / साक्षर उदरम्भरि ये मानव / चिन्ताग्रस्त रात के व्यापक सूनेपन में / दहशत-भरी रूह लेकर के सुनते रहते / घुग्घू की हूहें डरावनी / या कि बिल्लियों के सम्मिलित रुदन के / वे आलाप कि तानें सनकी / जो अपने ही छप्पर पर से उठती रहती है भयावनी।"[45] इस प्रकार अवरोधग्रस्त बाधाओं के बीच पराजय भावों के काले मुँह के बन्दर मध्य वर्ग की नरक कथा का आख्यान करते हैं। फिर भी कवि की प्रतिज्ञा यह है कि "हे प्रखर सत्य, / तेरे आलोक वलय में जीवन ला ही दूँगा।"[46]

एक ईमानदार मध्यवर्ग के कवि के रूप में मुक्तिबोध की दृष्टि भारतीय इतिहास और समकालीन जीवन के यथार्थ पर केन्द्रित रही जहाँ संस्कृति की भाषा बोलना भी पाखंड है और "राजनीति-साहित्य क्षेत्र भी / यहाँ असत्य-शूकरों का है एक तमाशा।"[47] "भारतीय वास्तव है भीषण दुःस्वप्नों-सा" कहकर शोषकों के शोषण-अपराधों में सहायक संस्थाओं के भावुक दासानुदासों की शल्य चिकित्सा करते हैं जो समाज में वन्दनीय कहलाते हैं और सदैव अपनी ही शिकायतें बड़बड़ाते हैं।[48] जबकि जीवन की भयावह वास्तविकता यह है कि "अधनंगी माँ, नंगे बच्चे / धुन्ध-भरी प्रातः से ही सरदी की ऋतु की / बबूल पेड़ों के नीचे खोजते अन्न के / दाने चिथड़े आदि वस्तुएँ।"[49] बंगाल के अकाल को कवि आधुनिक अपराध गाथा की तरह देखता है। अपनी लेखनी को थमा देख धिक्कारता है और मानव मुक्ति की इतिहास गाथा की दिशा में प्रेरित करना चाहता है।

और ऐसा करते हुए कवि भविष्यवाद के सपनों में भी यात्रा करता है। मुफलिस के पीले और मैले कपड़ों के लत्तर के बीच अपने सपनों के कारण उसे मानव मुक्ति पास, बहुत पास दिखाई देने लगती है और वह जन गंगा का स्मरण करते हुए बार-बार यह टेक दुहराता है कि "अजी एक जन साधारण का / टूटा फाउंटेनपेन चल रहा।"[50] यह भविष्यवाद उनकी कविताओं में स्याह और उजले सपनों के साथ समानान्तर गतिशील दिखाई पड़ता है। वे घृणा और स्नेह की ताकत से संसार व्यापी शोषण को डुबो देना चाहते हैं और इसीलिए भव्य महामानव को जगाने का आह्वान करते हैं। वे अपने कवि से कहते हैं–"कवि आज भी मानव / यहाँ पर मरे चूहे-सा उपेक्षित है / वह बैलगाड़ी के अचानक (राह में) / दो भग्न पहियों-सा पराजित।"[51] किन्तु जीवन के विशाल समुद्र पर घृणा की विकराल ज्वाल फैलती है और "बढ़ते जा रहे हैं श्रमिक-कृषकों के सुसज्जित युद्धपोत विशाल / दारुण क्रान्ति की अनिवार्यता के भाग्य-मुग्ध-प्रतीक।"[52] 'ओ विराट् स्वप्नों' कविता में भी कवि प्राणों के बियाबान में स्थित काले सपनों का जिक्र करते हुए उनके स्थान पर विराट् स्वप्नों को आमन्त्रित करता है जिनके आने पर उसे भारत के वृक्ष और नदी किनारे लाल होते दिखाई पड़ने लगते हैं।[53] इसीलिए मुक्तिबोध की इस तरह की कविताओं को प्रमोद वर्मा ने "मुखर प्रगतिवादी बल्कि कुछ तो भविष्यवादी भी लगती है।"[54] कहा है तो यह ठीक ही है।

इसी दूसरे दौर की एक कविता 'मुझे पुकारती हुई पुकार' अपनी लयात्मकता और नाद से झंकृत करती हुई जड़ता में चेतना का अर्थ प्रक्षेपित करती है। विशेषण बहुल यह कविता भग्नता और उजाड़ विश्व की उदास भूमि में उस पुकार को रेखांकित करती है जो इस मरु-प्रदेश में भी चेतना जगा प्रभात भैरवी-सी अवसन्न मन को झंकृत कर देती है। इसके लिए मुक्तिबोध ने उजाड़ प्रान्त के विशाल रिक्त-गर्भवाले गुम्बजों के आसपास अपराजेय पक्षियों के पंखों की फड़फड़ाहट का गतिशील दृश्य लिया है जो अधीरता के साथ सुनील व्योम में 'नवीन मार्ग पा खुला हुआ' उड़ने लगते हैं।[55] सम्भवतः यह कविता टी.एस. इलियट के 'दि वैस्टलैंड' की हताशा का प्रत्युत्तर है। क्योंकि इस कविता को लिखने के कुछ अरसे पूर्व ही मुक्तिबोध ने टी.एस. इलियट को पढ़ा था, और उसके प्रति एक कविता भी लिखी थी, जिसमें कहा था–हमारे यहाँ भी है ह्रास[56] और कदाचित् इसी कारण इलियट के कुछ बिम्बों का प्रयोग भी इस कविता में हुआ है।

मुक्तिबोध इस दौर में अपनी कतिपय कविताएँ मुक्तिकाम माधवायन के नाम से भी प्रकाशित कराते थे। फिर भी यह सत्य है कि उनकी अधिकांश कविताएँ अप्रकाशित ही रहीं और पहली बार संग्रहों में छपीं। मुक्तिबोध के जीवन काल में उनके सतही मूल्यांकन का यह भी एक कारण रहा है। सतही मूल्यांकन का एक रूप तो यह था कि उनका नोटिस नहीं लिया जाता था। केवल सप्तक के एक कवि के रूप में नामोल्लेख कर दिया जाता था। दूसरा यह कि उन्हें निराशावादी, व्यक्तिवादी, अहंग्रस्त और दुरूह कविता का कवि समझा जाता था। डॉ. शम्भूनाथ सिंह ने मुक्तिबोध के काव्य का कुछ ऐसा ही मूल्यांकन किया है जिसमें कतिपय आधारभूत भ्रान्तियाँ हैं। वे लिखते हैं–

''गजानन मुक्तिबोध स्वयं एक अजनबी थे। वे जीवन भर समाज के साथ समझौता नहीं कर पाए। समाज उन्हें एक भौंड़ी और लक्ष्यहीन भीड़ के रूप में दिखाई देता है।''[57] यही नहीं वे यह भी कहते हैं कि ''मुक्तिबोध में अकेलेपन और अजनबीपन का बोध अधिक है। वे डॉन क्विकजाट की तरह हवा चक्कियों और पेड़ों को प्रेत आदि मानकर अकेले ही उनसे लड़ते दिखाई पड़ते हैं।''[58] डॉ. शिवकुमार मिश्र को भी उन दिनों मुक्तिबोध व्यक्तिवादी, असन्तोष और व्यापक अशान्ति से व्यथित भटके हुए कवि लगते थे। उनके शब्दों में ''निराशा, घुटन-रुदन, हाहाकार आदि उसके व्यक्तित्व में बद्धमूल होकर रह जाते हैं। नाश ही उसका आराध्य बन जाता है और इस प्रकार अपने द्वन्द्व और अपनी कशमकश के इस उलझन-भरे रूप द्वारा वह अपने सारे काव्य को गूढ़, अस्पष्ट और दुरूह बना लेता है।''[59] पर डॉ. शिवकुमार मिश्र मुक्तिबोध के मन में मौजूद गहरे द्वन्द्व की सत्ता को महत्त्व देते हैं। ऐसे भी अनेक उदाहरण हैं। जहाँ शोध-कार्य के विषय के अनुरूप किसी कवि की कविता को प्रमाणित करना ही सब कुछ हो जाता है। इसका दिलचस्प और दयनीय दृष्टान्त डॉ. हरिचरण शर्मा का यह कथन है– ''निर्धनता, बेईमानी और विवशता जैसी चित्त वृत्तियों की रसपूर्ण व्यंजना मुक्तिबोध की कविताओं का विषय है।''[60] दरअसल ऐसे निष्कर्ष 'रस सिद्धान्त और नई कविता' शीर्षकवाले अध्याय की स्वाभाविक दुर्घटना की ओर संकेत करते हैं।

हमारा यह निष्कर्ष है कि इस काल की इन कविताओं में मुक्तिबोध का संघर्ष निजी और व्यापक सामाजिक सन्दर्भों में कथ्य को अधिक स्पष्टता और तीक्ष्णता प्रदान कर सका है। यद्यपि उसमें वह गहराई और सघनता नहीं है जो उनकी बाद की कविताओं में गझिन रूप में व्यक्त हो पाई है। यहाँ अभाव-कष्ट और दुःख के बावजूद निराशा-आत्मग्रस्तता आदि के वे तत्त्व भी कम हैं जिनके कारण मुक्तिबोध को बाद में आत्म-बचाव भी करना पड़ा है। इसका कारण यह भी है कि मुक्तिबोध के लिए यह समय अभावों के बावजूद उस आशा का रहा जिसमें कुछ होने की सम्भावना मौजूद थी। पारिवारिक दिक्कतों के बावजूद दायित्व-भार नागपुर के दिनों-सा नहीं रहा। साहित्यिक क्षेत्र में उनकी उपेक्षा हो रही है ऐसा लगने का अब तक कोई कारण नहीं था। हम यह भी पाते हैं कि 'प्रयोगवाद' के तथाकथित प्रभावों से सर्वथा मुक्त वे भारतीय युवा मन के आदर्शों से कवि-कर्म में रत रहे। ऐसे मन से जिसमें प्रेम भी है और अमानवीय शक्तियों के प्रति नफरत भी।

कविताएँ : 1949-56

इस सृजनात्मक काल खंड की 46 कविताएँ हैं। इन कविताओं का इतिहास दिलचस्प है। इनमें से 39 कविताएँ कवि के जीवन काल में अप्रकाशित रहीं। केवल 7 कविताएँ प्रकाशित हुईं। इनमें से 2 कविताएँ 'चाँद का मुँह टेढ़ा है' संग्रह में छपीं और 21

कविताएँ 1980 में प्रकाशित 'भूरी-भूरी खाक धूल में' शामिल हैं। रचनावली एक में 21 कविताएँ पहली बार प्रकाशित हुई हैं। इस प्रकार मुक्तिबोध की 42 कविताएँ 1980 में उनकी मृत्यु के सोलह वर्ष बाद छपने का अवसर पा सकीं। यह बात केवल 56 तक की कविताओं के लिए है। रचनावली-2 में भी ऐसी कविताएँ हैं जो 1980 में पहली बार प्रकाशित हुई हैं और ये तथ्य इस बात को सहज ही प्रमाणित करते हैं कि मुक्तिबोध की समग्र पहचान चाहे वह उनकी विशिष्ट कविताओं के आधार पर ही क्यों न हुई हो अधूरी पहचान थी। ये कविताएँ और जैसा हम देख चुके हैं पहले की भी कविताएँ मुक्तिबोध के मन की व्यापक दुनिया से साक्षात्कार कराती हैं जिनमें पिता की स्मृतियाँ, माता, पत्नी, प्रेमिका, भाई, बहन, भाभी और शहर-गाँव के लोगबागों का धड़कता संसार है। कपड़े पछींटती गर्भवती औरत, पटेल बाबा, किसान दादा, देहाती मुसलमान चाचा, किसान, मजदूर, धरे हुए टोकरियों में बिलखते बच्चों को नारियाँ यानी समूची सफेद सभ्यता और शोषण की संस्कृति-राजनीति में जकड़ा दुबला इकहरा हिन्दुस्तान है। केदारनाथ सिंह के शब्दों में–"इन कविताओं का परिवेश बहुत कुछ प्रेमचन्द की कहानियों जैसा है।"[61] मुक्तिबोध जीवन भर समकालीन भारतीय जीवन की कविता लिखते रहे। जैसा कि मुक्तिबोध के अनेक अध्येताओं का मत भी है और यह कविताओं से भी स्वतः प्रकट है कि वे एक ही विराट कविता के अंशों-सी प्रतीत होती हैं।[62]

इस काल खंड की कविताओं में स्वतन्त्रता प्राप्ति के बाद की सामाजिक-सांस्कृतिक और राजनीतिक परिस्थितियों के वात्याचक्र में घिरे भारतीय जीवन की अँधेरी गलियों और चमकदार सड़कों का द्वन्द्वात्मक जीवन है। मुक्तिबोध की चेतना केवल वर्तमान को ही नहीं पकड़ती है–वह स्मृतिगर्भा भी है और स्वप्नशीला भी। इसलिए वह केवल इतने अर्थ में कालबद्ध नहीं है कि उसे तात्कालिकता की कविता के रूप में जाना जाए। उसमें हमारे समय की दुनिया है और पदार्थ भी पर वह इस तरह पदार्थमय नहीं है कि आदिम धड़कनों और मनुष्य के ऐतिहासिक संघर्ष और उसकी नियति से बेखबर हो। सच्चाई यह है कि इन कविताओं के आगे एक या दो विशेषणों की चिपकी लगाने का अर्थ है कई प्रश्नों को खड़ा कर देना।

ह्रासशील स्वार्थान्ध सभ्यता के शासन के चक्रव्यूह के बीच गम्भीर मानवी सत्य को देख कवि को कष्टजीवी श्रमशील जीवन का आत्मीय ज्ञान होता है और उसका मन उद्विग्न स्वप्नों से बेचैन और सन्तप्त होता रहता है। यह बेचैनी हिय को सौ-सौ आँखें प्रदान करती है और बहते निर्झर-सा आवेग, विषम परिस्थिति के विरुद्ध कवि को आन्दोलित करता है। 'साँझ-रँगी ऊँची लहरों में' जैसी कविता ही नहीं लगभग सभी कविताओं में इस जन-संघर्ष का व्यापक चित्रण हुआ है। यद्यपि यह कविता तैलंगाना संग्राम के दमन के बाद की है। दमन संग्राम का हो सकता है पर सपनों का नहीं। मुक्तिबोध की इन अधिकांश कविताओं की मुख्य थीम या केन्द्रीय वस्तु शोषित उत्पीड़ित मानवता का मुक्ति-संघर्ष ही है–"लाल धधकता हुआ गोल अंगार चन्द्र," 'जन संघर्ष की घाटी' और स्वार्थान्ध सभ्यता की फूटी / इमारतों औ' मीनारों पर है रुधिर-क्रान्ति।[63]

यह क्रान्ति और लाल धधकता हुआ अंगार चन्द्र कवि का जीवन की विषमताओं और अन्याय से प्रेरित ऐसा सपना है जिसमें वह "मुक्ति-सेतु बिछ गए क्रान्तियों की बाँहों के"[64] देखता है।

इस क्रान्ति को कालबद्ध जगत् की घटनाओं से इसी तरह जाँचना निष्फल होगा। किन्तु किसान-मजदूर आन्दोलनों और दलितों की अधिकार-चेतना के सन्दर्भों में परखते हुए ही हम इसकी आकांक्षा और सम्भावना की कद्र कर सकेंगे। यहाँ यह टिप्पणी प्रासंगिक ही होगी कि इन कविताओं में कलागत कच्चापन, स्फीति और भावुकता का वेग भी प्रचुर मात्रा में मिलेगा। पर यह सब होते हुए भी जब हम कवि के मन की हलचल में शामिल होते हैं तो यह सपना प्रवंचना नहीं लगता। इस सपने के बिना मुक्ति और संघर्ष की राह खुल ही नहीं सकती। स्वयं मुक्तिबोध 'साँझ-रँगी ऊँची लहरों' में इसे 'मुक्ति के स्वप्न का पूर्ण चन्द्र'[65] कहते हैं। इस तरह की कविताओं में मुक्तिबोध का कथ्य यथार्थ के स्याह पक्ष और स्वप्न के लाल आलोक के मध्य तना दिखाई देता है। यथार्थ के स्याह पक्ष के तहत के सामन्तवादी, ह्रासशील संस्कृति, साम्राज्यवादियों की अन्तर्राष्ट्रीय साजिश, भारत में जनतान्त्रिक सत्ता का कपटपूर्ण शोषण, यहाँ के अवसरवादी बुद्धिजीवी-साहित्यकार और शोषण में सहभागी बनते-शत्रुओं के समक्ष स्वार्थवश समर्पित मध्य और उच्च मध्य वर्ग का चित्रण करते हैं। लाल आलोकवाले स्वप्न के अन्तर्गत वे कृषक और श्रमजीवी विश्व की विकलता और कातरता के दृश्यों के बीच उनकी ताकत को संघर्ष वेग में रूपान्तरित करते हैं। अवश्य ही इन कविताओं में वक्तव्य-विस्तार और भावुक आवेग है—"कालिमा दिगम्बर पर फैला आलोक लाल / रक्तिम संघर्षों के क्षेत्रों पर खिलता है / वह महाबिम्ब / युद्ध-रत लोक-जीवन का वह भीषण-प्रतीक / आकुल कराल।"[66] पर इसे भी मुक्तिबोध प्रतीक रूप में ही देखते हैं।

मुक्तिबोध करोड़ों की आबादीवाली प्राणत्रस्त-अभिशापग्रस्त दुनिया को देखते हैं जिनके—"गहरे विवरों से उठती है काली मृत्यु की हूह !! / गहरे-गहरे कुओं में हो भूख से बिहाल / हो रही आत्महत्याएँ" और "स्वार्थान्ध सभ्यता के शासक दानवी जन्तु / चाहते कि दुनिया / रहे मूर्च्छना में विजड़ित निःशेष गर्क" एक ओर "विद्रूप सत्य का महासंगठन (काल-जाल)" है और दूसरी ओर "अपनी ही चेतना तीव्र / के कारण एकाकी असंग"[67] कवि है। 'साँझ-रँगी ऊँची लहरों में' पूरी कविता में इसी तरह की आवृत्तियाँ हैं। पूरी कविता चित्रात्मक है। जहाँ कवि अपनी असंग क्रान्तिकारी चेतना का उल्लेख करता है वहीं वह "स्वार्थान्ध सभ्यता की प्राचीरों के पथरीले तल समीप / की भूमि खोद / और नरम-नरम मिट्टी निकालकर एक ओर"[68] आराम करते चिर-उदरम्भरि कामचोर अवसरवादी बुद्धिमानों की आलोचना भी करता है। मुक्तिबोध अपनी मध्य वर्ग की स्थिति से अपरिचित नहीं थे, आत्मालोचना के द्वारा वे इसी वर्ग की दशाओं का सूक्ष्म चित्रण करते हैं। प्रारम्भिक कविताओं का उनका व्यक्तिवादी स्वर इस दौर में समाजवादी यथार्थवाद की जमीन तक आ गया लगता है।

'मुझे याद आते हैं', 'सूखे कठोर नंगे पहाड़', 'जिन्दगी का रास्ता' और 'सूरज के

वंशधर' इसी सामाजिक संघर्ष की अन्य रचनाएँ हैं। जबकि 'जब प्रश्नचिह्न बौखला उठे' और 'कायरता और साहस के बीच' दूसरे कारणों से महत्त्वपूर्ण कविताएँ हैं। समाजवादी यथार्थ और सामाजिक संघर्षवाली इन कविताओं में एक तेज प्रवाह में गूँथा हुआ गतिशील संसार है।

'मुझे याद आते हैं' कविता में बाहर के कुहरे से झाँकते पहाड़ के दृश्य-चित्र से वे मस्तिष्क के पीछे पड़े अनुभवों के ढेर तक आते हैं और फिर गतिशील जीवन परिवेश की यात्रा करने लगते हैं। इस पागल यथार्थ की व्यग्रता-चिन्ता में व्यंग्य से मुस्कुराता चाँद का अधूरा मुँह देखते हैं।[69] निजी भोगे हुए जीवन के दुःखों का सामाजिक संस्कार करते हुए वे शोषण पर आधारित नगर की सभ्यता पर व्यंग्य करते हैं—"बड़े-बड़े अक्षरों में / मुस्कुराते विज्ञापन / सिनेमा के, दुकानों के, रोगों के प्रभीमतर / चमकते हुए, शानदार / चलता हूँ कि देखता हूँ नगर का मुस्कुराता व्यक्तित्व महाकार, / नगर हैं अयथार्थ... / रूप में अरूप... / भयंकर दुःस्वप्न का विश्वरूप।"[70] और फिर उन्हें इस "संस्कृति के तिलस्मी / सियाह चक्रव्यूहों में फँसे हुए प्राण याद आते हैं।"[71] और अँधेरे में चुपचाप बहता रक्त दिखाई पड़ने लगता है। यह कविता मुक्तिबोध के बाद के रचना संसार की कई विशेषताओं से पहला स्पष्ट साक्षात्कार कराती है।

इस कविता में हमें एक तरफ तिलिस्म, थूहर, रूप-अरूप, निर्गुण, अँधेरे में बहता खून, चक्रव्यूह, मसानी आसमान, एक्स-रे की फोटो, रहस्यमयी अस्थियों के चित्र, अंगारी तारिकाएँ, भव्य देह प्रचंड पुरुष श्याम दिखाई देता है तो दूसरी ओर "तैरता चित्र एक / उर में सँभाले दर्द / गर्भवती नारी का / कि जो पानी भरती है वजनदार घड़ों से कपड़ों को धोती है भाड़-भाड़"[72] फिर माँ, बहनें, बेटियाँ, माता-पिता, लठधारी बूढ़े पटेल बाबा, किसान दादा, देहाती मुसलमान चाचा, लौह कर्मरत मजूर लोहार दिखता है। यह पूरा दृश्यावलोक अर्ध फैंटेसीपरक—इस कविता को, जो स्मृतिगर्भा भी है, एक गतिशील दुनिया में खड़ा कर देता है। केवल खड़ा ही नहीं करता काव्य-नायक में एक दायित्व-चेतना का संस्कार भी इस घटना-प्रक्रिया के साथ होता रहता है। अनदेखे अनजाने कष्टग्रस्त लोगों की स्मृति के साथ वह पहले जैसा नहीं रहता—"रास्ते में रात होते हुए भी मन में प्रात" भर जाता है और वह इस यथार्थ के समक्ष पहले जैसा असहाय महसूस करता था अब नहीं करता, साथ ही उसे क्रान्ति की ताकत का अनुमान होता है। कविता जैसे फैंटेसीपरक अंश से प्रारम्भ हुई थी उसके विपरीत इस घरेलू घटना से समाप्त होती है—कि काव्य नायक संकल्प भरा घर पहुँच दरवाजा खटखटाता है और भीतर से पत्नी की आवाज आती है 'आयी'। समग्र कविता गहरी सहानुभूति और स्पष्ट विचार दर्शन को अपने अर्थ और अपनी लय के प्रवाह में व्यंजित करती है। यही नहीं इससे मुक्तिबोध की कविता की देशी काठी, आधुनिकतावाद, मुक्त आधुनिकता और प्रतिबद्धता का वैसा प्रमाण मिलता है जो इस तरह के आन्दोलनों से प्रेरित कविता में सम्भव नहीं है। वस्तुतः यह रहस्यमयी अस्थियों से लेकर एक्स-रे फोटो के बीच वर्ग-द्वन्द्व और जन-आकांक्षा का दस्तावेज है।

'सूखे कठोर नंगे पहाड़' इसी दौर की तेज लयवाली बारह पृष्ठों की महत्त्वपूर्ण कविता है। जिसमें जन-क्रान्ति के रूप का गतिशील चित्रण हुआ है। इसमें 'महाश्रमिक' यानी मजूदर वर्ग के नेता को सम्बोधित किया गया है। मुक्तिबोध ने पूँजीवादी सभ्यता और संस्कृति के माया-जगत् का चित्रण करने के बाद उससे कहा है कि वह उसमें न फँसे और व्यवस्था के प्रतीक-रूप जो 'सूखे और नंगे पहाड़' हैं उन्हें उठाकर काल के समुद्र में फेंक दे।[73] नन्दकिशोर नवल ने 'महाश्रमिक' सम्बोधन का सरलीकरण कर उसे मजदूर नेता बना दिया है जबकि मुक्तिबोध ने महान श्रमिकों के लिए इस पद का उपयोग किया है जो जन-क्रान्ति के प्रतिनिधि हैं। इस कविता में युग-युग की संचित संस्कृति के सड़े रूपों की शोषण-प्रक्रिया का विश्लेषण है। 'आतंकशील सरकार', 'दुःशासन का तान्त्रिक खगोल' और उसके कल-पुर्जे लौह यन्त्रों के द्वारा संचालित 'स्वार्थ-शास्त्र की प्रखर बुद्धि'[74] को कवि उजागर करता है।

कभी-कभी मुक्तिबोध की प्रतीक-योजना उनके जटिल विन्यास के मध्य सुविचारित नहीं लगती। फिर विशेषणों से भी दुविधा की स्थिति उत्पन्न होती है। 'सूखे कठोर नंगे पहाड़' शोषण व्यवस्था के प्रतीक के बदले शोषित-वंचित किन्तु अपनी कर्मठता की शक्ति से भरे श्रमिकों-कृषकों-वनवासियों को संकेतित करता है। मुक्तिबोध कहते हैं पहाड़ वर्षा लेकर आती व्याकुल समीर को रोक रहा है।[75] वही तो पहाड़ की वर्षाकारक उपादेयता है।

इसी कविता में वह शब्दावली भी है जिसके कारण मुक्तिबोध को रहस्यवादी आदि समझ लिया जाता है। तिलिस्मी मार्ग, मन्त्रानुशासनों का जादुई देश तान्त्रिक की दुष्ट साध, भुतही सन्ध्या भाषा, शोणितारुण भैरव, अन्ध गुहा, स्याह जिन्न, भूरा साँप, असगुनी पंख, तिरछा रहस्य, भुतहे घर, चाँदनी पैशाची प्रगाढ़, रहस्यावृत्ता, तान्त्रिक की आँखों में गंजी चमक तेज[76] आदि पदावली का उपयोग मुक्तिबोध ने सामन्ती-पूँजीवादी तन्त्र के लिए ही किया है। ऐसा तन्त्र जिसने मनुष्यों की आत्माओं को उल्टा लटका रखा है। मुक्तिबोध ने तो सुषुम्ना आदि का भी प्रयोग किया है और इस प्रसंग में बाबा नागार्जुन का यह कथन अत्यन्त महत्त्वपूर्ण लगता है कि–"नेरुदा और चेग्वेरा किस तरह अपने प्रतीकों का इस्तेमाल करते हैं। इसे न सीखकर ये लोग (अपने प्रगतिशील) अपने प्रतीकों से नफरत करने लगे हैं और बात करते हैं जातीय इतिहास की। मैंने तो काली, दुर्गा, त्रिमूर्ति, पंचमूर्ति जैसे प्रतीकों का इस्तेमाल हमेशा किया है। सिन्दूर तिलकित भाल पर कविता लिखी है।"[77] बाबा ने वैचारिक क्षेत्र की दासता पर कठोर व्यंग्य करते हुए यह बात कही है। मुक्तिबोध भी बौद्धिक दासता के विरोधी थे। वे सांस्कृतिक परम्परा और ऐतिहासिक जीवनानुभवों की सामग्री का अपने लोगों के लिए अपने ढंग से उपयोग करना जानते थे। मुक्तिबोध की सहानुभूति और संघर्ष चेतना इतनी प्रखर और स्पष्ट है कि इस कवि के अस्तित्ववादी, रहस्यवादी या अध्यात्मवादी होने का सवाल ही नहीं उठता। रामविलास शर्मा मुक्तिबोध के काव्य में जिसे रहस्यवाद का विराट पुरुष कहते हैं वह वास्तव में हमारे भौतिक जगत् की जन-ताकत का पुंजीभूत रूप है। अपने वर्गीय

'मैं' से निकलकर और इस सामाजिकीकरण की प्रक्रिया से गुजरकर ही मुक्तिबोध ने इस विराट शक्ति का अनुभव किया था। मुक्तिबोध युग-युग की संचित संस्कृति के विकृत रूपों का संकेत करते हुए सावधान करते हैं और शोषण की जागीर के दयनीय जीवों को दिखाते हैं जो कभी मनुष्य अवश्य थे ''पर थोड़े से आराम हेतु अपनी आत्माएँ बेच''[78] आज सरकस के पालतू पशुओं की तरह हो गए हैं। फिर वे उच्च वर्ग के गुलाम स्त्री-पुरुषों की ओर संकेत करते हुए उन्हें दमनशील आतंकपूर्ण सरकार के लौह यन्त्र कल-पुर्जे बताते हुए उनके झूठे लोभ-आकर्षण में फँस मूर्ख नहीं बनने का परामर्श देते हैं। शोषण की इस व्यवस्था को नष्ट करने के लिए जन क्रान्ति का ही एकमात्र मार्ग है और जब तक यह कर्तव्य पूर्ण नहीं होता आराम निषिद्ध है के नोट के साथ 'सूखे कठोर नंगे पहाड़' कविता समाप्त होती है।

'जिन्दगी का रास्ता' उन्नीस पृष्ठों की लम्बी कविता है, जिसका प्रतीक नायक 'रामू' है। पर यह मुक्तिबोध की अपनी ही जीवन गाथा है। इस कविता में मध्य वर्ग की स्थिति का विश्लेषण मुक्तिबोध ने कहीं आत्मपरक ढंग से किया है तो कहीं वस्तुपरक ढंग से। गुलाम दिन की व्यर्थता के अहसास के साथ थके 'रामू' को यांगटीज की लहरें और मलाया के घनघोर वृक्षों के गीतों की लय भव्य तूफानी संगीत से भर देती है और ''अपनी भारतीय अँधेरी गली की / वेदनाकुल आत्मा / अनन्त शक्तिशाली व्यक्तित्व का रूप ले / अकस्मात् घूमने लगी / रामू के हृदय के आँगन में कमरों में।''[79] रामू के जीवन के लिए मुक्तिबोध दस पंक्तियों में उस कष्टजीवी बालक के जीवन का साम्य स्थापित करते हैं जिसे गरीबिन माँ ने बेच दिया है और जिसे मार खाते, काम करते, फटेहाल जीवन बिताना पड़ रहा है। इस तरह की अतिलम्बित और दूरस्थ उपमाएँ तथा यांगटीज और मलाया के वनों के प्रसंग कथ्य के मूल संवेदना को छितराते दिखाई पड़ते हैं। इनसे कवि की अन्तर्राष्ट्रीय चेतना और सहानुभूति तो उजागर होती है किन्तु कविता ही नहीं कविता के प्रभाव में भी बाधा ही उत्पन्न होती है। फिर वे एक ही कविता में नहीं, अनेक कविताओं में पुनरावृत्ति करते जाते हैं। इसी कविता में यशः लोलुप व्यक्ति की सत्ता आधुनिक रावण के घर भिश्तीगिरी करती है या ''पूँजीवादी उल्लू के साहित्यिक पट्ठे / राजनीतिक रात में / ऊँचे किसी छप्पर का आसरा लिए हुए / (रात) चीखा करते हैं।''[80] ये मुक्तिबोध द्वारा बार-बार दुहराए जानेवाले जुमले बन जाते हैं। ये मध्यवर्ग की विवशता का सरलीकरण भी करते हैं और ऐसे प्रश्न भी उत्पन्न करते हैं जिनके उत्तर कदाचित् उतने आसान नहीं हैं। इसलिए मुक्तिबोध जब आत्मपरक चित्रण करते हैं तो कई बार लगता है किसी तरह की साहित्यिक ग्रन्थि इसके पीछे कार्य कर रही है। मुक्तिबोध अगले पृष्ठ पर और फिर उसके भी बाद रावण के घर या रावण के आँगन में मध्य वर्ग को पहरा देते या दीन-सा खड़ा बताते हुए[81] कहते हैं—''दुनिया का उदरम्भरि मध्यवर्ग थर्राकर / (रोटी की तलाश में) / बेचता है आत्मा को / वेश्या के देह-सा व्यभिचार के लिए।''[82] यहाँ मुक्तिबोध वेश्या की विवशता का अवमूल्यन कर रहे हैं। केवल उपमा के फेर में क्योंकि वेश्या पेट के लिए देह बेचती है और व्यभिचार

देह खरीदनेवाले पुरुष अपनी हवस के लिए करते हैं। वर्ग-सम्बन्धों का सरलीकरण और वर्ग-संघर्ष का अतिरंजन भी यहाँ हुआ है।

भूमि के विद्रोही पुत्र शोषण व्यवस्था को भंग करनेवाली पृथ्वी पर घूमती आग की लकीर देखते हैं। विद्रोही पुत्रों के तेज को देखकर मध्य वर्ग भागकर रावण के आँगन में प्राणों की भिक्षा माँगता है। मुक्तिबोध प्रश्न करते हैं–"व्यभिचार के लिए समर्पित शरीर-सी बेचकर / हुआ क्या आत्मा का" और फिर उत्तर देते हैं–"श्वेत-वस्त्र सभ्यता / का एक हाथ, एक पैर / भुतही हवा के किसी स्पर्श से / मर गया / कि यों आधे चेहरे को मार गया लकवा, / आधा होंठ फूलकर लटक गया एक ओर, / विद्रूप कि भयानक व्यंग्य-हास हँसकर।"[83] दमन के अन्धकार, गरीबों के हाहाकार के मध्य काव्य नायक को शक्ति और साहस प्राप्त होता है–अकस्मात् किसी के द्वारा ऐसा होता है–"रामू के सोए हुए हृदय को / अवरुद्ध जीवन को अकस्मात् किसी ने / सत्य की शक्ति दी औ' हिम्मत की राह दी / पूँजीवादी झूठ के विराट अत्याचार बीच।"[84] यहाँ मुक्तिबोध पूँजीवादी व्यवस्था के कई चित्र उपस्थित करते हैं। किस तरह राजनीतिक बन्दियों की पीठ पर चाबुकों के निशान हैं और भयानक तथा बौनी परिस्थितियाँ रामू के जन-जन का हिया दागती हैं। यहाँ भी मुक्तिबोध एक गलत उत्प्रेक्षा से इस दागने की अनुभूति को सामन्ती सास द्वारा उसकी विद्रोहिणी विधवा बहू की पीठ दागने से जोड़ देते हैं।[85] पर वे पूँजीवादी ताकतों की नाशकारी गतिविधियों का मार्मिक चित्रण भी करते हैं– "पूँजीवादी गाड़ी के वेगवान / लोहे के पहियों ने / मानव का पेट चीर / विज्ञानोन्नति की।"[86] और "रामू जानता है कि पूँजीवादी शक्तियाँ / जन-जन की छाती पर बैठकर / शासन के चाकू से / विद्रोहिणी बुद्धि की त्रिकालदर्शी आँखों को काटकर / निकाल लेना चाहती हैं।"[87]

सामन्तवाद, पूँजीवाद, फासिज्म और साम्राज्यवाद के विरुद्ध घृणा और संघर्ष की भावनाओं से भरा काव्य-नायक एक नगण्य टीचर है और इसीलिए पूरी तरह दास नहीं हो पाया है। यद्यपि कर्ज के बोझ के कारण वह भी पार्ट टाइम सेवाओं की टूटी हुई सीढ़ियों पर चढ़ने के लिए मजबूर है।[88] पर संवेदना की मानसिक गूँजें निरन्तर उसके कानों में कहती हैं कि यह घुमावदार सीढ़ियों से चढ़ना उस कमरे में पहुँचाता है जहाँ कइयों ने कामाचार-व्यभिचार किए थे, भीषणतम हत्याएँ हुई थीं। यहाँ यह उल्लेखनीय है कि घुमावदार-चक्करदार सीढ़ियों का जिक्र मुक्तिबोध की कविताओं में बार-बार आया है और 'एक भूतपूर्व विद्रोही का आत्मकथन' में ऐसे ही कमरे का प्रसंग है जिसमें बलात्कार हुए थे।

निजी विवशताओं के बजाय मुक्तिबोध की कविता कष्टजीवी शोषितों की दुनिया से सम्बन्ध स्थापित करती है। इस प्रसंग में उनकी निजी स्थिति का यह चित्र "कर्तव्य के, सृजन के, संघर्ष के उत्साह की / अपनी बात कहने के भयानक दाह की / करता था पूर्ति वह / दुखती हुई पसलियों, थकी हुई पीठ औ' / अलसाए गात की / माँगों का गला घोंट, / स्त्री के व बच्चों के सोने पर, रात में / तारों भरी मध्यरात्रि बीच वह /

कुत्तों की नाराज भौंकें सुनता हुआ / करता था काम वह / किन्तु कभी जबर्दस्त नींद के झोंके में / गिरफ्तार होकर वह / पीली-लाल लौ की काली-काली जीभवाली लालटेन / के समीप लुढ़क जाता रामू था / पत्थर-सा, सिल-सा।''[89] सृजन-चिन्तनरत मुक्तिबोध से साक्षात्कार कराता है। पीली-भूरी मेहनती जिन्दगी के अनुभव मुक्तिबोध में संघर्ष-शक्ति उत्पन्न करते हैं और उनकी निजी निराशा के स्याह दरवाज़े से संघर्ष और साहस के नए गान से भरा सूरज निकलता है और ''जिन्दगी में हिम्मत का, ताकत का झरना झरता रहता है।''[90]

मुक्तिबोध की व्यग्रता को निम्न मध्यवर्ग ने जो विवेक-सम्मत-दिशा प्रदान की है वह केवल शाब्दिक या बौद्धिक विकलता से सम्भव नहीं होती। शम्भुनाथ का यह कथन बहुत ठीक है कि ''मानव अस्तित्व की चिन्ताएँ केवल मुक्तिबोध के निजी जीवन की न होकर, संस्कृति की चिन्ताएँ हैं। उनकी बेचैनी एक संस्कृति के भीतर की खलबली है।''[91] 'सूरज के वंशधर' में बीसवीं सदी के सन् इक्यावन के साल की भारतीय अँधेरी गहरी गलियों पर छाई भयानक सर्दी की काली रातों का चित्र है। दरिद्र बस्तियाँ, ठिठुरते लोग-बाग, शोषण की सत्ताएँ बस्तियाँ उजाड़ती हुई और मनुष्य के साँवले समूहों की टुकड़ों-सी उड़ती जिन्दगी है और इस जिन्दगी को ढो रहे साँवले हिन्दुस्तान की हालत इस तरह है–''सटर-पटर सामान को धरे हुए शीर्ष पर / पुरुष उबारता– / धरे हुए टोकरियों में बिलखते बच्चों को / नारियाँ सँवारती– / बची-खुची जिन्दगी के कराहते पलों को / सूखी हुई जाँघों की लम्बी-लम्बी अस्थियाँ / हिलाता हुआ चलता है / लँगोटधारी यह दुबला हिन्दुस्तान मेरा / रास्ते पर बिखरे हुए / चावल के दानों को बीनता है लपक कर।''[92] इतने जीवन्त दृश्य में मुक्तिबोध द्वारा 'शीर्ष' और 'अस्थियों' का प्रयोग विचित्र लगता है क्योंकि ये लँगोटधारी लोगों के लिए 'शब्द' नहीं है। फिर मुक्तिबोध बदरंग यथार्थ में क्रान्ति का कारीगर वज्रकाय हिन्दुस्तान ढूँढ़ निकाल लेते हैं जो ''अस्थियों के पंजर में पाले हुए / प्रकाश का शतदल'' और जिसके ''खंडहरनुमा जिन्दगी के आँगन में एक ओर / शक्तिशाली विचारों की / लहलहाती तुलसी खड़ी है आज।''[93] और काव्य नायक बस्ती में हर साल फैलनेवाली महामारी-प्लेग की राह में हर रोज मिलनेवाले सबूतों से खिन्न होता है कि–''बस्ती के बच्चों की चाँदनी में / खिलखिलाती कबड्डी की तस्वीर (उसे) थाम लेती है।''[94] फिर उसे बस्ती में झिलमिलाते दीए, पढ़ते हुए विद्यार्थी, कार्यरत बहन-भाभी, नाती को ककहरा सिखाते पितृश्री, क्रान्तिकारी कार्यकर्ता आदि दिखाई देते हैं। इस प्रकार पूरा गतिशील-क्रान्ति-स्पन्दित माहौल विद्रोही कवि की क्रोधाग्नि में जनता की ताकत के आधार पर जलता हुआ सूरज बन जाता है। कवि ने करोड़ों शोषितों को 'सूरज का वंशधर' कहा है। यह इतना सटीक कथन है कि इसी की प्रेरणा से हाल ही में प्रकाशित मराठी दलित कवियों की कविता के हिन्दी अनुवादित संग्रह का नाम 'सूरज के वंशधर' (सं. अनुवादक–चन्द्रकान्त पाटील) रखा गया है और प्रथम पृष्ठ पर इस कविता की पंक्तियाँ उद्धृत हैं।

डॉ. परमानन्द श्रीवास्तव ने कहा है कि ''जादुई और क्रान्तिकारी कल्पना का

संगठन मुक्तिबोध की काव्य प्रक्रिया का महत्त्वपूर्ण हिस्सा है। इस संगठन को उपलब्ध करने की दिशा में वह एक ओर तात्कालिकता को मिथकीय समय-परिवेश में संक्रमित करते हैं और दूसरी ओर मिथकीय समय-परिवेश को तात्कालिकता की कौंध में जीवित करते हैं।''[95] पर ऐसा करते हुए मुक्तिबोध कथ्य को घटनाओं, चित्रों और परिदृश्य में फैलाते ही जाते हैं। जैसा कि बाद की कविता 'मुझे कदम-कदम पर' में कवि ने स्वीकार भी किया है कि–''लेखक की कठिनाई यह नहीं कि / कमी है विषयों की / वरन् यह कि आधिक्य उनका ही / उसको सताता है, / और वह ठीक चुनाव कर नहीं पाता है।''[96] हिय को मिलनेवाली सौ-सौ आँखों, कदम-कदम पर मिलनेवाली सौ-सौ राहों और सौ-सौ विषयों को महसूस करनेवाले कवि के साथ यह मुश्किल स्वाभाविक भी है। जैसेकि उक्त उद्धृत पंक्ति ही ऐसा वक्तव्य है जिसका कविता होना मुश्किल है। पर मुक्तिबोध निरन्तर काट-छाँट के बावजूद चयन करने की प्रक्रिया में चूक जाते भी लगते हैं।

'मेरे मित्र, सहचर', भी ऐसी ही चौदह पृष्ठ की कविता है जिसमें शैतान की तस्वीर और जनता की झाँकी के बीच भव्य जन-संघर्षों के प्रदीप्त तेजोमय ज्वालामंडल प्रतिपल मस्तक में घूमते हैं। यहाँ भी पुनः-पुनः भारतीय गली के अँधेरे दृश्य हैं और नवीन व्यवस्था की आस्था में मूर्तिमान जन-जन का भावाकुल प्राणदान है। गाँवों में जुआर की रोटी से महकते धुएँ में नीलश्याम भव्याकार मेघ खंड तैरता है जिसकी छाती में तड़ित की धुकधुकी में विश्व स्वप्न कौंधते हैं। वर्णनात्मक प्रवाह में मुक्तिबोध भारतीय कष्ट ग्रस्त जीवन का पूर्व परिचित चित्र दुहराते हैं और जिन्दगी के जलते हुए मैदानों पर जनता का नवयुग चलता हुआ दिखाई पड़ता है। माँ, बाप, भाई, गरीब मजूर-कुली-हमाल आदि जनता की प्याऊ से जीवन अमृत पीते हैं। गिरती हुई लाशों के जनतान्त्रिक देश के इस खंडहरनुमा प्राचीन शिवाल में ऐसा रहस्योद्घाटन था जिसमें वर्तमान की परिस्थितियों का सूक्ष्मतम विश्लेषण हो रहा था।[97] फिर श्रमशील कष्टजीवियों द्वारा क्रान्ति के आवेग में नई जनता के चित्र बनाए गए क्रान्तिकारी कारीगरों ने नई कला का सृजन किया। इन सब तैयारियों के साथ देश-व्यापी जन युद्ध प्रारम्भ होता है। काव्य नायक जानता है कि व्यक्तिगत जिन्दगी में अँधेरा है पर प्राणों के अँधेरे में ज्वालाएँ खेलती हैं। इस तरह मुक्तिबोध व्यापक सामाजिक सत्य और संघर्ष की चेतना की दिशा में आत्म विस्तार करते हैं।

'कायरता और साहस के बीच' कविता में ऐसी आत्मालोचना है जिसमें वर्ग-दम्भ और असलियत की शल्य चिकित्सा के साथ ही वैफल्य का चित्रण बेहद प्रभावी ढंग से हुआ है–''मित्रों के सम्मुख मैं / नित्य सत्य बनता हूँ, उग्र बहुत बनता हूँ / अनदेखे हिमालय की अर्थभरी / चित्रात्मक समीक्षा कर / सफलता का मोर-मुकुट पहन लेता हूँ।''[98] मध्यवर्गी भय के बीच मृत्यु-पर्यन्त की योजनाएँ बनाना और कल्पना में पुरुषत्वहीन पंख फड़फड़ाकर उड़ना फिर जमीन पर उतर आना यही जीवन चर्या है। उन्नति के लिए जो कुछ प्रयत्न होते हैं उसका लाभ दीगर शक्तिशाली उठाते हैं। इस तरह की कायरता

और ऐसे ही साहस के बीच जीना। इस कविता में मुक्तिबोध अपने परिचित विन्यास से हटकर भिन्न लगते हैं।

'जब प्रश्न चिह्न बौखला उठे' आत्म-संघर्ष और आत्म-निरीक्षण की कविता है। जीवन के समर्थक प्रश्न चिह्नों के जाग पड़ने पर ज्ञान संवेदन के साथ यथार्थ की पीड़ा जाग पड़ती है और काव्य नायक के मन में जन-जन के घर-आँगन का सूर्य चमकने लगता है। समूची कविता व्यापक भौगोलिक-प्राकृतिक पठार पर भारतीय जन जीवन की उल्लासपूर्ण प्रेरक ऊष्मा और जीवन्त स्पर्शों से आन्दोलित होती है। काव्य-नायक विराट जीवन के संस्पर्श से अपने भीतर मर्मज्ञ कबीर की उपस्थिति अनुभव करते हुए कहता है—"तुम क्या जानो मुझको कितना / अभिमान हुआ / सन्दर्भ हटा, व्यक्ति का कहीं उल्लेख न कर, / जब भव्य तुम्हारा संवेदन / सबके सम्मुख रख सका, तभी / अनुभवी ज्ञान-संवेदन की दुर्दम पीड़ा / झलमला उठी।"[99] और इसी सामाजिक-प्रक्रिया के द्वारा संस्कारमयी नई ईमानदार विवेक-चेतना का विकास हुआ जो यथार्थ के मूलगामी निष्कर्षों तक पहुँचने में समर्थ हुई। इसी चेतना से शोषक सत्ता के दुर्गों को ध्वस्त किया जा सकता है और यही कवि को वस्तु जगत् के विश्लेषण के लिए दृष्टि प्रदान करती है—"वैज्ञानिक मानव-शस्त्रों से / मेरे सहचर हैं ढहा रहे / वीरान विरोधी दुर्गों की अखंड सत्ता / उनके अभ्यन्तर के प्रकाश की कीर्तिकथा / जब मेरे भीतर मँडराई / मेरी अखबार नवीसी ने भीतर सौ-सौ आँखें पाईं।"[100] इस कविता के कथ्य में भी बिखराव है। यद्यपि व्यापक सामाजिक-पारिवारिक रिश्तों में उल्लास और गति से गूँथी हुई है। 'चाँद का मुँह टेढ़ा है' में इस कविता के साथ अन्य कवितांश जुड़ गया था। रचनावली-एक में उसे हटाकर कविता का छूटा हुआ असल अंश जोड़ दिया गया है।

इस काल खंड की कविताओं का महत्त्व इस दृष्टि से सर्वाधिक है कि ये कविताएँ मुक्तिबोध की उस प्रतिमा को तोड़ती हैं जो उन्हें भयानक खबर या तनावपूर्ण उलझी संवेदनाओं का कवि सिद्ध करती रहीं। मुक्तिबोध रचनावली प्रकाशन के 12 वर्ष पूर्व डॉ. रामविलास शर्मा ने लिखा था—"ऊपर से अँधेरा-अँधेरा दिखने पर भी उनकी कविता में बड़ी विविधता है। यदि कभी उनकी तमाम असंकलित कविताओं का संग्रह प्रकाशित होगा, तो इस विविधता की जानकारी और भी अच्छी तरह हो सकेगी।"[101] सन् अस्सी में उनकी समस्त कविताओं के प्रकाशन के साथ उनकी यह बात प्रमाणित हो गई है।

सामाजिक संघर्षवाली कविताओं में भी जीवन और जीवन-सम्बन्धों के जीवन्त-आत्मीय चित्र बिखरे हैं। प्रेम और क्रान्ति का गहरा रिश्ता है जो जब प्रश्नचिह्न बौखला उठें की इन पंक्तियों से प्रकट है—"शब्दों-शब्दों में वाक्यों में / मानवी अभिप्रायों का जो सूरज निकला / उसकी विश्वाकुल एक किरण / तुम भी तो हो, / धरती के जी को अकुलानेवाली / छवि-मधुरा कविता की / प्यारी-प्यारी-सी एक कहन / तुम भी तो हो,"[102] इतना ही नहीं कोमल भावनाओं और प्रेम की कविताओं में इतनी गीतात्मक संवेदनशीलता और तरलता है कि आश्चर्यचकित रह जाना पड़ता है। कवि कहीं बिजली को 'बहना'[103] और समीर को 'भाई' सम्बोधन भी करता है। 'गीत'[104] में पवन का

बन्धु-सखा भाव अप्रतिम है। घर-परिवार में समीर का प्रवेश आनन्द के खूब जोर की तरह होता है–"पत्नी ने हाथ गहा, / उसका उछाह रोक / कानों में यह कहा– / कमरे में बाहरी, / लिखना और पढ़ना हो रहा / शोर न करो, चुपचाप दबे-पाँव / बच्चों के संग-संग / चौके में चले आव।"[105]

'तुम्हारा पत्र आया', 'द्युति की कली', 'सहर्ष स्वीकारा है', 'एक दूसरे से है कितनी दूर', 'बहुत दिनों से', मुक्तिबोध की ऐसी प्रेम कविताएँ हैं जो उनके मन की ऊपरी कड़ी चट्टान के भीतर बहते जल स्रोत का पता देती हैं। वे केवल भावों का ही नहीं रूप का भी चित्रण करते हैं। 'एक दूसरे से हैं कितनी दूर' तो रोमांस की ऐसी कविता है जिसमें कवि ने विट का भी मोहक प्रयोग किया है। नीली साड़ीवाली छाया काव्य-नायक के कमरे में आकर मँडराती है फिर भी वह बाँहों में न बँध पाने की कसर रह जाने के प्रसंग में कहता है–"इतनी कसर रह गई बाकी / जो अच्छा ही हुआ कि बस हम / लैला-मजनू होने से ही तो डरते हैं / भद्‌दी बात प्रेम का होना"[106] पिता की स्मृतियों पर भी मुक्तिबोध की दो हार्दिक कविताएँ हैं। 'मैं कमल तोड़कर लाऊँगा' आशा और संकल्प की बड़ी सहज और सधी कविता है–"मैं कमल तोड़कर लाऊँगा / है दूर पहाड़ों पार / सरोवर में / जादू का एक कमल / मैं उसे तोड़कर लाऊँगा।"[107]

इसीलिए मुक्तिबोध स्याह रंगों के बीच अरुण कमल की कामना के कवि सिद्ध हो सके हैं। ये कविताएँ उनके व्यापक सरोकार और गहरे मानवीय अनुराग का साक्ष्य प्रस्तुत करती हैं। उनके कथ्य में इतनी विविधता है इसका अनुमान सन् अस्सी के पहले असम्भव था। दरअसल मुक्तिबोध को पहचानने में दो बार चूक हुई है और दोनों बार इसका कारण उनकी रचनाओं का अप्रकाशित रह जाना रहा है। नई कविता के दौर में उन्हें व्यक्तिवादी आत्मगत यथार्थ का कवि समझा जाता था और उनकी मृत्यु के बाद उन्हें जटिल फैंटेसीपरक मार्क्सवादी। प्रतिबद्ध कवि तो वे हैं ही पर उनका रचना संसार इतना व्यापक है और उसमें देशी चरित्र की इतनी ऊष्मा और चमक भी है यह अब सिद्ध हुआ है।

कविताएँ : 1957-64

"जितना ही तीव्र है द्वन्द्व क्रियाओं-घटनाओं का / बाहरी दुनिया में, / उतनी ही तेजी से भीतरी दुनिया में / चलता है द्वन्द्व कि / फिक्र से फिक्र लगी हुई है।"[108]

मुक्तिबोध की उक्त पंक्तियों से उनकी इस प्रौढ़ और असमय अन्तिम काल खंड की कविताओं के बाहरी समय से गहरे सरोकार का पता चलता है। आठ वर्षों का यह समय मुक्तिबोध के जीवन का निर्णायक दौर साबित हुआ। इस दौर में न केवल मुक्तिबोध ने अपनी महत्त्वपूर्ण रचनाएँ पूरी कीं बल्कि वे जीवन से ज्यादा प्रेम भी करने लगे थे।[109] वर्ष 64 में तो उन्होंने बहुत कम लिखा और अस्वस्थ हो गए। इसी दौरान

उनकी पुस्तक 'भारत : इतिहास और संस्कृति' भी जब्त हुई थी जिससे उन्हें गहरा धक्का लगा था। यह वह समय भी है जब देश में समाजवाद और प्रजातन्त्र के नाम पर वह सब प्रारम्भ हो चुका था जिसे हम शक्ति, सत्ता और पूँजी सम्पन्न लोगों के कपट के नाम से जानते हैं। मुक्तिबोध ने ऐसे परिवेश में अनुभव की जानेवाली असहायता से उत्पन्न आत्मग्रस्तता को अपने संवेदनशील मन से पहचाना क्योंकि बाहर "समाज में संजीवनकारी उत्प्रेरक आन्दोलन या ऐसी संगठन शक्ति नहीं थी।"[110] फिर भी मुक्तिबोध अपने तथा मध्यवर्ग के अन्तर्विरोधों से जूझते हुए यूटोपियन होप के साथ अपने रचना संसार में अपने समय और मनुष्य के सपने के समय का द्वन्द्व रचते रहे। अशोक वाजपेयी बहुत ठीक कहते हैं कि "उनकी कविता का एक बड़ा हिस्सा अनुभव की अनथक व्याख्या और पड़ताल का उत्तेजक साक्ष्य है।"[111] इस साक्ष्य की बहुत बड़ी विशेषता यह है कि इसमें कवि अपने अन्तर्द्वन्द्वों की ही कविता लिखते हुए कविता-प्रक्रिया के दौरान ही उनसे उबरने का प्रयत्न करता है और अपने समय की दुर्घटनाओं को दर्ज करते हुए निरन्तर अपने लोगों के भविष्य की आकांक्षा का स्वप्न भी देखता है। ऐसा करते हुए मुक्तिबोध विवेक और विचारधारा की धार को ओझल नहीं रखते और प्रगतिशील और अगतिशील तत्त्वों और शक्तियों पर भी सावधान-सतर्क दृष्टि रखते हैं।

मुक्तिबोध की कविता मध्य वर्ग की त्रासदी और विडम्बना को बड़ी ताकत के साथ उजागर करती है और ऐसा करते हुए स्वयं उनके अपने वर्ग पर कठोर टिप्पणियाँ भी करती हैं। वर्गापसरण की आकंठ व्यग्रता इन कविताओं में शोषितों और उत्पीड़ितों के प्रति गहरी आन्तरिक सहानुभूति के रूप में प्रकट हुई है। आतंक, भय और चिन्ता का वातावरण, दहशत-भरी नाटकीय स्थितियाँ, फैंटेसी से घटित होनेवाले चमत्कार, काव्य नायक की विफलताग्रस्त अपसाधारण दशाएँ, सामाजिक अन्याय की परिस्थितियाँ, मनोबल का टूटना और इस मनोबल को जन शक्ति से पुनः प्राप्त करने का संकल्प इन कविताओं का भाव-इतिहास है। जैसा कि मुक्तिबोध स्वयं कहते हैं—"कविता के भीतर की नाटकीयता वस्तुतः भावों की गतिमयता है (और) कथा तत्त्व भी भाव का इतिहास है।"[112]

मुक्तिबोध के कथ्य और भाव-इतिहास में जो विलक्षणता है उसका रहस्य इस तथ्य में है कि उन्होंने विवेक-अनुशासित अपने मन की हलचल को प्राकृतिक-भौगोलिक दृश्यावलोक में गूँथ दिया है। उनकी परिदृश्यात्मक कल्पना समय और स्थान के विस्तृत फलक पर यात्रा करती है। अपनी हर बेचैनी के साथ जिसका यथार्थ शहरों, कस्बों, गाँवों और अभावग्रस्त परिवारों में है, वे प्राकृतिक भूगोल में उड़ने लगते हैं और इस उड़ान में इतिहास के साथ ही सौर-मंडल भी कवि के साथ हो लेता है। वे केवल उड़ते भर नहीं हैं, वहाँ वे कभी करुण तो कभी उग्र लयकारी के साथ आलोड़न-विलोड़न भी करते हैं। इसलिए उनके यथार्थ की काठी नागार्जुन की तरह इकहरी नहीं है और वह नागरिक या ग्रामीण परिवेश में थिर भी नहीं है यथार्थ का यह भिन्न स्थान में रोपण यथार्थ के समय को इस तरह प्रभावित नहीं करता कि उसकी समकालीनता ही धूमिल हो जाए।

समकालीन होते हुए भी वह अपने ही भौतिक समय में गड़ा नहीं रहता, बल्कि कल्पना के साथ अबाधित काल यात्रा करता है–"नहीं होती, कहीं भी खत्म कविता नहीं होती / कि वह आवेग, त्वरित काल-यात्री है / व मैं उसका नहीं कर्ता, / पिता-धाता / कि वह कभी दुहिता नहीं होती / परम स्वाधीन है वह विश्व शास्त्री है / गहन-गम्भीर छाया आगमिष्यत् की / लिए, वह जन-चरित्री है। / नए अनुभव न संवेदन / नए अध्याय-प्रकरण जुड़ / तुम्हारे कारणों से जगमगाती है / व मेरे कारणों से सकुच जाती है।"[113] मुक्तिबोध की कविता अपनी इसी जन-चरित्री ताकत के कारण हमारे समय के इतिहास का दहकता दस्तावेज प्रस्तुत करती है। अनेक अन्तर्विरोधों और वर्ग सीमाओं का अहसास भी कवि को है। जिनके कारण अपनी कविताओं के बारे में कहता है–"इसीलिए, मेरी ये कविताएँ / भयानक हिडिम्बा हैं / वास्तव की विस्फारित प्रतिमाएँ / विकृताकृति बिम्बा हैं।"[114] यह मुक्तिबोध का आत्माभियोगी स्वर है जो अपने कष्टग्रस्त जनों को छोड़ आन्तरिक आरोहावरोहों में भटकने से उपजा है। पर जब वे भागते-आपदाग्रस्त लोगों के साथ होते हैं तब उन्हें अपनी कविता दूसरी तरह महसूस होती है–"यों मेरी कविता है बिना-घर / बिना-छत गिरस्तिन, / जिसमें कि मेरा भाव / ज्वलन्त जागता / जिसे लिए हुए मैं / देख रहा जमाने की परिपाटियाँ।"[115]

मुक्तिबोध को पता था कि वे अपनी सामाजिक आत्मा के सत्य और स्वप्न के लिए आजीवन एक ही प्रदीर्घ कविता लिख रहे हैं जो बार-बार विभिन्न शीर्षकों में लिखी जाकर भी उनके जीवन का अधूरा महाकाव्य साबित होगी। फिर भी उनकी आकांक्षा के अनुरूप ही उनकी अधूरी कविता महान् ही नहीं बुलन्द भी है। क्योंकि वे उस जन से प्यार करते हैं जिसका तप्त मुख धुएँ में सँवला रहा है। वे कहते हैं–"कि मैं अपनी अधूरी दीर्घ कविता में / सभी प्रश्नोत्तरी की तुंग प्रतिमाएँ / गिराकर तोड़ देता हूँ हथौड़े से...कि मैं अपनी अधूरी दीर्घ कविता में / उमग कर / जन्म लेना चाहता हूँ फिर से, कि व्यक्तित्वान्तरित होकर, / नए सिरे से समझना और जीना / चाहता हूँ, सच।"[116] क्योंकि झूठे सवालों और कपटमय जवाबों के बीच असल प्रश्न को छिपाया जा रहा है। दंडकवन में लंका का पथ सभी साथियों के साथ ढूँढ निकालने की चिन्ता और अन्धकार-नगरी के वातावरण को देख मुक्तिबोध का कवि सक्रिय हो उठता है–"मेरी आँखों में धूमकेतु नाचे / उल्काओं की पंक्तियाँ काव्य बन गईं / घोषणा बनीं...वह कल होनेवाली घटनाओं की कविता / जी में उमगी।"[117] किन्तु जब कवि जन-समस्याओं को अनदेखा कर गुजर जाता है तब भीतर तक पश्चात्ताप की अग्नि झनझनाती है। मुक्तिबोध के लिए शून्य मन के टीन-छत पर जख्मी पैरों से परेशान भटकने की स्थिति भयावह हो जाती है–"हर पल चीखता हूँ / शोर करता हूँ कि वैसी चीखती कविता बनाने में लजाता हूँ।"[118] पर जहाँ व्यापक सत्य अथवा संघर्ष का प्रश्न उठता है वे कविता में अति कथन से भी नहीं चूकते हैं–"कविता में कहने की आदत नहीं, पर कह दूँ / वर्तमान समाज में चल नहीं सकता / पूँजी से जुड़ा हुआ हृदय बदल नहीं सकता / स्वातन्त्र्य व्यक्ति का वादी / छल नहीं सकता मुक्ति के मन को / जन को।"[119] और

जन की वेदना के लाल नीले अक्षरों में लिखी गई सृजन की परछाईं मुक्तिबोध के लिए महत्त्वपूर्ण हो उठती है। वे कहते हैं–"मानो या मत मानो, / इस नाजुक घड़ी में / चन्द्र है सविता है / पोस्टर ही कविता है।"[120] मुक्तिबोध कविता की 'प्रतिरोधी भूमिका' और उसकी सामाजिक कार्यपरकता में गहरा विश्वास प्रकट करते हैं। उन्हें पता है कविता में प्राणवायु मिश्रित खनिजों का समुदाय, लोहा और अग्नि होती है और फिर वे उसकी चिन्ता नहीं करते कि किसी को कविता पसन्द नहीं आएगी या बिगड़ जाएगी।[121] क्योंकि वे जानते हैं कि कविताओं में आत्मा के भाव जासूस की तरह सक्रिय हैं।[122]

मुक्तिबोध का मन और मस्तिष्क अपने समय की घटनाओं और स्थितियों के प्रति एक चौकन्ने जासूस की तरह सक्रिय दिखाई देता है। उनका समस्त मानवीय सोच हर तरह से कविताओं में उमड़ आता है। अपनी एक पुरानी कविता मेरे मित्र, मेरे सहचर (1951) में भी हम उन्हें ऐसा ही संकल्प करते देखते हैं। वे अपने आशयों को न केवल अन्यों के लिए वरन् स्वयं के लिए भी ज्ञात होने की प्रक्रिया को महत्त्व देते हुए कहते हैं–"मेरे मित्र, सहचर / जिनको तू सोचता था गुप्त न रह जाएँ / ओझल न रहें तुझसे तेरे ही अभिप्राय।"[123] अपने इन्हीं अभिप्रायों का उन्होंने लोग-बागों की इस आलोचना की चिन्ता किए बगैर कि "बेकार है मेहनत तुम्हारी सब / कविताएँ रद्दी हैं,"[124] अपने और अपनी दुनिया के लिए निरन्तर आविष्कार किया। मुक्तिबोध की कविता की आत्मा में गर्हित और उपेक्षित के प्रति जो असल सहानुभूति है उसी के बूते वे कहते हैं–"मेरे रक्त-भरे महाकाव्यों के पन्ने उड़ते हैं।"[125] अपनी अन्य कविता 'मेरे महाकाव्य के पन्ने' में भी उन्होंने यही कहा है। कवि के नैतिक विश्वास से ही यह सम्भव है कि वह अपनी कविता के बारे में इस प्रकार की टिप्पणी करे।

1952 में ही मुक्तिबोध ने 'साँझ रँगी ऊँची लहरों' में कविता में अपनी कविता के भाव-इतिहास की औपन्यासिकता का संकेत किया था–"श्रमशील कष्टजीवी मन का जीवन-विश्व / समुपस्थित कर अपने असंख्य / वेदना-दृश्य, संघर्ष शिल्प, व्यक्तित्व चित्र / वह घोर जागता उपन्यास / मेरे हिय में घुलकर होता आवेग एक / अतिशय सवेग बहते निर्झर-सा अकुलाता।"[126] मुक्तिबोध की उपन्यास के प्रति गहरी ललक थी। तार सप्तक की भूमिका में उन्होंने तालस्ताय के मानवीय-समस्या सम्बन्धी उपन्यासों का उल्लेख किया था। वही तालस्ताय उनकी महत्त्वपूर्ण कविता 'अँधेरे में' आकर खड़ा हो जाता है–"शायद, तालस्ताय-नुमा कोई वह आदमी / और है, / मेरे किसी भीतरी धागे का आखिरी छोर वह, / अनलिखे मेरे उपन्यास का / केन्द्रीय संवेदन।"[127] मुक्तिबोध का अनलिखा उपन्यास उनकी प्रदीर्घ कविताओं में झलकता है। क्योंकि वे जिस व्यापक जीवन सत्य को पाना चाहते हैं और उसके लिए संघर्ष करते हैं वह सत्य आभूषण मात्र नहीं है। समस्याओं में उलझकर वे अपने सत्य को रश्मि का विकीरण और परम्परा का प्रतिफल मानते हैं। इसे भी वे "यह सत्य मेरा है / उपन्यासकार का,"[128] कहकर उसे व्यापक जीवन संघर्ष से स्वायत्त करते हैं। 'मुझे कदम-कदम पर' कविता में भी मुक्तिबोध ने अपनी औपन्यासिक रुचि और प्रवृत्ति को जीवन के फैलते चौराहों पर प्राप्त होनेवाले

अनुभवों से जोड़ा है—"कहानियाँ लेकर और / मुझको कुछ देकर ये चौराहे फैलते / जहाँ जरा खड़े होकर / बातें कुछ करता हूँ... / उपन्यास मिल जाते।"[129] मुक्तिबोध का अनुभव-संसार कथातत्त्व के इसी ताने-बाने के सहारे फैंटेसी में प्रवेश करता है और प्रदीर्घ कविताओं के पन्ने उड़ने लगते हैं।

इन प्रदीर्घ पन्नों का आतंक, तनाव, द्वन्द्व और स्याह रंग नक्षत्र और विद्युत की चमक से उम्मीद में रूपान्तरित होता है, उसी तरह 'कमल' का फूल भी मुक्तिबोध के कथ्य की स्वप्न भूमिवाले हिस्से का महत्त्वपूर्ण और केन्द्रीय आकांक्षा-प्रतीक है। 1946 में ही 'नया आदित्य' कविता में मुक्तिबोध ने कमल की अग्नि चेतना और रचनाकार के बीच यह कहकर रिश्ता कायम कर लिया था कि—"लेखक ज्वालाओं के ऊँचे / भव्य कमल भीतर बैठा है।"[130] पर धीरे-धीरे कमल वर्गापसरण के बाद जन शक्ति से तादात्म्य के रूप में कवि का काम्य हो जाता है। 'अरुण कमल', 'रक्त सरसिज', नक्षत्र, विद्युत मुक्तिबोध की क्रान्तिकारी आशा के सूचक हैं, यही यूटोपिया है। यह निर्धारित अथवा आरोपित आशावाद नहीं है बल्कि जीवन-संघर्ष और कविता के भीतर से ही उपजनेवाला कमल-नाल है, ऐसा कमल-नाल जो पंक के दलिद्दर में पनपता है और "गगन में सुनहले कमल की पाँखों में / मुक्ति-सभ्यता का शिखर"[131] बन चमकता है। मुक्तिबोध के लिए कमल अग्नि-विवेक है। वे इसे ज्वलन्त सरसिज भी कहते हैं—"नहीं, नहीं, वह तो है ज्वलन्त सरसिज / जिन्दगी के दलदल कीचड़ में धँसकर / वक्ष तक पानी में फँसकर / मैं वह कमल तोड़ लाया हूँ।"[132] इस कमल को प्राप्त करने की उत्कंठा मुक्तिबोध में गहरी जड़ें जमाए थी। इसके पहलेवाले दौर में लिखी गई उनकी एक कविता का शीर्षक ही था 'मैं कमल तोड़कर लाऊँगा'[133] इन्हें देखकर-पाकर कवि के हृदय में त्रिकाल की आकांक्षामयी त्रिवेणी उमड़ने लगती है क्योंकि ये जन-अनुभव हैं जो कवि को शक्ति प्रदान करते हैं—"लाल पँखुरियाँ / जन-अनुभव की कमल श्रेणियाँ / उन्हें देख, मेरे अन्तर में जाग रहीं पावन त्रिवेणियाँ।"[134] उस कमल को तोड़ लाने की प्रेरणा माँ और मानवीय छवियों से प्राप्त होती है।[135] और इसीलिए कवि अपनी महत्त्वपूर्ण कविता 'अँधेरे में' वहाँ पहुँचने के लिए अभिव्यक्ति के सारे खतरे उठाने की जोखिम लेता है जहाँ "दुर्गम पहाड़ों के उस पार प्रतिपल काँपता रहता अरुण कमल एक।"[136] 'पता नहीं' कविता में काव्य-नायक स्वप्न देखता है कि सबके मन की चिनगारियों से उसके हृदय में जो अग्नि-व्यूह निर्मित हुआ है वही प्रज्वलित कमल बन जाता है। और "उस कमल-कोष के पराग स्तर / पर खड़ा हुआ / सहसा होता है प्रकट एक / वह शक्ति-पुरुष / जो दोनों हाथों आसमान थामता हुआ।"[137] नजदीक आता है इस तरह खतरों में जूझनेवाली जिन्दगी की दिशा और संकेत मिलता है।

वास्तविकता यह है कि मुक्तिबोध के कथ्य के भीतर की अपार और भूचाली हलचल को पकड़ने में आलोचनात्मक या निश्चित विचारधारापरक निर्धारित युक्तियाँ असफल हो जाती हैं। इसका आशय यह नहीं है कि मुक्तिबोध की पक्षधरता सन्दिग्ध है। पक्षधरता और विचारधारा के स्पष्ट होने के बावजूद उनके संघर्ष, उनकी विवशता

और उम्मीद के बीच लगातार द्वन्द्व चलता रहता है। इसीलिए उनकी कविता को केवल राजनीतिक या आर्थिक विचारधारा से नहीं समझा जा सकता। सामूहिक रूप से सांस्कृतिक और निजी रूप से नैतिक विघटन और क्षय की चिन्ता भी उनकी कविताओं के केन्द्र में मौजूद है। रमेशचन्द्र शाह का यह कथन मुक्तिबोध के मन के इस द्वन्द्व को ठीक से प्रकट करता है कि–"उनमें अपने मध्यवर्गीय व्यक्तित्व को लेकर गहरा नैतिक अन्तर्द्वन्द्व चला करता था। इतना निर्मम और मूलगामी विश्लेषण स्वयं अपने व्यक्तित्व और वर्ग चरित्र का शायद ही किसी 'हिन्दी लेखक' ने किया हो।"[138] पर यहाँ यह जानना भी जरूरी है कि मुक्तिबोध ने हमारे समय और हमारी सामाजिक स्थितियों के मूल द्वन्द्वों को भी उतनी ही तीव्रता से विश्लेषित किया है जितनी व्याकुलता से स्व के द्वन्द्व को। कविता में विश्लेषणपरक भाव-इतिहास की श्रृंखलाओं को गूँथते जाना साधारण कवि-कर्म से कुछ भिन्न ही है। इसीलिए हमने मुक्तिबोध की कविता में उनकी 'कविता', 'उपन्यास' और 'अरुण कमल' से जुड़ी काव्य-पंक्तियों को विशेषरूप से रेखांकित किया है। हिडिम्बा, पोस्टर, कालयात्री, अधूरी, महाकाव्यात्मक और बिना छत-गिरस्तिन आदि विशेषणोंवाली मुक्तिबोध की कविता का सत्य औपन्यासिक है। हर मोड़ पर मिलनेवाला उपन्यास उन्हें कमल के फूल तोड़कर लाने के संकल्प से भरता है और उद्वेलित करता है।

इनके अतिरिक्त आत्मा, रक्त, आग, तेजस्क्रिय मणियाँ (जिनका सम्बन्ध मुक्तिबोध के स्वप्न से है), भव्य पुरुष (जो सहसा / अकस्मात् / एकाएक / तभी प्रकट होता है) आदि का भी मुक्तिबोध की कविता में निरन्तर प्रयोग हुआ है जो उनके द्वारा अनेक ढंगों से विभिन्न सन्दर्भों में प्रयुक्त स्याह-अँधेरे रंगों के विशेषणों की भाव-जीवन स्थितियों के विरुद्ध लगातार उपस्थित होते हैं। यह श्याम-श्वेत का सरलीकृत विभाजन मात्र नहीं है। मुक्तिबोध अपनी परम्परा और संस्कृति को मथते हैं। जिन्दगी के पठार के कड़े कोस नापते हैं। स्वयं अपने ही भीतर असहाय-अपराधी महसूस करते हैं और आत्मभर्त्सना करते हुए व्यक्तित्वान्तर की प्रक्रिया में तल्लीन हो "जन-जन के संघर्षों में जीवन की उठान का आसमान"[139] ढूँढते भटकते हैं। शोषण और अन्याय के प्रति विद्रोह और अगाध मानवीय करुणा मुक्तिबोध की कविता की मूल चेतना है। विवेक-विक्षोभ, वेदना के झरने, जगत्-समीक्षा की अँधेरी आत्म-संवादी हवाएँ निजी और बाह्य संघर्षों के सन्दर्भों में काव्य-नायक को त्रस्त कर देती हैं। कवि की विस्फारित आँखों में भीतर की व्याकुलता उमच आती है वह अपने जीवन के अभावों, आसपास के दुख-दर्द, अपने समय की खुदगर्ज आपाधापी और शोषण के संगठित जहाज को देखता है और इस सबके बीच मानवीय माधुर्य अनुभवों की छवियाँ उसके परास्त मन में मीठी-सी ताकत कसकाने लगती हैं और वह अपने नैसर्गिक परिवेश में स्वप्न देखने लगता है। यह पूरा भाव-इतिहास और समूचा परिदृश्य इतना जटिल, गझिन और गुम्फित है कि इसका आत्मपरक-बाह्यपरक जैसा सरल विभाजन भी मुश्किल है। वस्तुतः कविता के भीतर की दुनिया को इतिहास-बोध, ज्ञान-बोध, युग-बोध, आत्मबोध या विश्व-बोध जैसे निरर्थक

खानों में बाँटकर देखा ही नहीं जा सकता। फिर मुक्तिबोध जैसे कवि के कथ्य के सन्दर्भ में तो यह और भी मुश्किल है, क्योंकि वे रहस्य के लिए नहीं यथार्थ के लिए फैंटेसी रचते हैं, जहाँ फैंटेसी, परिवेश यहाँ तक कि लय भी कथ्य में बदलने लगती है। छायावादी संस्कारों और प्रगतिशील चेतना के सम्मिलित संवेदनों से मुक्तिबोध ने ऐसे आदर्शवादी रोमांटिसिज्म को विकसित किया जिसमें समकालीन यथार्थ, कवि के विश्वास और उनके स्वप्नों की छवियाँ उनके रचना जगत् को न केवल विलक्षण बल्कि अन-अनुकरणीय भी बनाती हैं। इस दृष्टि से मुक्तिबोध अकेले हैं। वे परम्परा और आधुनिकता दोनों से जुड़े हैं पर परम्परावादियों में आधुनिक और आधुनिकों में अपेक्षाकृत पुरानों के निकट जान पड़ते हैं। मुक्तिबोध की यह विशिष्ट स्थिति उनके उस कथ्य और शिल्प के कारण है जिसमें दरार डालकर झाँक पाना मुश्किल है।

मुक्तिबोध का काव्य नायक या कहें कवि जिस बेचैनी और मानसिकता व्यग्रता के साथ कथ्य के केन्द्र में है वह स्वयं में चकित कर देनेवाला प्रसंग है। मुक्तिबोध केवल अपने चौकन्ने मन मस्तिष्क के साथ ही नहीं बल्कि समूची छटपटाती-भागती-दौड़ती देह के साथ भी अपने अनुभव लोक से जुड़े हुए हैं इस हिस्सेदारी में संशय, द्वन्द्व, आत्म भर्त्सना और अपसाधारण दशाएँ तक शामिल हैं। यह स्नायविक सक्रियता मुक्तिबोध में जहाँ-तहाँ दिखाई पड़ने लगती हैं। जिसमें किससे कहूँ ? क्या करूँ ? क्या नहीं करूँ ? कहाँ जाऊँ ? अब तक क्या किया ? जैसे आत्मबेधी प्रश्न हैं और प्रश्नों के साथ भागती-दौड़ती छाया है। कुछ दृष्टान्त इस प्रकार हैं :

1. "अधूरी और सतही जिन्दगी के गर्म रास्तों पर, / अचानक सनसनी भौचक / कि पैरों के तलों को काट-खाती कौन सी यह आग ? / जिससे नच रहा-सा हूँ।"[140]
2. "अपना सब वर्तमान, भूत, भविष्य स्वाहा कर / पृथ्वी-रहित, नभ-रहित होकर मैं / वीरान जलती हुई अकेली धड़कन से / सहसा पछाड़ खा / चारों ओर फैले उस भयानक समुद्र की / सतहों पर छटपटाता गिरता हूँ।"[141]
3. "जिन्दगी के / कमरों में अँधेरे / लगाता है चक्कर / कोई एक लगातार / आवाज पैरों की देती है सुनाई / बार-बार...बार-बार।"[142]
4. "परन्तु, भयानक खड्डे के अँधेरे में आहत / और क्षत-विक्षत, मैं पड़ा हूँ, / शक्ति ही नहीं है कि उठ सकूँ जरा भी।"[143]
5. "गैलरी से भागा मैं पसीने से सराबोर।"[144]
6. "दम छोड़ रहे भाग गलियों में मेरे पैर / साँस लगी हुई है / ...भागता मैं दम छोड़ / घूम गया कई मोड़।"[145]
7. "मेरी छाँह, सागर तरंगों पर भागती जाती दिशाओं पार, हलके पाँव / नाना देश-दृश्यों में।"[146]

यह भागना, छटपटाना, क्षत-विक्षत हो आहत होना सर्वगामी छाँह, की ऐसी परिणति है, जो व्यापक समाज-सत्य से भीतर के सत्य की विच्छिन्नता के कारण

काव्य-नायक को आक्रान्त कर देती है। कवि इसी प्रक्रिया द्वारा आत्म-विस्तार और व्यक्तित्वान्तरण करता है। क्योंकि 'ब्रह्मराक्षस' कविता में वह इसकी ट्रेजेडी से साक्षात्कार कर चुका है। 'ब्रह्मराक्षस' मुक्तिबोध की स्तर-बहुल जटिल कविता है। मुक्तिबोध 'मैं' रूपी आत्म-नाशी भुतहे वास्तव से अपने जीवन में अरसे तक आक्रान्त रहे और उससे उबरने का यत्न भी करते रहे। आर्थिक-विपन्नता, ऋण-ग्रस्तता और परिवार-समाज के बीच असमर्थता का अहसास ही भुतहा वास्तव था। इसी भुतहे वास्तव में गिरफ्तार मुक्तिबोध स्वयं को 'ब्रह्मराक्षस' कहते हुए लिखते हैं–"मैं ब्रह्मराक्षस हूँ। अनादिकाल से चला आया वह ब्रह्मराक्षस जिसने हमेशा सही रहने की कोशिश की और गलती करता चला गया।"[147] 'ब्रह्मराक्षस' कविता में मुक्तिबोध के निजी जीवन की त्रस्त निष्फलता का एक प्रभावी प्रतीकपूर्ण फैंटेसी में रूपान्तरण हुआ है। बावड़ी खंडहर की तरफ है और परित्यक्त भी। औदुम्बर की टहनियाँ, घुग्घुओं के घोंसले, टगर-कन्हेर पूरा परिवेश चित्र और ध्वनि बिम्बों के साथ प्रति संसार की सृष्टि करता है, व्यक्ति के अन्तर्द्वन्द्व को प्रकट करनेवाली यह मुक्तिबोध की विशिष्ट और प्रतिनिधि रचना है। कुबेरनाथ राय के अनुसार–"यों मुक्तिबोध अपनी कविताओं को फैंटेसी कहा करते थे और अन्य लोग भी कहते ही हैं। पर शुद्ध अर्थ में उनकी एक ही फैंटेसी कविता है और वह है 'ब्रह्मराक्षस'।"[148] और यह सत्य भी है क्योंकि अन्य कविताओं में फैंटेसी और बाह्य-अनुभव जगत् के मध्य छलाँगें चलती रहती हैं। जैसाकि 'अँधेरे में' कई बार घटित होता है। 'ब्रह्मराक्षस' के आदिम बिम्ब के माध्यम से कवि ने आत्मकेन्द्रित बहुपठित मध्यवर्गीय व्यक्ति (बुद्धिजीवी भी) की निष्क्रियताजन्य विफलता का आकलन किया है। डॉ. इन्द्रनाथ मदान "इसे कट्टर चरम आदर्शवाद का प्रतीक मानते हैं।"[149] यह इसलिए गलत है कि ब्रह्मराक्षस के समक्ष लाभ-लोभ की अवसरवादी समझदारी से मुक्त होना प्रमुख समस्या नहीं रही थी। उसकी समस्या थी–"वह रूप अपने बिम्ब से ही जूझ / विकृताकार-कृति / है बन रहा।"[150] दूसरी प्रमुख चीज थी–"आत्मचेतस् किन्तु इस / व्यक्तित्व में थी प्राणमय अनबन...विश्वचेतस् बे बनाव"[151] इसीलिए "पिस गया वह भीतरी / औ' बाहरी दो कठिन पाटों बीच, / ऐसी ट्रेजेडी है नीच।"[152] वह अपने कुठ्ठर में निजी संघर्ष करते हुए चल बसा। मुक्तिबोध ने उसे 'ज्योति' कहा है जो अज्ञात रह सदा को सो गई। अन्त में प्रश्न है कि ऐसा क्यों हुआ ? और संकल्प भी कि "मैं ब्रह्मराक्षस का सजल-उर शिष्य / होना चाहता / जिससे कि उसका वह अधूरा कार्य, / उसकी वेदना का स्रोत / संगत, पूर्ण निष्कर्षों तलक पहुँचा सकूँ।"[153] मुक्तिबोध की कविताओं में इस संघर्ष की अनुगूँजें दूर-दूर तक सुनाई पड़ती हैं कि कैसे व्यक्ति अपने भीतरी सत्य और समाज के व्यापक सत्य के मध्य तार्किक सम्बन्ध स्थापित कर उस व्यापक सत्य अर्थात् शोषण-मुक्ति के लिए संघर्ष में अपना योगदान दें। 'ब्रह्मराक्षस' कविता की स्थितियों और काव्य-नायक का मुक्तिबोध के जीवन में गहरा अन्तःसम्बन्ध है और यह अहसास ही उनके संघर्ष की आधारभूमि है।

मुक्तिबोध के अन्तर्द्वन्द्व में एक नैतिक मनुष्य की गहरी ईमानदारी है। इन

अन्तर्द्वन्द्वों के मूल उनके निजी जीवन में भी हैं, जो विचार से भावों का सम्पादन करते चलते हैं, इसलिए इनकी अभिव्यक्ति व्यक्तिगत रूप में नहीं होती फिर भी कवि अपनी निराशा या सीमाओं को छिपाने के बदले उनसे मुठभेड़ करता है। अपने आदर्शों और सिद्धान्तों की मदद से इनको काबू में करना चाहता है और यथार्थ और आदर्श के द्वन्द्व की यह स्थिति उनकी कविताओं में गहरा तनाव उत्पन्न करती है। कविताओं का यह तनाव कवि के स्नायविक तनाव से गहरी संगति भी रखता है। 'अँधेरे में' जैसी कविता में भी जिसमें मुक्तिबोध अपने समय की क्रूरतम सच्चाइयों को उजागर करते हैं, उनका यह आत्म-द्वन्द्व-आलोचन देखा जा सकता है—"...ओ मेरे आदर्शवादी मन, / ओ मेरे सिद्धान्तवादी मन / अब तक क्या किया ? / जीवन क्या जिया ? / उदरम्भरि बन अनात्म बन गए / भूतों की शादी में कनात से तन गए / किसी व्यभिचार के बन गए बिस्तर... / ...बहुत-बहुत ज्यादा लिया / दिया बहुत-बहुत कम / मर गया देश, अरे, जीवित रह गए तुम ??...लोक हित-पिता को घर से निकाल दिया / जन-मन-करुणा-सी माँ को हंकाल दिया / स्वार्थों के टेरियार कुत्तों को पाल लिया / ...मेरा सिर गरम है / इसीलिए भरम है / ...निजत्व भाफ है बेचैन / क्या करूँ, किससे कहूँ, / कहाँ जाऊँ, दिल्ली या उज्जैन..."[154]

स्व-केन्द्रित जीवन की निरर्थकता को मुक्तिबोध परम्परा और परिस्थिति-घेरे से प्राप्त उस दुर्बलता के रूप में देखते हैं जो खास वर्ग में जन्म लेते ही संस्कार बनने लगती है—"सच, जन्म-कक्ष में शिशु की मेरी आँखों को / दिख गया खुली खिड़की में एक विरूपाकृति जानवर / उसने मुझको कमरे में से ही उठा लिया / ले गया घने पेड़ पर भयानक जंगल में / झुरमुट में जाकर छिपा दिया... / मानव-जग ही से चुरा लिया।"[155] और फिर "एक असार्थक वृथा निरर्थक / निज केन्द्रित जीवन-यापन का गन्दापन / वह चढ़ा धड़कते दिल पर जड़ / चमड़े की मोटी परतों-सा / मढ़ गया..."[156] परिणामतः मध्य वर्ग का पंगुपन और उसकी निष्क्रिय नियति ही प्राप्त होती है। मुक्तिबोध निम्न और उच्च वर्ग के बीच की अपनी त्रासद स्थिति और उससे उपजे अकेलेपन का सन्त्रास महसूस करते हैं—"अपने समाज में, सच मैं अकेला हूँ / जिनका मैं अंग हूँ / जिनसे है श्रेणीगत एकता / वे मुझसे दूर हैं। / मुझे दुश्मनी निगाहों से देखते जो मुझसे एकदम भिन्न हैं / वे मेरे मित्र हैं / परन्तु, गुण-धर्म जो स्वाभाविक उनके हैं / मेरे न हो सके / इसीलिए पंगु हूँ !! क्या करूँ / क्या करूँ / ??"[157] 'चम्बल की घाटी' कविता में भी टीले, डाकू और भयानक दर्रों की लगभग ऐसी ही स्थितियों के मध्य उपरोक्त-सी ही अभिव्यक्ति हुई है—"अपने समाज में अकेला हूँ बिल्कुल / मुझमें जो भयानक छटपटाहट है / नहीं वह किसी में, / इसलिए, अपना ही श्रेणीगत साम्य है जिनसे, / उनसे ही गहरा है विद्वेष / विरोध, विरोध, विरोध !! / किन्तु जो दूर हैं, / अलग, पृथक् हैं / जो अति भिन्न हैं / मित्र हैं वे ही, / परन्तु, शत-गुण धर्म जो उनके / ले नहीं पाता हूँ चाहने पर भी।"[158]

उक्त उद्धरणों के जरिए यह भी स्पष्ट होता है कि किस तरह मुक्तिबोध का

आत्म-संघर्ष विभिन्न कविताओं में लगभग एक-सा व्यक्त हुआ है। दोनों ही कविताओं में लगभग एक ही-सी थीम है–'छाती पर भयानक दस्यु बैठा है', 'आँय-बाँय-शाँय के सिवाय' 'हमने तो पहले भी कहा था तुमने अनसुनी की', 'ऐतिहासिक विवरण', यथावत मिलते हैं। हो सकता है कि 'चम्बल की घाटी में' (1964) 'एक टीले और डाकू की कहानी' (1960) का भिन्न संशोधित पाठ हो। नेमिचन्द्र जैन द्वारा सम्पादित रचनावली की भूमिका में इसका कोई उल्लेख नहीं है।

मुक्तिबोध ने जो स्वीकारोक्तियाँ की हैं वे भी उनके आत्ममन्थन के एक महत्त्वपूर्ण और ईमानदार पक्ष को उद्घाटित करती हैं। वे अपनी दुविधा को प्रकट करने में भी किसी तरह की हेठी नहीं समझते हैं–"बात अभी कहाँ पूरी हुई है / आत्मा की एकता में दुई है / इसलिए / स्वयं के अधूरे ये शब्द और / टूटी हुई लाइनें, न उभरे हुए चित्र / टटोलता हूँ उनमें कि / कोई उलझा-अटका हुआ सत्य कहीं मिल जाए।"[159] या "खुद नहीं मालूम / सही हूँ या गलत हूँ / या और कुछ / सत्य हूँ कि सिर्फ मैं कहन की तारीफ।"[160]

कवि का यह संशय उसे छोटा नहीं बल्कि सच्चा बनाता है। मुक्तिबोध लोगों की ताकत और अपनी स्वयं की कमजोरी को भी ठीक से आँकते हैं–"मेरे ही विवेक-रत्नों को लेकर / बढ़ रहे लोग अँधेरे में सोत्साह / किन्तु मैं अकेला / बौद्धिक जुगाली में अपने से दुकेला।"[161] युवा कवि गुॅस्ताव की एक कविता पर टिप्पणी करते हुए काफ्का ने कहा था–"तुमने कवि का उस महान और चमत्कारी पुरुष की तरह बखान किया है जिसके पाँव जमीन पर तो हैं किन्तु जिसका सिर बादलों में गायब हो गया है। निस्सन्देह यह निम्न-मध्य वर्ग की रूढ़ि के बौद्धिक चौखटे में खींचा गया पूरी तरह से एक साधारण बिम्ब है, जिसका यथार्थ से कोई वास्ता नहीं है। हकीकत यह है कि कवि समाज की औसत इकाई से कहीं अधिक छोटा और कमजोर होता है। इसलिए वह दीगर लोगों की बनिस्बत अपने लौकिक अस्तित्व के बोझ को अधिक तीव्रता और शक्ति से महसूस करता है।"[162] काफ्का का यह विश्लेषण मुक्तिबोध पर कई जगह चरितार्थ होता दिखाई देता है।

मुक्तिबोध केवल दुविधा या वर्गीय चरित्र की सीमा ही की ओर संकेत नहीं करते बल्कि आत्माभियोगी स्वर के साथ अपराध में अपनी हिस्सेदारी भी अनुभव करते हैं। यह उनकी अचेतन की नैतिकता का प्रमाण है क्योंकि कविता उनके लिए वैज्ञानिक उत्साह का परिणाम या योद्धाओं का उद्यम नहीं थी। इसलिए उनकी वेदना-व्यथा के उत्स सिर्फ बाहर नहीं हैं। इस प्रसंग में उनकी ये पंक्तियाँ सच्चाई को कहने की उनकी शक्ति को भी प्रमाणित करती हैं–

1. "दस्यु-पराक्रम / शोषण-पाप का परम्परा क्रम / वक्षासीन है / जिसके कि होने में गहन अंशदान स्वयं तुम्हारा।"[163] (चम्बल की घाटी में)।
2. "ठीक है कि हम भी तो दब गए, / हम जो विरोधी थे / कुओं-तहखानों में कैद-बन्द / लेकिन, हम इसलिए / मरे कि जरूरत से / ज्यादा नहीं

बहुत-बहुत कम / हम बागी थे।''[164] (एक भूतपूर्व विद्रोही का आत्म कथन)।

3. ''फिर भी, मैं अपनी सार्थकता से खिन्न हूँ। निज से अप्रसन्न हूँ / इसलिए कि जो है उससे बेहतर चाहिए / पूरी दुनिया साफ करने के लिए मेहतर चाहिए / वह मेहतर मैं हो नहीं पाता।''[165] (मैं तुम लोगों से दूर हूँ)।
4. ''मैं कनफटा हूँ हेठा हूँ / स्रेवलेट-डॉज के नीचे मैं लेटा हूँ / तेलिया लिबास में पुरजे सुधारता हूँ / तुम्हारी आज्ञाएँ ढोता हूँ।''[166] (मैं तुम लोगों से दूर हूँ)।
5. ''गलियों में अन्धकार भयावह / मानो मेरे कारण ही लग गया / मार्शल लॉ वह / मानों मेरी निष्क्रिय संज्ञा ने संकट बुलाया / मानो मेरे कारण ही दुर्घट / हुई यह घटना।''[167] (अँधेरे में)।
6. ''अचानक जाने किस चेतना में डूब / उर में समाए हुए अपने तलातल / टटोलता हूँ... / क्या कहीं मेरा अपराध ? / मेरा अपराध ?''[168] (चम्बल की घाटी में)।

यह मुक्तिबोध की संलग्नता की गहराई और नैतिकता का ऐसा पक्ष है, जिससे उनकी प्रतिबद्धता की कल्पना की जा सकती है। उसकी पक्षधरता या प्रतिबद्धता उनके रक्त का ही हिस्सा थी केवल बौद्धिक आर्केटाइप नहीं, यह उनकी अपराध-बोध की इस पीड़ा से समझा जा सकता है।

इस स्थिति से उबरने का संघर्ष मुक्तिबोध की कविता में सर्वत्र मौजूद है। कभी मास्टरजी की तो कभी माँ की डाँट पड़ती है :

1. ''अँधेरे कोने में एकान्त / न जाने किस मास्टर की डाँट पड़ रही है / जितना भी किया गया / उससे ज्यादा कर सकते थे / ज्यादा मर सकते थे।''[169] (इस चौड़े ऊँचे टीले पर)।
2. ''डाँटती हुई कहती है वह / तब देव बना अब जिप्सी भी / केवल जीवन-कर्तव्यों का / पालन न हो सके इसीलिए / निज को बहकाया करता है।''[170] (एक अन्तःकथा)।

यह डाँट केवल मास्टरजी या माँ की नहीं है। यह मानवीय वास्तविकताओं का बौद्धिक और हार्दिक आकलन करने की आकांक्षा का परिणाम भी है। अलबत्ता माँ की डाँट से कामायनी में श्रद्धा द्वारा मनु को दी गई झिड़की–''अरे तुम इतने हुए अधीर / हार बैठे जीवन का दाँव / जीतते मर कर जिसको वीर।''[171] का बरबस स्मरण हो आता है।

मुक्तिबोध निरन्तर अपनी चेतना को शोषितों-दलितों की दिशा में मोड़ने और उनसे जुड़ने का प्रयत्न करते हैं। क्योंकि उन्हें यह पता है–''समस्त अग्नियाँ, अकेले में जलती हुई / करती हैं अपनी ही / ऐसी की तैसी !!''[172] और इस प्रक्रिया में वे सामन्तवादी नैतिकता, और पूँजीवादी अमानवीकरण के शिकार मध्य तथा उच्च मध्य वर्ग पर प्रहार करते हैं। साहित्यकार, बुद्धिजीवी, चिन्तक, आलोचक आदि वे सब जो

अवसरवादी लाभ-प्रलोभन की दुनियादारी की दासता स्वीकार करते हैं उनकी प्रखर आलोचना के विषय बनते हैं। इसी दौरान वे नगर-सभ्यता की दाम्भिकता और तथाकथित आधुनिकता की भी खबर लेते हैं। सफलता और उन्नति के सम्बन्ध में भी उनकी धारणा है कि यह कपट और स्वार्थ की सीढ़ियों पर चढ़ने का अंजाम है। सफलता के सम्बन्ध में तो उनकी मनोग्रन्थि ही कभी-कभी सक्रिय होती दिखाई पड़ती है क्योंकि उनके पत्रों से उनका अन्तर्विरोध प्रकट होता ही है। इस प्रकार स्व तथा निज वर्ग की आलोचना करते हुए वे अपने 'मैं' के अन्तर्विरोधों से भी जूझते हैं और अपने से लड़ते हुए वे अन्तर्विरोधों को सुलझाने की कोशिश भी करते हैं। पर जैसा कि प्रभात त्रिपाठी का कथन है–"मुक्तिबोध के आत्मालोचन में तिलमात्र भी आत्मदया का भाव नहीं है, जबकि यथार्थवादी कहलाने के चक्कर में हिन्दी के परिमलीय से लेकर नव-प्रगतिवादी तक ने अपने को काफी कोसा है लेकिन काफी ऊपरी तरीके से। यह भी आकस्मिक नहीं है कि मुक्तिबोध अपराध में अपना हिस्सा भर नहीं तलाशते, बार-बार एक तेजपुंज कर्मठ व्यक्ति भी तलाशते हैं। उनका कवि इस व्यक्ति से एकाकार होने के लिए अपनी तमाम रचनात्मक शक्ति लगा देता है। जाहिर है कि मुक्तिबोध का आत्मालोचन एक साहित्यिक-कर्म या मध्यवर्गीय-व्यक्ति की दिखावटी ग्लानि भर नहीं है।"[173] प्रभात के इस कथन के साथ मुक्तिबोध की निम्न पंक्तियों की बेचैनी अच्छी तरह समझी जा सकती है–"दलिद्दर के भयानक देवता के भव्य चेहरे वे / चमकते धूप में !! / मुझको भयानक-ग्लानि / निज के श्वेत वस्त्रों पर / स्वयं की शील-शिक्षा सत्य दीक्षा के / निरोधी अस्त्र-शस्त्रों पर।"[174] यह भी स्मरणीय है कि यह मात्र भावुक सदाशयतापूर्ण इच्छा भर नहीं है। यह आत्मचेतस् को विश्वचेतस् में रूपान्तरित करने की विवेक-अनुभव सम्पन्न कोशिश है। मुक्तिबोध जानते हैं कि ज्ञान और अनुभव के साथ मानवीय-यातना और सत्य का साक्षात्कार आत्म परिष्कार और विस्तार में सहायक होता है–"खूँखार, सिनिक, संशयवादी / शायद मैं कहीं न हो जाऊँ, / इसलिए, बुद्धि के हाथों-पैरों की बेड़ी / जंजीरें खनखनाकर तोड़ीं / तुमने निर्दय औजारों से, / टूटती बेड़ियों की नोकों / से जख्म हुआ औ खून बहा / "[175] इस तरह जिस निर्ममता से मुक्तिबोध आत्मालोचन करते हैं वही उन्हें प्रखर जगत्-समीक्षा की शक्ति भी प्रदान करती है।

मध्यवर्ग का चालाक अवसरवाद उसे स्वयं बन्दी बना देता है। व्यक्ति-व्यक्ति के बीच दीवारें खड़ी हो जाती हैं और अपने दहकते अनुभवों से मुँह चुरा आत्मघाती रास्ता चुन लिया जाता है–"मन की काली सूनी अकादमी में / कोई दिलचस्पी नहीं आदमी में / इसलिए मनोबल-ह्रास, भयानक चारित्रिक / विघटन।"[176] पेटी-बुर्जुआ बुद्धिजीवी का प्रखर विश्लेषण 'दिमागी गुहान्धकार का औरांग उटांग' कविता में प्रभावी फैंटेसी के द्वारा हुआ है। 'औरांग उटांग' काव्य-नायक की चेतना ही का प्रतीक है। वह संस्कृति-प्रभामय अध्ययन गृह में बहस रत है किन्तु उसी वक्त अपने भीतर के नग्न मन की, औरांग उटांग की बौखलाती हुंकृति ध्वनियाँ सुनता है। चर्चा-बहस के दौरान वे "सत्य के बहाने / स्वयं को चाहते हैं प्रस्थापित करना / अहं को, तथ्य के बहाने"[177]

और काव्य-नायक की आँखें बहस करनेवालों के कपड़ों में छिपी हुई सघन रहस्यमय पूँछ देखती हैं। काडवेल ने मिथ्या-दम्भ पर आधारित इस वर्ग के बारे में कहा है कि वह "न सिर्फ उच्च वर्ग से ईर्ष्या और निम्नवर्ग से घृणा बल्कि आपस में भी घृणा भाव से पीड़ित वर्ग है।"[178] बड़े-बड़े बाघनखों को सत्य से ढाँककर रखनेवाला यह वर्ग केवल अपनी प्रतिष्ठा-सुविधा के पैंतरे बदलता है। इस मध्य वर्ग की आत्म वंचनाओं की कवि ने गहरी चीर-फाड़ की है।

कवि, चिन्तक, क्रान्तिकारी अपने सत्य से किस तरह विमुख हो जाते हैं और बाहरी जिन्दगी के होहल्ले में अपने लोगों से कटने लगते हैं। यह चिन्ता भी कवि को परेशान करती है। जो सत्य प्राप्त किया था—"जाने किस गड़बड़ में तुमने खो दिया उसे / अपने ताजे-जन्मे शिशुओं को / खानेवाले अनेक पशु / आत्मा भी सत्य अनेक / इस तरह खाती है।"[179] अनुभवजन्य संकल्पों में आस्था नहीं बचती क्योंकि आत्मा चोरों द्वारा संचालित संस्था में चली जाती है—"इसलिए छोड़ अपना स्वदेश वह वास्तव अनुभव-लोक / गए दूसरी ओर / दूसरे शिविर में।"[180] इस दूसरे शिविर का आकर्षण किस तरह व्यक्ति को नपुंसक बना देता है इसके कई चित्र 'अँधेरे में' आए हैं। जन-क्रान्ति को दबाने के लिए मार्शल-लॉ का वातावरण उभरता है। एक प्रोसेशन इस तानाशाही को उभारता है। काव्य नायक देखता है कि बैंडदल में नगर के कैसे-कैसे जाने-माने लोग शामिल हैं— "बैंड के लोगों के चेहरे / मिलते हैं मेरे देखे हुओं से / लगता है उनमें कई प्रतिष्ठित पत्रकार। इसी नगर के...उनमें कई प्रकांड आलोचक, विचारक, जगमगाते कविगण / मन्त्री भी, उद्योगपति और विद्वान / यहाँ तक कि शहर का हत्यारा कुख्यात / डोमाजी उस्ताद।"[181] यह वह शिविर है सत्ता और पूँजी का जिसमें विचारकों का तबका और डोमाजी जैसा गुंडा एक साथ शामिल है। शोषण की सभ्यता के इस षड्यन्त्र में नगर की मृतात्माओं का यह चित्र भी है—"गहन मृतात्माएँ इसी नगर की / हर रात जुलूस में चलती, / परन्तु, दिन में बैठती हैं मिलकर करती हुई षड्यन्त्र / विभिन्न दफ्तरों-कार्यालयों, केन्द्रों में, घरों में।"[182] काव्य-नायक आत्म भर्त्सना भी करता है कि उसने भी अनुभव, वेदना, विवेक-निष्कर्षों की उपेक्षा की—"हाय, हाय ! मैंने उन्हें गुहावास दे दिया / लोक-हित क्षेत्र से कर दिया वंचित।"[183]

नगर में जब शोषक-शक्तियाँ हृदय-विदारक, संहारक गतिविधियों में व्यस्त हो जाती हैं तब आग लगने और गोली चलने के उस संकट के समय में भी साहित्यकार आदि सुविधापूर्ण मौन बनाए रखते हैं—"सब चुप, साहित्यिक चुप और कविजन निर्वाक् / चिन्तक, शिल्पकार, नर्तक चुप हैं, / उनके ख्याल से यह सब गप है मात्र किंवदन्ती। / रक्तपायी वर्ग से नाभिनाल-बद्ध ये सब लोग / नपुंसक भोग-शिरा-जालों में उलझे।"[184] यह सच है कि मुक्तिबोध की कविता इस वर्ग की मनोवृत्तियों का गहरा और सूक्ष्म विश्लेषण करती है। आगे वे और स्पष्ट ढंग से कहते हैं—"बौद्धिक वर्ग है क्रीतदास, / किराए के विचारों का उद्भास / बड़े-बड़े चेहरों पर स्याहियाँ पुत गईं / नपुंसक श्रद्धा / सड़क के नीचे की गटर में छिप गईं।"[185]

मध्यवर्ग की मनोवृत्तियों और शोषण-शक्तियों के केन्द्र के रूप में नगर-सभ्यता और सफलता की तथाकथित धारणा पर मुक्तिबोध ने कई जगह प्रहार किए हैं। नगर उस जगह का प्रतीक है जहाँ निश्चलता, कोमल भावनाओं आदि के बदले छल-कपट की दुनियादारी का खेल होता है। 'इस नगरी' से शीर्षक कविता में (एक प्रदीर्घ कविता का अंश) नगर और नगर-संस्कृति का इसी तरह का चित्र उपस्थित किया है–"इस नगरी में चाँद नहीं है, सूर्य नहीं है, ज्वाल नहीं है / सिर्फ धुएँ के बादल-दल हैं।"[186] स्वार्थों के काले महल, धोखे का व्यापार, गाली के गीत, विषाक्त निन्दा की ठुमरी, स्याह मौत के खूनी जीने आदि इस नगरी के चरित्र को उजागर करते हैं। इसी कारण "इस नगरी में अच्छे-अच्छे / लोग हुए जाते हैं देखो / शैतानों के झबरे बच्चे।"[187] क्योंकि यहाँ "सभ्यता एक अँधेरी / भीम भयानक जेल है।"[188] मुक्तिबोध मानवीयता और आत्मा के अर्थ से वंचित नगर-सभ्यता को स्याह समुन्दर की तरह देखते हैं–"अपने इस पाप से / शहरों के टॉवर सब मीनारें डूब गईं, / काला समुन्दर ही लहराया, लहराया।"[189] इसलिए कवि कहता है–"नगरों के सुसंस्कृत सौम्य चेहरों से / उचटता मन / उतारूँ आवरण।"[190] मुक्तिबोध आभिजात्य-छद्म पर तरह-तरह से व्यंग्य करते हैं। सुविधा के लिए आदर्श को छोड़नेवाली मानसिकता को आत्म-व्यंग्य से उजागर करते हैं–"बस, तभी तलब लगती है बीड़ी पीने की / मैं पूर्वाकृति में आ जाता / बस, चाय एक कप मुझे गरम कोई दे दे / ऐसी-तैसी उस गौरव की / जो छीन चले मेरी सुविधा।"[191] पर मन का यह विकृत आईना तुरन्त टूट जाता है। मुक्तिबोध की कविता में तथाकथित सफलता के प्रति वितृष्णा है। अपने जीवन में व्यवस्थित हो पाने के संघर्ष में निरन्तर भटकने और असफल रहने के कारण यह वितृष्णा और गहरी हो गई है। उन्होंने अपने समकालीन मित्रों को विश्वविद्यालयों, अकादमी, आकाशवाणी, बड़े साप्ताहिक पत्र तथा अन्य संस्थानों में प्रतिष्ठित होते हुए देखा, उनके संग्रह छपे और उन्हें विदेश-यात्राओं के अवसर मिले। मुक्तिबोध इसे सदैव तिकड़म-तन्त्र का परिणाम मानते रहे। 'भाग गई जीप' कविता में उन्नति के चक्करदार लोहे के घनघोर जीने का अन्धकार है और इसलिए काव्य-नायक प्रगति की जीप के चूक जाने पर खुशी प्रकट करता है–"बस में ही ठूँस जाना जिन्दगी की जीत है।...गलत यह दर्शन / गलत यह भावना।"[192] 'कहने दो उन्हें जो यह कहते हैं' कविता उन लोगों को प्रत्युत्तर ही है जो काव्य-नायक से कहते हैं कि वह सफल जीवन बिताने, तरक्की के गोल घुमावदार-चक्करदार जीने पर चढ़ने में असमर्थ रहा है।[193] काव्य-नायक का विश्वास है कि इस व्यवस्था में सफलता-भद्रता की चाँदनी मनुष्यों के लिए नहीं बल्कि भूतों-प्रेतों, पिशाचों और बेतालों के लिए ही फैली है–"मुझको डर लगता है, / मैं भी तो सफलता के चन्द्र की छाया में / घुग्घू या सियार या / भूत नहीं कहीं बन जाऊँ।"[194] काव्य-नायक तथाकथित सफल व्यक्तियों को खच्चरों व टट्टुओं की श्रेणी में गिनता है और उन्हें जवाब देता है–"सफलता के जंग-खाए / तालों और कुंजियों / की दुकान है कबाड़ी की / इतनी कहाँ फुर्सत हमें / वक्त नहीं मिलता है / कि दुकान पर जा सकें।"[195] इसलिए वह असफलता में ही

सार्थकता महसूस करता है–"असफलता का धूल-कचरा ओढ़े हूँ / इसलिए कि वह चक्करदार जीनों पर मिलती है / छल-छद्म धन के।"[196]

यही वह चीज है जिसके कारण 'ओ अप्रस्तुत श्रोता' कविता में कवि कहता है– "मैंने चोरी-चोरी भीतर का रेडियम सँभाल रखा है।"[197] यह भीतर का रेडियम कोई अमूर्त सत्य मात्र नहीं है। इसे स्फटिकवत् करनेवाली अनेक चीजें हैं–"ईमान का डंडा है / बुद्धि का बल्लम है / अभय की गैती है / हृदय की तगारी है–तसला है,"[198] और बाह्य जीवन जगत् के प्रज्वलित मानवीय अनुभव-सत्य हैं। भीतर और बाहर के रेडियम के सम्मिलन से ही कुछ घटित हो सकता है, जिसके लिए कठोर साधना-संघर्ष की जरूरत है। मुक्तिबोध कहते हैं–"पृथ्वी के भीतर तंग पथों पर जाओ / यूरेनियम-रेडियम-प्रणाली / काली और कोयलेवाली खानें बहुत मिलेंगी / रंग अनेक देंगी तुमको !! / करो रंग-उत्पादन मिश्रण !!"[199]

मुक्तिबोध का भीतरी संसार अँधेरे के कारखाने, अँधेरी-नगरी और पशुओं के राज्य में शोध-परक विराट हलचल का एक ऐसा संसार है, जिसमें हमारे युग के प्रश्न और हादसे दर्ज हैं। 'चकमक की चिनगारियाँ' कविता में लगभग वे सभी पैटर्न मौजूद हैं जो मुक्तिबोध की वेदना, चिन्ता और स्वप्न को प्रकट करते हैं। ये ही विन्यास 'अँधेरे में' कविता में और विस्तृत फलक प्राप्त करते हैं। वे प्रश्न और समस्याएँ इस कविता में मुखर रूप से उजागर हैं जिनके कारण कवि यथार्थ और कल्पनालोक का मन्थन करता है–"मेरे सामने है प्रश्न, / क्या होगा कहाँ किस भाँति, / मेरे देश भारत में, / पुरानी हाय में से / किस तरह से आग भभकेगी, / उड़ेंगी किस तरह भक् से / हमारे वक्ष पर लेटी हुई / विकराल चट्टानें / व इस पूरी क्रिया में से / उभरकर भव्य होंगे, कौन मानव गुण 'और समस्या' एक / मेरे सभ्य नगरों और ग्रामों में / सभी मानव / सुखी, सुन्दर व शोषण-मुक्त कब होंगे ?"[200] प्रश्न और समस्या जिस तरह सपाट और स्थूल दिखाई देती हैं, कविताओं में भाव-इतिहास उतना ही जटिल और भावों की गतिमयता वक्र और चक्करदार है।

तेरह बन्दों में विभाजित 'चकमक की चिनगारियाँ' मुक्तिबोध के यथार्थ और फैंटेसी के सूत्रों को समझने की दृष्टि से भी महत्त्वपूर्ण है। अधूरी और सतही जिन्दगी के कारण काव्य-नायक आत्मबद्धता का अनुभव करता है। फिर अपने समय के चरित्र पर दृष्टि जाती है "भयानक, हाय, अन्धा दौर / जिन्दा छातियों पर और चेहरों पर / कदम रखकर / चले हैं पैर" काव्य-नायक आत्मग्लानि महसूस करता है। तभी फैंटेसी उभरती है। एक श्याम, धुँधला, लम्बा और मोटा हाथ कनपटी पर आघात देता है जिससे–"आँखों सामने विस्फोट, / तारा एक वह टूटा / दमकती लाल-नीली बैंगनी / पीली व नारंगी अजब चिनगारियाँ बिखरा / सितारा दूर वह फूटा / कि कन्धे से अचानक सिर कटा और / उड़ गया, गायब हुआ (जो शून्य यात्रा में स्वगत कहता– / अरे कब तक रहोगे आप अपनी ओट !) / उड़ता ही गया वह, दीर्घ वृत्ताकार ऊँचे मार्ग से / वह जा गिरा, / उस दूर जंगल के / किसी गुमनाम गड्ढे में।"[201]

यातना देने से अपराधी अपराध कबूल करते हैं, यह बात मुक्तिबोध के मन में शैशव-संस्कार से रही है। जेल के जीवन को उन्होंने निकट से देखा था। मार खाने और यन्त्रणा भुगतने पर काव्य-नायक को स्पष्ट उत्तर प्राप्त होते हैं। फिर मुक्तिबोध की जासूसी उपन्यासों में दिलचस्पी भी एक ज्ञात तथ्य है। वे जासूसी-युक्तियों का काव्यात्मक इस्तेमाल करते हैं और ये युक्तियाँ उनकी फैंटेसी को प्रभाव पूर्ण बनाती हैं। दिल के तम विवर में गुजरता चाँद अचानक एक नीला लिफाफा फेंकता है। जिसे गड्ढे से निकला एक तकलीफवाला चेहरा आतुरता से बार-बार पढ़ता है—"अरे ! जन-संग-ऊष्मा के / बिना व्यक्तित्व के स्तर जुड़ नहीं सकते / प्रयासी प्रेरणा के स्रोत / सक्रिय वेदना की ज्योति / सब साहाय्य उनसे लो / तुम्हारी मुक्ति उनके प्रेम से होगी / कि तद्‌गत लक्ष्य में से ही / हृदय के नेत्र जागेंगे। व जीवन-लक्ष्य उनके प्राप्त / करने की क्रिया में से / उभर ऊपर / विकसते जाएँगे निज के / तुम्हारे गुण / कि अपनी मुक्ति के रास्ते / अकेले में नहीं मिलते।"[202] काव्य नायक भयानक स्याह गर्त-गह्वर ही को अब तक घर बनाए था और कुन्द-कलियों से बिदकता था। तभी आवाज आती है और सन्देश देती है कि आत्म विस्तार हेतु विविध देशों से मनस्वी आत्माएँ आई हैं। फिर जब वह अपने स्याह कुट्ठर में जाता है तो एक छायामूर्ति को तत्परता से टाइप करते पाता है। यहाँ हृदय-रक्त, सूर्य-मणि अरुण चिनगारियों के बीच लुमुम्बा, लाओस-क्यूबा उपस्थित हो जाते हैं। मुक्तिबोध आत्मबद्ध व्यक्ति की मुक्ति और उसके सामाजिक संस्कार को एक भिन्न तरीके से प्रस्तुत करते हैं। न यहाँ ग्रामीण जीवन है, न शहरी। नैसर्गिक परिवेश के घात-प्रतिघात के मध्य ही फैंटेसी की यथार्थपरक चिन्ता प्रकट होने लगती है। "अँधेरी आत्म-संवादी हवाओं से / चपल रिमझिम / दमकते प्रश्न करती है।"[203] बशर्ते तय करो, / किस ओर से हो तुम, अब / सुनहले ऊर्ध्व-आसन के / निपीड़क पक्ष में, अथवा / कहीं उससे लुटी-टूटी / अँधेरी निम्न-कक्षा में तुम्हारा मन, / कहाँ हो तुम ?[204]

आत्मग्रस्तता और समाज-सत्य के बीच यह टकराहट पक्ष निर्धारण की स्थिति में पहुँच जाती है। पुनः काव्य-नायक आसमानी फासलों, समुद्र, चक्करदार जीने के रहस्यमय परिवेश की दुनिया में फिरंगी, पुर्तगाली और अंग्रेज आदि दरियाई लुटेरों द्वारा उजाड़े पुराने रोशनीघर में अपनी आत्मा के भटकने का संकेत करता है। धूल खाते प्रेतों के हड्डियों के पीले हाथों में दबा जासूसी चिट्ठियों का भयानक जाल देखता है। किन्तु उसे गरीब मल्लाहों के द्वारा दुनिया का नया ज्ञान भी प्राप्त होता है जिससे वह भविष्य के नक्शे बनाता है। अपने प्रश्न को पहचानता है और जगत् से आत्म-संयोगी हो उपस्थित होता है। ध्यान देने की बात है कि मुक्तिबोध साम्राज्यवादियों के भयानक इतिहास के साथ ही पश्चिम से प्राप्त वैज्ञानिक विचारधारा की ओर भी संकेत करते हैं। देश की गरीबी, उपेक्षित श्याम चेहरे, भूखे बच्चे भी इसी फलक पर समकालीन यथार्थ को उकेरते हैं। फिर एक तेज लयवाली जन-संघर्ष की फैंटेसी खड़ी होती है, जिसमें—"दीवालें ले रहीं आलाप / पत्थर गा रहे हैं तेज, / तूफानी हवाएँ धूम करती

गूँजती रहतीं / उखड़ते चौखटों में ही / खड़ाखड़ खिड़कियाँ नचतीं / भड़ाभड़ सब बजा करते खड़े बेडौल दरवाजे / ...अचानक हो गई बर्खास्त मानो आज / अत्याचार की सरकार / जाने देश में किस ध्वस्त।''[205] फिर काव्य-नायक मूल समस्या का स्मरण करते व्यक्तित्वान्तरित होने का संकल्प लेता है। उसे यह भी बोध होता है कि किस प्रकार कविता जन-चरित्र प्राप्त करती है। समाज के प्रचलित मानवीय यथार्थ और जीवन सत्य से जुड़, अपना जन-पक्ष निश्चित करते हुए मानवीय मुक्ति के लिए शब्दों का सार्थक प्रयोग ही मुक्तिबोध की कविता में निहित अनवरत संघर्ष रहा है। इससे एक ईमानदार रचनाकार की नैतिकता भी उजागर होती है वरना इस परम अभिव्यक्ति को रातोरात टोपी बदल हथिया लेनेवाले भी मौजूद हैं। मुक्तिबोध दोनों रंगों की फैंटेसी रचते हैं। निराशा के स्याह रंगों की जहाँ आतंक और यन्त्रणा है और आशा के चमकते रंगों की जहाँ बिजली की भभक में जन समूह एकत्र होते हैं। मौजूदा परिस्थितियों में मुक्तिबोध की उजली फैंटेसी शोषितों के दिवा-स्वप्नों की तरह है। उनके मिथक भी भारतीय ही नहीं तीसरी दुनिया के करोड़ों लोगों की आकांक्षा से धड़कते हैं। इसलिए इसे आरोपित आशावाद या पूर्वनिर्धारित अन्त मात्र मानना बहुत बड़ी भूल होगी। मुक्तिबोध का मन उनकी कविताओं में छिपता नहीं है। उनकी कमजोरी और ताकत के बीच उनकी असल करुणा उमचती रहती है—''अनजाने हाथ मित्रता के / मेरे हाथों में पहुँच ऊष्मा भरते हैं / मैं अपनों से घिर उठता हूँ / मैं विचरण करता-सा हूँ एक फैंटेसी में / यह निश्चित है कि फैंटेसी कल वास्तव होगी।''[206] फैंटेसी की सरहदें कभी ब्रह्मांड में फैलती हैं और कभी तम-विवर में सिमट आती हैं। पूँजीवादी-व्यवस्था आसान समस्या नहीं है यह भी मुक्तिबोध अच्छी तरह जानते हैं। समस्या इतनी जटिल है कि ''इस दुनिया की हड्डियाँ खोलकर भी समस्या सुलझ नहीं सकती।''[207] ऐसा भी लगता है। अस्तित्व मात्र की रक्षा जहाँ मुश्किल हो ऐसी परिस्थितियों में ''फिर आत्म-ग्लानि की लहर न क्योंकर फूट पड़े / फिर आत्म-व्यर्थता का भाव नहीं क्योंकर उमड़े / फिर क्यों न रहे अस्तित्व / भीति से ग्रस्त / और फिर क्यों न बने जिन्दगी / दुश्चिन्ता की फैंटेसी /।''[208] पर यह जीवनानुभवों की द्वन्द्व-स्थिति है, मुक्तिबोध की कल्पना का अन्तिम पड़ाव नहीं। अक्सर या अचानक मुक्तिबोध की फैंटेसी में कोई एक प्रकट होता है। इस एक की कोई हदबन्दी नहीं है। कभी यह कोई मित्र है, कभी भयावह तो कभी दिव्य पुरुष, कभी यह प्रेत है तो कभी पागल, दार्शनिक, डिटेक्टिव, रहस्य पुरुष, मनु, तालस्ताय नुमा कोई, गांधी, मि. गुप्ता, ब्रह्मराक्षस, ओरांग-उटांग या आत्मज शिशु या अनुभव-कन्या। अकस्मात् प्रकट होनेवाले इस पात्र के साथ एक द्वन्द्वात्मक रिश्ता कायम होता है। कभी मित्रतापरक जो ग्लानि से मुक्त करता है तो कभी शत्रुतापूर्ण जिससे मुठभेड़ होती है। आत्मज शिशु तो मुक्तिबोध की कई कविताओं में नव प्राप्त जीवन-सत्य की तरह मूल्यवान प्रतीक है वैसा ही जैसे कि 'अरुण कमल'।

इस द्वन्द्व में जोकि व्यक्ति की अकेली गाथा नहीं है, अन्तर्राष्ट्रीय और स्यातन्त्र्योतर भारत के परिवेश और समय को रेखांकित करती हुई मुक्तिबोध की कविता यथार्थ, स्वप्न और प्राकृतिक भूगोल के बीच यात्रा करती है।

'जमाने का चेहरा' तीस पृष्ठ की लम्बी कविता है, जो नात्सी की क्रूरता ब्रिटेन की शरारत, फ्रांस की गद्दारी और अमरीकी पूँजी की हरारत द्वारा धरती को नक़ब लगाने की विश्व-दुर्घटना का विस्तृत लेखा-जोखा प्रस्तुत करती है। स्टॉलिन के गोलन्दाजों और मास्को को बमबाजों के साथ कवि की गहरी सहानुभूति भारतीय परिवेश की संवेदना के साथ सक्रिय रहती है। क्षिप्रा की विकलता और पड़ोसिन निर्मला की आशंका के साथ ही मुक्तिबोध भारतीय गाँवों और देहाती बच्चों की निर्णय सम्बन्धी उत्सुकता को जोड़कर अति भी कर देते हैं। "तैश और अश्रु विशेष में / लिखने में लगा युद्ध भूमि के विस्तार।"[209] सिर्फ वे कहते ही नहीं सचमुच ऐसा करते हुए कथ्य की मूल संवेदना से हटकर विषयान्तरों के ब्यौरों में भी चले जाते हैं। लगता है जैसे समाचारों और नोट्स को एक लय में गूँथ दिया गया है। मुक्ति-सेना की फतह के साथ कविता बढ़ती जाती है। साम्राज्यवादियों का नाश होने पर ही भविष्य की दिशाएँ खुलेंगी—"इसी सोच-सोच में / लिखता ही जाता हूँ / कविता की पंक्तियाँ।"[210] नात्सी अत्याचार और उसके प्रतिरोध की इस गाथा में मुक्तिबोध की अन्तर्राष्ट्रीय-दृष्टि और समझ के साथ ही उनकी प्रतिबद्धता भी प्रमाणित होती है।

सिर्फ 'जमाने का चेहरा' में ही नहीं अपनी अन्य कविताओं में भी मुक्तिबोध ने समकालीन यथार्थ के प्रसंग में जमाने का कई तरह से उल्लेख किया है और ऐसा करते हुए वे हमारे जीवन की अनेक विसंगतियों को उजागर करते हैं। 'चाँद का मुँह टेढ़ा है' कविता में "बारह का वक्त है / भुसभुसे उजाले का फुसफुसाता षड्यन्त्र, / जमाना भी सख्त है"[211] क्योंकि आधी रात मीनारों के पास चाँद का टेढ़ा मुँह लटका हुआ है। "गगन में कर्फ्यू, / धरती पर चुपचाप जहरीली छीः थूः / ...समय काला-काला है।"[212] समय और व्यवस्था की विद्रूपताओं और असंगतियों को चाँद का टेढ़ा मुँह व्यंजित करता है। 1953 में लिखी गई इस कविता में उज्जैन का परिवेश जन साधारण के कष्ट में गुँथा हुआ गतिशील बिम्ब प्रवाह में मौजूद है। हरिजन बस्ती के निकट बरगद की जड़ों पर अँगिया, घाघरे के चिथड़े अटके हुए हैं। जमानों की संगठित दुर्व्यवस्था की दुर्गन्धि का साम्राज्य है। नपुंसक चिन्ताओं के चिमगादड़ मँडराते हैं। सामन्तवादी-पूँजीवादी व्यवस्था के बीच सड़ी परम्परा का आतंक है—"इसीलिए संस्कृति के मुख पर / मनुष्यों की अस्थियों की राख है / ज़माने के चेहरे पर / गरीबों की छातियों की खाक है / ।"[213] गांधी और तिलक की प्रतिमाओं के सिर पर घुग्घुओं ने अड्डा जमा लिया है। अति-संस्कृति भूतों के मटकों से गोल चेहरे घिघियाते स्वर में कहते हैं कि—"बुद्ध के स्तूप में मानव के सपने / गड़ गए, गाड़े गए / ईसा के पंख सब / झड़ गए, झाड़े गए / सत्य की देवदासी-अँगिया / उतारी गई / उघारी गई / सपनों की आँतें सब / चीरी गईं, फाड़ी गईं / बाकी सब खोल है / जिन्दगी में झोल है।"[214] मुक्तिबोध गलियों में जीवन-यापन करनेवाली छायाओं और समाज की व्यथा-कथा को बिम्बों-प्रतीकों के द्वारा प्रकट करते हैं। परिवेशगत रुग्ण यथार्थ को उद्घाटित करने के साथ ही बरगद और भैरव के बीच बहस छिड़ती है। नंगे पैर जमाना अर्थात् शोषितों का समूह पेंटर बनकर

इस बहस को तेज-सक्रिय करने में योग देता है। शहर कारीगर बनकर आ जाता है। ये दोनों निश्चय करते हैं कि धधकते पोस्टर सब तरफ लगाए जाएँ और इस तरह निराशा के मध्य विचारों की बिजली कौंधती है। दूसरी तरफ बरगद और भैरव जो इतिहास-चेतना और क्रान्ति-चेतना के प्रतीक हैं, जोरदार जिरह करते रहते हैं। समय पेंटर ने कहा था–"इच्छा अभी बाकी है / जिन्दगी भूरी ही नहीं, खाकी है।"[215] और ये दोनों (बरगद और भैरव) चिन्तित हैं कि–"...कितना समय लगेगा / सुबह होगी कब और / मुश्किल होगी दूर कब ?"[216] इस कविता में फैंटेसी धरती, पहाड़, आकाश, पाताल, गुहाओं, मोहल्ले के मुहानों, गलियों की छायाओं को समेटती हुई प्रतिरोधी कविता के पोस्टर मकानों की पीठ, अहातों की भीत, बरगद की शाखों और अँधेरे के कन्धों पर चिपकाते हुए अपने भौतिक समय की समस्या में उतर आती है।

'भूल-गलती' कविता में जमाना साँप का काटा है। सामन्तवादी-पूँजीवादी व्यवस्था के शिकंजे में ईमान (मध्य निम्न वर्ग) कैद है जिसका चेहरा बेचैन घावों की अजब तिरछी लकीरों से कटा हुआ है। जैसी कि दास वर्ग की मनोवृत्ति है "मनसबदार, / शायर और सूफी / अलगजाली, इब्ने सिन्ना, अलबरूनी, / आलिमों फाजिल सिपहसालार, सब सरदार / हैं खामोश।"[217] यह व्यवस्था सत्य की रोशनी को बर्दाश्त नहीं करती है और मानवीय इच्छाओं को निरन्तर कुचलती जाती है। परन्तु अब असह्य हो जाने के बाद ईमान 'हठ इनकार का सिर तान' खड़ा है और "नामंजूर / उसको जिन्दगी की शर्म की-सी शर्त / नामंजूर।"[218] हो गई है, क्योंकि मुक्तिबोध इस चमकते तामझामवाले शाही मुकाम को अभेद्य दुर्ग नहीं मानते हैं और यह सच भी है कि ऐतिहासिक दौर में जब जन-शक्ति जागने लगती है तो कागजी बाघ की हकीकत छिपी नहीं रहती– "सुलतानी जिरह बख्तर बना है सिर्फ मिट्टी का / वो-रेत-का-सा ढेर शाहंशाह, / शाही धाक का अब सिर्फ सन्नाटा।"[219] विचार, जीवन और जनकष्ट के अनुभव से ही इस शक्ति की पहचान सम्भव है। वर्ग-विभक्त समाज-व्यवस्था में एक सच्चा रचनाकार सर्वहारा शक्ति के प्रति आस्थावान रहे बगैर द्रष्टा नहीं बन सकता। कैद ईमान के साथियों में से कोई एक दरबारे आम से भाग निकलता है और अज्ञात इलाके में पहुँच लोक-सेना तैयार करने लगता है। सर्वहारा वर्ग की सक्रियता और शाही तामझाम के खोखले दबदबे को यह कविता पूरी गम्भीरता और गहरे विश्वास के साथ प्रस्तुत करती है। कविता इस विधायक टीप के साथ खत्म होती है कि वह–"हमारी हार का बदला चुकाने आएगा / संकल्प-धर्मा चेतना का रक्त प्लावित स्वर / हमारे ही हृदय का गुप्त स्वर्णाक्षर / प्रकट होकर विकट हो जाएगा।"[220] 'मुहैया कर रहा लश्कर' की चेतना के साथ यहाँ उस संघर्ष की जमीन तैयार होती है जिसके बिना मुक्ति असम्भव है। यह कविता छोटी है और वस्तुनिष्ठ यथार्थ के ब्यौरों के बिना भी एक विचार पुष्ट सशक्त भाव-लोक की सृष्टि करती है।

मुक्तिबोध हमारे युग के त्रास की कथा को विभिन्न कोणों से उठाते हैं। 'चम्बल की घाटी में'–"जमाना खराब है, / हवा बदमस्त है, / बात साफ-साफ है; / सब यहाँ

त्रस्त है / दर्रों में भयानक चोरों की गश्त है।"[221] काव्य-नायक उस इतिहास को याद करता है जिसके चलते जिन्दगी उजाड़ में भटक रही है। उसे कोई स्याहपोश आता दिखाई देता है। काव्य-नायक "जरूर कहीं कोई होगी आज वारदात, / भयानक बात" सोचते हुए सूखे झरने की पथरीली गली, भयानक गुहाओं के रास्ते खोहों के तल में उतरता है। वह उस रत्न कोष की खोज में है जिसे किसी जादूगर ने छिपा दिया है। वह उस घाटी में पहुँचता है जहाँ भुखमरी फैली हुई है फिर भी लोग जिन्दा हैं तमाम उजाड़पन के बावजूद। तभी वह खतरनाक लूट-पाट, आग, डकैतियाँ देखता है, जिसके बीच गरीबों का गाँव धधक रहा है। टीला आत्मबद्ध व्यक्ति की पत्थरी कैद है और शोषण पराक्रम के डाकू यानी शोषण-व्यवस्था उसकी छाती रौंदती रही है–"शिलीभूत भूमि से / सामंजस्यों का घनीभूत जितना / यत्न है तुम्हारा, / उतनी ही बंजर बनती है दुनिया / उतनी ही जिन्दगी उजाड़ बनती / "[222] पर टीले में सब कुछ निरर्थक और मृत नहीं है–"आँय-बाँय-शाँय के सिवाय भी उसमें / खुदगर्ज हाय के सिवाय भी उसमें / कुछ तेजस्क्रिय / सत्यों के अणु हैं।"[223] तभी कविता में नाटकीय गतिमयता के साथ दृश्य बदलता है और टीला देदीप्यमान हो जाता है। पर अकेले में जलती आग कुछ नहीं कर सकती और शोषण पराक्रम का डाकू टीले की छाती पर सवार हो जाता है। टीले के भीतर तेज आत्मसंघर्ष के साथ हलचल होती है। तेज-तेज व्यंग्यों की ईंट, विचारों की लाठियाँ हवाओं में घूम तड़ातड़ टकराने लगती हैं। टीला अस्त-व्यस्त हो जाता है। उसकी आत्मबद्ध जड़ता को ताजी हवाओं के स्पर्श मिलते हैं और वह लाख-लाख आँखों से दुनिया को देखता है। उसके समक्ष विचारों-अनुभवों की व्यापक दुनिया खुलती है। फिर भी उसे पत्थरी कैद से मुक्ति का रास्ता नहीं मिलता। वस्तुतः हमारी ही जड़ता शोषण व्यवस्था को जिलाए रखती है। इसलिए वक्षासीन दस्यु सहित लुढ़कने का परामर्श मिलता है ताकि सामाजिक संस्कार और संघर्ष की चेतना अर्जित की जा सके। इसी तरह आत्मबद्ध जड़ता से मुक्ति मिल सकती है। यही मुक्ति जन-जन के साथ जुड़कर मानव मुक्ति का आख्यान बन सकती है। मुक्तिबोध ने इस कविता में अत्यन्त प्रभावी विन्यास और फैंटेसी के जरिए वर्ग-संघर्ष पूर्व की समस्या से मुठभेड़ की है। टीले और डाकू के प्रतीकों से उन्होंने शोषण-व्यवस्था और प्रक्रिया के विकट रिश्ते की बखिया उधेड़कर मानव-मुक्ति के अभियान में व्यक्ति नहीं सभी शोषित-पीड़ितों की चेतना के महत्त्व की प्रतिष्ठा की है। रचनावली में दी गई तिथि के अनुसार 'चम्बल की घाटी में' मुक्तिबोध की अन्तिम कविता है। इसका रचनाकाल 1964 है। अब तक 'अँधेरे में' को ही मुक्तिबोध की अन्तिम कविता माना जाता रहा था।

मुक्तिबोध की कविता में जितनी आत्म-विकलता बढ़ती है, उतनी ही तेजी से वह जन-विकलता में रूपान्तरित होने लगती है। प्रश्नों की गुत्थियाँ कई बार जटिल हो जाती हैं–"मेरा सवाल चक्कर खाकर / सहसा कानों के आस-पास उल्टा होकर / आड़े-तिरछे प्रति-प्रश्न पूछता हुआ / घहरने लगा...गूँजने लगा / उभरने लगा स्वयं मैं ही / उल्टा होकर, पलटा खाकर।।"[224] कभी-कभी सच्चाई के मर्म को बेधने की प्रक्रिया में दहशत

दिल को मथने लगती है–"सुनकर दहशत / लोहे के दाँतदार चक्के / दिल में यों घूम उठे / मेरा सब कुछ भीतर-भीतर / पीसा-सा जाने लगा... / फँसा उलझा / घनघोर मशीनी चक्कों के बीच में / मेरा जा-बेजा / जो भी था।"[225] आत्म-यन्त्रणा की चेतना मुक्तिबोध के कथ्य को कभी जटिल तो कभी बहुत सीधे-सादे सवालों से रूबरू करती है। 'हर चीज जब अपनी' कविता में मनुष्य की हैसियत के रंगों में सुलगी पहचान के साथ ब्रह्मांड को जीने की कामना करते हैं–"हाँ, बहैसियत सिर्फ आदमी के / सीधे-साधे / बिल्कुल, / हम दिल के सुनहरे तीर / बाहर क्यों नहीं फेंक पाते।"[226] यह सब नहीं होता है क्योंकि मुगलिया सल्तनत में आदमी के भीतर एक दीवार खड़ी हुई है। वे अपने समय के लूट-खसोट के परिदृश्य को इस प्रकार पाते हैं–"भीड़-भड़क्का है / सँभलो, अपनी अटैची सँभालकर रखो / जमाना उचक्का है / ...टिकट-कलेक्टर है, ऊँचा सफेदपोश वक्त / वैल-शेव्ड चेहरा है काला और सख्त।"[227] वास्तविकता यह है कि हमारे समय की संवेदना को जटिल और जीवन को असंगतिपूर्ण बनानेवाले प्रत्यक्ष कारणों के अतिरिक्त अप्रत्यक्ष और अदृश्य कारण भी कई हैं। मुक्तिबोध की चिन्ता भौतिक विपन्नता तक ही सीमित नहीं रही वे समाज की मानसिक अस्वस्थता से भी चिन्तित हैं। 'एक प्रदीर्घ कविता' में वे आधुनिकता के सन्दर्भ में नैतिक प्रश्नों से जूझते हैं–"सारा वातावरण अराजक भावों का बेचैन धुआँ है / दम घुटता है / चीख घुटी जाती है, / कैसी कठिन समस्या।"[228] समस्या यह है कि पावन संकल्पों की चिता-भस्म उड़ रही है और "कोकिल-नीलकंठ के गहरे चीर कलेजे / नया लिवर आइल निकलेगा / जिससे स्वास्थ्य-तन्दुरुस्ती के गाल बनेंगे।"[229] प्रकृति और प्राकृतिक जीवन के प्रति क्रूरता पर इससे बड़ा व्यंग्य और क्या हो सकता है ? ह्रासशील सामन्ती-पूँजीवादी व्यवस्था में बीमार-समाज की दशा का प्रतीकात्मक चित्रण मुक्तिबोध बेहद तल्खी के साथ करते हैं–"अँधियारे मैदानों के इन सुनसानों में / बिल्ली की, बाघों की आँखों-सी चमक रही / ये राग-द्वेष-ईर्ष्या-भय-मत्सर की आँखें / हरिया तूता की जहरीली नीली-नीली / ज्वाला कुत्सा की आँखों में / ईर्ष्यारूपी औरत की मूँछ निकल आई / इस द्वेष-पुरुष के दो हाथों / के चार और पंजे निकले / मत्सर को ठस्सेदार तेज दो बौद्धिक सींग निकल आए। स्वार्थी भावों की लाल-लाल / बेचैन चींटियों को सहसा / अब नए पंख निकले-निकले / अँधियारे बिल में झाँक रहे / सर्पों की आँखें तेज हुईं / अब अहंकार उद्विग्न हुआ / मानव के सब कपड़े उतार वही रीछ एकदम नग्न हुआ।"[230] संस्कृति-सभ्यता के जर्जर ताने-बाने में बीमार-समाज का यह चित्र एक साथ तीक्ष्ण और करुण है। यह शोषण के वीर्य-बीज और विद्रूप सभ्यता का ही परिणाम है कि "मानव की आत्मा से सहसा कुछ दानव और निकल आए।"[231] हवा कुछ इस तरह चलने लगी है कि–"अपनी अपराधी कन्या की चिन्ता में माता-सी बेकल / उद्विग्न रात / के हाथों में अँधियारे नभ की दाहों पर छूट गिरी / है गर्भपात की तेज दवा / बीमार समाजों की जो थी।"[232] शमशेरजी ने ठीक ही कहा है कि "मुक्तिबोध की कविता अद्भुत संकेतों-भरी, जिज्ञासाओं से अस्थिर–कभी दूर से ही शोर मचाती, कभी कानों में चुपचाप राज की

बातें कहती चलती है।"[233] रोजमर्रा की जिन्दगी पर असर डालने, आघात-प्रतिघात करनेवाले कारणों को समेटने की विकलता, युग की विवेक-चेतना बनने की कोशिश में मुक्तिबोध के समक्ष कथ्य के अतिरेक की समस्या थी। साथ ही उनकी आलोचनात्मक चेतना सृजन प्रक्रिया का ही हिस्सा बन निरन्तर सक्रिय रहती थी। इस आलोचनात्मक चेतना का आधार आदर्श-भावना और आस्था रही है। मुक्तिबोध मानते हैं कि–"जनता स्वयं एस्थेटिक इमोशन का भंडार है।"[234] किन्तु एक अरुण दीप्तिमान मुख ने भी मुक्तिबोध को मुक्त किया था और वे अपने भुतहे वास्तव से निकलकर नए जीवन्त वास्तव में आ गए थे।"[235] अपनी आदर्श-भावना और आस्था के सहारे वे नए सपनों को रूपाकृति देने के लिए उत्सुक ही नहीं सक्रिय भी थे। उन्होंने लिखा है–"यह कहना गलत है कि आदर्श-भावना या आस्था सृजनशील नहीं होती। अपनी आदर्श भावनाओं या आस्थाओं के परिणामस्वरूप ही लेखक अनेक कष्टों के बीच अपना कार्य बराबर किए जाता है।"[236] 'एक अन्तःकथा' का अन्त इसी भावना की पुष्टि करता है– "चिलचिला रही सड़कें व धूल है चेहरे पर / चिलचिला रहा बेशर्म दलिद्दर भीतर का / पर, सेमल का ऊँचा-ऊँचा वह पेड़ रुचिर / सम्पन्न लाल फूलों को लेकर खड़ा हुआ / रक्तिमा प्रकाशित करता-सा / वह गहन प्रेम / उसका कपास रेशम-कोमल / मैं उसे देख जीवन पर मुग्ध हो रहा हूँ।"[237] निराशा और अभावों के बीच सेमल का यह पेड़ और उससे गहरा लगाव और उस विश्वास के कारण है जो विश्वास हर एक छाती में अधीर आत्मा, पत्थर में चमकता हीरा, प्रत्येक वाणी में महाकाव्य-पीड़ा देखता है।[238] भूरी पहाड़ी को खोदकर निकाले रत्नों को "इन नक्षत्र-खंडों को / ललककर ले लिया हमने इसे देने, उसे देने / इन्हें देने, उन्हें देने"[239] की प्रबल आकांक्षा उनके कथ्य को व्यापकतर भाव-भूमि प्रदान करती है। ऐसी भाव-भूमि जिस पर कवि के साथ ही हमारा भी मनुष्य के प्रति विश्वास गहरा होता है और सपनों के प्रति विवेक-संघर्ष सम्मत आस्था दृढ़ होती है।

एक तरफ मुक्तिबोध देश की जर्जर अवस्था और सत्ता की निर्ममता के हाहाकार का चित्र प्रस्तुत करते हैं–"सत्ताधारी की पैशाचिक हड्डी के पंजे की सत्ता / जीवन हत्याओं की काली यह रोमहर्षमय देश-कथा / अब क्षितिज-क्षितिज पर गूँज रहा / चीखता हुआ सा एक शोर / शोषण के तलघर में अत्याचारों की चाबुक मार घोर।"[240] तो दूसरी तरफ कैलास-शिखर की ओर संकेत करते हैं–"उन नीले-नीले आसमान की सरहद पर / परिचिता एक कोमल चिड़िया / जो नित्य तुम्हारे घर-आँगन / रोशनदानों में उड़ती थी / घर की आत्मा / वह दूर क्षितिज पर ठहरी सी / काली बिन्दिया / उस नीले-नीले आसमान की सरहद पर / वन-पक्षिराज बन / पंख पसारे उड़ती हुई मुझे कहती / वह पक्षिराज मुझसे कहता– / ओ मित्र, तुम्हारे घर-आँगन को शैलांचल गिरिराज शिखर / तो होने दो / वह आसमान तो झुकने दो / उसके मुख पर / इस समय बात के पूरे नहीं / अधूरे तुम, / कमजोर...प्रखर होना बाकी / अब बूटों दबा दीन ढेला / कैलास-शिखर होना बाकी / कैलास शिखर पर बैठेंगे।"[241]

यह शोषण के तलघर की यन्त्रणा और कैलास-शिखर के सपने के बीच सीधी सरल उड़ान के बदले अन्तःसंघर्ष और द्वन्द्व-तनाव के बीहड़ों–ऊबड़-खाबड़ अनुभवों की जटिल यात्रा है। एक ओर उनकी दुनिया तनाव और आतंक में घिरी हुई है तो दूसरी ओर विराट सपनों में निखरती हुई दिखाई देती है। स्याह और रक्त कमल के रिश्ते के बीच जो गहरा आत्मसंघर्ष है उसका सम्बन्ध उपचेतन, निजी-जीवन और बाह्य-संसार के बीच एक समाज-चेतस् संगत-सम्बन्ध स्थापित करने की इच्छा से है। डॉ. रामविलास शर्मा का यह कथन सही है कि वे "उपचेतन का साधारणीकरण करते हैं...मुक्तिबोध का उपचेतन जब समाज के उपचेतन से मूलतः भिन्न नहीं है, तब वहाँ जो रत्न प्राप्त होते हैं, वे अपनी तुष्टि के लिए नहीं, लोकहित के लिए भी हैं।"[242] आधुनिक सभ्यता के जंगल और उठाईगीर जमाने में दिन-भर मितलाता मन कवि को मिला था इसीलिए वह आत्माध्यक्ष की हत्या और चेतनाध्यक्ष के खून के मूल्य-संकट को पहचान सकता था। यह मात्र नैतिक या आन्तरिक मूल्य संकट नहीं था। 'एक रग का राग' कविता में मुक्तिबोध स्पष्ट रूप से कहते हैं–"सब हमें मालूम / चाहो तो समाजी / शोषण-क्रिया की सब– / पाचन-क्रिया की सब / अँतड़ियाँ / टेबल पर रख दें, / कि तुम भी निहार लो / व हम भी निरख लें।"[243] शोषण-व्यवस्था के काले स्याह समुद्र का भाष्य और व्याख्यान करते हुए ही मुक्तिबोध ने आत्मा के निरर्थक होने की प्रक्रिया को पहचाना था–"इस काले सागर का / सुदूर स्थित पश्चिम किनारे से / जरूर कुछ नाता है / इसीलिए, हमारे पास सुख नहीं आता है।"[244] मानवीय गरिमा के इसी सुख की आकांक्षा के साथ मुक्तिबोध ने सर्चलाइट फेंकनेवाले जहाज का स्वप्न देखा जो तेज चमकती चादर स्याह जल पर फैला देता है–"वह जहाज / क्षोभ-विद्रोह भरे संगठित विरोध का / साहसी समाज है / भीतर व बाहर के पूरे दलिद्दर से / मुक्ति की तलाश में / आगामी कल नहीं, आगत आज है।"[245] स्मरणीय है कि मुक्तिबोध ने केवल आर्थिक पक्ष पर जोर देनेवाले प्रगतिवादी हल्ले की आलोचना की थी। मुक्तिबोध की दृष्टि में भीतरी और बाहरी की सरलीकृत दरार नहीं है। समग्र जीवन और समग्र मनुष्य की मुक्ति के लिए ही व्यक्तित्वान्तरण की समस्या उन्हें आलोड़ित करती रही। इसीलिए वे आशा और निराशा दोनों के सामने प्रश्न चिह्न लगाते हुए 'नाइटमेयर' (दुःस्वप्न) और 'यूटोपिया' की दुनिया को खँगाल सके। जीवन अनुभव के रुधिर ताल से मुक्तिबोध ने जिस रक्ताक्त व्यथामय कथा की सृष्टि की है वह आत्मा के खून या रक्तिम भीतों के द्वारों पर रक्तिम परदों तक ही नहीं ठिठक रहती बल्कि आकाश में चमचमाते रक्त तारे तथा जल-प्रवाह में खिलते रक्त कमल तक जाती है।

यथार्थ को फैंटेसी में रोपने की मुक्तिबोध की प्रक्रिया क्षण को शब्द-बद्ध करने की प्रक्रिया के विरुद्ध व्यापक यथार्थ को समेटने और अपने समय के दबावों को झेलने की उस विकलता से जुड़ी है जो उसे विस्तृत फलक और प्रभावोत्पादक रूप प्रदान करना चाहती है। कदाचित् ऐसे ही तथ्य को ध्यान में रख काडवेल ने कहा है कि महान कविता हमेशा लम्बी कविता होती है।[246] मुक्तिबोध की कविता सभ्यता और जगत् की समीक्षा

करते हुए निरन्तर सवाल उठाती है–"वह लाल-कत्थई बँगला, / जिसकी छाया में तुम बैठे हो / वह किसका है ?"[247] "काली सूनी उस अन्तरिक्ष-शैया / पर लेटा है निश्चिन्त / भयानक विचित्र / है वह कौन।"[248] "क्या वह चिट्ठी है किसी की ? / बरगद-आत्मा का पत्र है वह क्या ? / कौन सा इंगित ?"[249] कविता में इसी तरह निरन्तर प्रश्न गूँजते रहते हैं। "प्रश्न भयंकर / इसका कौन उत्तर दे / (सहमकर बुदबुदाते हम... / 'हमें क्या चाहिए पिस्तौल या वायलिन')"[250] जो कवि अपनी दुनिया और व्यवस्था के सामने निरन्तर प्रश्न खड़े करता है वह अपने सवालों के कद के अनुपात ही में उतना ही बड़ा कवि होता है। मुक्तिबोध की कविता विद्रूप सभ्यताओं के लोभी संचालकों, उनके स्वार्थों के बँगलों और सभ्यता-संस्कृति-राजनीति-साहित्य के छद्मों के सामने न केवल प्रश्न खड़े करती है बल्कि प्रतिबन्धित इलाके में प्रवेश भी करती है। यह मुक्तिबोध की कविता की ताकत और काठी है कि वह असन्दिग्ध रूप से पदार्थ को भीतर तक बेध देती है। और ऐसा करते हुए उसमें वह अन्तर्दृष्टि विकसित और व्यक्त होती है जो परिस्थितियों का विश्लेषण ही नहीं करती किन्तु हमारी आवश्यकताओं को निरूपित करते हुए हमारी आकांक्षा में प्रवेश भी करती है। किन्तु मुक्तिबोध प्रश्न करने ही की मुद्रा में कैद नहीं रहते वे संकेत भी करते हैं और स्वप्नों में आन्दोलित उत्तर भी खोजते हैं क्योंकि कारण अज्ञात नहीं है–"वह कारण सामाजिक जंगल का घुग्घू है / है घुग्घू का संगठन / रात का तम्बू।"[251] दरअसल मुक्तिबोध के प्रश्नों और यथार्थ का दायरा बेहद विस्तृत है। इस व्यापक यथार्थ के लिए वे जिस परिदृश्य का चुनाव करते हैं उसकी तो सीमा ही निर्धारित नहीं की जा सकती। इसीलिए मुक्तिबोध लम्बी कविताओं के कवि हैं। वे सब कुछ कहना चाहते हैं–"चुप रहो, मुझे सब कहने दो / फिर नहीं मिलेगा वक्त / जमाना और-और नाजुक होता है / और-और वह सख्त।"[252] इसीलिए मुक्तिबोध की कविता काव्यात्मन् फणिधर की तरह यात्रा करती है।

बाह्य जीवन के व्यापक यथार्थ के अतिरिक्त मुक्तिबोध के स्वभाव और व्यक्तित्व में भी वे कारक तत्त्व हैं जिनके कारण वे लम्बी कविताओं के कवि हैं। कथ्य और विषयों के आधिक्य का संकेत मुक्तिबोध ने गद्य ही नहीं कविता तक में किया है। विषय क्यों विस्तृत होते गए, कविताएँ प्रदीर्घ हो उठीं, इमेजरी बढ़ती गई यह स्वयं मुक्तिबोध के लिए प्रश्न था।[253] पर इस प्रश्न का उत्तर स्वयं मुक्तिबोध के मन, मस्तिष्क और जीवन के बाहर नहीं है। उन्होंने अपनी कविताओं को 'अधूरी दीर्घ कविता' कहा है जो शमशेर की दृष्टि में 'शिलाओं पर शिलाएँ' हैं।[254]

मुक्तिबोध की लम्बी कविताएँ परम्परागत प्रदीर्घ कविताओं से भिन्न तो हैं ही किन्तु उनमें आश्चर्यजनक ऐसी एकरूपता भी है कि वे एक ही कविता के अंशों-सी प्रतीत होती हैं। इसका कारण यही है कि मुक्तिबोध का कवि-कर्म अपने समक्ष घिरे प्रश्नों-समस्याओं से आजीवन एकजुट मुठभेड़ की प्रतिबद्ध-प्रक्रिया रहा, और वे निरन्तर कथ्य के लिए संघर्ष और प्रयोग करते हुए एक ही कविता लिखते रहे। शमशेरजी

मुक्तिबोध की लम्बी कविताओं को आधुनिक हिन्दी कविता की विशिष्ट उपलब्धि और 'अँधेरे में' कविता को आधुनिक जन-इतिहास का दहकता दस्तावेज मानते हैं।[255] 'अँधेरे में' न केवल मुक्तिबोध की वरन् आधुनिक हिन्दी कविता की बहुचर्चित-बहु-विश्लेषित कविता है जिसे नामवरसिंह ने महाकाव्यात्मक कविता और नई कविता की चरम उपलब्धि कहा है।[256] डॉ. प्रभाकर माचवे ने इसे 'गुएर्निका इनवर्स'[257] कहा है और श्रीकान्त वर्मा के अनुसार इस कविता का "काव्य नायक मुक्तिबोध नहीं बल्कि बेचैन, खंडित, जर्जर, व्यग्र हिन्दुस्तान है–स्वाधीनता के बाद का भारतवर्ष।"[258] दरअसल 'अँधेरे में' मुक्तिबोध की प्रतिनिधि कविता ही नहीं है बल्कि इसमें हमें मुक्तिबोध के समग्र चिन्तन, सृजन और सृजन-प्रक्रिया का श्रेष्ठ प्रतिफलन भी दिखाई देता है। उनकी अन्य कविताओं के महत्त्वपूर्ण संकेत और उनकी समग्र कविता के मूल सूत्र भी इसमें मौजूद हैं। कदाचित् इसीलिए विष्णु खरे को लगा कि मुक्तिबोध इस कविता में "एक 'समिंग अप' कर रहे थे।"[259] अब तक 'अँधेरे में' को मुक्तिबोध की अन्तिम कविता समझा जाता रहा था इसलिए ऐसा लगना स्वाभाविक ही था।

'अँधेरे में' आठ खंड, इकहत्तर बन्द, इकतालीस पृष्ठ और बारह सौ इक्यानवे पंक्तियों की कविता है। इस कविता में कथानक, नाटकीयता, परिवेश, पड़ताल, स्वप्न, स्वप्न-भंग की इतनी सक्रियता है कि तेज प्रवाह और परिवर्तित दृश्यों के प्रभावों के साथ अन्तःसंघर्ष और बाह्य यथार्थ की टकराहट चलती रहती है और इसी टकराहट के बीच हमारी दुनिया का भयावह यथार्थ उजागर होने लगता है। 'इस चौड़े ऊँचे टीले पर' कविता की तरह 'अँधेरे में' भी मुक्तिबोध ने जासूसी-कथाओं से विन्यास का सार्थक प्रयोग करते हुए अशोक वाजपेयी के शब्दों में–"आकस्मिक और अप्रत्याशित को गूँथकर एक विलक्षण तर्क-संगति बनाई है।"[260]

'अँधेरे में' कविता श्रीमती आग्नेष्का को पढ़ने और प्रतिक्रिया के लिए भेजते हुए मुक्तिबोध ने लिखा था–"उसमें एक आशंका है, अँधेरी आशंका का वातावरण है–कहीं हमारे भारत में ऐसा-वैसा न हो।"[261] आग्नेष्का की प्रतिक्रिया प्राप्त होने पर मुक्तिबोध ने वांछनीय फेर-बदल करने के प्रयत्न का जिक्र भी किया था। कल्पना में पहली बार जब यह कविता प्रकाशित हुई तब इसका शीर्षक 'आशंका के द्वीप अँधेरे में' ही था। शीर्षक में संशोधन स्वयं कवि की इच्छानुसार श्रीकान्त वर्मा द्वारा किया गया।[262]

सीधे रंग-निर्देश की तरह कविता का नाटकीय प्रारम्भ होता है–घटना पूर्ण किन्तु रहस्य और दुविधा के साथ। पर इतना तय है कि वह कोई एक तिलिस्मी खोह में गिरफ्तार है। काव्य नायक प्रश्न करता है कौन है वह ? और इतने में अकस्मात् दीवार से पलस्तर, रेत, पपड़ियाँ गिरने लगती हैं और एक भव्य आकृति अन-पहचानी बन जाती है। काव्य-नायक अनिश्चय से प्रश्न करता है कौन मनु ? और मुक्तिबोध की फैंटेसी–पहाड़ी के पार, तालाब, अँधेरा, वन-वृक्ष, नाचती बिजलियों में विस्तार पाने लगती है। तभी धड़ से खोह का चट्टानी दरवाजा खुलता है। जिसमें अजीब-सी लाल मशाल घुसती है वहाँ जहाँ रहस्य साक्षात् रक्तालोक स्नात पुरुष लाल कुहरे में दिखाई देता है। शंका,

गहन सन्देह के साथ काव्य-नायक थरथराते उस पुरुष के भव्य-सौम्य-दीप्त रूप को देखता रहता है। तभी काव्य-नायक की दुविधा खत्म होती है और वह उस रहस्य पुरुष का खुलासा कर देता है कि वह पुरुष अब तक न प्राप्त की जा सकी उसकी अभिव्यक्ति, पूर्ण अवस्था, आत्मा की प्रतिमा और ज्ञान का तनाव है।

मुक्तिबोध वर्णनात्मक गद्य में उसकी दशा देख प्रश्न करते हैं–"वह फटे हुए वस्त्र क्यों पहने है ? / उसका स्वर्ण मुख मैला क्यों ? / वक्ष पर इतना बड़ा घाव कैसे हो गया ? / उसने कारावास-दुःख झेला क्यों ? / उसकी इतनी भयानक स्थिति क्यों है ? / रोटी उसे कौन पहुँचाता है? / कौन पानी देता है ? / फिर भी, उसके मुख पर स्मित क्यों है ? / प्रचंड शक्तिमान क्यों दिखाई देता है ?"[263] और काव्य-नायक को खतरनाक प्रश्न करने के कारण सजा मिलती है। उसे लगता है जैसे सूली पर टाँग दिया गया हो, अचेतन स्थिति में अँधेरे खड्डे में गिरा दिया गया हो। यहाँ इस रहस्य पुरुष की दशा पर गौर करने की आवश्यकता है, जिसे काव्य नायक ने "अब तक पाई न गई मेरी अभिव्यक्ति"[264] कहा है और जिसकी विद्रोही सी सर्वहारा दशा के बारे में प्रश्न करना भी इतना खतरनाक है कि काव्य-नायक जैसे व्यक्ति को "मौत की सजा दी"[265] का अहसास होता है। 'अँधेरे में' कविता में नाटकीयता के साथ कई चरित्रों का प्रवेश होता है। किन्तु यह रहस्य-पुरुष काव्य-नायक को प्रेरित करनेवाला और इसी कारण कविता का भी नाभिकीय चरित्र है। यही अवसर-अनवसर प्रकट होकर काव्य-नायक के "हृदय को देता है बिजली के झटके।"[266] और कहता है–"पार करो पर्वत-सन्धि के गह्वर, / रस्सी के पुल पर चलकर / दूर उस शिखर-कगार पर स्वयं ही पहुँचो।"[267] काव्य-नायक उससे प्रभावित और स्नेहपूर्ण आकर्षण में बँधा-जुड़ा पाकर भी सोचता रहता है यह जैसा आया है, चला जाएगा–"यह भी तो सही है कि / कमजोरियों से ही है मोह मुझको. ..अरे भाई, मुझे नहीं चाहिए शिखरों की यात्रा / मुझे डर लगता है ऊँचाइयों से।"[268] सोचकर वह खड्डे के अँधेरे में पड़ा रहना चाहता है। स्पष्ट है कि मुक्तिबोध सुविधावादी मध्यवर्ग के सुरक्षाकामी मानसिक अन्तर्द्वन्द्व को प्रकट कर रहे हैं। पर वह रहस्य-पुरुष अपना काम कर जाता है। आत्मग्रस्त-भयभीत काव्य-नायक के सामने जगत्-समीक्षा और बिजली की आकृति-सा भविष्य का नक्शा छोड़ जाता है।

अब काव्य-नायक फैंटेसी के उस चरण में आ जाता है जहाँ उसके भीतर (इस रहस्यपुरुष के साक्षात्कार के परिणामस्वरूप) एक गहरी उथल-पुथल प्रारम्भ होने लगती है। "क्या करूँ, क्या नहीं करूँ मुझे बताओ, / ...नहीं, नहीं, उसको मैं छोड़ नहीं सकूँगा / सहना पड़े मुझे चाहे जो भले ही।"[269] साहस बटोर काव्य-नायक दरवाजा खोलने उठता है तो वह अपने में व्यापक हरकत महसूस करने लगता है–"पैरों से महसूस करता हूँ धरती का फैलाव, / हाथों से महसूस करता हूँ दिशाएँ / साँसों से अनुभव करता हूँ दुनिया, / मस्तक अनुभव करता है आकाश...आत्मा में, भीषण / सत्-चित-वेदना जल उठी दहकी।"[270] पर काव्य-नायक को विलम्ब हो चुका था। वह जब तक शक्ति स्पर्श से प्रेरित दरवाजा खोल बाहर झाँकता है रहस्य-पुरुष जा चुका था। किन्तु रात के पक्षी

ने बताया "वह चला गया है, / वह नहीं आएगा, आएगा ही नहीं / अब तेरे द्वार पर / वह निकल गया है गाँव में, शहर में / उसको तू खोज अब / उसका तू शोध कर / वह तेरी पूर्णतम परम अभिव्यक्ति, / उसका तू शिष्य है (यद्यपि पलातक) / वह तेरी गुरु है / गुरु है।"[271]

इस स्वप्न के बाद अन्य स्वप्न प्रारम्भ होते हैं और काव्य-नायक का अन्तर्द्वन्द्व गहरा होने लगता है। जगत्-समीक्षा के स्वप्नों के भयावह यथार्थ के साक्षात्कार और जन-शक्ति के अनुभव के बल पर कवि आगे चलकर खंड छः के अन्त में अनुभव करता है—"असन्तोष मुझको है गहरा / शब्दाभिव्यक्ति–अभाव का संकेत / काव्य-चमत्कार उतना ही रंगीन / परन्तु ठंडा / ...अरे, इन रंगीन पत्थर-फूलों से मेरा / काम नहीं चलेगा।"[272] और फिर वह संकल्प-सा लेता है—"अब अभिव्यक्ति के सारे खतरे / उठाने ही होंगे / तोड़ने होंगे ही मठ और गढ़ सब / पहुँचना होगा दुर्गम पहाड़ों के उस पार / "[273] जब रहस्य-पुरुष ने रस्सी के पुल पर चलकर दूर शिखर-कगार पर पहुँचने का परामर्श दिया था तब काव्य-नायक ने सुरक्षा-सुविधा के खड्डे से निकलने के लिए यह कहकर इनकार कर दिया था कि—"मुझे डर लगता है ऊँचाइयों से।" पर अब वह स्वयं रात के पक्षी द्वारा कही गई बात की अपनी ओर से पुष्टि करता है—"अन-खोजी निज समृद्धि का वह परम उत्कर्ष, / परम अभिव्यक्ति... / मैं उसका शिष्य हूँ / वह मेरी गुरु है ! गुरु है !"[274] समकालीन जीवन के भयावह यथार्थ के साक्षात्कार करने और जन-क्रान्ति का स्वप्न देखने के बाद काव्य-नायक के मुख से उक्त कथन फूट पड़ता है। क्योंकि वह उसी रहस्य-पुरुष को अकस्मात् गलियों में, सड़कों पर लोगों की भीड़ में देखता है और उसे पुकारे कि इतने में उसे जन-यूथ में विलीन होते हुए देखता है—"सकर्मक प्रेम की वह अतिशयता / वही फटे-हाल रूप !! / परम अभिव्यक्ति / अविरत घूमती है जग में।"[275] काव्य-नायक इसी परम अभिव्यक्ति के साथ तदाकार हो जाना चाहता है। यह परम अभिव्यक्ति सर्वहारा जन-शक्ति के सिवा और कुछ नहीं है और कविता के अन्त में काव्य-नायक इसी की खोज को रेखांकित करता है—"इसीलिए मैं हर गली में/और हर सड़क पर/झाँक-झाँक देखता हूँ हर एक चेहरा,/प्रत्येक गतिविधि,/प्रत्येक चरित्र,/वह एक आत्मा का इतिहास,/हर एक देश व राजनीतिक स्थिति और परिवेश/प्रत्येक मानवीय स्वानुभूति आदर्श/विवेक-प्रक्रिया, क्रियागत परिणति !! / खोजता हूँ पठार... पहाड़...समुन्दर/जहाँ मिल सके मुझे/मेरी वह खोई हुई/परम अभिव्यक्ति अनिवार/आत्म सम्भवा।"[276] 'अँधेरे में' कविता की इन समापन पंक्तियों के सन्दर्भ में मुक्तिबोध के निबन्ध 'समीक्षा की समस्याएँ' के इस विचार-अंश को ध्यान से देखने पर 'परम अभिव्यक्ति' की गुत्थी आसानी से खुलने लगती है, मुक्तिबोध लिखते हैं—"मेरा अपना ख्याल है, (बहुत से लोग इसे नहीं मानेंगे), प्रत्येक आत्म-चेतस् व्यक्ति को अपनी मुक्ति की खोज होती है, और वह किसी व्यापकतर सत्ता में विलीन होने में ही अपनी सार्थकता समझता है। किन्तु आज की दुनिया में यह व्यापकतर सत्ता विश्व-मानवता तथा तत्सम्बन्धी मूर्तिमान समस्याएँ और प्रश्न ही हो सकते हैं। अतएव प्रत्येक लेखक, एक

विशेष अर्थ में, इसी उच्चतर सत्ता में केवल विलीन ही नहीं होता, वरन् वहाँ विलीन होकर क्रियाशील हो उठता है—तत्स्थानीय तत्क्षेत्रीय सारे भूगोल-इतिहास का आकलन करके। संक्षेप में, मुक्ति व्यापक तथा व्यापकतर क्रियाशीलता का दूसरा नाम है और कलाकार को ऐसी मुक्ति तब तक नहीं मिल सकती जब तक वह कला-कर्म से भिन्न, ये जो अपने आन्तरिक कार्य हैं, उनको सम्पन्न करने का निरन्तर प्रयत्न नहीं करता।''[277] यह उल्लेखनीय है कि 'अँधेरे में' और 'समीक्षा की समस्याएँ' का रचनाकाल लगभग एक ही है। उक्त विचार अंश में मुक्तिबोध ने जिन्हें आन्तरिक कार्य कहा है उन्हें वे रचनाकार का आन्तरिक दायित्व मानते हैं, जिनके द्वारा वह आत्म-प्रसार करता हुआ व्यापक यथार्थ-अनुभवों और युग-प्रश्नों से जुड़ अपने को सम्पन्न करता है।

'अँधेरे में' कविता में काव्य-नायक जीवन-लक्ष्यों के पथ पर आगे बढ़ने के लिए जिस दुविधा और आत्मसंघर्ष से गुजरता है उसका स्पष्ट विश्लेषण उक्त विचार-अंश में हो सका है। काव्य-नायक आत्मग्रस्तता में कैद है किन्तु रहस्य-पुरुष उसे उद्वेलित कर उसकी दिशा बदलता है। रहस्य-पुरुष जन-यूथ में विलीन हो जाता है। काव्य-नायक अपने इसी गुरु को, जिसे वह आत्मसम्भवा परम अभिव्यक्ति भी मानता है, विशाल गतिशील जीवन में पाना चाहता है। यही रचनाकार और आत्म-चेतस् व्यक्ति की सार्थकता या मुक्ति है। मुक्ति जिसके बारे में मुक्तिबोध की दो टूक धारणा है कि वह सबके साथ होने में ही है।

हमने प्रारम्भिक दो खंड और समापन अंश के आधार पर रहस्य-पुरुष के जन-चरित्र और काव्य-नायक की परम अभिव्यक्ति को विश्लेषित करने का प्रयत्न विस्तार से इसीलिए किया है कि यह मुक्तिबोध के लिए निजी अर्थ में अस्मिता की खोज या कविता के रूपाकार की समस्या नहीं है। ऐसा होता तो कविता में मृत्यु-भय और निरर्थकता के सन्दर्भ में जीवन के अर्थ का कहीं तो संकेत मिलता । डॉ. नामवर सिंह ने अस्मिता की खोज का जिक्र अवश्य किया है किन्तु इस खोज में रहस्यवाद या आध्यात्मिकता का निषेध कर वे इसे अपने युग के व्यापक यथार्थ से जोड़ शायद सामाजिक अस्मिता की पहचान के रूप में ही देखते हैं।[278] दरअसल 'अस्मिता की खोज' पद ही 'अँधेरे में' जैसी कविता के व्यापक संघर्ष के समक्ष असमर्थ प्रतीत होता है। डॉ. रामविलास शर्मा का यह कथन सही है कि ''अँधेरे में कविता की मूल समस्या यही है—मध्यवर्ग का बुद्धिजीवी सर्वहारा वर्ग से तादात्म्य कैसे स्थापित करे।''[279] क्योंकि मुक्तिबोध को कोई सन्देह नहीं है कि सर्वहारा-क्रान्ति के बिना इस पूँजीवादी व्यवस्था से मुक्ति मिलना असम्भव है और एक तरह से यह केवल 'अँधेरे में' की नहीं बल्कि मुक्तिबोध की कविता की ही केन्द्रीय समस्या है। 'भूल गलती', 'एक आत्म वक्तव्य', 'चम्बल की घाटी में' तथा अन्य कई कविताओं में भी मुक्तिबोध वर्गापसरण की समस्या से जूझते दिखाई देते हैं।

उक्त विश्लेषण कविता की मूल समस्या को लेकर किया गया है। किन्तु इसका यह अर्थ नहीं है कि यह केवल इतने को लेकर रची गई सीधी-सपाट, इतने ही अर्थ

तक सीमित रचना है। अँधेरे में एक स्तर-बहुल कविता है और विलक्षण फैंटेसी के जरिए अनेक स्तरों पर भयावह युग-यथार्थ को प्रखरता से उद्घाटित करती जाती है। मुक्तिबोध की पुस्तक ('भारत-इतिहास और संस्कृति') म.प्र. शासन ने गैर-कानूनी घोषित कर दी थी। इसकी मुक्तिबोध पर गहरी प्रतिक्रिया हुई थी। 'अँधेरे में' कविता पर मुक्तिबोध की इस मनोदशा का प्रभाव स्पष्ट रूप से दिखाई देता है। 'समीक्षा की समस्याएँ' लेख में तो उन्होंने इसका उल्लेख किया ही है।[280] 'अँधेरे में' कविता में भी–"भयानक आकार घेरते हैं मुझको/मैं आततायी सत्ता के सम्मुख" स्क्रीनिंग करनेवाला खौफनाक दृश्य–"स्क्रीनिंग करो...मिस्टर गुप्ता,/क्रास एक्जामिन हिम थारोली !!" मुक्तिबोध की उन दिनों की परेशान मानसिकता का स्मरण दिलाते हैं। यहाँ यह लग सकता है कि हम मुक्तिबोध की कविता की पंक्तियों को उनके जीवन की घटनाओं से जोड़ कविता के व्यापक संघर्ष और तनाव का अवमूल्यन कर रहे हैं। पर हमारा दृढ़ विश्वास है कि मुक्तिबोध की कविता को उनके जीवन से पृथक् कर देख पाना असम्भव है। इससे यह भी प्रकट होता है कि कैसे स्व का तनाव और संघर्ष आत्म-प्रसार की सृजनात्मक प्रक्रिया के दौरान विराट और व्यापक के संघर्ष में रूपान्तरित हो जाता है। यहाँ यह उल्लेखनीय है कि व्यक्तित्वान्तरण की प्रक्रिया और क्रान्ति-स्वप्न से गुजरने के बाद भी कविता के अन्त में काव्य-नायक 'परम अभिव्यक्ति' को खोजता-भटकता ही दिखाई देता है। क्योंकि मुक्तिबोध जैसे ईमानदार रचनाकार के लिए यह विचार और कविता भर का नहीं बल्कि जीवन का सवाल था। इसलिए डॉ. नामवर सिंह का यह सोचना गलत है कि "एक कवि के नाते उनके लिए परम अभिव्यक्ति ही कविता है।"[281]

इस नाटकीय स्वप्न-दृश्यों से गतिशील कविता में आत्म संलाप, फैंटेसी और अकस्मात् होनेवाली घटनाओं या चरित्र-प्रवेश से विलक्षण प्रभाव-क्षमता और व्यंजकता उत्पन्न हो सकी है। यकायक बदलनेवाली स्थितियाँ, विरोधी घात-प्रतिघात, द्वन्द्वात्मक स्थितियाँ रहस्यलोक की सृष्टि जरूर करती हैं पर प्रयत्क्ष और उजागर मानवीय चिन्ता और हमारे समय का यथार्थ दुःस्वप्नों के अँधेरे में बिजली-सा चमकता दिखाई देता है। रहस्य-पुरुष और काव्य-नायक के द्वन्द्वात्मक रिश्ते के अतिरिक्त कविता में तालस्ताय, गांधी, तिलक का प्रवेश गहरे सामाजिक और राजनीतिक आशयों से जुड़ा हुआ है। पागल का उद्‌बोधन, कलाकार की मृत्यु और काव्य-नायक को दी जानेवाली यन्त्रणा के दृश्य आत्मसंघर्ष को ठोस घटनाओं में बिम्बित करते हैं। कविता की प्रमुख तीन घटनाएँ हैं–रात का जुलूस, सैनिक-शासन और क्रान्ति का स्वप्न। ये घटनाएँ हमारे समय की भ्रष्ट नौकरशाही और शोषण पर आधारित व्यवस्था को तो नंगा करती ही हैं किन्तु दुःस्वप्न के साथ ही उस स्वप्न को भी आयाम प्राप्त होता है जिसमें मानवीय मुक्ति की अनन्त सम्भावनाएँ छिपी हुई हैं। मुक्तिबोध ने 'मैं' और 'वह' के व्यक्तित्व-विभाजन की युक्ति से भी द्वन्द्वात्मक संवाद स्थापित किया है।

कविता में स्वप्न चलते और टूटते रहते हैं। सल्वाडेर डॉली की पेंटिंग की स्मृति दिलाता "पीतालोक-प्रसार में काल गल रहा है।"[282] स्थान सिविल लाइंस, काव्य-नायक

का कमरा। समय रात के दो बजे हैं। रेलगाड़ी के पहियों की आवाज। जंगल में सियारों की हो-हो सुन दुर्घटना का सन्देह होता है। तभी सितारों के बीच तालस्ताय दिख गए। फिर शायद से जुड़ तालस्तायनुमा हो गया वह आदमी, जिसे काव्य-नायक अपने अनलिखे उपन्यास का केन्द्रीय संवेदन कहता है। मुक्तिबोध के अन्तर्विरोधों का प्रतीक है शायद तालस्ताय, तालस्ताय के साथ मुक्तिबोध की इस समानता का स्मरण होता है कि मुक्तिबोध भी उनकी ही तरह सेना में भरती हुए थे और छोड़कर आ गए थे और फिर स्वप्न भौतिक समय में उतर आता है। प्रोसेशन का वर्णन अद्भुत कुशलता और बारीकी से हुआ है। इस जादुई करामात को हम वृत्त-चित्र की तरह देखते हैं—बैंड की क्रमागत तान-धुन, गैस लाइट की पाँतें, काले बलवान घोड़ों का जत्था, कलाबत्तूवाली काली जरीदार ड्रेस, संगीन-नोकों का जंगल, तालबद्ध पदचाप, टैंक दल, मोर्टार, खड़ी तलवार कारतूसी बैल्ट तिरछा-पूरा रंग-ध्वनि-स्पन्दित चल-समारोह। फिर मृत्यु-दल की शोभा-यात्रा में सम्मिलित व्यक्तियों का चित्रण है—कर्नल, ब्रिगेडियर, जनरल, मार्शल, सेनापति, सेनाध्यक्ष आदि। कई लोग वे भी हैं जो काव्य नायक को जाने-पहचाने लगते हैं—जिनके चित्र अखबारों में छपते हैं और जो कविता पढ़ते हैं। मन्त्री, उद्योगपति, प्रकांड आलोचक, कवि, विद्वान शहर के कुख्यात हत्यारे डोमाजी उस्ताद के साथ भूत-पिशाचकाय लगते हैं। इसे मुक्तिबोध एक खतरे के संकेत के रूप में निरूपित करते हैं। सत्ताधारी, पूँजीपति वर्ग के साथ समाज के अन्य वर्गों—जिनमें बुद्धिजीवी भी शामिल हैं—की यह साँठ-गाँठ उन्हें किसी दुरभिसन्धि-सी लगती है—"भीतर का राक्षसी स्वार्थ अब/साफ उभर आया है/छुपे हुए उद्देश्य यहाँ निखर आए हैं, / यह शोभा-यात्रा है किसी मृत्यु दल की।" प्रोसेशन में शामिल कुछ लोग काव्य-नायक को उन्हें देखते देख लेते हैं और शोर उठता है—"मारो गोली, दागो स्साले को एकदम।"[283] काव्य-नायक भागता है। स्वप्न छिन्न-भिन्न हो जाता है। जागने पर भी उसे लगता है कि नगर की भयानक मृतात्माओं को (जो दिन में विभिन्न दफ्तरों-कार्यालयों-केन्द्रों-घरों में भी षड्यन्त्र-रत रहती हैं) इस तरह नंगा देख लेने की सजा मिलेगी, 'अँधेरे में' कविता में मुक्तिबोध ने प्रत्यक्ष विवरणों के बदले प्रतीक-कथन से स्वतन्त्रता-प्राप्ति के बाद के भारतवर्ष की मूल्यहीनता और स्वार्थपरकता का प्रभावी चित्रण किया है। यह जुलूस पूँजी और सत्ता-परस्ती की घिनौनी करतूतों और ताकत के द्वारा आतंक उत्पन्न करने की चेष्टा का दृश्यावलोक है।

चौथे खंड में पागल के गान के निमित्त से काव्य-नायक का आत्मालोचन है। उसे अखबारी फैलाव, फँसाव, घिराव और तनाव दिखाई देता है। बुद्धि समय की जाँच करती है। उसे लगता है कि जैसे जन-क्रान्ति को कुचलने के लिए मार्शल-ला का आयोजन चल रहा है।

मुक्तिबोध को नागपुर के दिनों में शक बना रहता था कोई पीछा कर रहा है : और वे अक्सर यह सपना भी देखते थे कि वे बच-भाग रहे हैं और कुछ लोग उन्हें पकड़ने पीछे दौड़ रहे हैं। इन स्थितियों के साक्ष्य 'अँधेरे में' कविता में मौजूद हैं।

स्नायविक तनाव और "भागता मैं दम छोड़ / घूम गया कई मोड़"[284] की मनःस्थिति में भी उन्हें गरीबों, वंचितों की अँधेरे में डूबी दुनिया दिखाई देती है। यहीं एक सिरफिरा पागल उद्‌बोधन गीत गाता सुनाई पड़ता है। पागल का गीत जिसे काव्य-नायक के गद्यानुवाद कह प्रस्तुत किया है जागृत-विवेक का परिणाम है, जिससे जाहिर होता है कि वह भी सैनिक-प्रशासन के बारे में जानता है। यह गद्यानुवाद मुक्तिबोध का आत्मसंघर्ष है, जिसका विश्लेषण हम पहले कर चुके हैं। मध्यवर्ग की आत्मग्रस्तता और स्वार्थपरकता को लेकर हुए आत्म-मन्थन के परिणामस्वरूप काव्य-नायक स्वयं अपने को इस परिस्थिति के लिए जिम्मेदार महसूस करने लगता है। उसके भीतर तीव्र द्वन्द्व प्रारम्भ हो जाता है वह "कोई गुरु गम्भीर अस्तित्व/महकता है लगातार" महसूस करता है "किन्तु वे उद्यान कहाँ हैं,/अँधेरे में पता नहीं चलता।"[285] उसके भीतर कोई छिपी हुई गुप्त वेदना-चिन्ता छटपटाने लगती है।

पाँचवें खंड में काव्य नायक चौंकता है जैसे किसी ने पीछे से कन्धे पर हाथ रखा हो। पर यह बरगद का पत्ता था—बरगद आत्मा का पत्र-संकेत। इस संकेत और अपने आत्मालोचन से काव्य नायक और अधिक उद्विग्न हो भागता है। फिर प्राकृत गुहा में तेजस्क्रिय रेडियो-एक्टिव रत्न, चमकते पत्थर देखता है। उसके भीतर हलचल होने लगती है। क्योंकि उसे लगता है "अनुभव, वेदना, विवेक-निष्कर्ष/मेरे ही अपने यहाँ पड़े हुए हैं।" यह काव्य-नायक के लिए एक संकल्प-दिशा का अनुभव सिद्ध होता है। वह कहता है—"यह न समय है; जूझना ही तय है।[286]

दृश्य बदलने की सूचना के साथ छठा खंड प्रारम्भ होता है। गुम्बद-विवर में बैठे वृद्ध असम्भव पक्षी सब ओर तेज नजरों से देखते हैं मानो भयानक इरादे चमकते हैं। सुनसान चौराहा गश्त करती हुई दुष्ट इच्छा और "भयानक सिपाही जाने किस थकी हुई झौंक में/अँधेरे में सुलगाता सिगरेट अचानक/ताँबे-से चेहरे की ऐंठ झलकती/पथरीली सलवट/दियासलाई की पल-भर लौ में/भयानक दीखती।"[287] कहीं-कहीं तो मुक्तिबोध के दृश्यांकन इतने काव्यात्मक और उसी वक्त कथ्य की संवेदना को भावानुकूल प्रगाढ़ करनेवाले हैं कि केवल चकित रह जाना पड़ता है। यह स्थापत्य गुण 'अँधेरे में' की बहुत बड़ी विशेषता है। यह सिपाही बन्दूकों और टैंकों को देखता खड़ा है। काव्य-नायक अपनी परिचित मुद्रा में भागता है और तिलक की पाषाण-मूर्ति के पास पहुँच जाता है और देखता है कि मूर्ति के तन से अंगार झर रहे हैं। आँखों में बिजली के फूल सुलग रहे हैं। तभी मूर्ति की नासिका से रक्त-स्राव होने लगता है। जिस स्वाधीनता के लिए संघर्ष और आत्मोत्सर्ग किए गए उसकी एक भ्रष्ट व्यवस्था में परिणति की ओर यहाँ संकेत है। काव्य-नायक प्रतिमा के पैरों से लिपट जाता है और उसके हृदय में रक्त का तालाब बहने लगता है। अब उसके निजत्व पर रन्दा और बसूला चलने लगते हैं—"भयानक जिद कोई जाग उठी मेरे भी अन्दर/कोई बड़ा भारी हठ उठ खड़ा हुआ है।"[288]

आगे बढ़ने पर काव्य-नायक का पंगु गांधीजी से साक्षात्कार होता है। गांधीजी उसे यह कह आगे बढ़ने का परामर्श देते हैं कि "हम हैं गुजर गए जमाने के चेहरे.../जनता

के गुणों से ही सम्भव/भावी का उद्‌भव।"[289] गांधीजी उसे एक शिशु सौंप अदृश्य हो जाते हैं। यह फैंटेसी ही की ताकत है कि इस तरह के चमत्कार को न केवल विश्वसनीय बनाती है बल्कि समकालीन यथार्थ के परिप्रेक्ष्य में उसकी अर्थवत्ता भी बढ़ाती है। तिलक और गांधी के द्वारा कवि ने मोह-भंग की स्थिति को स्पष्ट किया है। नए अनुभव-सत्य या विचार-प्रतीक के शिशु को पाकर काव्य-नायक प्रसन्न होता है और अनुभव रक्त में डूबे संकल्पों के साथ आगे बढ़ता है।

फैंटेसी फिर बदलती है। सहसा इतने में अँधेरे में काव्य-नायक को लगता है कि कन्धे पर बच्चे की जगह सूरजमुखी फूलों का गुच्छा है—"भई वाह, यह खूब।"[290] वह चकित होता है। तभी फूलों का गुच्छा भी गायब हो जाता है और कन्धों पर बन्दूक का दर्दनाक वजन महसूस होता है। कमरे में कलाकार की हत्या का दृश्य है। वह परिचित व्यक्ति कलाकार कार्य क्षमता से वंचित असंग अस्तित्ववाला स्वप्नदर्शी किसी को कुछ नहीं दे पाया। फिर भी सन्देहास्पद समझा गया और वधिकों के हाथों मारा गया। कलाकार की मृत्यु से काव्य-नायक को लगता है एक युग और एक आदर्श की मृत्यु हो गई। अब वह पश्चात्ताप करना छोड़ सक्रिय-तेजस्वी साथियों की तलाश जरूरी समझता है। संगठन के उस विचार को ही जैसे आततायी सत्ता भाँप लेती है। उसे यन्त्रणा दी जाती है। मुक्तिबोध के यन्त्रणा-दृश्य बहुत असरकारक हैं। जेल में दी जानेवाली यन्त्रणा-विधियों से वे किशोरावस्था से ही परिचित भी थे।

फिर दृश्य बदलता है यन्त्रणा-कक्ष का प्रभावी दृश्य उभरता है। काव्य-नायक को स्टूल पर बैठाया गया है और 'टार्चर' किया जा रहा है। पड़ताल की जा रही है। जैसे उसकी भीतरी विचार और सपनों की दुनिया को उगलवा लेना चाहते हैं—"कहाँ-कहाँ सच्चे सपनों के आशय/कहाँ-कहाँ क्षोभक-स्फोटक सामान/भीतर कहीं पर गड़े हुए गहरे/तलघर अन्दर/छुपे हुए छापाखाने को खोजो/...कहाँ है सरगना इस टुकड़ी का/कहाँ है आत्मा" और काव्य-नायक 'स्क्रीनिंग करो थारोली' की आवाज सुनता है।[291] चाबुक चमकार होती है। चमड़ी से खून बहता है। पर अब तक काव्य-नायक की आत्मा चतुर हो गई है। वह यद्यपि खोह में खूँटे से बँधा है पर मन दूसरी दुनिया की यात्रा करता है। भीषण शक्ति प्राप्त कर जीवन-लक्ष्यों के पथ पर अग्रसर होता है।

काव्य-नायक "रिहा !!/छोड़ दिया गया !!"[292] जासूस पीछा करते हैं। पुनः साथी खोजने की इच्छा कुलबुलाती है। अपनी अभिव्यक्ति उसे असमर्थ लगती है और वह अभिव्यक्ति के खतरे उठाने का निश्चय करता है। खंड दो में रहस्य-पुरुष ने 'रस्सी के पुल पर' चलने का जो संकेत दिया था, यहाँ आकर वह काव्य-नायक का आत्म-निर्णय हो जाता है।

सातवें खंड में भी काव्य-नायक 'भागता मैं दम छोड़/घूम गया कई मोड़' की मुद्रा में दिखाई देता है। ये पंक्तियाँ टेक की तरह मुक्तिबोध ने प्रयुक्त की हैं और प्रत्येक बार विकलता-चिन्ता-गतिशीलता-उत्साह की भिन्न अर्थ-छाया में नई लगती हैं। अब काव्य-नायक वहाँ है जहाँ इस आततायी सत्ता और व्यवस्था के विरुद्ध बगावत के बारे

में बहस चालू है। उसके साथ अभी तक अपनी वर्गगत कमजोरियाँ हैं। लोग आगे बढ़ रहे हैं। यह उनके आगे बढ़कर भी पीछे रह जाता है। उसके ही अनुभवों से प्रेरित जन समूह-अग्रसर हो रहा है और वह अपने अन्तर्विरोध में अकेला अनुभव करता है। "इतने में चुपचाप कोई एक/दे जाता पर्चा/कोई गुप्त शक्ति/हृदय में चुपचाप करती है चर्चा।"[293] काव्य-नायक पढ़कर हैरान रह जाता है क्योंकि पर्ची में तो उसके ही गुप्त विचार प्रकाशित हैं। पर्चा पढ़कर वह सक्रिय हो उठता है। सपनों की किरणों का पानी दृढ़ चट्टानों में बदल जाता है। काव्य-नायक आत्मग्रस्त स्वप्नलोक से बाहर आ अपने को दुनिया के वृहत्तर यथार्थ से जुड़ा अनुभव करता है—"सचमुच मुझको तो जिन्दगी-सरहद/सूर्यों के प्रांगण पार भी जाती-सी दीखती है।"[294] और वह कह बैठता है—"वर्तमान समाज चल नहीं सकता।"[295] मुक्तिबोध का जन शक्ति में अगाध विश्वास अन्य कविताओं में भी व्यक्त हुआ है। उनकी दिक्कत अपने और अपने वर्ग को लेकर ही है—मध्य वर्ग में भी बुद्धिजीवी और वे जो वैचारिक दृष्टि से क्रान्ति के सरगना माने जाते हैं। स्वयं काव्य-नायक का निजत्व विवेक से रन्दे के छिले जाने के बहुत बाद भी उसमें अपनी कमजोरियों और पश्चात-पद होने का खेद बना रहता है। डॉ. रामविलास शर्मा की यह बात भी मुक्तिबोध के महत्त्वपूर्ण होने का एक कारण है कि—"आत्म भर्त्सना का ऐसा प्रखर स्वर हिन्दी के किसी दूसरे कवि की रचनाओं में नहीं सुनाई देता।"[296]

'अँधेरे में' कविता का अन्तिम हिस्सा क्रान्ति-स्वप्न है। जन-मन-उद्देश्य संगठित हो गए हैं। सत्ता और व्यवस्था का छद्‌म टूटता है। "कहीं आग लग गई/कहीं गोली चल गई" की टेक के साथ फैंटेसी में छत से गाडर के कूदने से लेकर, हवा में तेजी से खम्बों के साथ दादा का सोंटा, कक्का की लाठी चलने लगती है। यहाँ तक कि बच्चों की स्लेट-पट्टी-पेमें भी उड़ती हैं। काव्य-नायक स्वप्न पर विश्वास उत्पन्न करने के लिए कहता है—"यह कथा नहीं है/यह सब सच है, हाँ भई !!/कहीं आग लग गई, कहीं गोली चल गई।"[297]

लुहार आग की भट्टी चेता आत्मा के चक्के पर घन मार-मार कर संकल्प-शक्ति के मजबूत लोहे का ज्वलन्त टायर चढ़ाता है। काव्य-नायक युवकों में व्यक्तित्वान्तर होते देखता है और कहता है—"अब युग बदला है वाकई।"[298]

एकाएक यह क्रान्ति स्वप्न टूट जाता है। अकेला काव्य-नायक सपने का भाष्य करता है। उसके भीतर चमकीली प्यास भर गई है। उसे लगता है जैसे सपने में उसने जीवन भर के लिए प्रेम कर लिया है। सपने के स्पर्श और चुम्बन की घटना याद कर वह सोचता है। अज्ञात प्रणयिनी कौन थी ? वह देखता है—"कमरे में सुबह की धूप आ गई है,/गैलरी में फैला है सुनहला रवि-छोर/" सोचता है—"क्या कोई प्रेमिका सचमुच मिलेगी ?/हाय ! यह वेदना स्नेह की गहरी/जाग गई क्योंकर ?"[299] स्नेह की यह वेदना क्रान्ति की कामना ही है। काव्य-नायक ने जो स्वप्न देखा था वह क्रान्ति का स्वप्न ही था। इसलिए इतर प्रणयिनी की कल्पना करने का प्रश्न ही नहीं उठता। काव्य-नायक

चारों ओर बिजली की तरंगों-सी हलचल और चुम्बकीय आकर्षण का अनुभव करते हुए डेस्क पर रखे महान ग्रन्थों को देखता है। गैलरी में जाने पर उसकी दृष्टि रहस्य-पुरुष पर पड़ती है। जिसका विश्लेषण हम प्रारम्भ में कर ही चुके हैं।

स्वप्न-दर-स्वप्न यह कविता आकस्मिकता, नाटकीयता और चमत्कार की विश्वसनीयता कायम रखते हुए समाज व्यवस्था की जड़ता और सत्ता की स्वार्थपरकता को तो उजागर करती ही है साथ ही मध्यवर्ग और बुद्धिजीवी वर्ग की लाभ-लोभ की वृत्ति से उत्पन्न निष्क्रियता की प्रखर आलोचना भी करती है। फैंटेसी अपने प्रखर बौद्धिक आधार के कारण हमें पुनः-पुनः अपने यथार्थ की भयावहता का स्मरण कराती है। यह विस्मयकारी ही है कि मुक्तिबोध की मृत्यु के अठारह वर्ष बाद 'अँधेरे में' कविता समकालीन यथार्थ के और अधिक निकट आ गई है, और उसका एक स्वप्न-खंड (सैनिक-प्रशासन) प्रकारान्तर से आपात्काल के रूप में भारतीय समाज पर घटित हो चुका है। 'अँधेरे में' कविता न केवल हमारी आत्मा के तीक्ष्ण द्वन्द्व को उकेरती है बल्कि हमारे स्वप्न को भी सुस्पष्ट आकार प्रदान करती है। यह सब करते हुए यह एक महान कविता भी है। यही इसकी सबसे बड़ी सार्थकता और आधुनिक हिन्दी कविता की उपलब्धि है।

मुक्तिबोध की दुनिया में संवेदना या अनुभवों के स्वायत्त सौन्दर्यबोध को प्रकट करनेवाली कविताओं की अनुपस्थिति इस बात का प्रमाण है कि अपनी और अपने युग की चिन्ताओं से परे उन्हें चीजों और बाहरी दुनिया को देखने का न तो अवसर मिला न उन्हें इसकी आवश्यकता पड़ी। उनके और बाह्य जगत् के बीच चलते रहे बेचैन संवाद ही उनकी रचना-प्रक्रिया बनते गए। हमें उनके यहाँ ऐसी कोई कविता नहीं मिलेगी जो दृश्य या यथार्थ का तटस्थ सौन्दर्यपरक चित्र प्रस्तुत करती हो। अनुभवों की उनकी समग्र हलचल में 'मैं', 'हम', 'उनके', 'हमारे' के सम्बन्ध क्रियाशील दिखाई देते हैं। ये सम्बन्ध कोरमकोर भावुक-मानवतावादी सम्बन्ध नहीं हैं। वर्ग-चेतना और राजनीति की गहरी समझ और प्रखर विचारधारा से आवेशित हैं। मार्क्सवाद में आन्तरिक और गहरे विश्वास के आधार पर ही जगत्-समीक्षा करते हुए उनकी कविता 'अरुण कमल' और 'शिशु' के सत्य को भावी पीढ़ी के लिए धरोहर बनाती है। जन-शक्ति और भविष्य में गहरे विश्वास के कारण ही वे विभाजित व्यक्तित्व, आत्मग्रस्तता और निराशा को उदात्तीकरण तथा आत्म विस्तार का धरातल दे सके हैं। अपने समय के जीवन पर उनकी प्रखर टिप्पणियाँ उनकी सजगता और भीतर की गहरी संवेदनशीलता का साक्ष्य हैं। अपने अन्तर्विरोधों के साथ ही दूसरे धरातल पर सामाजिक अन्तर्विरोधों को प्रकट करने के कारण उनकी बात अधिक प्रामाणिक और ग्राह्य हो गई है। उनकी यथार्थ दृष्टि विवरणों पर आधारित नहीं है। स्वप्ननिष्ठता और फैंटेसी के सर्जनात्मक उपयोग के कारण उनका यथार्थ रहस्यलोक में पुनर्आकार प्राप्त करता है। स्मृति में मौजूद परिवेश उनकी विलक्षण कल्पना शक्ति के साथ जिस दृश्यावलोक की सृष्टि करता है उसका अभिप्राय केवल प्राकृतिक या भौगोलिक नहीं है। यह दृश्यावलोक यथार्थ को न केवल प्रभावशाली बनाता है, बल्कि कभी जन-विश्वास को पुष्ट, तो कभी मानवीयता को क्षति

पहुँचानेवाली शक्तियों को प्रकट भी करता है। उनका यथार्थ दहशत और भयावहता तक ही सीमित नहीं है। अपने समय को समझते हुए वे समाज-व्यवस्था को बदलनेवाली शक्तियों को भी पहचानते और रेखांकित करते हैं। ये ही शक्तियाँ युग के संकल्प को भी प्रकट करती हैं, जिनके साथ मुक्तिबोध का यूटोपिया गूँथने लगता है। तयशुदा भविष्यवाद की जगह निरन्तर बनी रहनेवाली क्रान्तिकारी आशा और स्वप्न भी उनके कथ्य को सरलीकृत नहीं बना पाते हैं, क्योंकि उनके निजी अन्तःसंघर्ष और युग-संघर्ष के मध्य का द्वन्द्व चलता ही रहता है। यह तनाव इसलिए भी बहुत सार्थक और महत्त्वपूर्ण है कि सामूहिक अमानवीकरण में शामिल होने का अपराध-भाव उन्हें आत्मालोचना के लिए प्रेरित करता है। दूसरी तरफ वे अपने समय के यथार्थ का केवल चित्रण भर नहीं करते बल्कि उसकी तर्कनिष्ठ आलोचना भी करते हैं। उनकी आत्मालोचना में आत्मदया का रंचमात्र भाव नहीं है। इसी तरह व्यक्तिगत अन्तःसंघर्ष है लेकिन कहीं भी अद्वितीयता का पाखंड नहीं है।

चूँकि समकालीन शोषण-व्यवस्था की विधियाँ और अमानवीकरण करने की प्रक्रिया ही इतनी जटिल हैं कि उनके कथ्य में जटिलता होना स्वाभाविक ही है। फिर फैंटेसी, इमेजरी और फैलाव से भी जटिलता का अधिक आभास होने लगता है। इसके बावजूद मुक्तिबोध के कथ्य में न केवल आत्मीयता बल्कि मार्मिकता और बिरादरीपन का भाव भी है। उनकी विकलता इसे और अधिक जीवन्तता प्रदान कर देती है। उनके जीवन और कविताओं के अन्तःसम्बन्धों की पहचान से सारा कथ्य-जगत् हमारे समय की त्रासदी का आख्यान बन उठता है।

मुक्तिबोध की कविता आधुनिक समय में स्काईस्क्रेपर की तरह नहीं खड़ी है। आदिम परिवेश और लोक विश्वासों की दुनिया ही के साथ इतिहास और परम्परा के निषेधात्मक और धनात्मक प्रसंगों से अनायास जुड़ी हुई है। जिस तरह आचार्य हजारीप्रसाद द्विवेदी 'आम फिर बौरा गए' की चर्चा करते हुए यातुधान (जादू दाँ) कन्दर्प, कूष्मांड ब्रह्मराक्षस को समकालीन दुनिया में आज की समस्या के बीच खींच लाते हैं।[300] उसी तरह ये सब मुक्तिबोध की समकालीन चिन्ता के चरित्र बनकर उनकी कविता को समृद्ध करते हैं। इतना ही नहीं एक तरफ भूत-प्रेत-पिशाच और तान्त्रिक के प्रसंग हैं तो दूसरी तरफ गन्धर्व-यक्ष-किन्नरों के साथ कैलास शिखर की कल्प सृष्टि भी है। कालिदास के काव्य की तरह मुक्तिबोध में भी शिशु नए मूल्य और अनुभव सत्य का प्रतीक है।

यह लगता है कि मुक्तिबोध की दुनिया में हमारे आसपास का जीवन घर-परिवार के प्रसंग विरल हैं। पर वास्तविकता इससे भिन्न ही है। यह अवश्य है कि जिस तरह से हम काव्य में आरा पड़ोस और घर-दुआर को देखने के इन दिनों अभ्यस्त हो गए हैं वैसा मुक्तिबोध में नहीं है। पर फैंटेसी के प्रसार और अन्तःबाह्य संघर्ष के कटावदार मोड़ों पर उन्होंने हमारी दुनिया की जो छवि उकेरी है वह अद्वितीय और आश्चर्यजनक है। सिर्फ स्त्री को ही उनकी कविता में हम इतने रूपों और यातना-यन्त्रणा

की दारुण स्थितियों में देख सकते हैं कि आधुनिक हिन्दी कविता में यह अन्यत्र दुर्लभ है। माँ, बहन, भाभी, बेटी, पत्नी और प्रेमिका के अतिरिक्त मुक्तिबोध की कविता में स्त्रियों के जो चित्र आए हैं उनसे उनकी गहरी करुणा और व्यापक चिन्ता प्रकट होती है। संयुक्त परिवार की अपने ही वक्ष को खुरदरा वृक्ष-धड़ मान घिसती औरतें, युद्ध उन्मादी सैनिकों द्वारा घसीटकर ले जाई गई माँ, बेटे को बेचने के लिए अभिशप्त माँ, अधनंगी माँ, काष्ठ खोजती माँ, गर्भिणी माता, घूरे पर अन्न बीनती गरीब माँएँ, अपराधी कन्या की चिन्ता में बेकल माँ, सामन्ती बूढ़ी सास, वजनदार घड़ों से पानी भरती गर्भवती औरत, पागल स्त्री, श्रमशील सोई हुई स्त्री, गिरस्तिन मौन माँ-बहनें, बलूच स्त्री, वेश्या, परित्यक्ता, युद्धरत सैनिक की चिन्ताविकल पत्नी पड़ोसन विमला, सजल विधवा, विद्रोहिणी विधवा बहू, रोती धाड़ मार नई बहू, विवाह योग्य कन्या, अपराधी कन्या, कानाफूसी करती सुकुमारियाँ, पीठ पर कसी हुई बच्ची, आदिवासी स्त्रियाँ और नक्काशीदार कमरों में बलात्कार की शिकार स्त्रियाँ—ये सब मिलकर मुक्तिबोध की कविता को हमारे समय की जरूरी चिन्ताओं का व्यापक और संवेदनशील दस्तावेज बनाती हैं। स्त्री की दशा को लेकर इतनी तरह से शायद ही किसी अन्य कवि ने विचार किया होगा।

विस्तार और वर्णनाधिक्य मुक्तिबोध के कथ्य का ऐसा पक्ष है जिसे अनदेखा नहीं किया जा सकता। वे कई बार पुनरावृत्तियाँ करते हैं। एक ही कविता में नहीं वरन् अलग-अलग कविताओं में भी एक ही कथ्यांश को देखा जा सकता है। इसका कारण उनके व्यक्तित्व और स्वभाव में ही है शायद और दूसरे यह भी कि वे स्वयं अपनी समस्त कविताओं की पांडुलिपि तैयार करते तो कहा नहीं जा सकता कि उसका स्वरूप क्या होता।

'मेरे सहचर मित्र' कविता में मुक्तिबोध की पंक्तियाँ हैं :

अपने छोटे निज जीवन में
जी ली हैं अनगिन जिन्दगियाँ।
जिन्दगी हरेक...
ज्वलित चन्दन का ईंधन है।

उनकी कविताओं का अनुभव-संसार इसका प्रमाण है।

वे आज भी हिन्दी कविता ही नहीं साहित्य के केन्द्रीय रचनाकार हैं। इससे उनके सृजन और कथ्य की प्रासंगिकता स्वतः प्रकट होती है। उनकी व्यापक शब्द-सम्पदा में सुरक्षित उनकी भाव-यात्राओं का अनुभव-इतिहास उनकी गहरी संलग्नता और प्रतिबद्धता का दस्तावेज है।

सन्दर्भ

1. द रिव्होल्ट अगेन्स्ट मेकेनिज्म : एल.पी. जेक्स, पृ. 16
2. मु.र.-6, पृ. 221-22-23
3. वही, पृ. 244
4. वही, पृ. 247
5. वही, पृ. 272
6. वही, पृ. 282
7. वही, पृ. 233-246-305
8. वही, पृ. 247
9. मु.र.-4, पृ. 113
10. मु.र.-6, पृ. 310
11. मु.र.-4, पृ. 198
12. वही, पृ. 200-01
13. मु.र.-6, पत्र श्रीकान्त वर्मा को, पृ. 341
14. वही, पृ. 343
15. मु.र.-1, पृ. 40
16. वही, पृ. 51
17. वही, पृ. 48
18. वही, पृ. 65
19. वही, पृ. 77
20. मु.र.-2, पृ. 161
21. मु.र.-1, पृ. 78
22. वही, पृ. 80-81
23. वही, पृ. 83
24. वही, पृ. 83-84
25. वही, पृ. 99
26. वही, पृ. 91
27. वही, पृ. 94
28. वही, पृ. 90
29. वही, पृ. 99
30. वही, पृ. 102
31. वही, पृ. 103
32. वही, पृ. 106
33. वही, पृ. 105
34. वही, पृ. 106
35. वही, पृ. 107
36. वही, पृ. 105
37. वही, पृ. 110
38. वही, पृ. 118
39. मु.र.-1, पृ. 123-24

40. वही, पृ. 125
41. वही, पृ. 114-15
42. वही, पृ. 203
43. वही, पृ. 177
44. वही, पृ. 176
45. वही, पृ. 196
46. वही, पृ. 193
47. वही, पृ. 195
48. वही, पृ. 194
49. वही, पृ. 196
50. वही, पृ. 171
51. वही, पृ. 164
52. वही, पृ. 165
53. वही, पृ. 145
54. पूर्वग्रह : (अंक 39-40), प्रमोद वर्मा, पृ. 37
55. मु.र.-1, पृ. 182
56. वही, पृ. 168-69
57. प्रयोगवाद और नई कविता : शम्भुनाथ सिंह, पृ. 204
58. वही, पृ. 249
59. नया हिन्दी काव्य : शिवकुमार मिश्र, पृ. 278
60. नई कविता : नए धरातल : डॉ. हरिचरण शर्मा, पृ. 179
61. पूर्वग्रह : (अंक 39-40) केदारनाथ सिंह/पृ. 31
62. वही, पृ. 30
63. मु.र.-1, पृ. 308-09
64. वही, पृ. 273
65. वही, पृ. 300
66. वही, पृ. 301-02
67. वही, पृ. 304-05
68. वही, पृ. 303-04
69. वही, पृ. 210
70. वही, पृ. 210-11
71. वही, पृ. 211
72. वही, पृ. 212
73. आलोचना (अंक 54-55) : नन्दकिशोर नवल, पृ. 48
74. दे.मु.र.-1, पृ. 223-27
75. वही, पृ. 227
76. वही, पृ. 220-21
77. नागार्जुन का रचना-संसार (विजय बहादुर सिंह से साक्षात्कार में बाबा), पृ. 172
78. मु.र.-1, पृ. 221
79. वही, पृ. 234
80. मु.र.-1, पृ. 235

81. वही, पृ. 236-37
82. वही, पृ. 236
83. वही, पृ. 237
84. वही, पृ. 238
85. वही, पृ. 241
86. वही, पृ. 239
87. वही, पृ. 241
88. वही, पृ. 242
89. वही, पृ. 246
90. वही, पृ. 249
91. दस्तावेज (अंक 13-14) : शम्भुनाथ, पृ. 122
92. मु.र.-1, पृ. 267
93. वही, पृ. 267
94. वही, पृ. 269
95. पूर्वग्रह (अंक 39-40), पृ. 45
96. मु.र.-2, पृ. 190
97. मु.र.-1, पृ. 284
98. वही, पृ. 355
99. वही, पृ. 323
100. वही।
101. नई कविता और अस्तित्ववाद : डॉ. रामविलास शर्मा, पृ. 138
102. मु.र.-1, पृ. 324
103. मु.र.-1, ("अम्बर में चमक रही बहना बिजली ने भी, थी ताकत हिय में सरसायी"), पृ. 317
104. मु.र.-1, पृ. 348
105. वही, पृ. 350
106. वही, पृ. 294
107. वही, पृ. 340
108. मु.र.-2, पृ. 365
109. मु.र.-6 : पत्र नेमिचन्द्र जैन को (जन. 58) "I am about to fall in love with life again", पृ. 314
110. मु.र.-4, डायरी सन् 1963, पृ. 178
111. फिलहाल : अशोक वाजपेयी, पृ. 115
112. मु.र.-4, पृ. 178
113. मु.र.-2, पृ. 264 (चकमक की चिनगारियाँ)
114. वही, पृ. 287 (एक स्वप्न कथा)
115. वही, 445 (चम्बल की घाटी में)
116. वही, 264 (चकमक की चिनगारियाँ)
117. वही, पृ. 338 (एक प्रदीर्घ कथा)
118. वही, पृ. 253 (चकमक की चिनगारियाँ)
119. वही, पृ. 383 (अँधेरे में)
120. मु.र.-2, पृ. 310 (चाँद का मुँह टेढ़ा है)

121. वही, पृ. 470 (दे. अधूरी कविता 'भूमिका')
122. वही, पृ. 438 (मेरे महाकाव्य के पन्ने)
123. वही, पृ. 289 (मेरे सहचर मेरे मित्र)
124. वही, पृ. 257 (कहते हैं लोग बाग)
125. वही, पृ. 237 (मैं तुम लोगों से दूर हूँ)
126. मु.र.-1, पृ. 301
127. मु.र.-2, पृ. 357
128. वही, 178 (सही हूँ या गलत)
129. वही, पृ. 189 (मुझे कदम-कदम पर)
130. मु.र.-1, पृ. 171
131. मु.र.-2, पृ. 79 (जमाने का चेहरा)
132. वही, पृ. 206 (एक अरूप शून्य के प्रति)
133. मु.र.-1, पृ. 340
134. मु.र.-2, पृ. 343 (एक प्रदीर्घ कविता)
135. वही, पृ. 211-251
136. वही, पृ. 380
137. वही, पृ. 279
138. पूर्वग्रह (अंक 46-47) : रमेशचन्द्र शाह, पृ. 21
139. मु.र.-2, पृ. 208 (मालव निर्झर की झर-झर कंचन रेखा)
140. वही, पृ. 252 (चकमक की चिनगारियाँ)
141. वही, पृ. 288 (एक स्वप्न कथा)
142. वही, पृ. 250
143. वही, पृ. 354
144. वही, पृ. 352
145. वही, पृ. 362
146. वही, पृ. 161 (अन्तःकरण का आयतन)
147. मु.र.-4, पृ. 196 (डायरी वर्ष 1950-54)
148. क्ष त्र ज्ञ : (अंक 2, जनवरी 69) कुबेरनाथ राय, पृ. 5
149. आलोचना (अंक 14 वर्ष जुलाई 70), पृ. 34
150. मु.र.-2, पृ. 346
151. वही, पृ. 348
152. वही, पृ. 349
153. वही।
154. वही, पृ. 381-82
155. वही, पृ. 141 (विक्षुब्ध बुद्धि के मारक स्वर)
156. वही, पृ. 140
157. वही, पृ. 233 (एक टीले और डाकू की कहानी)
158. वही, पृ. 456
159. वही, पृ. 172 (मुझे नहीं मालूम)
160. वही, पृ. 169
161. मु.र.-2, पृ. 382 (अँधेरे में)

162. कनवरसेशन विद काफ्का : गुॅस्ताव जोनेश, पृ. 16
163. मु.र.-2, पृ. 459
164. वही, पृ. 150
165. वही, पृ. 238
166. वही।
167. वही, पृ. 365
168. वही, पृ. 439-40
169. वही, पृ. 423
170. वही, पृ. 128
171. कामायनी : जयशंकर प्रसाद, पृ. 55
172. मु.र.-2, पृ. 449
173. रचना के साथ : प्रभात त्रिपाठी, पृ. 75
174. मु.र.-2, पृ. 241 (मेरे लोग)
175. वही, पृ. 272 (मेरे सहचर मेरे मित्र)
176. वही, पृ. 143 (विक्षुब्ध बुद्धि के मारक स्वर)
177. वही, पृ. 181
178. स्टडीज इन ए डाइंग कल्चर : काडवेल, पृ. 77
179. मु.र.-2, पृ. 125
180. वही, पृ. 126
181. वही, पृ. 360-61
182. वही, पृ. 361
183. वही, पृ. 384
184. वही।
185. वही।
186. वही, पृ. 332
187. वही, पृ. 324
188. वही, पृ. 135
189. वही, पृ. 292
190. वही, पृ. 241
191. वही, पृ. 158
192. वही, पृ. 144-45
193. वही, पृ. 312
194. वही, पृ. 313
195. वही, पृ. 317
196. वही, पृ. 238
197. वही, पृ. 105
198. वही, पृ. 315
199. वही, पृ. 135
200. वही, पृ. 260-61-64
201. वही, पृ. 53
202. मु.र.-2, पृ. 255

203. वही, पृ. 257
204. वही, पृ. 258
205. वही, पृ. 263
206. वही, पृ. 155 (एक अन्तःकथा)
207. वही, पृ. 394 (चुप रहो मुझे सब कहने दो)
208. वही, पृ. 75
209. वही, पृ. 87
210. वही, पृ. 299
211. वही, पृ. 298
212. वही, पृ. 303
213. वही, पृ. 306-07
214. वही, पृ. 309
215. वही, पृ. 312
216. वही, पृ. 427
217. वही।
218. वही, पृ. 428
219. वही, पृ. 429
220. वही, पृ. 444
221. वही, पृ. 458
222. वही, पृ. 448
223. वही, पृ. 412-13 (इस चौड़े ऊँचे टीले पर)
224. वही, पृ. 415
225. वही, पृ. 244-45
226. वही, पृ. 248
227. वही, पृ. 320
228. वही।
229. वही, पृ. 330
230. वही, पृ. 331
231. वही, पृ. 330-31
232. चाँद का मुँह टेढ़ा है (भूमिका) : शमशेर बहादुर सिंह, पृ. 22
233. मु.र.-5, पृ. 275
234. वही, पृ. 197
235. वही, पृ. 274
236. वही, पृ. 259-60
237. मु.र.-2, पृ. 159
238. वही, पृ. 189
239. वही, पृ. 37-38
240. वही, पृ. 208
241. वही, पृ. 268-69
242. नई कविता और अस्तित्ववाद : डॉ. रामविलास शर्मा, पृ. 124-25
243. मु.र.-2, पृ. 182

244. वही, पृ. 293
245. वही।
246. इल्यूजन एंड रीएलिटी : काडवेल, पृ. 182
247. मु.र.-2, पृ. 399
248. वही, पृ. 395
249. वही, पृ. 366
250. वही, पृ. 424
251. वही, पृ. 275
252. वही, पृ. 399
253. मु.र.-5, पृ. 274-75
254. चाँद का मुँह टेढ़ा है (भूमिका) : शमशेर, पृ. 21
255. वही, पृ. 27
256. कविता के नए प्रतिमान : डॉ. नामवर सिंह, पृ. 244
257. चाँद का मुँह टेढ़ा है (भूमिका) : शमशेर, पृ. 28
258. जिरह : श्रीकान्त वर्मा, पृ. 50
259. आलोचना की पहली किताब : विष्णु खरे, पृ. 28
260. फिलहाल : अशोक वाजपेयी, पृ. 118
261. मु.र.-6, पत्र आग्नेष्का को, पृ. 380
262. वही, पृ. 381
263. चाँद का मुँह टेढ़ा है, पृ. 8
264. मु.र.-2, पृ. 352
265. वही।
266. वही।
267. वही, पृ. 353
268. वही, पृ. 354
269. वही।
270. वही।
271. वही, पृ. 355
272. वही, पृ. 356
273. वही, पृ. 380
274. वही, पृ. 388
275. वही।
276. वही, पृ. 388-89
277. मु.र.-5, पृ. 170-71
278. कविता के नए प्रतिमान : डॉ. नामवर सिंह, पृ. 235
279. नई कविता और अस्तित्ववाद : डॉ. रामविलास शर्मा, पृ. 172
280. गु.र.-5, पृ. 175-76
281. कविता के नए प्रतिमान : डॉ. नामवर सिंह, पृ. 242
282. मु.र.-2, पृ. 356
283. वही, पृ. 360
284. मु.र.-2, पृ. 360

285. वही, पृ. 362
286. वही, पृ. 365
287. वही, पृ. 367
288. वही।
289. वही, पृ. 368
290. वही, पृ. 371
291. वही, पृ. 372
292. वही, पृ. 374
293. वही, पृ. 382
294. वही, पृ. 383
295. वही।
296. नई कविता और अस्तित्ववाद : डॉ. रामविलास शर्मा, पृ. 131
297. मु.र.-2 / पृ. 358
298. वही, पृ. 386
299. वही, पृ. 387
300. कल्पलता : हजारीप्रसाद द्विवेदी, पृ. 17-18-20

खूब काट-छाँट–गहरी छील-छाल

खूब काट-छाँट और गहरी छील-छाल
रन्दों और बसूलों से मेरी देखभाल
मेरा अभिनव संशोधन अविरत क्रमागत...

मुक्तिबोध ने अपने आत्मसंघर्ष और विश्व-चेतस् आत्म की अभिव्यक्ति के लिए जिस रूपाकार का आविष्कार किया वह अपने आपमें कई दृष्टियों से महत्त्वपूर्ण है। महत्त्वपूर्ण इसलिए है कि प्रचलित रूपाकार मुक्तिबोध की अभिव्यक्ति के लिए अपर्याप्त सिद्ध हुआ। एक बात यह भी कि वे परम्परागत रूपाकार के तत्त्वों को अपनाते हुए भी आधुनिक हैं और आधुनिकों की दृष्टि में उनका रूपाकार आधुनिक होते हुए भी पारम्परिक ही अधिक है। दरअसल मुक्तिबोध ही नहीं किसी भी कवि के कथ्य और शिल्प के बीच एक द्वन्द्वात्मक रिश्ता होता है और इसीलिए शिल्प और कथ्य को दो पृथक् खानों में बाँटकर देखा नहीं जा सकता। रूप का सम्बन्ध अनेकायामी होता है। अर्न्स्ट फिशर के शब्दों में–"कथ्य और रूप की समस्या केवल कलाओं तक ही सीमित नहीं है, प्रत्येक शासक वर्ग, जब उसकी स्थिति को खतरा होता है, खास प्रतिक्रिया करता है कि रूप प्रमुख है और कथ्य गौण।"[1] दरअसल रूप के निर्धारण के पीछे भी जहाँ परिवेश, प्रकृति, सांस्कृतिक और काव्य परम्परा जैसे तत्त्व सक्रिय रहते हैं वहीं सामाजिक यथार्थ, राजनीतिक दबाव भी बेहद महत्त्वपूर्ण तत्त्व हैं। इसलिए भी कथ्य और रूप का वर्गीकरण, जो अकादेमिक जगत् की सुविधा है, सरलीकरण मात्र लगता है। यद्यपि हमने सुविधा के लिए भीतरी संसार और शिल्प को पृथक् अध्यायों में लिया है फिर भी हमारा अध्ययन इनके द्वन्द्वात्मक सम्बन्ध को याद रखते ही सम्भव हो सकेगा।

जे. आरतेगा ने एक जगह कहा है–"The matter of greatest interest is not the man's struggle with the world, with his external destiny, but his struggle with his vocation"[2]

और यह सत्य है कि एक कवि के लिए जीवन के बाहरी संघर्ष ही पर्याप्त नहीं होते। कविता के समक्ष वह किस तरह आचरण करता है, यह अत्यन्त महत्त्वपूर्ण है। किसी कवि का रचना शिल्प, इसीलिए हमारे जानने और चिन्ता करने का विषय बनना चाहिए कि इससे हम उसका अपने माध्यम के साथ संघर्ष जान पाते हैं। कोई कवि सिर्फ कथ्य के बल पर ही महान नहीं हो जाता। हालाँकि यहाँ यह भी सच है कि सिर्फ शिल्प

से ही कविता महान नहीं हो जाती। मुक्तिबोध के रचना शिल्प पर चर्चा करने से पहले आरतेगा के उपर्युक्त कथ्य का स्मरण अकस्मात् नहीं होता। विकास यात्रा के अध्याय में हमने मुक्तिबोध की रुचियों, तकलीफों और प्रभावों के अध्ययन से यह जाना है कि उन्होंने अपने आपको लगातार बदलने की कोशिश की है। कविता संसार के साथ सामंजस्य में उपस्थित होती है या द्वन्द्व में, इसके सन्दर्भ में मुक्तिबोध का कहना है कि आज की कविता में उक्त सामंजस्य से अधिक द्वन्द्व ही है, इसलिए उसके भीतर तनाव या घिराव का वातावरण है।[3] संघर्ष और द्वन्द्व को तनाव तक पहुँचानेवाला यह कवि लगातार अपने माध्यम से जूझता रहा और इसीलिए मुक्तिबोध के रचना शिल्प में हमें पुराख्यानों से लेकर व्यंग्य तक रूप, प्रतीक, बिम्ब, छन्द और भाषा का विशिष्ट विस्तार मिलता है।

मुक्तिबोध के यहाँ यह विशिष्ट विस्तार इकहरा या एकायामी नहीं है। इसीलिए उनका शिल्प एकदम निर्दोष नहीं है। फिर भी उनके शिल्प की शक्ति अद्भुत है। उन्होंने भाषा के स्रोतों का जिस प्रकार दोहन किया है वह समकालीन हिन्दी कविता में अभूतपूर्व और अननुकरणीय है। छन्द और लयात्मकता के नानाविध प्रयोगों से, शब्दों के सादृश्य और असादृश्यमूलक साहचर्य से, उन्होंने जो भाषिक तनाव और ध्वनि तथा गति के प्रभाव उत्पन्न किए हैं, वे प्रमाण हैं कि कलाकार के नाते अभिव्यक्ति उनके लिए कितनी महत्त्वपूर्ण थी। कविता को रखे रहने देना, अन्तराल के बाद उस पर कार्य करना भी इसका सबूत है। अयथार्थवादी शिल्प, ईर्रेशनल बिम्ब और इड़ा-पिंगला की तान्त्रिक पदावली के बावजूद डॉ. रामविलास शर्मा को छोड़कर मार्क्सवादी चिन्तकों को भी उनका शिल्प मान्य है। कविता में नारेबाजी के समर्थक भी मुक्तिबोध के शिल्प को निर्दोष मानते हैं। ऐसे समीक्षक भी हैं जो उस कवि से, जिसकी बीस-पच्चीस कविताएँ भी नहीं छपी होतीं, शिकायत करते हैं कि वह अपने को दोहरा रहा है, वे भी मुक्तिबोध के शिल्प में हर तरह का औचित्य ढूँढ़ लेते हैं। रूपवादी और कलावादी समीक्षक मुक्तिबोध के आतंक के कारण और लम्बी कविता का तर्क लेकर उसकी शक्ति और सौष्ठव का बखान करते हैं। अशोक वाजपेयी के अनुसार–"वह ऊपर से ऊबड़-खाबड़ लगता है तो इसलिए कि वह किसी स्वायत्त संसार को नहीं, एक-दूसरे से टकराते, उलझते, लिपटते समकालीन मनुष्य के कई संसारों को चरितार्थ करने में संलग्न मुहावरा है।"[4] वाग्मिता को सर्वोपरि महत्त्व देनेवाले भी उनकी वाग्स्फीति की प्रशंसा करते हैं। मजे की बात यह है कि जो समीक्षक एक स्थान पर यह कहता है कि मुक्तिबोध का शिल्प जटिल और आत्म-परक है, वही उसी पृष्ठ पर तीन पंक्तियों के बाद ही लिखता है–। जो मुक्तिबोध के काव्य पर दुरूहता और जटिलता का आरोप लगाते हैं वे इस फैंटेसी की गतिशीलता न तो समझते हैं और न ही देख पाते हैं।"[5]

मुक्तिबोध के शिल्प ही नहीं समूचे मुक्तिबोध के सन्दर्भ में यह परिदृश्य बहुत भ्रामक और दुर्भाग्यपूर्ण है। मुक्तिबोध महान और उनका शिल्प विशिष्ट या अद्भुत इससे नहीं हो जाता कि हम उसे निर्दोष सिद्ध करने की होड़ में व्यस्त हो जाएँ।

मुक्तिबोध का रचना शिल्प प्रमुखतः फैंटेसी पर आधारित है। लेकिन यह फैंटेसी एक गहरी चिन्ता से जुड़ी हुई है। लेकिन ऐसा नहीं है कि फैंटेसी या अन्य बहुत से कला-पैटर्नों तक मुक्तिबोध एकाएक आ गए। रचना काल के आरम्भिक समय में मुक्तिबोध पर छायावाद, माखनलाल चतुर्वेदी, रमाशंकर शुक्ल 'हृदय' आदि के अभिव्यक्ति-पैटर्नों का गहरा प्रभाव था। छायावादी विन्यास मुक्तिबोध में अपने अन्तिम समय तक भी किसी न किसी रूप में मौजूद रहा है। दरअसल मुक्तिबोध निरन्तर व्यग्र और बेचैन रहते थे। यह बेचैनी गहरे मानवीय सरोकार के कारण रही है। इसी के साथ वे अभिव्यक्ति और अभिव्यक्ति के पैटर्न के प्रति बेहद सचेत कलाकार भी थे। साहित्य की प्रचलित अभिव्यक्ति व्यवस्था सदैव और हर लेखक को रास नहीं आती। लेखक को अपनी अनुभव सम्पदा को व्यक्त करने के लिए अपनी अभिव्यक्ति और अपना विन्यास खोजना पड़ता है, जो आसान कार्य नहीं है। अभिव्यक्ति की साहसिकता के बिना यह लगभग असम्भव है। मुक्तिबोध ने स्वयं प्रचलित अभिव्यक्ति और विन्यास से अपना प्रस्थान बिन्दु खोजा था। वे कहते हैं कि "अपने ही आभ्यन्तरीकृत जीवन-जगत् के संवेदना-रूपों और आभ्यन्तरीकृत यथार्थ के बिम्बों को प्रकट करने का यदि उसने साहस भी किया तो छक्के छूट जाते हैं, क्योंकि जिस पैटर्न को अभ्यासवश उसने प्राप्त किया है, उस पैटर्न में वे समा नहीं सकते।"[6] इस प्रकार मुक्तिबोध अभिव्यक्ति और पैटर्न की नई आवश्यकता को ही महत्त्वपूर्ण नहीं मानते बल्कि अभिव्यक्ति की निपुणता के प्रति संकुचित दृष्टिकोण की भर्त्सना भी करते हैं। यही कारण है कि मुक्तिबोध ने अपने समय में प्रचलित लगभग सभी पैटर्नों, जैसे–फैंटेसी, प्रतीक, बिम्ब, वर्णन, आत्म-कथन, विश्लेषण आदि का इस्तेमाल किया है। फिर भले ही यह कहा जाए कि उन्होंने बुर्जुआ-समाज में प्रचलित लगभग सभी पैटर्नों का इस्तेमाल किया है और भाषा में वे व्यंजना के स्थान पर लक्षणा का प्रयोग करते हैं और वैसे भी बुर्जुआ समाज में लाक्षणिक भाषा की सम्भावना बढ़ जाती है।[7] दरअसल ऐसे अति-कथनों से मुक्तिबोध के शिल्प और उससे भी अधिक उनकी रचना-प्रक्रिया को जान-बूझकर और कभी भी अनजाने ही अदेखा कर दिया जाता है। आज भी उपर्युक्त सभी पैटर्न ही कविता में इस्तेमाल होते हैं। मुक्तिबोध ने स्वयं 1963-64 में तार सप्तक के दूसरे संस्करण के लिए लिखे (किन्तु अप्रकाशित रहे) अपने वक्तव्य में यह कहा था–"आज मेरे जैसे कवि के सामने मुख्य प्रश्न यह नहीं है कि शिल्प का विकास किस प्रकार किया जाए, वरन् यह है कि जीवन तथा हृदय पर नित्य आघात-प्रत्याघात करनेवाले कारणों को किस प्रकार समेटा जाए। उन्हें किस प्रकार काव्य में रूपबद्ध किया जाए। वास्तविकता तो यह है कि आज के जमाने में मेरे लिए मुख्य प्रश्न कान्टेंट की कमी और शिल्प के आधिक्य का नहीं, वरन् कान्टेंट के अतिरेक और शिल्प की अपर्याप्तता का है। इसीलिए, मेरी मुख्य समस्या यह है कि कान्टेंट के वैविध्य को किस प्रकार समेटा जाए, किस प्रकार उसे रूपबद्ध किया जाए।"[8]

किसी कवि की रचना-प्रक्रिया को समझने के लिए उसकी रचना के भीतर से

गुजरना होता है और रचना के भीतर प्रवेश करते ही पहला सवाल अभिव्यक्ति के पैटर्न का उठता है। मुक्तिबोध की रचना-प्रक्रिया को जानने के लिए एक और उनका प्रक्रिया सम्बन्धी सैद्धान्तिक पक्ष है, जहाँ उन्होंने कला के तीन क्षणों की व्याख्या की है। कला का तीसरा क्षण ही अभिव्यक्ति का क्षण है, जहाँ कवि भाषा का निर्माण करता है और अपने अनुभवों को बिम्ब-विधान के द्वारा प्रकट करता है। मुक्तिबोध का यह क्षण, जहाँ भाषा फैंटेसी के विस्तार को छाँटती है और फैंटेसी को समृद्ध करती है।[9] इस अभिव्यक्ति-क्षण तक आने के पूर्व मुक्तिबोध जीवन और कविता की बेचैनी के बीच होते थे। मुक्तिबोध की पत्नी श्रीमती शान्ता मुक्तिबोध ने एक साक्षात्कार के दौरान कवि की इस बेचैनी का संकेत किया था—"एक बात कह सकती हूँ कि वे काफी तकलीफ से रचते थे। रचनाओं को लेकर खूब श्रम करते थे। एक ही कविता को कई बार लिखते थे। हर समय ऐसा लगता था कि वे कुछ भीतर ही भीतर सोच रहे हैं।"[10] यह लगातार सोचते रहना मुक्तिबोध की रचना-प्रक्रिया की बुनियादी खासियत है। रचना का लेखन, संशोधन, दोबारा मजमून तैयार करना, आरम्भिक अवस्थाएँ, मसौदे, काट-छाँट आदि का अध्ययन रचना की जन्म-प्रक्रिया को समझने में सहायक हो सकता है। इसी के साथ मुक्तिबोध की उत्तेजित और व्यग्र रचनात्मक-काल की मनोदशा, काली चाय, बीड़ी पर बीड़ी फूँकना, चक्कर काटना जैसी आदतों आदि को भी ध्यान में रखा जा सकता है। कवि के वर्कशाप की बहुत सी भीतरी आदतें इससे उजागर होती हैं और इन तथ्यों की रोशनी में रचना की आन्तरिक गुत्थियों, उसकी दरारों, तोड़-मरोड़, असंगतियों आदि को समझने में सहायता मिलती है। फिर भी मँजी हुई कृति या रचना का अन्तिम प्रारूप ही सब कुछ है जिसके आधार पर हम कृति को समझते और उसका मूल्यांकन करते हैं। इससे एक चीज साफ है कि मुक्तिबोध हमेशा अपनी कविता को लेकर तनाव में रहते थे। यह तनाव कविता और उसकी रचना-प्रक्रिया के दौरान कविता को लेकर ही नहीं बल्कि कविता की सार्थकता और अपने समय को लेकर भी रहता था। यह सर्जनात्मक तनाव ही उनकी रचना-प्रक्रिया का महत्त्वपूर्ण पहलू है। यही उन्हें मनुष्य, उसके जीवन और साहित्य के विभिन्न रूपों के प्रति संवेदनशील और परिवर्तनशील बनाता रहा। मुक्तिबोध शायद थोड़ा शंकित रहते थे कि उनकी बात स्पष्ट नहीं हुई। इसलिए न केवल अपनी कविता में वे बार-बार पुनरावृत्ति करते हैं। बल्कि अपनी बातों को कविता से अलग किसी और विधा में जाकर भी कहने का प्रयास करते हैं। इस सम्बन्ध में मुक्तिबोध की मनःस्थिति का अन्दाज उनके रचना काल के प्रारम्भिक समय के वक्तव्यों से ही हो जाता है। सन् 44 में तार सप्तक में प्रकाशित अपने वक्तव्य में मुक्तिबोध ने लिखा था—"मेरी कविताओं के प्रान्त-परिवर्तन का कारण है यही आन्तरिक जिज्ञासा। परन्तु इस जिज्ञासुवृत्ति का वास्तव (आब्जेक्टिव) रूप अभी तक कला में नहीं पा सका हूँ। अनुभव कर रहा हूँ कि वह उपन्यास द्वारा ही प्राप्त हो सकेगा। वैसे काव्य में जीवन के चित्र की—यथा वैज्ञानिक 'टाइप' की उद्भावन की, अथवा तीव्र विचार की, अथवा शुद्ध शब्द चित्रात्मक, कविता हो सकती है। इन्हीं के प्रयोग मैं करना चाहता

हूँ। पुरानी परम्परा बिल्कुल छूटती नहीं है ! पर वह परम्परा है मेरी ही और उसका प्रसार अवश्य होना चाहिए।''[11] यही नहीं मुक्तिबोध को अपनी किसी भी विकास-स्थिति से कभी सन्तोष नहीं हुआ और उन्होंने निःसंकोच स्वीकार किया कि मानसिक द्वन्द्व उनके व्यक्तित्व में बद्ध मूल है। उन्होंने कहा–''मैं निकटता से अनुभव करता रहा हूँ कि जिस क्षेत्र में हूँ वह स्वयं अपूर्ण है और उसका ठीक-ठीक प्रकटीकरण नहीं हो रहा है। फलतः गुप्त अशान्ति मन के अन्दर घर किए रहती है।''[12]

यह गुप्त अशान्ति और सर्जनात्मक तनाव उन्हें बार-बार कविता की बेचैन दुनिया में पहुँचाता रहा। उन्होंने रचना-प्रक्रिया के बारे में जो लिखा वही उनका आदर्श भी रहा। पर यह कहना मुश्किल है कि वह इसे पूरी तरह चरितार्थ कर पाए। कविता में अप्रयास अभिव्यक्ति का कोई तत्त्व विद्यमान रहता है, यह मुक्तिबोध में मिलता है। अतः अनसोचे तत्त्व भी काव्य में सम्मिलित हो जाते हैं, जिनके हर शब्द की व्याख्या सम्भव नहीं होती। ऐसा इसलिए होता है कि मुक्तिबोध के लिए रचना-प्रक्रिया प्रतिभा या बुद्धि का कौतुक विलास नहीं था। जैसा हम पहले ही कह आए हैं कि वे रूप के प्रति सजग जरूर थे पर वह उनके लिए कथ्य की तुलना में गौण था। व्यक्ति और संसार के मध्य गतिशील संवाद पैदा करने की व्यग्र कोशिश में मुक्तिबोध एक ओर जनवादी आस्था को अपनाते हैं तो दूसरी ओर अपनी रचना की प्रक्रिया में ही काव्य मात्र को फैंटेसी मानते हैं। सृजन के रूप और उसकी भाषा को ऐकान्तिक माध्यम मानने के बदले मुक्तिबोध ने इसे एक सामाजिक अभ्यास (Social practice) बनाया। कविता की निजी और वैयक्तिक रचना-प्रक्रिया का यह कोई उत्सर्ग नहीं था। उसको सुरक्षित रखते हुए भी मुक्तिबोध ने रचना के संघर्ष को सामाजिक अभ्यास के स्तर में रूपान्तरित करने का निरन्तर प्रयास किया और किसी हद तक वे इसमें कामयाब भी हुए।

कविताओं को समझने के लिए कविताओं को छोड़कर अन्य कोई प्रमाण नहीं होता है। कवि की निजी मान्यताएँ और घोषणाएँ भी उसकी रचना को उन्हीं अर्थों में लेने के लिए बाध्यता नहीं हैं। कवि के आशय, उसकी आकांक्षा और योजना पर अलबत्ता इससे रोशनी पड़ सकती है। पर रचना में इनका उसी रूप में उतर जाना जरूरी नहीं है और फिर कोई भी कवि मान्यताओं और घोषणाओं को हूबहू कविता में उतारने के लिए कविता नहीं लिखता। इसीलिए मुक्तिबोध के विचार और उसके रचना शिल्प को एक व्यवस्थित ढाँचे में रखकर देख सकना सम्भव नहीं है। मुक्तिबोध की मानसिक बुनावट में दृष्टि विस्तार और आवेग प्रधान मनःस्थिति प्रमुख है। अनुभवों का बिम्बात्मक सिलसिला चलता रहता है। पुनरावृत्ति की चिन्ता किए बगैर मुक्तिबोध अपने भीतर धड़धड़ाती व्यग्रता को व्यक्त करते हैं। उनकी मानसिक बुनावट क्षण और गीति-संवेदना के सर्वथा प्रतिकूल थी। इसी कारण उनकी अभिव्यक्ति का ढाँचा भी तराशी हुई, सधी, नपी-तुली शब्द योजना के सर्वथा विपरीत है। प्रेम, सौन्दर्य और विरल अनुभवों के कवियों के विपरीत उनमें हमें संघर्ष, द्वन्द्व और अफाट अनुभवों का संसार परिलक्षित होता है। कथा, तत्त्व नाटकीयता रूपकों को उलट-पुलट करता परस्पर गुम्फित यथार्थ

का गतिशील सिलसिला उनकी कविताओं को विशाल फलक प्रदान करता है और मुक्तिबोध इस सिलसिले में छोटी कविताएँ लिखने में अपने को असमर्थ पाते हैं। उन्होंने लिखा है :

खूब काट-छाँट और गहरी छील-छाल
रन्दों और बसूलों से मेरी देखभाल
मेरा अभिनव संशोधन अविरल क्रमागत। [13]

परिणामस्वरूप मुक्तिबोध एक ही कविता के अनेक प्रारूपों की तैयारी में शायद घटाते कम और जोड़ते ही ज्यादा गए और लिखते गए अन्तहीन कविताएँ, वस्तु और संरचना दोनों ही स्तरों पर सर्जनात्मक तनाव और आवेग प्रधान मनःस्थिति ने ही सम्भवतः मुक्तिबोध को लम्बी कविताएँ लिखने की विवशता या अनिवार्यता की हद तक पहुँचा दिया। मुक्तिबोध को लगता रहा–"नहीं होती, कहीं भी खत्म कविता नहीं होती कि वह आवेग त्वरित कालयात्री है।" इसीलिए मुक्तिबोध हमेशा खूब काट-छाँट और गहरी छील-छाल पर विश्वास करते रहे। श्रीमती मुक्तिबोध के अनुसार भी और मुक्तिबोध के इन तमाम कथनों का भी यह मुख्य स्वर है कि वे बहुत श्रम करते थे। पर हमें लगता है कि यह हमेशा अच्छा गुण नहीं है। जैसाकि हम पहले भी कह आए हैं कि मुक्तिबोध थोड़ा शंकित रहते थे कि बात स्पष्ट नहीं हुई। प्रायः इसी अविश्वास और शंका के कारण मुक्तिबोध कविताओं में लगातार संशोधन-परिवर्तन करते रहे। इसीलिए अपनी कविताओं को नियोजित नहीं कर पाए। लुकाच के अनुसार कला आवश्यक का चयन तथा अनावश्यक का त्याग है।[14] सम्भवतः यही चिन्ता मुक्तिबोध के मन में रही होगी, जिसके कारण "मुक्तिबोध का विराट कल्पना चित्रों से युक्त खुला मैदानी कथ्य अपने अनाशंसित विस्तार में भी अधूरा और असन्तुष्ट रहता है।"[15] परिणामतः अपने अभिव्यक्ति के रूपाकार में वे लम्बी कविताएँ लिखते रहे। तेज प्रवाह में बहती हुई महाकाव्यात्मक प्रतिभा और भारतीय जीवन और लोगों के प्रति अपने त्रासानुभवों से उत्पन्न करुणा और प्रेम के कारण उनकी कविताओं का व्यक्तित्व और चरित्र सबसे भिन्न है। मुक्तिबोध ने लिखा था–"यथार्थ के तत्त्व परस्पर गुम्फित होते हैं, साथ ही पूरा यथार्थ गतिशील होता है। अभिव्यक्ति का विषय बनकर जो यथार्थ प्रस्तुत होता है, वह भी ऐसा ही गतिशील है और उसके तत्त्व भी परस्पर गुम्फित हैं। यही कारण है कि मैं छोटी कविताएँ नहीं लिख पाता और जो छोटी होती हैं वस्तुतः वे छोटी न होकर अधूरी होती हैं। (मैं अपनी बात कह रहा हूँ) और इस प्रकार की न मालूम कितनी कविताएँ मैंने अधूरी लिखकर छोड़ दी हैं। उन्हें खत्म करने की कला मुझे नहीं आती, यही मेरी ट्रेजडी है।"[16]

नरेन्द्र मोहन के शब्दों में–"लम्बी कविता के रचना-विधान को ग्रहण करनेवाले कवि के लिए 'खत्म करने की कला' के प्रति अनजान रहना अच्छा ही है। तभी वह अन्त सम्बन्धी परम्परित व्यवस्थाओं और रूढ़ियों, काव्यात्मक गठन के परम्परागत

संस्कारों से छुटकारा पा सकता है और यथार्थ के गतिशील तकाजों को पूरा कर सकता है।"[17] लेकिन रामस्वरूप चतुर्वेदी मुक्तिबोध की लम्बी कविता में कवि के 'पसारे' से कम प्रभाव हो जाने की शिकायत करते हैं। इसका कारण वे कवि के अनियोजित वक्तृत्व में खोजते हैं।[18]

दरअसल अपनी लम्बी और समृद्ध कविताओं में मुक्तिबोध स्थितियों और गतियों के विस्तार को नहीं बल्कि घटनाओं, दृश्यों और सन्दर्भों के विस्तार को भी संयोजित करते हैं। ऐसा करते हुए वे इनका आवर्तन और प्रत्यावर्तन भी करते हैं। वे स्वयं मानते हैं कि "पुनरावृत्तियाँ हैं, लेकिन वे ज्यादा जोर देने के लिए, समझा-समझाकर कहने के लिए। मुख्य बात तो उसकी दृष्टि है। उसका मैं पक्षपाती हूँ।"[19] इससे यह निष्कर्ष निकालना गलत नहीं होगा कि मुक्तिबोध विराट ऐतिहासिक और सामाजिक सन्दर्भों को कविता में उतारने के लिए ऐसा जान-बूझकर करते थे। तात्कालिक उत्तेजना में नहीं एक गहरे सोच और भीतरी दबाव में ही गतिशील यथार्थ उनके यहाँ कविता का रूपाकार ग्रहण करता है। कुँवर नारायण के शब्दों में–"उनकी लम्बी, आदि-अन्त रहित सी कविताओं की भाषा की बेसब्र गति परस्पर गुम्फित अनुभव-खंडों की याद दिलाती है। बारीक तराश और पच्चीकारी उनकी कविता की खास पहचान नहीं है, न वे अपनी कविताओं से उस तरह का असर ही पैदा करना चाहते हैं। जैसा छोटी कविताओं से पैदा किया जाता है। शब्द, बिम्ब, अर्थ, ध्वनियाँ आदि भी परस्पर गुम्फित भँवर की तरह चक्कर खा आगे बढ़ते हैं। अक्सर एक ही बिम्ब, शब्द या अर्थ एक ही कविता में घूम-फिर कर वापस आता है, मगर टेक की तरह नहीं, चक्राकार घूमते छोटे-छोटे पहियों की गति की तरह।"[20]

अपनी कतिपय लम्बी कविताओं में मुक्तिबोध ने आदिम और आधुनिक बिम्बों को परस्पर गूँथकर समकालीन जीवन के भयावह आतंक और उस आतंक में तैरते चमकते वेदना मणियों के जिस संसार को रचा है वह अपनी शक्ति से न केवल चमत्कृत करता है बल्कि दहशत भी पैदा करता है। ब्रह्मराक्षस कविता में बावड़ी, संस्कृत मन्त्रोच्चार के साथ आधुनिक चिन्तकों की नामावली को पढ़ते हुए युक्ति और चमत्कार का भ्रम नहीं होता। 'अँधेरे में, भूल-गलती, ऊँचे चौड़े टीले पर'–जैसी कविताएँ मार्क्सवादी व्याख्या से अधिक अपने आन्तरिक मानवीय मूल्यों के कारण क्रान्तिकारी तत्त्वों से भरपूर हैं। उनके बिम्ब, प्रतीक, दृश्य को मात्र संकेतित नहीं करते–उससे आगे वे भीतर की उत्तेजना-हलचल और विद्रूप को जीवन-संघर्ष की अनेक गुत्थियों के बीच खोलते हैं। उनके तनाव की केवल कथ्य में नहीं, रूप में भी सार्थक और जीवन्त भूमिका है। विशेषकर लम्बी कविताओं में फैंटेसी, बिम्ब-शृंखलाओं तथा स्वप्नों की विभिन्न स्थितियों में मुक्तिबोध जब प्राक्तन भूगोल की जमीन पर समकालीन जीवन की विद्रूपताओं का विन्यास करते हैं तब यथार्थ के इस ध्वंस में क्रम-विच्छिन्नता, असम्बद्धता दिखलाई पड़ती है। इस विच्छिन्नता में आन्तरिक भावों के घात-प्रतिघातवाली सम्बद्धता को खोज पाना और उसमें एकसूत्रता ढूँढ़ना जरूर आसान नहीं है। किन्तु यथार्थ के इस बाह्य

पुनःसृजन और नाटकीकरण में जो अन्विति है वह आन्तरिक संगति से ही ज्ञात हो सकती है। लम्बी कविताओं का रूपाकार और उनके भीतर घुमावदार और बेतरतीबी, पुनरावृत्ति और शिल्प के विभिन्न तत्त्वों का अतिक्रमित विन्यास मुक्तिबोध की कविता की बनावट है। यही उनकी लम्बी तथा अधूरी कविताओं के सृजन का मनोविज्ञान है। कुँवर नारायण के शब्दों में–"मुक्तिबोध के सामने निश्चित मार्क्सवादी आदर्श है, और प्रत्यक्ष-यथार्थ का अनुभव भी या अनुभव से जन्मी फन्तासी जो स्वतन्त्र विकासमान है।"[21]

मुक्तिबोध का चिन्तन क्रम इस तथ्य का साक्ष्य है कि वे निरन्तर एक स्पष्ट और सुविचारित जागतिक दृष्टिकोण विकसित करने के लिए संघर्ष करते रहे और अन्त में उन्होंने इसे हासिल भी किया। किन्तु इस स्पष्ट जागतिक दृष्टिकोण के समानान्तर भाषा, बिम्बों, प्रतीकों को जिस प्रकार के लोक-सुलभ विन्यास की आवश्यकता होती है उसको भी हासिल करना उनके कवि-कर्म का शेष कार्य था। इसीलिए "लोक कवि निकोला वेप्सटोव की सरल कविताओं के विपरीत मुक्तिबोध की कविताएँ जटिल और नागर हैं और आम आदमी की बौद्धिक आवश्यकताओं के प्रतिकूल हैं।"[22] हम यहाँ श्रीकान्त वर्मा के प्रतिकूल शब्द को दुरुस्त करना चाहते हैं। मुक्तिबोध की कविताएँ आम आदमी की बौद्धिक आवश्यकताओं के प्रतिकूल नहीं अनुकूल ही हैं। किन्तु उनकी बौद्धिक पकड़ के बाहर हैं। क्योंकि मुक्तिबोध जागतिक दृष्टिकोण और अपने आग्रहों के बावजूद जनकवि के अर्थ में जनता के कवि नहीं हैं। फिर मुक्तिबोध के अनुसार– " 'जनता का साहित्य' का अर्थ जनता को तुरन्त ही समझ में आनेवाले साहित्य से हरगिज नहीं, अगर ऐसा होता तो किस्सा तोता-मैना और नौटंकी ही साहित्य के प्रधान रूप होते। साहित्य के अन्दर सांस्कृतिक भाव होते हैं...साहित्य का उद्देश्य सांस्कृतिक परिष्कार है, मानसिक परिष्कार है, किन्तु यह परिष्कार साहित्य के माध्यम से तभी सम्भव है जब सुननेवाले या पढ़नेवाले की अवस्था स्वयं शिक्षित हो।"[23] इससे साफ जाहिर है कि मुक्तिबोध अपने आपको जनकवि मानने का भ्रम नहीं ओढ़कर शिक्षित मध्य वर्ग को सम्बोधित कर रहे थे। इसीलिए वे अपने जनवादी आदर्श और आग्रहों के साथ जटिल शिल्प को स्वीकार करते हुए फैंटेसी के शिल्प को चुनते हैं। फैंटेसी की सुविधाओं और कमियों दोनों से ही मुक्तिबोध परिचित थे। अशोक चक्रधर के शब्दों में–"हमें लगता है कि फैंटेसी में जो सुविधाएँ वे बताते हैं वह वस्तुतः उनकी मध्यवर्गीय जीवन-जटिलताओं के प्रति मध्यवर्गीय रूप-अभिरुचि का परिणाम है।"[24] फिर भी यदि फैंटेसी सम्प्रेषणीयता के मार्ग में बाधा है, उसमें अव्यवस्थित क्रम की असुविधाएँ हैं तो भी मुक्तिबोध फैंटेसी की कलात्मक सार्थकता को मंजूर करते हैं। उनका कहना है कि अभिरुचि के संस्कार का ठेका उन्होंने ही नहीं लिया है। अगर चाहो तो इसे तुम भी खूब अच्छा निखार सकते हो। किन्तु उनकी कला-कुशलता की उपेक्षा करना या उस पर अपना स्वयं का अधिकार न करना गलत है।[25]

मुक्तिबोध ने काव्य की वस्तु और रूप के सवाल पर गम्भीरता से सोचा है।

'कंडीशंड साहित्यिक रिफ्लेक्सेज़' के प्रसंग में मुक्तिबोध रूप को नाना ढंग से तोड़ने का आग्रह करते हैं। "कहा तो यह जाता है कि तत्त्व स्वयं अपना रूप विकसित करता है, किन्तु उसे अपना रूप विकसित करने की स्वतन्त्रता दी जाए तब न। वास्तविकता यह है कि स्वयं के द्वारा विकसित किए गए व्यवधान, जो 'कंडीशंड साहित्यिक रिफ्लेक्सेज़' का ही एक अंश होते हैं, उस आधुनिक तत्त्व की आधुनिक अर्थ-सत्ता को समाप्त कर देने की राह देखते रहते हैं।"[26] शमशेर से अपनी भिन्नता को रेखांकित करते हुए मुक्तिबोध ने कहा है कि "विभिन्न कवियों के लिए रूप तत्त्व की समस्या भिन्न-भिन्न है। जो समस्या मेरे लिए है, वह शमशेर के लिए नहीं। काव्य तत्त्व केवल विषय नहीं, वह मनस्तत्त्व भी है। मनस्तत्त्व के स्वरूप की जिन विशेषताओं पर कवि जोर देना चाहता है, उन्हीं विशेषताओं के अनुरूप ही वह अपना अभिव्यक्ति-विन्यास गठित करेगा।"[27] मुक्तिबोध का उपर्युक्त कथन उनके शिल्प को समझने की दृष्टि से महत्त्वपूर्ण है। मध्यवर्गीय जीवन-जटिलताओं का स्वरूप और अनुभव ही मुक्तिबोध के मनस्तत्त्व के भीतर था। मुक्तिबोध ने फैंटेसी के शिल्प की पैरवी नहीं की है। नई कविता के शिल्प के भीतर ही उन्होंने अपने वस्तु संसार को रूपायित किया। पर यह कहना भ्रान्ति होगी कि मुक्तिबोध का शिल्प नई कविता का शिल्प ही था। उन्होंने उसके भीतर भी द्वन्द्वात्मक निषेध के जरिए जड़ीभूत सौन्दर्याभिरुचियों को ध्वस्त किया है। इसीलिए फैंटेसी के कारण भले ही मुक्तिबोध को विवादास्पद बनना पड़ा, फिर भी उन्होंने फैंटेसी का प्रयोग किया। फैंटेसी पर आक्षेप करते हुए प्रमुख रूप से डॉ. रामविलास शर्मा ने मुक्तिबोध में मार्क्सवाद, रहस्यवाद, अस्तित्ववाद आदि सभी का समन्वय देखा है। दरअसल डॉ. शर्मा की काव्य सम्बन्धी मान्यताएँ एक आदर्श जनवादी मार्क्सवादी की हैं। वे जनवादी कविता के कार्य को उतना ही महत्त्व देते हैं जितना वस्तु को और उनका मत अपने आपमें महत्त्वपूर्ण है। पर मुक्तिबोध की मान्यताएँ कुछ भिन्न ही रही हैं। जनवादी आदर्शों के बावजूद उनकी कविता मध्यवर्ग की शब्दावली की कविता है। वे आत्मलापी जितने हैं उतने ही सम्बोधनात्मक भी और रचना की प्रक्रिया में वे समग्र काव्य प्रक्रिया को फैंटेसी मानते हैं। इस फैंटेसी में परस्पर विरोधी पैटर्न भी हैं। "किन्तु आज एक ही वक्त में कलाकार को अनेक प्रकार के कला पैटर्नों का अनुभव होता है। कलाकार इन पैटर्नों को फलाँग नहीं सकता, वह इनसे निरपेक्ष नहीं रह सकता।"[28] यह सच है। किन्तु फिर भी डॉ. शर्मा के मत को आड़े हाथों लेना ठीक नहीं, जैसा प्रगतिशील समीक्षकों ने किया है। दरअसल कुँवर नारायण के शब्दों में—"मुक्तिबोध की कविताओं की बनावट में ही एक खास तरह का घुमावदार चिन्तन व्याप्त लगता है...साथ ही, जिस तरह विज्ञान अपनी रचनात्मकता में तथ्यमूलक भी होता है और रहस्यात्मक भी उसी तरह मुक्तिबोध की कविताओं गें भी समानान्तर यथार्थमूलक और रहस्यात्मक पक्ष देखे जा सकते हैं...और ये दोनों ही तत्त्व फन्तासी या मिथक में मौजूद होते हैं। इस प्रकार साहित्य, विज्ञान और मिथक की संरचना में एक तरह का त्रिकोणात्मक सम्बन्ध देखा जा सकता है, जिसका मूलाधार है आदमी के अनुभव और कल्पना शक्ति पर निर्भर

उसकी सर्जनात्मक मनोवृत्ति तथा उसे दूसरों तक पहुँचाने की इच्छा। यह सर्जनात्मक पैशन या जुनून जरूरी है, जिसके बिना एक कलाकार अपनी दृष्टि को कलात्मक अभिव्यक्ति नहीं दे सकता।''[29]

इसी सर्जनात्मक फैशन और कलात्मक अभिव्यक्ति और इससे जुड़ी रचनात्मकता की समस्याओं को हम मुक्तिबोध की फैंटेसी से समझ सकते हैं और उनकी कविताओं की बनावट के प्रमुख पक्ष से रूबरू हो सकते हैं।

मुक्तिबोध ने भी लिखा था कि ''नई कविता में नव-क्लासिकवाद के बीज पक चुके हैं।''[30] यही नहीं शायद मुक्तिबोध का फैंटेसी के शिल्प की ओर प्रवृत्त होने का पहला मुख्य कारण प्रगतिवादी काव्य की सपाटता भी रहा होगा। फिर उन्हीं दिनों मुक्तिबोध प्रसाद पर निरन्तर कार्य कर रहे थे। मुक्तिबोध की टकराहट सर्वाधिक रूप में यदि किसी कवि से रही तो वे प्रसाद थे। आश्चर्य है कि वे निराला या अपने समकालीन अज्ञेय के प्रति उतने आकृष्ट नहीं दीख पड़ते।[31] कामायनी पर पुनर्विचार करने का निर्णय ही इसका प्रमाण है। वे कामायनी के शिल्प से अत्यधिक प्रभावित थे। उन्होंने लिखा है–''इस फैंटेसी में लेखक का पूरा व्यक्तित्व, पूरा स्वानुभूति जीवनसार, पूरा इच्छित दर्शन उतर आया है।''[32]

मुक्तिबोध ने प्रसाद के विपरीत फैंटेसी का यथार्थवादी दृष्टि के लिए उपयोग किया।

मुक्तिबोध की फैंटेसी का चरित्र क्या है और रूप व कथ्य के अभेदत्व के अन्तर्गत उनका कथ्य फैंटेसी में किस प्रकार अभिव्यक्त होता है, इसे समझना हमारी दृष्टि से अहम है। दरअसल जब हम बात कविता की करते हैं तो यह स्पष्ट है कि कविता का सम्बन्ध कल्पना से है। कल्पना को शक्ति स्मृति से प्राप्त होती है और कविता कल्पना से ही शब्द का आकार ग्रहण करती है। यहाँ यह भी ध्यान रखना होगा कि ''फैंटेसी की रचना कल्पना प्रसूत होती है जो स्वप्न-बिम्बों के समान अभिव्यक्त होती है और उनमें जो उलट-पुलट प्राप्त होता है, वह एक प्रकार से सृजन-प्रक्रिया को सतह पर 'अनगढ़' और असम्बद्ध तो बना देती है पर आन्तरिक संगठन की दृष्टि से अर्थ के कसाव को भी व्यंजित करती है। फैंटेसी की इस संरचना में बिम्बों और प्रतीकों का सहारा लिया जाता है, क्योंकि फैंटेसी का स्वरूप जैविक होता है, जो कल्पना के द्वारा सृजित होता है।''[33] मुक्तिबोध कविता के पुनःसृजन में इसीलिए जब फैंटेसी को चुनते हैं तो स्वाभाविक है कि इस संरचना में हमें 'बिम्बों' और प्रतीकों की समृद्धि दिखाई देगी। कल्पना का महत्त्व तो वहाँ है ही। कल्पना और फैंटेसी मस्तिष्क की भिन्न-भिन्न क्रियाएँ हैं। कल्पना प्रत्येक रचनाकार के पास होती है, यह आवश्यक है। पर फैंटेसी की शक्ति सबके पास नहीं होती। फ्लाबेअर के पास बहुत कल्पना शक्ति थी, मादाम बावेरी जिसका उत्कृष्ट उदाहरण है–किन्तु फैंटेसी-लेखन का किंचित् अंश भी फ्लाबेअर के पास नहीं है। लेकिन जब किसी लेखक के पास दोनों की ही शक्ति हो तो अद्भुत शिल्प सामने आता है। चूँकि फैंटेसी और कल्पना दोनों ही मानसिक क्रियाएँ हैं और

उनकी संरचना में स्मृतियों और स्वप्नों की एक शृंखला होती है, इसलिए फैंटेसी तथा यथार्थ के बीच सामंजस्य को साध पाना मुश्किल किन्तु जरूरी होता है। क्योंकि फैंटेसी यथार्थ के बीच फैली दरार और स्वप्नों के चित्र और बिम्बों में गुँथकर आत्म विद्रोह की ऐकान्तिक दुनिया रच सकती है और फिर हर फैंटेसी काव्य का रूप नहीं होती। दिवा-स्वप्न और रचनात्मक कल्पना में अन्तर होता है। क्रिस्टोफर काडवेल ने जुंग, फ्रायड और अतियथार्थवादियों की मान्यताओं में संशोधन करते हुए यह कहा है कि "चिन्तन प्रक्रिया और अनुभव प्रक्रिया को अलग नहीं किया जा सकता। जहाँ अभिप्रेरित चिन्तन विवेक प्रक्रिया का नियन्त्रण स्वीकार करता है वहाँ अभिप्रेरित अनुभूति का नियन्त्रण मनुष्य का मन करता है। और यह सौन्दर्य के सामाजिक प्रतिमान को स्वीकार करता है।"[34] काडवेल की यह बात भी विश्वसनीय है कि कविता मनुष्य की मूल प्रवृत्तियों और अनुभवों के तनाव का परिणाम होती है। यह तनाव कवि को फैंटेसी की एक ऐसी काल्पनिक दुनिया बनाने को बाध्य करता है जो वास्तविक दुनिया से एक निश्चित और सक्रिय सम्बन्ध रखती है।"[35] अर्थात् फैंटेसी कोरी कल्पना नहीं होती। मानसिक क्रिया से एक ऐसी काव्य सृष्टि है जो यथार्थ में नहीं होती। किन्तु यथार्थ में उसकी लगभग आदि प्रतिमा होती है। कविता की प्रकट सृष्टि में निहित मूल संवेदना और आदि प्रतिमा से प्रारम्भ कर कविता का समूचा साक्षात्कार किया जा सकता है। लेकिन यह वह स्थिति है, जो होनी चाहिए। फैंटेसी और यथार्थ के मध्य सम्पर्कहीनता की स्थिति रचना को रिक्तता और निरर्थकता से भर देती है। फिर भले ही उसमें विस्मित करनेवाली सनसनाहट हो या स्तब्ध करनेवाला आतंक। मुक्तिबोध ने इसीलिए इस खतरे के प्रति पूर्ण सतर्कता बरती कि वास्तविक दुनिया से एक निश्चित और सक्रिय सम्बन्ध से वंचित होकर फैंटेसी कहीं अवास्तविक न बन जाए। यही कारण है कि उन्होंने कला के तीन क्षणों की विस्तृत व्याख्या की और फैंटेसी में संवेदनात्मक और भावात्मक दिशा और उद्‌देश्य को महत्त्व दिया।"[36]

इस प्रकार मुक्तिबोध रचनात्मक कल्पना का निर्बन्ध रूप विधान रचते हैं। उनकी कल्पना में युगबोध और परम्परा दोनों का समन्वय है। यही उनकी कविता को परम्परा से जोड़ता है। और आधुनिक भी बनाता है। लेकिन वे अपने शिल्प से कभी सन्तुष्ट नहीं रहे, इसीलिए फैंटेसी का ढाँचा भी भिन्न-भिन्न कविताओं में एक-सा नहीं है। उनकी फैंटेसी कभी स्वतन्त्र दिक्काल में विचरण करती है कभी वर्तमान में। किन्तु वह अतीत, वर्तमान और भविष्य में स्थिर नहीं गतिशील रहती है। कभी चक्राकार, कभी विराम तो कभी मोड़, ऊपर-नीचे आगे-पीछे का अस्त-व्यस्त क्रम मुक्तिबोध की फैंटेसी में चलता रहता है। क्योंकि मुक्तिबोध की कविता Harmony से नहीं discord से जन्म लेती है। यह discord सामाजिक मनुष्य के रूप में उनके रचनाकार को उद्वेलित करता है और फिर वे इस आघात को निजी संवेदनों से सगुंफित करते चलते हैं। इसलिए उनकी फैंटेसी अपने वर्णन क्रम में सदा एक-सी नहीं रहती। वर्णन, एकालाप, सम्बोधन, बिम्ब एवं प्रतीक वातावरण निर्माण और फिर से फैंटेसी...लगातार ऐसे ही या अदल-बदल के

क्रम में उनकी फैंटेसी का ढाँचा आकार ग्रहण करता है। फैंटेसी, बिम्ब, प्रतीक, स्वप्न, स्वप्न के भीतर स्वप्न और यूटोपिया की अनेक भाव-दशाएँ मुक्तिबोध में मौजूद हैं। कई बार कविताओं में अनवरत एकालाप जैसा चलता रहता है और कभी-कभी इसे मुक्तिबोध नाटकीय संरचना में भी प्रकट कर देते हैं। पर कुल मिलाकर एक थीमेटिक धारणा बहुत स्पष्ट रहती है। वे एक बात कहना चाहते हैं, जिसे वे स्पष्ट करते हैं और फिर उसकी व्याख्या भी। अशोक चक्रधर के शब्दों में–"मुक्तिबोध की कविताओं का शैल्पिक ढाँचा लगभग इस प्रकार का होता है–पहले वे कविता में फैंटेसी के माध्यम से एक वातावरण बनाते हैं, वस्तुस्थिति को रूपायित करते हैं, यहाँ बिम्बों की बहुलता एवं वर्णनाधिक्य होता है। तदनन्तर कविता में एक कर्त्ता उभरता है। कर्त्ता कवितागत वस्तुगत यथार्थ से परिचय करता या कराता है। कवितागत वस्तु-यथार्थ और कर्त्ता-पक्ष में प्रतिक्रियाएँ होती हैं और एक कथ्य सामने आने लगता है। प्रतीक और प्रतीकाभासों से कविता के अर्थ खुलने लगते हैं। यहीं पर कविता की स्थितियों पर कवि द्वारा बाहर से दिए गए वक्तव्य दिखाई देते हैं एवं फैंटेसी का वही क्रम आरम्भ होने लगता है। कथ्य जहाँ पूरा होने लगता है, कविता समाप्त हो जाती है।"[37]

मुक्तिबोध की फैंटेसी में कल्पना का स्वरूप व्यक्त होता है। कला कल्पना से ही उपजती है। तब उनकी फैंटेसी में शब्दों और स्मृतियों की कई-कई विविधताएँ हैं। फैंटेसी वर्णन भी है और वक्तव्य भी, विश्लेषणात्मक वक्तव्य भी है और आत्म-कथन भी। रहस्यमय वर्णन से सम्मोहन और आतंक एक साथ पैदा करना मुक्तिबोध की प्रिय आदत है :

> *शहर के उस ओर खंडहर की तरफ / परित्यक्त सूनी बावड़ी के / भीतरी / ठंडे अँधेरे में / बसी गहराइयाँ जल की... / सीढ़ियाँ डूबी अनेकों / उस पुराने घिरे पानी में... / समझ में आ न सकता हो / कि जैसे बात का आधार / लेकिन बात गहरी हो।*[38]

या

> *अँधियारे मैदानों के इन सुनसानों में / बिल्ली की बाघों की आँखें-सी चमक रहीं / ये राग-द्वेष, ईर्ष्या, भय, मत्सर की आँखें / हरियातूता की ज़हरीली नीली-नीली / ज्वाला, कुत्सा की आँखों में / ईर्ष्या-रूपी औरत को मूँछ निकल आई / इस द्वेष-पुरुष के दो हाथों के / चार और पंजे निकले / मत्सर को ठस्सेदार तेज दो बौद्धिक सींग निकल आए / स्वार्थी भावों की लाल-लाल / विक्षुब्ध चींटियों को सहसा / अब उजले पर कितने निकले। / अँधियारे बिल से झाँक रहे, / सर्पों की आँखें तेज हुईं / अब अन्धकार उद्विग्न हुआ, / मानव के सब कपड़े उतार / वह रीछ एकदम नग्न हुआ।*[39]

X X X

स्वप्न के भीतर एक स्वप्न, / विचारधारा के भीतर और / एक अन्य / सघन विचारधारा प्रच्छन्न !! / कथ्य के भीतर एक अनुरोधी / विरुद्ध विपरीत / नेपथ्य...संगीत !! मस्तिष्क के भीतर एक मस्तिष्क / उसके भी अन्दर एक और कक्ष / कक्ष के भीतर / एक गुप्त प्रकोष्ठ और / कोठे के साँवले गुहान्धकार में / मजबूत...सन्दूक / दृढ़, भारी-भरकम / और उस सन्दूक के भीतर कोई बन्द है। [40]

ये तीन अंश मुक्तिबोध की महत्त्वपूर्ण तीन कविताओं—ब्रह्मराक्षस, डूबता चाँद कब डूबेगा और दिमागी गुहान्धकार का ओरांग-उटांग के शुरुआत के अंश हैं। इन तीनों कविताओं में फैंटेसी की प्रक्रिया वर्णन से शुरू होती है। इस वर्णन में मुक्तिबोध एक रहस्यमय वातावरण का निर्माण करते हैं। इनसे पहले दो अंश बाहरी तथा तीसरा अंश मानसिक हलचल के वातावरण को उभारता है। मुक्तिबोध की सृजनात्मक कल्पना पुराने महाकाव्य के रूप से भिन्न, किन्तु महाकाव्यात्मक आयाम से सम्पन्न है। एक बृहद आकार को साधने के लिए ही सम्भवतः मुक्तिबोध फैंटेसी की प्रक्रिया से विविधता को प्रस्तुत करते हैं। कथ्य को शुरू कर एक सरल विकास क्रम से समाप्त करने की अपेक्षा, वे वर्णन से चलकर अन्य रूपाकारों में कथ्य को विस्तृत करते चलते हैं। इन तीनों अंशों में वर्णन और रहस्यमय वातावरण जिज्ञासा, कौतूहल और आशंका के साथ आतंक और दहशत की भी सृष्टि करता है। पहली दो कविताओं में मुक्तिबोध बिम्बों के माध्यम से वर्णन की अधिकता का आश्रय लेते हैं और वस्तु यथार्थ का परिचय देते हैं। किन्तु तीसरी कविता में एक कर्त्ता उभरता है जो बहस में हिस्सा ले रहा है। उसके सोच से कविता आगे बढ़ती है :

यक्ष / या कि ओरांग-उटांग हाय। अरे । डर यह है... / न ओरांग-उटांग कहीं छूट जाए, / कहीं प्रत्यक्ष न यक्ष हो / करीने से सजे हुए संस्कृत...प्रभामय / अध्ययन-गृह में / बहस उठ खड़ी जब होती है— / विवाद में हिस्सा लेता हुआ मैं / सुनता हूँ ध्यान से / अपने ही शब्दों का नाद, प्रवाह और / पाता हूँ अकस्मात् / स्वयं के स्वर में / ओरांग-उटांग की बौखलाती हुंकृति ध्वनियाँ / एकाएक भयभीत / पाता हूँ पसीने से सिंचित / अपना यह नग्न मन। / हाय-हाय और न जान ले / कि नग्न और विद्रूप / असत्य शक्ति का प्रतिरूप / प्राकृत ओरांग. ..उटांग यह / मुझमें छिपा हुआ है। [41]

लेकिन मुक्तिबोध की कविताओं में फैंटेसी की यह प्रक्रिया हमेशा एक जैसी नहीं रहती। कई बार मुक्तिबोध सम्बोधन और आत्म कथन से शुरू करते हैं और सम्बोधन कर्त्ता तथा कविता का 'मैं' ही कर्त्ता बनकर आगे उभरने लगता है।

मेरे सहचर मित्र, / जिन्दगी के फूटे घुटनों से बहती / रक्तधारा का जिक्र न कर, / क्यों चढ़ा स्वयं के कन्धों पर / यों खड़ा किया / नभ को छूने, मुझको तुमने। / अपने से दुगुना बड़ा किया / मुझको क्योंकर ?[42]

X X X

दुःख तुम्हें भी है, / दुःख मुझे भी / हम एक ढहे हुए मकान के नीचे / दबे हैं।[43]

X X X

अन्तःकरण का आयतन संक्षिप्त है, / आत्मीयता के योग्य / मैं सचमुच नहीं। / पर, क्या करूँ, / यह छाँह मेरी सर्वगामी है।[44]

X X X

मैं तुम लोगों से इतना दूर हूँ / तुम्हारी प्रेरणाओं से मेरी प्रेरणा इतनी भिन्न है / कि जो तुम्हारे लिए विष है, मेरे लिए अन्न है।[45]

इन अंशों में पहले दो अंश कविताओं की सम्बोधनात्मक शुरुआत करते हैं और अन्तिम दो अंशों में आत्मकथन और वक्तव्य का रूप नजर आता है। 'मैं तुम लोगों से इतना दूर हूँ', पूरी कविता ही एक वक्तव्य की तरह है। इन शुरुआतों से चलकर मुक्तिबोध की इन कविताओं में प्रश्न, टिप्पणी, वक्तव्य, वर्णन आदि कई रूप फैंटेसी को सक्रिय बनाते हैं।

यहाँ मुक्तिबोध की कुछेक कविताओं के आरम्भिक अंशों के उदाहरण लेकर दरअसल हम यह कहना चाहते हैं कि कवि वर्णन से, टिप्पणी से, आत्म कथन, वक्तव्य या सम्बोधन से, चाहे जिस पद्धति से अपनी कविता की शुरुआत कर रहा हो, किन्तु उसकी दृष्टि अपने वस्तु यथार्थ के प्रति सजग है। इसी सजगता के अनुरूप मुक्तिबोध प्रारम्भ में ही एक वातावरण निर्मित करते हैं, वस्तुस्थिति का उद्‌घाटन करते हैं। अपने समकालीन यथार्थ की समझ को वे अभिव्यक्ति के विविध तरीकों से उजागर करते हुए फैंटेसी को सक्रिय बनाते हैं। जीवन की जटिलता, वर्ग-चेतना, अन्तर्विरोध, द्वन्द्व और मध्य वर्ग की संस्कार-ग्रस्त उहापोह की उद्‌घाटित स्थितियों का उल्लेख करते हुए मुक्तिबोध धीरे-धीरे फैंटेसी को खोलते हुए उस यातना-लोक को उत्पन्न करते हैं जिसके भीतर समकालीन जिन्दगी संघर्ष के लिए बाध्य भी है और विश्व-दृष्टि का अभाव आकांक्षाओं को पूरा भी नहीं होने देता। इस फैंटेसी के खुलने में फैंटेसी के स्थूल तत्त्व आगे-पीछे भले ही काम करें, किन्तु वे उनकी हर कविता में मौजूद होते हैं। यथा—मुक्तिबोध ने अपनी कविताओं में दो व्यक्तियों की युक्ति का बखूबी इस्तेमाल किया है। एक सामान्य व्यक्ति और दूसरा अपरिभाषित, सामान्य व्यक्ति के रूप में अक्सर मैं या नैरेटर का कर्त्ता रूप है तथा साथी, मित्र, सहचर आदि सम्बोधन दूसरे व्यक्ति के रूप में हैं। कर्त्ता के वक्तव्य अक्सर वस्तु-यथार्थ के प्रति अपनी सजगता से जुड़े होते हैं।

पुराना मकान था, ढहना था, ढह गया, / बुरा क्या हुआ / बड़े-बड़े दृढ़ाकार दम्भवान / खम्भे वे ढह पड़े।।[46]

X X X

इस विप्लव की चल तड़िल्लता की / शैया पर / लौटती हुई बेचैनी की मेरी आँखें / है देख रहीं।[47]

X X X

आत्मचेतस् किन्तु इस / व्यक्तित्व में भी प्राणमय अनबन। विश्व चेतस-बे-बनाव ॥ / महत्ता के चरण में था / विषादाकुल मन।[48]

किन्तु बावजूद इस सजगता के "तनाव, भय, आशंका, असुरक्षा के तनाव में वह (मुक्तिबोध) बराबर लिखते रहे। चौंककर हठात् चुप हो जाना, यह उनकी आदत थी जो कि काव्य में भी उसी तरह घटित होती रहती है। कोई भी कविता अकेली होकर समाप्त नहीं हो पाती। रच दिए जाने पर भी रचना उनके लिए समाप्त नहीं होती। क्योंकि मुक्तिबोध अपने रचना संसार से बाहर नहीं आ पाते। मुक्तिबोध का प्रमुख अनुभव है 'भय'। वह न तो यथार्थ है और न काल्पनिक। वह पहले यथार्थ को कल्पना में बिम्बित करते हैं, तब उस कल्पना से विभिन्न आकार, गुण और धर्म पर निर्मम प्रहार करने के लिए अपनी निजी भाषा का इस्तेमाल करते हैं।"[49] यानी मुक्तिबोध समकालीन जीवन के अनुभवों, भयानकतम अंशों और पूँजीवादी व्यवस्था में मनुष्य के दुःख, तकलीफ और उसके प्रति आकुल चिन्ता को अपनी जटिल फैंटेसी की सक्रियता में रखते चलते हैं। इस सबके सामाजिक सन्दर्भ और उसके रहते भीतरी और बाहरी संघर्ष मुक्तिबोध की फैंटेसी को गति और अर्थ प्रदान करते हैं। एक दुःस्वप्न, भय, चिन्ताएँ और उससे निजात पाने की व्यग्रता और उसका विश्लेषण भी मुक्तिबोध की प्रक्रिया में एक साथ है। इसलिए उनकी फैंटेसी की प्रक्रिया में वृहद आकृति मूलक संरचना है। पर यह साफ है कि मुक्तिबोध की कविताओं में काफ्का और दास्तायवस्की की तरह आतंक, भयावहता, बीहड़ता और रहस्य-रोमांच का वातावरण भी है। जॉर्ज आरवेल का एनिमल फार्म भी फैंटेसी है। किन्तु वह तर्काधारित है। मुक्तिबोध की फैंटेसी पूरी तरह तर्काधारित नहीं है। वह भाव मूलक फैंटेसी है। कुँवर नारायण के शब्दों में—"खास बात है मनुष्य के भयों और दुश्चिन्ताओं का एक फन्तासी या दुःस्वप्न की तरह प्रकट होना, मनोवैज्ञानिक दृष्टि से कहीं उन भयों का बहिष्कार और उनसे निवृत्ति भी है। काफ्का के अमूर्त भय और मुक्तिबोध के ब्रह्मराक्षस और ओरांग-उटांग हमें अनेक पौराणिक कथाओं की याद दिलाते हैं जिनके द्वारा शायद मनुष्य अपने आदिम भयों का विरेचन करता रहा है।"[50] पर यहाँ कुँवर नारायण भी मानते हैं और यह सच है कि काफ्का और मुक्तिबोध के निष्कर्ष भिन्न हैं। काफ्का और मुक्तिबोध की बनावट भी भिन्न हैं। पर सस्पेंस का तत्त्व निश्चय ही मुक्तिबोध में है।

यह बंगला है, लाल भवन है / कमरे के भीतर कमरे हैं / परदों के भीतर परदे हैं / जो सबके अन्दर ठीक केन्द्र में बैठा है / वह एक बड़ा अफसर है, उसकी सत्ता है / आतंक बहुत / उसके दिमाग में गुपचुप जो कुछ चलता है / वह सरकारी गुप्तता नियम के अन्तर्गत– / अनकहा रहेगा आखिर तक, हाँ आखिर तक....[51]

X X X

खूब ऊँचा एक जीना साँवला / उसकी अँधेरी सीढ़ियाँ / वे एक आभ्यन्तर निराले लोक की / एक चढ़ना औ' उतरना, / पुनः चढ़ना औ' लुढ़कना, / मोच पैरों में / व छाती पर अनेकों घाव।[52]

X X X

भीतर जो शून्य है / उसका एक जबड़ा है, / जबड़े में मांस काट खाने के दाँत हैं / उनको खा जाएँगे / तुमको खा जाएँगे।[53]

इन उद्धरणों में रहस्य, आतंक, भय, दुःश्चिन्ता भी है और व्यग्रता भी। यह व्यग्रता सामाजिक लगाव के कारण ही है। पर यही मुक्तिबोध की फैंटेसी के चरित्र को भाव मूलक भी बनाती है और मुक्तिबोध वस्तु यथार्थ के प्रति संलग्नता रखते हुए भी मिथक, पौराणिक गाथाओं के साथ ही बिम्बों और प्रतीकों के एक विस्तृत संसार को फैंटेसी में रचते हैं, वर्णन, सम्बोधन, आत्म कथन, वक्तव्य, आदि से फैंटेसी के बाहरी ढाँचे का गतिमय विधान करते हैं और उसे बिम्बों व प्रतीकों से, मिथकों और पुराकथाओं से तानते हैं और उसमें अर्थ भरते हैं। अर्थ का यह भराव निरन्तर चलते हुए भी—उपर्युक्त वर्णन, सम्बोधन आदि रूपाकारों की अदला-बदली का आश्रय लेता रहता है।

मुक्तिबोध कभी अपनी कविता को सम्बोधन से शुरू करते हैं :

दुःख तुम्हें भी है / दुःख मुझे भी है।[54]

आगे विकास की प्रक्रिया में :

हम एक ढहे हुए मकान के नीचे / दबे पड़े हैं / असम्भव / हिलना भी / भयानक है बड़े-बड़े ढेरों की / पहाड़ियों के नीचे दबे रहना और महसूस करते जाना...[55]

मुक्तिबोध यहाँ कर्त्ता के वर्णन के द्वारा फैंटेसी के स्वरूप और इस तरह वस्तु-स्थिति को स्पष्ट करते हैं। इसी क्रम में कर्त्ता यथार्थ के प्रति टिप्पणी करता हुआ वक्तव्य देने लगता है :

पुराना मकान था / ढहना था ढह गया / बुरा क्या हुआ।[56]

X X X

नाम नहीं, / कीर्ति नहीं, केवल अवशेष, पृथ्वी के खोदे हुए गड्ढों में / रहस्यमय पुरुषों के पंजर और जंग खाई नोकों के अस्त्र !! / स्वयं की जिन्दगी फ़ासिल कभी नहीं रही, / क्यों हम बागी थे, उस वक्त / जब रास्ता कहाँ था ? / दीखता नहीं था कोई पथ। / अब तो रास्ते-ही-रास्ते हैं। / मुक्ति के राजदूत सस्ते हैं।[57]

यह वक्तव्य, वर्णन, प्रश्न और सम्बोधन अगली प्रक्रिया में प्रतीक, बिम्ब, दृश्य और वर्णन के क्रम में तब्दील होने लगता है :

केंचुली उतारता साँप दब जाएगा अकस्मात् / हमने तो भविष्य पहले कह रखा था / लेकिन अनसुनी की लोगों ने ।[58]

X X X

नक्शीदार कलात्मक कमरे भी ढह पड़े / जहाँ एक जमाने में / चूमे गए होंठ / छाती जकड़ी गई आवेशालिंगन में।[59]

X X X

कमरे की अन्ध-श्याम, साँय-साँय / हमने बताई तो हमें ही दंड मिला।[60]

X X X

विषदन्ती भावों का सर्पमुख / विद्रोही भावों का नाग मुख / रक्त लुप्त होता है / नाग जकड़ लेता है भावों को / किन्तु वे रेखाएँ मस्तक पर / स्वयं नाग होती हैं / चेहरे के स्वयं भाव सरीसृप होते हैं। आँखों में जहर का नशा रंग लाता है...[61]

इस प्रकार कई बार फैंटेसी विहीन होते हुए भी उपर्युक्त उद्धरणों में कविता फैंटेसी के विभिन्न तत्त्वों को हेर-फेर से अपनाती चलती है। 'एक भूतपूर्व विद्रोही का आत्म कथन' शीर्षक यह कविता उद्वेग प्रधान शैली में लगातार स्वाधीनता संग्राम की स्थितियों और संघर्ष के विभिन्न कार्य-कारणों को फैंटेसी में व्यक्त करते चलती है।

उपर्युक्त कविता से विपरीत 'अन्तःकरण का आयतन' शीर्षक कविता आत्म-कथन शैली में है और उसकी शुरुआत आत्म-स्वीकार से होती है :

अन्तःकरण का आयतन संक्षिप्त है / आत्मीयता के योग्य / मैं सचमुच नहीं।[62]

इरा शुरुआत के बाद मुक्तिबोध वातावरण बनाते हैं और रहस्य की सृष्टि करते हैं और फैंटेसी की प्रक्रिया बिम्बों और प्रतीक का आश्रय ले आगे बढ़ती है :

उसको ले / न जाने कहाँ किन-किन साँकलों को / खटखटाती वह; / नहीं इनकारवाले द्वार खुलते, किन्तु / उन सोते हुओं को गूढ़ सपनों में /

परस्पर-विरोधों का उर-विदारक शोर होता है। / विचित्र प्रतीक गुँथ जाते, (अनिवार्य-सा भवितव्य) नीलाकाश / नीचे और नीचे उतरता आता / उस नीलाभ छत से शीश टकराता / कि सिर से खून / चेहरा रक्त धाराओं भरा / भीषण।[63]

आत्म-स्वीकार से शुरू होकर यहाँ फैंटेसी प्रतीकों के माध्यम से सामाजिक यथार्थ के विभिन्न पहलुओं और सम्बन्ध सूत्रों को उजागर करती है। चिन्ता, आशंका और प्रश्नाकुलता के साथ फैंटेसी फिर गहन प्रतीक योजना के साथ विराट समय के बड़े सवालों से जूझती आगे बढ़ती है। इतिहास, संस्कृति, ज्ञान के वस्तु, व्यक्ति, स्थानों के संकेत, बिम्बों के साथ फैंटेसी कभी-कभी रूपक की शैली में चलते हुए, कभी आत्म-कथन करते हुए, कभी वस्तु चित्र और स्वप्न चित्रों में अन्ततः इस टोन में समाप्त होती है– "रथ के यन्त्र सब मजबूत हैं उन प्रश्न लोकों में यहाँ की बोलियाँ / तुमको बुलाती हैं / कि उनको ध्यान से सुन लो।"[64]

यहाँ यह अन्त भी संकेत मूलक और प्रतीकात्मक है। लल्लन राय ने फैंटेसी बनाम मुक्तिबोध का शिल्प नामक निबन्ध में यह कहा है कि "वस्तुतः फैंटेसी शिल्प की भाववादी शिल्प की यह विशेषता है। उसमें विभाव-पक्ष (वस्तु पक्ष) को नेपथ्य में डाल दिया जाता है और कल्पना के माध्यम से, प्रतीक, बिम्ब, रूपक आदि के सहारे केवल भाव पक्ष का चित्रण किया जाता है।"[65] फैंटेसी की यथार्थमयी रहस्यमयता के सम्बन्ध में लल्लन राय मानते हैं कि "अर्थोद्घाटन के लिए यहाँ किसी प्रकार की टिप्पणी आवश्यक नहीं, क्योंकि फैंटेसी स्वयं अपने रूपकात्मक प्रतीकाभासों के माध्यम से निहितार्थ उगल देती है।"[66]

मुक्तिबोध तीव्र भावावेगों के कवि हैं। इसीलिए उनका मन अपनी कल्पना शक्ति के साथ कई-कई ढंग से आरोह-अवरोह करता है। यही उठान और प्रवाह उनकी फैंटेसी की ही नहीं समूचे शिल्प की प्रक्रिया है और तब निहित वस्तु पक्ष बिम्ब, प्रतीक, रूपक के सहारे कथ्य को स्पष्ट करता है। उनकी कविता का स्वरूप चित्रात्मक हो जाता है। नन्द किशोर नवल के शब्दों में–"इसी कारण हमें उनमें वस्तुओं और दृश्यों के न केवल वस्तु चित्र मिलते हैं, बल्कि स्वप्न चित्र (fantasy) भी मिलते हैं। कभी-कभी तो ऐसा लगता है कि उनकी शैली स्वप्न चित्रों की ही शैली है...स्वप्न चित्र निश्चय ही उनकी अभिव्यक्ति का मुख्य साधन है।"[67] इस प्रकार मुक्तिबोध एक ओर स्वप्न चित्र और स्वप्न कथा बुनते हैं और उसकी बिम्बात्मक और प्रतीकात्मक बुनावट करते हैं, दूसरी ओर पृथक् मिथकीय बुनावट भी उनकी अभिव्यक्ति का रूप है। इनसे अलग फैंटेसी विहीन रचना शिल्प भी उनका है। पर वहाँ भी निश्चय ही रूपक, प्रतीक और बिम्ब एक कथा तत्त्व और चित्रात्मकता के साथ मौजूद हैं।

"बिम्ब प्रयोग सृजन-प्रक्रिया का एक ऐसा अंग है जो कथ्य को घनत्व प्रदान करता है। कल्पना, बिम्बों और प्रतीकों का सृजन करती है जो यथार्थ और विविध ज्ञान क्षेत्रों की रूपक दृष्टि के द्वारा विकसित होती है।"[68] बिम्ब इस प्रकार सिर्फ शब्द-चित्र नहीं,

भावों और संवेदनाओं की आकृतिविहीन अभिव्यक्ति और पुनर्रचना ही नहीं है, बल्कि एक साथ भावोत्तेजन, तीव्र सम्प्रेषण, ताजगी, परिचय, औचित्य तथा उर्वरता के गुण और कार्य से सम्बद्ध भीतरी और बाहरी तनाव या वस्तुस्थिति के उद्‌घाटन का एक महत्त्वपूर्ण रूपाकार है। एजरा पाउंड ने बिम्ब को बौद्धिकता और भावात्मकता की सम्पृक्ति और सामंजस्य माना है। बिम्ब शब्दबद्ध होकर भी कोरा शब्द नहीं और न वह अलंकार ही है। वस्तुतः शब्द, विचार, स्मृति और संवेदनाओं से गहरी सम्पृक्ति बिम्ब में होती है। डॉ. केदारनाथ सिंह के शब्दों में–''किसी अप्रस्तुत अथवा शब्द चित्र के बिम्ब के स्तर पर पहुँचने के लिए केवल यही आवश्यक नहीं कि वह भौतिक अर्थ में मूर्त हो, बल्कि यह उससे भी ज्यादा आवश्यक है कि वह ऐतिहासिक अर्थ में भी मूर्त हो। ऐतिहासिक मूर्तता से मेरा आशय बिम्ब की उस तात्कालिकता से है जिसके चलते वह अपनी एकान्त मूर्तिमत्ता को अतिक्रान्त कर अपने समय की वास्तविकता से एक गहरे स्तर पर सम्पृक्त हो जाता है।''[69] अपने समय और यथार्थ से जुड़ा हुआ कवि ही बिम्बों की स्थूलता से बचकर अपनी कविता और उसके शिल्प को निर्धारित कर सकता है। मुक्तिबोध की बिम्ब-प्रक्रिया में इन तथ्यों को खोज पाना मुश्किल नहीं है। क्योंकि उनका फैंटेसी का रचना-विधान एक जटिल प्रक्रिया तो है, किन्तु उसमें यथार्थ और स्वप्न का कभी न खत्म होनेवाला द्वन्द्व है। इससे उनकी फैंटेसी की बिम्बमयता भी यथार्थ से सम्बद्ध है। ''फैंटेसी और बिम्ब के द्वारा मुक्तिबोध की रचना-प्रक्रिया भयानकता या हारर को जन्म देती है और यह हारर बेमानी नहीं है। मुक्तिबोध की कविताओं में यह हारर सामाजिक परिवेश से सीधा सम्बन्धित है, उसका स्वरूप निरपेक्ष न होकर सापेक्ष है...उन्होंने हारर को बौद्धिक तथा संवेदनात्मक प्रक्रिया में ढालकर प्रस्तुत किया है।''[70] पुराकथाओं से प्राप्त भयावह प्रतीकों को भी वे बिम्बों में ढालकर यथार्थ को उजागर करते हैं। क्योंकि वस्तुतः मुक्तिबोध भयावह कल्पनाओं और दुःस्वप्नों के द्वारा वास्तविकता को एक त्रासदी के रूप में प्रस्तुत करते हैं :

> *पिस गया वह भीतरी / और बाहरी दो कठिन पाटों के बीच / ऐसी ट्रेजडी के बीच*[71]

किन्तु इस पीड़ा के साथ ही संघर्ष, आस्था और विश्वास भी मुक्तिबोध में है :

> *कोशिश करो / कोशिश करो / कोशिश करो जीने की / जमीन में गड़कर भी*[72]

इस त्रासदी और संघर्ष, आस्था तथा विश्वास में ही मुक्तिबोध के बिम्ब-विधान की सार्थकता है। अपने बिम्ब चयन में मुक्तिबोध ने अभिजात और भदेस को करीब और आमने-सामने रखने की कोशिश की है। इस कोशिश में और यों भी मुक्तिबोध बिम्बों का इस्तेमाल करते हुए भी संक्षिप्तता से बचते हैं। बिम्बात्मक शब्द और बिम्बात्मक वाक्य और बिम्बात्मक मुहावरे तो उनके यहाँ मिलते ही हैं, पर अक्सर पूरा

वर्णन, समूचा दृश्य और एक कथा उनके बिम्बों के विधान में मिलती है। निराला के द्वारा शब्द-बिम्बों के लयात्मक उपयोग की चर्चा करते हुए दूधनाथ सिंह ने मुक्तिबोध की बिम्ब योजना के बारे में भी चर्चा की है। दूधनाथ सिंह कहते हैं–''मुक्तिबोध की बिम्ब-योजना इससे पृथक् प्रकार की है। वे शब्द बिम्बों का लयात्मक उपयोग तो करते ही हैं–इसके अलावा वे पूरे वर्णन को एक समग्र बिम्ब बना देते हैं। इन दोनों तरीकों का अद्‌भुत समाहार मुक्तिबोध में मिलता है। उनके यहाँ एक पूरा-का-पूरा स्टैंजा एक बिम्ब में होता है।''[73] सचमुच घुमावदार जीने पर चढ़ने और उतरने की तरह मुक्तिबोध की बिम्ब-प्रक्रिया गतिशील है। इसी गतिशीलता में बीच-बीच में गाँठदार पूरक बिम्ब भी हैं जो झटके के साथ चमक खोलते हैं और प्रायः हर स्टैंजा में ऐसी कोई-न-कोई बिम्ब गाँठ तेजस्क्रिय धारदार अर्थ–क्षणों का निर्माण करती चलती है। मुक्तिबोध की लम्बी कविताओं में अक्सर इस प्रकार घटित होता है–''राह के पत्थर-ढोकों के अन्दर / पहाड़ों के झरने / तड़पने लग गए। / मिट्टी के लोंदे के भीतर / भक्ति की अग्नि का उद्रेक / भड़कने लग गया / धूल के कण में / अनहद नाद का कम्पन / खतरनाक मकानों की छत से / गाडर कूद पड़े धम से । घूम उठे खम्भे / भयानक वेग से चल पड़े हवा में। / दादा का सोंटा भी करता है दाँव-पेंच / नाचता है हवा में / गगन में नाच रही कक्का की लाठी। / यहाँ तक की बच्चे की पें-पें भी उड़ती, / तेजी से लहराती घूमती है हवा में / सलेट-पट्टी। / एक-एक वस्तु या एक-एक प्राणाग्नि-बम है, / ये परमास्त्र हैं, प्रक्षेपास्त्र हैं, यम हैं। / शून्याकाश में से होते हुए वे / अरे, अरि पर ही टूट पड़े अनिवार। / यह कथा नहीं है, यह सब सच है, हाँ भाई। / कहीं आग लग गई, कहीं गोली चल गई।''[74]

लम्बी कविता 'अँधेरे में' का यह पूरा स्टैंजा ही क्रान्ति का सचित्र वर्णन करता है। क्रान्ति के इस दृश्य को मुक्तिबोध स्पष्ट और बिम्बात्मक घटाटोप में पेश करते हैं। प्रतीक, वस्तुएँ और उन्हीं से जुड़े शब्द बिम्ब...राह के पत्थर, मिट्टी के लोंदे, अग्नि, का उद्रेक, धूल के कण, स्लेट-पट्टी आदि अलग-अलग संवेदनात्मक विस्तार और कथ्य की सघनता को व्यक्त करते हुए क्रान्ति की घटना और उसके दृश्य के पूरे विवरण-वर्णन के बिम्ब के पूरक बन जाते हैं। इसी प्रकार 'चम्बल की घाटी' कविता में–''स्वप्न / अँधेरा है / नीली काली सतह है पानी की सभी ओर, / और, उस सतह पर सर्वत्र / नक्षत्र... / लौ...लौ...लौ / दीप तिर रहे, जा रहे दूर-दूर।।''[75]

यहाँ यह पूरा बन्द एक बिम्ब है। स्वप्न की तरह भी है और एक दृश्य भी है और प्रत्येक पंक्ति भी वस्तु और प्रकृति के आकृति मूलक रूप को प्रस्तुत करती है। दीप और नक्षत्र जैसे शब्दों में भी एक बिम्ब का भाव-बोध छुपा हुआ है। इस प्रकार का बिम्बात्मक संगठन मुक्तिबोध के यहाँ अक्सर मिल जाता है। 'अँधेरे में' इस कविता की (और साथ ही चम्बल की घाटी भी) सबसे बड़ी विशेषता यह है कि–''इसका बिम्ब-विधान इतना घना है कि अर्थ की निहिति एक बिम्ब में न होकर अनेक बिम्बों के गठन में है।''[76] अँधेरा, कुहरा, खाइयाँ, शून्य, सागर, भूरी पहाड़ी, खुरदुरे टीले आदि के बिम्ब

मुक्तिबोध की कविता में काफी मिलते हैं। ये शब्द उनकी कविता के व्यापक भाव-बोध को उजागर करते हैं। इनमें निहित विस्तार, व्यापकता के साथ सघनता और गहराई का अर्थ मुक्तिबोध की कविता के यथार्थ की विभिन्न परतों को खोलता है। इसी प्रकार भू-दृश्यात्मक बिम्ब भी जैसे–कटे-उठे पठार, दर्रों का धँसानों का बियाबान इलाका, गुंजान रात, हवाओं की तेज मारधाड़, पथरीले झरने का पहाड़ी उतार, खंडहर-गढ़ियाँ, पहाड़ों के बियाबान, कँटीले कगार, साँवली सीढ़ियाँ...मुक्तिबोध की कविता में विपुल हैं, जो कहीं स्वतन्त्र तो कहीं बिम्ब गठबन्धन में पूरक शक्ति बनकर आते हैं।

मुक्तिबोध की कविता कई बार लगता है एक ही कविता है। स्वर, शैली, विषय-वस्तु की दृष्टि से सभी कविताएँ इतनी मिलती-जुलती हैं कि इन सबका एक नाम एक अन्तर्द्वन्द्व या एक स्वप्न कथा भी होता तो कोई फर्क नहीं पड़ता। "लगता है जैसे मुक्तिबोध की सारी कविताएँ एक ही विराट काव्य के अलग-अलग खंड हैं जिनमें कुछ प्रतीक और चरित्र लौट आते हैं।"[77] प्रतीक और चरित्र ही नहीं बिम्बों, रूपकों, कथनों तक की पुनरावृत्ति होती हैं। इसीलिए जब एक स्वप्न-कथा की प्रतीति बार-बार होती है तो उसके भी कारण हैं। मुक्तिबोध अक्सर फैंटेसी रचते हैं। उनके फैंटेसी के तत्त्वों में स्मृतियाँ हैं और भय, लगाव और चिन्ता उनकी कविता का सन्दर्भ और साक्ष्य है। उनकी स्मृतियों का स्वरूप और सन्दर्भ भी व्यापक है। कई बार ऐसा भी लगता है कि मुक्तिबोध इस स्वप्न-कथा की पकड़ से या तो छूट नहीं पाते या छोड़ना नहीं चाहते। इसलिए कभी-कभी ऐसा भी लगता है कि मुक्तिबोध के यहाँ सपने जैसा दिखाने की कोशिश होती है। इसी कोशिश में बार-बार किसी एक जगह लौटने की प्रक्रिया मुक्तिबोध में है। बिम्बों के गठबन्धन और उनके फैलाव में इसके तत्त्व हैं और इसीलिए मुक्तिबोध जहाँ एक ओर मिथकों के इस्तेमाल में प्राचीन पुराकथात्मक तत्त्वों को चुनते हैं तो दूसरी ओर आधुनिकता के अन्तर्गत समकालीन मिथक भी उनकी कविता में हैं जिनमें विज्ञान, टेक्नोलॉजी, समाज विज्ञान आदि के ढेरों सन्दर्भ हैं। ज्ञान की शक्ति और स्मरण-शक्ति भी यहाँ उपर्युक्त गठन में बिम्बात्मकता की विपुलता और समृद्धि को एक नया रचाव देती है। हम इसे अलग भी रख सकते हैं और यों भी कह सकते हैं कि मुक्तिबोध की फैंटेसी के विस्तार में एक ओर आत्मपरक स्मृतियों के बिम्ब हैं तो दूसरी ओर जातीयमान स्मृतियों के बिम्ब हैं। आत्म-परक स्मृतियों के बिम्ब उनकी वैयक्तिक उपचेतना के अंश हैं जिनमें शैशव की स्मृतियाँ हैं और उनके आसपास भय है, जो व्यक्ति-मन के अन्तर्द्वन्द्व को उभारता है। जातीयमान स्मृतियों के बिम्ब में उनकी सामूहिक उपचेतना के अंश हैं, किन्तु यहाँ पांडित्यमूलक प्रगल्भता के स्थान पर सामान्य लेकिन बौद्धिक जन की संवेदनशीलता प्रमुख है। पहले अंश के अन्तर्गत हम मुक्तिबोध की ब्रह्मराक्षस, दिमागी गुहान्धकार और ओरांग-उटांग, चम्बल घाटी, शून्य, एक स्वप्न-कथा आदि कविताओं को तो दूसरे अंश के अन्तर्गत एक भूतपूर्व विद्रोही का आत्मकथन, अँधेरे में, चाँद का मुँह टेढ़ा है, लकड़ी का बना हुआ रावण तथा भूरी-भूरी खाक-धूल की अधिकांश कविताओं को शामिल कर सकते हैं।

मुक्तिबोध के बिम्ब-संसार में दृश्यों, ध्वनियों, स्पर्शों और गन्धों का सुखमय नहीं द्वन्द्वात्मक मुखरता का रूप व्यक्त होता है। बिम्बों पर ध्यान दें तो यह बहुत स्पष्ट है कि मुक्तिबोध के काव्य में दृश्य-बिम्बों की अधिकता है। पर उनमें भी व्यक्ति-मन का अन्तर्द्वन्द्व और सामाजिक संघर्ष का स्वरूप ही अधिक मुखर है। इसके पीछे, जैसा कि हम ऊपर कह आए हैं, शैशव की स्मृतियाँ हैं। इन स्मृतियों में एक ओर ब्रह्मराक्षस, ओरांग-उटांग, भैरव आदि की आदिम संवेदनों से सम्पृक्त बिम्ब हैं दूसरी ओर शून्य, अँधेरा, कोहरा, बावड़ी, सीढ़ियाँ आदि के बिम्बात्मक रूपाकार हैं, ये दोनों मिलकर बाहर और अन्दर के संघर्ष को अभिव्यक्त करते हैं। इस सम्बन्ध में मुक्तिबोध एक बिम्ब से दूसरे बिम्ब पर आते हुए अक्सर तथ्य को स्पष्ट करते चलते हैं :

> *भीतर जो शून्य है / उसका एक जबड़ा है, / जबड़े में मांस काट खाने के दाँत हैं; उनको खा जाएँगे / तुमको खा जाएँगे / भीतर का आदतन क्रोधी अभाव वह / हमारा स्वभाव है, / जबड़े की भीतरी अँधेरी खाई में / खून का तालाब है / ऐसा वह शून्य है / एकदम काला है, बर्बर है, नग्न है / विहीन है, न्यून है, / अपने में मग्न है।*[78]

यहाँ शून्य अपने आप में मन का बिम्ब है। यहाँ मन को अलग-अलग चारित्रिक विशेषताओं में मुक्तिबोध मध्यवर्गीय व्यक्ति के अवचेतन मन के काले, नग्न, न्यून के रूपाकारों में बाँट देते हैं। जबड़ा, मांस काट खाने के दाँत, अँधेरी खाई, खून का तालाब जैसे शब्द बिम्ब जो प्रतीकात्मक बिम्ब हैं, व्यक्ति मन की अनन्त विस्मृति को व्यक्त करते हैं। यहाँ आदिम विवेकहीनता को रूपायित किया है। इसी आदिम विवेकहीनता, भीतर के भय, आदिम हिंसा और स्वार्थी प्रवृत्तियों को मुक्तिबोध ब्रह्मराक्षस, ओरांग-उटांग, भैरों के मिथकीय बिम्बों से और भरी अँधेरी बावड़ी, बरगद के घने जटा-जाल आदि प्रतीक बिम्बों से रूपायित करते हैं–"शहर के उस ओर खंडहर की तरफ / परित्यक्त सूनी बावड़ी / के भीतरी / ठंडे अँधेरे में / बसी गहराइयाँ जल की / सीढ़ियाँ डूबी अनेकों / उस पुराने घिरे पानी में ...

X X X

> *बावड़ी को घेर / डालें खूब उलझी हैं / खड़े हैं मौन औदुम्बर / व शाखों पर / लटकते घुग्घुओं के घोंसले / परित्यक्त, भूरे, गोल बावड़ी की इन मुँडेरों पर / मनोहर हरी कुहनी टेक / बैठी है टगर / ले पुष्प तारे श्वेत।*

X X X

> *उसके पास / लाल फूलों का लहकता झौर– / मेरी वह कन्हेर / वह बुलाती एक खतरे की तरफ / जिस ओर / अँधियारा खुला मुँह बावड़ी का / शून्य अम्बर ताकता है।*

X X X

बावड़ी की उन घनी गहराइयों में शून्य / ब्रह्मराक्षस एक पैठा है / व भीतर से उमड़ती गूँज की भी गूँज / बड़बड़ाहट शब्द पागल से।[79]

उपर्युक्त इन चार उद्धरणों में एक के बाद एक बिम्ब और बिम्बमाला रहस्यमय वातावरण का दृश्य-चित्र बनाकर उभारते हैं और फिर ब्रह्मराक्षस का विशिष्ट बिम्ब उभरता है। यहाँ भी शून्य, गहराइयाँ और सीढ़ियाँ हैं। व्यक्ति मन, उसकी अनन्त विस्मृति शून्य और सीढ़ियों में व्याप्त है। बावड़ी ब्रह्मराक्षस की कूप मंडूकता का रूपक है। बावड़ी, सीढ़ियाँ, घुग्घू, औदुम्बर आदि के बिम्ब ब्रह्मराक्षस के बिम्ब से जुड़े हैं और उसकी असफलता को स्पष्ट करते हैं। ब्रह्मराक्षस का आदिम-बिम्ब मध्यवर्गीय बुद्धिजीवी का प्रतीक-बिम्ब बनकर उभरता है और मुक्तिबोध उसके आत्मसंघर्ष को रूपायित करते हैं। उलझी डालें, घुग्घुओं के गोल और भूरे घोंसले, टगर, अँधियारा खुला मुँह, शून्य अम्बर के रूपाकार, ब्रह्मराक्षस के उलझन ग्रस्त चारित्रिकता के सादृश्य, साम्य और वैशिष्ट्य को उसकी यन्त्रणा और विडम्बना के साथ स्पष्ट करते हैं। पशु-पक्षी, कीट-पतंगों से लेकर पेड़-पौधों तक के ये बिम्ब मिथक से घुल-मिल गए हैं। यह सब फैंटेसी की प्रक्रिया में रासायनिक घोल की तरह संन्यस्त हैं और इसके पीछे मुक्तिबोध की स्मृतियाँ हैं।

मुक्तिबोध की कविता में बार-बार बावड़ी, वट या बरगद और शून्य तथा अँधेरे के बिम्ब आते हैं। इन सब और भैरव और ब्रह्मराक्षस आदि के बिम्ब की पृष्ठभूमि में मुक्तिबोध की बचपन की स्मृतियाँ काम करती हैं। उज्जैन में शिप्रा तट, मन्दिर, कुएँ-बावड़ी तथा अनेक ऐसे एकान्त स्थान हैं जहाँ मुक्तिबोध का शैशव व युवा-काल व्यतीत हुआ है। शुजालपुर के भी कुछेक स्थान इस सन्दर्भ में उल्लेखनीय हैं। राजनाँदगाँव में भी मुक्तिबोध भुतहे मकान, महल और खंडहरों में घूमे हैं। इन सबकी स्मृतियाँ मुक्तिबोध के मन में कहीं गहरे छुपी थीं। ये ही स्मृतियों के बिम्ब उनकी आत्म-परक चेतना से निकलकर काव्य-बिम्बों की आकृति में उतर आते हैं। डॉ. प्रभाकर माचवे के शब्दों में–''मन के भीतर सुप्त कई 'एंटी रीजन' (विवेक विरोधी) तत्त्व, सरीसृप, नागराज ऊपर उभर आते हैं। दिमागी गुहान्धकार से वह छिपकली सबके अन्न को विष बना देती है (उनका एक पुत्र छिपकली के विष से कई वर्ष बीमार रहा)। राजनाँदगाँव में उनके भुतहे मकान के साँप-बिच्छू, घुग्घू-चिमगादड़ों ने उनकी कविता में हारर (भयानक) और एब्सर्ड (विसंगति) की बीभत्स अर्थशून्यता को उभारा है।''[80] किन्तु मुक्तिबोध इस अर्थशून्यता को मध्यवर्गीय जीवन के यथार्थ से सम्बद्ध कर संघर्ष की नई आकृति और कृति को जन्म देते हैं।

ओरांग-उटांग के मिथकीय-बिम्ब को भी मुक्तिबोध व्यक्ति मन की द्वन्द्वात्मक स्थिति के चित्रण के लिए प्रयोग करते हैं–''यक्ष / या कि ओरांग-उटांग हाय / अरे। डर यह है... / न ओरांग-उटांग कहीं छूट जाए प्रत्यक्ष न यक्ष हो।''[81]

स्वयं की ग्रीवा पर / फेरता हूँ हाथ कि करता हूँ महसूस / एकाएक गरदन पर उगी हुई / सघन अयाल और / शब्दों पर उगे हुए बाल तथा / वाक्यों में ओरांग-उटांग के / बढ़े हुए नाखून।[82]

यहाँ ओरांग-उटांग का बिम्ब भयावह आदिम प्रवृत्तियों का प्रतीक रूप है। मनोवैज्ञानिक मान्यताओं के अन्तर्गत मुक्तिबोध उसे मनुष्य के अवचेतन की पाशविकता से जोड़ते हैं। सघन अयाल, शब्दों पर उगे हुए बाल आदि का वर्णन व्याख्यातीत शब्द चित्र है जिसे पूर्व में आए बहस के बिम्ब से जोड़ दिया गया है। और उसे बार-बार बाद में भी उभारा गया है :

सत्य के बहाने / स्वयं को चाहते हैं प्रस्थापित करना। अहं को, तथ्य के बहाने। / मेरी जीभ एकाएक तालू से चिपकती / अक्ल क्षारयुक्त-सी होती है... / और मेरी आँखें उन बहस करनेवालों के कपड़ों में छिपी हुई / सघन रहस्यमय लम्बी पूँछ देखती।[83]

यहाँ कपड़ों में छिपी रहस्यमय लम्बी पूँछ कुतर्क-भरी बहस को संकेत में रूपायित करती है।

आधुनिक मनुष्य और उसके मन की विडम्बनाओं को खोलने के लिए मुक्तिबोध अक्सर मिथक और पौराणिक बिम्बों की दृश्यमय, संकेतमय और रहस्यमय आयोजना करते हैं। रावण, बरगद, भैरव, वानर आदि के रूपाकार व्यंग्य, संघर्ष और विसंगति के रूप हैं। लकड़ी का बना रावण एक ऐसा ही बिम्ब है जिसके जरिए मनुष्य की रिक्तता और फिर भी दोहरे संघर्ष की आकुलता को व्यक्त किया गया है :

सब तरफ अकेला, / शिखर पर खड़ा हूँ / लक्ष-मुख दानव-सा, लक्ष-हस्त देव-सा। / परन्तु, यह क्या / आत्म-प्रतीति भी धोखा ही दे रही !! / स्वयं को ही लगता हूँ / बाँस के व कागज के पुट्ठे के बने हुए / महाकाय रावण-सा हास्यप्रद / भयंकर।[84]

X X X

बढ़ न जाएँ / छा न जाएँ / मेरी इस अद्वितीय / सत्ता के शिखरों पर स्वर्णाभ, / हमला न कर बैठे खतरनाक / कुहरे के जनतन्त्री / वानर ये, नर ये !![85]

यहाँ रावण आत्म-केन्द्रित सत्ता का रूप है और कुहरे के जनतन्त्री वानर लोक-सत्ता के प्रतीक बिम्ब हैं। दोनों के बीच व्यंग्यात्मक संयोजन करते हुए मुक्तिबोध फैंटेसी के भीतर प्रवहमान बिम्बों को आकार देते हैं। इसी प्रकार :

समीप विशालाकार / अँधियाले ताल पर / सूनेपन की स्याही में डूबी हुई / चाँदनी भी सँवलाई हुई है !!

अजी, इस मोड़ पर / बरगद की घनघोर शाखाओं की गठियल / अजगरी मेहराब–

X X X

बरगद की डाल एक मुहाने के आगे फैल / सड़क पर बाहरी लटकती है इस तरह – / मानो कि आदमी के जनम के पहले से / पृथ्वी की छाती पर / जंगली मेंमथ की सूँड सूँघ रही हो...घिरी हुई विपदा के घेरे-सी / बरगद की घनी-घनी छाँव में...गरीबों के ढाँक में–चौराहे पर खड़े हुए / भैरों की सिन्दूरी / गेरुई मूरत के पथरीले व्यंग्य के स्मित पर / टेढ़े-मुँह चाँद की ऐयारी रोशनी...तजुर्बों का ताबूत / जिन्दा यह बरगद / जानता कि भैरों यह कौन है !! / कि भैरों की चट्टानी पीठ पर / पैरों की मजबूत / पत्थरी सिन्दूरी ईंट पर / भभकते वर्णों के लटकते पोस्टर !![86]

इन उद्धरणों में ही नहीं पूरी कविता (चाँद का मुँह टेढ़ा है) में बरगद और भैरों के मिथक हैं और चाँद उसकी आकृति तथा रोशनी के प्रकृति-चित्र हैं। एक ओर मिथक और दूसरी ओर प्रकृति-वर्णन में नएपन के साथ समकालीन सुलूक है। पूरी कविता में मिल-मजदूरों की हड़ताल, जुलूस, गोली चालन तथा कर्फ्यू का वर्णन है। इस घटनात्मक दृश्य की गवाही कविता में मिथक, प्रतीक-बिम्ब, प्रकृति-चित्रों से बनी फैंटेसी देती है। भैरों विद्रोह का प्रतीक-बिम्ब है। चन्द्रमा का टेढ़ापन, चाँदनी का साँवला रूप, उसकी ऐयारी रोशनी–संस्कृति, परम्परा और परिवेश की विकृतियों के भाव-बिम्ब हैं। बरगद, उसकी डाल, घनी-घनी छाँव, घनघोर शाखाओं की गठियल मेहराब से मुक्तिबोध मजदूरों-सर्वहाराओं की शक्ति और संगठन की चेतना का बिम्ब साधते हैं। जिन्दा बरगद यह जानता है कि भैरों कौन है, कहकर मुक्तिबोध फैंटेसी में यथार्थ का साक्ष्य इस प्रकार देते हैं कि सर्वहारा शक्ति क्रान्ति को समझती है। बरगद जिन्दा है–वह प्रकृति है। भैरों मिथक है–मूर्ति है वह भीतर की ठोस पहचान है और इस प्रकार मुक्तिबोध उसी संस्कृति और परम्परा की पुराकथाओं से यथार्थ को गूँथकर एक जीवित बिम्ब प्रवाह उत्पन्न करते हैं। बिम्ब स्वच्छन्द होता है, उनका जीवन प्रवाह-जीवन नहीं होता। है इसीलिए मुक्तिबोध विरोधी चीजों को लेकर भी उसे दूसरी भावधारा से सम्बद्ध करते हुए बिम्ब विधान को रच लेते हैं। इसीलिए भैरो, ब्रह्मराक्षस, ओरांग-उटांग आदि मिथक उनकी कविता में विशिष्ट बन जाते हैं। वे कई बार इसीलिए एक ही शब्द को अलग-अलग स्थानों पर विपरीत अर्थ में बिम्ब के लिए प्रयोग करते हैं :

पशुओं के राज में जो बियाबान जंगल है / उसमें खड़ा है घोर / स्वार्थ का प्रभीमकाय बरगद एक विकराल ![87]

मुक्तिबोध की कविता में ये मिथकीय बिम्ब अपने-आप में मनोवैज्ञानिक बिम्ब भी हैं।

अपनी शैशव की स्मृतियों की एक मनोवैज्ञानिक, चिन्तनात्मक और भावात्मक प्रक्रिया को समेटकर मुक्तिबोध इतिहास, रियासत, कोतवाली और कारागार के माध्यम से सामन्ती-प्रथा की छायाओं को उभारते हैं। डॉ. प्रभाकर माचवे ने लिखा है–''पहली कविता में पुरानी ग्वालियर रियासत के खास शब्द आलीजाह, मनसबदार, दरबारे आम, लश्कर आदि आते हैं। (मैंने वह जगह देखी है जहाँ मुक्तिबोध के पिता उज्जैन के पुलिस थाने के भीतर दूसरे-तीसरे मंजिल पर रहते थे) रास्ते से गुजरते हुए कई तंग अँधेरी कोठरियाँ थीं, तलघर भी थे। वहाँ कैदियों को तरह-तरह की शारीरिक यातनाएँ देकर गुनाह कुबूल करवाया जाता था। एक भयानक सामन्ती अन्याय–प्रथा की छाया उनकी कई कविताओं में मँडराती है।''[88] जेलखाना, कैद, मिल की जिन्दगी, खंडहर, महल आदि के उनकी कविताओं में आतंक-रहस्यपूर्ण दृश्य एक ओर उनकी स्मृतियों के खंड बनकर उभरते हैं, तो दूसरी ओर उनका इतिहास-बोध है जो सामन्ती और पूँजीवादी-अन्याय और शोषण की रूढ़ियों के विरुद्ध कविता के कथ्य को बिम्ब के प्रतीकात्मक विधान में उभरता है। शिप्रा तट के वातावरण, खंडहर, बावड़ी, ताल और वहाँ के परिवेश तथा अन्य स्थलों (जहाँ मुक्तिबोध रहे) के इतिहास से जुड़ी स्मृतियों के अवचेतन में पड़े बिम्बों की कतारों से जहाँ स्वप्न-कथा खड़ी होती है वहीं समकालीन यथार्थ के तत्त्व प्रतिरोध, प्रतिकार, अभिव्यक्ति के खतरे उठाने ही होंगे की उद्दाम प्रतिबद्ध चेतना तक पहुँचते हैं। इसीलिए मुक्तिबोध लिखते हैं :

> *मैं जिज्ञासु वृथा हूँ, / जाने किस रहस्यमय रक्त प्रतीक-कथा का / अर्थ खोजता ही फिरता हूँ।*[89]

और फिर यह भी :

> *नामंजूर, / उसको जिन्दगी की शर्म की-सी शर्त / नामंजूर / हठ इनकार का सर तान...खुद मुखतार।*[90]

> *भूल-गलती / आज बैठी है जिरहबख्तर पहनकर / तख्त पर दिल के, / चमकते हैं खड़े हथियार उसके दूर तक / आँखें चिलकती है नुकीले तेज पत्थर-सी / खड़ी है सिर झुकाए / सब कतारें / बेजुबाँ बेबस सलाम में, / अनगिनत खम्भों व मेहराबों-थमे / दरबारे-आम में / सामने / बेचैन घावों की अजब तिरछी लकीरों से कटा / चेहरा / कि जिस पर काँप / दिल की भाप उठती है... / पहने हथकड़ी वह एक ऊँचा कद, / समूचे जिस्म पर लत्तर, / झलकते लाल लम्बे दाग / बहते खून के। / वह कैद कर लाया गया ईमान... / सुलतानी निगाहों में निगाहें डालता, / बेखौफ नीली बिजलियों को फेंकता / खामोश !! / सब खामोश मनसबदार, / शायर और सूफी, / अल गजाली, इब्ने सिन्ना, अलबरुनी, / आलिमो फ़ाज़िल सिपहसालार, सब सरदार / हैं खामोश !!*[91]

'भूल-गलती' कविता के ये उद्धरण मुक्तिबोध के स्मृति खंडों की मदद और अपने समाज-चेतस लगाव की सक्रियता से एक रूपक कथा के अंश बनते हैं। पूरी कविता ही एक रूपक है। पहला उद्धरण उनकी इसी सक्रियता के प्रभाव-स्वरूप एक व्यक्ति बिम्ब हैं। दूसरा उद्धरण कविता की शुरुआत का अंश है। प्रारम्भ में दृश्य और व्यक्ति बिम्ब है–जिसमें भूल-गलती को सुलतान का रूपक दिया है। फिर दरबार के इस दृश्य बिम्ब के बाद तुरन्त बन्धन ग्रस्त कैदी का व्यक्ति-बिम्ब उभरता है। वह ईमान है। कैदी का रूपक ईमान के लिए है। यानी ईमानदार विद्रोही की छवि का बिम्ब खामोशी के भीतर चापलूस सामन्तों की चाटुकारिता का भाव-बिम्ब है। सब कुछ रूपकात्मक है। इतिहास के इन चरित्रों और वस्तुओं और स्थितियों के रूपकात्मक और प्रतीकात्मक संकेतों से इतिहास के परिवेश में समकालीन यथार्थ को जोड़कर मुक्तिबोध अनुभूति, संवेदना और संघर्ष की गवाही देते हैं।

मुक्तिबोध का बिम्ब-संसार विविधतापूर्ण है। बिम्बों का यह विस्तृत संसार उनके व्यापक अनुभवों का सहज परिणाम है। उनकी सामाजिक चेतना और मानवीय चिन्ता का द्योतक है। जातीयमान स्मृतियों के उनके बिम्ब समकालीन जीवन के यथार्थ की विराटता और सम्बन्ध सूत्रता को समेटते हैं। इनमें सहज सम्बन्ध और संवेदनशीलता के तत्त्व हैं तो औद्योगिक सभ्यता और विज्ञान-जगत की सृष्टि का विस्तार भी है। समकालीनता और आधुनिकता का यह एक प्रकार का मिथ है जो उनकी कविता में बिम्ब-शृंखलाओं में गूँथकर आता है। विज्ञान की चीजों के साथ ही मुक्तिबोध वैज्ञानिक बिम्ब का भी प्रयोग करते हैं :

अकस्मात् खड़के खिड़की के दरवाजे / कुछ शब्द उड़े, धड़के क्षण-भर / फिर मरे कि फिर जी उठे !! / रासायनिक गन्ध-लहरों की उग्रवक्र / सलवटों भरा / सूनेपन का चेहरा चिन्तित हो उठा।[92]

क्यों वैज्ञानिक सो गया / सतत प्रज्वलित गैस-स्टोव पास / स्वयं की प्रयोगशाला में ?/ क्यों वह सचेत हो गया ? / कि कमरे में घूमने लगीं अदृश्य लहरें / वह महक अजीबोगरीब द्रव्यों की /[93]

ये हस्ताक्षर वैज्ञानिक के / काल्पनिक राशियाँ क्वान्ट्म की / ये–पी.के.जी. / यह आर. रेडियम का / ये अंक-पंक्ति के चित्र अनेकों रूपों में !!/ पर यह क्या है ? / ये काव्यात्मक पंक्तियाँ अंक के जंगल में / कैसे सुलगीं।[94]

व्यक्ति बिम्ब और दृश्य के साथ ही अन्तिम दो उद्धरणों में वैज्ञानिक का बिम्ब है। डॉक्टर केदारनाथ सिंह के शब्दों में–"भविष्य धारा शीर्षक कविता में जो वैज्ञानिक का बिम्ब आता है, वह ब्रह्मराक्षस के केन्द्रीय बिम्ब से मिलता-जुलता है।"[95] "गणित, व्याकरण और भाषाविज्ञान के बिम्ब भी मुक्तिबोध में मिलते हैं–वे भाव संगत, तर्क

संगत / कार्य सामंजस्य-योजित / समीकरणों के गणित की सीढ़ियाँ।''[96]

> *किसी काले डैश की घनी काली पट्टी ही / आँखों पर बँध गई / किसी खड़ी पाई की सूली पर / टाँग दिया गया।*[97]

हम पहले भी कह आए हैं कि मुक्तिबोध के यहाँ दृश्य-बिम्बों की अधिकता है। व्यक्ति-बिम्ब, वस्तु-बिम्ब, भाव-बिम्ब भी अक्सर उनके दृश्य बिम्बों की विराटता में पूरक बिम्ब बन जाते हैं। चूँकि मुक्तिबोध प्रमुखतः फैंटेसी लिखते रहे इसलिए उसकी कथात्मक, नाटकीय तथा एकालाप-संलाप की शैली में दृश्य-संयोजन की आवश्यकता प्रमुख हो गई। साथ ही उनमें अर्थ-विस्तार भी बढ़ा।

मुक्तिबोध के बिम्ब संवेदनों के अवशेष होने के कारण अधिक प्रभावशाली हैं। उज्जैन, नागपुर, राजनाँदगाँव, शुजालपुर के चित्र उनकी कविताओं को केवल परिदृश्य (Landscape) नहीं देते वरन् काव्य-कथ्य की अनुभवगत तीव्रता को भी उकसाते हैं।

> *आवाज आती है, / सातवें आसमान में कहीं दूर / इन्द्र के ढह पड़े महल के खंडहर को / बिजली की गेतियाँ व फावड़े / खोद-खोद / ढेर दूर कर रहे। / कहीं से फिर एक / आती आवाज– / 'कई ढेर बिल्कुल साफ हो चुके', / और तभी – / किसी अन्य गम्भीर-उदात्त / आवाज ने / चिल्लाकर घोषित किया – / ''प्राथमिक शाला के बच्चों के लिए एक / खुला-खुला, धूप-धूप-भरा साफ / खेल-कूद-मैदान-सपाट-अपार– / यों बनाया जाएगा कि / पता भी न चलेगा कि / कभी महल था यहाँ भगवान इन्द्र का; हम यहाँ जमीन के नीचे दबे हुए हैं।*[98]

वहाँ मुक्तिबोध मानव जीवन के सम्बन्ध में अपनी सामाजिक रुचि और उस सन्दर्भ में अपने अनुभवों की तीव्रता को अभिव्यक्त करते हैं। राजनाँदगाँव के अपने अनुभवों से सम्बद्ध अपनी स्मृतियों का एक जबर्दस्त मानवीय संलग्नता का भाव इस उद्धरण के समूचे बिम्ब में है। विभिन्न मानव वर्गों और समूहों से सम्बन्धित बिम्ब मुक्तिबोध के काव्य में यत्र-तत्र बिखरे हुए हैं। सामन्ती जीवन, अपराध-जगत, सैनिक जीवन, आधुनिक नागरिक जीवन, पारिवारिक जीवन के अनेक बिम्ब मुक्तिबोध की कविताओं में मौजूद हैं। चक्की, ढिबरी, पतंग, साँकल, आँगन, बिस्तर, शीशा, तेल, बघार, धागा, चोली, अंडर-वियर, रन्दा, बसूला, कारीगर, लुहार, हलवाई, चोर, मजिस्ट्रेट, थानेदार आदि के बिम्ब दृश्य, वस्तु, व्यक्ति, भाव, प्रभाव के साथ ही मिश्रित बिम्बों की योजना के रूप में मुक्तिबोध में बहुतायत से मिलते हैं। इसीलिए, मुक्तिबोध के बिम्ब मुख्यतः उनके अवचेतन की देन हैं, यह मानना भ्रमपूर्ण होगा। सजग रचनाकार के रूप में उन्होंने बिम्बों का दक्ष प्रयोग किया है। उन्होंने भारतीय परिवेश को, उसकी जातीय-चेतना को अविरल अपने भीतर जिलाए रखा। चूँकि मुक्तिबोध कथ्य पर अधिक

जोर देते हैं और वे अधिकतर विषय-वस्तुवादी हैं। इसीलिए उनके यहाँ प्रकृति सम्बन्धी बिम्ब भी सामाजिक-मानवीय यथार्थ के सन्दर्भ में ही प्रयुक्त हैं।

> *इस वक्त / परेशान हमने एक काम किया / रास्ते में एक ओर / कंडे की लाल आग / टिक्कड़ लगी सेंकने / बहुत-बहुत परेशान थके हुए हम भी हैं। / लेकिन सुगन्ध उस / टिक्कड़ की खूब जो कि / आत्मा में फैलती / ईमान की भाप बन !!*[99]

> *मैं तो सिर्फ फैलता हूँ बहता हूँ खून में !! / क्योंकि एक बेर का झाड़ हूँ / जंगली और कँटीला / किन्तु मीठा !!*[100]

> *दीखते हैं सभी ओर / बस्ती में झिलमिलाते दीये लग गए हैं / जिनके प्रकाश में शायद कुछ विद्यार्थी कहीं पढ़ रहे हैं / कि कहीं कोई बहन अपनी भाभी के लिए / नीली साड़ी में रुपहली गोट किनारी लगा रही है। / कि कहीं कोई पितृश्री– / नाती को अपने क-ख-ग और पराँच पढ़ा रहे हैं / कि कहीं कोई बालक अपनी छोटी सी गोदी में / शिशु छोटा भाई लिए तुतली-सी बोली में / कविताएँ गाते हुए उसे सुला रहा है।*[101]

इन सभी उद्धरणों को देखते हुए एक साफ तस्वीर उभरती है कि मुक्तिबोध, जिन्हें मात्र अवचेतन के बिम्बों का कवि मान लिया जाता है वह सही नहीं है। मुक्तिबोध प्रकृति को, सम्बन्धों को, संघर्षपूर्ण जिन्दगी के किसान और मध्य या निम्न मध्यवर्गीय समूह या चरित्र के चित्रों को किस आत्मीयता और लगाव के साथ प्रस्तुत करते हैं। प्रकृति और जीवन के विभिन्न बिम्ब मुक्तिबोध मानव-सौन्दर्य की प्रतिष्ठा और संघर्ष और सन्त्रास के सामंजस्य में उठाते हैं और यह उनकी सबसे बड़ी खूबी है :

> *हँसते हुए चेहरों की आशाएँ दुर्दान्त / जिन्दगी का हँसता हुआ चाँद बन जाती हैं / कि जिसकी परछाई में / मन की रातरानी मेरी महक उठती अकस्मात् !!*[102]

> *बिल्कुल सफेद / वह खिली हुई थी धूप ! झाड़ियों की छायाओं के धब्बे / थे ऊँघ रहे / उस पिछवाड़े के जंगल में।*[103]

> *समीर ने देखा न आव और ताव भी, / पूछा न नाम और गाँव भी, / मुझसे लिपट गया। / हाथों में थमी हुई / पुस्तक लुढ़क गई। / अनाकार स्पर्श सब / मैत्री के सुलग गए !!*[104]

यहाँ प्रकृति और मनुष्य और जीवन की जबर्दस्त पहचान और जीवित उपस्थिति है। इस उपस्थिति में भले ही मुक्तिबोध अपने द्वन्द्व-ग्रस्त मानस की उपस्थिति भी

जोड़कर बिम्बों की विविधता के भीतर जटिल विन्यास रचते रहे हों, फिर भी यह तो स्पष्ट है कि मुक्तिबोध एक ईमानदार मनुष्य और ईमानदार कवि की साझेदारी के साथ हमारे समक्ष होते हैं। वे आदिम उपादानों से चलकर, मानव जीवन की विविधताओं को इतिहास और वर्तमान के सम्बन्धों के भीतर उभारते हैं। इसीलिए उनकी रचना और बिम्ब की सार्थकता तात्कालिकता से प्रसूत नहीं रह जाती। मुक्तिबोध का संसार बेहद विस्तृत था। संसार में ऐसा क्या है जो कविता में नहीं आ सकता। किन्तु कहाँ क्या आना चाहिए की रचनात्मक समझ जरूरी होती है। मुक्तिबोध ने न केवल इस समझ का सबूत दिया है वरन् वे अपने अनुभव क्षेत्र को विस्तार देते गए हैं। उनके बिम्बों का संसार इसकी पुष्टि करता है। वे अपने बिम्बों की पुनरावृत्तियाँ अवश्य करते हैं, एक ही बिम्ब को अलग-अलग अर्थों में भी इस्तेमाल करते हैं। वैयक्तिक अर्थ सृष्टि हेतु भी बिम्बों की आवृत्ति करते हैं और कहीं-कहीं उनके बिम्ब भाषा की रूढ़ि भी बन जाते हैं। रूढ़ि बनकर वे कवि की निजी प्रतीकात्मकता का उत्स भी बनने लगते हैं। मुक्तिबोध ने वैयक्तिक अर्थ—सृष्टि हेतु निजी प्रतीकों का प्रयोग तो किया है किन्तु निजी बिम्बों का नहीं। हाँ, नवीनता, तीव्रता और स्वप्नबद्धता में पूर्व-स्मृतियों को जागृत करने की क्षमता का प्रयोग करने के लिए मुक्तिबोध विस्तार प्रधान, संवेदनात्मक और मिथकीय बिम्बों के प्रति ज्यादा समर्पित हुए हैं।

हम मुक्तिबोध के शिल्प की इस चर्चा में बार-बार यह बात कह आए हैं कि मुक्तिबोध की काव्य-प्रक्रिया अधिकतर फैंटेसी का रूप चुनती है। उनकी फैंटेसी बिम्ब है, वक्तव्य है, विश्लेषणात्मक वक्तव्य भी है। यह सब होते हुए मुक्तिबोध की कविता शब्दों की एक विशिष्ट दुनिया है। शब्दों की और भी विविधताएँ हैं मुक्तिबोध के यहाँ उनके शब्दों के स्रोत निजी स्मृति और सामूहिक स्मृति—दोनों स्तरों पर है और शब्दों के बहुतेरे हिस्सों को प्रतीक-मूल्य प्राप्त हुआ है। मुक्तिबोध की कविता में प्रतीक की भूमिका तमाम और चीजों की तरह काफी फैली हुई भी हैं और एक अर्थ में असंगठित भी। प्रतीकों के मुक्तिबोध के यहाँ बहुतेरे वर्ग भी हैं और उनके अर्थों की भी विभिन्न भूमिकाएँ हैं। वे प्रतीक-शैली के कवि हैं, यह कहना तो मुनासिब नहीं है, फिर भी उनकी कविता प्रतीक की बहुआयामी दुनिया प्रस्तुत करती है। उनके प्रतीकों का एक सामान्य वर्ग भी है और विशिष्ट प्रतीकों का भी एक बेहिसाब फैलाव है। उनके प्रतीक बिम्ब को आपस में घुलाते हुए गतिवान प्रतीक भी हैं और मिथकीय और पौराणिक-ऐतिहासिक सन्दर्भों को भी उजागर करते हैं। वैज्ञानिक और सामूहिक तथा निजी अवचेतन से सम्बद्ध अनुभवों की शक्ति को उजागर करनेवाले प्रतीक भी हैं और ऐसी चीजों को भी प्रतीक के रूप में लाया गया है जिन्हें आम तौर पर प्रगतिशील नहीं मानते।

प्रतीक वे अनुभूति संकेत हैं जिनके द्वारा रचनाकार अपने परिवेश, अनुभव और संस्कार से एक चिह्न में अन्य अप्रत्यक्ष वस्तु का समाहार कर लेता है। ऐसा करते हुए कई बार कवि रूपक-काव्य अर्थात् दोहरे अर्थोंवाली कविता रच देता है, जिसमें प्रकट अर्थवाली ऊपरी कथा के भीतर सूक्ष्म और गूढ़ार्थवाली अन्य कथा भी चलती है। एक

ऐसा ही "प्रदीर्घ रूपकात्मक काव्य जिसमें खास ढंग से कार्य-शृंखला अन्य कथा का प्रतीक होती है जबकि चरित्र मानवीकृत अथवा टाइप होते हैं।"[105] मुक्तिबोध के यहाँ यह स्थिति काफी कुछ अक्सर मौजूद रहती है। कई बार उनके यहाँ यह प्रतीकात्मकता व्यक्ति स्तर की कथा और कई बार व्यक्ति संकेत होते हुए भी स्वप्न-कथा बनकर उजागर होती है। भूल-गलती, ब्रह्मराक्षस, दिमागी गुहान्धकार का ओरांग-उटांग इस सन्दर्भ में सबसे उल्लेखनीय उदाहरण हैं। इन कविताओं के साथ ही अँधेरे में, चम्बल की घाटी में, चाँद का मुँह टेढ़ा है, डूबता चाँद कब डूबेगा, एक भूतपूर्व विद्रोही का आत्म-कथन आदि कविताओं में भी मुक्तिबोध मिथक, स्वप्न, अतीत, इतिहास और संस्कृति से अपने प्रतीक ग्रहण करते हैं। इन चीजों का मुक्तिबोध की कविता में बार-बार प्रयोग हुआ है और कुछ खास चीजें कविता में जब बार-बार आती हैं तो वे कवि के लिए प्रतीक बन जाती हैं। वे चीजें, स्थान, शब्द उस कवि के लिए विशेष (कोशगत अर्थ से अधिक गतार्थों तक ले जानेवाला) अर्थ रखते हैं। तब इनके द्वारा रचनाकार अवचेतन की अमूर्त तथा मूर्त भाव-दशाओं को सहज और ठोस अभिव्यक्ति देने का प्रयत्न करता है। इस तरह प्रतीक शब्दार्थ से परे विशेष अनुभूति और भाव-दशा की व्यंजक भाषा बन जाता है। मुक्तिबोध की कविता अचेतन के अँधेरे से चलकर समकालीन जीवन की विसंगतियों और अँधेरे तक घूमते हुए प्रकाश के वृत्त की अनवरत खोज और खोजने की कोशिश करती है। इस प्रकार एक सांस्कृतिक प्रक्रिया में मुक्तिबोध इतिहास और समकालीन यथार्थ के भीतर व्यक्ति और उसके जातीय अनुभवों की शक्ति को पकड़ना चाहते हैं। इस प्रक्रिया में इतिहास कवि के अचेतन को वस्तु संसार प्रदान करता है और अचेतन इतिहास को कुछ आधारभूत मूल्यों से जोड़ देता है। कवि के अचेतन (अँधेरे) के ऐतिहासिक यथार्थ को व्यक्तित्व के इतिहास की चीजों से 'कन्फ्यूज' नहीं करना चाहिए। इसमें मुख्य बात सिर्फ इतनी है कि व्यक्ति और सामाजिक जीवन का वास्तविक अन्तर्सम्बन्ध व्यक्ति के आत्म-जगत की अवहेलना करके स्थापित नहीं किया जा सकता। मुक्तिबोध की कविता में आत्मपरक तत्त्वों का योग ज्यादा है। संवेदनशील होना आत्म-ग्रस्त होना नहीं, जीवन की समस्याओं को पहचानते हुए आत्म-चेतस होना है। आत्म-चेतस होते हुए विश्व-चेतस और इतिहास-चेतस होना है। हिन्दी में अभी तक मुक्तिबोध की ही कविता ऐसी है जिसमें इतिहास और व्यक्ति, ज्ञान-विज्ञान और संवेदना, वस्तुगत एवं आत्मगत, आभ्यन्तरीकरण तथा बाह्यकरण के बीच सही रिश्ते की तलाश इतनी व्यापक है।"[106] इसी तलाश के चलते हम पाते हैं कि मुक्तिबोध में वेदना, गहरी पीड़ा और क्षोभ तथा भय है, किन्तु यह व्यक्तिगत ही न होकर समूची मानवता और जन मानस से जुड़ा हुआ है। यह संलग्नता, यह चिन्तायुक्त लगाव ही उन्हें संघर्षरत आस्था और आदर्श तक भी पहुँचाता है। इसीलिए "उनके बिम्ब और प्रतीक केवल रूपवाद के प्रतिरूप नहीं हैं, उनमें वास्तविक जीवन की धड़कनें और ज्ञान-संवेदन की गतिशीलता प्राप्त होती है।"[107] यही कारण है कि जब मुक्तिबोध इतिहास और व्यक्ति के बीच सम्बन्ध सूत्र कायम करते हुए अवचेतन के अँधेरे फैलाव के भीतर से प्रतीकों

को ग्रहण करते हैं। तब मध्यवर्गीय जीवन के द्वन्द्व और तनाव को स्पष्ट उजागर करते हैं। यह करते हुए वे स्थूल इतिहास की कथा, व्यक्ति और वस्तुओं से चलकर मिथक, स्वप्न और पौराणिक अतीत की दुनिया तक पहुँचते हैं।

मुक्तिबोध के यहाँ इतिहास अतीत का भी है और हाल का भी। अतीत का इतिहास सामन्तवादी है और मिथिकल भी। बरगद, ब्रह्मराक्षस, ओरांग-उटांग, भैरव, वसुदेव, लंका, रावण, महाकंस आदि प्रतीक मिथकीय या पौराणिक इतिहास से और गांधी, तिलक, तालस्ताय आदि हाल के इतिहास से हैं।

बरगद मुक्तिबोध का प्रिय प्रतीक है। सर्वहारा शक्ति चेतना के प्रतीक के रूप में मुक्तिबोध प्रयोग करते हैं–"अजी, इस मोड़ पर / बरगद की घनघोर शाखाओं की गठियल / अजगरी मेहराब– / मरे हुए जमाने की संगठित छायाओं में बसी हुई / सड़ी-बुसी बास लिए– / फैली है गली के / मुहाने में चुपचाप।"[108]

मुक्तिबोध बरगद को शक्ति-संगठन की प्रक्रिया और जीवन संघर्ष के रूप में इस्तेमाल करते हैं, इसीलिए वह कहीं आतंकित जनपद का प्रतीक बन जाता है–"इन्हीं हलचलों के ही कारण तो सहसा / बरगद में पले हुए पंखों की डरी हुई / चौंकी हुई अजीब-सी गन्दी-सी फड़फड़...।"[109]

और इसीलिए यही बरगद निराशा, विषाद और पीड़ा का जीवन्त प्रतीक बनकर एक जीवन-प्रक्रिया का आभास देता है :

> *बीहड़ के अन्धकार में भी / जब नहीं कुछ सूझ पड़ता है / जब अँधियारा समेट बरगद / तम की पहाड़ियों से दिखते।...*[110]
>
> X X X
>
> *भयंकर बरगद / सभी उपेक्षितों, समस्त वंचितों / गरीबों का वही घर, वही छत / उसके ही तल-खोह अँधेरे में सो रहे / गृहहीन कई प्राण।*[111]

जीवन की प्रक्रिया में ही मुक्तिबोध उसे पीड़ित मनुष्य समाज से उठा रहे हैं, इसलिए वही बरगद स्नेह की छाँह का प्रतीक बन जाता है–"चिलचिला रहे फासले / तेज दुपहर भरी / सब ओर गरम धार-सा रेंगता चला काल बाँका तिरछा; / पर हाथ तुम्हारे में जब भी मित्र का हाथ / फैलेगी बरगद छाँह वहीं।"[112]

किन्तु यही बरगद भिन्न-भिन्न कविताओं में अपने प्रतीकार्थ की अन्विति नहीं बनाए रखता है। "कहने दो उन्हें जो ये कहते हैं" कविता में प्रतीकार्थ एकदम विपरीत है :

> *पशुओं के राज्य में जो बियाबान जंगल है / उसमें खड़ा है घोर / स्वार्थ का प्रभीमकाय बरगद एक विकराल।*[113]
>
> X X X

बरगद के महाभीम भयानक शरीर पर / सफलता की, भद्रता की, श्रेय-प्रेय संस्कृति की / पूनो की खिलखिलाती चाँदनी– ।[114]

यहाँ इन दो उद्धरणों में बरगद क्रमश : स्वार्थ और अभिजात संस्कृति के आचरण और विस्तार का प्रतीक है।

भैरव एक उपेक्षित देवता है, लेकिन वह शक्ति का भी देवता है। इसीलिए मुक्तिबोध उसे दलित वर्ग की उपेक्षा के साथ ही संगठन से जोड़कर क्रान्ति की प्रक्रिया का प्रतीक बनाते हैं :

जिन्दा यह बरगद / जानता कि भैरो यह कौन है !! कि भैरो की चट्टानी पीठ पर / पैरों की मजबूत / पत्थरी-सिन्दूरी ईंट पर / भभकते वर्णों के लटकते पोस्टर / ज्वलन्त अक्षर !![115]

X X X

बरगद की शाखें ढीठ / पोस्टर धारण किए / भैरो की कड़ी पीठ / भैरो और बरगद में बहस खड़ी हुई है / जोरदार जिरह कि कितना समय लगेगा / सुबह होगी कब और / मुश्किल होगी दूर कब ।[116]

मुक्तिबोध ने जटिल अनुभवों को फैंटेसी और फैंटेसी में मिथकों का प्रयोग करते हुए समकालीन यथार्थ को प्रस्तुत किया है। ब्रह्मराक्षस और ओरांग-उटांग ऐसे ही मिथकीय प्रतीक हैं। ब्रह्मराक्षस अँधेरी बावड़ी में कैद है / "बावड़ी को घेर / डालें खूब उलझी हैं / ...बावड़ी की उन घनी गहराइयों में शून्य ब्रह्मराक्षस पैठा है... / पाप छाया दूर करने के लिए, दिन-रात / स्वच्छ करने / ब्रह्मराक्षस घिस रहा है देह / ...गहरी बावड़ी / की भीतरी दीवार पर / तिरछी गिरी रवि-रश्मि / के उड़ते हुए परमाणु, जब / तल तक पहुँचते हैं कभी / तब ब्रह्मराक्षस समझता है, सूर्य ने / झुककर नमस्ते कर दिया।"[117] यह ब्रह्मराक्षस एक मध्यवर्गीय बुद्धिजीवी के व्यक्ति-मन का प्रतीक है जो अपनी ऐकान्तिकता, ज्ञान और अन्तर्विरोधों की वजह से उद्विग्न है। अपनी मुक्ति के लिए संघर्षरत है। उसके नपुंसक अहंकार का विस्फोट होता रहता है। बावड़ी उसके मन की ओर उलझी डालें उसके अन्तर्विरोधों, उलझनों का प्रतीक है। ब्रह्मराक्षस के इस आत्म-संघर्ष के जरिए समूची प्रतीकात्मकता में एक वर्णन प्रक्रिया के भीतर मुक्तिबोध विवेक-चेतना से विश्व दृष्टि के संकल्प को प्रस्तुत करते हैं। यहाँ ब्रह्मराक्षस का प्रतीक धनात्मक और स्वीकारात्मक है। मुक्तिबोध उसका सजल उर शिष्य बनना चाहते हैं। किन्तु यही उनकी अन्य कविताओं में अभावात्मक प्रतीक भी बन जाता है–"जंगल की डालों से गुजरती हवाओं की सरसर / गली में ज्यों कह जाए / इशारों के आशय, / हवाओं की लहरों के आकार– / किन्हीं ब्रह्म-राक्षसों के निराकार / अनाकार / मानो बहस छेड़ दें / बहस जैसे बढ़ जाए / निर्णय पर चली आए / वैसे शब्द बार-बार / गलियों की आत्मा में / बोलते हैं एकाएक / अँधेरे के पेट में से / ज्वालाओं की आँत

बाहर निकल आए।"[118] यहाँ एकदम नकारात्मक भाव भले न हो पर ब्रह्मराक्षस का प्रतीक यहाँ बहस के बिम्ब के जुड़कर व्यक्ति–मन की अमूर्त चिन्ताओं से सम्बद्ध है। यहाँ ब्रह्मराक्षस कविता की तरह धनात्मक भाव नहीं, एक आशंका है, जो एक दूसरी कविता में पूरी तरह नया प्रतीकार्थ ग्रहण करती है :

> *मानव मस्तक में से निकले / कुछ ब्रह्म-राक्षसों ने पहनी / गांधीजी की टूटी चप्पल, / हरहरा उठा यह पीपल तब / हँस पड़ा ठठाकर, गर्जन कर गाँव का कुआँ / तब दूर, सुनाई दिया शब्द हुआँ-हुआँ।*[119]

यहाँ ब्रह्मराक्षस स्वार्थी राजनेताओं या अवसरवादी तत्त्वों का प्रतीक बनकर प्रयुक्त हुआ है।

मुक्तिबोध अवचेतन से सम्बन्ध रखनेवाले प्रतीकाशयों को अक्सर मिथकीय संरचना से जोड़ देते हैं। खास बात यह है कि अवचेतन से सम्बद्ध वे प्रतीक मनोवैज्ञानिक प्रतीक होकर या बनकर भी रूढ़ नहीं हो पाते। प्राकृत गुहा, अँधेरी खाई, साँप, शून्य, अँधेरा आदि ऐसे ही प्रतीक हैं। इनके प्रयोग से मिथकीय कथा की निरन्तरता भी जुड़ती है। ब्रह्मराक्षस के समान ही 'ओरांग-उटांग' महत्त्वपूर्ण मिथकीय रूप है। मुक्तिबोध ने इसे यक्ष भी कहा है–"उस सन्दूक भीतर कोई बन्द है / यक्ष / या कि ओरांग-उटांग हाय / अरे। डर यह है... / न ओरांग...उटांग कहीं छूट जाए, / कहीं प्रत्यक्ष न यक्ष हो।"[120] यह ओरांग-उटांग गुहान्धकार में बैठा है–"कक्ष के भीतर / एक गुप्त प्रकोष्ठ और / कोठे के साँवले गुहान्धकार में / मजबूत...सन्दूक।"[121] यह ओरांग-उटांग जब भीतर से हुँकारता है तो कवि का मन भयभीत हो जाता है :

> *ओरांग-उटांग की बौखलाती हुँकृति ध्वनियाँ / एकाएक भयभीत / पाता हूँ पसीने से सिंचित / अपना यह नग्न मन / हाय हाय और न जान ले / कि नग्न और विद्रूप / असत्य शक्ति का प्रतिरूप / प्राकृत ओरांग...उटांग यह / मुझमें छिपा हुआ है।*[122]

यहाँ इस पूरे चित्र में अवचेतन की प्रतीकात्मकता ओरांग-उटांग के आदिम रूप से जुड़ी हुई है। गुहा अवचेतन का तथा अन्धकार इच्छाओं और स्मृतियों के डरावने फैलाव का प्रतीक है। बन्द सन्दूक मस्तिष्क का और ओरांग-उटांग तथा यक्ष हमारे भीतर की हिंस्र और स्वार्थी प्रवृत्तियों का प्रतीक है। ओरांग-उटांग की हुँकृत ध्वनियाँ उसके क्रिया-कलाप नपुंसक अहंकार, प्रतिष्ठा-बोध का प्रतीक हैं। इस प्रकार ओरांग-उटांग आत्मग्रस्त व्यक्ति-चेतना का प्रतीक बन जाता है। ठीक इसी प्रकार 'शून्य' भी अवचेतन का एक महत्त्वपूर्ण प्रतीक है :

> *भीतर जो शून्य है / उसका एक जबड़ा है, / जबड़े में मांस काट खाने के दांत हैं; / उनको खा जाएँगे, / तुमको खा जाएँगे। / भीतर का*

आदतन क्रोधी अभाव वह / हमारा स्वभाव है, / जबड़े की भीतरी अँधेरी खाई में खून का तालाब है। / ऐसा वह शून्य है / एकदम काला है, बर्बर है, नग्न है / विहीन है, न्यून है, / अपने में मग्न है।[123]

यहाँ मुक्तिबोध आदिम विवेकहीनता को शून्य के प्रतीक से और आदिम मनोजगत को अँधेरी खाई के प्रतीक से रूपायित करते हैं। अँधेरी खाई का प्रतीक मुक्तिबोध ने बहुतायत से इस्तेमाल किया है :

वे परछाइयाँ काली बहुत उद्विग्न, / श्यामल खाइयाँ गम्भीर। / ...अचानक एक काला स्याह चेहरा प्रकट होता है / विकट हँसता हुआ। / अध्यक्ष वह / मेरी अँधेरी खाइयों में / कार्यरत कमजोरियों के छल-भरे षड्यन्त्र का / केन्द्रीय संचालक / किसी अज्ञात गोपन कक्ष में / मुझको अजन्ता की गुफाओं में हमेशा कैद रखता है।[124]

यहाँ अँधेरी खाई, अजन्ता की गुफा, काला स्याह चेहरा आदि अवचेतन, विवेकहीनता, स्वार्थान्ध संघर्ष आदि के लिए अँधेरे रूपाकारों के प्रतीक बनकर ही उभरते हैं, किन्तु एक बात स्पष्ट है कि मुक्तिबोध की आकांक्षा उनसे मुक्त होने के लिए जूझने की मुद्रा को ही सामने लाती है। मिथकों का या मिथकीय इतिहास का प्रयोग करते हुए ही नहीं अन्यत्र भी मुक्तिबोध इनसे सम्बद्ध तथा इसी प्रक्रिया में मनोवैज्ञानिक प्रतीकों को संयोजित करते हैं। तलघर (दमित इच्छाएँ), ठूँठ (शुष्क व्यक्तिवादी धारणा), बावड़ी (मन), सीढ़ियाँ (मन की परतें) तथा कुआँ, साँप, पर्वत-शिखर आदि ऐसे ही प्रतीक हैं। फ्रायड के अनुसार जटिल-यन्त्रों, भूदृश्य और पेड़ों के स्वप्नों का निश्चित यौनार्थक महत्त्व है। यह भी सम्भव है कि इन प्रतीकों से लेखक अज्ञात ढंग से अवचेतन की यौन सम्बन्धी निजी स्थितियों को प्रकट करता हो। पर यह रूढ़-विधान है और मुक्तिबोध, उन प्रतीकों को, जो यौन भावना से सम्बद्ध माने गए हैं, अक्सर अलग अर्थ में प्रयुक्त करते हैं—"पर, शोक मत करो नागात्मन... / आ गए तुम्हारी अनुपस्थिति में लोग / प्रतीक्षा जिनकी थी, / ले गए ज्वलत्-द्युति प्रस्तर घन !!"[125]

ओ नागात्म, / इन सब रंगों को पीयो, उन्हें विष में परिणत करके / भीतर / भोगो थर-थर / भोगो जहरीला संवेदन।[126]

ओ नागात्मन, / संक्रमण-काल में धीर धरो / ईमान न जाने दो।[127]

ओ नागराज / इस बट की शाखाओं पर तुम करवट बदलो / ... जन उत्पीड़न विभ्राट व्यवस्था के सम्मुख / उसके आशय का विष पी लो...[128]

यहाँ 'नाग' क्रान्ति-चेतना का प्रतीक है जिसके द्वारा मुक्तिबोध जूझने की अदम्य आकांक्षा को प्रस्तुत करते हैं।

जातीय और सांस्कृतिक आधार के प्रतीकों में, जिनमें हम पौराणिक इतिहास के चरित्रों, नायकों को भी शामिल कर सकते हैं, कमल नाल, सूँड, सियार, घुग्घू, अरुण कमल, कैलाश-शिखर, सनातन सूर्य तथा रावण, महाकंस, एकलव्य, शबरी, अर्जुन, हिडिम्बा, दंडकवन, लंका आदि महत्त्वपूर्ण हैं। कमल नाल, चेतना, सूँड प्रखर बुद्धि का, सियार कायरता का और घुग्घू अज्ञान और मूर्खता का प्रतीक हैं। इनसे अलग अरुण कमल का प्रतीक है जिसका उपयोग मुक्तिबोध ने दो स्थानों पर किया है :

> *अब अभिव्यक्ति के सारे खतरे / उठाने ही होंगे / तोड़ने होंगे ही मठ और गढ़ सब / पहुँचना होगा दुर्गम पहाड़ों के उस पार / तब कहीं देखने मिलेंगी बाँहें / जिसमें कि प्रतिपल काँपता रहता / अरुण कमल एक / ले जाने उसको धँसना ही होगा / झील के हिम-शीत सुनील जल में।*[129]
>
> X X X
>
> *वे मानवीय माधुर्य अनुभवों की छवियाँ / यह कहती हैं– / पार कर मुश्किलें सभी / जादुई अरुण कमल / उस दूर देश के रश्मि-विकीरण शील सरोवर का तुम ला देना, / एकाग्र प्रयत्नों का वह कोमल अमृत पिला देना।*[130]

पहले उदाहरण में अरुण कमल काँपता है, तो दूसरे में जादुई है। पहले उदाहरण में कविता का नायक चुनौती के स्वर में बाधाओं को हटाकर उस तक पहुँचना चाहता है, जबकि दूसरे उदाहरण में जन-समूह की आकांक्षा जन-नेता के प्रति सम्बोधित है। दोनों जगह अरुण कमल मानवीय समता, समृद्धि और क्रान्ति का प्रतीक है, किन्तु पहली कविता में वह आस्थावान प्रतीक है और दूसरी जगह प्रतीक्षारत आकांक्षा का। यों दोनों ही उदाहरण रोमेंटिक बिम्ब हैं, हालाँकि मुक्तिबोध का दृष्टिकोण जागतिक है। यहाँ दुर्गम पहाड़ बाधाओं के, मठ और गढ़ सामन्ती और आत्म केन्द्रित जीवन शैली और व्यवस्था के प्रतीक हैं।

रावण और महाकंस मुक्तिबोध की कविता में शोषक के प्रतीक हैं :

> *आँखें फाड़े मैंने देखा मन के मन में / जाने कितने कारावासी वसुदेव / स्वयं अपने कर में, शिशु-आत्मज ले, / बरसाती रातों में निकले धँस रहे अँधेरे जंगल में / विक्षुब्ध पूर में यमुना के / अति दूर; अरे उस नन्द ग्राम की ओर चले / जाने किसके डर स्थानान्तरित कर रहे वे / जीवन के आत्मज सत्यों को, / किस महाकंस से भय खाकर गहरा-गहरा।*[131]
>
> X X X
>
> *हम सब साथी मिल / दंडक वन में से लंका का पथ खोज निकाल सकें प्रति पल / धीरे-धीरे ही सही बढ़े उत्थानों में अभियानों में।*[132]
>
> X X X

स्वयं को ही लगता हूँ / बाँस के व कागज के पुट्ठे के बने हुए / महाकाय रावण-सा हास्यप्रद / भयंकर !![133]

इन उदाहरणों में महाकंस शोषक का, वसुदेव शोषित का शिशु आत्मज सत्य का प्रतीक है। लंका शोषक की राजधानी है और दंडक वन कष्टों और बाधाओं के लम्बे रास्ते का प्रतीक है। रावण भयभीत फिर भी क्रूर शासक तथा बाँस-कागज-पुट्ठे उसके समय के साथ शिथिल होते, कमजोर पड़ते शोषकों के आवरण-उपकरण के प्रतीक हैं। ये पुराने होकर भी नई अर्थच्छायाएँ देते हैं और फैंटेसी को तीव्रतर बनाते हैं।

शिशु और माँ के प्रतीक भी मुक्तिबोध के प्रिय रूपाकार हैं। शिशु सत्य का, अनुभव का और त्रस्त वर्तमान में आशंकित भविष्य का प्रतीक है तो, माँ आस्था का प्रतीक है। इसी प्रकार चम्बल की घाटी में तथा अँधेरे में जैसी लम्बी कविताओं में शिला-पुरुष और मनु के सांकेतिक रूप हैं :

अजीब है / सामने ही, तिकोनी पहाड़ी के सिर पर / गोल स्याह खुरदुरा / बहुत बड़ा सिफर एक / लेटा है खामोश / मानों वह स्वयं कोई बहुत बड़ा शीशा हो / कोई शिला पुरुष हो...[134]

X X X

जिन्दगी के... / कमरों में अँधेरे / लगाता है चक्कर / कोई एक लगातार / ...मेरे हृदय की धक्-धक् / पूछती है...वह कौन ? / ...इतने में अकस्मात् गिरते हैं भीतर से / फूले हुए पलस्तर / खिरती है चूने भरी रेत / खिसकती हैं पपड़ियाँ इस तरह / खुद-ब-खुद / कोई बड़ा चेहरा बन जाता है / स्वयमपि / मुख बन जाता है दीवाल पर / नुकीली नाक और / भव्य ललाट है दृढ़ हनु / कोई अनजानी अन-पहचानी आकृति। / कौन वह दिखाई, जो देता पर / नहीं जाना जाता है !! कौन मनु ?[135]

पहले उदाहरण में शिलापुरुष (मनु) आज के संघर्षरत आदमी का प्रतीक है। जबकि दूसरे उदाहरण में मनु का प्रतीक रहस्यमय, स्वप्नवत है और वह आत्मा का, परम अभिव्यक्ति का प्रतीक है। इस प्रकार पहले से दूसरे तक एक नैरन्तर्य भी है जो संघर्षमय है। मुक्तिबोध के यहाँ यह नैरन्तर्य कभी-कभी हो पाता है। यों उनकी सभी कविताएँ एक स्वप्न-शृंखला है, इसलिए उनमें प्रतीकों की आवृत्ति अस्वाभाविक नहीं। किन्तु यह आवृत्ति अक्सर अपने अर्थ बदलती है, इसलिए कभी-कभी आनेवाला नैरन्तर्य सुखद महसूस होता है। कई बार मुक्तिबोध प्रतीकों की बहुलता से, उसकी वैविध्यपूर्ण बहुलता से चमत्कार भी पैदा करते हैं और कई बार प्रतीकों की अतिशयता जटिलता को बढ़ाती है। इसलिए उनकी कविताओं में मिथक, अवचेतन, पुराण, इतिहास, संस्कृति से इतर भी प्रकृति, विज्ञान, खगोल शास्त्र और रोजमर्रा के जिन्दगी के शब्द, व्यक्ति, वस्तु और संकेत भी प्रतीक बन जाते हैं।

पन्ना दाई, शिवाजी, गांधी, तिलक, तालस्ताय, लुमुम्बा, कबीर, तुलसी के व्यक्ति सन्दर्भों को मुक्तिबोध ने प्रतीक के रूप में चुना है। ये प्रतीक उनकी निजी प्रतीक सृष्टि के अन्तर्गत लिए जा सकते हैं। ऐसा करते हुए उन्होंने अपने व्यापक-दृष्टिकोण को इतिहास के प्रति ईमानदारी बरतने की मुद्रा में प्रस्तुत किया है, भले ही इससे उनकी कविता में विस्तार आ गया हो। मिथकीय, पौराणिक और ऐतिहासिक प्रतीकों के इस्तेमाल से उन्होंने ज्योति और अन्धकार के वरण का द्वन्द्व, शोषक और शोषित के बीच चलनेवाले सन्दर्भ, भीषण युग परिस्थितियों, लक्ष्य के प्रति आस्था और जनवादी क्रान्ति की अभिव्यक्ति की है। ब्रह्मराक्षस, लकड़ी का बना रावण, डूबता चाँद कब डूबेगा, चाँद का मुँह टेढ़ा है, अँधेरे में और भूल गलती कविताएँ सुन्दर प्रतीकात्मक अभिव्यक्ति हैं।

विज्ञान जगत और खगोल शास्त्र के प्रतीक मुक्तिबोध की रुचि सम्पन्न चेतना और अपने अनुभवों को विशाल जीवन-जगत से जोड़कर देखने का परिणाम है। विज्ञान जगत के अन्तर्गत गणित, रसायन, भौतिकी, चिकित्सा आदि से सम्बद्ध प्रतीकों का इस्तेमाल कुछ कठिन और सम्प्रेषणीयता में बाधक भी है, फिर भी मुक्तिबोध के द्वन्द्वों और तलाश की प्रक्रिया से उसका गहरा सम्बन्ध है :

> *किन्तु द्वन्द्व / स्थिति में स्थापित यह / मेरा वजनदार लोहा / उन भयंकर अग्निक्रियाओं में / ढकेला जाकर / पिघलते हुए दमकते हुए / तेजः पुंज गहन अनुभव का छोटा सा दोहा बनता है।*[136]

इसी प्रकार :

> *असंख्य स्त्री-पुरुष बालक / बने, जग में भटकते हैं / कहीं जनमे / नए इस्पात को पाने।*[137]

यहाँ वजनदार लोहा और छोटे दोहे के सम्बन्ध की प्रक्रिया में पदार्थ और रासायनिक क्रियाओं का प्रयोग है। अग्नि क्रिया कवि के अनुभवों की उत्तापता का, लोहा उसके भीतर की दृढ़ता का, विचार का प्रतीक है। इसी तरह नया इस्पात एक ऐसा प्रतीक है जो मनुष्य की आकांक्षा, जीवन स्थितियों और ललक को संघर्ष के व्यापक सन्दर्भों में उठाते हुए उसकी शक्ति, समृद्धि, समतामूलक जीवन-दृष्टियों का रूपाकार बन जाता है। गणित की प्रक्रिया का प्रतीकात्मक इस्तेमाल इन पंक्तियों में है :

> *जीवन यथार्थ के गणितिक विश्लेषण में रम / तुम स्वयं एक– / सब कुछ कटने-पिटने के बावजूद बच रहती संख्या के अनुक्रम में देख / गहन सौन्दर्य-स्वप्न माया / गम्भीर-मुखी सोचने लगी / मीठी विशाल लहरों में जो भी अकुलाया / वह नित्य शेष क्या है ? / जन हैं !! / मन हैं, दम हैं, यह जीवन है... /*[138]

गणित मैदान, समीकरणों के गणित की सीढ़ियाँ, अर्थ-भरा वर्गमूल, विष-रासायनिक,

ओषजन, उद्जन, रेडियो एक्टिव, भीतर का रेडियम, गैस-लाइट, ज्यामितिक आकृतियाँ, क्वांटम की राशियाँ, पी.के.जे., ऋण एक राशि का वर्गमूल, तेजस्क्रिय अणु, चिकित्सक, घाव, मरहम, फफोला, भ्रूण, स्टीम रोलर, पश्चात् कैमरा आदि विज्ञान जगत के विविध प्रतीक हैं, जिन्हें वैज्ञानिक के प्रतीक-बिम्ब में निर्मित फैंटेसी के भीतर भी और अन्यत्र भी मुक्तिबोध ने इस्तेमाल किया है।

खगोल शास्त्र और भूगर्भ के प्रतीक भी मुक्तिबोध ने बहुतायत से लिए हैं। यह उनकी स्मृतियों और चेतना का वह हिस्सा है जो भूगर्भशास्त्रीय, भूदृश्यात्मक प्रतीकों में प्रकट होता है। मुक्तिबोध के यहाँ हमेशा नहीं पर अक्सर चाँद बुर्जुआ का, सूर्य प्रखर चेतना का, धूमकेतु भयावह संकेतों का और उल्का विक्षोभ का प्रतीक है। रुधिर-स्नात हँसता, समुद्र, पहाड़ी कवच, सोई हुई अग्नि, अंगारी रसगंगा, तुलसी वन, तमाकार पानी, स्याह चन्द्र, चल तडिल्लता की शैया, टीला, पाषाण, सूर्य झीलें, प्रकाश बेल आदि भूगर्भ, भूदृश्य और खगोल शास्त्र से सम्बन्धित ये प्रतीक भी मुक्तिबोध की व्यापक रुचि, विस्तार और चेतना के प्रतिनिधि हैं। पाषाण कठोरता का, ज्वालामुखी विषमता से आन्दोलित गुप्त विद्रोह, टीला विभाजित मनुष्य मन का प्रतीक है।

वनस्पति, प्रकृति और रोजमर्रा की जिन्दगी के प्रतीक मुक्तिबोध के यहाँ सर्वाधिक हैं। इन प्रतीकों में त्रासदी के विविध अनुभव बदरंग यथार्थ की वस्तु और जीवन की पीड़ाओं के बहुत गहरे रंग हैं। मुक्तिबोध की रंग चेतना भी इस सन्दर्भ में द्रष्टव्य है। शम्भुनाथ के शब्दों में—मुक्तिबोध की प्रायः सारी कविताओं में अँधेरे के प्रतिक्षेप हैं। उनके सारे मिथक अँधेरे से निकलते हैं। वे इतने ज्यादा हैं कि लगता है एक जुलूस है, शहर की सड़कों-गलियों, दुर्गम घाटी, पठार, जंगल, कारखानों, खेतों, वन, मैदानों, गुहा, खाइयों, बावड़ियों जहाँ से होकर भी कवि गुजरता है, रात्रिकालीन अँधेरे का हर इन्द्रिय गोचर पदार्थ जीवन के दारुण यथार्थ में उसे रूपान्तरित होता दिखने लगता है। उसकी वेदना इतिहास में दबी महक के साथ फूटती है। प्रसाद की वेदना का रंग नीला था, मुक्तिबोध की वेदना स्याह भूरी है। उनमें रोमांटिक सहनीयता के प्रति ललक न होकर विद्रोही सन्देश है। गरीबी की संस्कृति का ज्ञान कवि हृदय में वेदना का बेचैन रूप भर देता है[139] इसलिए यहाँ—शहराती गलियों के घुप्प अँधेरे में / उदास उजाला है...और 'हमारी ऊँचाइयाँ खतरनाक' ''फिर भी, क्या करें अँधेरी ऊँचाई पर / हमारे अंग-अंग में / खूब हवा खेलती / और उसके साथ / हृदय भी दूर-दूर लहराता रहता।''[140]

ज्ञान की पीड़ा / रुधिर प्रवाहों की गतियों में / परिणत होकर / अन्तःकरण को व्याकुल कर दे।[141]

इन पंक्तियों में घुप्प अँधेरा, उदास उजाला, खतरनाक ऊँचाइयाँ, अँधेरी ऊँचाई, अन्तःकरण की व्याकुलता, ज्ञान की पीड़ा प्रतीक या प्रतीक की पहुँच ही है जिनसे गरीबों की संस्कृति और कवि की बेचैनी उजागर हुई है। शम्भुनाथ के शब्दों में—''कवि की आत्मा में दोपहर हो गई है।''[142] इस दोपहर का सौन्दर्य जन-साधारण की अनगढ़

संघर्षशक्ति से भरा हुआ है। भूरा-भूरा रंग इसी का प्रतीक है :

> *शक्तिमान वह / भूरा-भूरा रंग / है शक्तिमान वह उजड़ा-रूप / वहाँ मिलेगी ताकतवर ऐसी अंगारी धूप।*[143]

भूरे रंग के समान ही यहाँ अंगारी धूप भी शक्ति का प्रतीक बनकर आती है। प्रकृति के प्रतीक साहचर्य में मुक्तिबोध अक्सर रंग-विशेषणों का इस्तेमाल करते हैं और ऐसा करते हुए वे भूरे, खाकी, मटमैले, काले, स्याह, साँवले, गेरुए, कत्थई जैसे मिलते-जुलते रंग-विशेषणों का इस्तेमाल अधिक करते हैं :

> *जिन्दगी भूरी ही नहीं / खाकी है।*[144]
>
> X X X
>
> *भूरी-भूरी खाक धूल / उड़ रही वहाँ / आँखों ने अब तक जो सोचा-कहा / वही हुआ / नभ चकराया, शून्य का / सिर फिर गया कि भूरा-भूरा भूत बना डाला / जिस पर फैला / मटियाला आवत।*[145]
>
> X X X
>
> *सूखे कठोर नंगे पहाड़ / बंजरपन की भूरी गरिमा के सम्राटों को महाभार।*[146]
>
> X X X
>
> *भूरे केसरिया सूखे घास के रोम आवरण ढके से / इस चौड़े ऊँचे टीले पर...वहाँ उजाड़ हवा है / जिसके भूरे तल में...*[147]
>
> X X X
>
> *वह ताकत मुझको दो / वह गरमी मुझको दो / मुझको बना तुम खैबर की / काली-भूरी ऊँची गरम चट्टान !!*[148]

पर यहाँ भूरा रंग कहीं शक्ति का कहीं उदास बदरंग यथार्थ का, कहीं जीवन की विभाजित चेतना और कहीं सामन्ती गरिमा का प्रतीक विशेषण बन गया है। इसी प्रकार पीली घास, श्याम गुलाब, साँवली सेवन्ती आदि वनस्पति जगत के प्रतीक उदास, दुर्बल और पीड़ामय जीवन रूपों के प्रतीक हैं। अनबूझ धतूरा, लाल कलगी, बौना वृक्ष जैसे रूप मुक्तिबोध की कविता में कायरता की चरित्र व्याख्या में उनकी आसक्तियों, आकर्षण, भय और क्षुद्रता के प्रतीक हैं :

> *और इसी अनबूझे धतूरे के / जहरीले नशे में हाय / मुर्गी के नपुंसक पंख फड़फड़ाता हुआ / उड़ता हूँ उस बौने वृक्ष तक / किन्तु लाल कलगी से अपने ही / अकस्मात् डर कर मैं / वापिस जमीन पर सिहर उतर आता हूँ।*[149]

यहाँ मुर्गी का रूपक और प्रतीक से मिश्रित प्रयोग भी द्रष्टव्य है।

मानव जीवन के प्रति अपनी गहरी आसक्ति के कारण मुक्तिबोध रोजमर्रा की जिन्दगी के बहुतेरे प्रतीकों को चुनते हैं। पूँछ, दाँत, मूँछ, कचरा, काँवड़े, चादरें, मोरियाँ, कसीदा, रफ़ू, ईंधन, धुआँ, गुम्बद, अंगार, मेहतर, विष, गठरी, गटर, आईना, अकादमी, हवालात, पलस्तर, गड्ढे, निसैनी, जीने, धूल, बवंडर आदि ऐसे ही प्रतीक हैं। दृश्यालेखों के भीतर कभी ठेठ देसीपन से मुक्तिबोध ने, इन्हें रचा है तो कभी फैंटेसी की कलामयता और रहस्यमयता से :

> *क्यों कि यहाँ गिरोह डाकुओं के अकस्मात् / प्रगति सेकते हैं / और हमें / गेहूँ ले जाना है मंडी में जल्दी से।*[150]
>
> X X X
>
> *दस्यु पराक्रम / शोषण पाप का परम्परा क्रम / वक्षासीन है। जिसके कि होने में गहन अंशदान / स्वयं तुम्हारा / इसलिए जब तक उसकी स्थिति है / मुक्ति न तुमको / याद रखो / कभी अकेले में मुक्ति न मिलती / यदि वह है तो सबके साथ है।*[151]

यहाँ गिरोह डाकुओं के और दस्यु पराक्रम जैसे पर्यायवाची शब्दों से अलग-अलग ढंग से शोषण-प्रक्रिया का प्रतीक स्पष्ट किया गया है।

कई प्रतीकों के अर्थों के अनेक स्तर हैं। विकृति, लोभ, स्वार्थग्रस्त स्थितियों के लिए दाँत, पूँछ, मूँछ का प्रयोग मुक्तिबोध ने किया है।

प्रतीकों का वर्गीकरण अपने आप में महत्त्वपूर्ण नहीं है। किन्तु इसका महत्त्व इसलिए है कि ये कवि के अनुभव संसार के विस्तार और उसके रचना-स्रोतों के व्यापक सन्दर्भों को उजगार करते हैं। मुक्तिबोध के प्रतीक और बिम्ब फैंटेसी में इस तरह गुँथे हुए हैं कि उनकी पृथक् पहचान उसी तेजस्वी अर्थ के साथ फैंटेसी के बाहर मुश्किल होने लगती है। मुक्तिबोध ने समूचे संसार की खूब परिचित चीजों को नई और खास दृष्टि से देखा और उन्हें अनुभवों से जोड़कर इस तरह प्रसूत किया है कि उनमें खास अर्थ मुद्राएँ और छायाएँ जीने लगी हैं। बावड़ी, टीले, कुआँ, जंगल, बरगद, तलघर, खंडहर, सीढ़ियाँ, चट्टान आदि प्रतीकों में इस बात को विशेष रूप से अनुभव किया जा सकता है। प्रतीक कभी-कभी केवल प्रतीकात्मकता बनाकर छोड़ देते हैं और किसी आशय तक नहीं पहुँचाते, किन्तु मुक्तिबोध के प्रतीक अर्थपूर्ण अनुभवों से जोड़ते हैं। उन्होंने सामान्य शब्द सम्पदा को प्रतीकात्मक उद्देश्यों के लिए उपयोग में लाकर उन्हें नया अर्थ दिया है। बात सिर्फ इतनी है कि उनका अर्थ फैंटेसी में अधिक रमा है इससे या उसके जटिल विन्यास से कभी-कभी प्रतीकों की एकरसता उनकी कविताओं के प्रति आकर्षण में बाधा अवश्य डालती है।

मुक्तिबोध की कविताओं में हर जगह विशेष सांकेतिक अर्थ नहीं हैं। आज उनकी पूरी रचनावली प्रकाशित हो जाने के बाद हमें यह लगता है कि वे कविताएँ जो 'भूरी-भूरी

खाक धूल' में प्रकाशित हुईं, उनमें भौगोलिकता (TOPOGRAPHY) अर्थात् एक विशेष प्रकार की स्थानिकता है। केदारनाथ सिंह के शब्दों में–"ये कविताएँ स्थान से होकर समय में प्रवेश करनेवाली कविताएँ हैं और इस तरह एक विलक्षण अर्थ में स्थानिक या स्थान परक कविताएँ हैं। इसीलिए उनमें दृश्यों या पदार्थों की बहुलता है। मुक्तिबोध अपनी कविता में एक भाव या विचार को सम्प्रेषित करने के लिए एक पूरा दृश्यालेख प्रस्तुत करते हैं।"[152] मसलन मुक्तिबोध का अधिकांश बचपन और युवाकाल उज्जैन, इन्दौर, शुजालपुर, फिर नागपुर, राजनाँदगाँव में बीता। मालवा की ओर नागपुर तथा राजनाँदगाँव की स्थानिकता उनके दृश्यालेखों में बराबर मौजूद रहती है। फन्तासी और उसमें मिथकीय इस्तेमाल करनेवाली कविताओं में ही नहीं ऐतिहासिक स्थितियों को प्रतीकवत् और बिम्बवत् इस्तेमाल करते हुए उज्जैन और राजनाँदगाँव की स्थानिकता स्पष्ट दिखाई देती है। बावड़ी, अथाह जल, काली मिट्टी, टीले, पठार, भूरे पहाड़, किले, कारागार आदि के दृश्यालेखों तथा दृश्य बिम्बों में हम इस चीज को काफी गहराई से महसूस कर सकते हैं। दूसरी ओर गाँव, किसान, खेत के दृश्यालेखों में भी मालवा की भौगोलिकता को महसूस किया जा सकता है। पर मुक्तिबोध ने उसे अपनी कविता में बहुत श्रमपूर्वक साधा है, इसमें सन्देह नहीं। इसीलिए उनकी प्रकृति, स्थान और पदार्थों का वर्णनात्मक चित्र कभी भी सीमित प्रदेशों की सांकेतिक अभिव्यक्ति नहीं बन पाता और कहीं उस स्थानिकता का रंग यदि अधिक गहरा और केन्द्रित भी है तो भी मुक्तिबोध उसे अपनी अभिव्यक्ति में सौन्दर्यबोध और वातावरण निर्माण की अद्भुत क्षमता से व्यापक मानवीय उपस्थिति में बदल डालते हैं।

अब तक हमने मुक्तिबोध के शिल्प के तहत उनके रूप और उसके तत्त्वों की चर्चा की है। प्रमुखतः फैंटेसी के रचना-शिल्प में मुक्तिबोध प्रतीक और बिम्ब के रूपाकारों को प्रयुक्त करते हैं। कविता का दीर्घ आकार भी उनके शिल्पों का वैशिष्ट्य है। अब हम यहाँ मुक्तिबोध की शैली पर चर्चा करेंगे। यही नहीं मुक्तिबोध ने फैंटेसी के गहन शिल्प के बावजूद अन्य रूपों का भी इस्तेमाल किया है, जो महत्त्वपूर्ण है। लम्बी कविता का रूप वहाँ विद्यमान रहता ही है।

यों पश्चिम में रूप (FORM) और शैली (STYLE) को पृथक् माना गया है, हमारे यहाँ यह पार्थक्य मौजूद नहीं है। फिर भी यह आवश्यक नहीं कि हर कवि इस रूढ़ पारम्परिकता से बँधा ही रहे। फिर कई बार हम चूँकि उस पर पृथक् से विचार नहीं करते इसलिए हमें वह चीज रूप में घुली-मिली महसूस होने लगती है और फिर कई बार, खासकर मुक्तिबोध के प्रसंग में, विशेष रूप से उनकी रचनात्मक प्रतिबद्धता के सवाल से जुड़ते हुए हम शैली को भूल जाते हैं। हमें लगता है कि चाहे अनायास ही मुक्तिबोध ने अपनी एक शैली विकसित की है। उनके शिल्प के जटिल ताने-बाने में हमें वह रूप में घुली-मिली गड़बड़ होती भले महसूस हो पर उसका पृथक् से महत्त्व है। फैंटेसी, जो मुक्तिबोध ने प्रगुख रूप रो लिखी, एक काल्पनिक कथा या स्वप्न-कथा भले ही हो, वहाँ कहानी का रूप उलझा हुआ ही रहता है। जरूरी नहीं कि वहाँ अपने

आप पात्र-चरित्र के जरिए एक कथात्मक विन्यास हो। पर यदि गौर करें तो मुक्तिबोध में एक कथा-तत्त्व फैंटेसी हो या फैंटेसी से इतर रचना-बराबर मौजूद रहती है। इस कथा में स्वाभाविक ही वर्णन का पुट ज्यादा होता है। फैंटेसी तो प्रमुखतः वर्णन ही होती है। इसलिए मुक्तिबोध अक्सर अपनी कथा का संकेत वर्णन शैली में देते हैं। हम पहले भी कह आए हैं, उनकी फैंटेसी की शुरुआत हमेशा एक-सी नहीं रहती। इसलिए सम्बोधनपरक वर्णन भी उनकी शैली का ही वैशिष्ट्य है। ब्रह्मराक्षस, ओरांग-उटांग, भविष्यधारा, अँधेरे में, इस ऊँचे-चौड़े टीले पर, चम्बल की घाटी में आदि कविताओं को गौर करें तो हमें बराबर यह लगेगा कि वहाँ एक कथा प्रवाह निरन्तर है। स्थूल वर्णनात्मकता में भी और वैचारिक तथा भावनात्मक अन्विति में भी। इसीलिए उनकी कविताओं में थीमेटिक धारणा बहुत स्पष्ट है। यह 'थीम' भी 'कथा तत्त्व' का ही एक प्रमुख आधार है। चूँकि यह कविता में है इसलिए यहाँ उसका सम्बन्ध व्याख्यात्मक रुचि से है, जो मुक्तिबोध में अधिक है। मसलन–'अँधेरे में'–कविता को लें तो वहाँ शुरुआत से ही लगता है कि एक अँधेरे कमरे में कोई एक लगातार चक्कर लगा रहा है। वह कौन है। मुक्तिबोध यहाँ प्रश्नाकुल होकर सोचते हैं, वह मनु है। वह परम अभिव्यक्ति है। क्रान्ति का संकेत है, जिसे प्राप्त करना है और उसे प्राप्त करने की चाह में कविता में फैंटेसी विस्तार प्राप्त करती है। इसी तरह ब्रह्मराक्षस, भविष्यधारा, चम्बल घाटी में मध्यवर्गीय जीवन कथा चलती रहती है।

वर्णन और कहानी और इसमें भी रहस्यमय वातावरण को पैदा करनेवाली शैली का रूप मुक्तिबोध को प्रिय है। इसी के साथ ही नाटकीय संरचना भी मुक्तिबोध की शैली का ही अंग है। इस संरचना में जहाँ एक ओर अनवरत एकालाप है, आत्मालाप है, वहीं संलाप भी है, संवाद है और गद्यात्मक व्याख्यात्मकता और विश्लेषण भी है। नाटक भी अपनी पूरी अन्विति में मुक्तिबोध की कविताओं में मौजूद रहता है। अशोक वाजपेयी के शब्दों में–"यह गौर करने की बात है कि प्रायः हर कविता में नायक के अलावा एक प्रतीकात्मक और आप्त-वाची चरित्र है। इस चरित्र के माध्यम से ही कवि अन्तःकरण को अपील करता है। लेकिन यह अपील सिर्फ भावात्मक नहीं, बल्कि इसे उस विश्लेषण द्वारा समर्थन मिलता है, जो यह चरित्र अक्सर प्रस्तुत करता है।"[153] मुक्तिबोध की कविताओं में गांधी, तिलक, तालस्ताय, ब्रह्मराक्षस, शक्ति पुरुष, सिरफिरा पागल वैज्ञानिक, साहित्यिक कविजन आदि लगातार वे चरित्र हैं, जो कविता को नाटकीय संरचना और गति प्रदान करते हैं। यही नहीं घुग्घू, बरगद, भैरो, रावण, वानर तथा अन्यान्य प्रतीक भी पात्रों या चरित्रों की तरह ही प्रयुक्त होकर कविता में क्रियात्मक और संवादात्मक हिस्सेदारी निभाते हैं।

ओ मेरे आदर्शवादी मन
ओ मेरे सिद्धान्तवादी मन
अब तक क्या किया
जीवन क्या जिया।[154]

यह सिर्फ एकालाप नहीं संवाद-शैली का प्रयोग भी है। इस प्रकार चाहे एकालाप हो, आत्मालाप हो, सम्बोधन हो वह नाटकीय संरचना में संवाद शैली का ही उदाहरण है।

> *कोई मुझसे कहता है / शान्त हो, धीर धरो, / और उल्टे पैर निकल जाओ यहाँ से।*[155]

यहाँ वार्तालाप दिखाई देता है, भले ही बात करनेवाला अन्य व्यक्ति मौजूद न हो।

संवाद, संलाप, एकालाप की नाटकीय शैली की ही तरह मुक्तिबोध ने स्वप्न शैली का भी काफी इस्तेमाल किया है। लम्बी कविताओं का काव्य-रूप होने की वजह से कथा-तत्त्व नाटकीयता और स्वप्न के तत्त्व उनकी कविता को विराट कैनवास प्रदान करते हैं। गलियारे, बँगला, भवन, फाइल, तहकीकात के अनेक दृश्य उभारते हुए मुक्तिबोध नाटक की शैली की व्यापकता को ही उजागर करते हैं।

इस सबसे अलग हम यहाँ एक प्रश्न उठाना चाहते हैं। आखिर मुक्तिबोध अन्त तक फैंटेसी से ही क्यों जुड़े रहे। रचनावली से एक बात स्पष्ट दिखाई देती है कि मुक्तिबोध ने जब फैंटेसी के काव्य रूप का इस्तेमाल किया, ठीक उसी समय वे फैंटेसी से अलग हटकर सीधे-सीधे कविता का नया फार्म और नई शैली का प्रयोग कर रहे थे और इस नई शैली व रूप में पर्याप्त शक्ति मौजूद है। तब फैंटेसी ही क्यों ? केदारनाथ सिंह के शब्दों में–" 'भूरी-भूरी खाक धूल' की कविताओं में गम्भीरता के बीच एक विचित्र ढंग के खेल का-सा भाव या हल्का-फुल्कापन दिखाई पड़ता है, जो प्रभाव को गहनतर बनाता है। यह हल्का-फुल्कापन गम्भीरता के अनपेक्षित दबाव को थोड़ा कम करता है और कविता की पूरी बनावट में एक नया कलात्मक सन्तुलन पैदा करता है। अभिव्यक्ति की इस विलक्षणता के कारण ही नहीं अपनी पूरी काव्यात्मक समृद्धि के कारण 'हर चीज जब अपनी' इस संग्रह की एक अत्यन्त महत्त्वपूर्ण कविता है। एक ऐसी कविता जो मुक्तिबोध के पूरे कृतित्व में अलग से पहचानी जा सकती है। स्वाधीनता के बाद का भारतीय जीवन अपनी सारी विडम्बनाओं और अन्तर्विरोधों के साथ यहाँ मौजूद है।"[156-अ] हम इसी बात को यहाँ प्रमुख रूप से उठाना चाहते हैं। 'हर चीज जब अपनी,' 'कायरता और साहस के बीच' 'शब्दों के अर्थ जब', 'भाग गई जीप', 'इसी बैलगाड़ी में', 'सूरज का वंशधर,' 'भूरी-भूरी खाक धूल' और अनेक कविताएँ हैं, जो मुक्तिबोध की महत्त्वपूर्ण फैंटेसीपरक कविताओं के आसपास की है। फिर आखिर मुक्तिबोध में फैंटेसी के प्रति मोह क्यों उपजा, और अन्त तक क्यों बना रहा ? ये कविताएँ अपनी समूची बनावट में मुक्तिबोध के विचार, द्वन्द्व, अन्तर्विरोध को तो प्रस्तुत करती ही हैं, साथ ही शैली की विलक्षणता को भी प्रकट करती हैं जिसके सहारे मुक्तिबोध जनवादी फार्म की ओर जा सकते थे। हर चीज जब अपनी, कायरता और साहस के बीच आदि कविताएँ व्यंग्य रूप हैं। ये कविताएँ न सिर्फ व्यंग्य का काव्य रूप हैं, फैंटेसी के मुकाबले बल्कि व्यंग्य शैली का उदाहरण भी हैं। यह व्यंग्य और नाटकीयता

संरचना मुक्तिबोध की शैली के महत्त्वपूर्ण रूप हैं जिन्हें हम यह मान सकते हैं कि वे फैंटेसी आधार तो हैं ही फैंटेसी से इतर भी बल्कि इतर ही ज्यादा महत्त्वपूर्ण है– मुक्तिबोध ने इनके प्रति विश्वास क्यों नहीं किया ?

जार्ज सेफरिस ने लिखा है कि "तुम जो कहना चाहते हो, उसे कहने के लिए तुम्हें दूसरी भाषा का आविष्कार करना होगा और जिनसे तुमने प्रेम किया है, जो तुम खो चुके हो और जो तुम फिर से कभी नहीं पा सकते इन सबके साथ इस भाषा का वर्षों तक पोषण करना होगा।"[156-ब] मुक्तिबोध ने स्वयं तीसरे क्षण के विमोचन में इस बात को यों कहा–"जो कवि भाषा का निर्माण करता है, विकास करता है, वह निस्सन्देह महान कवि है।"[157] मुक्तिबोध भाषा के लिए काव्य तत्त्व की बलि देने के पक्ष में नहीं थे।[158] भाषा के प्रति मुक्तिबोध अतिशय जागरूक और सतर्क थे। दहशत भरे संसार की भयानक वास्तविकता को करुणा, त्याग, भय के साथ ही वे आत्म-मुक्ति से मानव-मुक्ति और क्रान्ति की तेजस्विता से जोड़ते हुए मानवीय त्रासदी की गाथा कहते हैं।" कवि मुक्तिबोध के लिए अस्मिता की खोज व्यक्ति की खोज नहीं बल्कि अभिव्यक्ति की खोज है। एक कवि के नाते उनके लिए परम अभिव्यक्ति ही अस्मिता है। भाषा स्वभावतः इस अभिव्यक्ति का आधार है।"[159] मुक्तिबोध की रचना-प्रक्रिया में ऐसा गुरुत्वाकर्षण केन्द्र है कि शब्द आप से आप खिंचकर आते लगते हैं। भाषा का द्वन्द्व और संघर्ष भी परिलक्षित होता है। भाषा की अपनी एक मूल प्रवृत्ति होती है और कवि के अमूर्त विचारों से टकराकर वह उसके अनुरूप ढलती है। एक समर्थ काव्य भाषा का निर्माण करने के लिए मुक्तिबोध अपनी पूर्व परम्परा से ही नहीं, ज्ञान-विज्ञान और ठेठ जीवन की शब्दावली से भी जुड़ते हैं। इस जुड़ाव में मुक्तिबोध की बेचैनी और अपनी बात को बेहद स्पष्ट करने की व्यग्रता विराट केनवास और व्यापक कथ्य की हलचल में छुपी हुई है। मुक्तिबोध के लिए समस्या सिर्फ समस्या नहीं रहती बल्कि वे समस्या को असन्तोष, संघर्ष, संकल्प और प्रयत्नों की एक कथात्मक और नाटकीय संरचना में जोखिम, साहस और चुनौती के साथ उठाते हैं।

'अभिव्यक्ति के सारे खतरे उठाने ही होंगे' से जुड़े आशय सिर्फ कथ्य के धरातल पर ही नहीं हैं, रूप, शैली और भाषा के स्तर पर भी उतने ही महत्त्वपूर्ण हैं। इसलिए "मुक्तिबोध के लिए भाषागत अभिव्यक्ति जीवन की अभिव्यक्ति से जुड़ी हुई है।"[160] इस अर्थ में निश्चय ही विभिन्न स्रोतों से प्राप्त भाषा के उपकरणों, शब्दों, पदों, मुहावरों की नई सृजनात्मक संरचना करते हुए मुक्तिबोध अपने कथ्य के अनुरूप अपनी काव्य भाषा का निर्माण करते हैं। खौफनाक और बदरंग यथार्थ के वस्तु-जगत में शुभ और आतंक, आशा और निराशा के बीच असन्तोष तथा संकल्प की संरचना में मुक्तिबोध एक द्वन्द्व और तनाव की गति और विस्तार को साधते हैं, इसीलिए उनकी काव्य भाषा एक साथ संस्कृतनिष्ठ, ठेठ, स्वप्नमय और अनगढ़ है; किन्तु उसमें दीप्ति है, वजन है और वह झंकृत करती है। स्पिटज़र का मत है कि–"मानसिक उत्तेजना भाषा के सामान्य प्रयोग से अवश्य अलग पटक देती है।"[161] मुक्तिबोध की भाषा कुछ ऐसे ही कारणों

से निजी विलक्षणता को अपनाते हुए बोलचाल से दूर जान पड़ती है, फिर भी वह विचलित करनेवाली भाषा है। उनकी शब्दावली की अनगढ़ता में ही विचलित करने की शक्ति है। मुक्तिबोध अपने कथ्य से भी मध्य-वर्ग की वर्ग-चेतना को विचलित करना चाहते थे और इसीलिए उन्होंने अपना रचना-शिल्प भी जटिल ही चुना था। इसलिए एक ओर उनकी भाषा प्रतीकों और बिम्बों से सृजनशीलता के अजस्र प्रवाह को उत्पन्न करती है तो दूसरी ओर सपाट बयानी, रैटारिक, व्यंग्य और कौतुक को उत्पन्न करनेवाली शब्दावली भी उनके यहाँ है। अशोक वाजपेयी के मत में—"वे एक ऐसे कवि हैं जिन्होंने हमारे समय को उसकी भयावह व्यापकता और गहराई में परिभाषित करने की कोशिश की है। उनके मुहावरे में बिम्बधर्मिता, सपाटबयानी, उत्सवधर्मिता, विश्लेषण, बातचीत, रिटारिक, विनोदप्रियता आदि अनेक तत्त्वों का अद्‌भुत और जटिल संयोजन सम्भव हुआ है। इसलिए मुक्तिबोध का मुहावरा बहुत कुछ को छोड़कर विकसित किया हुआ नहीं है, बल्कि समावेशी है। वह ऊपर से ऊबड़-खाबड़ लगता है तो इसलिए कि वह किसी स्वायत्त संसार को नहीं, एक-दूसरे से टकराते, उलझते-लिपटते समकालीन मनुष्य के कई संसारों को चरितार्थ करने में संलग्न मुहावरा है।"[162] इसीलिए मुक्तिबोध सर्वाधिक उन दो प्रकार के शब्दों का पुनर्वास करते हैं जो एक तरफ हरिऔध और मैथिलीशरण गुप्त के हैं तो दूसरी ओर प्रसाद के हैं। इसे हम उनकी कविता के विकासक्रम में देखें तो तारसप्तक में उनकी प्रारम्भिक कविताएँ भाषिक स्तर पर भी छायावादी प्रतीत होती हैं। 'चाँद का मुँह टेढ़ा है' संग्रह की कविताओं में भाषा का जटिल बुनाव है तो 'भूरी-भूरी खाक धूल' में कविता की भाषा सरल, व्यंग्यात्मक और मार्मिक है। किन्तु यहाँ यह भी स्पष्ट है कि इन दोनों संग्रह की कविताओं को विकास क्रम में पहले और बाद में रखना मुश्किल है। 'चाँद का मुँह टेढ़ा है' की कई प्रसिद्ध फन्तासियाँ जो जटिल भाषा लेकर चलती हैं और 'भूरी-भूरी खाक धूल' की कई कविताएँ भाषा की व्यंजकता के साथ ही नए रचनात्मक कौशल को प्रस्तुत करती हैं। उनकी भाषा में व्यंग्य भी है, द्वन्द्व भी है, सम्प्रेषणीय सारल्य भी और कलात्मक सन्तुलन भी और दोनों समूहों की इन दोनों प्रकार की कविताओं का रचनाकाल बहुत पास-पास है। मसलन एक स्वप्न कथा, ब्रह्मराक्षस, अँधेरे में, चम्बल घाटी, ओरांग-उटांग, शून्य, ओ काव्यात्मन् फणिधर जैसी फन्तासियाँ और हर चीज जब अपनी, भाग गई जीप, इसी बैलगाड़ी को, शब्दों का अर्थ जब, मीठा बेर, मालव निर्झर की झरझर कंचन रेखा जैसी कविताओं का रचनाकाल 1959 से 1964 के बीच है। इसलिए किसी एक निश्चित क्रम में उन्होंने अपनी भाषा और मुहावरे का विकास किया है, ऐसा कह सकना सम्भव नहीं है, दरअसल जब वे आत्मनिष्ठ होकर स्वप्न-प्रक्रिया का प्रक्षेपण करते हैं तो वहाँ भाषा जटिल होती है, लेकिन जैसे ही उनकी कविता के विन्यास में आम मजदूर और किसान आते हैं, भाषा साफ होती है, और ऐसा लगता है कि कहीं कोई उलझाव नहीं है। जहाँ उनकी भाषा विचारों की अभिव्यक्ति करती है—भाषा का ढाँचा दूसरा है, जहाँ वह सीधे भावावेश की अभिव्यक्ति करती है—बिल्कुल ही एक दूसरी भाषा है, अपेक्षाकृत सरल है, आसान है और वेग है उस भाषा

में और जहाँ वे किसी घटना का वर्णन करते हैं, बहुत ही दृश्य प्रभाव पैदा करते हैं–खास तौर से जुलूस का वर्णन जहाँ उन्होंने किया है।''[163] अर्थात् कथ्य के अनुरूप भाषा का मिजाज बदलता रहता है। कथ्य में उतार-चढ़ाव एक लम्बे आत्म-संघर्ष और उससे उत्पन्न सतत् द्वन्द्वग्रस्तता और तनाव की वजह से है। यह तनाव पूरी तरह कविता का चरित्र भी है और यह भाषा को भी बवंडरमय बनाता है। इसीलिए काव्यात्मक भाषा के प्रतिकूल जानेवाले गुणों, जैसे–कठोरता, झटके, विस्तार आदि को भी मुक्तिबोध ने नियन्त्रित कर काव्य भाषा में बदला है। यह उनके भीतरी आवेश से सम्भव हुआ है। कॉडवेल ने कहा है कि ''शब्द केवल भाव को ही नहीं प्रकट करते किन्तु भावात्मक चमक को भी पैदा करते हैं। जिसका अनुवाद असम्भव है।''[164] मुक्तिबोध के यहाँ विचारों और भावों का द्वन्द्वात्मक विकास है, इसीलिए इसकी प्रस्तुति की भाषा बिम्बात्मक भी है और सांकेतिक भी और आवेश शब्दों का नहीं भीतरी ही है–इसीलिए शब्द कभी एक जैसे और चुने-चुने नहीं होते–''सब हमें मालूम / कौन किस उल्लू का कितना बड़ा पट्ठा है / सब हमें मालूम / चाहो तो समाजी / शोषण क्रिया की सब / पाचन क्रिया की सब / अँतड़ियाँ / टेबल पर रख दें / कि तुम भी निहार लो / व हम भी निरख लें / चाहो तो निज की ही / खोपड़ी की हड्डी के बक्से को खोलकर / आपके सामने / भेजा उतार दें कि भेजा उधार दें !!''[165]

यहाँ आवेश है, किन्तु आवेश शब्दों का नहीं भावों का है और मुक्तिबोध विस्तार कर रहे हैं एक झटके, एक शक्ति के प्रयोग के तहत। इसी झटकेयुक्त आवेश में मुक्तिबोध सपाटबयानी भी करते हैं–किन्तु उसमें भी एक भीतरी तड़प होती है और बयान सिर्फ शाब्दिक नहीं रह जाता–''सूखी हुई आँखों की लम्बी-लम्बी अस्थियाँ / हिलाता हुआ चलता है / लँगोटीधारी यह दुबला मेरा हिन्दुस्तान / रास्ते पर बिखरे हुए / चावल के दानों को बीनता है लपककर / मेरा साँवला इकहरा हिन्दुस्तान / सटर-पटर सामान को धरे हुए शीर्ष पर / रोते हुए बच्चों को कन्धे पर बिठाए हुए / जिन्दगी को ढोता है बहादुर हिन्दुस्तान।''[166] यहाँ अस्थियाँ और शीर्ष जैसे शब्दों के अपवाद को छोड़ दें तो निश्चय ही मुक्तिबोध बहुसंख्यक आबादी की बेहाली में सभी पर तीव्र बयान देते हैं। यह तीखा बयान कभी-कभी आवेश की विह्वलता में भी बदल जाता है–''कविता में कहने की आदत नहीं, पर कह दूँ / वर्तमान समाज में चल नहीं सकता / पूँजी से जुड़ा हुआ हृदय बदल नहीं सकता, / स्वातन्त्र्य व्यक्ति का वादी / छल नहीं सकता मुक्ति के मन को, / जन को।''[167]

> *बुद्ध के स्तूप में / मानव के सपने / गड़ गए, गाड़े गए !! / ईसा के पंख सब झड़ गए / झाड़े गए / सत्य की / देवदासी की चोलियाँ उतारी गईं / उघारी गईं / सपनों की आँतें सब चीरी गईं, फाड़ी गईं / बाकी सब खोल है, / जिन्दगी में झोल है !!*[168]

यहाँ स्थूल उद्देश्य-हित बयानबाजी है, किन्तु यह कहना ठीक नहीं कि उनकी

(मुक्तिबोध की) कविता कथ्यात्मक अधिक बिम्बात्मक कम है।"[169]

मुक्तिबोध की कविता की विशेषता ही है कि वे अपनी रचना को चित्र-प्रधान, दृश्यात्मक और बिम्बात्मक रूप देकर ही एक साथ जटिल और सरल भाषिक विन्यास का उदाहरण बनाते हैं और अपने उद्देश्य और संलग्नता को भी जाहिर करते हैं– "शहराती गलियों के घुप्प अँधेरे में / उदास उजाला है / बिजली की लटकती गर्दन का / बिजली के खम्भे के पास की गटर में / पहिया एक धँस गया / खम्भे से टकराई व फँस गई / बैलगाड़ी तुम्हारी... / परेशान तुम / बहुत धकापेल बाद भी / गाड़ी नहीं निकलती।"[170]

> *इस वक्त / परेशान हमने एक काम किया / रास्ते में एक ओर / कंडे की लाल आग / टिक्कड़ लगी सेंकने / बहुत-बहुत परेशान / थके हुए हम भी हैं। / लेकिन सुगन्ध उस / टिक्कड़ की खूब जो कि / आत्मा में फैलती / ईमान की भाफ बन !!*[171]

> *अपन दोनों भाई हैं / और दोनों दुखी हैं / दोनों हैं कष्टग्रस्त / फिर भी तुम लड़ते हो हमसे / ...बैलगाड़ी एक है / और वही हाँकना / सिर्फ एक फर्क है / फर्क आबोहवा का।*[172]

इन उदाहरणों में जहाँ एक ओर कथ्य की सघन अनुभूति और विचार का दबाव है वहीं भाषिक विन्यास में दृश्यात्मक, बिम्बात्मक और एक हद तक प्रतीकवत शब्दों का संयोजन भी है। इस संयोजन में आवेश, बयानबाजी और हाहाकार के स्थान पर संवेदनशीलता का घनत्व है।

दृश्य-बिम्ब में ही जीवन की मधुरता और भीतर तक छूनेवाली भाषा की शक्ति का यह उदाहरण भी द्रष्टव्य है–"देखते हैं सभी ओर / बस्ती में झिलमिलाते दीये लग गए हैं / कि जिनके प्रकाश में / शायद कुछ विद्यार्थी कहीं पढ़ रहे हैं / कि कहीं कोई बहन अपनी भाभी के लिए / नीली साड़ी में रुपहली गोट-किनारी लगा रही है / कि कहीं कोई पितृश्री / नाती को अपने क-ख-ग और पराँच पढ़ा रहे हैं / कि कहीं कोई बालक अपनी छोटी सी गोदी में / शिशु छोटा भाई लिये तुतली-सी बोली में / कविताएँ गाते हुए उसे सुला रहा है...।[173]

इस प्रकार आवेश, सपाटबयान, जीवन की सरलता-तरलता का गुण एक साथ मुक्तिबोध की काव्य भाषा का रूप बदलता है। एक ही कविता में भी मुक्तिबोध भाषा के कई स्तरों को एक साथ प्रयुक्त करते हैं। यही नहीं उनकी भाषा में, विज्ञान, टेक्नोलॉजी और औद्योगिक सभ्यता के ढेर सारे शब्द भी ठेठ देसी शब्दों के साथ मिलने लगते हैं, दूसरी ओर अंग्रेजी, मराठी और उर्दू के शब्द भी संस्कृतनिष्ठ तत्सम शब्दावली के साथ जुड़ जाते हैं। इससे भाषा में अटपटापन तो आता ही है, मराठी-भाषी होने के कारण द्विभाषिकता का द्वन्द्व भी उनकी भाषा के मुहावरे और प्रयोग। को अनगढ़ और

अजनबी बना देता है। डॉ. केदारनाथ सिंह के शब्दों में–"इन कविताओं को पढ़ते समय एक खास बात की ओर हमारा ध्यान बार-बार जाता है, जिसे किसी और उपयुक्त शब्द के अभाव में मुक्तिबोध की भाषा का अजनबीपन कहना पसन्द करूँगा। मेरा ख्याल है, इसके कारणों की खोज मुक्तिबोध की द्विभाषिकता के भीतर की जा सकती है।" पर, मुक्तिबोध अपनी रचना-प्रक्रिया के दौरान अपनी द्विभाषिकता का निषेध नहीं करते, बल्कि उसे एक विलक्षण सृजनात्मक स्तर पर सक्रिय बनाए रखते हैं परिणामतः उनकी घर की भाषा और कविता की भाषा का द्वन्द्व उनकी पूरी कविता की बनावट में एक अजीब-सा रचनात्मक अजनबीपन पैदा करता है। यह अजनबीपन उनकी कविता में हिन्दी के परिचित शब्द-समूह और पूरे वाक्य-विन्यास को अनेक झटके देता है।"[174] हमारे विचार में इस महत्त्वपूर्ण तथ्य को ध्यान में रखकर ही हम यह जान सकते हैं कि मुक्तिबोध की भाषा में एक साथ जटिलता, खुलापन और अटपटापन आ जाता है। यह अजीब और विशिष्ट तालमेल है। मुक्तिबोध जहाँ एक ओर फैंटेसी की बिम्बात्मक और प्रतीकवत प्रस्तुति में जटिल भाषिक विन्यास देते हैं और उसमें वैज्ञानिक शब्दों को भी रखते हैं–"भूमि की सतहों के बहुत-बहुत नीचे / अँधियारी एकान्त / प्राकृत गुहा एक। / विस्तृत खोह के साँवले तल में / तिमिर को भेदकर चमकते हैं पत्थर / मणि तेजस्क्रिय रेडियो एक्टिव रत्न भी बिखरे / झरता है जिन पर प्रबल प्रपात एक / प्राकृत जल वह आवेग भरा है, / द्युतिमान मणियों की अग्नियों पर से / फिसल-फिसलकर बहती लहरें... / "[175] वहीं वे अभिजात सीमाओं को तोड़ते हुए–प्रकृति के खुलेपन, जीवन की उद्दाम आकांक्षा और यथार्थ की आत्मीय पकड़ को तत्सम प्रधान फिर भी उलझाव-विहीन भाषा में प्रस्तुत करते हैं–"मैं तो सिर्फ फैलता हूँ बहता हूँ खून से / क्योंकि मैं बेर का एक झाड़ हूँ / जंगली और कँटीला / किन्तु मीठा / मैं भी मर जाऊँगा नामहीन / फिर भी मैं पुश्त-दर-पुश्त / पीढ़ी-दर-पीढ़ी की देह में / शिराओं में / लाल-लाल खून / बहता ही रहूँगा– / प्रकाशमान लाल रक्त नामहीन।"[176]

> *खूब पहचाने और सबको समेट ले पी लें / ब्रह्मांड की काल-सूचक घड़ियों के / मिनटों और घंटों को / धड़कन में ले लें और जी लें।*[177]
>
> X X X
>
> *दूर उधर पहाड़ी ढलान पर / भरा हुआ कई मन / ताजी कटी फसलों का / गेहूँ है उत्तम / मनोहर-कांक्षा का / सुगन्धित स्वप्न का / अनुशासी मन का / सच है कि स्वप्नों का कांक्षा का फैशन चला गया / किन्तु सभी लोग चाहे धनी या गरीब हों / उन्हें खूब चाहते / इसीलिए पहाड़ी चट्टान की / अँधेरी ऊँचाई पर / घुँघरू बजाते हुए बढ़ते हैं / बढ़ते अटक-अटक / थके हुए बैल ये हमारे / विरुद्ध दिशा में तब / सड़कों की बढ़ती हैं लकीरें / गाड़ी के तले में।*[178]

मुक्तिबोध की भाषा में मराठी का प्रयोग भी बहुलता से हुआ है। यह प्रयोग तुकों में, मात्र शब्द प्रयोग में ही नहीं वाक्य-विन्यास में क्रियात्मक अन्त के रूप में भी हुआ है—"इतने में अकस्मात् गिरते हैं भीत से...×× गहन रहस्यमय अन्धकार ध्वनि-सा / अस्तित्व जनाता / "[179] उसको तू खोज अब / उसका तू शोध कर।"[180]

इसी प्रकार अजीगर्त, शुनःशेष, पलातक, स्वयमपि, तलाव, जाणवत जैसे अप्रचलित शब्द तथा मॉब, मासेज, रक्ताल, पितः-पितः, स्वैच्छायित्, कोलतारी, फेनायित जैसे अटपटे तथा समूह-सूचक शब्दों का प्रयोग भी मुक्तिबोध ने खूब किया है। किन्तु मुक्तिबोध ने उर्दू प्रयोग से जहाँ भाषा में एक अपूर्व रिदम का इस्तेमाल किया है वहीं उसमें जबर्दस्त फोर्स भी आ गया है—"हाँ। खूँखार आलीजाह, / वो आँखें सचाई की निकाले डालता, / सब बस्तियाँ दिल की उजाड़े डालता / करता, हमें वह घेर, / बेबुनियाद, बेसिर पैर... / हम सब कैद हैं उसके चमचमाते तामझाम में, / शाही मुकाम में !!"[181]

यों विनोदप्रियता, कौतुक, शब्दों से खिलवाड़ करते हुए एक विशिष्ट अभिव्यक्ति कौशल पैदा करना और उससे कथ्य की मूल स्थिति की भीतरी गम्भीरता तनाव व तकलीफ को बचाए रखना, मुक्तिबोध में बहुत कम है। फैंटेसी और रिटॉरिक ही उनका गुण है। पर ऐसा नहीं कि मुक्तिबोध के पास उस शक्ति का अभाव था। हाँ, मुक्तिबोध ने भाषा में इस गुण का प्रयोग बहुत कम किया है। किन्तु जहाँ किया वह अत्यन्त महत्त्वपूर्ण है। अभिजात की सीमाओं को तोड़ते हुए व्यंग्य और उपहास की शैली में 'भूरी-भूरी खाक धूल' में उनकी कतिपय महत्त्वपूर्ण कविताएँ हैं। डॉ. केदारनाथ सिंह के मत में—" 'भूरी-भूरी खाक धूल' की कुछ कविताओं में गम्भीरता के बीच एक विचित्र ढंग के खेल का-सा भाव हल्का-फुल्कापन दिखाई पड़ता है, जो प्रभाव को गहनतर बनाता है। यह हल्का-फुल्कापन गम्भीरता के अनपेक्षित दबाव को थोड़ा कम करता है और कविता की पूरी बनावट में एक कलात्मक सन्तुलन पैदा करता है। 'चाँद का मुँह टेढ़ा है' में भी यह प्रवृत्ति जहाँ-तहाँ थी। पर नए संग्रह की अनेक कविताओं में इस रचनात्मक कौशल का सधा हुआ इस्तेमाल दिखाई पड़ता है।"[182]—भीड़ भड़क्का है / सँभलो, अपनी अटेची सँभालकर रखो / जमाना उचक्का है। / इसीलिए दिमाग के भीतर एक दिमाग में / जहरीली आग है / अकेले में दाँत पीसता हुआ झाग है।—[183]

> *इस सल्तनत में / हर आदमी उचककर चढ़ जाना चाहता है / धक्का देते हुए बढ़ जाना चाहता है, / हर एक को अपनी-अपनी पड़ी हुई है / चढ़ने की सीढ़ियाँ / सिर पर चढ़ी हुई है।*[184]

> *कायरता व साहस के— / जिन्दा हूँ बीच में / पूनो और मावस की निन्दा में मस्त रह / सूरज और चन्दा से बहुत-बहुत डरता हूँ !!*[185]

मुक्तिबोध ने बोली जानेवाली भाषा का इस्तेमाल नहीं किया है, किन्तु इन उदाहरणों में भाषा फिर भी हमसे बहुत दूर नहीं। हाँ, मुक्तिबोध की अपनी भाषा के

दायरे से बाहर की लगती है। पर एक बात निश्चित है—"मुक्तिबोध ने काव्य भाषा को एक नया तेवर दिया है। जो नई कविता की सामान्य काव्य भाषा की तुलना में काफी अनगढ़ और बेडौल लगता है।"[186] 'हर चीज जब अपनी', 'कायरता और साहस के बीच', 'भाग गई जीप', 'इसी बैलगाड़ी', 'शब्दों के अर्थ जब' आदि कविताओं की न सिर्फ भाषा बल्कि उसका समूचा भाषिक विन्यास ही एक नई काव्यात्मक समृद्धि है। "यह विलक्षण बात लगती है कि हमारे बोलने-सुनने के नए कहे जानेवाले मुहावरे से काफी दूर रहनेवाले शब्दों से भी मुक्तिबोध एक जागनेवाली और भीतर के अनेक कानों को घेर लेनेवाली लय का निर्माण करते हैं।"[187] यह लय मुक्तिबोध की बहुत बड़ी शक्ति है। तुकों का इस्तेमाल करते हुए मुक्तिबोध लयात्मकता और ध्वन्यात्मकता से भाषा को भीतर तक कुरेदने और ठेलने की ताकत प्रदान करते हैं। तुकों का यह इस्तेमाल जब कौतुक-भाव के साथ कविता को विस्तृत करता है तो वहाँ विलक्षणता के भीतर नाटकीयता और आनुप्रासिकता का भी समावेश हो जाता है। यह नाटकीयता और आनुप्रासिकता भाषा की गत्यात्मक शक्ति बनकर एक जबर्दस्त वृत्ताकार और चक्राकार गठन को प्रस्तुत करती है—"जी हाँ, इसीलिए, / न मेरी उनसे बनती है / जो काली शेरवानी की खोल में / सिर्फ दीवाल हैं / उनसे, जो जबड़े की पोल में / लार टपकाती हुई खाल हैं, / सिर्फ एक मनहूस / बदमिजाज बवाल हैं। / चूँकि मेरी उनसे ठनती है / इसीलिए कभी-कभी मेरी / मुझसे ही नहीं बनती है।"[188]

> *कि आखिर बहैसियत एक आदमी के / न कि सवालात की हवालात / या कि समस्याओं की / सुनहरी अकादमी के, / सीधे-सीधे / बिल्कुल, कतई / हम दिल के सुनहले तीर / बाहर क्यों नहीं फेंक पाते।*[189]

> *डरता हूँ पग-पग में / डगमग है मति इतनी— / आँखों में / उलट-पुलट होते हैं / मकान-घर-भवन सभी। / (मिर्गी नित आती है) ज्वलन्त रक्त अग्नि ज्वाल लाल देख / गहन जल अथाह नील ताल देख / सिर इतना चकराता कि / अभी-अभी गिरूँगा मैं।*[190]

ये तुकें, ये काव्यात्मक लय, ये वक्राकार-चक्राकार गति मुक्तिबोध की काव्य भाषा की संरचना का एक महत्त्वपूर्ण गुण है। इसे मुक्तिबोध ने अपनी कविता के छान्दिक के रूप में भी इस्तेमाल किया है। मुक्त छन्द में लम्बी कविता के दीर्घाकार को विभिन्न रूपाकारों को साधते हुए अन्त तक ले जाना आसान नहीं होता। इसलिए मुक्तिबोध इस संरचना में पुराने छन्दों को तोड़ते हुए भी अपने मुक्त छन्द को फैलाते जाते हैं और कहीं-कहीं गद्यात्मक भाषिक संरचना का भी प्रयोग करते हैं। साथ ही इस प्रयोग-प्रक्रिया में मुक्तिबोध की कविता का एक गीतात्मक पैटर्न भी बन गया है। अपनी कविता में लय के तेज प्रवाह से आवेशात्मक रूप भी मुक्तिबोध देते हैं और शब्दों की आवृत्ति, मित्र शब्दों के साहचर्य, एक सी ध्वनिवाले शब्दों के आयोजन, अनुप्रास, वाक्यांशों की

आवृत्ति से उत्पन्न रूप भी। ये आवृत्तियाँ कई बार काव्य गुण रहित पंक्तियों में भी लय उत्पन्न कर देती हैं–"कहीं से फिर एक आती आवाज– / कई ढेर बिल्कुल साफ हो चुके / और तभी / किसी अन्य गम्भीर उदात्त / आवाज ने / चिल्लाकर घोषित किया– / प्राथमिक शाला के / बच्चों के लिए / खुला-खुला, धूप-धूप भरा साफ / खेलकूद मैदान सपाट अपार / यों बनाया जाएगा कि / पता भी न चलेगा / कि कभी महल था यहाँ भगवान इन्द्र का / हम यहाँ जमीन के नीचे दबे हुए हैं।"[191]

यहाँ खुला-खुला धूप-धूप भरा आकाश कुछ अतिरिक्त सम्प्रेषण नहीं करता। किंचित् शब्द-व्यवस्था और पंक्ति विन्यास के कारण सब कुछ लयवत बनने लगता है। किन्तु इसमें सन्देह का अवकाश नहीं कि मुक्तिबोध कई बार शब्दों की फिजूलखर्ची करते हुए तत्सम बहुल भाषा में केवल शब्द वर्णन भी करने लगते हैं–"चिपकाता कौन है / भड़कीले पोस्टर / लम्बे-चौड़े वर्ण और बाँके / तिरछे घनघोर / लाल-नीले अक्षर।"[192]

अनुप्रास, पद-मैत्री योजना, ध्वनि योजना जैसे पदों के प्रति हमारी धारणाएँ कितनी ही अरुचिकर क्यों न हों मुक्तिबोध ने इनका सायास और अनायास भी उपयोग किया है। मसलन, अपुष्प-पत्र, वक्र श्याम, झाड़ झरवरों घिरे असंख्य ठूठ हैं।"[193] जैसी पंक्तियाँ विशेषण बहुलता, सामासिक पद योजना की द्योतक हैं। किन्तु दुविधाजनक, सन्देहास्पद, अस्पष्ट, कभी-कभी शब्द मोह और साहचर्य से आयातित पंक्तियाँ भी मुक्तिबोध में प्राप्त हो जाती हैं :

> *शून्य कक्ष की उदास / श्वासहीन, पीत-वायु शान्ति में /दीवाल पर / सचेष्ट छिपकली / अजान शब्द-शब्द ज्यों करे।*[194]

आनुप्रासिकता, सामासिकता के साथ ही मुक्तिबोध ने उत्प्रेक्षा का प्रयोग भी सर्वाधिक किया है। कहीं-कहीं यह प्रयोग गीतात्मकता को और लय को एक अद्भुत कौशल से प्रस्तुत करता है–"यही कारण है कि रेत के ढेर-सी दिखती है / तो किसी को यह दुनिया / पके हुए बेर-सी दिखती है / कि जिसको वह तोड़े और खा जाए / तो किसी को लहँगे के घेर-सी / कि जिसमें वह पैठे और समा जाए / तो किसी को वह रीछ-सी, भालू-सी किसी को कद्दू-सी, आलू-सी / किसी को बौनी-ही-बौनी / चपटी-ही-चपटी / तो किसी को कुछ / तो किसी को कुछ।"[195]

इसी प्रकार मुक्तिबोध आनुप्रासिकता और उत्प्रेक्षा के प्रयोग के भीतर भी पुराने छन्दों को तोड़कर नया छन्द गढ़ते हैं :

> *तिरते दीखे उर्मिल जल में / लहरित जल में छिपते देखे/ हो गया असम्भव लेखन तब / अंकन संकल्प हुए फीके।*[196]

यहाँ प्रथम दो पंक्तियों में 16-16 तथा अन्तिम दो पंक्तियों में 15-15 मात्राएँ हैं। 'मुझे पुकारती हुई पुकार खो गई कहीं' पूरी कविता ही पंच चामर छन्द को तोड़ती हुई

चलती है। इसी प्रकार सवैया (मत्त गयन्द), अष्टक और पंचक पर्व को भी तोड़कर छान्दिक लय का मुक्तिबोध ने प्रयोग किया है। तुकान्त के आधार पर लय निर्मित करना और उसे किसी छन्द का रूप बदलकर देना मुक्तिबोध की आदत रही है :

चमक-चमक उठते हैं हरे-हरे अचानक
वृक्षों के शीश पर नाच-नाच उठती है बिजलियाँ।[197]

बुलाता है बुलाता है[198] ××× छटपटा रही है– / छटपटा रही है[199] ××× दबी हाय-हाय नुमा, / शायद तालस्ताय नुमा / "दम छोड़, कई मोड़, घूम गया।[200] की दुहरी-तिहरी आवृत्तियाँ मुक्तिबोध के यहाँ मात्रिक छन्दों के टूटे प्रयोग और तुकान्त लय सन्धान के रूप में मौजूद हैं। तो कहीं गद्यात्मक रूप भी–"ईमानदार संस्कारमयी / सन्तुलित नई गहरी विवेक चेतना / अभय होकर अपने / वास्तविक मूलगामी निष्कर्षों तक पहुँची / ऐसे निष्कर्ष जिसके अनुभव अस्त्रों से / वैज्ञानिक मानव शास्त्रों से / मेरे सहचर हैं ढहा रहे / वीरान विरोधी दुर्गों की–अखंड सत्ता / उनके अभ्यन्तर के प्रकाश की रीति कथा।"[201]

जहाँ एक ओर उपर्युक्त उदाहरण में गद्यात्मक विन्यास है, वहीं दूसरी ओर "सफलता की, भद्रता की, कीर्ति-यश रेशम की पूनो की चाँदनी /"[202] में आवृत्तिमूलक शब्दों का विन्यास है तथा "इसलिए, उनका और मेरा यह / विरोध चिरन्तन है / नित्य है, सनातन है।"[203] यहाँ समानार्थी शब्दों की आवृत्तियाँ हैं। इससे एक बात मुक्तिबोध की भाषा की विविधता, लय की शक्ति, विन्यास की विशिष्टता के बावजूद उभरती है कि प्रायः जहाँ मुक्तिबोध अनावश्यक विस्तार कर रहे होते हैं, अकाव्यात्मक तत्त्वों से बच नहीं पाते। समकालिक इकाइयों की पुनरावृत्ति और उससे उत्पन्न लय, शब्द बाहुल्य को और उसके अ-सतर्क संयोजन को प्रकट करती है। कपिल मुनि तिवारी के अनुसार– मुक्तिबोध ने मुक्त छन्द की लय की कलात्मक संभावनाओं का सार्थक उपयोग नहीं किया है। इसका कारण उनकी दृष्टि में मुक्तिबोध की "सम्वेदनाओं का सरल और स्थूल होना है। सूक्ष्म और जटिल संवेदनाओं की लय भँवरों या चकोहों की सृष्टि करती है। संवेदनात्मक ज्ञान या ज्ञानात्मक संवेदना, जिसका जिक्र मुक्तिबोध ने लेखों में बार-बार किया है, को रचने और प्रतिफलित करनेवाली लय में आत्म-गवेषणा का शान्त और गम्भीर तनाव है। और उसमें वह घबराहट और बेतहाशापन नहीं होता, जो मुक्तिबोध की कविताओं की व्यवहृत लय में मिलता है।"[204] कपिल मुनि तिवारी, महावीर दाधीच, और हरि ठाकुर आदि ने मुक्तिबोध की शब्दावली के सम्बन्ध में जो प्रश्न उठाए हैं, वे एकाएक अवमानना करने योग्य नहीं हैं। दरअसल हमारे अधिकांश समीक्षक मुक्तिबोध की मृत्यु और उसके सन्दर्भ में उनकी कविताओं से भावाभिभूत और आतंकित हो गए दीख पड़ते हैं। तभी तो वे समीक्षक भी जो अनेक युवा कवियों पर उनके प्रारम्भिक रचनाकाल में ही पुनरावृत्ति तथा मुहावरे में कैद होने का आरोप लगाते समय निर्ममता की हद तक पहुँच जाते हैं, मुक्तिबोध के सन्दर्भ में मौन रहते हैं। यह मुक्तिबोध के

प्रति सचमुच अनुचित श्रद्धा है, जो समकालीन कविता की परख के प्रतिमानों को लचीला बनाने को विवश करती हो। मुक्तिबोध की कविताओं से ही यह प्रकट है कि शब्दों का प्रयोग उन्होंने खास अर्थ या संवेदना को उजागर करने के लिए ही नहीं किया है। अस्त-व्यस्त व्यग्र मानसिकता में अक्सर उनके शब्द अर्थ-प्रसूत नहीं होते। इसीलिए हमें अक्सर यह लगता है कविता में जिस तरह की सघनता की अपेक्षा होती है, और एक बड़े कवि से यह अपेक्षा अधिक ही होती है, क्योंकि अभिव्यक्ति की विशिष्टता ही कलाकृति बनती है, वह मुक्तिबोध की कविताओं के हिस्सों में बिखरती दिखाई देती है। शब्दों का मितव्ययी गझिन प्रयोग तो खैर मुक्तिबोध के यहाँ दुर्लभ है और वे उस तरह की संक्षिप्त तीव्रता-सघनता के कवि हैं भी नहीं पर जहाँ दो शब्दों से काम चलता हो वहाँ चार भरने की अपव्ययी कोशिश मुक्तिबोध में प्रचुरता से दिखाई देती है। इस पर अंकुश के बदले वे इसे छूट देते लगते हैं :

मेरी हर बुद्धाकृति / बेचैनी में / दीवारों से नीचे आ / घूमने-भटकने लगी
चिन्तारत / चक्कर लगाने लगी / प्रांगणों / अँधियारे दालानों में।[205]

'बेचैनी' के बाद भी, उसी वाक्य में 'चिन्तारत' भी कहना पड़ा 'भटकने' काफी नहीं था, इसलिए 'घूमने-भटकने लगी' और फिर भी 'चक्कर लगाने लगी', 'प्रांगणों' ही नहीं 'दालानों' में भी। इस तरह तो इसमें 'छज्जो-अहातों-अटारियों, खेतों-खलिहानों' को भी जोड़ा जा सकता था।

अजनबी हवाओं की तेज मार-धाड़,
बरगद बबूलों को तोड़-ताड़-फाड़,
क्षितिज पर अड़े हुए
पहाड़ों से छेड़-छाड़
नहीं कोई आड़[206]

....
जाने किस फिक्र में घूम रहा हूँ
कौन सा है जिक्र ?[207]

'तोड़-ताड़-फाड़', 'छेड़-छाड़', पहाड़ों की ठीक स्थिति बताने फिर 'नहीं कोई आड़' आदि में और 'फिक्र' के साथ 'जिक्र' की अनावश्यक तुक में गहरी अर्थगर्भिता ढूँढ़ना व्यर्थ है। इसी तरह आगे की पंक्तियों में पुनः-पुनः 'थका हुआ मात्र आवेग', 'रुका हुआ कार्यक्रम', 'स्थगित हुआ अगला अध्याय' आदि पंक्तियाँ शब्द स्फीति ही हैं।

इन स्थितियों का औचित्य भीतर की लय या प्रवाह जैसे शब्दों से स्थापित किया जा सकता है। किसी को एक बार बड़ा मान लेने पर और खास तौर से मार्क्सवादी बड़ा कवि मान लेने पर उसकी असंगतियों और अनगढ़ताओं को भी तर्कसंगत औचित्य प्रदान कर दिया जाता है। वैसे मुक्तिबोध स्वयं कह चुके हैं–"वह फैंटेसी ही क्या जिसमें

असंगतियाँ न हो ?''[208] 1963 में तार सप्तक के दूसरे संस्करण हेतु लिखे किन्तु अप्रकाशित वक्तव्य में मुक्तिबोध ने कहा है कि ''आज के जमाने में मेरे लिए मुख्य प्रश्न कांटेंट की कमी और शिल्प के आधिक्य का नहीं वरन् कांटेंट के अतिरेक और शिल्प की अपर्याप्तता का है। इसलिए, मेरी मुख्य समस्या यह है कि कांटेंट के वैविध्य को किस प्रकार समेटा जाए, किस प्रकार उसे रूपबद्ध किया जाए।'' कांटेंट की कमी और शिल्प का आधिक्यवाली बात बेहद अस्पष्ट है। इस तरह की वर्गीकृत कमी-आधिक्य का कोई कलागत और जीवनगत आधार नहीं लगता। हाँ, उनकी समस्या सही है कि कांटेंट के विस्तार और उसकी विविधता को किस तरह समेटा जाए ? शिल्प की अपर्याप्तता के अहसास के बावजूद मुक्तिबोध के पास फैंटेसी का मुक्ताकाशी माध्यम था ही। वास्तविक समस्या उनके सामने अपने प्रवाहित कथ्य की व्यवस्थित अभिव्यक्ति की रही है। कदाचित् यह इतने बड़े कवि का एक दुर्बल पक्ष ही है और लगातार पांडुलिपि का संशोधन, काट-छाँट के बावजूद उसमें कई जगह अनगढ़ता और कांटेंट के अतिरेक का भाषा के अतिरेक में प्रतिफलन हुआ है। मूल समस्या कथ्य को ही अनुशासित करने की है पर मुक्तिबोध कथ्यातिरेक के लिए माध्यम को ही अपर्याप्त मानकर शब्द स्फीति के जाल में उलझ जाते हैं।

इस प्रसंग में मुक्तिबोध की काव्य-पंक्तियों का विवाद अनिलकुमार के प्रसंग में उल्लेखनीय है। अनिलकुमार ने मुक्तिबोध पर एक कविता लिखी थी जो 4 अक्टूबर, 64 के साप्ताहिक हिन्दुस्तान में प्रकाशित हुई थी। इस कविता में अनिलकुमार ने लिखा है कि अपनी जोरदार कविता के पचासों पृष्ठ मुक्तिबोध ने उन्हें यह कहकर दिए थे 'कि भाषा के ऊबड़-खाबड़ / और लय की लड़खड़ाहट पर' कलम फेर देना। अनिलकुमार ने जो सुझाव दिए थे मुक्तिबोध ने उन्हें सराहा था।''[209] इस पर अनिलकुमार के विरुद्ध काफी हो-हल्ला हुआ था। पर मुक्तिबोध ऐसा करते थे और सुझावों को अमल में लाते थे इसका प्रमाण उनके 1 दिसम्बर, 63 और मार्च, 64 के दो पत्रों में है। दोनों पत्र मुक्तिबोध ने अपनी पोलिश महिला मित्र आग्नेश्की को भेजे हैं। पहले पत्र में मुक्तिबोध ने प्रकट किया है कि वे अपनी अप्रकाशित बहुत लम्बी कविता पढ़ने को भेज रहे हैं। वे लिखते हैं–''सम्भव है, वह कविता भी बहुत रद्दी किस्म की और तीसरे दर्जे की है। आपके पास भेजने में मुझे संकोच होता है। उसमें एक आशंका है, अँधेरी आशंका का वातावरण है–कहीं हमारे भारत में ऐसा-वैसा न हो। (आप अवश्य अपनी प्रतिक्रिया लिखकर भेजेंगी–यदि चाहें तो)''[210] दूसरे पत्र में प्रतिक्रिया सुझाव प्राप्त होने पर मुक्तिबोध लिखते हैं–''मेरी कविता की जो आपने श्रमपूर्वक आलोचना करके मेरे पास भिजवाई उसके लिए अनुगृहीत हूँ। तब मैंने जाना कि वह स्थान-स्थान पर कितनी कमजोर हो गई है। कविता को वांछनीय रूप देने का मैंने प्रयत्न भी किया, किन्तु, बीमारी ने कुछ ऐसा धर दबाया कि मैं उसमें अभी तक कोई फेर-बदल नहीं कर सका हूँ। यद्यपि यह आवश्यक प्रतीत होता है कि त्रुटियों के परिहार के लिए आपकी आलोचना के प्रकाश में उसमें यथेष्ट परिवर्तन आवश्यक है।''[211]

हमारा विस्तार से यह सब लिखने का आशय मात्र यही है कि एक सचेत रचनाकार के रूप में मुक्तिबोध अपने बारे में भ्रम नहीं पालते थे और सुझावादि सहज स्वीकार करते थे।

और इस आधार पर हम यह बात कहना चाहते हैं कि मुक्तिबोध के पास अनुभव-अनुभूति का विशाल पुंज था, अभिव्यक्ति के लिए व्यग्रता थी किन्तु उनकी अभिव्यक्ति में कई जगह सहजता कम दिखाई पड़ती है।

मुक्तिबोध की इस अनगढ़ता का एक कारण उनका मूलतः मराठीभाषी होना है। फिर वे ध्वनि साम्यों के मोह में 'स्याह, अँधियारे, भयानक, खतरनाक, दर्रे, धँसान, बियाबान' जैसी पदावली में प्रवेश करते जाते हैं और 'खींचकर...रद्दकर...बद्धकर...कर गया कैद' अथवा 'यातुधान / (कोई जादू-दाँ' फिर उसी पृष्ठ पर हाय-हाय, शायद है स्याह जादू-दाँ / (यातुधान) जिन्न[212] जैसी पुनरावृत्तियाँ करते हैं। शब्दों के खेल को प्रवाह में नियन्त्रित करने की बजाय अप्रासंगिक बातों में भटक जाना उन्हें शायद अच्छा लगता है।

इस प्रकार मुक्तिबोध की लय, शब्दों के ध्वनि साम्य, पुनरावृत्ति और चक्राकार गति से निर्मित होती तो है पर अनेक स्थलों पर यही अनावश्यक भाषिक फैलाव और शब्द प्रयोग का कारण भी सिद्ध होती है।

'अँधेरे में' कविता में विस्मयादि बोधक चिह्नों (एकल या युगल भी) का इतना अधिक उपयोग हुआ है कि कविता में बार-बार आए 'एकाएक', 'अचानक', 'अकस्मात्', 'सहसा', 'इतने में अकस्मात्' और 'इतने में' ही की तरह वे भी ऐसा ही अर्थ प्रकट करने लगते हैं। इसी प्रकार 'तो', 'भी', 'कतई', 'वाकई', 'सचमुच', 'कि' 'मानो', 'सा', का भी इस महत्त्वपूर्ण कविता में कई बार प्रयोग हुआ है। कविता के उत्तरार्द्ध में 'मानो' और 'कि' की बाढ़ आ गई है। 'कहीं तो भी' मराठी के 'कुठंतरी' का हिन्दी रूप है। मुक्तिबोध ने 'कोई एक' शब्द का प्रयोग भी कई जगह किया है :

> *'सर्दी में बोरे को ओढ़कर / कोई एक अपने / हाथ-पैर समेटे / काँप रहा,'[213] अथवा ''चुपचाप कोई एक / दे जाता पर्चा*[214]

यह 'कोई एक' कई जगह आता है। कई जगह इसका प्रयोग अटपटा लगता है। शायद यह अंग्रेजी के some one का शब्दशः अनुवाद है। जहाँ भी इस मुहावरे Phrase का उपयोग हुआ है, लगभग सभी स्थलों पर 'कोई' के अर्थ में ही हुआ है। हिन्दी में 'कोई एक' का प्रयोग 'में से एक' या 'एक से ज्यादा नहीं' अंग्रेजी के Any one के अर्थ में होता है। Some one के अर्थ में 'कोई एक' का प्रयोग कई बार भ्रम उत्पन्न करता है...।

भाषा का अनगढ़पन, अजनबीपन और अटपटापन मुक्तिबोध में बराबर मौजूद रहा। उन्होंने भाषिक लय का प्रवाहशील आयोजन भी करते हुए शब्दों का अनावश्यक दबाव स्वीकार किया और स्वतन्त्रतापूर्वक फिजूलखर्ची भी की। द्विभाषिकता का महत्त्वपूर्ण

तथ्य भी उनमें भाषा-ग्रन्थि के रूप में मौजूद रहा। इसीलिए उनकी कविता की भाषा "संस्कृतनिष्ठ है, निराला की भाषा की तरह। जहाँ तक ऊर्जा के सर्जन का प्रश्न है, मुक्तिबोध निराला के उत्तराधिकारी हैं। पर निराला में विषय वस्तु, भाषा शैली की जो विविधता दिखाई देती है, वह मुक्तिबोध में नहीं है।"[215] एक सृजनशील कवि के रूप में उन्होंने काव्य भाषा के दायरे को अवश्य तोड़ा है जिसे नामवर सिंह ने "खुरदुरी लगते हुए भी अपनी अर्थवत्ता में जानदार और निराला के समान ही तेजस्क्रिय भाषा,"[216] माना है। हरि ठाकुर का कथन है कि "उनका उलझाव भी उन्हीं तक सीमित रह गया बिम्बों और प्रतीकों में छटपटाते हुए। मकड़ी के जाले बुनते हुए।...मुक्तिबोध की भाषा युवा कवि के लिए कभी आदर्श नहीं हो सकती। मुक्तिबोध की भाषा ने उनके काव्य से तमाम जनवादी गुण छीन लिए और उन्हें एक निर्जनवादी कवि बनाकर साहित्य के झोले में फेंक दिया।"[217]

प्रश्न यह उठता है कि क्या मुक्तिबोध ने ऐसी भाषा को गढ़ने की कोशिश की जो भारतीय विरासत को प्रकट करने में सक्षम है। यहाँ हमें यह मानना होगा कि मुक्तिबोध ने एक रचनाकार के नाते भाषा का सृजनात्मक इस्तेमाल तो किया है किन्तु, प्रसंग और सन्दर्भ की अर्थ-उर्वरा भूमि पर शब्द और समूह को सृजनात्मक अर्थवत्ता प्रदान करने के मामले में उनका भाषिक प्रयोग पूरी तरह सफल नहीं है। मुक्तिबोध निरन्तर एक असम्भव कविता के लिए संघर्ष करते रहे। परम अभिव्यक्ति की खोज अन्तिम कविता में भी जारी रहती है। यह परम अभिव्यक्ति काव्यात्मक या भाषिक आदर्श नहीं है। यह उस सत्य रचनात्मक अन्तर्दृष्टि के बिना असम्भव है जो आत्मीय किन्तु दुखदाई ढंग से बाह्य संसार पर निर्भर है। "कवि फटेहाल जग में घूमती परम अभिव्यक्ति को कहाँ-कहाँ नहीं खोजता है। पठार, पहाड़, समुन्दर, आद्य बिम्बों में ही नहीं वरन् हर गली, सड़क, हर चेहरे, हर चरित्र, प्रत्येक गतिविधि, हर आत्मा के इतिहास और हर देश व राजनीतिक परिस्थिति, प्रत्येक स्वानुभूत आदर्श, विवेक प्रक्रिया, क्रियागत परिणति"[218] हर जगह खोजता है। यह परम अभिव्यक्ति वायवी या आत्मलोक का आदर्श नहीं है। काल्पनिक या मात्र बौद्धिक आर्केटाइप भी नहीं है। यह स्वस्थ जीवन और शोषणरहित समाज और गरिमापूर्ण मनुष्यता की वह अवधारणा है जिसे स्वतन्त्रता और सामाजिक न्याय, नैतिकता और समानता, जनतन्त्र और समाजवाद की पारस्परिक पूरकता सम्पुष्ट करती हो। जिस परम अभिव्यक्ति के लिए जिस रचनात्मक अन्तर्दृष्टि की अपरिहार्यता मुक्तिबोध को व्याकुल करती है उसके स्रोत मानवीय गरिमा और सम्पन्न जीवन में ही हैं। इसीलिए, क्योंकि मुक्तिबोध के जीवन काल में इस देश में वह दुनिया सम्भव नहीं थी जिसके समानान्तर उन्हें परम अभिव्यक्ति प्राप्त हो सकती, हमें मुक्तिबोध असम्भव कविता के कवि प्रतीत होते हैं। यह सब सम्भव नहीं दिख रहा था इसलिए मुक्तिबोध इसे सम्भव बनाने की धुन में, उसके प्रति एक चेतस माहौल निर्मित करने की व्यग्रता में मिथकों से लेकर भविष्य चिन्ता और इतिहास से चलकर आसपास तक एक बेतहाशा भाव-धारा में बहते जाते हैं। स्वप्नों की दारुण दुःख

स्वप्नमयता में एक-के बाद एक फन्तासियाँ उनके व्यग्र मानस में आकार ग्रहण करती रहती हैं। एक नाटकीय आन्तरिक क्रिया के द्वन्द्व पर खड़ी उनकी भाषा अव्यवस्थित से, ऊबड़-खाबड़ फिर भी तेज प्रवाह और गति से अवरोधों से टकराते, टूटते और फिर खड़े होते शिल्प के पायदानों पर विचरण करती रहती है। उसमें जटिलता है फिर भी वह जनता की कविता है, जनता को जतलाने-समझानेवाली कविता है और वह अपनी निजता की सुरक्षा और अद्वितीयता में भी खड़ी हुई है। कवि ने यह कविता, परम अभिव्यक्ति की खोज में "एक लम्बे आत्म-संघर्ष के बीच लिखी है, आत्म-संघर्ष समाप्त करके, सुलझा करके और सिद्ध लेखन हुआ करता है उस भूमि पर मुक्तिबोध नहीं पहुँच सके।"[219]

अपने रचना-शिल्प की ओर उन्होंने ध्यान नहीं दिया, यह कहना तो मुनासिब नहीं है। किन्तु उसे जटिल से जटिलतर बनाने में उनका आत्म-संघर्ष हमेशा शिल्प के सम्प्रेषणीय रूप के प्रति सन्देह में उलझा रहा। भारतीय जीवन-त्रासदी, भारतीय मनुष्य की पीड़ा, भारतीय समाज के तनाव को उन्होंने फैंटेसी, रूपक, प्रतीक और व्यंग्य के विविध रूपों में संयोजित किया। पर उनकी रुचि और उनका लगाव फैंटेसी के प्रति ही अधिक रहा। "यह प्रक्रिया क्लिष्ट और उस साधारण जनता की समझ से परे थी जिसको केन्द्र में रखकर उनकी कविता लिखी गई। किन्तु इसके कारण भी स्पष्ट हैं। इस भ्रम में नहीं रहना चाहिए कि मुक्तिबोध जन कवि थे। वह नई कविता के ही कवि थे। किन्तु उन्होंने अपनी पीढ़ी के अन्य कवियों की तरह विशिष्टवर्गी सौन्दर्यानुभवों को नहीं सर्व सामान्य के अनुभवों को व्यक्त किया। यह कम बड़ी बात नहीं है।"[220] शम्भुनाथ का यह कथन बिल्कुल स्पष्ट और मुक्तिबोध के मूल्यांकन की सही कोशिश है किन्तु उनकी इस बात को स्वीकार नहीं किया जा सकता कि मुक्तिबोध नई कविता के ही कवि थे। निश्चय ही मुक्तिबोध जन कवि नहीं थे, उनका शिल्प जनवादी नहीं है और उनकी भाषा भी जनभाषा नहीं है। उनका भीतरी संसार मानवीय अनुभवों से भरा हुआ है। फिर भी यह सच है कि वे बहुत अधिक पढ़े जाने वाले कवि नहीं हैं, हालाँकि वे हमारे लिए बहुत जरूरी कवि हैं।

सन्दर्भ

1. दि नेसिसिटी ऑफ आर्ट : अर्न्स्ट फिशर, पृ. 131
2. दि डिह्यूमनाइजेशन ऑफ आर्ट : जे आर्तेगां, पृ. 144
3. नई कविता का आत्म संघर्ष : मुक्तिबोध, पृ. 8
4. फिलहाल : अशोक वाजपेयी, पृ. 125
5. कवि मुक्तिबोध–एक विश्लेषण : रमेश शर्मा, पृ. 33
6. मु.र.-5, पृ. 264
7. मुक्तिबोध की काव्य-प्रक्रिया : अशोक चक्रधर, पृ. 90

8. मु.र.-5, पृ.275
9. नई कविता का आत्म-संघर्ष : मुक्तिबोध, पृ. 3-4
10. साक्षात्कार (अंक दिस. 81) श्रीमती शान्ता मुक्तिबोध, पृ. 11
11. मु.र.-5 (तार सप्तक में प्रकाशित मुक्तिबोध का वक्तव्य 1964), पृ. 271
12. मु.र.-5, पृ. 270
13. तार सप्तक : एक आत्म वक्तव्य, पृ. 77
14. दि मिनिंग ऑफ कान्टेम्प्रेरी रियलिज्म : जार्ज लुकाच, पृ. 53
15. विश्व भारती पत्रिका (अंक : जुलाई-सितम्बर 68), पृ. 177
16. डायरी : मुक्तिबोध, पृ. 27
17. लम्बी कविताओं का रचना-विधान : डॉ. नरेन्द्र मोहन, पृ. 6
18. नई कविताएँ एक साक्ष्य : डॉ. रामस्वरूप चतुर्वेदी, पृ. 94
19. मु.र.-5, पृ. 274
20. पूर्वग्रह (अंक-43) : कुँवर नारायण, पृ.9
21. वही, पृ. 13
22. पूर्वग्रह (अंक 12-13 वर्ष 76) शमशेर का संसार : श्रीकान्त वर्मा, पृ.5
23. नए साहित्य का सौन्दर्यशास्त्र : मुक्तिबोध, पृ. 78-79
24. डायरी : मुक्तिबोध, पृ. 55
25. मुक्तिबोध की काव्य-प्रक्रिया : अशोक चक्रधर, पृ. 80
26. मु.र.-5, पृ. 212
27. मु.र-5, पृ. 211
28. मुक्तिबोध की काव्य-प्रक्रिया : अशोक चक्रधर, पृ. 90
29. पूर्वग्रह (अंक 43) : कुँवर नारायण, पृ. 11
30. नई कविता का आत्म-संघर्ष : मुक्तिबोध, पृ. 28
31. आलोचना (अंक सितम्बर-अक्टूबर 80), पृ. 60
32. कामायनी : एक पुनर्विचार : मुक्तिबोध, पृ. 14
33. मुक्तिबोध : काव्य बोध का नया परिप्रेक्ष्य : डॉ वीरेन्द्र सिंह, पृ. 62
34. इल्यूजन एंड रिएलिटी : काडवेल, पृ. 199
35. वही, पृ. 199
36. डायरी : मुक्तिबोध, पृ. 19-20
37. मुक्तिबोध की काव्य-प्रक्रिया : अशोक चक्रधर, पृ. 91
38. चाँद का मुँह टेढ़ा है, पृ. 8
39. वही, पृ. 46
40. वही, पृ. 16
41. वही, पृ. 16-17
42. वही, पृ. 95
43. वही, पृ. 58
44. वही, पृ. 201
45. वही, पृ. 108
46. वही, पृ. 59
47. वही, पृ. 95
48. वही, पृ. 14

49. दिनमान (जून 81) : नरेश मेहता, पृ. 44
50. पूर्वग्रह (अंक 43) : कुँवर नारायण, पृ. 12
51. चाँद का मुँह टेढ़ा है, पृ. 233
52. वही, पृ. 12
53. वही, पृ. 166
54. वही, पृ. 58
55. वही, पृ. 58
56. वही, पृ. 59
57. वही, पृ. 59-60
58. वही, पृ. 60
59. वही, पृ. 60
60. वही, पृ. 62
61. वही, पृ. 63
62. वही, पृ. 201
63. वही, पृ. 201-202
64. वही, पृ. 214
65. आलोचना (अंक 54-55 वर्ष 80) : ललन राय, पृ. 64
66. वही, पृ. 65
67. वही : नन्दकिशोर नवल, पृ. 55
68. मेक इट न्यू : एजरा पाउंड, पृ. 336
69. आ. हिन्दी कविता में बिम्ब विधान : डॉ. केदारनाथ सिंह, भूमिका से
70. मुक्तिबोध : काव्य बोध का नया परिप्रेक्ष्य : डॉ. वीरेन्द्र सिंह, पृ. 34
71. चाँद का मुँह टेढ़ा है, पृ. 15
72. वही, पृ. 64
73. आत्महन्ता आस्था : निराला : दूधनाथ सिंह, पृ. 155-56
74. चाँद का मुँह टेढ़ा है, पृ. 312-13
75. वही, पृ. 258-59
76. मुक्तिबोध : काव्य बोध का नया परिप्रेक्ष्य : डॉ वीरेन्द्र सिंह / पृ. 71
77. पूर्वग्रह (अंक 39-40 वर्ष 80) : डॉ. केदारनाथ सिंह, पृ. 30
78. चाँद का मुँह टेढ़ा है, पृ. 166
79. वही, पृ. 8-9
80. मुक्तिबोध का रचना संसार (सं. विमल) : प्रभाकर माचवे, पृ. 58
81. चाँद का मुँह टेढ़ा है, पृ. 16
82. वही, पृ. 17
83. वही, पृ. 19
84. वही, पृ. 25
85. वही, पृ. 24
86. वही, पृ. 27-28-29
87. मु.र.-2, पृ. 314
88. मुक्तिबोध का रचना संसार (सं. विमल) : प्रभाकर माचवे, पृ. 54
89. चाँद का मुँह टेढ़ा है, पृ. 217

90. वही, पृ. 2
91. चाँद का मुँह टेढ़ा है, पृ. 1-2
92. भूरी-भूरी खाक धूल, पृ. 54
93. वही, पृ. 51
94. वही, पृ. 57
95. पूर्वग्रह (अंक 39-40 वर्ष 80) : डॉ. केदारनाथ सिंह, पृ. 30
96. चाँद का मुँह टेढ़ा है, पृ. 14
97. वही, पृ. 269
98. वही, पृ. 65
99. भूरी-भूरी खाक धूल, पृ. 26
100. वही, पृ. 93
101. वही, पृ. 191-92
102. वही, पृ. 191
103. वही, पृ. 56
104. वही, पृ. 183
105. न्यू वेबेस्टर इंटरनेशनल डिक्शनरी, पृ. 68
106. दस्तावेज (अंक 13-14 अक्टू. 81) : पृ. 119
107. मुक्तिबोध : काव्यबोध का नया परिप्रेक्ष्य : डॉ. वीरेन्द्र सिंह, पृ. 63
108. चाँद का मुँह टेढ़ा है, पृ. 27-28
109. वही, पृ. 31-32
110. वही, पृ. 53-54
111. वही, पृ. 282
112. वही, पृ. 4
113. मु.र.-2, पृ. 314
114. वही, पृ. 315
115. चाँद का मुँह टेढ़ा है, पृ. 29
116. वही, पृ. 44
117. वही, पृ. 10
118. वही, पृ. 30
119. वही, पृ. 47-48
120. वही, पृ. 16
121. वही, पृ. 16
122. वही, पृ. 17
123. वही, पृ. 166
124. वही, पृ. 207
125. वही, पृ. 134
126. वही, पृ. 138
127. वही, पृ. 142
128. वही, पृ. 134
129. वही, पृ. 306
130. भूरी-भूरी खाक धूल, पृ. 124

131. चाँद का मुँह टेढ़ा है, पृ. 50
132. चाँद का मुँह टेढ़ा है, पृ. 25
133. वही, पृ. 247
134. वही, पृ. 266
135. वही, पृ. 48
136. भूरी-भूरी खाक धूल, पृ. 48
137. चाँद का मुँह टेढ़ा है, पृ. 60
138. भूरी-भूरी खाक धूल, पृ. 125
139. शम्भुनाथ : दस्तावेज-13-14 अक्टू. 81 / पृ. 119
140. भूरी-भूरी खाक धूल, पृ. 25-26-27
141. शम्भुनाथ : दस्तावेज 13-14 अक्टू. 81 से उद्धृत, पृ.119
142. वही, पृ. 119
143. भूरी-भूरी खाक धूल, पृ. 104
144. वही, पृ. 42
145. वही, पृ. 102
146. वही, पृ. 239
147. चाँद का मुँह टेढ़ा, पृ. 215
148. भूरी-भूरी खाक धूल, पृ. 104
149. वही, पृ. 15
150. वही, पृ. 31
151. चाँद का मुँह टेढ़ा है, पृ. 264
152. डॉ. केदारनाथ सिंह, पूर्वग्रह 39-40 (जुलाई-अक्टू. 80), पृ. 30
153. अशोक वाजपेयी : फिलहाल, पृ. 121-22
154. चाँद का मुँह टेढ़ा है, पृ. 283
155. वही, पृ. 245
156अ. पूर्वग्रह-39-40 जुलाई-अक्टूबर 1980, डॉ. केदारनाथ सिंह, पृ. 33
156ब. जार्ज सेफरिस (पोयट्स जर्नल से उद्धृत), द्वारा गिब्सनस : दि पोयट्स वर्क, पृ. 71
157. मुक्तिबोध, एक साहित्यिक की डायरी, पृ. 28
158. वही, पृ. 18
159. डॉ. नामवर सिंह, कविता के नए प्रतिमान, पृ. 242
160. वही, पृ. 243
161. स्पिटजर, साहित्य सिद्धान्त रेनेवेलेक : ऑस्टिन वॉरेन, पृ. 239
162. अशोक वाजपेयी, फिलहाल, पृ. 124-25
163. डॉ. नामवर सिंह, कलम, अंक 6-7, पृ. 53-54
164. कॉडवेल, इल्यूजन एंड रिअलिटी / पृ. 129
165. भूरी-भूरी खाक धूल, पृ. 10
166. वही, पृ. 189
167. चाँद का मुँह टेढ़ा है, पृ. 310
168. वही, पृ. 37-38
169. विश्वनाथ प्रसाद तिवारी, पश्यन्ती-शरद अंक 1977, पृ. 55
170. भूरी-भूरी खाक धूल, पृ. 25

171. वही, पृ. 26
172. भूरी-भूरी खाक धूल, पृ. 28
173. वही, पृ. 191-92
174. डॉ. केदारनाथ सिंह, पूर्वग्रह 30-40 अक्टू. 80, पृ. 34
175. चाँद का मुँह टेढ़ा है, पृ. 288
176. भूरी-भूरी खाक धूल, पृ. 93
177. वही, पृ. 96
178. वही, पृ. 29
179. चाँद का मुँह टेढ़ा है, पृ. 266
180. वही, पृ. 273
181. वही, पृ. 2
182. डॉ. केदारनाथ सिंह, पूर्वग्रह 30-40, पृ. 33
183. भूरी-भूरी खाक धूल पृ. 99
184. वही, पृ. 98
185. वही, पृ. 13
186. नामवर सिंह, कविता के नए प्रतिमान, पृ. 243
187. प्रभात कुमार त्रिपाठी, अर्थात् अंक-5, पृ. 4
188. भूरी-भूरी खाक धूल, पृ. 100
189. वही, पृ. 95
190. वही, पृ. 14
191. चाँद का मुँह टेढ़ा है, पृ. 64-65
192. वही, पृ. 36
193. वही, पृ. 67
194. वही, पृ. 69-70
195. भूरी-भूरी खाक धूल, पृ. 97
196. वही।
197. चाँद का मुँह टेढ़ा है, पृ. 267
198. वही, पृ. 269
199. वही, पृ. 287
200. वही।
201. वही, पृ. 177
202. भूरी-भूरी खाक धूल, पृ. 136
203. वही, पृ. 136
204. कपिल मुनी तिवारी, (सिर्फ-6 दिस. 71), पृ. 30
205. चाँद का मुँह टेढ़ा है, पृ. 237
206. वही, पृ. 238
207. चाँद का मुँह टेढ़ा है, पृ. 237-38
208. मु.र., पृ. 222
209. देखिए वीणा (नव.-दिस. 64), पृ. 38, 39, 41
210. मुक्तिबोध रचनावली, पृ. 380
211. मुक्तिबोध रचनावली, पृ. 381

212. चाँद का मुँह टेढ़ा है,–सभी उद्धरण / पृ. 240
213. वही, पृ. 294
214. वही, पृ. 308
215. डॉ. बच्चन सिंह, समकालीन हिन्दी साहित्य, पृ. 70
216. डॉ. नामवर सिंह, कविता के नए प्रतिमान, पृ. 243
217. हरि ठाकुर, हस्ताक्षर–अप्रैल-जुलाई 70, पृ. 15
218. मुक्तिबोध रचनावली-2, पृ. 389
219. कलम अंक 6-7, डॉ. नामवर सिंह, पृ. 55
220. शम्भुनाथ, दस्तावेज, 13-14 अक्टूबर 81, पृ. 126

मुझे पुकारती हुई पुकार

मैं देखता क्या हूँ कि—
पृथ्वी के प्रसारों पर
जहाँ भी स्नेह या संगर
वहाँ पर एक मेरी छटपटाहट है
वहाँ है जोर गहरा एक मेरा भी...

किसी भी रचनाकार की दुनिया अपने व्यक्त रूपाकार के अतिरिक्त एक गहरी मूल्य-चेतना से अनुप्राणित होती है। सभी महत्त्वपूर्ण कविताएँ अपने आप में दस्तावेज का मूल्य रखती हैं, क्योंकि रचनाकार अपने समय की एक महत्त्वपूर्ण और संवेदनशील इकाई के रूप में अपनी कविताओं में बोलता हुआ मौजूद रहता है। इसलिए हर युग रचनाकार को अपनी मूल्य-चेतना के निकष पर परखने की कोशिश करता है। कविता की मूल्यवत्ता स्थिर प्रतिमानों की यान्त्रिक प्रणाली से इसलिए नहीं जाँची जा सकती, क्योंकि उसके उपकरण विभिन्न युगों में अपने आशय सहित बदलते रहते हैं। कविता के उपकरण अर्थात् शब्द कवि के अलावा दूसरों के द्वारा भी निरन्तर प्रयोग में लाए जाते हैं। कविता की शब्दों पर आवश्यक निर्भरता और शब्दों से आगे निकल जाने का उसका संघर्ष ही उसकी चरितार्थता है। कवि की शब्दों पर निर्भरता का अर्थ है कि वह अपने इतिहास और समय से किस तरह जुड़ा है। उसकी संलग्नता और प्रतिबद्धता का चरित्र क्या है ? और शब्दों से आगे निकल जाने का संघर्ष उसकी उस चेतना का प्रतिफलन है, जिसके द्वारा वह इतिहास और निर्मित दुनिया का अतिक्रमण कर प्रकृति और आदिम लोक से जुड़ता है। इसीलिए किसी कवि को बड़ा और महत्त्वपूर्ण मानने के कई कारणों में सर्वाधिक महत्त्वपूर्ण यह है कि उस कवि ने भाषा की शक्तियों का दोहन कितनी सामर्थ्य और कितनी संवेदना के साथ किया है। यहाँ भाषा की शक्ति से आशय केवल शब्द की परम्परा प्रसिद्ध शक्तियों से नहीं है, बल्कि भाषा की उस क्षमता से है, जिसके कारण वह मनुष्य को स्थान और काल के विराट प्रसार में उसकी समूची आन्तरिकता के साथ धारण करने में समर्थ होती है। परम्परा के अनुभव से किसी कवि के महत्त्वपूर्ण होने का जो प्रमाण सहज उपलब्ध है वह यही है कि कवि व्यापकता और गहराई के कारण ही अपने समय के विश्वस्त प्रवक्ता की तरह स्वीकृत किया जाता है। व्यापकता और गहराई कवि की अन्तश्चेतना के दो आयाम हैं—एक वह जिसमें उसका अनुभव

परम्परा और इतिहास के द्वारा शक्ति प्राप्त करता है, दूसरा वह जिसमें उसके अनुभव उसकी आन्तरिकता के स्रोत में नहाते हुए परम्परा और इतिहास में कुछ नया जोड़ना चाहते हैं। व्यापकता और गहराई को हासिल करने का संघर्ष बहुआयामी और जटिल संघर्ष होता है। कवि की सृजनात्मक कल्पना इस संघर्ष में रक्तस्नात होती है। इसका कारण यह है कि वह व्यक्त यथार्थ की ऊपरी परतों को चीरकर अपनी कल्पना को यथार्थ के स्रोत से जोड़ता है। कोई भी कवि एक विशेष समय में लिखते हुए केवल अपने समय की असंगतियों, विरूपताओं और संघर्षों की प्रतिक्रिया मात्र का साहित्य नहीं लिखता, बल्कि सच्चे अर्थों में एक प्रति-संसार की सृष्टि करता है। इस रचना का मूल्यांकन केवल सिद्ध या मान्य प्रतिमानों अथवा मात्र प्रचलित प्रतिमानों से सम्भव नहीं है। मुक्तिबोध का सृजन भी ऐसी ही चुनौती प्रस्तुत करता है। क्योंकि रूढ़ प्रणालियाँ उनकी कविताओं के समक्ष अपर्याप्त और निरीह सिद्ध होने लगती हैं। अद्वितीय व्यक्तित्व उनके समक्ष फीका लगने लगता है और उनका चिन्तन चौखटबद्ध हो ही नहीं पाता। इसका कारण मुक्तिबोध के जीवन, उनके बहुमुखी लगाव और उनकी कल्पना के उस विस्तार में है, जिसका उत्स मानवीय छटपटाहट का उनके भीतर का उष्ण स्रोत ही है।

आज मुक्तिबोध के मूल्यांकन के प्रसंग में यदि थोड़ी कठिनाई का अनुभव होता है तो वह मात्र इस कारण कि उनके व्यक्तित्व और सृजन को मिथ में बदल दिया गया है। पर मुक्तिबोध के पत्र, उनकी कविताएँ स्वतः किसी भी तरह के मिथ को बने नहीं रहने दे सकते, यदि उन्हें गौर से देखा जाए, और एक अशान्त व्यक्ति की आवाज को ध्यान से सुना जाए। हिन्दी साहित्य की समकालीन गतिविधियों में मुक्तिबोध के नाम का उपयोग उस एक सिक्के की तरह है, जिसे हर कोई अपने हाथ में रखना चाहता है और यह कोई बहुत चिन्तनीय स्थिति नहीं है, क्योंकि इससे कवि की शक्ति और महत्ता का प्रमाण तो मिलता ही है। असुविधाजनक बस इतना भर है कि अनेक सीमान्तों पर उनकी स्थिति बताने के लिए अतिकथनों का सहारा जरूरी हो जाता है और इससे उनकी रचना के वास्तविक चरित्र की असल पहचान मुश्किल होने लगती है। इसके अतिरिक्त कुछ दीगर कारण भी हैं जिनसे एक महत्त्वपूर्ण रचनाकार मनचीती व्याख्याओं से घिर जाता है। विश्वविद्यालयों में धड़ल्ले से चलनेवाला शोध-कार्य और प्रकाशन की सुविधा तथा प्रकाशकों में होड़ ऐसे कारण हैं, जो प्रचलित मुहावरों में सतही आलोचना कार्य को प्रोत्साहित करते हैं। मुक्तिबोध पर हुई गुट परक बहसों के कारण भी उनकी कविता के सार्थक मूल्यांकन में व्यवधान आया है। हमारे यहाँ कविता की स्वतन्त्रता और कलात्मकता तथा कविता की सामाजिकता और जनोन्मुखता लगभग पृथक्-पृथक् खानों में विभाजित कर दी गई हैं। इसी विभाजन के आधार पर समकालीन सृजनात्मक परिदृश्य मुख्यतः कलावादी और मार्क्सवादी शिविरों में बँटा हुआ है। जाहिर है प्रत्येक शिविर मुक्तिबोध के कृतित्व को अपनी रणनीति के तहत प्रस्थापित कर रहा है। इससे एक अच्छी बात भी हुई है वह यह कि मुक्तिबोध की दुनिया के निजी और सामाजिक

संघर्ष के दोनों पक्ष अलग-अलग रेखांकित हो सके हैं। पर इसका दुःखद पक्ष यह भी है कि मनुष्य की स्वतन्त्रता और कला का दावा करनेवाली प्रतिभाएँ मुक्तिबोध की प्रखर सामाजिकता और राजनीतिक सचेतनता को नजरअन्दाज या अवमूल्यित करती हैं। ऐसा केवल मुक्तिबोध की कविता को एक तरह से भीतरी संकट की कविता कहनेवाले निर्मल वर्मा, श्रीकान्त वर्मा, अशोक वाजपेयी, विजयदेवनारायण साही, नरेश मेहता, रमेशचन्द्र शाह आदि ही नहीं महान प्रगतिशील समीक्षक रामविलास शर्मा भी करते हैं। इसके विपरीत मार्क्सवादी लेखकों की एक कतार है जो उन्हें सर्वहारा, क्रान्ति, जन संघर्ष का कवि सिद्ध करते हुए उनके काव्य के आन्तरिक पक्ष की शक्ति को अनदेखा करती है। वस्तुतः किसी भी कवि को अपनी भावनाओं के अनुरूप पा लेना मुश्किल नहीं है यदि वह एक ऐसा महत्त्वपूर्ण कवि है जिसका संघर्ष गहरा और अनुभव जगत व्यापक है। कहना ही पड़ेगा कि इस प्रकार के दोनों दृष्टिकोण मुक्तिबोध के रचनाशील व्यक्तित्व को निरी आत्मपरकता से समझने की कोशिश का सरल परिणाम है। इसलिए मुक्तिबोध के मूल्यांकन में अनावश्यक रूप से पैदा की गई उलझनों के प्रति यह अतिरिक्त सजगता जरूरी है कि हम इन्हीं में उलझकर न रह जाएँ। क्योंकि ऐसा न करने पर हमें मुक्तिबोध के रचना-संसार के लिए किसी कटघरे का चयन या नए कटघरे का निर्माण करना होगा, जिसकी अनुमति या सुविधा उनका व्यक्तित्व और कृतित्व नहीं देता।

मुक्तिबोध के सृजन में उनके व्यक्तित्व का योगदान केन्द्रीय महत्त्व रखता है। एडमंड विल्सन के प्रसिद्ध जख्म और धनुष के सिद्धान्त के अनुसार घायल कलाकार अद्भुत शक्ति का स्वामी होता है। मुक्तिबोध की पीड़ा दरअसल एक जख्मी मनुष्य और रचनाकार की पीड़ा सिद्ध हुई है। उनके रचनात्मक और चिन्तनात्मक संघर्ष की पुष्टि उनके निजी जीवन से होती है। उनका निजी जीवन मध्यवर्ग के कष्टों, संघर्षों और विकल इच्छाओं का जीवन है। उन्होंने व्यक्तिगत जीवन में निराशा और पस्ती के क्षणों को दुर्घटना की तरह नहीं बल्कि दैनिक उपस्थिति की तरह जाना था। नेमिचन्द्र जैन को लिखे गए उनके पत्र, जिनमें मुक्तिबोध के कष्टों की कहानी है, उनके सृजनात्मक संघर्ष को समझने की दृष्टि से बेहद महत्त्वपूर्ण हैं। दरअसल उनकी निजी जिन्दगी उनके रचना संसार को समझने के लिए जरूरी परिप्रेक्ष्य की तरह है। मुक्तिबोध के निजी तनावों का उनकी कविता के साथ गहरा रिश्ता है। उनके गहरे स्नायविक तनावों की जो अभिव्यक्ति पत्रों में हुई है, उसी का उदात्तीकृत रूप उनकी कविताओं में देखा जा सकता है। व्यक्तिगत जीवन की आत्मग्रस्तता और महत्त्वपूर्ण बनने की महत्त्वाकांक्षा मुक्तिबोध के व्यक्तित्व की भीतरी तहों में बराबर मौजूद रही है। इस आत्मग्रस्तता से छुटकारा पाने के लिए उन्होंने कविता की शक्ति का भरपूर उपयोग किया। उनकी कविताओं में भी उनके विषादग्रस्त जीवन की छायाएँ देखने को मिल जाती हैं, पर मुक्तिबोध ने उन्हें निरा आत्मपरक मर्सिया नहीं बनने दिया है। उनकी कविता का संसार दर्पणों से भरा आत्मकेन्द्रित संसार नहीं है। व्यक्तित्व की असंगतियों को संगठित कला रूप में बदलने में मार्क्सवाद उनके लिए सशक्त आधार सिद्ध हुआ। मार्क्सवादी चिन्तन

में निहित मूल्य-चेतना, उनके अनुभवों को न केवल एक सम्मानित अनुभव का दर्जा देती है बल्कि उनके अकेलेपन से उन्हें मुक्ति दिलाकर एक ऐसी महत्त्वपूर्ण उम्मीद से भी जोड़ती है जो समूचे भारतवर्ष की पस्त जन समुदाय की उम्मीद है। पावलो फ्रेयरे ने लिखा है–"सम्भवतः उन लोगों में कोई सार्थक उम्मीद नहीं होती जो भविष्य को वर्तमान की पुनरावृत्ति मानते हैं और उन लोगों में भी जो भविष्य को किसी पूर्व-निर्धारित चीज की तरह देखते हैं।"[1] इसके विपरीत मुक्तिबोध की उम्मीद वह थी जिसे फ्रेयरे ने 'यूटोपियन होप' कहा है। सच्चा मार्क्सवादी रचनाकार अपने व्यक्तित्व के अन्तर्विरोध ाों से इसी उम्मीद के बल पर जूझने में समर्थ होता है। मुक्तिबोध अपने व्यक्तित्व की आत्म-संहारक विषमताओं से उबरने के लिए जो दुर्दान्त और तीखा संघर्ष करते रहे उसकी सार्थक परिणति उनकी कविता में हुई है, जो कलात्मक सीमाओं के बावजूद कला और मनुष्य दोनों की दुनिया को समृद्ध करनेवाली कविता है। उनकी द्वन्द्वात्मक चेतना और उनका आत्म-संघर्ष उनके जीवन और सृजन की ऐसी धुरी है जो बिरले ही कलाकारों की नियति होती है। अपने युग जीवन की ह्रासशील परिस्थितियों से उनका सिद्धान्तवादी मन लगातार जूझता रहा और इस संघर्ष के साथ वे निरन्तर आत्मविस्तार भी करते रहे। यह भी मुक्तिबोध के रचनात्मक व्यक्तित्व का बहुत बड़ा गुण ही सिद्ध हुआ। मार्क्सवाद को उन्होंने जीवन से आत्मसात् किया था, केवल सैद्धान्तिक रूप से बहस करने के लिए नहीं। इसलिए उनका व्यक्तित्व अपनी जमीन कभी नहीं छोड़ता। चाहे मार्क्सवाद हो या आधुनिकता उन्होंने किसी भी विचार को सुविधा की तरह नहीं अपनाया। इसलिए उनका सामान्य मध्यवर्गीय भारतीय मनुष्यवाला व्यक्तित्व कभी ओझल नहीं होता। अपनी समग्र व्यग्रता और गतिशीलता के साथ उनका व्यक्तित्व उनकी कविताओं में स्पन्दित है और हमें उनके शब्दों के पीछे उनकी आवाज सुनाई देती है। मुक्तिबोध के व्यक्तित्व का उनकी रचनाओं से अभिन्न गहरा रिश्ता 'सृजन में व्यक्तित्व की अभिव्यक्ति' जैसे सूत्र से बहुत भिन्न है। इसका कारण बहुत कुछ तो उनके स्वभाव और प्रकृति ही में है। दूसरे उनके विचार और कल्पना की गति में अद्भुत समानान्तर साम्य है। इसी गतिशील विचार और कल्पना के साथ मुक्तिबोध ने अपने समय और समय में रहते लोगों के साथ जो रिश्ता कायम किया वह मात्र दिखाऊ या बौद्धिक सद्भाव का रिश्ता नहीं है। वह केवल मनुष्यता जैसे गुणों के कारण करुणा या सहानुभूति का उद्वेग भी नहीं है। वास्तविकता यह है कि मुक्तिबोध के अपने दुःख और कष्ट हैं उसमें दूसरों के दुःखों को शामिल करने के बजाय वे अपने दुख को सबकी त्रासदी में सहज सम्मिलित कर देते हैं। इसलिए उनके लगाव निजी और आन्तरिक हैं। यही कारण है कि उनकी कविता हमारे समय के मन की कविता है केवल मन की ही नहीं बल्कि आकांक्षा और स्वप्न की भी कविता है।

अपने समय के जीवित सन्दर्भों के साथ भी मुक्तिबोध का रिश्ता बहुत सघन और प्रामाणिक रहा है। सामन्तवाद, प्रजातन्त्र और पूँजीवाद के अनुभवों से उन्होंने भारतीय सामाजिक ढाँचे और परिवार तथा सम्बन्धों की स्थिति में आए परिवर्तनों को अपने स्वयं

के जीवन से पहचाना, मध्य और निम्नमध्यवर्ग की विपदा और कठिनाइयों की पहचान उनके लिए बौद्धिक या किताबी अनुभव से परे रोजमर्रा का ऐसा अनुभव था जहाँ मानवता, स्वतन्त्रता और मनुष्य की गरिमा जैसे पदों का अमूर्तन असम्भव था। मुक्तिबोध की जिन्दगी औसत भारतीय मनुष्य की आपदाओं और मुश्किलों के घेरे से बाहर कभी नहीं रही। वे नागपुर जैसे बड़े शहर में रहे पर एलिट या भद्र वर्ग की दुनिया के परकोटे से बाहर ही रहे। उन्हें अपने गुजारे के लिए जिस तरह पापड़ बेलने पड़े उसने उन्हें निरन्तर विपन्न भारतीय समाज की नियति से जोड़े रखा। ऐसा जीवन जीते हुए दाम्भिकता का शिकार होकर पृथक्करण की भावना पैदा हो सकती है। परन्तु मुक्तिबोध में वर्ग लज्जा से उत्पन्न दाम्भिकता का लेशमात्र भी नहीं दिखाई देता है। यहाँ गरिमाहीन जीवन का खेद और वर्ग-लज्जा से उत्पन्न होनेवाली दाम्भिकता का अन्तर ध्यान में रखना आवश्यक है। खेद मुक्तिबोध के आत्म-विस्तार में सहायक होता है और दाम्भिकता विहीन चेतना उन्हें अपने ही वर्ग का मनुष्य बनाए रखती है। छत्तीसगढ़ के लोगों की विपन्नता के बीच ही मुक्तिबोध ने जीवन के प्रति वह विश्वास भी प्राप्त किया जिसमें शोषण और कपट करनेवाले वर्ग और सत्ता के साथ संघर्ष की भावना को ताकत मिलती है। अखबारनवीसी ने उनकी दुनिया को निरन्तर व्यापक किया। उनकी राजनीतिक दृष्टि ठोस यथार्थ के दैनिक अनुभवों से साफ और पैनी होती गई और मार्क्सवाद उनके लिए खुद के बचाव या प्रतिष्ठा का साधन नहीं बनकर अपने लोगों के विशाल सामाजिक जीवन के स्वास्थ्य का आधार बना। राजनाँदगाँव में प्राध्यापक बनने के बाद मुक्तिबोध में साहित्यिक महत्त्वाकांक्षा जरूर बलवती हुई पर वहाँ भी अपने ही वर्ग के घात-प्रतिघात और सन्दर्भ का प्रभाव प्रमुख रहा। मुक्तिबोध में इन दिनों आवेग, विनम्रता और आत्मरक्षा की प्रवृत्ति एक साथ दिखाई पड़ती है। वे सब तरफ उमग कर फैल जाने की इच्छा और अपनी असामर्थ्य के अहसास से आक्रान्त भी लगते हैं। स्वास्थ्य के ठीक न रहने से जो असहायता का भाव उत्पन्न होता है उसके संकेत भी उनके जीवन और पत्रों में मिलते हैं। युवा पीढ़ी के प्रति उनका अधिक विश्वास भी कदाचित ऐसे ही अन्तर्द्वन्द्व का परिणाम है, क्योंकि अपनी पीढ़ी के अनुभव तो उनके साथ थे ही। इस प्रकार हम देखते हैं कि मुक्तिबोध का जीवन मध्य और निम्नवर्ग की सचाई से कभी दूर नहीं हो पाया और वे अपने समय के गतिशील यथार्थ को इसी वर्ग चेतना के गहरे लगावों के साथ ग्रहण करते रहे। इसलिए उनका चिन्तन और सृजन भी अपने समय के प्रगतिशील यथार्थ का साक्ष्य बन सका।

मुक्तिबोध का चिन्तन उनकी भाव ऊर्जा का समानधर्मी ही ठहरता है। उनके इस स्वीकार के बावजूद कि वे विचारक न होकर मूलतः कवि हैं, उन्होंने प्रभूत मात्रा में वैचारिक गद्य लिखा। उनकी चिन्तनात्मक प्रवृत्ति उनकी कविताओं में वहाँ परिलक्षित होती है, जहाँ भाव-ऊर्जा के आधारों पर टिकी उनकी कविताओं में भी गद्य की कई बार स्वाभाविक और कई बार अवांछनीय घुसपैठ है। दरअसल उनका चिन्तन उनके आत्ममन्थन से इतने अभिन्न भाव से जुड़ा है कि किसी विचार-सरणि की व्यवस्थित

भाषा उसमें नहीं है। किन्तु यह एक बात सदैव बहुत स्पष्ट है कि मुक्तिबोध मनुष्य की जिस संस्कृति के लिए पैरवी करते हैं उसका पूँजीवादी व्यवस्था से गहरा विरोध है। मुक्तिबोध साहित्य के सिद्धान्तों और सौन्दर्य पक्ष के बारे में जितनी गहराई से चिन्ता करते हैं उतनी ही संलग्नता से भारतीय समाज के उपेक्षित त्रस्त लोगों से प्रेम भी करते हैं। चिन्तन की भाषा में भावना और कल्पना के औचित्य की तलाश करते हुए मुक्तिबोध अपने सोच को निम्नमध्यवर्गीय व्यक्ति के कस्बाई जीवन से जोड़ते हैं। साहित्य के क्षेत्र में जड़ीभूत सौन्दर्यानुभूति के प्रति उनका आक्रोश और राजनीतिक सामाजिक चिन्तन के क्षेत्र में मार्क्सवादी विचारधारा के सार के साथ उनका लगाव वस्तुतः उनके अपने वर्ग के अनुभवों के कारण ही सम्भव हुआ है। वे मार्क्सवाद के स्थूल अर्थों में व्याख्याकार नहीं हैं। अपने समय की विकट मानवीय स्थितियों से जूझते हुए उन्होंने मार्क्सवाद को केवल जरूरत की विचारधारा के रूप में ग्रहण नहीं किया बल्कि मार्क्सवाद का उनके लिए नैतिक और मानवीय अर्थ भी सदैव ही रहा। मार्क्सवादी विचारधारा की वैज्ञानिकता में सन्निहित यूटोपिया उन्हें वर्ग-विभक्त समाज के त्रासों, आर्थिक-अभावों और अमानवीयकरण करनेवाली स्थितियों के बीच भी टूटने से बचाता रहा। इसकी वजह मुक्तिबोध के बुनियादी तौर पर एक ऐसे भारतीय मनुष्य होने में ही है, जिसके लिए बिना प्रश्न या शंका किए किसी भी प्रदत्त विचार को ग्रहण कर लेना सम्भव नहीं था। चाहे वह साहित्य का प्रश्न हो या सौन्दर्यशास्त्र का, परम्परा-आधुनिकता या मार्क्सवाद का, वे हर विचार को सीमित वर्ग की नहीं वरन् बहुसंख्यक लोगों के जीवन की कसौटी पर परखते थे और जीवन के अनुभवों से सत्यापित करते थे।

साहित्य और सौन्दर्यशास्त्र के प्रति उनकी दृष्टि उतनी ही सतर्क है जितनी उत्पीड़ित मानवता के प्रति। इसलिए वे कलात्मक अनुभव, सौन्दर्य और रचना-प्रक्रिया जैसे सवालों से कतराने के बदले उनका सूक्ष्म विश्लेषण और फैंटेसी की संरचना का विस्तृत विवेचन करते हैं। कला के तीन क्षण, फैंटेसी, डबरे पर सूरज का बिम्ब, लालटेन के सहारे रचना-पथ का आविष्कार उनके साहित्य और सौन्दर्य-चिन्तन के महत्त्वपूर्ण पड़ाव है। उनकी दृष्टि में कथ्य का निर्विवाद महत्त्व होते हुए भी अभिव्यक्ति का प्रश्न भी गौण नहीं था। कलावाद का विरोध उन्होंने उसके सीमित व्यक्तिवादी अनुभव-संसार के आधार पर किया है न कि कला के तत्त्वों या सौन्दर्य की प्रमुखता के कारण। अभिव्यक्ति और उसके सौन्दर्य को वे न केवल महत्त्वपूर्ण मानते थे बल्कि उसके निरन्तर शोधन पर भी बल देते थे। इसीलिए मुक्तिबोध ने प्रगतिशील कथ्य और क्रान्तिकारी शब्दों से ओत-प्रोत, कला की दृष्टि से विपन्न सृजन की कभी प्रशंसा नहीं की, जो कि पुराने और नए प्रगतिशील समीक्षकों की एक तरह से कमजोरी-सी हो गई है।

परम्परा के साथ भी मुक्तिबोध का रिश्ता उनकी मार्क्सवादी दृष्टि से ही निर्धारित हुआ है। यद्यपि वे काव्य को एक सांस्कृतिक प्रक्रिया स्वीकार करते हैं और परम्परा के प्रगतिशील अंशों के प्रति गहरी आस्था रखते हैं। लेकिन वे राजनीतिक या तात्कालिक लाभ की रणनीति के तहत उदार और सहिष्णु नहीं हो जाते। तुलसी और आचार्य शुक्ल

के प्रति उनका यही दृष्टिकोण रहा। वे न केवल उत्तर भारत की बल्कि महाराष्ट्र की सन्त परम्परा से भी जुड़े थे। इसलिए वे मध्ययुगीन काव्य-परम्परा को भी उच्च वर्ण और निम्न वर्ण की चेतना के आलोक में परखते हैं। 'आधुनिकता' की धारणा के प्रति भी उनकी दृष्टि साफ़ थी। विज्ञान और नए विचारों को वे सामाजिक संरचना में परिवर्तन लानेवाली घटनाओं के रूप में देखते थे। क्योंकि ये घटनाएँ औसत मनुष्य के जीवन में व्याप्त अन्धकार को कम करती हैं। किन्तु उन्होंने उस आधुनिकतावाद को कभी अपनी स्वीकृति नहीं दी जो मनुष्य के संघर्ष को अनदेखा कर अपने परिवेश की जरूरत से भिन्न फैशन या अनुकरण के बतौर अपना असर जमा रहा था। इसका यह आशय भी नहीं है कि मुक्तिबोध के मन में भारतीय या पाश्चात्य जैसी विभाजित धारणाएँ सक्रिय थीं। वास्तविकता यह है कि भारतीय मानसिकता से आवेष्टित आचार्यों को, जो किसी भी नए पाश्चात्य प्रभाव से बिदकते थे, मुक्तिबोध ने हमेशा आड़े हाथों ही लिया। वैचारिक दृष्टि का अपनी जमीन की समस्याओं के साथ तालमेल बैठाते हुए सृजनात्मक इस्तेमाल करना बेहद दुष्कर कर्म है और यह कोई दुविधा-मुक्त सरल प्रक्रिया भी नहीं है। फिर भी अपने बुनियादी सरोकारों की तीव्रता के कारण मुक्तिबोध को अपना पक्ष, अर्थात् जनता के पक्ष में कला साहित्य और संस्कृति की भूमिका तय करने में कभी कठिनाई नहीं हुई।

उनके सृजन और चिन्तन से प्रमाणित है कि मार्क्सवाद और प्रगतिशीलता के प्रति उनका दृष्टिकोण रूढ़ नहीं था। स्थापित मार्क्सवादियों के प्रति उनकी दृष्टि प्रारम्भ से ही साफ रही। प्रगतिशील महन्तों के द्वारा युवा-प्रतिभाओं की उपेक्षा को उन्होंने गम्भीरता से लिया और इस प्रसंग में प्रगतिशील नेताओं की कटुतम आलोचना की। न केवल साहित्यिक क्षेत्र में बल्कि राजनीति के क्षेत्र में भी उन्होंने व्यक्तिगत तानाशाही का खुलेआम विरोध किया। स्टालिनवाद के सन्दर्भ में तोगलियाती के वक्तव्य का समर्थन करते हुए उन्होंने स्टालिन के कर्म को व्यक्तिगत तानाशाही के लोभ की परिणति माना था।[2] स्पष्ट है कि मुक्तिबोध का चिन्तन मार्क्सवाद की उदार व्याख्याओं से सम्पन्न है और उसकी मानवतावादी दृष्टि से इस चिन्तन में ऊर्जा और ऊष्मा कायम रह सकी है। इसी ऊष्मा और ऊर्जा के कारण मुक्तिबोध को प्रतिबद्धता की प्रदर्शनकारी शब्दावली जुटाने की जरूरत कभी नहीं पड़ी और इसके कारण उन्हें उनके रहते आत्मग्रस्त व्यक्तिवादी निराशावादी आदि समझा गया। पर मुक्तिबोध ने कभी भी किसी तरह का क्रान्तिकारी मुखौटा स्वीकार नहीं किया, क्योंकि यह सब उनके लिए जरूरी हो जाता है जिनकी आन्तरिकता का विचारधारा से कोई गहरा सरोकार नहीं होता।

मुक्तिबोध ने साहित्य अथवा साहित्य चिन्तन को कभी भी जिन्दगी से पृथक् सवाल की तरह नहीं समझा। इसलिए उनकी केन्द्रीय चिन्ता यही रही है कि शोषित-उत्पीड़ित सभी मानव शोषण-मुक्त कैसे होंगे और वे उन सारी चीजों के विरोध में थे जो मानव-मुक्ति में बाधक होती हैं। किन्तु मुक्तिबोध साम्यवाद की चर्चा करते हुए भी व्यक्ति की स्वतन्त्रता को अनेक बार रेखांकित करते हैं। रेजीमेंटेशन का विरोध करते

हैं। 'आध्यात्मिक', 'नैतिक' पदों का प्रयोग ही नहीं करते, साहित्य में इनकी आवश्यकता पर जोर भी देते हैं। अपनी स्थिति का बढ़ा-चढ़ा बखान करने के बदले अपनी असमर्थता—सीमा के प्रति आत्माभियोगी रुख रखते हैं। अपने को व्यक्तिवादी स्वीकार करते हैं। इड़ा, पिंगला और सुषुम्ना के साथ ही भूत-प्रेतों के संसार का उल्लेख करते हैं। निम्नवर्ग के प्रति गहरी सहानुभूति से सदैव आवेष्टित रहते हैं। वे अपने को प्रयोगवादी, नई कवितावादी, प्रगतिवादी सब कुछ मानते हैं और इनकी सीमाओं की निःसंकोच आलोचना करते हैं। इसी तरह की अनेक चीजें हैं जिन्हें ऊपरी तौर से और अलग-अलग देखने पर उनकी दुनिया पंचमेल खिचड़ी भी मालूम पड़ सकती है, जबकि असलियत यह है कि वे अपनी मार्क्सवादी चेतना और गहरी प्रतिबद्धता से कभी दगा नहीं करते और एक समग्र दुनिया बनाते हैं। उनकी विश्वसनीयता उनके जीवन और सृजन से सिद्ध है, जो क्रमशः वैचारिक-दृष्टि सम्पन्नता से प्रगाढ़ होती देखी जा सकती है।

उपरोक्त तथ्यों के बावजूद यह भी सच है कि साहित्य और साहित्येत्तर विषयों पर लिखा गया उनका वैचारिक गद्य पुनरावृत्ति के दोषों से ग्रस्त है इसके अलावा इस गद्य में आत्मविश्लेषण का अवांछित विस्तार भी कई स्थानों पर दिखाई पड़ता है। जटिल भावनाओं को चिन्तनात्मक स्वरूप देने के प्रयास के कारण इस गद्य में स्वनिर्मित पारिभाषिक शब्दावली का ऐसा बाहुल्य भी है जो विचार को स्पष्ट करने के बजाय उसे उलझावपूर्ण बनाता है। वस्तुतः यह भी मुक्तिबोध के कवि-स्वभाव के कारण है। उस कवि-स्वभाव के कारण जिसमें उनके व्यक्तिगत जीवन की कमजोरियाँ और उनके मानवीय आदर्श दोनों शामिल हैं। मुक्तिबोध के समग्र चिन्तन का मार्मिक प्रतीक उनकी डायरी है। इस डायरी में समाज के प्रश्न और व्यक्ति की निजी जिन्दगी के प्रश्न एक दूसरे से न केवल टकराते हैं बल्कि एक दूसरे में विलीन भी हो जाते हैं। यह डायरी विश्लेषण की शुष्कता से परे एक ऐसी आत्मीय और संवेदनशील भाषा में लिखी गई है जो उसे न केवल भावुक होने से बचाती है बल्कि एक व्यक्ति के आत्म-मन्थन को महत्त्वपूर्ण साहित्य चिन्तन में बदलती है।

मुक्तिबोध का सृजन उस दौर की चीज है जब एकबारगी प्रगतिशील तत्त्वों को नेपथ्य में कर दिया गया था और साहित्य का परिदृश्य व्यक्तिवादी आधुनिकतामूलक प्रभावों से आक्रान्त हो उठा था। एक तरह से प्रगतिवाद और सातवें दशक की नई प्रगतिशील चेतना के अन्तराल में मुक्तिबोध अधीरता और विकलता के साथ रचना और चिन्तन में अपनी और भारतीय अस्मिता की कविता का आविष्कार कर रहे थे। औद्योगीकरण और पूँजीवाद के बढ़ते प्रभावों के साथ मूल्यहीन होते जा रहे भारतीय प्रजातन्त्र के दबावों के बीच वे उन ऐतिहासिक क्षणों के गवाह थे जब रचनात्मक-दृष्टि लगभग दिशाहीन हो रही थी। साहित्य और कविता में आई अमूर्तताओं और कला के अधिनायकवादी रुख के विरुद्ध मुक्तिबोध का संघर्ष केवल साहित्यिक नहीं था। मुक्तिबोध के सामने जो चीज लगातार थी वह भारतीय शोषित वर्ग तथा निम्न मध्यवर्ग

का जीवन था और वे बराबर अपनी अभिव्यक्ति के रूपाकार को हासिल करने की कठिनाई से भी गुजरते रहे। क्योंकि ऐसे समय में जहाँ व्यावहारिक राजनीति और पूँजी के प्रभावों ने मूल्यों के बीच दरार ही नहीं एक तरह का अविश्वास भी उत्पन्न कर दिया हो, कविता के रूप को प्राप्त करना ऐसे कवि के लिए मुश्किल होता है जो कला और जीवन को भिन्न दृष्टि और समय में नहीं देख सकता। सार्वभौमिकता, समाजवाद, धर्मनिरपेक्षता आदि शब्द जब व्यवसायीकरण के शिकार होने लगे तब उस आदमी के लिए सोचने के कठिन दिन होते हैं जो सोचने की चतुराई या कौशल के खिलाफ होता है, और जिसे अपनी जिन्दगी से ही जन-जीवन को समझने की दृष्टि प्राप्त होती है।

मुक्तिबोध का सोचना केवल साहित्य चिन्तन के लिए अनुकूल शब्दावली तैयार करने जैसा काम नहीं था, बल्कि वे अपने आत्मपरक अनुभवों पर भी निरन्तरता और गहराई से सोचते रहते थे। इसी कारण उनकी कविता में विचारों का एक संगुम्फित रूप दिखाई पड़ता है। उनका सोच परिप्रेक्ष्य वंचित नहीं था, बल्कि संवेदनात्मक स्तर पर परिस्थिति के साथ मुठभेड़ करने की बेचैनी उनके सोचते हुए मन की केन्द्रीय विशेषता थी। इसे हासिल करने के लिए उन्होंने अपने अनुभवों की आत्मपरकता को छीलकर उन्हें अपने समकालीन इतिहास के आलोक में चमकाने की ईमानदार कोशिश की थी। इतिहास के साथ मुठभेड़ करते हुए मुक्तिबोध ने इतिहास को सैद्धान्तिक अमूर्तन के रूप में नहीं देखा था। उनकी ऐतिहासिक चेतना के बारे में निर्विवाद रूप से यह कहा जा सकता है कि यह चेतना इतिहास की भौतिकवादी दृष्टि से प्रतिकृत थी। अन्य सार्वभौमिक इतिहास दृष्टि की तुलना में भौतिकतावादी दृष्टि की विशेषता यह है कि वहाँ "विचार करने का मतलब विचारों के प्रवाह में बहना भर नहीं है बल्कि उन्हें थाम लेना है।"[3] यह बात वाल्टर बेंजामिन ने भौतिकवादी इतिहास-दृष्टि की सृजनशीलता के सन्दर्भ में कही है, जो मुक्तिबोध के काव्य में मौजूद वैचारिकता पर बिना किसी दुविधा के लागू की जा सकती है।

अपनी भीतरी वैचारिकी प्रक्रिया में मुक्तिबोध निरे विचारक की तरह नहीं बल्कि एक कवि की तरह शामिल थे। इसके लिए उन्होंने कल्पना का इस्तेमाल एक ताकतवर औजार की तरह किया था। उनकी कल्पना यथार्थ से प्रतिकृत होकर भी और विचार से सम्पृक्त रहकर भी अपने मूल स्वभाव में कवि की कल्पना ही थी। इस कल्पना को समावेशी बनाने के लिए उन्होंने केवल तकनीकी परिश्रम ही नहीं किया था, बल्कि आधार के लिए वे अपने निजी अन्तः संघर्ष की ओर मुड़े थे। ध्यातव्य है कि यह निजी संघर्ष मात्र आधार था। मुक्तिबोध का उद्देश्य इस संघर्ष की यथावत् अभिव्यक्ति नहीं था। अगर ऐसा होता तब उसमें कल्पना की भूमिका इतनी महत्त्वपूर्ण नहीं होती जितनी मुक्तिबोध की कविता में है। दरअसल किसी भी महत्त्वपूर्ण रचना में आत्मानुभूति और यथार्थ के बीच का रिश्ता गझिन और जटिल होता है। उसके अनुभव जो कि मूलतः विराट-समग्र का अंग हैं। कल्पना द्वारा पुनर्रचित जीवन में एक ऐसा स्वरूप प्राप्त कर लेते हैं कि पाठक उसमें व्यक्ति के संघर्ष को समूचे संघर्ष से अलग रूप में नहीं देख पाते। इसी तथ्य को स्पष्ट करते हुए क्लिफ स्लाटर ने लिखा है कि "प्रत्येक साहित्यिक

रचना में लेखक उन तत्त्वों पर दोबारा काम करता है जो उसे अपने अनुभव से मिले हैं और कुछ इस तरह कि उसके अनुभव तथा समग्र के बीच के अन्तर्सम्बन्ध एकदम से उजागर हो जाते हैं।[4]

व्यक्त यथार्थ का साक्षात्कार करने के कारण ही मुक्तिबोध ने अनुभव किया था कि उनकी अपनी भीतरी उथल-पुथल की जड़ें इस यथार्थ से परे कहीं नहीं है। आसान रास्ता यह था कि या तो मुक्तिबोध इस यथार्थ को विवरण में कैद करते या उससे भागकर एक ऐसी भाषा की शरण में जाते जहाँ यथार्थ के दबावों की मौजूदगी का अहसास विरल हो जाता। अपनी वैचारिक प्रतिबद्धता और अपने कवि स्वभाव के चलते मुक्तिबोध ऐसा नहीं कर सकते थे। इस यथार्थ से मुठभेड़ करने के लिए उन्होंने अपनी कल्पना को अधिक समावेशी, लचीला और धारदार बनाने की अनवरत चेष्टा की। इस चेष्टा की सफलता या असफलता को लेकर वे ज्यादा चिन्तित नहीं रहे और यही कारण है कि उन्होंने एक ऐसे काव्य-लोक की सृष्टि की जो लम्बे अरसे तक हिन्दी पाठकों के सम्मुख अजनबी बना रहा और बड़ी हद तक आज भी बना हुआ है। पर मुक्तिबोध की प्रासंगिकता, सार्थकता और सफलता तीनों का कारण भी यही है। भारतीय मध्यवर्ग के आत्मगत यथार्थ की सीधी-सरल अभिव्यक्ति के बजाय उन्होंने अपनी कल्पना को धूसर जनारण्य में विचरने के लिए खुला छोड़ दिया। इसके लिए उन्होंने चिन्तन के स्तर पर फैंटेसी का औचित्य प्रमाणित करने के लिए बहुत मेहनत के साथ साहित्य-समीक्षा का एक ऐसा मुहावरा गढ़ने की कोशिश की जो युग की भयावहता और कवि की कल्पना के अन्तर्सम्बन्ध की जटिलताओं को उजागर कर सके। यह कल्पना यथार्थ का सृजनात्मक कायान्तरण करने में विश्वास रखती थी। इसके खतरे भी थे। मुक्तिबोध ने केवल तकनीकी अर्थ में अभिव्यक्ति के खतरे नहीं उठाए, बल्कि अनुभूति की प्रामाणिकता और यथार्थ-चित्रण के प्रचलित नुस्खों में जान फूँकने की चेष्टा भी की। मुक्तिबोध इसलिए निरे यथार्थवादी कवि नहीं थे। परिस्थितियों के सामने लाचार मध्यवर्ग की कोमल करुण भावनाओं की अभिव्यक्ति उनके काव्य में मौजूद जरूर है पर यह उनकी सर्जना की रीढ़ नहीं है। कविता को कविता के रूप में देखते हुए वे उससे ऐसे बहुत सारे काम लेना चाहते थे जो कलात्मकता के मान्य सिद्धान्तों के अन्तर्गत कविता के लिए वर्जित काम माने जाते हैं। उनकी कल्पना अनुभव के वर्जित प्रदेशों में, भयावह रूपाकारों के निषिद्ध इलाकों में बेबाक घूमती है। इससे कभी-कभी यह अनुभव होता है कि क्या मुक्तिबोध जान-बूझकर एक ऐसी अजीबोगरीब सृष्टि रचना चाहते थे, जो लोगों का ध्यान अपनी ओर बरबस खींच सके। गूँजों और अनुगूँजों, लयों और नाटकीयता से समृद्ध उनकी कल्पना को देखकर यह बात बहुत ज्यादा गलत नहीं लगती। उनके मन में निश्चित रूप से अपने और अपने से परे के संसार को पूरा और एकदम पूरा लिखने की इच्छा थी। इसलिए कविता को उन्होंने आकार में ही बड़ा भर नहीं बनाया। बल्कि व्यवहार में इतना अधिक आजाद बनाया कि यह अपने व्यक्त रूप में यथार्थ का नहीं, दुःस्वप्न का चेहरा सामने रखती है। यह दुःस्वप्न मुक्तिबोध की

आत्मा में युग की काली विषाक्त छाया की तरह हमेशा ही विद्यमान था। युग के यथार्थ ने उन्हें मजबूर किया कि वे अवास्तव की एक ऐसी भाषा में लिखें जो वास्तव की ही नहीं युग के सत्य की पहचान बन सके। स्वप्न और यथार्थ जैसी उनकी कविता के बारे में सोचते हुए अनायास ही नेरूदा की ये पंक्तियाँ याद आती हैं कि–"वह कवि जो केवल यथार्थवादी है, मृत है, और वह कवि जो यथार्थवादी नहीं है जीवित नहीं है। वह कवि जो तर्कहीन है केवल अपने और अपनी प्रेमिका के द्वारा समझा जाएगा यह दुखद है। वह कवि जो निरा तर्क है, गधों के द्वारा भी समझा जाएगा और यह भी भयानक दुखद है।"[5] मुक्तिबोध युग की पीड़ा को लिखते हुए भी इस अर्थ में दुखकारी कवि नहीं थे। उनकी कविता तर्क और तर्कातीत के विलक्षण समन्वय का मार्मिक दस्तावेज है। हमारे समय की महत्त्वपूर्ण कविता 'अँधेरे में' का आधार युग के बौद्धिक विश्लेषण पर निर्भर है। किन्तु उसकी संरचना कल्पना की उन गतियों से सम्भव हुई है जिसे तर्क-संगति के आधार पर समझना न केवल मुश्किल, बल्कि एक हद तक दुर्घटनापूर्ण भी होगा। मुक्तिबोध की यह कविता हमारे समाज और जीवन की एक नहीं अनेक स्थितियों और दशाओं का गतिशील दृश्य उपस्थित करती है। उनकी स्तर बहुल रचनाओं के सूत्र न केवल परस्पर कविताओं में और कहानियों में बल्कि पत्रों में भी देखे जा सकते हैं। इसीलिए विष्णु खरे का यह कथन बेहद सटीक है–"मुक्तिबोध आज के महाभारत के सात्यकि और संजय दोनों हैं और उनकी कविताएँ इस युद्ध को विभिन्न कोणों तथा स्थितियों से दिखानेवाले प्रत्यक्षदर्शी ब्यौरे हैं।"[6] दरअसल मुक्तिबोध की कविता में उनकी गहरी वर्ग चेतना उनकी सहानुभूति का चरित्र निश्चित करती है। अपने मूलरूप में निम्न मध्य वर्ग के अनुभवों पर केन्द्रित रहने के बावजूद उनके मन में संघर्षरत सर्वहारा के प्रति अजस्र करुणा का एक भाव है। इस मजबूत आधार पर टिकी हुई उनकी कल्पना इसी कारण उस वर्ग के कवियों और लेखकों के बीच सम्मानित हुई जो कविता में लोकहित की पुनर्प्रतिष्ठा देखने के लिए सृजनात्मक संघर्ष कर रहे थे।

दरअसल आत्ममन्थन और संघर्ष की चेतना ही मुक्तिबोध की कविता को एक साथ प्रासंगिक, महत्त्वपूर्ण और सर्वकालिक बनाती है। विष्णु खरे के शब्दों में–"मुक्तिबोध की कविताओं की थीम एक है–संघर्ष–व्यक्तिगत तथा विराट स्तरों पर।"[7] यद्यपि यहाँ यह भी सही है कि मुक्तिबोध की कविताओं में इस प्रकार का सरलीकृत विभाजन असम्भव है क्योंकि मानववाद, जनकल्याण और प्रजातन्त्र के परदे के पीछे की वास्तविकता और व्यवस्था को उजागर करनेवाली उनकी कविताएँ एकरैखिक नहीं हैं। और किसी भी क्षण 'एकाएक' या 'अकस्मात्' के साथ उनकी कविता की रफ्तार बदल जाती है। व्यक्तिगत विराट में शामिल होने लगता है। अपने समय की दोगली मनोवृत्तियों की विवशता में वे जहाँ अपने को फँसा हुआ भी पाते हैं, वहीं कहीं शक्ति, ऊष्मा और संकल्प के प्रेरक तत्त्व उन्हें दिखाई पड़ते हैं और वे अपने को मुक्त करते हुए सबमें शामिल होते दिखाई पड़ने लगते हैं। अन्तःसंघर्ष और आत्मविस्तार की यह प्रक्रिया मुक्तिबोध की कविता का सबसे महत्त्वपूर्ण पक्ष है। 'मरण का संसार' और 'मरण-सुन्दरी' जैसी

प्रारम्भिक कविताओं में जहाँ कवि ने मृत्यु के साथ विलास की दावेदारी की है, वहाँ कवि के लिए संसार तिमिरमय था। शाब्दिक प्रेम और रोमांस की दुनिया में सत्य का संसार रूखा था और प्रेम स्वप्नवत् ही सम्भव था। किन्तु 'वेदना और कल्पना' जैसी कविता में कवि ने जो आकांक्षा प्रकट की थी उसी के अनुरूप मनुष्य का दुख उनकी फैंटेसी में विस्तार प्राप्त करता गया। सन् 37 में मुक्तिबोध ने 'ओ कलाकार' कविता में रचनाकार के लिए जीवन के सत्य और सामाजिक आशयों के प्रतिमानों का उल्लेख किया है। विचित्र कला-हीन शब्द-भाषा और कठोर सत्य के लिए ग्राम्य प्रयोग की पैरवी करते हुए वे कहते हैं–"तेरे शब्दों में लाख-लाख / दिलवालों के रहते उद्गार"[8] यही वह उत्स है, जिससे मुक्तिबोध की समग्र कविता की निरन्तरता का पता मिलता है। मुक्तिबोध की वर्ग चेतना और वर्ग सहानुभूति लाखों-करोड़ों लोगों की पीड़ा से ही निर्धारित हुई। इसलिए उनके संघर्ष का पठार 'निज' और 'विराट' के बीच तना रहता है। मुक्तिबोध का यथार्थ, यथार्थ के विवरणों पर आधारित नहीं है। उनका लक्ष्य चित्रण न होकर शल्य चिकित्सा है। इसलिए वे यथार्थ को प्रभावशाली बनाने के लिए फैंटेसी का उपयोग करते तो हैं पर युगबोध को ओझल नहीं होने देते। 'अँधेरे में', 'भूल-गलती', 'मैं तुम लोगों से दूर हूँ', 'लकड़ी का रावण', 'चम्बल की घाटी में', 'चाँद का मुँह टेढ़ा है' तथा अन्य कविताओं में युग के यथार्थ के विस्तृत फलक उजागर होते हैं। किन्तु मुक्तिबोध यथार्थ को केवल एक सिरे से नहीं देखते हैं। वे क्षयकारी वास्तविकता के साथ ही यथार्थ को बदलनेवाली शक्तियों से भी परिचित हैं। इसलिए उनके काव्य में युग की दहशत ही नहीं युग के संकल्प को प्रकट करनेवाली शक्तियाँ भी विद्यमान हैं। एक तरह से उनकी कविताओं में आदर्शवाद और नैतिक स्वर भी बराबर मौजूद रहता है। निराशा और स्याह रंगों के बीच भी इसी आदर्शवादी भावना के कारण आशा के 'अरुण कमल', 'लाल सूरज', 'चमकते मणि', बराबर झिलमिलाते रहते हैं। यह क्रान्तिकारी आशा ही मुक्तिबोध की कविता को वह शक्ति प्रदान करती है, जो प्रत्यक्ष अतिकथनों या भविष्यवाद की तयशुदा उम्मीद में नहीं मिलती। इस 'यूटोपियन होप' के कारण मुक्तिबोध की कविताएँ एक ऐसे स्वप्न की सृष्टि करती हैं, जो मनुष्य के मन में निरन्तर बना रहता है।

मुक्तिबोध का अन्तर्द्वन्द्व, जिसमें अपनी सीमाओं का अहसास और निराशा का स्वीकार भी है, उनकी कविता का जबर्दस्त हिस्सा है। शक्ति, आशा और विजय के स्वर का प्रदर्शनकारी उन्माद तो बहुत कठिन नहीं है। पर अपनी निराशा और सीमा का अतिक्रमण करते हुए इन पर विजय प्राप्त करने का अन्तर्संघर्ष दुर्लभ चीज होती है। इसलिए मुक्तिबोध की कविता में यथार्थ और आदर्श के सरल समीकरण के बदले वह गहरा तनाव है जिसकी जड़ें जीवन में मौजूद हैं। दरअसल निजी जीवन के अभाव-कष्ट, उनकी आकांक्षाएँ और असफलताएँ उनके अन्तर्द्वन्द्व के मूल में स्थित हैं। चूँकि मुक्तिबोध ऐसे कवि हैं, जो विचार से भावों का सम्पादन करते हैं, ये तनाव व्यक्तिगत रूप में व्यक्त न हो उदात्तीकृत होते हैं। दरअसल मुक्तिबोध की संवेदनात्मक ऊर्जा इतनी तीर्थ है कि उसमें मनोदशाओं की तीक्ष्ण अनुभूतियों, असाधारण दशाओं के साथ ही

आत्म-विस्तार का एक साथ प्रभावी समावेश हुआ है। मुक्तिबोध की संवेदनात्मक ऊर्जा को अवचेतन का संसार अपसाधारण स्थितियों के इलाके तक भी परिचालित करता है। भय, आतंक, अँधेरा, दुःस्वप्न और मृत्यु की कल्पनाएँ बराबर उनकी कविताओं में घटित होती हैं। उन्होंने स्वयं कविता में कहा है–"जितना ही तीव्र है द्वन्द्व / क्रियाओं घटनाओं का / बाहरी दुनिया में / उतनी ही तेजी से भीतरी दुनिया में / चलता है द्वन्द्व"[9] अँधेरे में तथा 'एक भूतपूर्व विद्रोही का आत्मकथन' जैसी कविताओं में भी ऐसी स्थितियाँ विद्यमान हैं। 'अँधेरे में' कविता में जो कि हमारे समय का एक तरह से सूक्ष्म दर्शन है, नायक अक्सर 'भागता है दम छोड़' और 'एकाएक विद्रूप रूपों से घिर' जाता है और उसे स्टूल पर बिठलाया जाता है जहाँ माथे की हड्डी तोड़ी जाती है। पर मुक्तिबोध में अपसाधारण दशाएँ विरल हैं। प्रमुख है उनका आत्मसंघर्ष जो स्वयं के जीवन की सीमाओं का अतिक्रमण करता हुआ, बाहरी संघर्ष पर निर्भर रहता है।

मुक्तिबोध के अन्तर्द्वन्द्व और आत्म-संघर्ष की सबसे बड़ी खूबी है इसका निरन्तर बहस और जिरह में बदलते जाना। ऐसी बहस में जो समय की सारी समस्याओं और आसपास की भयावहता को अपने भीतर समेट लेने की शक्ति रखती है। इसी के साथ स्व के विस्तार की प्रक्रिया भी चलती रहती है। क्योंकि मुक्तिबोध अवचेतन में दबे-छिपे संकल्पों को लगातार चेतन स्तर पर लाने में सफल होते हैं। 'चम्बल की घाटी', 'अँधेरे में' तथा 'ओ काव्यात्मन् फणिधर' में यह विशेष रूप से घटित होता है। मुक्तिबोध स्वानुभूत सत्य की अभिव्यक्ति पर विशेष जोर देते थे। उनका आत्मसंघर्ष अपने निम्नमध्यवर्ग के अनुभवों की सीमा का भी परिणाम है। निम्न वर्ग से जुड़ने की इच्छा और अपने वर्ग की स्थिति का संघर्ष उनमें अपराध भावना भी जगाता है। आत्माभियोगी स्वर जैसा मुक्तिबोध में है वैसा हिन्दी कविता में दुर्लभ है। 'अँधेरे में' कविता का नायक अपनी निष्क्रियता के प्रसंग में अनुभव करता है–"मानों मेरे कारण ही लग गया, / मार्शल लॉ वह / मानो मेरी निष्क्रिय संज्ञा ने संकट बुलाया।" इस तरह की अपराध-भावना मुक्तिबोध में कई जगह भिन्न-भिन्न रूपों में दिखाई देती है।

मुक्तिबोध की कविताओं में सर्वहारा श्रमिकों की उपस्थिति नहीं है, पर वर्गापसरण की प्रक्रिया मौजूद है। मुक्तिबोध जानते हैं कि ऊष्मा और मुक्ति का स्रोत जन है। 'संकल्प धर्म चेतना' का रक्त प्लावित स्वर व्यक्तित्वान्तरण में सहायक होता है। 'अन्तःकरण का आयतन' में 'बिना संहार के सृजन असम्भव है / समन्वय झूठ है' का बोध 'अँधेरे में' जन क्रान्ति में समाधान प्राप्त करता है। यहाँ मुक्तिबोध का पक्ष और उनकी सहानुभूति सर्वहारा के साथ स्पष्ट हो जाती है। बौद्धिक वर्ग क्रीतदास है और रक्तपाई वर्ग के नाभिनाल से बँधा है इसकी जानकारी और खेद तो उन्हें पहले से ही है। 'अँधेरे में' मृतदल की शोभा यात्रा में उद्योगपतियों, मंत्रियों, अफसरों, गुंडों के साथ ही 'प्रकांड आलोचक, विचारक, जगमगाते कविगण' भी शामिल हैं। मुक्तिबोध की कविता भीतर के जटिल अनुभवों और तनावों की तो है ही पर वह दीमक लगी व्यवस्था के प्रति भी उतनी ही सावधान है। उनकी कविताएँ अनिवार्य रूप से सामाजिक प्रश्नों

और बाहर की दुनिया से इस अर्थ में गहरे जुड़ी हुई हैं कि वे मनुष्य की दुर्भाग्यपूर्ण स्थितियों–शोषण, कुसमायोजन, गरिमा-लोप की सघन मानवीय चिन्ताओं का–आन्तरिक संकट उजागर करती हैं। वे एक साथ आर्थिक कारणों से शोषित और नैतिक ह्रास से काठ हुए मनुष्यों की त्रासदी की कविताएँ हैं।

उनकी कविताओं में प्रेम, स्त्री, माँ, पिता, युवक-युवती, जन, बच्चे सभी मौजूद हैं। बालक कहीं गले से लिपटा है, कहीं सिर पर टोकरी में है, कहीं प्रश्न है क्या कोई प्रेमिका सचमुच मिलेगी ? गर्भवती नारी का चित्र आँखों में तैरता है जो वजनदार घड़ों से पानी भरती और कपड़ों को भाड़-भाड़ धोती है। अग्नि के काष्ठ खोजती माँ है, गिरस्तिन मौन माँ-बहनें हैं, अनुज-अग्रज-मित्र हैं और बूढ़े थके पिता की स्मृतियाँ हैं। 'मेरे लोग', 'चकमक की चिनगारियाँ', 'मुझे याद आते हैं', आदि कविताओं में परिवार और पड़ोस के जीवन के प्रति उनका गहरा आत्मीय प्रेम प्रकट हुआ है। यह सब होते हुए भी मुक्तिबोध ने अपनी कविताओं को 'भयानक हिडिम्बा' कहा है। इसका कारण यही है कि उनकी कविता अपार मानवीय करुणा के बावजूद सुकुमार कविता नहीं है।

दरअसल मुक्तिबोध फन्तासी और यथार्थ के बीच ही नहीं बल्कि विज्ञान और ब्रह्मांड के मध्य भी एक लय निर्मित करते हैं। उन्होंने अपनी कविता में स्थान और काल को घुलाने की कोशिश की है। ऐसा करते हुए वे रहस्य की सृष्टि भी करते हैं। पर उनके संसार को वातावरण और प्रतीकों के आधार पर रहस्यवादी, अस्तित्ववादी या आध्यात्मिक बताना भी एक तरह का सरलीकरण ही होगा। इड़ा-सुषुम्ना आदि के शाब्दिक प्रयोग परम्परा और संस्कारवश हैं। सच्चाई तो यही है कि उनकी कविताओं का रहस्यलोक, काव्य उपादानों का रहस्यलोक ही अधिक है। जन-चरित्री कविता के संकल्प और मार्क्सवादी चेतना के साथ मुक्तिबोध जैसा कवि रहस्यवादी हो ही नहीं सकता। भूतों की शादी, भयानक गुफाएँ, भयानक थर-थर, सुनसान चौराहा, बियाबान रात, सर्द अँधेरा, सियाह समुन्दर जैसी भयावह साँवले तल की फैंटेसी में मार्शल लॉ, शोषण पाप का पराक्रम, रेल-एक्सीडेंट, मणि तेज सक्रिय रेडियो-एक्टिव रत्न, वेदना-विवेक-निष्कर्ष, अखबारी दुनिया का फैलाव और हमारी रोजमर्रा की जिन्दगी के तमाम हादसे हैं। इसीलिए हमने कहा कि मुक्तिबोध की कविता फन्तासी और यथार्थ के साथ ही ब्रह्मांड और विज्ञान के बीच लय स्थापित करते हुए समकालीन जीवन के त्रासद यथार्थ को प्रतिबिम्बित करती है। दरअसल मुक्तिबोध ने स्मृति में मौजूद परिवेश और समकालीन परिवेश का अपनी पीड़ा और अपने सपनों के साथ जैसा गुम्फित परिदृश्य उपस्थित किया है, वह अद्वितीय है। इसी के साथ उनकी कविताओं में गाँधी, बुद्ध, ईसा, पन्ना धाय, शिवाजी, राम की शबरी, महाकंस, एकलव्य, वसुदेव, कृष्ण जीवन के प्रतीक, मार्क्स, एंजेल्स, रसेल, हाइडेगर, टाइनबी, सार्त्र आदि पौराणिक और आधुनिक चरित्र आते हैं। उनका आदर्शवादी और सिद्धान्तवादी मन झाँक-झाँककर हर एक चेहरे, गतिविधि, चरित्र और हर आत्मा का इतिहास जाँचता है। इसलिए स्वप्न, दुःस्वप्न, रहस्य-दृश्य, विलक्षण स्पर्श, स्तब्धता, स्याह भूरे खाकी रंग और एकाएक-अकस्मात्

होनेवाली नाटकीयता उनकी कविता की अलग और विशिष्ट जगह जरूर बनाती है। पर उनकी कविता इससे रहस्यवादी नहीं हो जाती। उनकी राजनीति और विचारधारा भी स्पष्ट है, पर ऐसी स्पष्ट भी नहीं कि वह विचारधारा ही दिखे।

आत्मगत यथार्थ के भीतर झाँकते हुए मुक्तिबोध बौद्धिकता की सर्चलाइट अपने भीतर फेंकते हैं। इस रोशनी में उन्हें अपना निजी अन्तर्द्वन्द्व भी साफ-साफ दिखाई पड़ता है। व्यक्तिगत स्तर पर अनुभूत बेचैनी के अनेक दृश्य मुक्तिबोध की कविता में हैं। यद्यपि यह भी सही है कि व्यग्रता को अतिक्रान्त करके गहरे मानव प्रेम में बदलने की कोशिश भी उनके यहाँ कम नहीं है। यही कारण है कि परिवार की अत्यन्त कोमलतम स्मृतियाँ भी उन्हें विक्षोभ की सड़कों पर ठेल देती हैं। 'माँ की जर्जर बदरंग साड़ी का रंग' जैसी कविता में कोमल स्मृति अन्ततः विक्षुब्ध यथार्थ से टकराने का साहस बनती है। इसके अतिरिक्त उनकी कविताओं में व्यक्ति स्तर पर अनुभूत त्रासद यथार्थ के कारण कई स्थलों पर सच्ची पस्ती और निराशा के चित्र भी देखने को मिलते हैं। आमतौर पर ऐसी मनःस्थिति उनकी हर लम्बी कविता में कहीं-न-कहीं देखने को मिल सकती है। इस सच्ची निराशा के चित्रण के कारण ही मुक्तिबोध के काव्य का चरित्र नायक अपने युग में स्वीकृत हो पाता है। हवाई आशावाद के स्थान पर वास्तविक जीवन में मौजूद यातना पीड़ा और निराशा की स्थितियों का पूरी भयानकता से चित्रण करते हुए मुक्तिबोध अपनी काव्य कल्पना को न केवल अवांछित स्वैराचार से बचाते हैं बल्कि सच्चाई की आँखों में आँखें डालने का साहस भी प्रस्तुत करते हैं।

मुक्तिबोध के काव्य में उनकी वर्ग चेतना की तरह उनके युग का बोध भी उनके काव्य संसार की प्रासंगिकता का एक महत्त्वपूर्ण साक्ष्य है। युग का यह बोध भी उनकी कविताओं में सपाट नहीं है। अन्य स्वीकृत यथार्थवादियों की तरह मुक्तिबोध ने युग को बिम्बित करने के बजाय उसको अनुभव, विचार और कल्पना के आधार पर फिर से रचने का यत्न किया। उन्होंने कविता की रचना प्रक्रिया ही को नहीं बल्कि उसकी प्रभावों की दिशा को भी ध्यान में रखते हुए हमेशा यह महसूस किया था कि यथार्थ का विवरणात्मक अधिग्रहण कविता की शक्ति को सीमित करता है। युग को एक संघर्षचेता कलाकार की दृष्टि के आधार पर समझने के कारण मुक्तिबोध अनेक समकालीनों और परवर्तियों के द्वारा गलत भी समझे गए। कुछ ने उनके काव्य को सपाट यथार्थवादी काव्य की तरह देखा और कइयों ने शुद्ध कल्पना जैसी किसी अवास्तविक रोशनी में उन्हें पढ़ने की चेष्टा की। यह सिर्फ मुक्तिबोध के साथ ही हुआ हो ऐसी बात नहीं। विश्व के महत्त्वपूर्ण प्रगतिशील कवि नेरुदा और ब्रेख्त के बारे में भी लोगों की धारणाएँ इसी तरह की अजीबोगरीब थीं। नेरुदा ने लिखा है—"कुछ लोग मानते हैं मैं एक अतियथार्थवादी कवि हूँ और कुछ लोगों के लिए मैं यथार्थवादी हूँ और कुछ लोग तो यह भी नहीं मानते कि मैं एक कवि हूँ। वे आंशिक रूप से सही और आंशिक रूप से गलत हैं।"[10] इसी प्रकार ब्रेख्त की भी यथार्थवादियों द्वारा रूपवादी कह कर तथा रूपवादियों द्वारा उन्हें वैचारिक प्रतिबद्धता का बन्दी मान आलोचना की गई। पर ब्रेख्त

कला और उसकी प्रयोजनीयता के पृथकीकरण में विश्वास नहीं रखते थे।[11] मुक्तिबोध का युगबोध भी इन दोनों महान कवियों की तरह युग वास्तव के साथ एक कल्पनाशील सम्बन्ध स्थापित करता है। यही कारण है कि युग की विभीषिकाओं का चित्रण करते हुए उन्होंने युग की पस्ती और निराशा के अतिरिक्त जन-संघर्ष को भी अपने काव्य में रूपायित करने की चेष्टा की। मुक्तिबोध का काव्य युग के जटिल संघर्ष को सरलीकृत नहीं करता लेकिन संघर्ष के पीछे मौजूद उम्मीद की भावना उनकी आँखों से कभी ओझल नहीं होती। भारत के आदर्शवादी संस्कार और मार्क्स की वैज्ञानिक दृष्टि के समन्वय को सृजनात्मक कल्पना में प्रतिष्ठित करनेवाले मुक्तिबोध इसलिए ही आधुनिक पाठक के लिए अधिक विश्वसनीय और प्रासंगिक प्रतीत होते हैं।

मुक्तिबोध की कविता की प्रासंगिकता का एक महत्त्वपूर्ण घटक यह भी है कि वे तटस्थ-चित्रण के कवि नहीं हैं। अमानवीकरण के भयानक दृश्यों को फैंटेसी और रूपकों के माध्यम से अभिव्यक्त करते हुए मुक्तिबोध ने उसमें शामिल अपने ही मन की यातना और पीड़ा को भी बेबाक होकर लिखा है। यही नहीं उन्होंने इस अनुभव को अपनी कविता में बराबर सक्रिय रखा है कि एक बौद्धिक व्यक्ति की हैसियत से वे इस सामूहिक अपराध के भागीदार भी हैं। "क्या कहीं मेरा अपराध" या ओ मेरे आदर्शवादी मन जैसी पंक्तियों में जिस गहरे अपराध-बोध की ध्वनि है वह उनकी कविता को बहुत कारगर ढंग से एक नैतिक कविता बनाती है। मुक्तिबोध की कविता का भाव-संसार विविध रंगों से बना है। इसलिए उनकी हिस्सेदारी के भी अनेक रूप उनकी कविता में हैं। आत्मगत इतिहास को सार्वजनिक इतिहास के साथ जोड़ने का जोखिम उठाते हुए मुक्तिबोध ने जो कविता लिखी है वह भारतीय बुद्धिजीवी के त्रासद तनावों की कविता है। इन्हीं त्रासद तनावों को व्यक्तिगत अनुभव मूलों से खींचकर वे एक पूरी संघर्षरत जाति के तनावों में रूपान्तरित करते हैं। इसी के लिए उन्होंने कविता में स्मृति की आत्मपरकता को सीधे-सीधे व्यक्त करने के बजाय उसे विशिष्ट जातीय भूगोल से संयुक्त किया। यह जातीय भूगोल स्मृति के आदिम बिम्बों से भी हमें जोड़ता है और आज के आपाधापी से भरे नागरिक जीवन के बिम्बों से भी। यह स्पष्ट कर देना बहुत आवश्यक है कि मुक्तिबोध के लिए स्मृति में मौजूद परिवेश का चित्रण सिर्फ एक तकनीकी हिकमत मात्र नहीं है। भावों और विचारों को किसी जीवित व्यक्ति की हरकतों की तरह प्रस्तुत करने का उनका संवेदनात्मक उद्देश्य उनसे अनथक भाव-यात्राएँ कराता है। अपने बचपन की स्मृतियों से लेकर अपने वयस्क जीवन के कड़वे अनुभवों में शामिल अनन्त रूपा प्रकृति को वे अपनी यात्रा के दोस्त की तरह पाते हैं। यह प्रकृति सुन्दर और रमणीय भर नहीं है और इसलिए उनकी स्मृति भी केवल उसका विवरण न होकर गहरे प्रतीकात्मक आशयों को विकसित करनेवाली एक साहसिक काव्य-विधि है। ऐसी विधि जिसमें कई बार अनेक शब्द एट्रेफ्रि उत्पन्न करने लगते हैं और उनसे जो मिथ बनती है वह बहुत महत्त्वपूर्ण है, व्यग्र और चक्कर लगाते सत्य शोधक मनुष्य की तरह जो धरती नापता ही जाता है, उनकी कविता भी विस्तार प्राप्त करती जाती

है। इस अर्थ में मुक्तिबोध लम्बी कविता के सबसे सार्थक कवि हैं। उनकी कविताओं में भावों का समूचा इतिहास भाषा की अनेक शक्तियों को आविष्कृत करता है, और यही उनकी कविताओं के प्रदीर्घ होने का कारण है।

अपने इस गहरे और व्यापक संसार की सृष्टि के लिए मुक्तिबोध ने बिम्बों, प्रतीकों और फैंटेसी के गझिन शिल्प का चयन किया। इसका मुख्य कारण उनकी अपनी स्वप्न-प्रवृत्ति ही रही है। उनकी कविता में कविता और गद्य की मुठभेड़ लगातार देखी जा सकती है। फैंटेसी को इतिहास और समकालीनता में रोपते हुए ही उन्होंने अपनी रचना को प्रासंगिक बनाया है। वस्तु की विविधता के अभाव में लगता है और जैसा कहा भी जाता है कि मुक्तिबोध जीवन भर टुकड़ों-टुकड़ों में एक ही कविता लिखते रहे। वस्तुतः वे ऐसा ही कर रहे थे। जिस तरह समय वर्षों, महीनों और दिनों में विभाजित है, उसी तरह उनकी कविता भी विभिन्न शीर्षकों में। उनकी कविता की टोपोग्राफी और स्थापत्य अद्‌भुत है 'अँधेरे में' इसका विकसित प्रौढ़ रूप दिखाई देता है। कथा-तत्त्व और नाटकीयता में उनकी रुचि के कारण ये तत्त्व उनकी कविताओं को गतिशील और स्पन्दित बनाते हैं। स्तर बहुलता, प्रदीर्घता, जटिलता, सघनता, परस्पर गुम्फित यथार्थ और आवेग के कारण 'अँधेरे में' कविता महाकाव्यात्मक संरचना का आभास देती है। मुक्तिबोध की भाषा और शब्द सम्पदा के स्रोत व्यापक हैं। सिर्फ नागार्जुन को छोड़कर अन्य किसी बड़े समकालीन कविता ने भाषा ऐसा दोहन नहीं किया है। उनकी भाषा की अनगढ़ता और ऊबड़-खाबड़पन की भी बहुत चर्चा हुई है। इसमें उनकी शक्ति और सीमा दोनों ही निहित हैं। सीमा अनावश्यक फैलाव और विस्तार के सन्दर्भ में तथा शक्ति उनकी समावेशी दृष्टि और शब्दों के निःसंकोच सटीक प्रयोग के अर्थ में। मुक्तिबोध जैसे कवि ही कह सकते हैं—"ऐसी तैसी उस गौरव की जो छिन चले मेरी सुविधा।"

मुक्तिबोध अपनी रचना के प्रारूप को शायद कभी भी अन्तिम नहीं मानते थे। निरन्तर संशोधन-प्रक्रिया जारी रहती थी। संशोधन कवि का अपना अधिकार है। पर इससे मूल प्रारूप की अस्तव्यस्तता का भी अनुमान होता है। यह तथ्य निर्विवाद है और मुक्तिबोध के पत्रों से भी उजागर है कि वे रचना को सँवारने की दृष्टि से ही अधिक संशोधन करते थे और इसके बावजूद वे अपनी अभिव्यक्ति के प्रति शंकित रहते थे। पर यह सोचना भूल ही होगी कि कोई भी कवि संशोधन की प्रक्रिया से गुजरते हुए कविता के केवल एक ही पक्ष को दृष्टिगत रखता होगा। फिर इस संभावना से भी इनकार नहीं किया जा सकता कि संशोधन प्रक्रिया केवल रचना को सँवारती ही नहीं, कभी-कभी बिगाड़ती भी है और इन दोनों स्थितियों के साक्ष्य मुक्तिबोध की रचनाओं में मौजूद हैं। पर उनकी शक्ति और आकांक्षा कभी ओझल नहीं हो पाती जो प्रयोजनहीन प्रतीत होनेवाले रूपों को भी सोद्‌देश्यता प्रदान करती है।

शक्ति की ही तरह मुक्तिबोध के काव्य की सीमाएँ भी प्रकट हैं। शिल्प के स्तर पर उनमें विविधता के बदले एकरूपता है। यह एकरूपता केवल शिल्पगत नहीं है। मुक्तिबोध

की व्यग्रता और चिन्ता के यथार्थ और उनकी कल्पना के भूगोल की एकरूपता से प्रभावित एकरसता भी है। मुक्तिबोध की वर्णनात्मकता भी इसे सघन करती है। हर अनुभव को फैंटेसी में तब्दील करने की दुर्दम्य इच्छा हर बार एक स्वाभाविक प्रक्रिया नहीं रह जाती। इन सीमाओं का कारण सम्भवतः रचना को लेकर उनके मन में निरन्तर चलनेवाला एक ऐसा उद्वेलन है, जो उन्हें हजारों चीजों को रचना में समेट लेने के लिए विवश करता रहता है। इसीलिए सम्भवतः उनकी हर महत्त्वपूर्ण कविता में ऐसी पंक्तियाँ मिल जाती हैं, जो ध्यान से पढ़ने पर पाठक को गैरजरूरी लग सकती हैं। भाव ऊर्जा की शक्ति से वे अपनी भाषा की अनगढ़ता को पूरी तरह से प्रकट नहीं होने देते। किन्तु ऐसा देखने को मिल जाता है कि यह अनगढ़ता कभी-कभार अपना चेहरा दिखाकर कविता की लय में एक अवरोध उत्पन्न करती है। इसके अतिरिक्त उनकी कविता में व्याख्यात्मक पंक्तियों का इस्तेमाल अनेक स्थलों पर बहुत ही अकाव्यात्मक ढंग से हुआ है। बावजूद इसके कि मुक्तिबोध कविता की भद्रजनोचित सुन्दरता के विरोधी थे, उन्होंने स्वयं कविता के भाव-सौन्दर्य की विशिष्टता को सदैव स्वीकार किया है। उनकी कविताओं में किसी एक भावगति की पुनरावृत्ति-युक्त लम्बाई कई बार कविता के सौन्दर्य को क्षति पहुँचाती देखी जा सकती है। इसका कारण भी मुक्तिबोध की आन्तरिक बेचैनी ही है, जो काव्यानुशासन का बाँध तोड़कर बहने लगती है। पर ये सीमाएँ एक बड़े कवि की ही सीमाएँ हैं और ऐसे बड़े कवि की जिसे अपनी साधारण जिन्दगी के लिए तरह-तरह के संघर्ष करते हुए इस चीज का भान तक नहीं था कि वह एक बड़ा कवि है और पीढ़ियाँ उसे आदर से अपने लिए महत्त्वपूर्ण और प्रासंगिक समझेंगी।

किसी भी महत्त्वपूर्ण रचनाकार की समग्र पहचान अकेले उसके रचना-संसार से नहीं हो सकती। जब हम उसे उसके युग के साथ देखते हैं तब उसके शब्दों का अर्थ सन्दर्भों के स्वरों के बीच दिपदिपाने लगता है। इसी तरह उसकी अपनी पहचान भी उसके समकालीनों के साथ ही स्पष्ट हो सकती है। एक बड़ा कवि पूर्व और पश्चात् परम्परा के मध्य एक जरूरी सम्पर्क-शृंखला की तरह होता है। मुक्तिबोध भी निराला और बाद की पीढ़ी के बीच की महत्त्वपूर्ण कड़ी हैं। मुक्तिबोध को निराला का सच्चा उत्तराधिकारी कहने में हमें किसी भी तरह की हिचक का सामना नहीं करना पड़ता। दोनों का आत्मसंघर्ष अलग ढंग का था। पर महत्त्वपूर्ण तथ्य यह है कि दोनों का आत्म-संघर्ष जबर्दस्त था। परवर्ती पीढ़ी तो मुक्तिबोध से जैसा लगाव महसूस करती है, वह एक प्रकट यथार्थ है ही।

मुक्तिबोध ने प्रगतिवाद, प्रयोगवाद और नई कविता के श्रेष्ठ अंशों को ग्रहण करते हुए उनकी सीमाओं का निरन्तर अतिक्रमण किया है। नई कविता की भद्र चौहद्दी को भी लगभग उन्होंने ध्वस्त किया। वे निरन्तर एक ऐसे विकासशील कवि रहे, जो अपनी शक्ति भर कविता के दायरे को मनुष्य की यातना और अपनी जातीय जमीन पर विस्तृत करते रहे। इसलिए अपने समकालीनों में वे उपेक्षित और विवादास्पद भी रहे और अन्त में सर्वाधिक चर्चित और महत्त्वपूर्ण भी बने।

अपने समकालीनों के मध्य मुक्तिबोध का इस तरह महत्त्वपूर्ण हो जाना कोई चमत्कार नहीं था। न उनके जीवन के त्रासद अन्त के कारण वे अपने समकालीनों में विशिष्ट हो गए। जैसा कि हम पूर्व में भी कह चुके हैं—मुक्तिबोध ने अपने को कभी समकालीन परिदृश्य के हवाले नहीं किया और वे साहित्यिक कंडीशंड रिफ्लेक्सेज और मनोवैज्ञानिक सेंसर्स के विरुद्ध लगातार संघर्ष करते रहे, परिणामतः वे जिस तरह अपने समय के दबावों को महसूस कर रहे थे और इस अनुभूत को जिस भाषा और व्यवस्था में प्रकट कर रहे थे। वह प्रचलित-स्थापित कथ्य और रूप से नितान्त अलग थी। इसमें जोखिम भी थी कि कहीं उनका सबकुछ अटपटा और निरर्थक न हो जाए। यह संशय उन्हें भी बार-बार होता रहा। पर इस जोखिम के पीछे रचनात्मक साहसिकता भर नहीं थी कलाकार की वह निष्ठा और ईमानदारी थी जो अपनी दृष्टि और विश्वासों से ही शक्ति प्राप्त करती है।

मुक्तिबोध को निराला के पश्चात् सर्वाधिक महत्त्वपूर्ण और प्रासंगिक कवि माना जाता है। जबकि कथ्य और रूप के वैविध्य की दृष्टि से निराला की परम्परा का निर्वाह नागार्जुन, त्रिलोचन, केदारनाथ अग्रवाल की कविताओं में मुक्तिबोध की अपेक्षा स्पष्ट दिखाई देता है। समकालीनों के बीच मुक्तिबोध की स्थिति बहुत सीधी सरल रेखा जैसी नहीं है। तुलनाएँ भी इस स्थिति को विश्लेषित करने में सहायक नहीं होंगी। जगदीश गुप्त और नामवर सिंह दोनों ही विचार-दृष्टि के समीक्षकों की नजर में निराला मुक्तिबोध से ज्यादा बड़े कवि हैं।[12] निराला और मुक्तिबोध के समय और सन्दर्भों का फासला कवियों की गरिमा ही नहीं कवि-कर्म की भूमिका की दृष्टि से भी भिन्न है। इसलिए कवि की महानता का निर्णायक फैसला बहुत आसान बात तो नहीं है। तो भी विषय और रूपों का जैसा वैविध्य भरा संसार निराला के यहाँ है वह मुक्तिबोध के यहाँ वैसा नहीं है। पर यदि इन दोनों कवियों के विजन और उनके आत्म-संघर्ष को दृष्टि में रखा जाए तो निराला के बाद मुक्तिबोध का स्मरण ही होता है। दोनों ही कवियों को परवर्ती पीढ़ी ने अपने लिए जिस तरह प्रासंगिक और महत्त्वपूर्ण पाया उससे भी निराला और मुक्तिबोध के केन्द्रीय चुम्बकीय प्रभाव को समझा जा सकता है। दोनों ही कवियों में आत्मालोचन और नए समाज तथा नए युवा रचनाकारों के प्रति रागात्मक आत्मीय भाव हैं। जरूर निराला की तरह मुक्तिबोध का व्यक्तित्व अव्याख्येय और पौरुषमय नहीं रहा। पर दोनों की सांस्कृतिक चेतना की जड़े गहरी हैं। निराला की सांस्कृतिक चेतना के सरोकार मानवीय भी हैं और हमारी परम्परा के उत्स से जुड़े भी हैं। मुक्तिबोध की सांस्कृतिक-चेतना हमारी जातीय परम्परा से सम्पन्न भी हैं और मार्क्सवाद से युगानुकूल प्रखर भी। पर निराला विवादास्पद नहीं हैं। अर्थात् परवर्ती पीढ़ी में उनकी स्वीकृति निर्विवाद है। उनकी प्रासंगिकता को आज भी चुनौती देने का मतलब अपनी कविता की जातीय परम्परा के सबसे तेजस्वी पिंड से पृथक् होना ही होगा।

मुक्तिबोध की स्थिति निराला से भिन्न है। वे कई अर्थों में विवादास्पद भी रहे हैं। जबकि एक समय वे निर्विवाद केन्द्रीय कवि रहे। आज भी साहित्य की बहस के केन्द्र

में वे हैं। पर यह केवल कलावाद और अज्ञेय के विरुद्ध मुक्तिबोध की तेजस्वी रचनाधर्मिता के कारण है। कुछ लोगों की यह भी धारणा है कि मुक्तिबोध का तनाव बर्फ की तरह ठंडा था। उस प्रकार के तनाव से युवा पीढ़ी का कोई वास्ता नहीं है। भय और रोमांस के जासूसी काव्य में युवा-पीढ़ी को कोई रुचि नहीं।'[13] यह धारणा मुक्तिबोध को महान विचारक किन्तु महान असफल कवि मानते हुए व्यक्त की गई है। अनेक युवा नव प्रगतिशील अपने आदर्श के रूप में मुक्तिबोध की अपेक्षा नागार्जुन या त्रिलोचन की ओर देखने का आग्रह प्रकट करते हैं। इसका कारण मुक्तिबोध की कविताओं का रूपाकार है। सघन बिम्बमालाओं और फैंटेसी के विस्तार में उनकी कविता दुर्बोध होती हुई सम्बोधित नहीं होती है, इसी तर्क के द्वारा मुक्तिबोध को मार्क्सवादी, जनवादी और प्रतिबद्ध रचनाकार मानते हुए भी उनके 'फार्म' के आधार पर उन्हें अपने मॉडल के रूप में स्वीकार करने में वे हिचकिचाते हैं। यही बात शमशेर बहादुर सिंह के लिए भी कही गई थी। शमशेर युवा पीढ़ी के लिए प्रासंगिक नहीं हैं—कहते हुए विजयकान्त ने लिखा है 'आज की संघर्षोन्मुख कविता शमशेर के सुविन्यस्त रचना-संसार से किनारा करती हुई सीधे मुक्तिबोध से प्रेरणा और दिशा ग्रहण करने की तत्परता दिखा रही है।'[14] युवा पीढ़ी की काव्य प्रवृत्तियों का निरीक्षण करते हुए नामवर सिंह अलग बात करते हैं—उनका कहना है कि 'आज की जो युवतम पीढ़ी है वह स्वयं को मुक्तिबोध के बजाय नागार्जुन और त्रिलोचन जैसे कवियों से जोड़ रही हैं।'[15] इसके विपरीत डॉ. विश्वम्भर नाथ उपाध्याय का मत है कि—"सप्तम दशक में कवियों के प्रेरणा पुरुष निराला और मुक्तिबोध रहे और हैं क्योंकि इन कवियों में, वर्तमान राजनीतिक-सामाजिक परिवेश की असंगतियों के प्रति अत्यन्त गम्भीर अहसास है और मुक्तिबोध में तो वह विश्वबोध भी है जो मार्क्सवाद से सीधे-सीधे उद्‌धृत और पल्लवित हुआ है।"[16]

ऊपर लिखित वक्तव्यों के केन्द्र में साहित्यिक विवाद ही प्रमुख है। समकालीन रचना का सम्बन्ध न तो मुक्तिबोध के साथ और न ही अन्य कवियों के साथ इस रूप और स्तर का है कि ये कवि आज के कवि के लिए कोई 'मॉडल' की तरह की चीज हैं। वस्तुतः किसी वयस्क कवि के साथ एक रचनाकार का सम्बन्ध उसकी अपनी मनोभूमि की जटिलता के आयामों का सम्बन्ध होता है। उसे सरलीकृत निष्कर्षों के आधार पर व्याख्यायित करने की कोशिश भ्रम की सृष्टि ही करती है। इन वक्तव्यों से यह बात भी ध्वनित होती है कि आज की कविता के लिए मानो ये वयस्क कवि निर्णायक प्रेरणा का काम करते हों। जबकि किसी भी युग की सार्थक कविता के लिए निर्णायक प्रेरणा का कार्य स्वयं कवि के अन्तर्संघर्ष के द्वारा सम्पादित होता है। यह जरूर कहा जा सकता है कि समकालीन कविता इन सभी वयस्क कवियों के साथ इस अर्थ में जुड़ी है कि वह अपने अनुभवों के संसार में इनके स्वरों को अजनबी और अवांछित स्वरों की तरह नहीं देखती। दूसरी महत्त्वपूर्ण बात यह है कि मुक्तिबोध की कविता गहरे अर्थ में अननुकरणीय कविता है। कविता की प्रासंगिकता के केन्द्र में किसी कवि को रखने का यह अर्थ कतई नहीं लिया जाना चाहिए कि एक कवि दूसरे से बड़ा या छोटा

है। कवि के महान और सामान्य होने का निर्णय आसान निर्णय नहीं है। प्रथमतः तो इसलिए कि आज की सृजनात्मकता महानता के स्थिर प्रतिमानों पर विश्वास नहीं करती, दूसरे कविता का निर्णय एक लम्बी कालावधि की अपेक्षा भी रखता है। पच्चीस-पचास बरस के अल्प समय में किसी कविता के सामुदायिक प्रभाव को आँक सकना सम्भव नहीं लगता। कविता का प्रभाव केवल तात्कालिक उत्तेजना के स्तर पर सीमित नहीं होता। अतः समकालीन रचना में परम्परा के सूत्र खोजते हुए सतर्क रहने की जरूरत बहुत ज्यादा है और मुक्तिबोध जैसे कवि के साथ तो यह सतर्कता और अधिक जरूरी है। वे ऐसे कवि नहीं हैं जिन पर हड़बड़ी या एकबारगी में फैसला दे दिया जाए। मुक्तिबोध जैसे गहरे अन्तर्द्वन्द्वोंवाले कवि को अकादेमिक सम्मान कक्ष की किसी एक चेयर पर सदा के लिए स्थिर नहीं किया जा सकता। हमें लगता है कि मुक्तिबोध पर बार-बार शोध होगी। उनकी चेयर बदलती रहेगी पर वे हमेशा चर्चा के केन्द्र में रहेंगे। यह उन्हीं रचनाकारों के साथ होता है, जिनकी रचना इतिहास में स्थिर होकर नहीं रह जाती बल्कि जो शताब्दी बीत जाने के बाद भी समकालीनता में हस्तक्षेप और हरकत करने की ताकत रखती है। किसी भी महत्त्वपूर्ण और सार्थक कविता में यह गुण होता है कि वह एक विशिष्ट इतिहास में रची जाकर भी उसे अपनी विशिष्टता से अतिक्रमित करती है। इसी तथ्य की ओर संकेत करते हुए आक्टोविया पाज ने लिखा है–''कविता दूसरी आवाज है। इतिहास या प्रति-इतिहास की आवाज नहीं, बल्कि एक ऐसी आवाज जो इतिहास के भीतर हमेशा कुछ अलग कहती है।''[17] स्पष्ट है कि मुक्तिबोध की आवाज की लय और झंकार तात्कालिकता की बन्दी नहीं हो पाती। वह हमें यान्त्रिक वर्गीकरण और स्थान-निर्धारण की आसान प्रक्रिया से परे भी ढकेलती है।

पाँचवें और छठे दशक में जब मुक्तिबोध साहित्यिक अज्ञातवास भोगते सृजनरत थे उस समय प्रयोगवाद और नई कविता के पुरस्कर्ता अज्ञेय न केवल कविता बल्कि आधुनिकता की लहर से उद्वेलित साहित्य के केन्द्र में थे। इसलिए जब सातवें दशक और बाद में मुक्तिबोध की केन्द्रीय रचनाकार के रूप में प्रतिष्ठा हुई तो अज्ञेय विरुद्ध मुक्तिबोध की बहस प्रारम्भ हुई। ऐसी बहसें सदैव और दूर तक स्वस्थ मूल्य-चेतना से परिचालित नहीं रह पाती हैं। अति उत्साह में अतिकथन करते हुए अज्ञेय को छोटा और मुक्तिबोध को बड़ा सिद्ध करने के उपक्रम में अवान्तर बातें भी हुईं। आधुनिकतावाद के दबावों और व्यक्तिवादी कलावाद की हवा से भिन्न वातावरण में आते ही साहित्य की दृष्टि, उसकी प्रयोजनीयता और प्रासंगिकता के प्रतिमान बदल गए। इन बदले प्रतिमानों के बीच मुक्तिबोध के विचार और उनकी कविता की सार्थकता पूरी तीव्रता के साथ उजागर हुई। देश की राजनीतिक, सामाजिक और आर्थिक परिस्थितियाँ ही नहीं बल्कि प्रजातन्त्र और आजादी के प्रति भी दृष्टिकोण में आए अन्तर ने भारतीय-मानस में अनेक प्रश्न उपस्थित किए। पूँजीवाद और पूँजीवादी वैशाखियों पर टिकी जनतान्त्रिक सरकार का छद्म जाहिर होते ही विद्रोह और प्रतिकार की भावना का विकसित होना साहजिक ही था। ऐसे अनुभवों के बीच अन्याय, सामाजिक विषमता, अज्ञान के प्रति

घृणा और श्रेष्ठ मानवीय मूल्यों के प्रति लगाव, सामाजिक-दृष्टि, मुक्ति की कामना और साम्यवाद में आस्था रखनेवाले रचनाकारों और रचनाओं का केन्द्र में आना परिस्थितिजन्य ही था।

अज्ञेय की वैयक्तिकता, अद्वितीयता और कलात्मक परिष्कार की प्रवृत्ति के स्थान पर साहित्य और विशेषकर कविता में जिस मानसिकता की आवश्यकता थी मुक्तिबोध उसके प्रतीक बन गए। अज्ञेय और मुक्तिबोध की मानसिकता के पठार बहुत अलग हैं। अज्ञेय के लिए निजता से मुक्ति जरूरी नहीं है। वे अपनी इसी निजता को अनुशासित कलाभिव्यक्ति से सुरक्षित रखते हैं। अज्ञेय का अहं उनके विवेक और गहराई की सीमा निर्धारित करता है। मुक्तिबोध अपने अहं और वैयक्तिकता से मुक्त होने का संघर्ष अपने विचार और कविता में निरन्तर तीव्र करते दिखाई पड़ते हैं। इसलिए उनका संसार सघनता और विस्तार प्राप्त करता हुआ बाहर सम्मिलित होने लगता है। दोनों कवियों की मानसिकता का प्रभाव उनकी कविता के ढाँचे में देखा जा सकता है। वर्गीय-दृष्टि और विचारधारा में आस्था न होने से अज्ञेय की दुनिया छोटी होने लगती है और मुक्तिबोध की विस्तार पाने लगती है। इसके पीछे केवल साहित्यिक बदलाव ही नहीं भारतीय जीवन-व्यवस्था के वस्तुनिष्ठ कारणों का महत्त्व अधिक है। इसे रामविलास शर्मा के इन शब्दों से अच्छी तरह समझा जा सकता है कि–''मुक्तिबोध का जो प्रारम्भिक दौर है, वह अज्ञेय का अन्तिम दौर है। मुक्तिबोध के लिए जो विकास है, अज्ञेय के लिए वही ह्रास है।''[18] अज्ञेय का उनकी सांस्कृतिक और राजनीतिक तटस्थता के कारण निर्विकार स्रष्टा जैसा कला-आचरण एक रमणीय सरोवर का दृश्य ही उपस्थित करता है जबकि उनके यहाँ गहरा नैतिक सरोकार भी है। किन्तु मुक्तिबोध के यहाँ मानवीय व्यग्रता में हहराता समुद्र है, विस्तार और फैलाव का सौन्दर्य और सौन्दर्य के लिए हाहाकार है। दोनों कवियों की भाषा के रूप में जो अन्तर है वह दोनों के दृष्टिकोण और उनकी धारणाओं के अन्तर का प्रतिफलन है। अज्ञेय और मुक्तिबोध की आधुनिकता और समकालीनता की धारणाओं के विरोध ही का परिणाम है कि मुक्तिबोध जड़ीभूत सौन्दर्याभिरुचि और कलावादी शुद्धता का निरन्तर निषेध करते रहे। अज्ञेय के लिए तात्कालिकता से परे जाना एक तरह से आधिभौतिक होते हुए अमूर्तता की ओर बढ़ना है। यही अज्ञेय की आधुनिकता की सीमा है। मुक्तिबोध यथार्थ को लाँघकर फैंटेसी में जाते हैं और फिर यथार्थ की ओर लौटते हैं और ऐसा करते हुए वे कविता या कला को जुदा सवाल नहीं रहने देते। कला और कविता को निरन्तर जीवन से जोड़ते रहने की उनकी आकांक्षा उन्हें और उनके सृजन को जीवन की प्रमुख धारा का अंग बनाती है। जबकि जीवन की प्रमुख धारा से विच्छिन्न रहने के कारण अज्ञेय अपने काव्य की परिणति कलावादी और शुद्धतावादी मुद्रा में करते हैं। यह बात पूर्व अज्ञेय की तुलना में उत्तर–अज्ञेय में और अधिक स्पष्ट रूप से देखी जा सकती है। सजाव, सँवार और तराश की वृत्ति अज्ञेय की विवशता भी है। सम्भवतः इसलिए कि उनके भीतर वास्तविकता के प्रति गहरे आवेग से जुड़ी हलचलें नहीं हैं। इसी तथ्य को स्पष्ट करते

हुए प्रभात त्रिपाठी ने कहा है कि–"मुक्तिबोध और अज्ञेय के यहाँ बुनियादी फर्क यह है कि अपने और समाज के लिए अर्थ की खोज करते हुए वात्स्यायन शब्दों का जो विन्यास गढ़ते हैं उसमें पैशन की, आवेग की सख्त कमी होती है। एक तरह से कविता आदिम शक्ति से रहित होती है।"[19] वस्तुतः अज्ञेय के यहाँ समाज के लिए अर्थ की तलाश की कोशिश का रास्ता अपने और सिर्फ अपने लिए अर्थ की तलाश की कोशिश से जुड़ा है। यही कारण है कि उनकी कविताएँ कभी आत्मोपलब्धि का अहसास देती हैं लेकिन अक्सर उनके यहाँ आत्मेतर वास्तव की उपेक्षा का साक्ष्य ही ज्यादा मिलता है। अज्ञेय और मुक्तिबोध की तुलना का यह अर्थ कतई नहीं लिया जाना चाहिए कि अज्ञेय का काव्य अमहत्त्वपूर्ण और गैरजरूरी है। इस सन्दर्भ में यह ध्यान में रखना उचित है कि साहित्य और मनुष्य के इतिहास में केन्द्र परिवर्तन की घटनाएँ होती ही रहती हैं। इसे केवल मुक्तिबोध की प्रतिष्ठा या अज्ञेय के निष्कासन के रूप में निरूपति नहीं किया जा सकता।

शमशेर बहादुर सिंह की कविता पर लिखते हुए मुक्तिबोध ने लिखा है कि–"शमशेर की आत्मा एक रोमांटिक क्लासिकल प्रकार की है।"[20] मुक्तिबोध को शमशेर का प्रभाववादी चित्रकार-सा मन, शिल्प आकर्षित करता था। शमशेर ने स्वयं मुक्तिबोध से अपनी तुलना करते हुए कहा है कि–"मुक्तिबोध मुझे खासतौर से इसलिए ज्यादा अपील करता है कि वह मुझसे इतना भिन्न है। ऐब्स्ट्रैक्ट नहीं ठोस।"[21] शमशेर और मुक्तिबोध की स्थिति समकालीन कविता में कई बातों में समान भी है। दोनों ही विशेष अर्थ में आवेग प्रधान कवि हैं और दोनों में ही भिन्न प्रकृति का सही, बिम्ब प्रधान उलझाव है। दोनों ही कवि कलावादी और प्रगतिशीलों के लिए भी महत्त्वपूर्ण और प्रासंगिक हैं। श्रीकान्त वर्मा इन दोनों कवियों के लिए कहते हैं–"शमशेर और मुक्तिबोध हिन्दी कविता के दो छोर हैं। दोनों की कविताओं में कुछ भी समान नहीं है। एक को भाषा की सामर्थ्य का अहसास है। दूसरे को भाषा की असमर्थता का।"[22] शमशेर के यहाँ गतिशील ऐन्द्रिक आलोक है, चित्रकला, संगीत और शब्द के परिष्कार का आलम है जबकि मुक्तिबोध की दुनिया भय, आतंक और खुरदरे यथार्थ की दुनिया है। वे फैंटेसी, आद्य बिम्ब और प्रतीकों के हाहाकार के बीच स्वप्न देखते हैं। स्वयं श्रीकान्त वर्मा मुक्तिबोध और शमशेर को दो छोर कहने के बाद भी उनकी संगति को इन शब्दों में प्रकट करते हैं–"मुक्तिबोध और शमशेर दोनों ही प्रगतिशील आन्दोलन से सम्बद्ध रहे। दोनों की चेतना के निर्माण में मार्क्सवाद ने महत्त्वपूर्ण भूमिका अदा की। मगर दोनों की कविता में एक गहरा अवसाद और अकेलापन है। यह अकेलापन कुंठाजनित नहीं है। यह सामाजिक संघर्ष में देर तक और दूर तक हिस्सा लेने के बाद पैदा होता है। मायकोव्स्की की बाद की कविताएँ इसका उम्दा उदाहरण हैं।"[23] इस तरह श्रीकान्त वर्मा 'दोनों की कविता में कुछ भी समान नहीं है' कहकर भी समानता ढूँढ़ ही लेते हैं। पर वे जिस गहरे अवसाद और अकेलेपन की बात कहते हैं वह वाजिब नहीं लगती। क्योंकि मुक्तिबोध निरन्तर हिस्सेदारी की दिशा में आगे बढ़े हैं और शमशेर की दुनिया में सौन्दर्य

और संगीत की थरथराहट है। करुणा और मौन की अन्विति शमशेर में अवश्य है, फिर भी अवसाद और अकेलेपन की वैसी ध्वनि तो नहीं है जिसे उनकी कविता की तासीर कहा जाए। पाज़, वैय्यख़ो और नेरुदा की तरह शमशेर को भी अतियथार्थवाद ने मुग्ध किया है। मुक्तिबोध फैंटेसी से विराट केनवास का आविष्कार करते हैं जबकि शमशेर अतियथार्थ में हल्के रंगों और तरलता के बीच छाया वीथिका तैयार करते हैं। मुक्तिबोध और शमशेर को दो छोर मानना इस अन्तर के बाद भी युक्तिसंगत नहीं जान पड़ता, क्योंकि दो छोर तो अज्ञेय और मुक्तिबोध ही हैं।

नागार्जुन और त्रिलोचन के साथ मुक्तिबोध की स्थिति एक साथ सहज और उतनी ही जटिल भी है। नागार्जुन और त्रिलोचन की भाषा के बीच सहजता का एक सामान्य बिन्दु है। मुक्तिबोध की काव्य-भाषा उन्हें इन दोनों कवियों से बहुत भिन्न स्थिति प्रदान करती है। वस्तुतः यह अन्तर उस कथ्य ही का है जिसके कारण संरचना, विन्यास और काव्य-भाषा के फासले दिखाई देते हैं। तीनों कवियों की गहरी मानवीय संलग्नता और विकलता की दिशाएँ भिन्न हैं। नागार्जुन राजनीतिक चेतना के सही और गहरे अर्थों में हमारी भाषा के सबसे बड़े कवि हैं। उनकी कविता की कोई हदबन्दी नहीं की जा सकती। शिशुओं की-सी सरलता, यथार्थ की जड़ों तक गहरी पैठ, तीखा व्यंग्य और जनता की भाषा नागार्जुन की कविता को जैसी ताकत और सहजता प्रदान करती है वह अपने आप में अकेला उदाहरण है। समकालीन यथार्थ पर प्रत्यक्ष टिप्पणी, यथार्थवादी शिल्प और जन भाषा का उपयोग करते हुए जातीय आकांक्षा को अभिव्यक्ति देना जोखिम का काम है, खासकर कविता की प्रकृति की दृष्टि से और कविता की रक्षा करते हुए यह जोखिम नागार्जुन उठाते हैं। 'शासन की बन्दूक' जैसी कविता नागार्जुन की सहज प्रवृत्ति है। राजनीतिक कविता की नागार्जुन-सी प्रत्यक्ष तासीर मुक्तिबोध के यहाँ नहीं है। यहाँ पाब्लो नेरुदा का यह कथन उल्लेखनीय है कि–"राजनीतिक कविता में दूसरी किसी भी कविता से ज्यादा गहरा भावावेग होता है, कम-से-कम प्रेम कविता जितना तो होता ही है, और उसे जबरन नहीं लिखा जा सकता क्योंकि तब वह फूहड़ और अग्राह्य हो जाती है।"[24] यह बात नागार्जुन की अधिकांश कविताओं पर लागू होती है क्योंकि उनका अपने लोगों के प्रति लगाव उस आवेग का प्रेरक है जो ऐसी कविताओं की प्रामाणिकता का गहरा आधार है। यही कारण है उनकी कविता में हमारे जीवन की किसी भी घटना को हम प्रतिबद्ध टिप्पणी सहित दर्ज देख सकते हैं। इस दृष्टि से नागार्जुन की कविता समकालीन जीवन का विस्तृत काव्यात्मक आलेख भी है। मुक्तिबोध की कविता भी यही करती है किन्तु वे इसे फैंटेसी और रूपक के जरिए सम्भव करते हैं। मुक्तिबोध के यहाँ विवरण और टिप्पणी नागार्जुन से अधिक ही हैं पर वहाँ घटनाएँ एक गतिशील लोक की छायाओं में इस तरह घुलमिल जाती हैं कि उन्हें पहचानने की कोशिश करनी पड़ती है। यह इस कारण होता है कि मुक्तिबोध की कविता समकालीन इतिहास का अतिक्रमण करती है। ये ही गुण इन दोनों कवियों की शक्ति और सीमा भी निर्धारित करते हैं। नागार्जुन की सम्प्रेषणीयता और तात्कालिक सजगता तथा मुक्तिबोध की दुर्बोधता और सार्वकालिकता से इस शक्ति और सीमा का अनुमान किया जा सकता है।

त्रिलोचन की कविताओं में कवि के गहरे आत्मविश्वास, सामाजिक लक्ष्य के प्रति ईमानदारी, संयम, स्वस्थ जीवन दृष्टि, परम्परागत छन्दों का प्रयोग, विचारों और भावनाओं से आलोकित काव्य आदि गुणों की प्रशंसा मुक्तिबोध ने की है।[25] त्रिलोचन अपनी धरती और प्रकृति के सुख-दुःखों के ऐसे आत्मीय कवि हैं जिन्हें कलाधिकार, बाबा नागार्जुन के शब्दों में तुलसी और निराला से मिला है।[26] नागार्जुन से भिन्न त्रिलोचन जीवन को समग्रता में ग्रहण करते हैं और भाषा को उसकी सांगीतिकता से पृथक् नहीं होने देते जो आधुनिक युगीन तनावों की आसान परिणति सर्वत्र परिलक्षित होती है। नागार्जुन ने मैथिली और त्रिलोचन ने अवधि लोक भाषा में गीतों की रचना की है। इन दोनों ही कवियों का रचना-संसार लोक जीवन के स्पन्दनों से धड़कता है। मुक्तिबोध लोकजीवन और लोकभाषा के सहज संस्कार से वंचित रहे हैं। उनकी दुनिया में आदिम धड़कनें तो हैं पर उनकी कविता की भाषा भी एक तरह से उनकी अपनी मातृभाषा नहीं है। गिन्सबर्ग ने 1964 में बनारस में बोलते हुए एक महत्त्वपूर्ण बात कही थी कि किसी कवि का महत्त्व केवल इस बात से ही नहीं आँका जाना चाहिए कि उसने अपने मुहावरे को किस सीमा तक लोकाभिमुख किया है, बल्कि यह देखना भी बहुत जरूरी है कि वह किसी सीमा तक समाज के किस वर्ग के लोगों में सम्बोधित है। गिन्सबर्ग ही के शब्दों में–"अमरीका में आज भी सबसे ज्यादा पढ़ा जानेवाला कवि वाल्ट व्हिटमैन है या मैं हूँ, भारत में कबीर हैं या त्रिलोचन।"[27] निश्चित ही यह गिन्सबर्ग का उसी तरह अतिकथन है जैसाकि प्रमोद वर्मा ने मुक्तिबोध के बारे में इसी तरह कहा है, फिर भी यह निर्विवाद है कि त्रिलोचन में सहजता और आत्मीयता के अदभुत गुण हैं, जो मुक्तिबोध के यहाँ नहीं है। फिर भी दोनों कवियों के व्यक्तित्व के इर्द-गिर्द एक ऐसा महिमा-वलय है जो दोनेां के काव्य के सही मूल्यांकन में बाधा खड़ी करता है।

जैसा कि हम पूर्व में नामवर सिंह के इस कथन का उल्लेख कर चुके हैं कि युवतम पीढ़ी अपने को मुक्तिबोध के बजाय नागार्जुन और त्रिलोचन से जोड़ रही है तो इसका संकेत इन दोनों कवियों के 'फार्म' की ओर ही है जिसमें सहज सम्प्रेषणशीलता बड़ी कविता का गुण होकर आई है। नामवर सिंह का यह सामान्य कथन तात्कालिक सन्दर्भ से प्रेरित था, किन्तु यह अन्य प्रश्न खड़े करता है जैसा कि अशोक वाजपेयी ने उठाया भी है कि "मुक्तिबोध एक ऐसे कवि कहे जा सकते हैं जिनके पीछे एक विराट् विजन था और अपने साहित्य के माध्यम से उन्होंने उस विराट् विजन को व्यक्त किया। उसके बरक्स त्रिलोचन या नागार्जुन में इस साफ राजनीतिक समझ के बावजूद एक तरह की विजनलेसनैस है जो त्रिलोचन की कविताओं में चित्रमयता के रूप में आया है या एक तरह का कुछ क्षीण, कमजोर और परिवर्तित होता हुआ विजन है जो नागार्जुन में दिखाई देता है।"[28] अशोक वाजपेयी का निष्कर्ष यह है कि नई पीढ़ी में विजन के साहस का अभाव है इसलिए यह स्वाभाविक है कि "मुक्तिबोध के विराट् विजन की तुलना में वह त्रिलोचन या नागार्जुन जैसे कवियों को अपना आदर्श बनाएँ। इस सन्दर्भ में नामवर सिंह ने नागार्जुन और त्रिलोचन के छोटे-छोटे फार्म, सहजता, विविधता, व्यंग्य, खुरदरी

वास्तविकता से प्रत्यक्षता आदि का उल्लेख किया, जिनके कारण ये दोनों कवि अधिक अपील करते हैं। नामवर सिंह के शब्दों में–''मुक्तिबोध तो छोटी सी बात को भी इतने आतंककारी ढंग से कहते थे कि दिमाग की नसें फट जाएँ।''[29]

केदारनाथ अग्रवाल भी मुक्तिबोध के बरक्स एकदम भिन्न धरातल के कवि हैं। केदारनाथ की वाणी जीवन के गहरे अर्थों में मनुष्य के पक्ष में आकार ग्रहण करती है। मुक्तिबोध और केदार की भाषा ही नहीं स्वभाव भी भिन्न हैं। प्रकृति को दोनों कवि भिन्न-भिन्न नजरिए से ग्रहण और व्यक्त करते हैं। केदार की प्रकृति स्वतन्त्र है। वह कवि की चेतना की दरार में उलझी वैसी आक्रान्त प्रकृति नहीं है जिसके जरिए मुक्तिबोध अपने फलक को विस्तार देते हैं। केदार की प्रकृति किसान और साधारण लोगों की पहचानी आत्मीय प्रकृति है। उनकी वसन्ती हवा, केन नदी, खेत-खलिहान, सरसों, नीम का पेड़ पाठकों से सीधा रिश्ता कायम करते हैं और जीवन के सुख-दुःख और संघर्ष के साक्ष्य ही नहीं भागीदार भी बनते हैं। मुक्तिबोध की बौद्धिकता के विपरीत केदार की कविताओं में उनकी जनवादी भावना भी आन्तरिक संवेदनशीलता का ही घुला-मिला रूप बनती है। केदार की भाषा कोमलता और विश्वास के सहारे तीखी मार करती है। उनकी पक्षधरता और वैज्ञानिक समझ कहीं भी कविता को कविता के अतिरिक्त और कुछ नहीं होने देती। अपनी गीतात्मक संवेदनशीलता सहित केदार वस्तुवादी हैं, भाववादी नहीं।

शमशेर, नागार्जुन, त्रिलोचन और केदारनाथ अग्रवाल के साथ मुक्तिबोध को परखने का हमारा लक्ष्य उनके महत्त्वपूर्ण समकालीनों के मध्य उनकी कविता और कवि-व्यक्तित्व की अलग पहचान को रेखांकित करना मात्र है। रमेशचन्द्र शाह ने मुक्तिबोध के इस कथन पर कि ''भारतीय मन साहित्य को परम प्रिय मित्र की भाँति देखना चाहता है।'' यह प्रश्न उठाया था कि ''क्या मुक्तिबोध की कविता के बारे में इस तरह का दावा किया जा सकता है'' यानी क्या भारतीय पाठक मुक्तिबोध की कविता को परम प्रिय मित्र की तरह पा सकता है ? सचमुच यह एक टेढ़ा प्रश्न है। रमेशचन्द्र शाह आगे पुनः दूसरा प्रश्न करते हैं कि मुक्तिबोध ने ''प्रसाद की तरह फन्तासी में उलझने के बजाय नागार्जुन की तरह सीधी-सपाट रचना क्यों नहीं लिखी।''[30] इससे मुक्तिबोध की कविता की दुर्बोधता का ही संकेत नहीं मिलता वरन् यह ध्वनि भी निकलती है कि भारतीय मन सीधी-सपाट रचना को ही परम प्रिय मित्र मान सकता है। मुक्तिबोध जब साहित्य को परम प्रिय मित्र कहते हैं तब वे संलग्नता और अपने लोगों के प्रति आत्मीयता के साहित्यिक अनुभव जगत को रेखांकित करते हैं न कि उसकी भाषा को। दरअसल मुक्तिबोध फन्तासी में भी अपनी ही तरह उलझे हैं न कि प्रसाद की तरह, और मुक्तिबोध ही क्यों त्रिलोचन के लिए भी नागार्जुन की तरह लिखना जरूरी नहीं है। स्वयं रमेशचन्द्र शाह ने अर्थात् में विजयकान्त द्वारा शमशेर की प्रासंगिकता को लेकर उठाए सवाल को लेकर ऐसे प्रश्न का बहुत सही उत्तर दिया है, वे कहते हैं–''यह बिल्कुल सही बात है कि नागार्जुन की कविता का प्रस्थान बिन्दु

कवियों की भाषा न होकर जनता की भाषा है, इसके बावजूद मुझे लगता है कि 'नगई महरा' जैसी कविता सिर्फ त्रिलोचन ही लिख सकते थे। इससे क्या सिद्ध होता है ? यही न कि शमशेर, शमशेर हैं, त्रिलोचन त्रिलोचन और नागार्जुन नागार्जुन। हाँ, हम, कविता में उनका हयवदन ही करना चाहते हैं। तो दूसरी बात है।"[31] यहाँ यह जोड़ने से कि मुक्तिबोध भी मुक्तिबोध ही है, बात पूरी हो जाती है और इससे यही निष्कर्ष प्राप्त होता है कि अपने महत्त्वपूर्ण समकालीनों के मध्य अपनी अपार आकुलता और बीहड़ शिल्प के कारण मुक्तिबोध सबसे अलग हैं। तार सप्तक के कवियों में अज्ञेय से उनके प्रस्थान बिन्दु की चर्चा हम विस्तार से कर चुके हैं। शेष कवियों नेमिचन्द्र जैन, भारत भूषण अग्रवाल, गिरिजाकुमार माथुर, प्रभाकर माचवे और रामविलास शर्मा में भारतभूषण अग्रवाल को छोड़ प्रायः शेष चारों कवि मुक्तिबोध-सी रचनात्मक ऊर्जा के साथ कविता के क्षेत्र में नहीं रहे। नाटक, आलोचना या अन्य विविध लेखन में व्यस्त हो जाने के कारण उनके साथ मुक्तिबोध को परखने का प्रश्न नहीं उठता।

मुक्तिबोध के नागपुर और राजनाँदगाँव वास के दौरान उनके साथ जो मित्र मंडली थी उसे अनिलकुमार और डॉ. कान्तिकुमार ने क्रमशः मुक्तिबोध स्कूल तथा मुक्तिबोध-मंडल के कवि की संज्ञा दी है। डॉ. कान्तिकुमार ने अपनी स्थापना में उन कवियों का विस्तार से विचार किया है जिनकी काव्य रुचि को मुक्तिबोध ने न केवल प्रभावित किया बल्कि समृद्ध भी किया। इन कवि मित्रों के बीच का रिश्ता केवल आत्मीय मित्र भाव मात्र न होकर समान विचारधारा और उद्देश्य परकता से निर्मित था। डॉ. कान्तिकुमार के शब्दों में—"मुक्तिबोध-मंडल के अन्तर्गत जिन कवियों की चर्चा की गई है, उसका आधार मुक्तिबोध से वैयक्तिक एवं रचनात्मक स्तर पर उनकी निकटता ही है।"[32] मुक्तिबोध इस मंडल के केन्द्रीय प्रखर व्यक्तित्व सिद्ध हुए। इन कवियों में प्रमोद वर्मा, स्व. रामकृष्ण श्रीवास्तव, जीवनलाल वर्मा 'विद्रोही', अनिलकुमार, शिवकुमार श्रीवास्तव, श्रीकान्त वर्मा, स्व. सतीश चौबे के नाम महत्त्वपूर्ण हैं। इस प्रसंग में प्रमोद वर्मा का यह कथन महत्त्वपूर्ण है कि "मुक्तिबोध के इतने निकट रहकर भी हमने (मुक्तिबोध-मंडल के कवि मित्रों ने) उनका अनुकरण नहीं किया। इसका मूल कारण शायद यही था कि वे 'एपिक स्ट्रेचर' के कवि थे और उनका अनुकरण सहज नहीं था। दूसरा कारण यह भी हो सकता है कि 'स्ट्रेचर' में छोटे होने पर भी हम सबों के अपने अलग व्यक्तित्व थे।"[33] यह पूरा प्रसंग न केवल मुक्तिबोध के व्यक्तित्व की प्रखरता को उजागर करता है बल्कि इससे उनकी कविता और वैचारिकता की उस चुम्बकीय शक्ति का भी पता चलता है जिसके कारण अनेक युवा रचनाकार उनसे प्रत्यक्ष और अप्रत्यक्ष रूप से प्रेरणा ग्रहण करते रहे।

मुक्तिबोध का युवा पीढ़ी से रिश्ता भी उनकी समानधर्माओं के प्रति आन्तरिक ललक और आकांक्षा को प्रतिबिम्बित करता है। कविता लिखने के लिए युवा मानसिकता जरूरी है। कविता भी कवि को युवा बनाए रखती है। परस्पर का यह सम्बन्ध ही रचनात्मक ऊर्जा का स्रोत है। यहाँ यह निस्संकोच कहा जा सकता है कि जीवन के

कष्टप्रद अनुभवों और संघर्षों से गुजरते हुए निराशा के बीच की अवधि के बाद अपने प्रौढ़ सृजन के दौरान मुक्तिबोध ने इस युवा मानसिकता को पुनर्प्राप्त कर लिया था। वरिष्ठता की ग्रन्थि मुक्तिबोध में नहीं थी। मुक्तिबोध के अध्यापक मित्र पार्थ सारथि ने लिखा है कि "मुक्तिबोध के बारे में उल्लेखनीय बात यह थी कि वे न केवल युवकों के साथ जुड़े रहे, बल्कि जीवन भर स्वयं को विचार और अनुभव के स्तर पर युवा महसूस करते रहे।"[34] अपने से उम्र में बहुत छोटे रचनाकारों के प्रति उनकी आस्था इसका प्रमाण है। विनोदकुमार शुक्ल, आग्नेय, श्रीकान्त वर्मा, अशोक वाजपेयी, जितेन्द्र कुमार, सतीश चौबे आदि के प्रति उनका स्नेह और विश्वास उनकी डायरी में व्यक्त हुआ है। इसका यह अर्थ नहीं है कि वे अपने इर्द-गिर्द दरबारनुमा लगा देखने को आतुर रहते थे। श्रीकान्त वर्मा के शब्दों में वे "समानधर्मी कवियों के गुट की नहीं जाति के विश्व की कल्पना करते थे।"[35] मुक्तिबोध की यह कल्पना कोरी सृजनात्मक महत्त्वाकांक्षा का परिणाम न होकर उस मानवीय संवेदनशीलता का परिणाम ही अधिक है जो मनुष्य मात्र के 'सुखी, सुन्दर व शोषण मुक्त' होने का स्वप्न देखती है। इसीलिए वे युवा पीढ़ी को धरती का धन मान उसमें अपनी पहचान खोजते हैं :

> *और, अब नए-नए मेरे मित्रगण / मेरे पीछे आए हुए युवा-बाल-जन, / धरित्री के धन, / खोजता हूँ उनमें ही / छटपटाती हुई मेरी छाँह, / क्या कहीं वहाँ मेरा रूपक-उपमान, / छिपी हुई कहीं कोई गहरी पहचान, / समशील, समधर्मा कहीं कोई है ?*[36]

यह विकलता आत्म प्रसार से ही उपजी है और इतना ही नहीं वे नए युवा लेखकों से सीखने और जानने को भी बराबर समुत्सुक रहते थे। 'महागुरु' उन्हें भले ही सम्बोधित किया जाता हो पर उनमें साहित्यिक 'गुरुडम' के प्रति तिरस्कार की भावना ही थी। श्रीकान्त वर्मा को पत्र में वे लिखते हैं "केवल आप लोगों की मानसिक छवियाँ देखकर प्रेरणा इकट्ठा करने का प्रयत्न करता हूँ।"[37] यह उस समय की उनकी भावना है जब वे अस्वस्थ थे और उनका मन पूरी तरह से निराश हो चुका था। मुक्तिबोध के विपरीत अज्ञेय ने परवर्ती पीढ़ी के लिए जैसी भावना व्यक्त की थी वह भी यहाँ द्रष्टव्य है :

> *आ, तू आ / हाँ आ, / मेरे पैरों की छाप-छाप पर रखता पैर / मिटाता उसे / मुझे मुँह भर गाली देता / आ तू आ /...तू जो भी कह, आक्रोश नहीं मुझको /...आ तू आ / हाँ आ / मेरे पैरों की छाप पर रखता पैर / जयी, युग नेता, पथ प्रवर्तक / आ तू आ / ओ गतानुगामी।*[38]

युवा और परवर्ती पीढ़ी के इस रुख के प्रति तत्काल प्रतिक्रियाएँ हुई थीं। राजेन्द्र किशोर, अनिलकुमार आदि ने कविताओं के द्वारा और जगदीश गुप्त ने अपने लेख में अज्ञेय की इस भावना का विरोध किया था।[39] 'समकालीन विद्रोही कवियों के प्रति' कविता में भी अज्ञेय की इसी तरह की भावना प्रकट हुई है :

चलो ठीक है कि आजादी के बीस बरस से / तुम्हें कुछ नहीं मिला / उन्नीस नंगे शब्द ? / अठारह लचर आन्दोलन ? / सत्रह फटीचर कवि ? / ओ मेरे मसीहा ! हाय मेरे मसीहा ![40]

अज्ञेय के संस्कार, वातावरण और उन पर पड़े प्रभावों का सहज प्रतिफलन 'अद्वितीयता' की उस धारणा में हुआ है, जो कलाकार के अहंकार के रूप में व्यक्त हुई है। मुक्तिबोध तो हमेशा अपने लोगों से दूर रहने की अपराध-भावना से ग्रस्त रहे। इसलिए उनमें वह आत्मीयता और नम्रता है, जो आत्मप्रसार में सहायक बनती है। स्वयं अज्ञेय ने मुक्तिबोध के इस पक्ष के सम्बन्ध में कहा है कि–"मुक्तिबोध आत्मान्वेषण के कवि थे पर यह आत्मान्वेषण अपनी किसी विशिष्टता की खोज नहीं था, यह अपने उस रूप की खोज था जो कवि को पूरे समाज से, मानव मात्र से, मिला दे।"[41] मनुष्य और रचनाकार के रूप में मुक्तिबोध का यही वैशिष्ट्य उनकी चुम्बकीय शक्ति बना जिसके कारण उनका जीवन और सृजन युवा लेखकों को न केवल प्रासंगिक बल्कि सार्थक भी लगा। नागार्जुन, त्रिलोचन और शमशेर भी प्रगतिशील चेतना और जातीय परम्परा के महत्त्वपूर्ण कवि हैं। किन्तु निराला के बाद जीवन्त बहस के केन्द्र में केवल मुक्तिबोध रहे हैं। उनकी मृत्यु के बाद समकालीन साहित्य में उनकी केन्द्रीय स्थिति और युवा रचनाकारों के लिए उनका आकर्षण मात्र उत्सवधर्मी नहीं रहा है। यदि उनके लिए अति हुई है तो भी वह जीवन काल में हुई उनकी उपेक्षा की क्षतिपूर्ति भी नहीं करती। मृत्यु के अठारह वर्ष बीत जाने के बाद भी यदि कोई रचनाकार हमारे हिन्दी साहित्य के जैसे माहौल में विस्मृत हो जाने के बदले नित नए प्रसंगों में चर्चित होता रहा है तो इसे केवल 'मुक्तिबोध पूजकों के दल' का करिश्मा नहीं माना जा सकता। वस्तुतः मुक्तिबोध के पूजकों के दल जैसी स्थिति है भी नहीं। उनको चाहनेवाले जरूर हैं और इनमें वो भी हैं जिन्होंने मुक्तिबोध को कभी देखा तक नहीं। यह केवल भावात्मक चाहना भर नहीं है। इसके मूल में मुक्तिबोध का संघर्ष है, ऐसा संघर्ष जो गिने-चुने रचनाकारों के बूते की ही चीज है। उनकी बेचैनी और ऊर्जा ने उनके इस संघर्ष को जैसी प्रखरता और मानवीयता प्रदान की वह हमारे साहित्य में भी दुर्लभ है। युवा रचनाकारों के मन में मुक्तिबोध की यही प्रतिमा गहरे पैठी हुई है। नीलकान्त का यह कथन बहुत सही है कि–"अकेला-सा लगते हुए भी यह व्यक्ति पूरा सामाजिक मनुष्य है, मूर्त और प्रगतिशील। सामन्तवाद की मुमुर्ष व्यवस्था और पतनशील पूँजीवादी व्यवस्था का निषेध इस व्यक्ति के रचनात्मक और गत्यात्मक पक्षों की केन्द्रीय धुरी है।"[42]

इस तथ्य से इनकार नहीं किया जा सकता कि एक बड़ा कवि गहराई के साथ व्यापक प्रश्नों से जुड़ता हुआ दूर तक देखता है। मुक्तिबोध की कविताओं में यह कोशिश लगातार सफल होती दिखाई पड़ती है। अपने विचारात्मक गद्य में वे जिन जीवन मूल्यों और विश्वासों के लिए प्रतिबद्ध और समर्पित दिखाई देते हैं उन्हें अपनी कविताओं में

हासिल करने का संघर्ष उनमें लगातार चलता रहता है। सम्भव है कि कुछ लोग इसे मुक्तिबोध के व्यक्तित्व में दरार की तरह समझें किन्तु विधाओं की प्रकृति के विश्लेषण के उपरान्त हम यह पाएँगे कि मुक्तिबोध जैसे सजग कवि में यह द्वैत स्वाभाविक ही नहीं बल्कि अनिवार्य भी था। कल्पना और यथार्थ के मध्य का तनाव, दुःस्वप्न और यूटोपिया मुक्तिबोध की रचना के वे उत्स हैं जिनके जरिए भी इस द्वैत को समझा जा सकता है।

मुक्तिबोध को अपने बारे में किसी प्रकार की गलतफहमी कभी नहीं रही। वे अपनी आत्मग्रस्तता, विफलता और आशंकाओं के प्रति सावधान थे। उन्हें निराशा और अँधेरे रंगों के विभिन्न शेड्स का अहसास भी था। उनकी रचना दृष्टि, अनुभव और रचना के बीच कृत्रिम दरारें नहीं हैं। इसका कारण यह है कि उनमें किसी भी तरह की बौद्धिक दाम्भिकता नहीं थी। इसीलिए संघर्ष और मुक्ति के प्रति उनकी आस्था भी आन्तरिक और प्रामाणिक थी। जीवन की भयावहता के बीच फूटती चकमक की चिनगारियों, चमकती मणियों के बीच ही उनकी कविताओं का खुरदरा स्वाद और उनकी रचनात्मक प्रतिभा का मोहक आतंक है। भाव विपुलता और वैचारिक आवेग के साथ उनकी रचनाएँ एक ऐतिहासिक समय में उपस्थित हैं और जिनमें उनके मानवीय गरिमा और न्याय के लिए संघर्ष करने के साक्ष्य भी मौजूद हैं। इसलिए निर्दोष किन्तु कमजोर कविता के बदले उनकी कविताएँ ताकतवर कविताएँ हैं। आज उनकी कविताओं और विचारों के बीच ठहरने का प्रलोभन जितना आकर्षक है उतना ही विस्तार और पुनरावृत्तियों के कारण मुश्किल भी है। पर धैर्य से इस रचना-संसार में रमना एक ऐसा उत्तेजक अनुभव है जो हिन्दी कविता में अन्यत्र दुर्लभ है। हमारा यह विश्वास है कि जैसे-जैसे साक्षरता और समझ बढ़ेगी उसी अनुपात में मुक्तिबोध की प्रासंगिकता भी हमारे बीच बढ़ती जाएगी।

मुक्तिबोध की कविताओं और उनके रचनाकार व्यक्तित्व को रेखांकित करने के लिए जितने और जैसे विशेषणवाची पदों का उपयोग किया गया है, वह अपने आप में दिलचस्प प्रसंग हैं। इन विशेषणों में से कुछ महत्त्वपूर्ण इस प्रकार हैं—अस्तित्ववादी, रहस्यवादी, रोमांटिक, आदर्शवादी, क्रान्तिकारी, यथार्थवादी, जनवादी, प्रगतिवादी, शुद्ध प्रगतिवादी और इतना ही नहीं उन्हें आध्यात्मिक चेतना का कवि भी कहा गया है। हमें नहीं लगता कि इतने परस्पर विरोधी सीमान्तों के विशेषणों का प्रयोग किसी अन्य प्रमुख समकालीन कवि के साथ सम्भव हुआ है। इसे केवल मुक्तिबोध की भावों और विचारों सम्बन्धी उलझन से समझा जा सकता है। उनकी इच्छा और प्रयोजनीयता असन्दिग्ध रूप में मार्क्सवाद से गहरे रूप से परिचालित है। उनकी स्पष्ट प्रतिबद्धता, उजागर सहानुभूति और संलग्नता के बावजूद कई बार शिल्पगत कारणों से उनके सही मूल्यांकन में कठिनाई उत्पन्न होती है। स्मृति में मौजूद परिवेश जिस तरह का परिदृश्य निर्मित करता है उससे उनकी कविताओं में प्रेम और कोमल लगाव और जीवन के छोटे-छोटे सुखों की अनुपस्थिति दिखाई देती है। वेदना की हाय-हाय इस अनुपस्थिति के कारण

अधिक मुखर लगने लगती है। पर ध्यान से देखने पर ऊबड़-खाबड़ पठार और झाड़-झंखाड के बीच आलिंगन की महक और लगाव की कोंपलों को देख पाना मुश्किल नहीं है। जीवन और अस्तित्व के संघर्षों में जो खोता जा रहा था उसे मुक्तिबोध ने थाम लिया था। वे जिन्दगी को प्यार करने लगे थे और उस प्रक्रिया में थे जो किसी कवि को महान बनाती है। किन्तु जब उन्होंने अपने मन को जीत लिया था शरीर ने उन्हें शिकस्त देना शुरू कर दिया। मुक्तिबोध महान कवि हैं या उनकी असफलताएँ महान हैं यह उतना महत्त्वपूर्ण प्रश्न नहीं है। इसका उत्तर तो समय ही देगा। पर यह असन्दिग्ध है कि वे हमारे जरूरी और सार्थक कवि हैं जिनकी प्रासंगिकता हर युग में नए मुद्दों के साथ केन्द्र में रहेगी और बहस का विषय भी बनेगी।

मुक्तिबोध की विचारधारा बावजूद उनकी उलझनों के स्पष्ट है। किन्तु किसी कवि को किस तरह और किन अर्थों में मार्क्सवादी प्रमाणित किया जाता है यह एक पेचीदा सवाल है। प्रमोद वर्मा कहते हैं कि–''मुक्तिबोध का प्रगतिवाद जीवन प्रसूत है, सिद्धान्त प्रसूत नहीं।''[43] तो यह कथन इस अर्थ में सही है कि मुक्तिबोध ने मार्क्सवादी समझ का कविता में उल्था भर नहीं किया है। पर इसका आशय यह नहीं है कि मुक्तिबोध गरीबी-अमीरी के प्रसंग में मात्र भावुक प्रगतिवादी थे। वास्तविकता यह है कि उनकी वैचारिक जमीन पुख्ता थी और वे वर्ग-दृष्टि और संघर्ष के मर्म को खूब समझते थे। प्रमोद वर्मा यह भी कहते हैं कि मुक्तिबोध, ''न तो रूढ़ मार्क्सवादी हैं न रूढ़ अस्तित्ववादी ही।''[44] और वे यह कहकर डॉ. रामविलास शर्मा की स्थापना का आंशिक समर्थन करते दिखाई देते हैं। इस प्रसंग में हमारा स्पष्ट मत है कि अपने असुरक्षित जीवन की कविता का उदात्तीकरण करते हुए मुक्तिबोध की दुनिया निरन्तर व्यापक होती गई है। जहाँ उनकी कविता में निराशा, स्याह रंग और अकेलेपन का अवसाद है वहाँ भी उनकी सतर्क दृष्टि शोषण और सामाजिक अन्याय पर टिकी व्यवस्था पर ही है। वे नियति या भाग्य अथवा परिस्थितियों के प्रवाह को रेखांकित नहीं करते हैं। यह सच है कि मुक्तिबोध ने भारतीय मनुष्य की अपनी स्थिति के अनुरूप आदर्शवाद और आध्यात्मिकता से परहेज किए बगैर मार्क्सवाद को आत्मसात् किया था। इसलिए वे सही अर्थों में भारतीय जीवन और आकांक्षा की पक्षधरता के कवि हैं। मुक्तिबोध ने विचारधारा को उपादान की तरह नहीं ग्रहण किया। विचारधारा उनकी आन्तरिकता और रचना-दृष्टि में अन्तर्भूत थी। इसीलिए उनकी कविताएँ श्रेष्ठ प्रतिबद्ध रचनाओं की कोटि में आती हैं। ऐसी प्रतिबद्धता का प्रमाण उपस्थित करती हैं जो मात्र शब्दों से ध्वनित नहीं होती। यही विशेषता उनके चिन्तन की भी है, जो मार्क्सवादी पदावली का इस्तेमाल किए बगैर अपने अनुभव जगत से उसकी विश्लेषणात्मकता को उजागर करता है। वास्तव में मार्क्सवाद उनके लिए जैसा कि देवीशंकर अवस्थी ने कहा है कि वैशाखी न होकर ''उनके काव्य और व्यक्ति का आस्था स्तम्भ था।''[45] इसी आस्था को भारतीय दुख-मूलों से आदिम उपकरणों के जरिए जोड़कर ही मुक्तिबोध ने अपनी देशी काठी की कविता को प्राप्त किया था। ऐसी कविता जिसे अपने होने के लिए कई चीजों को

जड़ मूल से, तो कुछ चीजों को बाहरी तौर पर खारिज करना पड़ा है।

डॉ. रामविलास शर्मा और प्रमोद वर्मा ने मुक्तिबोध को 'कवियों के प्रिय'[46] और 'कवियों के कवि'[47] कहा है। यह सही है कि मुक्तिबोध के जीवन-संघर्ष और रचना-संघर्ष से नए कवि बहुत कुछ ग्रहण कर सकते हैं। मुक्तिबोध ने अपने समय के वैचारिक प्रश्नों और यथार्थ से जुड़ते हुए कला और माध्यम के प्रश्नों को कभी गौण नहीं समझा। परम्परा को ठंडी दृष्टि से नहीं देखा और उसे अपने अनुभवों और संघर्षों की ऊष्मा के बीच नए तौर पर प्राप्त किया। सातवें दशक में कविता के क्षेत्र में जैसा वातावरण था उसमें मुक्तिबोध की कविता अराजकतामूलक आक्रोश के विपरीत एक जीवट की कविता के रूप में युवा पीढ़ी को प्राप्त हुई और उनकी व्यग्रता, संघर्ष और ईमानदारी के गुणों के कारण युवा पीढ़ी ने उनके साथ आत्मीयता और निकटता का रिश्ता महसूस किया। उनकी यही विशिष्टता उन्हें समकालीनों में विशिष्ट, सार्थक और केन्द्रीय रचनाकार के रूप में प्रतिष्ठित करती है।

सन्दर्भ

1. कल्चरल एक्शन फार फ्रीडम : पावलो फ्रेयरे, पृ. 41
2. मुक्तिबोध रचनावली-6, पृ. 103
3. इल्यूमिनेशंस : वाल्टर बेंजामिन, पृ. 264-65
4. मार्क्सिज्म, आइडियालॉजी एंड लिट्रेचर : विल्फ स्लाटर, पृ. 147
5. मेमायर्स : पाब्लो नेरुदा, पृ. 265
6. आलोचना (अंक 6 जुलाई-सितम्बर 1968) : विष्णु खरे, पृ. 67
7. वही।
8. मुक्तिबोध रचनावली-1, पृ. 65
9. चाँद का मुँह टेढ़ा है : मुक्तिबोध, पृ. 286
10. मेमायर्स : पाब्लो नेरुदा, पृ. 293
11. देखिए, बर्टोल्ट ब्रेख्त-हिज लाइफ, आर्ट एंड हिज टाइम्स : एफ इवेन, पृ. 476
12. देखिए त्रयी : (सं. जगदीश गुप्त) भूमिका : पी-5 तथा पूर्वग्रह-45 : (बातचीत में : डॉ. नामवर सिंह) पृ. 23
13. हस्ताक्षर : युवा लेखक समारोह अंक (जुलाई 1970) : हरि ठाकुर, पृ. 15
14. अर्थात-6 : विजयकान्त, पृ. 5
15. पूर्वग्रह-45 (डॉ. नामवर सिंह से बातचीत), पृ. 17
16. समकालीन कविता की भूमिका : (सं. डॉ. विश्वम्भरनाथ उपाध्याय) भूमिका, पृ. 46
17. आक्टोविया पाज : (सलेक्टेड पोयट : दि पेग्विन पोयट्स) : चार्ल्स टामलिन्सन द्वारा भूमिका में उद्धृत, पृ. 13
18. अभिरुचि : मई 1981 (डॉ. रामविलास शर्मा बातचीत में), पृ. 4
19. लम्बी कविताओं का रचना विधान : (सं. डॉ. नरेन्द्र मोहन) प्रभातकुमार त्रिपाठी का लेख, पृ. 81

20. मुक्तिबोध रचनावली-5, पृ. 436
21. चाँद का मुँह टेढ़ा है : (भूमिका) : शमशेर बहादुर सिंह, पृ. 20
22. पूर्वग्रह-12-13, 1976, पृ. 5
23. पूर्वग्रह-12-13, 1976, पृ. 9
24. आलोचना (संख्या-38) : पाब्लो नेरुदा : रीता जीबेर्त से बातचीत के दौरान, पृ. 45
25. मुक्तिबोध रचनावली-5 (धरती-एक समीक्षा), पृ. 375
26. देखिए कलावार्ता (अंक 16, जून 1982) : त्रिलोचन सम्मान की रपट, पृ. 21
27. साक्षात्कार (सितम्बर 1977) : भाषा में एक कर्मठ कार्यकर्ता 'नागानन्द मुक्तिकंठ, पृ. 64
28. पूर्वग्रह (अंक 44-45 जुलाई-अगस्त 1981) : डॉ. नामवरसिंह से बातचीत का प्रसंग, पृ. 18
29. वही।
30. पूर्वग्रह (अंक 46-47) : रमेशचन्द्र शाह, पृ. 18
31. अर्थात (अंक 7) : रमेशचन्द्र शाह, पृ. 6
32. आलोचना (संख्या 29) : मुक्तिबोध मंडल के कवि : डॉ. कान्तिकुमार, पृ. 53
33. वही।
34. कंटेम्परेरी इंडियन लिट्रेचर (वाल्यूम-3, दिसम्बर 1963) : क पार्थ सारथि, पृ. 32
35. ज्ञानोदय (सितम्बर 1965) : श्रीकान्त वर्मा, पृ. 14
36. मुक्तिबोध रचनावली-2 : एक आत्म वक्तव्य, पृ. 432
37. मुक्तिबोध रचनावली-6 : पत्र, श्रीकान्त वर्मा को : दिनांक 20.02. 64, पृ. 354
38. अरी ओ करुणा प्रभामयी : अज्ञेय, पृ. 25-26-28
39. देखिए नई कविता (अंक 5-6), पृ. 4-5
40. क्योंकि मैं उसे जानता हूँ : अज्ञेय, पृ. 12
41. माध्यम (सितम्बर 1964), पृ. 7
42. कथा (सितम्बर-नवम्बर 1969), पृ. 32
43. पूर्वग्रह (जनवरी-फरवरी 1981) : प्रमोद वर्मा, पृ. 16
44. वही, पृ. 15
45. माध्यम (नवम्बर 1964) : डॉ. देवीशंकर अवस्थी, पृ. 54
46. नई कविता और अस्तित्ववाद : डॉ. रामविलास शर्मा, पृ. 136
47. गजानन माधव मुक्तिबोध : विनिबन्ध : प्रमोद वर्मा, पृ. 11

●●●